ÉLÉMENTS ET THÉORIE
DE
L'ARCHITECTURE

COURS PROFESSÉ A L'ÉCOLE NATIONALE ET SPÉCIALE
DES BEAUX-ARTS

PAR

J. GUADET

INSPECTEUR GÉNÉRAL DES BATIMENTS CIVILS
PROFESSEUR ET MEMBRE DU CONSEIL SUPÉRIEUR
A L'ÉCOLE DES BEAUX-ARTS

OUVRAGE HONORÉ D'UNE SOUSCRIPTION DU MINISTÈRE DE L'INSTRUCTION PUBLIQUE
ET DES BEAUX-ARTS

TOME II

PARIS

LIBRAIRIE DE LA CONSTRUCTION MODERNE

AULANIER ET Cⁱᵉ, ÉDITEURS

13, Rue Bonaparte, 13

(En face de l'École des Beaux-Arts.)

ÉLÉMENTS ET THÉORIE
DE
L'ARCHITECTURE

MALON, PROTAT FRÈRES, IMPRIMEURS.

ÉLÉMENTS ET THÉORIE
DE
L'ARCHITECTURE

COURS PROFESSÉ A L'ÉCOLE NATIONALE ET SPÉCIALE
DES BEAUX-ARTS

PAR

J. GUADET

INSPECTEUR GÉNÉRAL DES BATIMENTS CIVILS
PROFESSEUR ET MEMBRE DU CONSEIL SUPÉRIEUR
A L'ÉCOLE DES BEAUX-ARTS

OUVRAGE HONORÉ D'UNE SOUSCRIPTION DU MINISTÈRE DE L'INSTRUCTION PUBLIQUE
ET DES BEAUX-ARTS

TOME II

PARIS
LIBRAIRIE DE LA CONSTRUCTION MODERNE
AULANIER ET Cᵉ, ÉDITEURS
13, Rue Bonaparte, 13

(En face de l'École des Beaux-Arts.)

LIVRE VI

LES
ÉLÉMENTS DE LA COMPOSITION
DANS L'HABITATION

*Programme général des Éléments de la composition.
Les diverses parties de l'habitation. — Leurs dépendances.
Habitations collectives.*

CHAPITRE PREMIER

SOMMAIRE. — Exposé général des éléments de la composition. — Division du sujet : Habitation. — Édifices d'instruction administratifs et politiques — judiciaires — hospitaliers — d'usage public — religieux — funéraires — commémoratifs — d'embellissement. — Jardins. — Voies publiques. — Éléments communs et généraux. — Ce qu'est un programme.

Je vous ai exposé jusqu'ici ce que j'ai appelé les *Éléments de l'Architecture* : c'est-à-dire la mise en œuvre des moyens dont l'architecte dispose pour réaliser ses conceptions : je n'ai certes pas été complet; je ne pouvais en avoir la prétention ; mais du moins, de cet enseignement, il a dû pour vous ressortir l'évidence d'une méthode. L'architecture est un art qui a pour but et pour raison d'être la construction, et, d'autre part, les moyens de la construction constituent son domaine et son patrimoine, son arsenal; hors de là, il n'y a pas d'architecture, et, comme je vous le disais en commençant, toute conception architecturale qui serait inconstructible n'existerait pas : ce n'est rien.

Je vous ai donc fait voir d'abord, et bien sommairement, comment, par quels moyens, vous pourriez, le moment venu, donner un corps et une réalité à vos conceptions. Vous savez ainsi — plus ou moins à fond — comment vous pourrez construire. Que construirez-vous? A quelle occasion ferez-vous ces murs, ces portiques, ces voûtes, tout ce dont nous avons parlé?

Évidemment pour satisfaire à un besoin matériel ou moral — pour réaliser une *Composition*. Et dans cette composition, vous aurez à faire un choix judicieux et un emploi intelligent de ces éléments de l'architecture. Entre la connaissance de ces éléments de l'architecture et la composition, il y a une transition nécessaire : la connaissance des éléments de la composition.

Rien, certes, n'est plus attachant que la composition, rien n'est plus séduisant. C'est le vrai domaine de l'artiste, domaine sans autres bornes, sans autres frontières que l'impossible. Mais qu'est-ce que composer ? C'est mettre ensemble, souder et combiner les parties d'un tout. A leur tour, ces parties, ce sont les éléments de la composition ; et de même que vous réaliserez votre conception avec des murs, des baies, des voûtes, des toitures — tous les éléments de l'architecture — vous établirez votre composition avec des salles, des vestibules, des dégagements, des escaliers, etc. Ce sont les *éléments de la composition*.

Or, ces éléments ont leurs lois : lois très larges, très libérales, et pas plus ici que pour les éléments de l'architecture, je ne vous édicterai un code ni des formules : au contraire, je vous montrerai toujours la liberté du choix, la variété des solutions possibles ; mais je vous dirai autant que je le pourrai, quel a été le résultat des tâtonnements et de l'expérience de vos devanciers, quelles conditions sont nécessaires, quelles autres simplement désirables — ou au contraire défavorables ou même vicieuses. Et ainsi, lorsque vous composerez, si votre composition est heureuse d'ensemble, elle sera la combinaison logique et belle d'éléments dont chacun sera judicieux et réussi. Car la belle et bonne composition ne doit être ni le bel assemblage d'éléments qui seraient sans valeur par eux-mêmes, ni l'assemblage sans raison ni beauté d'éléments de haute valeur par eux-mêmes.

Au point de vue de l'ensemble, que je n'aborde pas, vos compositions seront ce que vous les ferez : sachez-le, d'ailleurs, vous êtes à l'âge des compositions heureuses, des audaces que le succès couronne, des poésies que n'a pas flétries la trop pénétrante expérience de la vie. En composition, rien ne vaut la trouvaille, le jet, l'entrain, tout ce que permet seule l'ardeur de la jeunesse, la vivacité des impressions spontanées, la chaleur que l'expérience n'a pas trop refroidie.

C'est pour *les éléments* de cette composition que l'expérience est précieuse ; c'est là que la connaissance est indispensable, car elle implique la comparaison, le choix, et s'il plaît à Dieu le progrès.

Et ce sont ces éléments que nous allons passer en revue dans les leçons qui s'ouvrent aujourd'hui : permettez-moi de vous dire dans quel ordre. Ce sera un sommaire anticipé du cours, forcément aride comme toute exposition de sujet ; mais nécessaire, je crois, afin que vous puissiez vous rendre compte et de la méthode que je vous propose, et du fruit que vous pouvez tirer de ces entretiens.

Le premier objet de l'architecture, le programme qui lui est le plus fréquemment posé, c'est évidemment l'habitation humaine. De la case au palais, grande est la distance ; et cependant les éléments sont les mêmes, humbles et pauvres, ou riches et magnifiques. Je vous parlerai donc d'abord des éléments de l'habitation, et par l'exemple de ce sujet que vous connaissez bien vous comprendrez mieux que par tous les discours combien il est intéressant pour vous de vous exposer les nécessités de la chambre par exemple, du salon, de la salle à manger, de la cuisine, etc., en vous citant autant que possible des exemples à méditer, soit comme modèles, soit comme erreurs.

Ces éléments, nous les verrons dans la simple maison, dans l'hôtel, dans le palais; à la ville et à la campagne; nous noterons les différences qui résultent de cette diversité de milieux.

Puis l'habitation a ses dépendances, tout ce qu'on appelait autrefois les *communs*, notamment les écuries et remises, les celliers, les bains, etc. Pour tout cela il y a des conditions que l'expérience a fixées, et qu'il faut respecter tout en gardant sa liberté entière pour l'expression artistique, la forme, la proportion.

Après ces éléments de l'habitation personnelle, nous trouverons ceux de l'habitation collective : j'entends par là les édifices dont le but est d'abriter non plus l'individu ou la famille, mais une réunion d'hommes : ainsi l'hospice, l'asile; ainsi encore l'hôtellerie, le cercle et les créations dont notre Hôtel des Invalides est le type le plus illustre. Mais je réserverai pour plus loin les collectivités qui ne sont pas avant tout de l'habitation : par exemple, les salles des hôpitaux qui relèvent surtout des nécessités du traitement, celles des édifices d'instruction, qui répondent à des programmes spéciaux et déterminés, dont l'influence domine l'étude entière.

Dans cette habitation collective, les choses changent à la fois de nom et de forme; à la chambre se substitue le dortoir, à la salle à manger le réfectoire, et ainsi du reste. J'aurai à vous faire saisir ces différences, et à vous faire voir que parfois lorsque deux programmes emploient le même mot — *cuisine* par exemple — ce mot peut avoir des applications très différentes.

Et ainsi, je ne vous aurai pas appris à composer une habitation : c'est votre affaire; mais je vous aurai peut-être montré quelles sont les conditions désirables pour les divers éléments dont se composera cette habitation.

De là, nous aborderons les éléments des édifices destinés à l'instruction.

Ce sujet est non moins vaste que le précédent, et sa variété est aussi grande : car il s'étend de l'école rurale ou de l'école maternelle jusqu'aux palais de l'enseignement supérieur. Et nous trouverons ici des éléments nombreux et variés : dans l'école primaire, nous verrons ce que doit être une classe, un préau, une salle de travail; nous rencontrerons même des prescriptions formelles à certains égards. Dans les lycées et collèges nous trouverons aussi la classe, le préau, et aussi l'étude, le dortoir, le réfectoire, l'infirmerie, le gymnase.

Entendons-nous bien cependant : si je vous dis ainsi ce qui se fait, et même ce qui est exigé quant à présent, ce n'est nullement pour vous astreindre à une seule solution : au contraire, je compte bien vous montrer que les solutions sont multiples, qu'elles sont bonnes dès qu'elles satisfont à la raison : en un mot, ce qu'il faut connaître, ce sont les besoins : si vous les connaissez bien, la solution ne vous fera pas défaut.

Je ferme cette parenthèse et je reviens aux édifices d'instruction, mais d'instruction supérieure : ainsi, les écoles publiques — comme la vôtre — les facultés, etc.

Nous y trouverons la salle de cours, grande, moyenne ou petite, et vous y verrez que le programme diffère suivant l'objet même de l'enseignement; puis la salle de conférences, la salle d'examen; le groupe des laboratoires, laboratoires de recherches et laboratoires d'enseignements; les ateliers et salles de dessin; les salles d'exposition; les galeries de collections. Je n'énumère pas tout, bien entendu, je ne cherche pour le moment qu'à vous faire voir l'étendue du sujet.

A ce groupe des édifices d'enseignement se rattachera par une transition toute naturelle celui des édifices destinés eux aussi à l'instruction publique, tels que la Bibliothèque et le Musée.

J'essaierai de vous dire quelles sont les conditions désirables pour une salle de bibliothèque, suivant qu'elle est salle de lecture ou simple dépôt de livres. Dans le Musée, nous trouverons des nécessités différentes selon qu'il s'agira d'exposer des peintures ou des sculptures, des curiosités, des médailles, etc.

Les collections scientifiques devront aussi appeler notre attention, et ce mot seul éveille certainement en vous aujourd'hui l'idée d'un ensemble singulièrement important, même en restant dans le cadre des cas généraux, et sans nous égarer dans la multiplicité des exceptions qui ne relèvent pas de nos études.

Ici encore, je ne vous aurai donné ni recettes ni formules; mais je vous aurai peut-être montré que, avec du bon sens et la connaissance des besoins, on n'est pas moins libre dans sa composition, mais on évite des erreurs rédhibitoires auxquelles on s'expose trop facilement par l'ignorance de ces nécessités spécifiques des éléments de la composition.

Une autre famille de programmes, non moins riche, est constituée par les édifices administratifs et politiques, depuis la petite mairie de village jusqu'aux ministères, aux hôtels de ville, aux palais du Parlement.

Bien entendu, à mesure que nous avancerons dans ces études, je ne vous répéterai pas ce qui aura été déjà dit à certains égards; ainsi ces édifices comporteront souvent de l'habitation, des collections, une bibliothèque; je n'y reviendrai qu'autant que j'aurai quelque particularité spéciale à vous signaler. Mais nous trouverons ici quelques éléments nouveaux : le bureau, la salle des commissions, de conseil ou de délibérations; les salles des établissements financiers, les caisses publiques; les archives et les dépôts. Enfin, nous aurons à étudier les grandes salles des Parlements, des hôtels de ville, et à voir de quelles dépendances nécessaires elles doivent être accompagnées.

Car c'est pour ce genre d'édifices surtout que les programmes sont forcément succincts sous peine de se délayer en un volume. Il faut donc savoir que ce que le programme vous demande en un mot : « cabinet de fonctionnaire », par exemple, représente souvent tout un ensemble inévitable. Ce ne sera pas sortir de l'étude des éléments que de vous faire voir ces unités apparentes avec leurs circonstances et dépendances nécessaires à la composition.

De là, nous passerons aux édifices judiciaires, si nettement définis, et si favorables aux belles manifestations de l'architecture, depuis la basilique antique jusqu'aux salles contemporaines de notre Palais de Justice.

Ce sont, en effet, des programmes bien spéciaux que la salle des Pas-perdus, la salle d'audiences, qui se divise elle-même en salles civiles et salles criminelles. Mais il y a encore les salles du conseil, les dépendances des tribunaux, les salles des criées, puis les greffes, les services d'instruction, les archives, etc., etc., et enfin les dépendances inévitables de la justice, les geôles et dépôts.

Et cela m'amènera à rattacher aux éléments des édifices judiciaires les éléments de leur corollaire : la prison — sujet que naturellement vous ne connaissez pas bien.

A son tour, l'architecture hospitalière nous demandera de nombreuses indications. Vous verrez cette architecture jadis empreinte d'un grand et noble sentiment de charité donner lieu à ces chefs-d'œuvre mélancoliques dont la reproduction, dans une des cours de votre école, de la frise de l'hôpital de Pistoïa vous donne si bien l'idée; puis les exigences de plus en plus précises de l'hygiène et la science nouvelle des ferments arrivant à donner aux salles d'hôpital des formes et des proportions nécessaires. Mais ce ne sont pas ces salles seulement que j'aurai à voir avec vous : il y a tant de choses dans un hôpital ! Les services généraux, les lingeries, les pharmacies; les salles d'opérations; les services des morts, etc., etc. Tout cela a besoin d'être défini et expliqué, sans quoi il faudrait qu'un programme d'hôpital fût une dissertation complète sur le sujet, et il faut, lorsque vous serez en présence de ce programme; que vous compreniez bien le sens de ses indications forcément abrégées.

Puis, à côté de l'hôpital pur et simple, il y a les maisons spéciales — les maisons d'aliénés, par exemple, ou les maternités. Comme éléments, cela diffère peu en somme; cependant, il s'y trouvera quelques particularités qui devront vous être signalées.

Dans ces édifices, rien n'est plus difficile que le programme : parfois dans des commissions où se trouvaient les hommes les plus compétents, des mois entiers de discussion n'ont pu enfanter un programme. Mais je n'ai nullement la prétention de vous dire ici comment doit être conçu l'ensemble d'un hôpital ou d'une maison d'aliénés : je ne déciderai pas de l'éternelle dispute des hôpitaux nombreux ou peu nombreux : je chercherai seulement à vous dire — quel que soit d'ailleurs le programme — ce que l'expérience a conduit à réclamer pour les éléments de l'édifice hospitalier.

Je viens de parler de groupes d'édifices d'un caractère nettement déterminé. Il en est d'autres qu'il me faut désigner du terme plus général et trop élastique d'*Édifices d'usage public.*

Sous ce titre, je comprends d'abord les édifices destinés *aux affaires*. Cela me conduira à vous parler des salles de Bourses, et spécialement des Bourses de commerce, sujet qui se rattache aux anciennes basiliques dans l'antiquité, aux *loges* de la Renaissance, aux édifices corporatifs du Moyen-Age.

Les halles et les marchés, les greniers publics, les entrepôts, les abattoirs, nous donneront encore quelques éléments à classer sous cette rubrique, qui comprendra encore, par extension, les constructions industrielles ou rurales, dans les cas qui permettent des indications théoriques. Enfin, les diverses salles des gares de chemins de fer, et aussi les salles à tous usages, tel qu'était le Palais de l'Industrie à Paris.

Mais les édifices d'usage public sont souvent destinés au plaisir et non aux affaires. Ainsi, en premier lieu, le Théâtre. Et dans le théâtre, nous trouverons la salle de spectacle, programme bien à part, la scène, les dépendances; nous verrons aussi que dans le théâtre les vestibules, les dégagements, les escaliers doivent répondre à des besoins spéciaux; que le foyer n'est pas une galerie ou une salle de fête comme une autre.

Puis viendront les autres salles de spectacles, mais de spectacles particuliers, le cirque et l'hippodrome. Je vous montrerai les profondes différences entre les expressions antiques de ces programmes, expressions si magnifiques, mais si irrecevables pour notre civilisation, et leur réalisation moderne, magnifique autrement : autre programme, autre solution.

Sur les salles de concert, les salles de bal, j'aurai quelques indications à vous donner; vous en retiendrez que les salles à *tout faire* ne sont excellentes pour rien.

Enfin sous cette rubrique *d'usage public* il convient de classer ces édifices affectés au luxe et au bien-être, dont les thermes des Romains ont été l'expression la plus monumentale. Ce sera l'occasion d'étudier la salle de thermes, et aussi les salles de bains turques ou mauresques, les piscines, les salles d'hydrothérapie, les nymphées; puis les salles d'exercices physiques, tels que les gymnases ou les manèges. Le sujet est vaste, vous le voyez.

Passant à un ordre d'idées tout différent, je vous parlerai des éléments des édifices religieux. Ai-je besoin de vous dire quelle place ont toujours tenue ces édifices dans l'architecture de tous les peuples et de tous les temps ? Qu'il s'agisse du temple égyptien ou grec, de la basilique ou de la cathédrale chrétienne, toujours ce sont ces monuments qui ont été le flambeau de l'architecture.

Mais si nous avons eu à interroger avec respect et avec fruit les temples antiques au sujet des éléments de l'architecture, nous aurons peu à leur demander à propos de la composition.

Au contraire, le programme de l'église est presque identiquement aujourd'hui ce qu'il était il y a quinze siècles, et la composition de nos édifices religieux peut s'étudier avec fruit dans ses diverses manifestations à travers les âges.

Faut-il vous répéter encore ici que je me garderai bien de vous recommander une solution ou une esthétique ? Mais j'essaierai de dépouiller devant vous le dossier de la question; je ne vous dirai pas : voilà comment se fait une église; mais j'essaierai de vous dire comment on en a conçu les éléments depuis tant de siècles que l'architecture s'est exercée sur ce magnifique programme.

Bien que l'on puisse dire que l'église est une salle unique, cette salle est assez complexe pour être une composition entière, et compter de nombreux éléments : éléments de construction tout d'abord, et éléments artistiques appropriés à chaque système de construction.

Nous verrons donc la construction et la disposition des nefs, avec ou sans bas côtés, d'abord dans les premières églises plafonnées ou charpentées, l'ancienne basilique, l'ancienne église latine; puis dans les églises voûtées des époques byzantine, romane, gothique, moderne.

Puis, dans ces églises, les absides et les chœurs, les chapelles, les tours et clochers, les transepts et les coupoles, les cryptes, les sacristies et les trésors. En avant ou à côté de l'église, nous trouverons parfois le baptistère ou le clocher isolé.

Enfin, et toujours dans l'architecture religieuse, j'aurai à vous signaler le caractère particulier qu'ont pris les salles de diverses natures, depuis la cellule jusqu'à la salle de chapitre, lorsqu'elles ont été composées pour la vie religieuse et non plus pour la vie civile.

Ici surtout, il me faut vous rappeler que je ne fais pas devant vous l'histoire de l'architecture. La classification des édifices religieux par siècles est toute naturelle, mais elle ne répond pas aux nécessités de l'étude de la composition. Je veux, par exemple, à propos des églises à charpentes apparentes, vous faire voir les solutions diverses de ce programme à toutes les époques, sans m'attacher à un synchronisme historique entre tel édifice dont je vous parlerai à ce sujet, et tel autre dont j'aurai à vous entretenir à propos des églises voûtées — et ainsi de toutes les parties de ce vaste ensemble.

De l'architecture religieuse, la transition sera naturelle à l'architecture funéraire. A toutes les époques, l'architecture des tombeaux a procédé de l'idée religieuse, soit qu'elle fût précise et formulée ou flottante et indéterminée. Mais ici, ce ne sont plus des éléments, ce sont de petites compositions entières qui seront le sujet de nos études. Car, à part le *Campo Santo*, l'ensemble funéraire, le cimetière, échappe à la composition architecturale, et quant aux grands édifices tels que Saint-Denis, l'abbaye de Westminster ou le Panthéon, ou encore le dôme des Invalides, qui rassemblent d'illustres sépultures, ce sont en réalité des églises dont le caractère peut seulement être plus sévère.

Nous aurons donc à étudier simplement le tombeau, dans ses expressions diverses, suivant les différences entre les coutumes et les croyances; nous le rencontrerons en plein air ou dans l'église, isolé ou adossé, tombeau véritable ou cénotaphe.

Une dernière famille d'édifices, très vaste, très intéressante d'étude, c'est ce que j'appellerai les édifices *d'embellissement* ou *édifices décoratifs*. Je ne veux pas dire que ce nom doive leur être donné par opposition aux édifices *d'utilité*. Non : ils ont toujours leur utilité eux aussi, souvent utilité matérielle, toujours utilité morale. Mais leur caractère et leur raison d'être résident avant tout dans la volonté d'une impression à produire, d'un aspect à créer, pour la gloire d'une nation ou d'une cité.

Des exemples définiront mieux que tout ce que je pourrais dire ce qu'il faut entendre par ce groupe d'édifices. Il y a le monument à la fois historique et décoratif, tel que l'arc de triomphe, la colonne commémorative, le trophée; il y a l'ensemble à la fois décoratif et utilitaire, tel que l'ancienne *agora* ou le *forum*, les Propylées, les places publiques, les portes de villes, les châteaux d'eau, les fontaines.

Puis nous trouverons ici les éléments nombreux et charmants de l'architecture des jardins : la terrasse, le perron, la grotte, le bassin, la cascade, et ceux du jardin lui-même : l'allée, la pelouse, le bosquet.

Nous y verrons enfin les éléments de la beauté des voies

publiques, car l'architecture ne vise pas seulement la beauté de l'édifice, elle assure ou doit assurer encore celle de la cité.

Je ne vous enseignerai pas, assurément, comment on fait tout cela, mais je vous montrerai comment on l'a fait aux plus belles époques de l'art, ce qu'on a cherché, ce qu'on a évité.

Voilà, sauf omissions, quels seront dans leur ensemble les éléments principaux de nos études, appliquées aux éléments de vos programmes. Dans cette nomenclature rapide et forcément incomplète, faites la part des oublis : en reprenant chaque chapitre, nous chercherons à les combler.

Mais la composition n'a pas seulement à mettre en œuvre ces éléments exigés par le programme ; il y a de plus les éléments de réunion, d'accès, tout ce que l'on peut appeler d'un mot général : les *circulations*.

Un programme en effet ne prescrit pas les vestibules, les dégagements, les escaliers, etc. Il en faut cependant, et la combinaison des circulations est souvent l'âme même de la composition.

Dans les intérieurs, nous aurons donc à voir quelles dispositions ont été adoptées pour les vestibules ouverts ou clos, voûtés ou plafonnés, pour les portiques ou galeries, les grands et les petits escaliers, les dégagements. Puis, nous étudierons les dispositions des cours, principales et secondaires.

Mais la disposition n'est pas tout, et la composition doit tout prévoir, aussi bien les aspects que les nécessités. Il y a, pour la composition des extérieurs aussi, des façades générales, sinon des règles, au moins des données basées sur l'expérience.

Nous essaierons de dégager les principes qui ont, dans les plus beaux modèles, présidé à l'étude des façades, sur un seul front, avec avant-corps et arrière-corps, des pavillons isolés, pavillons milieux et pavillons d'angles ; des compositions par travées alternées ; des éléments de silhouette ; des compositions sur plan curviligne.

Tout cela me conduira à des exemples plutôt qu'à des préceptes, car en pareille matière il n'y a qu'un seul précepte qui serve : c'est de bien faire.

Et voilà à peu près le sommaire des matières que peut ou que pourrait embrasser un cours de théorie de l'architecture. C'est toujours, pour employer de nouveau une expression dont je me suis servi à propos des éléments de l'architecture, l'inventaire de votre patrimoine à faire devant vous : je n'ai ni ne veux avoir d'ambition plus haute : je ne suis pas le directeur de vos consciences d'artistes.

La *composition* donc échappe à ce cours ; d'ailleurs la composition ne s'enseigne pas. Elle est astreinte évidemment à des principes, — nous en avons parlé déjà — et sur ces principes je pense bien que tout le monde est d'accord ; mais quant au parti, à la trouvaille, au bonheur d'aujourd'hui réparant la stérilité d'hier, tout cela est une action mystérieuse de l'intelligence, et tel est bien en effet le caractère des arts : l'inspiration. Bien téméraire qui prétendrait l'enseigner !

Mais, je vous l'ai dit et je ne saurais trop le répéter, l'inspiration ne peut exister et ne peut être féconde que si elle est servie par le savoir. Chez l'ignorant, si par impossible l'inspiration se produisait, elle resterait stérile. Soyez donc des hommes de savoir : et c'est à cela que ce cours peut et doit servir ; son résultat, s'il en obtient, doit se résumer en un mot : *connaître*.

Pour parler un langage qui vous est plus familier, je dirai si vous voulez que ce cours peut vous apprendre à lire un programme : chose plus importante et plus difficile qu'on ne pense.

Un programme n'est jamais complet : s'il devait tout prévoir et tout expliquer, il faudrait un volume, tandis qu'un programme doit être court pour être nettement saisi. Les programmes délayés égarent, bien loin d'éclairer. Mais pour pouvoir, comme a dit un maître dans l'art d'écrire, « clore en peu de mots beaucoup de sens », il faut que le lecteur sache comprendre vivement. On vous dira par exemple dans un programme, sous une forme ramassée et concise : « ... des amphithéâtres avec laboratoires pour les cours de physique, de chimie, ... etc. » Le programme ne vous expliquera pas ce que sont des amphithéâtres pour ces enseignements, ce que doivent être ces laboratoires, quelles dépendances nécessaires sont sous-entendues dans ces termes généraux, quelles relations sont nécessaires entre telles ou telles de ces parties. Et si vous ne vous en doutez pas en composant, vous risquez une composition fautive ou indigente. Combien voyons-nous de ces compositions condamnées d'avance, faute par l'auteur d'avoir su lire son programme !

Il faut donc que la langue de l'architecture soit une langue claire pour vous. Et cela se résume encore dans ce même mot : *connaître*.

Et si plus tard enfin, — je ne puis l'espérer pour moi — mais si quelque autre aborde, devant vous, la composition ou plutôt les compositions au sens général du mot; si l'on vous fait voir non plus les éléments de l'habitation par exemple, mais l'habitation dans son ensemble; non plus les éléments de l'édifice judiciaire, salle d'audience ou salle des pas-perdus, mais le palais de justice lui-même ; alors encore le programme de ce cours ou de ce livre sera l'exposition de ce qui s'est fait, le plan de l'ouvrage que nous appelions familièrement le *grand Durand*. Ici encore donc, je vous convierais, pour les compositions comme pour leurs éléments, à *connaître*.

Mais en tous cas, cette dernière étape doit être réservée. Mon programme est je crains déjà trop chargé avec les Éléments de la composition. Nous les étudierons donc comme nous avons fait pour les Éléments de l'architecture en cherchant, en mettant en évidence la logique et la vérité, en réclamant avant tout les qualités de sincérité et de conscience.

Vous connaissez sans doute cette belle définition antique de l'orateur : *vir bonus, dicendi peritus*, l'honnête homme, habile à bien dire. Sentez-vous qu'en effet sans cette honnêteté, l'orateur n'est plus qu'un rhéteur, un marchand de paroles, un homme habile peut-être, mais indigne d'un noble titre ?

Eh bien l'architecte est lui aussi l'honnête homme, habile à bien construire : et je ne parle pas ici de la simple probité, ni de la délicatesse : je parle de l'honnêteté dans l'art, de la conscience, du dévouement. Cette honnêteté-là, la grande, la vraie, elle est presque rare; elle ne sacrifie ni au succès ni à l'entraînement; elle se juge comme elle juge les autres; elle se trompe parfois, — elle ne trompe pas. Cette honnêteté-là, elle a un autre nom encore, celui que j'aime à vous répéter comme l'idéal de vos belles études, LA VÉRITÉ !

CHAPITRE II

HABITATION

LA CHAMBRE AVANT L'ARCHITECTURE MODERNE

SOMMAIRE. — Origine. — La chambre dans l'antiquité. — Maison grecque, romaine, gréco-romaine. — Pompéi. — La chambre au Moyen-Age — À la Renaissance.

La première habitation fut, dit-on, la caverne ; puis la hutte, la cabane : tout cela c'est l'abri primitif. La maison, si simple qu'elle soit, appartient à une civilisation déjà supérieure. Mais son but reste avant tout l'abri, l'habitation de famille. Si elle sert aussi à la réception, ce n'est pas son objet principal : elle a été le foyer où, de père en fils, on naissait, on vivait, on mourait ; nos mœurs ne s'accommodent plus guère peut-être de cette pérennité ni de ce culte antique de la maison paternelle. Il est permis de le regretter. Mais, que nous habitions une maison de famille ou une maison banale, les éléments n'en varieront que par la poésie des souvenirs : matériellement, ils seront les mêmes. Et tout d'abord, nous trouverons le foyer intime, le premier organe de l'habitation : la chambre.

Je ne vous ferai pas son histoire, ce n'est pas mon rôle : si vous voulez d'ailleurs étudier ce vaste sujet à travers les siècles, lisez le livre attrayant de Ch. Garnier et Amman, *L'Habitation humaine*. Mais pour vous montrer cependant quel est le point de départ et quels progrès ont été réalisés par l'architecture, permettez-moi de vous lire ces quelques passages de l'*Odyssée*, qui vous donneront une idée de l'habitation d'un roi de peuplade grecque au temps de la guerre de Troie :

Ulysse est revenu à Ithaque, dans sa maison, et il vient d'y massacrer les prétendants. Cependant, est-ce bien Ulysse ? Telle est la question que se pose encore la prudente Pénélope avant de reprendre cette vie commune interrompue depuis vingt ans. Et alors elle lui tend un piège :

« ... Va, Euryklèia, étends hors de la chambre nuptiale le lit compacte qu'Odysseus a construit lui-même, et jette sur le lit dressé des tapis, des peaux et des couvertures splendides.

« Elle parla ainsi, éprouvant son mari ; mais Odysseus irrité dit à sa femme douée de prudence :

« O femme ! quelle triste parole as-tu dite ? Qui donc a transporté mon lit ? Aucun homme vivant, même plein de jeunesse, n'a pu, à moins qu'un Dieu lui soit venu en aide, le transporter et même le mouvoir aisément. Et le travail de ce lit est un signe certain, car je l'ai fait moi-même sans aucun autre. Il y avait, dans l'enclos de la cour, un olivier au large feuillage, verdoyant et plus épais qu'une colonne. Tout autour, je bâtis ma chambre nuptiale avec de lourdes pierres, je mis un toit dessus, et je la fermai de portes solides et compactes. Puis je coupai les rameaux feuillus et pendants de l'olivier, et je tranchai au-dessus des racines le tronc de l'olivier, et je le polis soigneusement avec l'airain en m'aidant du cordeau. Et l'ayant troué avec une tarière, j'en fis la base du lit que je construisis au-dessus, et que j'ornai d'or, d'argent et d'ivoire, et je tendis au fond la peau pourprée et splendide d'un bœuf..... » (*Odyssée*, Rhapsodie XXIII, traduction de Leconte de Lisle.)

Vous voyez qu'il ne faut pas se figurer les *palais* des premiers Grecs avec les interprétations de la poésie ou de la peinture des derniers siècles. Ils devaient plutôt être analogues à ces métairies des rois mérovingiens, constructions rurales dans une enceinte palissadée.

Vous n'ignorez pas d'ailleurs que chez les Grecs, les femmes habitaient une partie retirée de la maison, le *gynécée*, prélude du *harem* musulman. Vous voyez donc combien les mœurs différaient des nôtres, et quelle erreur ce serait de chercher dans la maison grecque une inspiration directe pour notre habitation.

Nous connaissons bien peu d'ailleurs la maison des Grecs au temps de leur splendeur. Que pouvait être la maison de Périclès ou celle d'Aspasie ? Je l'ignore absolument ; on sait seulement que même pendant ce grand siècle, l'habitation resta modeste et conserva ce double caractère de la maison hellénique : la vie à l'intérieur, dans une maison, qui, du dehors, ne présentait qu'une porte dans un mur ; et la réclusion de la femme dans le gynécée. Et ce mot de réclusion n'a rien d'exagéré ; on sait par des fragments de comédie que le mari sortant enfermait sa femme en cadenassant la porte unique du gynécée ; il en faisait autant le soir, et — bien mieux — les plus raffinés défendaient cette porte par une bande de toile fixée par deux cachets. La femme était ainsi mise *sous scellés*.

Autant qu'on peut le conjecturer, les diverses parties de la maison grecque ouvraient toujours sur une cour ; à droite et à gauche les pièces de service et de provisions, ou encore les écuries et étables, porcheries, etc. ; au fond, les quelques pièces — ordinairement trois — à l'usage du maître ; au premier étage, le *gynécée* ; cet étage seul avait quelques fenêtres ouvrant sur la façade.

Quant aux chambres, qui nous occupent plus spécialement

en ce moment, ce n'étaient que des compartiments, très petits, sans communication avec quoi que ce soit autre que la cour, et pour aération et éclairage la porte seule que sans doute on ne fermait pas ; il est d'ailleurs probable que, comme les Athéniens modernes, les anciens Grecs allaient pendant la plus grande partie de l'année dormir en plein air sur leurs terrasses. De tout cela, il ne reste que des vestiges trop incertains pour que je puisse vous présenter des plans qui ne soient pas purement hypothétiques.

Avec le monde romain, le programme change un peu : la femme est plus libre. Mais la maison romaine est d'abord la maison étrusque : on entre dans l'*atrium*, ensemble de la partie en quelque sorte publique de la maison. Au centre est le *cavædium*, salle hypètre, qui sert à tout : réception, cuisine, boulangerie, salle à manger, oratoire. Le cavædium est recouvert par quatre pans de toitures, formant une pyramide tronquée dont le sommet est en bas ; le centre est une ouverture carrée à ciel ouvert, dite *compluvium*, au-dessous de laquelle est l'*impluvium*, bassin recevant l'eau de la pluie, et souvent unique ressource de la maison comme approvisionnement d'eau. De chaque côté du *cavædium* les pièces de service, au fond les pièces du maître, et aussi retirées que possible celles de la mère de famille, de ses filles et de ses esclaves.

Cela c'est la maison primitive ; puis vient l'influence grecque, le goût du bien-être et du luxe, et alors apparaît la maison gréco-romaine dont nous avons à Pompéi de si intéressants exemples, en premier lieu peut-être la maison de Pansa dont je vous ai déjà montré le plan (vol. I, fig. 36) et dont je vous donne ici la coupe (fig. 542). J'y joins encore un fragment du plan de Rome antique, gravé en marbre et conservé au Capitole, qui montre bien que les maisons romaines et celles de Pompéi étaient identiques (fig. 543).

Vous pouvez d'ailleurs le comparer aux nombreux plans que vous trouverez dans l'ouvrage de Mazois.

Le vieil *atrium* avec son *cavædium*, soit toscan, soit tétrastyle (je vous dirai plus tard le sens de ces appellations) subsiste toujours à l'entrée de la maison, avec ses pièces de service ; au fond est le *tablinum* ou sorte de salon de réception ouvert sur le *cavædium*, dont on peut l'isoler par des rideaux ; puis derrière tout cela, la cour grecque, le péristyle réservé à l'intimité. Là est le grand luxe de la maison, et là est l'habitation véritable : car, vous le voyez, il y a dans la maison de Pompéi deux parties bien tranchées : la réception et l'intimité. De l'*atrium* (réception) on passe au péristyle (intimité) par le *tablinum* et par des corridors de service, et c'est autour du péristyle que nous trouvons les chambres.

Eh bien, ces chambres, c'est encore le compartiment, la cellule sans fenêtre, où il y a la place d'un lit et d'un coffre qui sert à la fois d'armoire et de siége. Les chambres sont

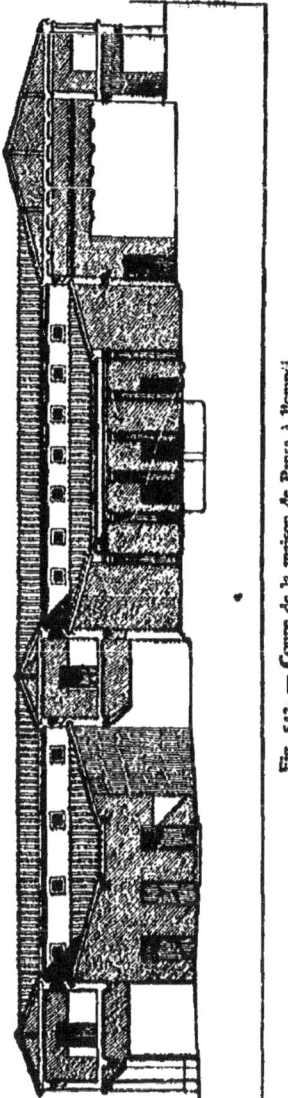

Fig. 542. — Coupe de la maison de Pansa à Pompéi.

souvent nombreuses, les riches Romains ne concevant pas comme nous la chambre à divers usages. Ils avaient la chambre pour coucher, la chambre pour se vêtir, peut-être la chambre aux chaussures, etc.

Il est vraiment curieux de voir combien à certains égards cette civilisation romaine, dont nous procédons sous tant de rapports, était différente de la nôtre. Si je me laissais aller à causer avec vous de ce sujet très intéressant, je vous montrerais ces chambres avec leurs murs nus, leurs carrelages froids; la cheminée inconnue, et le *brasero* seul permettant de réchauffer un peu ces chambres, au prix de quelles émanations délétères, vous pouvez l'imaginer; la vitre, objet de luxe princier : et que faire pour l'habitation sans la vitre? Vous verriez ces chambres sans aucune dépendance; et si à Pompéi on a trouvé des cabinets d'aisances, savez-vous bien où ? Dans la cuisine, au moyen d'une simple niche, où l'on ne pouvait même pas s'isoler. Il est probable d'ailleurs que ce n'étaient que de simples déversoirs d'immondices, où venaient se vider des vases portatifs, comme ceux qui suffisent encore aux Napolitains de la vieille roche.

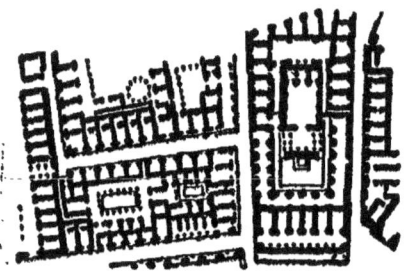

Fig. 543. — Fragment du plan antique de Rome.

Si donc tout cela est curieux historiquement, curieux aussi au point de vue philosophique en nous montrant combien ces époques si raffinées sous certains rapports — la table notamment — étaient restées primitives à certains autres égards, cela ne nous offre rien d'autre part qui puisse être utilisé comme théorie de l'habitation moderne; je dois donc laisser de côté ces études plutôt historiques, afin de chercher avec vous ce qui peut nous donner des indications utiles pour la solution de nos programmes tels que les siècles les ont faits.

Mais voyez cependant l'influence des éléments de construction; nous constatons ici des mœurs et surtout des habitudes à

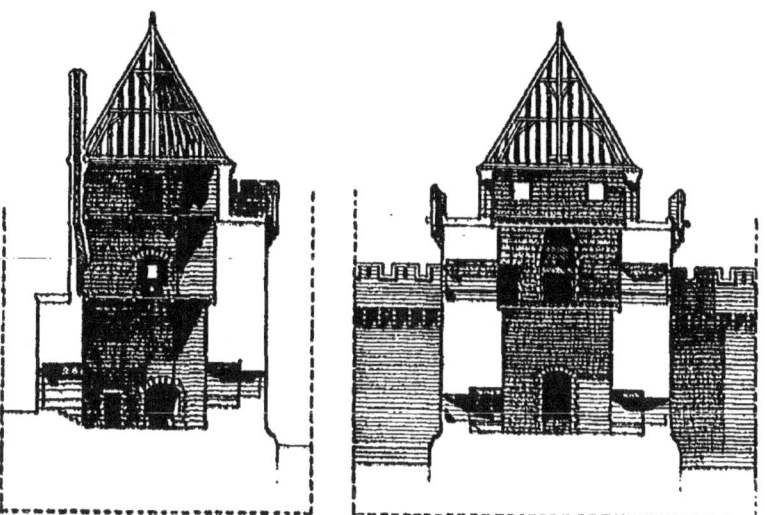

Fig. 144. — Chambres de la Tour de l'Abreuvoir à Guérande.

l'opposé des nôtres, une manière de vivre que nous n'admettons pas : et cependant, je le répète, les Grecs et les Romains sont les ancêtres de notre pensée et de nos idées presque en toute chose : ce contraste étonne donc.

Mais si vous réfléchissez qu'ils ne connaissaient pas la vitre, au moins comme usage courant, tout s'explique alors, et entre un plan de Pompéi et un plan moderne, il y a certes de grandes différences de temps et de coutume, mais il y a surtout cette différence matérielle : ils ne connaissaient pas la vitre !

Au Moyen-Age, je trouverai peu de chose encore à vous

Fig. 545. — Coupe du château de Kérouzéré (Finistère).

dire à propos de la chambre. Nous la connaissons cependant beaucoup mieux que la chambre antique. Et nous y trouvons des éléments nouveaux, la vitrerie et la cheminée : ajoutez-y, souvent, un troisième élément, des murs très épais. Je vous en montrerai deux exemples groupés, l'un tiré de la Tour de l'*Abreuvoir* à Guérande, l'autre du château de Kérouzéré (Finistère) (fig. 544 et 545). La chambre est d'ailleurs plus grande, on sent qu'elle est une partie importante de l'habitation. Et à certains égards, elle est très bien conçue, cette chambre ; mais elle subit encore les inconvénients d'une construction trop rudimentaire en ce qui concerne le bien-être et ce que nous appelons le confortable.

Dans cette chambre du Moyen-Age, souvent vaste, et dont le plan ci-joint, reproduit d'après Viollet-Leduc, vous montrera la disposition normale (fig. 546), les murs épais défendent de la chaleur ou du froid ; mais les châssis de croisées ferment mal ; ouvrant à charnières et à un seul vantail, ils se logent simplement en feuillure ; ou bien, lorsque les croisées sont nombreuses et rapprochées, séparées parfois par de simples menaux, il faut éviter les ouvertures en charnières qui encombreraient la chambre de châssis ouverts d'équerre au mur, et battant au vent. On a alors les châssis dits depuis *à guillotine*, divisés en deux sur la hauteur, la partie basse remontant à coulisse devant la partie haute laissée fixe. Ce système demande une manœuvre facile, et par conséquent du jeu, et ces sortes de châssis ne peuvent jamais fermer, comme nos croisées modernes, *à noix* et *à gueule de loup*.

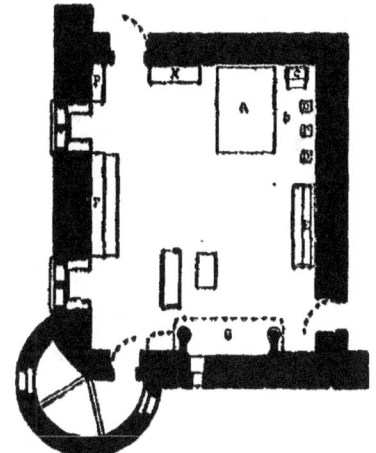

Fig. 546. — Plan d'une chambre du Moyen-Age.
A, lit. B, ruelle. C, chaire. D, carreaux. E, dressoir. F-F, bancs fixes. G, cheminée. X, armoire.

Ajoutons que les portes de ces chambres, ouvrant en général sur des corridors ou des escaliers glacés, n'étaient guère non plus une défense sérieuse contre le froid.

Aussi le combattait-on par la cheminée, cheminée très vaste, où s'entassaient des bûches énormes; et certes la veillée au coin de ces feux vraiment riches devait avoir un grand charme. Mais vous savez ce qu'étaient ces cheminées : un foyer béant au pied d'un large conduit de fumée; du feu au pied d'un mur, avec issue pour la fumée, comme on en voit un exemple très rustique dans la salle dite des chevaliers, au Mont Saint-Michel (fig. 547); motif qui d'ailleurs a donné lieu à de très belles œuvres, entre autres la grande cheminée en pierres et briques du château de Saint-Germain (fig. 548).

Fig. 54; — Cheminée au Mont Saint-Michel.

Or, tout feu consomme de l'oxygène, et beaucoup lorsqu'il est vif. Il faut donc de l'air nouveau en remplacement de l'air brûlé : quoi qu'on fasse on n'échappera pas à cette loi. Et si l'air de la pièce se remplace par de l'air du dehors, qui entre en sifflant sous les portes et les fenêtres, le feu ne réchauffe pas vraiment la pièce, il ne chauffe que les objets que son rayonnement frappe directement. C'était le cas de ces cheminées primitives.

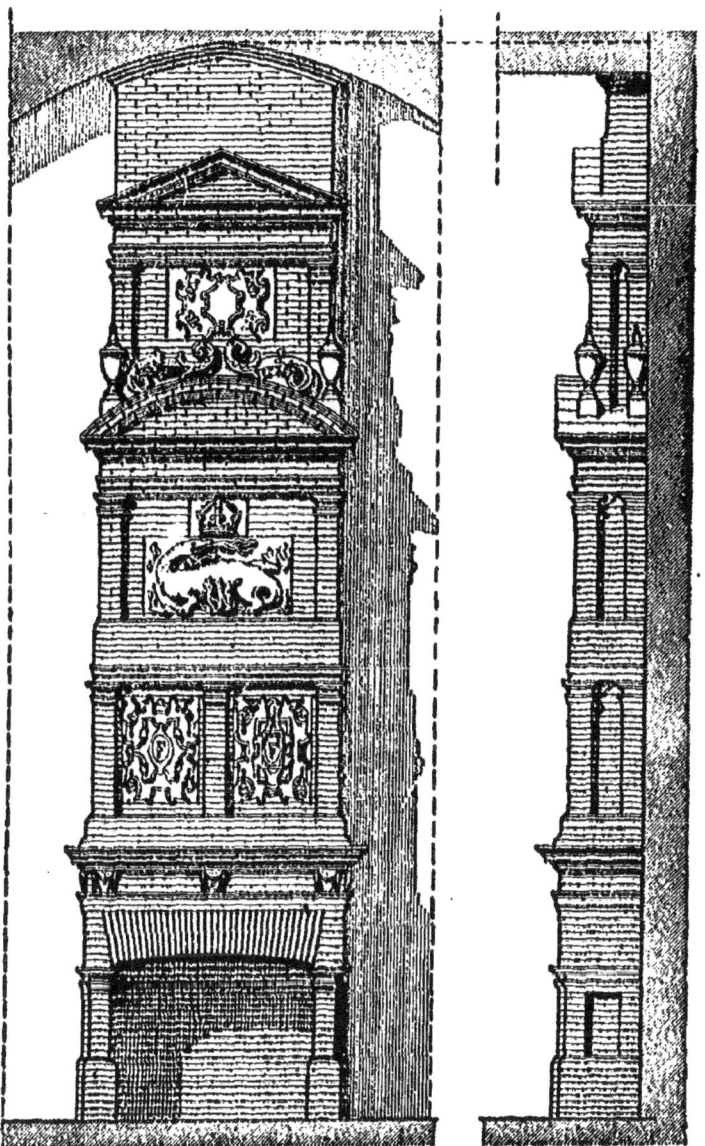

Fig. 148. — Cheminée du château de Saint-Germain.

Et alors malgré tout, il fallait se défendre du froid ; pour cela on se tenait dans le rayon d'action de la cheminée, s'abritant du mieux possible au moyen de paravents. Les lits étaient généralement constitués par quatre colonnes et un baldaquin, avec des rideaux tout autour, non seulement pour l'ornement, mais surtout pour se défendre du froid, disons mieux du vent qui régnait

Fig. 549. — Chambre du Moyen-Age avec lit à colonnes et baldaquin. (D'après Viollet-Leduc.)

dans ces chambres (fig. 549). Le lit était en quelque sorte une chambre close dans la chambre peu close.

La vitrerie avait eu de son côté cette conséquence immédiate : pouvant se clore et cependant voir, on a recherché la vue, le soleil ; les fenêtres des chambres se sont de préférence ouvertes sur l'extérieur, sauf dans les châteaux forts où des raisons de défense ont maintenu les chambres, souvent du moins, sur les cours intérieures. Mais en général, au Moyen-Age, toute chambre éclairée sur le dehors était moins ouverte que celles qui s'éclairaient sur des cours intérieures. Et alors, comme les murs extérieurs étaient en général les plus épais, on se tenait volontiers pour travailler ou lire dans les embrasures même des fenêtres, où des bancs étaient souvent disposés à cet effet (fig. 550).

Avec le Moyen-Age apparaît la tenture. Vous connaissez les belles tapisseries qui nous restent de cette époque, et leur nombre était prodigieux. C'est que la famille du Moyen-Age, vivant bien plus chez elle que la famille de l'antiquité, a cherché le bien-être sous toutes ses formes, et l'a trouvé autant que possible dans les tapisseries, sorte de vêtement intérieur de la chambre : souvent ces tapisseries n'étaient que suspendues, et les chroniqueurs parlent parfois de tapisseries agitées par le vent. Le lambris boisé, qui ne paraît pas avoir été mis en œuvre par l'antiquité, apparaît aussi avec le Moyen-Age.

C'est que, pour toutes sortes de raisons, au Moyen-Age on restait bien plus chez soi. Dans le monde antique, l'agora et le forum, la place publique, appelaient dès le matin les hommes hors de la maison, soit pour les affaires, soit pour le simple bavardage ; quelque chose de ces mœurs s'est conservé dans les pays méridionaux. C'est là qu'on se rencontrait, comme ces gens qui n'ont pas de domicile et qui se rencontrent sur nos promenades. On restait chez soi pour trois choses : les repas, la sieste,

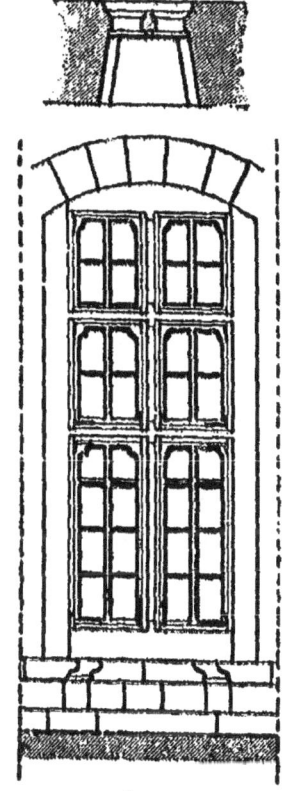

Fig. 550. — Ébrasement de fenêtre du Moyen-Age.

la nuit. Au Moyen-Age, les seigneurs étaient cantonnés dans leurs châteaux, quelquefois plus qu'ils ne l'auraient voulu ; et quant aux bourgeois, hommes de métiers, ils exerçaient leur métier chez eux, puis le soir se réunissaient parfois entre *compères* chez l'un d'eux, les tavernes étant plutôt pour le menu peuple des artisans.

Avec la première Renaissance, le programme de l'habitation ne se modifie pas très sensiblement. Si le goût est différent, le gros œuvre reste à peu de chose près le même ; on ne trouve pas à cette époque d'invention marquante dans la disposition et la conception de l'habitation. L'expression est très différente, mais c'est toujours la chambre assez vaste avec ses châssis petits et multipliés, sa grande cheminée, devenue beaucoup plus riche qu'au moyen âge, par exemple au château de Lésigny (fig. 551), ou dans un caractère plus rustique celle du Salon de Mars à Saint-Germain (fig. 552), ses boiseries et ses tapisseries : seulement, entre la chambre et le dehors, s'interpose parfois un portique ou *loggia* comme au château, aujourd'hui démoli, de Madrid, près de Paris (fig. 553-554).

Fig. 551. — Cheminée du château de Lésigny.

C'est plus tard, vers l'époque de Henri II, qu'il s'est produit

— je le crois du moins — dans l'architecture française une

Fig. 552. — Cheminée du Salon de Mars, à Saint-Germain.

Éléments et Théorie de l'Architecture.

innovation capitale, déjà préparée en Italie : je veux dire la pratique des portes et des croisées à deux vantaux. Simple question de menuiserie, dira-t-on. Sans doute; mais la solution de cette question de menuiserie permettait la chambre de Henri II au Louvre : vous devez voir combien subitement la chambre change d'aspect avec ces grandes et larges baies au lieu de petits châssis, avec cette lumière abondante et cette belle allure intérieure. Comme expression d'art, et comme solution particulière d'un programme spécial, la chambre n'avait plus de progrès à réaliser en elle-même. Mais il restait fort à faire sous le rapport de la

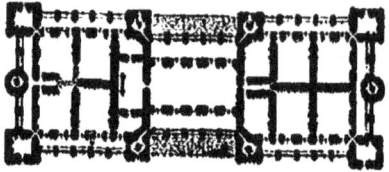

Fig. 553. — Plan du château de Madrid (démoli).

Fig. 554. — Élévation du château de Madrid (démoli).

distribution générale, des communications, des dépendances. Cela resta longtemps incommode, et sous Louis XIII, Louis XIV, si nous rencontrons de très beaux exemples de chambres, nous ne trouvons pas d'amélioration sérieuse de l'appartement. Qu'il me suffise de vous dire qu'à Versailles, ces magnifiques appartements n'avaient pas de cabinets d'aisances : la chaise percée était la seule ressource du grand roi et de sa famille ou de ses courtisans; puis les laquais montaient cela dans les combles, d'où c'était précipité dans un abîme aussi profond que les fondations du château.

Et telle était, s'il faut en croire Mérimée, la destination réelle de ces trous profonds, qu'on vous montre dans la plupart des châteaux sous le nom d'*oubliettes*, à grands renforts de légendes sur les malheureux à qui elles étaient destinées : à moins encore que les deux affectations ne fussent pas contradictoires !

CHAPITRE III

LA CHAMBRE DANS L'HABITATION MODERNE

SOMMAIRE. — Préceptes de Blondel. — XVIII° siècle. — Place des chambres dans l'appartement. — La chambre prise à part. — Indications résultant du meuble. — L'architecture de la chambre. — Exemples.

On peut dire que l'habitation moderne prend naissance avec le XVIII° siècle, et Blondel, dans son traité d'architecture, dit, non sans fierté, que depuis peu une véritable révolution s'était faite dans l'architecture des hôtels et maisons, au point de vue surtout de la distribution. Et en effet, de grands efforts ont été faits alors pour substituer aux anciennes enfilades des distributions doubles en profondeur, avec les dégagements indispensables à la liberté de l'habitation. On a compris que si les diverses pièces d'un appartement doivent avoir leurs accès de réception, il faut aussi assurer la facilité et l'indépendance des allées et venues, celles du service, celles même de la retraite discrète. L'*indépendance* dans l'habitation, tel a été le but poursuivi par les architectes du XVIII° siècle, et à cette poursuite nous devons des plans très remarquables, dont le plus important recueil est le traité d'architecture de Blondel, si intéressant à consulter.

A chaque époque, ces plans ont entre eux une grande analogie, un air de famille. Il en a été publié un assez grand nombre et

ÉLÉMENTS ET THÉORIE DE L'ARCHITECTURE

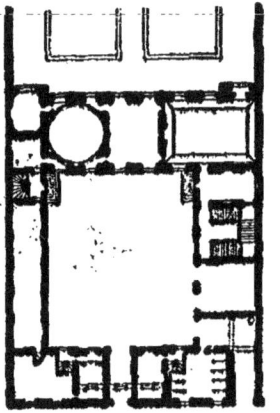

Fig. 555. — Hôtel Carnavalet à Paris.

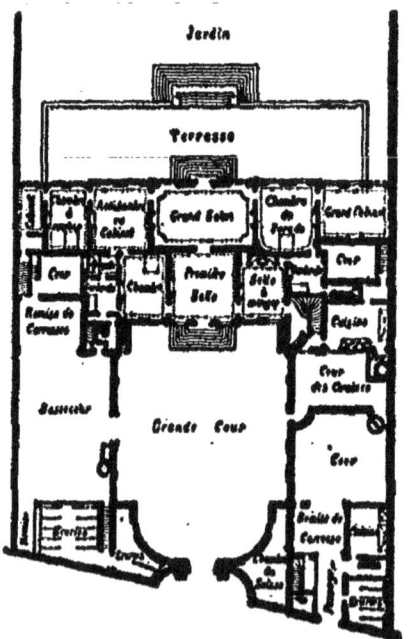

Fig. 556. — Hôtel de Noirmoutiers.

on peut presque prendre au hasard pour les comparer n'importe quel plan antérieur à la rénovation dont parle Blondel, et n'importe quel plan postérieur. Comparez par exemple, à la disposition ancienne d'un édifice d'ailleurs très remarquable, l'Hôtel Carnavalet (fig. 555), celle de l'hôtel de Noirmoutiers à Paris (fig. 556), du commencement du xviiie siècle, vous serez frappé du progrès réalisé au point de vue de toutes les convenances de l'habitation.

Il serait pourtant injuste de croire qu'il y ait eu dans l'habitation une révolution subite. Déjà au xviie siècle, l'art des distributions avait fait de grands progrès : témoin le plan du célèbre château de Vaux (fig. 557), dont Louis XIV fut, dit-on, jaloux. Mais ces recherches étaient encore exceptionnelles, tandis que plus tard, elles furent le premier souci de l'architecte. Cela se voit à Versailles même, par la comparaison des appartements de Louis XIV et de ceux de Louis XV.

Sur *la chambre* en particulier, Blondel donne des explications intéressantes que j'essaierai de vous résumer. Ses indications sont très sages :

« Il semble même, dit-il, que depuis environ 50 ans, les architectes français aient à cet égard inventé un art nouveau..... Avant ce temps nos édifices en France, à l'imitation de ceux d'Italie, offraient à la vérité une décoration extérieure où l'on

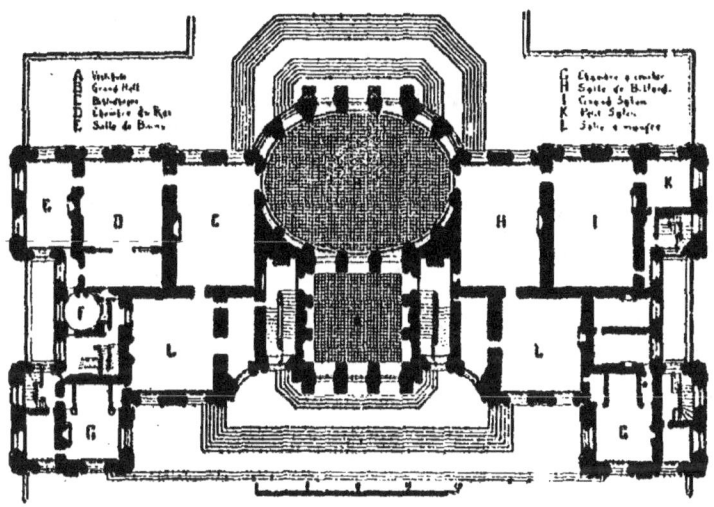

Fig. 557. — Château de Vaux. Rez-de-chaussée.

voyait régner une assez belle architecture, mais dont les dedans étaient peu logeables, et où il semblait qu'on eût affecté de supprimer la lumière; on avait même de la peine à y trouver la place d'un lit et des principaux meubles, les cheminées occupaient la plus grande partie des pièces, et la petitesse des portes donnait une faible idée des lieux auxquels elles donnaient entrée... »

Et ailleurs : « La distribution doit être le premier objet de l'architecte ; *la décoration même dépend absolument d'un plan déterminé* : c'est la distribution qui établit les longueurs, largeurs et hauteurs d'un édifice. »

Blondel compte six sortes de chambres; ce sont :

1° La chambre à coucher; 2° la chambre de parade; 3° la chambre à alcôve; 4° la chambre en estrade; 5° la chambre en niche; 6° la chambre en galetas (fig. 558-559).

« L'on entend, dit-il, sous le nom de chambre à coucher proprement dite une pièce dont le lit est isolé et toujours situé en face des croisées, à moins que par quelque sujétion involontaire on ne soit obligé de le placer dans un des angles...

« On appelle chambre de parade celle qui fait partie des appartements connus sous ce nom, et dans laquelle on rassemble les meubles les plus précieux..... la dame de la maison y reçoit les visites de cérémonies... ordinairement les chambres de parade sont ornées de colonnes qui renferment l'enceinte du lit, au devant duquel est une balustrade... (fig. 560-561).

« Les chambres à alcôve ne diffèrent des précédentes qu'en ce que le lit est enfermé dans des cloisons de menuiserie qui en resserrent l'espace, de manière à ne lui laisser qu'une place suffisante pour quelques sièges à côté du chevet.

« Les chambres en estrade étaient celles qui avaient un ou plusieurs gradins qui élevaient le lit... on les a supprimées.

« Dans les chambres en niche,... le lit est niché dans une espèce d'alcôve... (fig. 562-563).

« On appelle chambre en galetas celles qui, dans les mansardes ou combles, sont destinées aux officiers ou principaux domestiques. »

Vous voyez quel rôle joue désormais la chambre dans l'habitation. Et ce que dit Blondel est vrai : au XVIIIe siècle, l'architecture française a nettement pris le pas et s'est affranchie des imitations trop serviles de l'italienne. Les hôtels du XVIIIe siècle avec leurs grandes fenêtres, leurs dispositions commodes et

LA CHAMBRE DANS L'HABITATION MODERNE

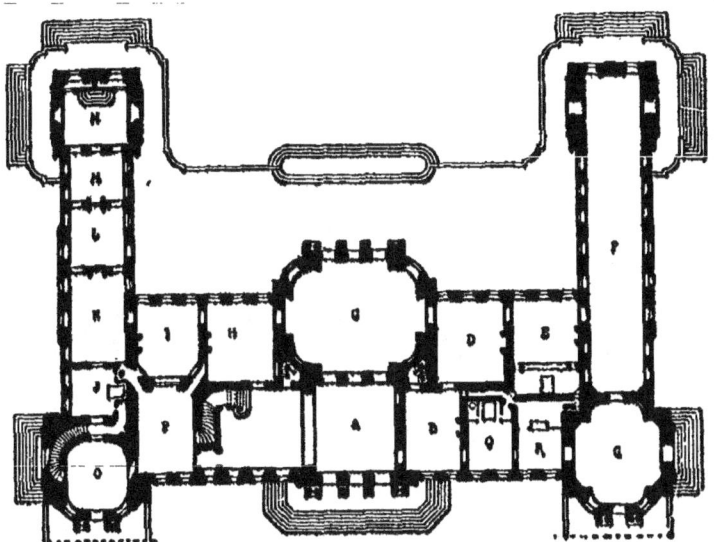

Fig. 558. — Plan d'une habitation de plaisance, d'après Blondel. — Rez-de-chaussée.

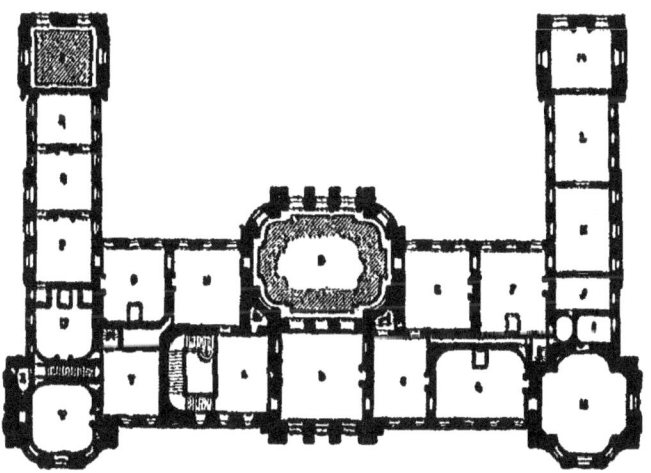

Fig. 559. — Plan d'une habitation de plaisance, d'après Blondel. — Premier étage.

Rez-de-chaussée : A-B-T-X, vestibules et antichambres. C-D-O-R M, salons. E, chambre de parade. H, salle à manger. J-Q, chambres en niche. P, galerie. I-K, cabinets. N, chapelle. R, cabinet d'aisances.
Premier étage : A-B-C-M, palier et antichambres. D, vide du salon montant de fond. B-H-N, salons. F-G-O-U, chambres à coucher. K-L-P-Q, cabinets. I-J, pièces de service.

intimes sont bien une création française. Aussi ces conceptions eurent-elles un grand succès, et il s'est produit alors un renou-

Fig. 560. — Chambre de parade, d'après Blondel. Coupe transversale.

Fig. 561. — Chambre de parade, d'après Blondel. Coupe longitudinale.

LA CHAMBRE DANS L'HABITATION MODERNE

vellement des hôtels des grandes familles. Je vous ai montré, à la ville, le plan de l'hôtel de Noirmoutiers; à la campagne, le château de *Champs*, à peu près de la même époque, est encore un bel exemple des habitations du XVIIIe siècle (fig. 564).

Blondel donne encore pour les chambres des conseils ou prescriptions qu'il est intéressant de connaître.

Leur proportion doit être plus profonde que large; elle

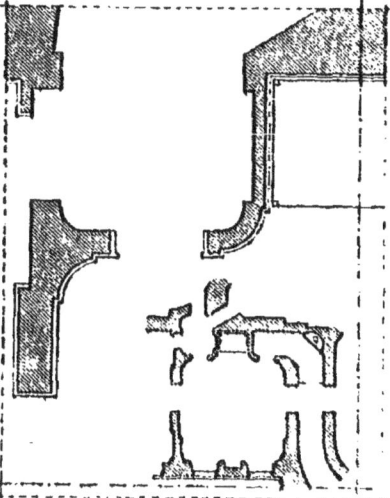

Fig. 562. — Plan d'une chambre en niche, d'après Blondel.

Fig. 563. — Chambre en niche, d'après Blondel.

sera parfaite si l'espace compris entre les croisées et le pied du lit est à peu près carré.

Le lit est toujours prévu par lui à l'opposé des fenêtres.

Les cheminées doivent être, non dans le milieu de la pièce, mais dans le milieu de l'espace entre les croisées et l'estrade.

La cheminée étant le principal ornement de la chambre doit autant que possible être du côté opposé à l'entrée principale de la chambre, afin d'être vue par ceux qui entrent.

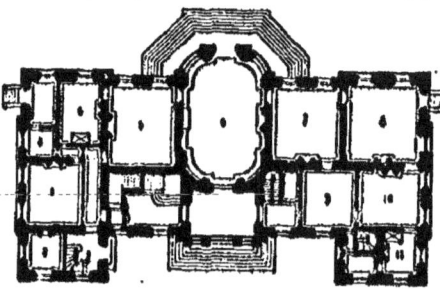

Fig. 564. — Plan du château de Champs.

1, office. 2, domestiques. 3, bains. 4, chambre. 5, salle à manger. 6, salle des gardes. 7, billard. 8, salon chinois. 9, bibliothèque. 10-11, chambres.

Les portes formant enfilade du bâtiment, doivent être percées dans les murs de refend près du mur de face, laissant quelque distance entre elles et la cheminée. Blondel condamne l'emploi de fausses portes répétant les vraies, et qui empêchent de disposer le mobilier.

Nous n'avons plus la chambre en estrade ou la chambre de parade : ces indications n'en restent pas moins utiles et pratiques, car Blondel s'est placé au véritable point de vue quand il s'agit d'habitation : la vie intérieure et l'harmonie de l'architecture et du mobilier.

Vous comprenez bien d'ailleurs, sans que j'aie besoin d'insister, que les chambres, dont parle Blondel sont des chambres de grands seigneurs : l'architecture alors n'avait guère cure du simple bourgeois, encore moins de l'artisan.

Aujourd'hui, au contraire, l'habitation du grand seigneur n'existe plus guère, et plus ou moins riches, grandes et luxueuses, nos chambres sont celles de tout le monde. La chambre à estrade, à balustrade, etc., n'auraient aujourd'hui, je le répète, aucun sens, et si parfois on en exige des singeries à grands renforts de faux bois ou de carton-pâte, ce sont là des illusions de parvenus dont nous ne nous occuperons pas.

Mais la voie ouverte par les architectes du xviiie siècle a été suivie; le but à poursuivre avait été nettement vu et indiqué; si la recherche s'est ralentie pendant la première moitié de notre siècle, elle s'est accentuée de nouveau de nos jours, et du travail de tous on peut désormais dégager des règles d'expérience que j'essaierai de formuler à votre intention.

Au point de vue de la disposition générale, il faut considérer un appartement avec plusieurs chambres, souvent assez nombreuses. Les unes seront principales, les autres secondaires : mais en tous cas, l'ensemble de ces chambres forme dans l'appartement, — ou dans l'hôtel, la maison, la villa, — l'habitation intime, la vie de famille. Il est donc bon que ces chambres soient groupées, qu'elles communiquent entre elles facilement, qu'on puisse en cas de maladie être à portée les uns des autres.

Vous ne disposerez bien un plan d'habitation que si vous vous rappelez constamment ce qui a toujours été le principe nécessaire de l'habitation, aussi bien dans l'antiquité que chez nous : séparation et *indépendance* réciproque de la partie publique et de la partie intime de l'habitation.

Entendez-moi bien d'ailleurs quand je parle de *partie publique*, je veux dire par là la partie où peuvent se trouver momentanément des personnes étrangères à la famille.

Qu'arrive-t-il en effet dans les appartements si nombreux où deux chambres sont dans une aile, trois dans une autre ! Outre l'éloignement, il faut presque toujours pour aller d'une aile à l'autre traverser l'antichambre, passer près de l'entrée de service et des fournisseurs. Dans cette antichambre, il y aura du monde venu pour affaires, plusieurs personnes y attendent. Que fera la maîtresse de maison qui n'est pas encore habillée peut-être ? Il lui est impossible d'aller dans ces chambres éloignées où quelqu'un des siens peut-être est malade; ou si elle trouve un moment pour y aller, elle y reste emprisonnée par le coup de sonnette d'un arrivant. Au point de vue de la famille, la disposition d'un appartement ne saurait présenter d'inconvénients plus graves que la dispersion des chambres. J'ajouterai que c'en est un également pour le service, car le service comporte nécessairement une foule d'allées et venues et de transports entre les diverses chambres. Il réclame donc lui aussi cette indépendance que je vous signale comme la qualité maîtresse d'une bonne distribution d'habitation.

Ainsi donc, si nous supposons une composition parfaite d'appartement, les chambres seront groupées, chacune sera en communication facile et voisine avec les autres, indépendante cependant. Le service de chacune des chambres pourra se faire sans emprunter l'une des autres; enfin cet ensemble d'habitation intime devra comprendre tout ce qui lui est nécessaire : cabinets de toilette, cabinets d'aisances, bains, garde-robe, lingerie; entre les chambres et tout cela, la communication doit être assurée et libre, tandis que dans une autre partie de l'appartement on reçoit pour affaires, ou pour relations mondaines. Un tour de clé ou un verrou poussé, et la vie intime de famille doit pouvoir être inviolable dans sa citadelle, qui est la chambre et ses dépendances, — les chambres et leurs dépendances.

Mais il y aura, avons-nous dit, des chambres principales : une surtout, celle de la maîtresse de maison. Chambre en quelque sorte d'apparat, car l'ancienne habitude de la réception intime dans la chambre à coucher tend à renaître. Le salon ou les salons ne sont pas toujours en état de réception, et souvent une visite intime est reçue dans la chambre : il y a même une certaine nuance d'amitié dans cette réception.

La chambre principale devra donc être accessible par les salons, car ce n'est pas par des entrées secondaires de service qu'on y introduira des amis. J'ajouterai que dans certaines occasions, une soirée par exemple, cette chambre à coucher peut s'annexer aux pièces de réception ; rien n'empêche d'ailleurs, au contraire, que, comme l'indique Blondel, elle fasse partie des enfilades de l'appartement. Mais en même temps elle sera en communication facile avec ses dépendances : cabinet de toilette, lingerie, etc., et aussi avec les autres chambres. Il faut toujours dans la distribution prévoir les communications entre pièces contiguës. Si l'on n'y tient pas, rien n'est plus facile que de condamner une porte, tandis que en ouvrir une après coup est toute une affaire.

Et maintenant, voyons ce que sera cette chambre prise en elle-même. Elle sera, s'il est possible, exposée au midi, ou presque au midi. C'est pour les chambres surtout que l'exposition a une importance capitale.

Elle aura autant que possible deux fenêtres ; cela permet entre les deux un trumeau qui est une place excellente pour une glace. La personne qui s'y regarde est éclairée en pleine lumière.

La porte principale ou les portes d'enfilade seront disposées comme l'indique Blondel, de façon à laisser le fond de la chambre avec le lit bien abrité. Ces portes seront à deux vantaux, non seulement pour l'aspect, mais aussi parce qu'une large porte est nécessaire pour le passage des meubles.

Il est rare que le motif du lit nécessite pour nous un arrangement spécial; aussi la cheminée sera plutôt dans le milieu de la paroi, d'autant plus que pour pouvoir pratiquer l'arrangement conseillé par Blondel, il faut des chambres très profondes. Mais suivant son conseil, gardez-vous de répéter vos vraies portes par des fausses portes, qui sont une gêne terrible pour les meubles.

Dans la partie du fond, vous aurez une porte de service et de communications. La figure 565 vous montre un exemple théorique de ce que peut être une disposition de ce genre.

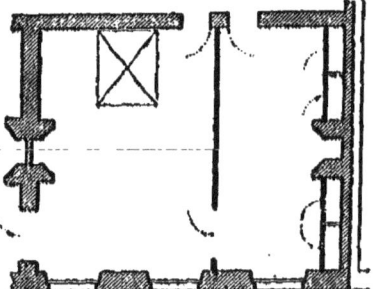

Fig. 565. — Chambre principale et cabinet de toilette.

Comme vous le voyez, ce qui vous dirige dans la disposition, c'est le meuble. Aussi, rappelez-vous bien que dans une chambre bien distribuée, il n'y a pas de portes dans les milieux : on a toujours quelque meuble important à placer dans les milieux de panneaux, ou des tableaux, portraits, etc.

Quant à la forme de la chambre, elle sera sensiblement rectangulaire, parfois cependant avec des parties arrondies, des motifs de fantaisie, ou des sujétions provenant d'une forme de terrain.

Mais l'alcôve, qui a été si longtemps en honneur, est maintenant déconseillée par les progrès de l'hygiène.

A quoi bon, en effet, avoir une chambre spacieuse, offrant un grand cube d'air, pour aller respirer seulement l'air d'un petit compartiment enfermé ? Si cependant vous aviez à faire des chambres à alcôves, ouvrez-les largement et aussi haut que possible, évitez les zônes stagnantes d'air non renouvelé. Il faut aussi pour les alcôves penser au service : le lit étant souvent de dimension à remplir presque entièrement l'alcôve, il faut qu'après l'avoir tiré en avant, on trouve par derrière ou sur le côté une petite porte qui permette de passer derrière le lit pour le service. C'est ce qu'on appelait une *porte d'alcôve*.

On est arrivé de même à supprimer beaucoup de draperies, les baldaquins, les rideaux de lits. Les tentures d'étoffes sont mauvaises dans une chambre à coucher, ce sont des embuscades d'ennemis invisibles. Aussi les anciennes tapisseries étaient à la vérité un très beau motif, mais dans les chambres un motif anti-hygiénique. La salubrité de la chambre a été bien mieux comprise avec les lambris de menuiserie décorés de jolies peintures au XVIIIe siècle. Enfin, la

Fig. 569. — Chambres de l'hôtel de Cluny.

chambre ne comporte pas, à mon avis, le chauffage par calorifère, du moins par calorifère à air chaud. Ce chauffage dégage toujours un peu d'oxyde de carbone, et la nuit sa perfidie peut être funeste, soit lentement, soit tout à coup.

Il me reste à vous montrer que la chambre à coucher a motivé des chefs-d'œuvre en architecture. La théorie ne peut

Fig. 567. — Chambre du Roi à Fontainebleau.

Fig. 568. — Plafond de la chambre du Roi, à Fontainebleau.

guère vous parler que de dispositions, de relations de voisinage, de nécessités, d'hygiène. Ne croyez pas pourtant que l'architecte ait tout fait lorsqu'il a satisfait à ces théories. Il lui reste à rendre la chambre aimable et artistique. Et quelle partie de nos habitations mériterait donc mieux que la chambre ce soin de l'artiste ?

Comme toujours, je vous citerai surtout ce que vous pouvez voir facilement. Comme chambres du moyen âge, vous verrez certaines pièces de l'Hôtel de Cluny (fig. 566), qui étaient certainement des chambres. Vous en verriez aussi au château de Saint-Germain, mais moins reconnaissables.

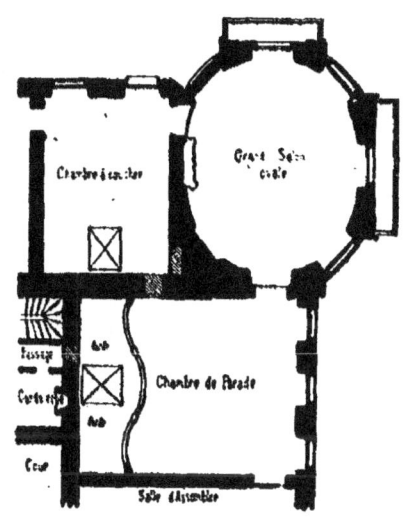

Fig. 571. — Plan des chambres de l'hôtel de Soubise.

Je vous ai cité déjà la chambre de Henri II au Louvre. C'est un exemple admirable, avec ses magnifiques proportions, son plafond merveilleux, ses portes et ses lambris. Cette chambre mériterait bien certainement qu'on la débarrassât des objets qui y sont exposés et qui la cachent en partie, comme si un Musée quelconque pouvait avoir mieux que cela à montrer.

A Fontainebleau, vous pourrez voir quelques chambres magnifiques : celle qui fut occupée en dernier lieu par l'Impératrice, avec un très beau plafond de l'époque de Louis XIII, et un très bel ameublement du temps de Louis XVI.

Dans les appartements qu'on appelle *appartements du Pape*, la chambre des Reines-mères, avec ses belles décorations du temps de Louis XIV, ou la magnifique chambre du Roi (fig. 567-568).

Enfin, quoique bien au-dessous des précédentes, la chambre de Napoléon Ier.

Dans le palais de Versailles, tout le monde connaît la célèbre

Fig. 571. — Chambre en niche du presbytère de Saint-Nicolas-du-Chardonnet

chambre de parade de Louis XIV, d'un caractère fort noble; il y en a d'autres encore :

La chambre de Louis XV, avec alcôve, revêtue entièrement de belles boiseries sculptées (fig. 569);

Près des grands salons, la grande chambre de la Reine, de style Louis XV, pompeux (fig. 570). (Je ne puis, sans tomber dans des réductions trop minimes, vous donner les ensembles de ces chambres, je dois me contenter de fragments.)

ÉLÉMENTS ET THÉORIE DE L'ARCHITECTURE

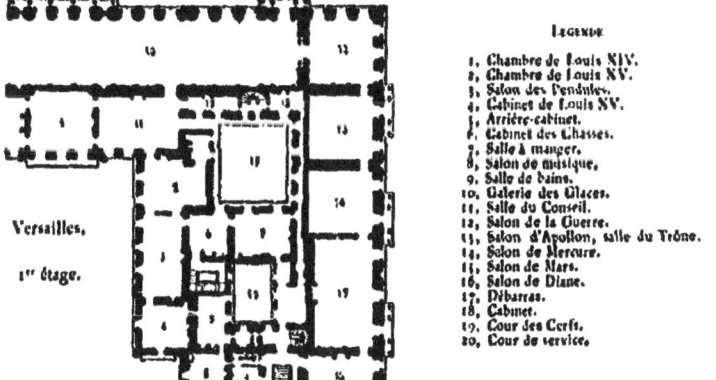

Légende

1. Chambre de Louis XIV.
2. Chambre de Louis XV.
3. Salon des Pendules.
4. Cabinet de Louis XV.
5. Arrière-cabinet.
6. Cabinet des Chasses.
7. Salle à manger.
8. Salon de musique.
9. Salle de bains.
10. Galerie des Glaces.
11. Salle du Conseil.
12. Salon de la Guerre.
13. Salon d'Apollon, salle du Trône.
14. Salon de Mercure.
15. Salon de Mars.
16. Salon de Diane.
17. Débarras.
18. Cabinet.
19. Cour des Cerfs.
20. Cour de service.

Versailles,

1ᵉʳ étage.

Fig. 569. — Chambre de Louis XV, à Versailles.

Fig. 170. — Chambre de la Reine, à Versailles.

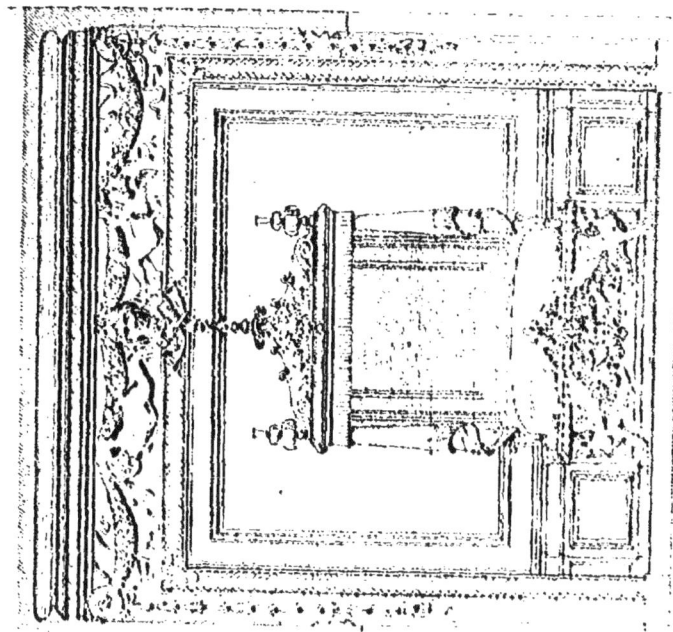

Fig. 674. — Chambre de l'hôtel de Lauzun.
Côté de l'alcôve.

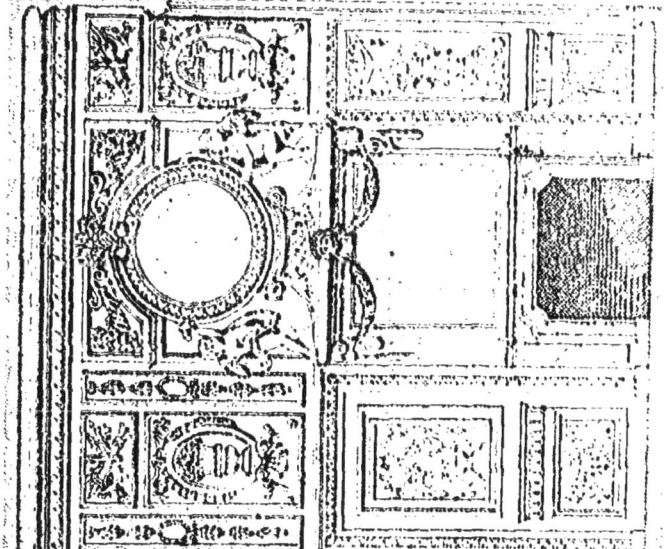

Fig. 673. — Chambre de l'hôtel Lauzun, à Paris.
Coupe montrant le côté de la cheminée.

Puis les petits appartements de la reine Marie-Antoinette.

Au grand Trianon, la chambre de Napoléon Ier, d'une moindre valeur, les chambres des appartements de la Reine, et surtout la belle chambre à colonnes, qui était sans doute une chambre de parade, c'est-à-dire une sorte de salon intime assez analogue à la chambre de Blondel que je vous ai montrée plus haut.

Au petit Trianon, la jolie chambre de Marie-Antoinette. A Rambouillet, de belles chambres revêtues de belles boiseries du xviiie siècle. A Paris, il y en a de nombreuses, dans presque tous les anciens hôtels de la ville.

Je vous citerai enfin les belles chambres de l'ancien hôtel Soubise, aujourd'hui Palais des Archives, du temps de Louis XV, dont les boiseries sont célèbres, et dont la figure 571 vous fait voir le plan d'ensemble.

Ces exemples vous suffiront, je l'espère, pour voir ce que d'habiles architectes ont fait pour réaliser ce programme de la chambre à coucher. Mais, je vous en prie, allez les voir et en prendre des croquis, ne vous contentez pas des gravures ou des photographies. Je suis d'ailleurs obligé de me restreindre, et ne puis toutes vous les montrer, sans compter toutes celles qu'on admire encore dans le surplus de la France et à l'étranger.

Toutefois, vous pourriez penser que je ne vous propose que des exemples de chambres royales, de dimensions monumentales, et que sans doute les belles chambres sur dimensions restreintes n'abondent pas. Ce serait une erreur. Voyez notamment (fig. 572) une chambre *en niche*, de 5 ^{m} 40 de largeur, au presbytère de Saint-Nicolas-du-Chardonnet, étudiée avec un goût charmant. Voici encore, sur 4 ^{m} 25 de largeur, une belle chambre *à alcôve* de l'Hôtel Lauzun (fig. 573 et 574). Il n'y a guère d'anciens hôtels où l'on ne pût en signaler.

CHAPITRE IV

LES DÉPENDANCES DE LA CHAMBRE

SOMMAIRE. — Le cabinet de toilette. — Son emplacement. — L'eau. — Bains, salles de bains. — Les cabinets d'aisances. — Choix d'emplacement. — Lingeries, garde-robes, etc. — Difficultés d'application.

Après avoir vu ce que doit être ou ce que peut être la chambre, il nous faut voir ce que doivent être ses dépendances directes.

Près de la chambre, les usages modernes exigent le *cabinet de toilette*. Son nom indique suffisamment sa destination : il est évident tout d'abord qu'il doit être le plus près possible de la chambre, et s'il est en communication directe, cela n'en sera que mieux.

Toutefois, il faut autant que possible éviter les dispositions qui le font communiquer uniquement avec la chambre; il est toujours bon que le service puisse se faire sans que la chambre soit traversée par les domestiques et les transports que nécessite un cabinet de toilette. Ainsi, la disposition tout à fait satisfaisante — mais qu'on ne peut pas toujours réaliser — consiste à ouvrir le cabinet de toilette directement sur la chambre, et aussi sur un dégagement par une porte de service.

Le cabinet de toilette doit être chauffé, soit par calorifère, soit par cheminée, ou chauffage au gaz ou électrique. Il doit être clair, cela va sans dire, et offrir des surfaces pour des glaces. Il y faut des armoires et des tablettes.

Quant au meuble-toilette, il pourra être soit de construction, soit purement mobilier ; mais dans tous les cas, il faut que l'eau arrive directement au cabinet de toilette, et qu'il s'y trouve le *vidoir* nécessaire pour se débarrasser des eaux sales sans qu'on soit obligé de les transporter à travers l'appartement. On aura souvent dans le cabinet de toilette l'usage de l'eau chaude. Si la distribution permet qu'il soit en relation avec la cuisine, on peut l'en faire venir; on peut aussi la faire arriver par pression de vapeur d'un bouilleur dans les caves ; mais c'est là une installation de grand luxe, et la précaution la plus simple est d'avoir dans le cabinet même un petit réchaud à gaz ou électrique.

Ainsi donc, dans la composition, le cabinet de toilette doit être placé en communication aussi directe que possible avec la chambre ou les chambres qu'il dessert ; accessible d'autre part pour le service ; enfin placé de telle sorte que les canalisations diverses qui le desserviront aient un parcours facile et puissent être aisément surveillées et entretenues. Cette dernière condition n'est pas une difficulté dans les maisons de rapport où les distributions se superposent identiques aux divers étages ; mais il y faut penser très sérieusement dans les dispositions d'hôtels ou de maisons de campagne où parfois on serait tenté de placer un cabinet de toilette au-dessus d'un salon par exemple, que dépareraient singulièrement des passages de tuyaux.

Quant à l'architecture ou à la décoration du cabinet de toilette, c'est avant tout une pièce d'utilité, à moins qu'une fantaisie personnelle en fasse une sorte de *boudoir*. Dans la donnée ordi-

LES DÉPENDANCES DE LA CHAMBRE 57

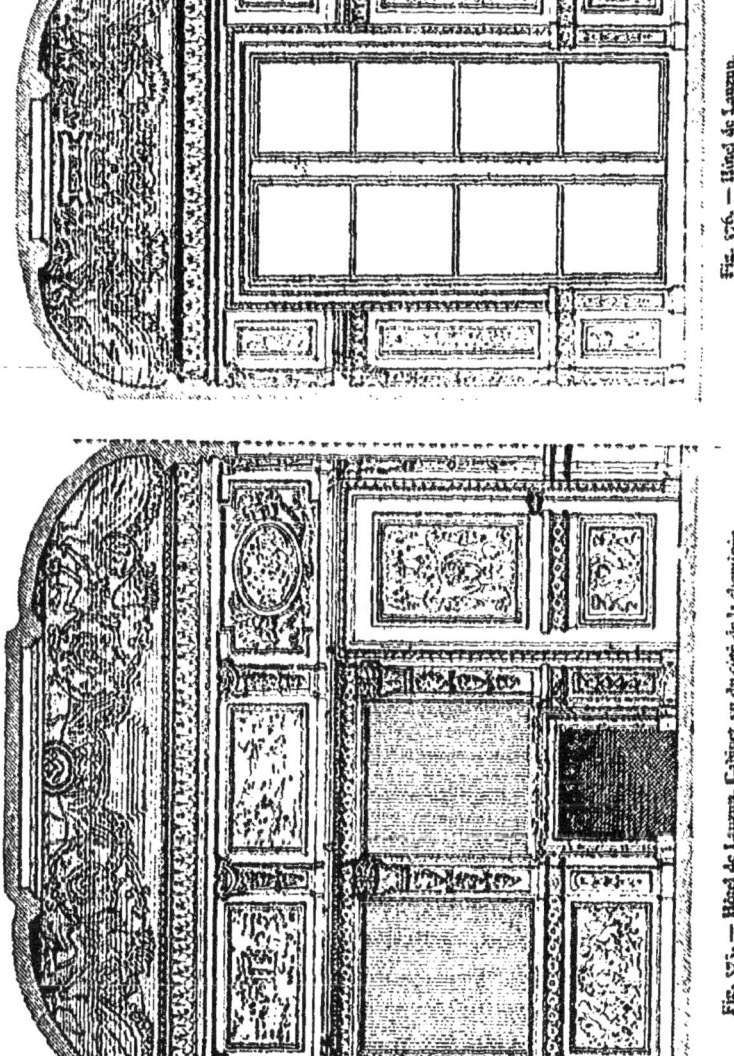

Fig. 576. — Hôtel de Lauzun. Cabinet vu du côté de la fenêtre.

Fig. 575. — Hôtel de Lauzun. Cabinet vu du côté de la cheminée.

naire, ce qui importe c'est avant tout la clarté et la propreté : je n'ai pas d'autre indication à donner à ce sujet. Cependant, il faut retenir que le *cabinet*, sorte d'annexe à la chambre, a donné lieu à de charmantes compositions, par exemple à l'Hôtel Lauzun (fig. 575 et 576).

Si le cabinet de toilette comporte une baignoire, il se confond alors avec la *salle de bains*.

Après avoir été un luxe très rare dans l'habitation même riche, la salle de bains est devenue, vous le savez, d'un usage courant dans les appartements modernes.

Quelle sera sa place ? Évidemment, le plus près possible des chambres. Ainsi, c'est une erreur de placer la salle de bains dans les communs d'un hôtel, comme on le faisait autrefois, ou de la disposer au rez-de-chaussée lorsque les chambres sont au premier étage. Si l'usage des salles de bain est devenu si général, c'est qu'on apprécie fort la facilité de s'y rendre sans avoir à sortir pour aller dans un établissement public; de même, on se plaît à pouvoir s'y rendre au saut du lit, avant d'être habillé, à pouvoir au besoin se remettre au lit en sortant du bain; donc le voisinage immédiat des chambres s'impose.

La salle de bains devra être très claire; il importe qu'elle soit chauffée : le chauffage par calorifère y satisfait parfaitement aux besoins : quelques personnes cependant peuvent préférer y trouver un feu brillant et clair dans une cheminée.

Quant à l'eau, adduction et évacuation, ce que je vous ai dit à propos du cabinet de toilette s'impose encore ici. De plus, si la salle est parquetée, il est indispensable de prévoir dès la construction *un terrasson* aussi étendu que possible sous la baignoire et ses abords, qui seront généralement munis d'un plancher à claire-voie; on fait d'ailleurs maintenant des baignoires élevées sur pieds, dont les organes d'évacuation sont ainsi en contrehaut du sol. Cette disposition permet d'éviter le terrasson, moyennant que le sol soit formé d'un carrelage étanche et légèrement en pente. Les canalisations d'évacuation doivent être d'une large section, afin d'éviter tout accident.

Si l'eau chaude est amenée d'ailleurs, ce n'est qu'une question de canalisation; mais dans le cas contraire, il faut un appareil *chauffe-bain*; vous en connaissez des variétés nombreuses, avec le gaz comme agent de chauffage; bientôt peut-être en fera-t-on d'électriques. Rappelez-vous seulement que ce foyer à gaz a besoin d'un véritable tuyau de cheminée, qui comme tous les tuyaux de cheminée doit monter jusqu'au niveau de vos faîtages, sans quoi vous risquez des rabattements des gaz issus de la combustion, ce qui n'est pas seulement désagréable mais dangereux.

Enfin, il sera bon de disposer une étuve ou *chauffe-linge*, chauffée directement par le gaz, ou indirectement par l'eau chaude.

La salle de bains peut être considérée comme une dépendance simplement utile, ou comme un accessoire à la fois utile et élégant ou coquet de l'habitation. Voyons d'abord les conditions matérielles à réaliser dans son installation. Je la suppose bien placée, bien éclairée, bien chauffée, bien alimentée d'eau : comment traiterez-vous ce petit intérieur spécial?

Avec plus ou moins de luxe, plus ou moins d'art, mais en pensant avant tout aux inconvénients à éviter : or, ici l'eau, qui est l'élément indispensable, est aussi l'ennemi. Non seulement par terre, mais même sur les murs à une certaine hauteur, vous aurez des éclaboussements, surtout si l'hydrothérapie et les douches viennent s'ajouter au bain proprement dit; partout, y compris le plafond, vous aurez la buée produite par la condensation de la vapeur d'eau. Il faut donc que murs et plafonds soient imperméables — ce qui est facile, soit avec de la simple peinture à l'huile, soit avec l'emploi des carreaux ou des panneaux de faïence, les marbres, les glaces, etc. Mais vous devez vous interdire les tentures quelles qu'elles soient : celles d'étoffes, qui absorbent la vapeur d'eau et en gardent l'humidité en se détériorant, celles en papier qui s'en pénètrent et la déversent dans les murs en se décollant. Il faut que sur toutes les parois d'une salle de bains on puisse passer l'éponge. Quant au sol, il est assez rare dans un appartement qu'il ne soit pas en parquet ; c'est cependant bien le cas d'employer les carrelages soit de marbrerie, soit de céramique, ou la mosaïque, mais l'impression froide de ces matières les fait souvent écarter. Il faut alors se résigner à la solution imparfaite du parquet, mais en ce cas il est bon qu'il soit sérieusement imbibé de plusieurs couches d'huile.

Tel est le programme de la salle de bains : or, ce programme, bien spécial, devait séduire les artistes, et en effet il a été fait à ce sujet des choses charmantes. Tandis que les Thermes — dont nous parlerons plus tard — étaient chez les Romains les édifices grandioses par excellence, et fréquentés uniquement, je crois, par les hommes, chez les modernes la salle de bains est devenue un programme d'intimité plutôt féminine, et certainement tous les artistes qui l'ont étudiée ont toujours supposé une jeune femme animant et parant le décor dont ils faisaient un cadre à sa nudité.

Aussi la salle de bains a-t-elle donné lieu à des motifs d'une inspiration Cythéréenne, où naturellement le xviiie siècle devait exceller. Dans cet intérieur, toujours petit, dont les éléments sont gracieux et *mignons*, les conditions matérielles du programme sont résolues par l'emploi des marbres aux nuances délicates, des glaces, parfois des boiseries revêtues de peintures

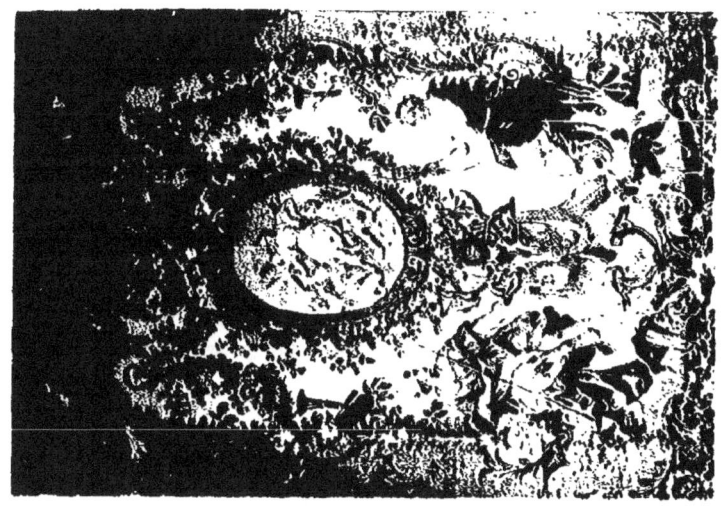

Fig. 578. — Revêtement en panneau de faïence de la Salle de bains de Rambouillet.

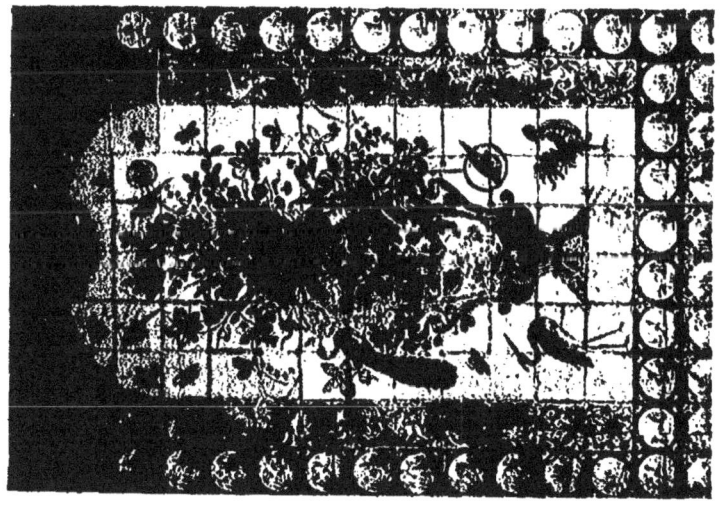

Fig. 577. — Revêtement en carreaux de faïence de la Salle de bains de Rambouillet.

laquées. De petits bas-reliefs, des peintures aimables et souriantes, des arabesques élégantes, des amours parfois un peu effrontés — Cupidon plutôt qu'Eros — tels sont les moyens volontairement restreints, avec lesquels on a construit çà et là des petits chefs-d'œuvre.

Il y en a quelques-uns que vous pouvez voir facilement. Au Palais de Fontainebleau, une jolie salle de bains dont les parois sont constituées par des glaces sur lesquelles sont peintes des arabesques, et celle qu'on dénomme le boudoir.

A Versailles, celle de Mme Adélaïde, un pur chef-d'œuvre de décoration intime et gracieuse, malheureusement assombrie par la construction voisine d'un escalier sans caractère; celle de Napoléon, au grand Trianon.

Il en existe enfin de nombreux exemples dans les hôtels et châteaux particuliers, mais vous ne pouvez les visiter.

Je vous signalerai toutefois celle, récemment restaurée, du château de Rambouillet, entièrement revêtue de faïences de Delft. Je vous en reproduis ici des panneaux, non pour montrer la disposition de la salle, mais pour faire voir, par un exemple remarquable, quel parti on peut tirer au besoin de l'application rationnelle d'un procédé d'exécution à un besoin nettement défini (fig. 576-577).

Dans nos habitations modernes, la salle de bains est devenue volontiers un objet de grand luxe, où la fantaisie s'est donné carrière. Le sujet s'y prête en effet, et nulle part le caprice n'est plus admissible : mais il ne faut jamais perdre de vue les conditions impérieuses du programme, et cette fantaisie ne doit se mouvoir que dans la mesure compatible avec les nécessités particulières que je vous ai indiquées plus haut.

Parmi les dépendances des chambres, il faut classer encore le cabinet d'aisances.

Cela vous paraît indispensable, et vous avez raison. Et cependant, pendant bien longtemps on s'en est passé, et maintenant encore, en France même, vous rencontrerez des répugnances routinières à tolérer dans la maison cet accessoire indispensable. Dans un grand nombre d'endroits, si on s'est résigné à faire aux idées modernes cette concession d'admettre un cabinet d'aisances, c'est à condition qu'il soit dehors, à l'autre extrémité du terrain. Ailleurs, on est moins radical, mais on ne l'admet encore qu'au dehors, et il faut passer sur un balcon extérieur pour y aller. Et nous, nous le plaçons sans aucune crainte et sans aucun inconvénient au milieu de l'appartement. C'est que nous savons le faire, mais que cette science est récente.

Vous pensez bien qu'en pareille matière il n'y a pas de mode ni d'habitude qui puisse contraindre la nature : toujours il a bien fallu quelque chose et quelque chose d'immédiat ; mais pendant bien longtemps ce n'était que la chaise percée dont on allait, le plus loin possible, jeter le contenu dans des *latrines*. Puis, tout en gardant cette coutume, on a établi sur les latrines un siège d'aisances. Mais quel siège ! Malheureusement, il nous est facile de nous en faire une idée, car il en subsiste de trop nombreux exemples.

Pour qu'on pût placer le cabinet d'aisances dans l'habitation même sans que les inconvénients de ce voisinage fussent de nature à en surpasser les avantages, il a fallu qu'on s'avisât que le meilleur ou pour mieux dire le seul obturateur efficace, c'est l'eau. Ce principe une fois bien connu et proclamé, on a pu, au moyen des appareils à valve d'abord, puis de ceux à syphons, éviter radicalement toute émanation méphitique : si bien qu'aujourd'hui on n'hésite pas à placer un siège d'aisances dans un cabinet de toilette, chose qui aurait été taxée de folie il y a vingt ans. La figure (fig. 579) vous montre un dispositif théorique de cabinets d'aisances superposés.

Aujourd'hui nous pouvons donc placer le cabinet d'aisances où nous voulons sans craintes au point de vue hygiénique. Reste à le bien placer sous d'autres rapports.

Si, comme vous voyez, je le range nettement parmi les dépendances des chambres, c'est que sa place est en effet à proximité des chambres; telle surtout que, entre ces chambres et ce cabinet, la circulation soit facile et sans aucune crainte de rencontre d'importuns. Rien n'est fâcheux comme cette disposition trop fréquente dans de petits appartements, où la porte du cabinet d'aisances est une de celles qui ouvrent sur l'antichambre. Il ne faut jamais qu'une chambre quelconque puisse être séparée de *son* cabinet d'aisances par une pièce quelconque où puisse se rencontrer un étranger. Aussi, si votre appartement a deux groupes distincts de chambres, dans deux ailes par exemple, il lui faudra deux cabinets. Et je ne parle ici que des cabinets pour les maîtres.

Il en faudra un autre pour les domestiques, celui-là placé vers les pièces de service; il est préférable que les domestiques n'aient pas à sortir de l'appartement.

Enfin, si l'appartement comporte de grandes réceptions, un va-et-vient de personnes étrangères qui parfois attendent long-

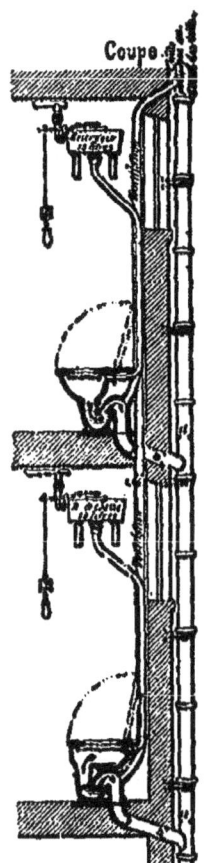

Fig. 178.

temps — supposons chez un médecin par exemple — il serait mieux encore qu'il y eût un troisième cabinet spécial pour la clientèle, ouvrant sur quelque dégagement desservi par l'antichambre.

Mais tout cela n'est pas toujours possible, ou ne le serait qu'à très grands frais : c'est l'éternelle balance du pour et du contre. Je ne vous parle donc ici qu'en théorie, laissant à la pratique de chaque cas particulier la décision à prendre, qui ne peut être uniforme.

Et ici encore interviennent les exigences de la construction. Votre disposition d'appartement ne pourra être la même, suivant que vous serez astreint à la fosse d'aisances (fixe ou mobile, peu importe) ou que vous aurez la faculté d'écoulement *tout à l'égout*. Si vous êtes astreint à la fosse d'aisances, les nécessités du plan de caves pour la position de ces fosses, leur extraction, ne vous laisseront pas toute latitude pour la place des cabinets d'aisances. Il en sera de même dans le cas de *tout à l'égout*, quoique avec plus de facilité, en ce sens qu'il faudra encore que au pied de vos tuyaux de chute vous trouviez des canalisations possibles. Or, une difficulté très fréquente des distributions de sous-sols dans les villes est la suivante : les égouts municipaux sont rarement assez profonds pour que les canalisations d'évacuation puissent être enterrées en contrebas du sous-sol. Elles devront donc circuler en *élévation*, et avec la nécessité des pentes (on exige au minimum 0,03 par mètre) elles pourront bien avoir leur point haut près du plafond, elles ne tarderont pas à descendre à la hauteur de l'homme, puis plus bas. Il ne sera donc pas possible de leur faire suivre les murs où sont pratiquées des portes, de leur faire traverser les corridors, il faudra leur faire longer les murs continus, c'est-à-dire les murs extérieurs, — murs séparatifs de façade, ou contre terre-pleins. Cette sujétion que vous rencontrerez dans vos sous-sols peut bien ne pas vous laisser toute liberté pour le placement dans les étages de tout ce qui est tributaire des décharges d'évacuation.

Dans tous les cas, les cabinets des divers étages doivent se superposer, ou du moins être desservis par un même tuyau de chute pour chaque groupe, aussi vertical que possible. Et d'ailleurs, comme je vous l'ai dit pour les cabinets de toilette, mais bien plus encore ici, il ne faut pas que vos cabinets soient superposés à des salons ou pièces quelconques où un tuyau de chute ne pourrait pas passer ouvertement ; car, retenez bien ceci, il ne faut jamais que ces canalisations nécessaires soient dissimulées dans des épaisseurs de murs, ou dans des motifs d'architecture : il faut que les tuyaux restent apparents, faciles à visiter et à entretenir à tout moment.

Vous voyez par là combien l'étude des étages est solidaire. Plan de fondations, plan de rez-de-chaussée, plan des étages, ce n'est qu'un : c'est la conception unique d'un bâtiment unique à plusieurs étages. Et vous voyez que la question des cabinets d'aisances est loin d'être facile.

Bien entendu, d'ailleurs, je ne vous parle ici du cabinet d'aisances qu'au point de vue de la composition, et non de ses installations techniques. Ce serait sortir de mon sujet, et pour toutes ces dépendances de l'habitation, je ne puis que vous conseiller l'étude des ouvrages spéciaux où vous trouverez l'exposé des progrès considérables réalisés depuis quelque temps dans tout ce qui touche à l'hygiène.

J'aurai peu de chose à vous dire d'une lingerie. C'est une pièce claire, munie d'armoires à linge, et où se tient souvent une femme de chambre ou une ouvrière pour les raccommodages, les repassages, etc. Ce sera là aussi le dépôt du linge sale, dans un coffre spécial et autant que possible aéré, à moins que dans de très grandes habitations il n'y ait une resserre spéciale du linge sale.

Le voisinage des chambres est une nécessité pour la lingerie ; cela, je crois, se comprend sans que j'aie besoin d'insister.

Il en est de même des pièces que l'on trouve dans des appartements complets sous le nom de *garde-robes, roberies, penderies*. De grandes armoires, de la lumière et de la propreté, du chauffage au besoin, voilà tout le programme.

Je me suis étendu longuement sur la chambre et ses dépendances. C'est que c'est, je le répète, le premier programme de l'architecture : programme bien connu, semble-t-il, et qui cependant donne lieu à bien des imperfections, car il est très difficile.

Très difficile, parce que pour le résoudre tout à fait il faudrait concilier des choses inconciliables. La théorie vous dit bien ce que doit être une chambre ou telle ou telle de ses dépendances : puis, elle vous laisse vous débrouiller. Or, c'est là justement que la difficulté commence. Ainsi on vous dira : « placez vos chambres au midi ». Oui, si vous pouvez. Et à chaque conseil de la théorie il faudrait ajouter cette restriction « si vous pouvez ».

Je vous l'ai dit déjà, avec nos programmes complexes de la vie moderne — et qui tous les jours le deviennent de plus en plus — la composition est l'art des sacrifices judicieux. Toujours quelque chose est à sacrifier de la théorie : mais dans l'habitation, quand il s'agit de la chambre, il s'agit — retenez-le bien — de la chose principale, et c'est là que vous devez être le moins résignés aux sacrifices.

CHAPITRE V

LES SALONS

SOMMAIRE. — Origine du salon. — Anciennes salles d'assemblée. — Le salon dans l'appartement. — Emplacement. — Grands et petits salons. — Successions de salons. — Enfilades. — Salles de réception. — Galeries. — Salles de fêtes et de danse.

Le mot *salon* (anciennement *sallon*) est relativement moderne; mais il a eu dans le passé son équivalent avec les expressions : *grand salle, parloir, salle d'assemblée*, ou simplement *la salle*. Vous trouverez même dans l'ancien langage et jusqu'au xviie siècle le mot *chambre* employé pour désigner un salon véritable, par exemple la fameuse *Chambre bleue* où Mme de Rambouillet réunissait les précieuses : mais dans cette acception on ajoutait ordinairement *chambre de conversation*.

Cependant, il est certain que si l'on a toujours été à même de recevoir ses amis, — et même au besoin ses ennemis, — l'affectation particulière d'une ou plusieurs pièces à la réception s'est accentuée depuis un siècle ou deux. Nous voyons, par exemple, que les grandes dames du xviie siècle et même encore du xviiie recevaient leurs visites dans la chambre à coucher principale, parfois même restant dans leur lit : de là, toutes les significations du mot *ruelle* qui joue un si grand rôle dans la littérature, « Propos de ruelle », cela voulait dire commérages, médisances, nouvelles du jour. Les nouvellistes « couraient les ruelles ». Les réceptions du *petit lever* du roi avaient lieu dans la chambre de parade. Du reste, Blondel, que je vous ai déjà cité, dit de cette sorte de chambre : « la dame de la maison y reçoit les visites de cérémonie. »

On faisait donc dans la chambre une partie de ce que nous faisons dans le salon ; mais le salon existait sous le nom de salle d'assemblée.

Dans la maison antique, le salon n'existe pas ; la réception avait lieu, comme je vous l'ai dit, dans l'*atrium* et le *tablinum*. Réception d'ailleurs qui n'avait rien de commun avec la nôtre : peu ou point de femmes, hiérarchie de patron à clients. Cela serait plutôt analogue à ce que sont chez nous les réceptions d'audience d'un homme public, ou encore se retrouverait par analogie dans les habitudes du xviie siècle, alors qu'on allait *faire sa cour*, se montrer au maître. Quant aux réunions intimes, la maison antique les admettait dans le péristyle, le *triclinium*, les parties élégantes et non publiques de la maison.

Avec le Moyen Age apparaît la grande salle, ou parloir. En général, l'habitation seigneuriale comportait une vaste salle commune, où l'on faisait de tout un peu. On y mangeait, on y jouait, on y faisait la veillée, on y dormait. Telle est, par exemple, la grande salle du château de Pierrefonds (fig. 579). Cela ne ressemble pas à nos salons.

Dans la maison bourgeoise, il y avait aussi la grand-salle, plus modeste bien entendu, mais servant aussi à des usages multiples ; arrière-boutique et atelier si le bourgeois était un marchand ; salle à manger et sans doute aussi cuisine ; salle à veiller entre voisins et compères. Cette salle formait souvent le rez-de-chaussée de la maison, et au-dessus étaient les quelques chambres de la famille.

Cette disposition est celle des maisons bien connues de Cluny, d'Orléans (fig. 580), de Montferrand, etc.

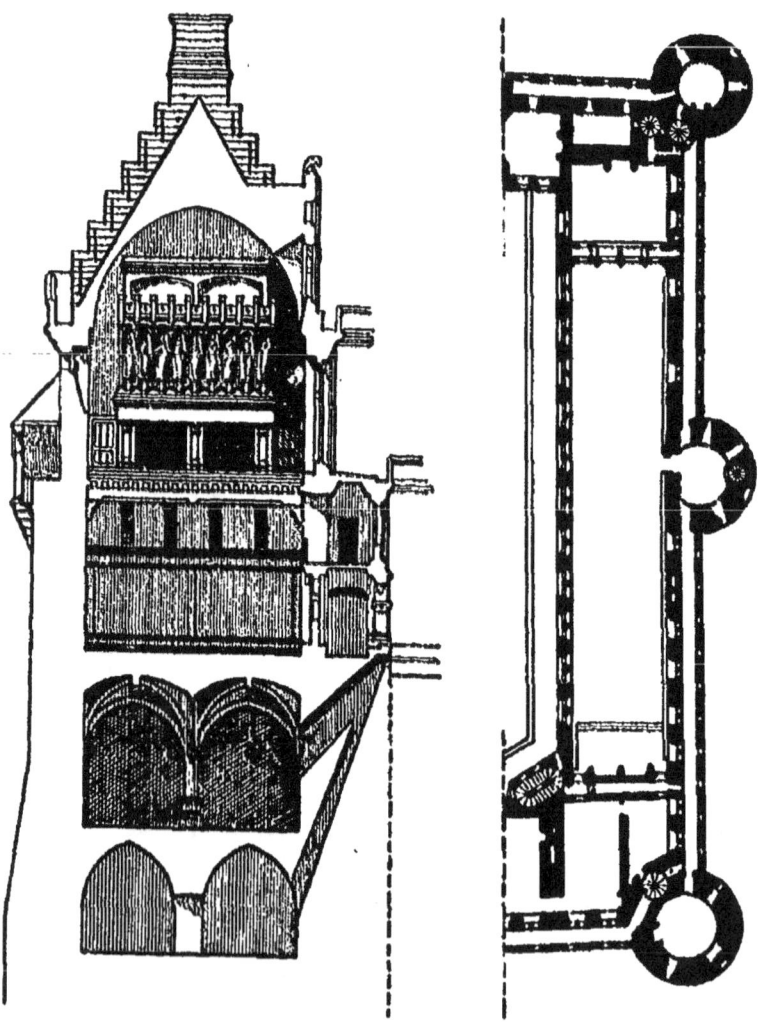

Fig. 579. — Grande salle du château de Pierrefonds. Coupe et plan.

C'est à mesure que l'existence devient plus raffinée et plus élégante qu'on éprouve le besoin d'avoir des pièces diverses pour les diverses fonctions de la vie. Alors, les pièces se spécialisent, et on voit dès lors des salles à manger, des bibliothèques, etc., et en particulier des *salles d'assemblée* ou de *conversation*. Ce sont nos salons.

Je n'ai pas besoin de vous dire que le salon ou les salons concentrent la richesse et les éléments de la représentation de l'habitation. C'en est la partie la plus décorée, la plus théâtrale. Chaque salon est aussi beau que possible, mais s'il y en a plusieurs, la disposition doit être telle qu'ils se complètent les uns les autres. Là se justifient les grandes enfilades et les longues perspectives. Les salons s'étudient avec la pensée de la réception et de la fête, des toilettes, de la musique, de la danse. Comme nous avons fait pour les chambres, voyons d'abord leur place logique dans l'appartement.

Fig. 180.
Plan d'une maison à Orléans.

Ici, à l'inverse de la chambre, c'est à l'étranger, à l'hôte, qu'il faut penser d'abord. Venant de l'antichambre, soit qu'il s'agisse d'une visite de jour ou d'une réception de soirée, il devra passer directement de l'antichambre aux salons, sans avoir à traverser de dégagements quelconques. Aussi faut-il rejeter absolument la distribution, fréquente autrefois, qui obligeait à traverser la salle à manger pour arriver au salon : soit qu'on dresse le couvert, soit qu'on desserve, à plus forte raison si l'on est encore à table, cette servitude de passage est inadmissible.

Les salons seront groupés : les grands salons formeront un ensemble, les petits salons seront rejetés aux extrémités. Les petits salons, en effet, abritent des conversations intimes, des tables de jeux, un isolement relatif au milieu du bruit : ce serait donc une faute de les interposer entre des grands salons : ils ne seraient plus qu'un lieu de passage. Au contraire un petit salon sera une transition toute naturelle entre les salons et la chambre principale ou un cabinet de travail, une bibliothèque, etc.

Une question très grave se pose à propos de l'emplacement du groupe des salons, ou plutôt de leur exposition sur telle ou telle façade. Dans les anciens hôtels, entre cour et jardin, nulle difficulté : la réception absorbant tout un étage — le rez-de-chaussée, — et l'habitation, ou plutôt les chambres, étant au premier étage, on disposait naturellement les salons à la plus belle place, sur le jardin, et sur la cour on plaçait les vestibules, escaliers, vestiaires, pièces de service, etc. Telle est la

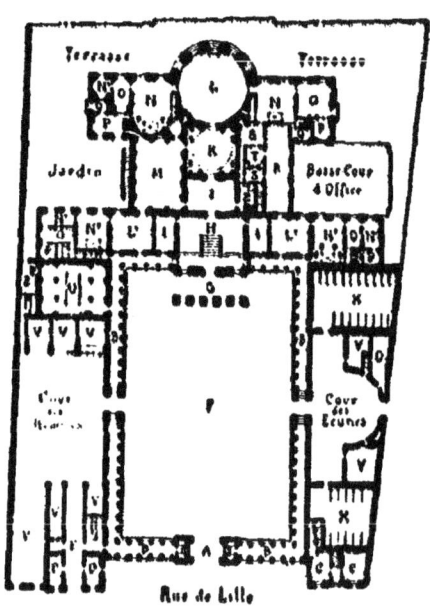

Fig. 581. — Plan de l'hôtel de Salm.

A, entrée et porte. — B, galerie circulaire. — C, loge du suisse. — D, loge du concierge. — E, passage des voitures. — F, grande cour. — G, péristyle. — H, vestibule. — I, antichambre. — K, salle de musique. — L, salon. — L', petit salon. — M, salle à manger. — NN, chambres à coucher. — N'N', petites chambres à coucher. — N"N", boudoirs. — O, cabinets. — PP, cabinets de toilette. — Q, garde-robe à l'anglaise. — R, grande galerie. SS, cabinets particuliers. — T, petit cabinet de travail. — V, salle de billard. — VV, remises. — XX, écuries pour trente chevaux. — Z, petite cour.

disposition de tous les plans d'hôtels des xvie et xviie siècles; telle est par exemple celle du palais de l'Élysée ou celle du joli hôtel de Salm, aujourd'hui Palais de la Légion d'honneur (fig. 581). Au-dessus de cet appartement de réception ainsi disposé, et lorsqu'il y a un premier étage, les plus belles chambres sont à leur tour orientées sur le jardin, leurs dépendances sur la cour : loin d'être contradictoires, ces deux dispositions se complètent et se confirment l'une l'autre.

Mais lorsque l'habitation d'une même famille ne comporte qu'un seul niveau — ce qui est le cas de beaucoup le plus fréquent, celui de tous nos appartements — il y a un côté principal, un côté secondaire : par exemple la façade sera sur une belle avenue, avec de l'espace, de la vue, du soleil ; le reste sera sur une cour : quel parti prendre ? Le plus souvent, on place les salons en façade; on aime à les faire voir, on veut que les soirs de fête de nombreuses fenêtres soient richement éclairées. Mais les chambres sont sacrifiées, et pourtant les salons servent rarement, les chambres toujours. En tous cas, il faut ici encore faire la part des sacrifices, et la question est grave, car le parti à prendre entraîne des conséquences sur lesquelles on ne pourra plus revenir.

Eh bien, c'est là une question de programme; c'est à votre client et non à vous à savoir et à décider ce qu'il préfère sacrifier, de l'apparat ou de l'intimité.

Dans une succession de salons, il faut chercher la variété : variété de forme et de décoration. C'est ainsi qu'à Versailles, pour prendre l'exemple le plus grandiose, aux deux extrémités de la Galerie des Glaces, vous trouvez des salons carrés, dont l'étude en est absolument différente (fig. 582, Salon de la Guerre, à Versailles). Cette variété a toujours été recherchée; à des salons en longueur s'opposent des salons carrés, parfois ovales; à côté des voussures existent des plafonds, à côté des lambris, des tentures ou des peintures.

Cependant, il y a des éléments qui se trouveront dans tous les salons : en premier lieu une cheminée. Les salons auront de larges portes à deux vantaux en enfilade, de façon à assurer la circulation facile un jour de réception nombreuse.

Dans le salon comme dans la chambre, vous devrez éviter les

Fig. 582. — Salon de la Guerre, à Versailles.

portes dans des milieux. D'abord, dans les murs de refend perpendiculaires à la façade, c'est une place réclamée par la cheminée ; non seulement l'usage le veut, pour que les personnes assises devant le feu ne soient pas à contre-jour, mais dans la plupart des cas la construction l'exige. Entre le mur de façade et un mur intérieur qui lui est parallèle, vous avez une largeur constante et ce sont ces deux murs qui porteront la construc-

Fig. 583. — Grand Salon d'après Blondel.

tion de vos planchers, que les poutres soient apparentes ou non ; or, cette construction des planchers serait précaire s'ils devaient être portés par un mur criblé de tuyaux de cheminées. Si au contraire vous vouliez faire porter les planchers sur les murs de refend perpendiculaires à la façade, il vous faudrait partout des murs et non des cloisons, et d'ailleurs vous vous interdiriez ainsi les grandes dimensions de salons, dont la longueur ne pourrait excéder les portées admissibles pour vos poutres.

Plaçant donc la cheminée contre un de ces murs de refend (fig. 583), les portes seront nécessairement latérales ; et ce sera

LES SALONS 75

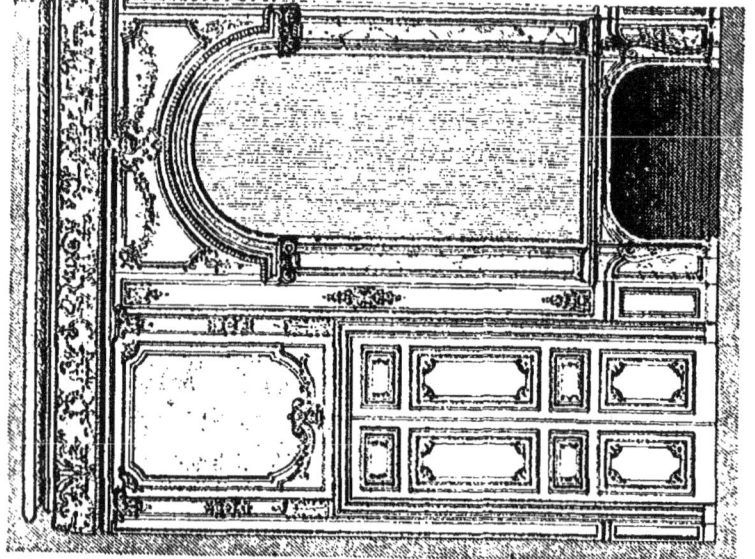

Fig. 583. — Salon du château de Bercy (démoli). Coupe longitudinale.

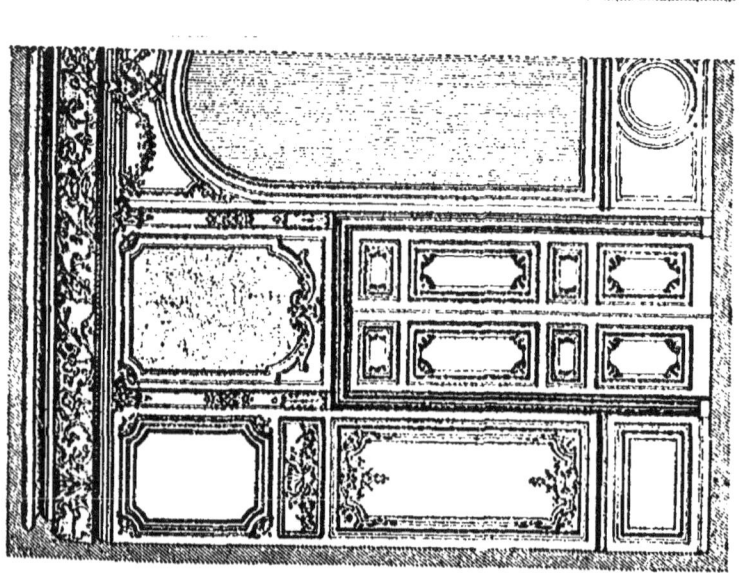

Fig. 584. — Salon du château de Bercy (démoli). Coupe transversale.

au grand profit de l'effet; car en face de la cheminée, vous aurez une place de milieu pour un meuble principal, ou pour une glace qui répétera celle de la cheminée. Comme vous aurez un ou plusieurs lustres dans l'axe de votre plafond, ces lumières se réfléchissant dans l'enfilade des glaces multiplieront l'aspect brillant de la fête. Et ce sera plus commode aussi, car rien ne serait plus gênant dans un salon qu'une circulation qui le couperait en deux. Il faut considérer la circulation par l'enfilade des portes comme un véritable portique intérieur où les allées et venues ne doivent pas troubler les réunions de personnes assises dans le salon autour de la cheminée. Parmi les plus beaux salons de l'architecture française était celui du château de Bercy (fig. 584 et 585), aujourd'hui démoli.

Mais aurez-vous une ou deux enfilades de portes? Cela dépend et des dimensions, et du programme implicite du salon. Si les dimensions sont restreintes, deux portes disposées de chaque côté de la cheminée ne laisseraient aucun espace pour la conversation, et le salon ne serait plus qu'un lieu de passage. Le parti de deux portes n'est donc réellement possible qu'avec des dimensions assez vastes, comme par exemple le beau salon d'*Hercule* à Versailles. Autrement on en arrive à ces salons comme on en voit parfois, où il n'y a que des portes, et pas de place pour des meubles, des tableaux, etc.

Quant au programme, j'entends par là que des salons peuvent être destinés à une foule ou à des réunions assez peu nombreuses. Voici un exemple saisissant de ces différences.

Les salons de Versailles (fig. 586) sont assurément très vastes, bien dégagés par les enfilades de portes de large ouverture. Mais en somme le Palais de Versailles a été fait pour des réunions de la cour, c'est-à-dire d'un personnel plus choisi que nombreux. Aussi n'y a-t-il de porte qu'entre la cheminée et le mur de façade : là se faisait la circulation, et le surplus du salon constituait un espace tranquille, réservé à la conversation, avec

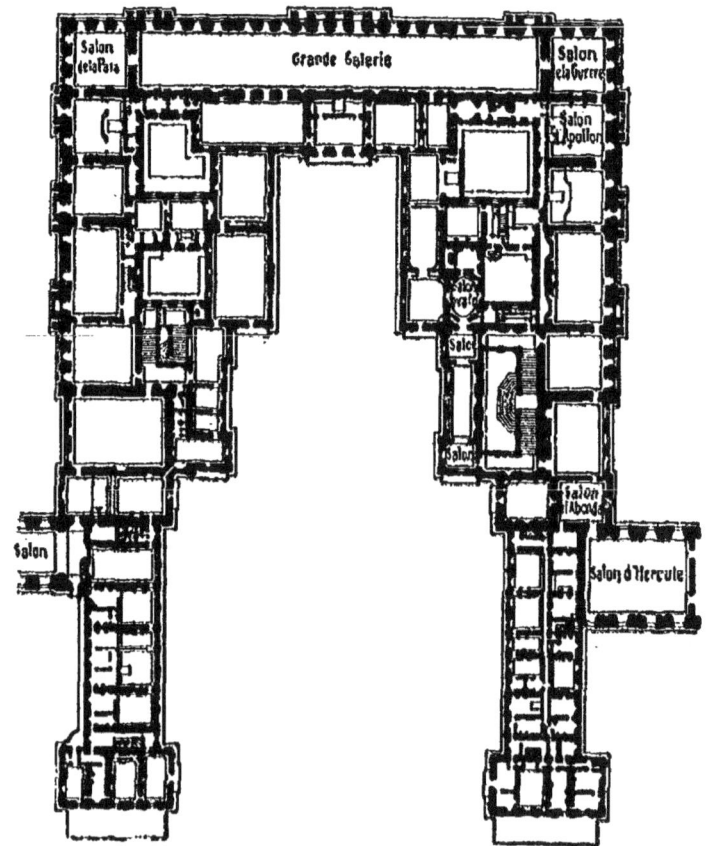

Fig. 186. — Grands appartements du château de Versailles.

des sièges suffisamment espacés, et où l'on n'était pas dérangé. C'était la réalisation parfaite du programme. — En 1878, on a voulu donner dans ces salons une fête pour laquelle on avait lancé plus de dix mille invitations; on s'y écrasait, nulle circulation n'était possible, de nombreux accidents ont eu lieu, et la fête a pris presque les proportions d'un sinistre. C'est que les salons de Versailles n'ont pas été conçus pour des foules ; et dans les réceptions telles qu'on les comprend maintenant, où l'on ne peut que circuler sans s'asseoir, le salon devient un lieu de passage et non de séjour ; il faut alors avant tout la circulation, et avec la disposition des portes doubles, cette circulation se canalise d'elle-même en chaque sens. Telle est, par exemple, la disposition des salons de l'Hôtel de Ville de Paris (fig. 587).

Il faut donc bien voir à quel programme on doit satisfaire et l'accepter tel qu'il est, en se gardant bien seulement de faire des hors de proportion : un salon de palais et un salon de maison sont choses différentes, et rien ne serait ridicule comme une imitation en petit des salons de Versailles.

Ai-je besoin de vous dire que dans l'habitation le salon a toujours offert le programme artistique par excellence. Car il faut comprendre sous cette appellation toutes les salles qui dans les Palais, les hôtels, les maisons, servent à se réunir et à recevoir ; ce sont des salons, ces magnifiques salles du Vatican ennoblies par Raphaël (fig. 588), ou encore ces salles des appartements Borgia, d'une si belle décoration ; ces salles du Palais Pitti à Florence (v. plus haut, fig. 464), du palais des Doges à Venise ; ces anciennes salles du Louvre, et cette succession des grands appartements de Versailles.

Comme pour les chambres, je ne puis que vous engager à voir. Rien n'est plus varié que le salon, car rien n'est plus libre : au fond, c'est tout simplement une pièce assez vaste, qui n'a d'autre objet que de contenir à l'aise un certain nombre de personnes. C'est une pièce de luxe et de représentation. Aussi en voyez-vous qui empruntent tous les éléments et tous les

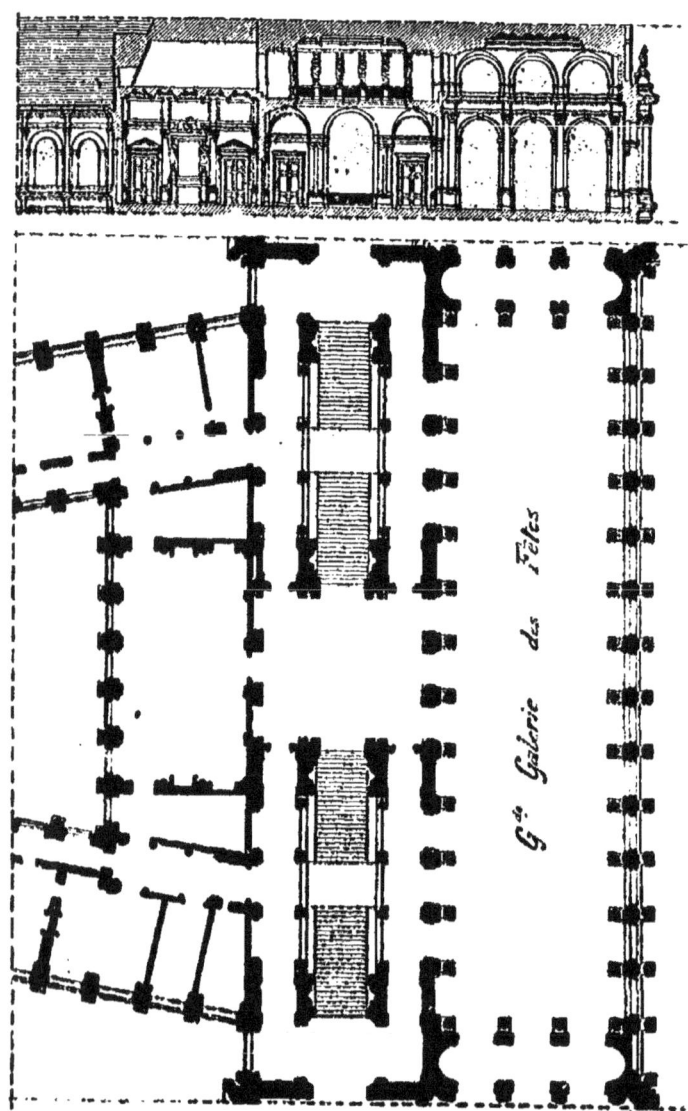

Fig. 187. — Salle des fêtes, à l'Hôtel de Ville.

80   ÉLÉMENTS ET THÉORIE DE L'ARCHITECTURE

moyens de l'architecture, les voûtes ou les plafonds, les marbres ou les boiseries, les peintures, les tentures de tapisserie ou de

Fig. 188. — Chambre du Vatican.

soierie, les dorures et les camaïeux : mais toujours avec le souci de la commodité de disposition, et du placement judicieux des meubles nécessaires.

Nos petits salons correspondent dans le langage contemporain à ce qu'on appelait jadis boudoirs et parfois cabinets.

Vous pouvez voir de nombreux exemples de beaux salons; à Versailles notamment, les salons des grands appartements, et les salons plus restreints des petits appartements; au grand Trianon, les beaux salons boisés qui ne sont pas inférieurs à ceux de Versailles; au petit Trianon, le salon et le boudoir de Marie-Antoinette, et le salon du Pavillon français (fig. 589), qui servait surtout de salon de jeux, le pavillon de musique, etc.

A Fontainebleau, de nombreux salons tous remarquables à divers titres; pour les désigner particulièrement, il faudrait presque une nomenclature de tout le château, car les grandes chambres peuvent aussi justement être qualifiées salons; les salons du château de Vaux, etc.; à l'hôtel Soubise, de beaux salons du xviiie siècle.

A Rambouillet, au 1er étage du château, la suite des salons dans l'aile droite de la cour d'honneur : deux salons principaux, un petit salon, et un boudoir, tous du temps de Louis XV et d'un art élégant et gracieux, surtout peut-être le petit boudoir qui termine la suite de ce bel appartement.

C'est peut-être à propos des salons qu'il convient de parler des cheminées qui jouent un si grand rôle dans leur décoration, bien que cet élément soit commun aussi à la chambre, à la salle à manger, etc. Vous connaissez ces grandes et belles cheminées monumentales de l'hôtel Cluny, de Saint-Germain, de Fontainebleau, de Blois, etc., dont l'architecture s'élève jusqu'à la voûte ou jusqu'au plafond, si différentes de nos cheminées modernes. Vous êtes-vous demandé pourquoi ? C'est que dans ces monuments le tuyau de cheminée est toujours adossé au mur; on n'avait pas imaginé de l'encastrer dans l'épaisseur

Fig. 189. — Pavillon français, à Trianon.

de ce mur. Parmi les plus remarquables sont les belles cheminées du château de Cadillac.

Cette disposition est excellente, car elle laisse au mur toute sa solidité; mais elle exige de la place dont nous sommes aujourd'hui plus avares. On imite souvent ces cheminées, mais lorsque leur architecture spéciale n'est pas motivée par la saillie du coffre, motivant lui-même le *manteau*, ce n'est plus qu'une fantaisie décorative.

Mais, comme le dit Blondel, ces grandes cheminées sont assez encombrantes, et sous Louis XIV et Louis XV, on est arrivé à restreindre leur largeur et leur développement architectural, à en faire moins un monument spécial, à les unifier davantage avec l'étude et la tenue générale de la pièce. On a fait les foyers moins hauts, la peinture et les glaces les ont reliées aux encadrements ou aux boiseries. Il est intéressant de comparer aux cheminées

Fig. 590. — Cheminée du Salon d'Hercule, à Versailles.

monumentales que je rappelais tout à l'heure, celle très grande aussi, très artistiquement étudiée, mais déjà plus intime, du salon d'Hercule à Versailles (fig. 590); puis, dans ce même Palais, celle du cabinet de Louis XV, surmontée d'un élégant cadre de glace et accompagnée des belles boiseries de cette jolie salle (fig. 591).

Dans nos habitudes de construction, la cheminée ne motive plus, dans les conditions les plus fréquentes, de saillie au-dessus de sa tablette; ce qui la surmonte, glace ou décor quelconque, s'applique contre le mur même, le tuyau de fumée étant dans le

Fig. 591. — Cheminée du Cabinet de Louis XV, à Versailles.

mur. Ce n'est guère que contre des murs mitoyens que la cheminée adossée est encore en usage, ou alors par suite de dispositions spéciales adoptées en vue de la décoration. Aussi, remarquez en passant que les très fortes épaisseurs apparentes de murs, qui permettent à Versailles notamment les beaux ébrasements où les vantaux de portes se logent dans des caissons latéraux, résultent de ce que cette épaisseur correspond le plus souvent à trois largeurs : celle du mur, et celles de deux coffres de cheminée adossés à chaque face du mur.

Le salon n'a pas de dépendances directes, autres que l'antichambre, le vestiaire et l'office, dont je vous parlerai plus loin. Mais il a des compléments : d'abord les salons se complètent les uns par les autres, puis par le voisinage de toutes les pièces qui contribuent à la représentation : la chambre principale, la salle à manger, le cabinet de travail, etc. Et dans la grande habitation, il y a, en plus des salons, des salles de destinations spéciales, qui font partie au premier chef de l'ensemble de la réception et de la représentation ; ce sont les galeries et les salles de fête ou de danse.

C'est ainsi qu'au Palais de l'Élysée, lorsqu'on en a fait la résidence du Chef de l'État, il a fallu rajouter par des moyens plus ou moins précaires ces deux éléments nécessaires aux grandes réceptions, dont le programme complet comporte : des salons pour la conversation, une galerie pour la promenade, une salle où se localisent les danses ou les auditions musicales.

Vous connaissez certainement ces exemples admirables : la Galerie d'Apollon au Louvre (fig. 592 et fig. 593), celle de François Ier à Fontainebleau, celle des Glaces à Versailles. Pour bien comprendre l'usage de ces galeries, il faut se reporter à l'époque de leur création et voir ce qui s'y passait. Là les cour-

86   ÉLÉMENTS ET THÉORIE DE L'ARCHITECTURE

tisans attendaient; c'était une sorte de salle des Pas-perdus où

Fig. 592. — Galerie d'Apollon, au Louvre.

affluaient tous ceux qui venaient *faire leur cour* plus ou moins intéressée. Puis le roi paraissait, parcourait la galerie, recevant

Fig. 591. — Galerie d'Apollon, au Louvre.

les hommages et accordant des faveurs. Il passait en réalité la revue de sa cour, immobile dans cette longue galerie. Tandis que dans un salon, on fait cercle autour du maître ou de la maîtresse de maison, dans la galerie de réception, c'était le maître qui se déplaçait.

Aussi la galerie était-elle peu meublée, car il n'y aurait jamais eu assez de sièges pour tout le monde; pas chauffée,

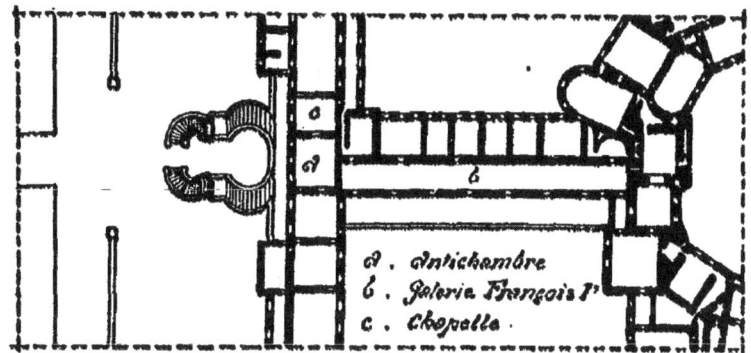

Fig. 594. — Galerie de François I*r*, à Fontainebleau (plan).

car une cheminée était impraticable et les calorifères n'existaient pas; mais bien éclairée, riche, très décorée, magnifique occasion d'art, souvent ornée de belles peintures et sculptures.

Je vous ai cité les plus belles, elles sont faciles à visiter, leur aspect vous en dira plus que je n'en pourrais dire. Je me bornerai donc à vous rappeler les plus célèbres : la Galerie des Glaces à Versailles, à rapprocher de la Galerie d'Apollon (fig. 592-593I), toutes deux voûtées, et la galerie plafonnée de François I*er* à Fontainebleau (fig. 594-595-596).

Quant aux galeries spécialement consacrées à des collections, comme ce que Blondel appelle *cabinets*, ce sont en réalité de petits musées, et les conditions désirables pour ces salles sont les mêmes que pour les salles de musées proprement dits. Je

Fig. 191. — Extrémité de la Galerie de François Ier à Fontainebleau.

réserve donc ce sujet pour le jour où nous nous entretiendrons des salles de musées.

La salle des fêtes ou salle de bal n'existe comme salle spéciale que dans la très riche habitation; dans la vie ordinaire, même luxueuse, c'est dans les salons qu'on danse, et parfois le bal s'étend jusque dans les chambres principales, et dans toutes les pièces qui peuvent accidentellement se grouper avec la réception. Aussi faut-il prévoir pour toutes ces pièces des planchers assez résistants pour n'être pas exposés à des trépidations inquiétantes sous la cadence rythmée de la danse.

La salle de bal sera en principe de forme rectangulaire ; elle ne peut en effet s'accommoder de la forme carrée, nécessairement plus restreinte, ni de la longueur d'une galerie où il faut se diviser en plusieurs groupes de danse. Il y faut des parois unies ou des dispositions qui permettent d'y trouver place pour de nombreux sièges. Enfin, la place de l'orchestre, assez importante, doit être déterminée par un motif spécial, estrade ou tribune, de telle sorte que les musiciens soient en tous cas plus élevés que le parquet des danseurs. Le type et l'exemple le plus célèbre en est la magnifique salle des fêtes de Fontainebleau (fig. 597-598), qui tire sa grande valeur à la fois de son caractère artistique et de son appropriation parfaite à son programme particulier.

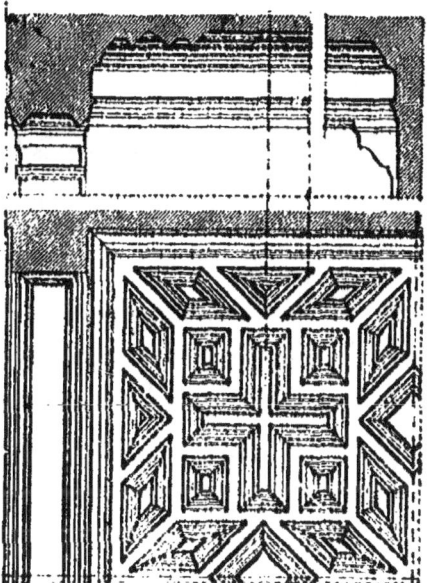

Fig. 196. — Plafond de la Galerie de François Iᵉʳ, à Fontainebleau.

Autour d'un parquet complètement dégagé, cette salle présente à chaque travée de fenêtre des renfoncements profonds, formés par les piédroits d'arcades intérieures ; ces renfoncements ainsi que la face des piliers sont munis de banquettes adossées à un beau lambris de menuiserie ; les assistants ont ainsi des

Fig. 197. — Galerie de Henri II, à Fontainebleau (plan et coupe).

sortes de cabinets ouverts, où ils ne gênent pas les danseurs et ne sont pas gênés par eux. A une extrémité, en face d'une cheminée monumentale, est une tribune élevée et spacieuse pour l'orchestre. Les sculptures et les peintures, un plafond magnifique (quoique non prévu par la composition primitive, qui supposait des voûtes) font de cette salle à tous égards un chef-d'œuvre.

On peut encore citer comme de belles salles de fêtes, quoique moins caractérisées par leur étude, les salles de Versailles, et la salle principale de l'Hôtel de Ville de Paris; sa proportion se rapproche de celle des galeries; vous y remarquerez l'utilité du portique latéral intérieur, véritable bas côté, qui la côtoie dans toute sa longueur, et permet la circulation sans emprunter le parquet des danseurs. Mais les places des sièges ne sont pas assez prévues, non plus que celle de l'orchestre. Et il faut bien reconnaître que son étude artistique n'atteint pas à la hauteur de celle de Fontainebleau.

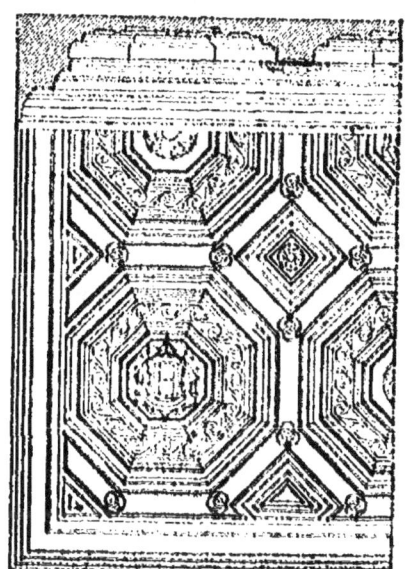

Fig. 198. — Galerie de Henri II, à Fontainebleau (plafond).

Parmi les dépendances du salon, je vous ai cité le vestiaire. Rien n'est plus nécessaire en effet, et il faut le dire rien n'est plus rare dans les édifices où ont lieu de grandes réceptions. A l'Élysée, il a fallu construire sur les perrons des annexes réputées provisoires, et devenues définitives. Au Ministère des Affaires étrangères, quiconque arrive à l'heure de la foule est obligé de repartir sans entrer. Au Ministère de l'Instruction publique, il faut que la salle à manger se convertisse en vestiaire. Le vestiaire est toujours la chose à laquelle on n'a pas pensé, et qu'on improvise n'importe comment, fût-ce sous un escalier. Qui ne voit cependant l'intérêt à pouvoir, à la sortie surtout, éviter les longs stationnements et les attentes sans résultat, le désordre et la confusion?

Il faut que le vestiaire soit vaste, bien défendu du froid extérieur; il faut qu'il offre aux invités le plus grand développement possible de tablettes. Par conséquent, un vestiaire, même vaste, qui se présente par le petit côté est mauvais. Si l'entrée et la sortie peuvent être distinctes, ce n'en est que mieux.

Je ne connais qu'un édifice où le service des vestiaires se fasse complètement bien, c'est l'Hôtel de Ville de Paris. Mais on y consacre rien moins que toute la salle Saint-Jean (fig. 599), l'équivalent au rez-de-chaussée de la grande salle des fêtes au premier étage. Le public dispose de toute la longueur de la salle, et de chaque côté sont aménagées des stalles, véritables boutiques, correspondant à chaque travée, et portant en caractères très visibles l'inscription : 1 à 200; — 201 à 400; — etc. Tout s'y passe avec ordre, avec rapidité, bien que la foule soit à ces fêtes extrêmement nombreuse.

Vous voyez que, au point de vue du programme, la disposition d'un grand vestiaire ressemble fort à celle d'une salle de livraison des bagages dans une gare. C'est un élément très important de la réception, et si je me suis un peu étendu sur ce sujet, c'est que notre architecture ne s'est pas mise ici à l'unisson des mœurs. Trop fidèles à la disposition de nos anciens hôtels, où les réceptions étaient peu nombreuses, et où il suffisait

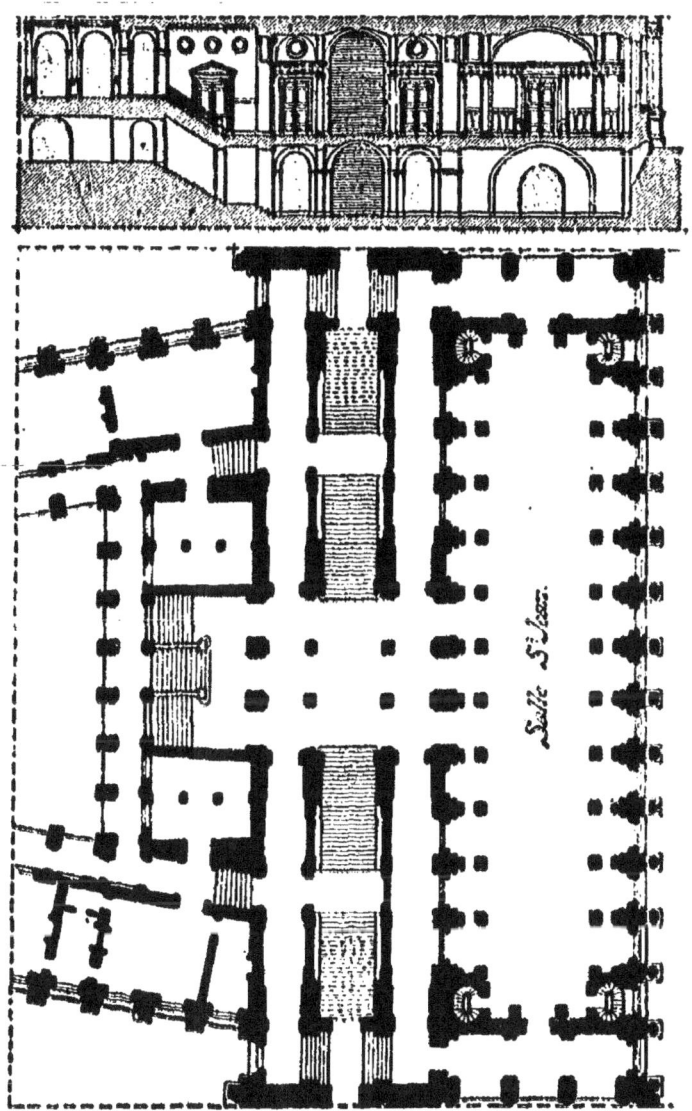

Fig. 199. — Salle Saint-Jean, à l'Hôtel de Ville.

comme vestiaire de la salle d'attente où des laquais tenaient sur leurs bras les vêtements des maîtres, nous n'avons rien prévu pour ce dépôt indispensable à des invités qui se comptent par centaines si ce n'est par milliers.

J'ai classé le vestiaire comme dépendance du salon, mais ce n'est pas une dépendance immédiate. Il peut en être plus ou moins éloigné : l'essentiel c'est que entre l'un et l'autre il n'y ait que des endroits chauffés, et où la toilette soit de mise, tels que antichambres, grands escaliers, etc.

CHAPITRE VI

LES SALLES A MANGER, LEURS DÉPENDANCES, LES CABINETS DE TRAVAIL, ETC.

SOMMAIRE. — La salle à manger. — Emplacement. — Dimensions nécessaires. — Chauffage. — Salles à manger d'apparat. — Hygiène. — Éclairage. — Les offices. — Le cabinet de travail. — Emplacement. — Bibliothèque. — Billards.

Les salles de fêtes m'avaient entraîné un peu au delà de l'habitation proprement dite. J'y reviens avec la salle à manger.

Dans la grande habitation, il y a des salles à manger de famille et des salles à manger d'apparat. Nous étudierons d'abord la salle à manger ordinaire. Sa place dans l'appartement sera à proximité aussi immédiate que possible des salons : en tous cas, la communication doit être large et facile. On se réunit d'abord au salon, de là on passe à la salle à manger, les invités offrant le bras aux dames, et on revient de même de la salle à manger au salon. Il vaut mieux qu'on n'ait pas à traverser d'antichambres ou de vestibules. Dans les anciens appartements, la salle à manger précédait souvent le salon, et servait d'antichambre à l'appartement. Les nombreux inconvénients de cette disposition l'on fait rejeter. En même temps, la salle à manger est devenue plus intime et plus confortable. Autrefois, elle était ordinairement carrelée, soit en marbre, soit en carreaux de liais alternés avec du marbre noir. Nous ne nous accommodons plus de ce froid carrelage, et nous parquetons les salles à manger.

Les dimensions d'une salle à manger ne sont pas arbitraires : sa largeur est déterminée par la largeur présumée de la table, et la nécessité pour le service de pouvoir librement circuler tout autour des convives assis. Si donc la disposition est telle que le buffet et la cheminée soient parallèles à la longueur de la table, il faut que la largeur s'augmente d'autant. Pour être commode et d'un service facile, dans tout appartement où l'on reçoit quelques personnes, une salle à manger devrait avoir environ quatre mètres de largeur utile, entre les saillies de buffet et de cheminée, ou de largeur réelle si la disposition permet de reporter ces saillies sur la longueur et non sur la largeur. Quant à la longueur, elle sera plus ou moins grande suivant le nombre de convives qu'on pourra supposer. Mais il faut toujours qu'on y soit à l'aise. Non seulement il est très désagréable d'être serrés, mais le service se fait mal, sans préjudice des accidents, des taches, difficiles à éviter dans une salle à manger encombrée. Seulement, ceci est aussi bien affaire de sagesse de la part des maîtres de maison que de disposition de la part de l'architecte qui n'en peut mais, si dans une salle suffisante pour une quinzaine de convives on veut en mettre plus de vingt — ce qui est fréquent.

Le chauffage d'une salle à manger est difficile. On y voit ordinairement soit des poêles de construction, soit des cheminées. Si ces appareils de chauffage sont près de la table, les convives qui en sont les plus voisins en sont très incommodés : le problème est en effet ici de chauffer des personnes immobiles et non, comme dans un salon, des personnes qui ont la liberté de changer de place. Qu'il s'agisse donc de poêle, de cheminée ou de calorifère, il faut chercher à placer ces émissions de chaleur le plus loin possible des convives, puis espérer que l'on aura le soin de chauffer la salle à manger avant et non pendant le repas. Il importe en effet que la salle soit chaude lorsqu'on y entre; ensuite, le fait même du repas y entretiendra suffisamment la chaleur.

Quant aux grandes salles à manger, celles qu'on appelait autrefois salles de festins, leur forme résulte évidemment de leur programme. Pour recevoir quarante ou cinquante convives ou plus, il faut ou plusieurs tables ou une table très longue. Or, sauf dans les repas officiels où il peut y avoir une *table d'honneur*, nos habitudes de courtoisie n'admettent guère plusieurs tables : tous les invités doivent être à la table du maître; par conséquent, la grande salle à manger est une pièce longue, dont la proportion se rapproche des galeries.

Pendant longtemps d'ailleurs la salle de festins ne fut pas distincte de la grande salle, et à Fontainebleau la salle des fêtes dont je vous ai parlé déjà fut d'abord qualifiée indifféremment salle de fêtes ou de danse, et salle des festins. A Versailles même, rien n'indique dans la conception première une salle à manger proprement dite, et ce n'est que sous Louis XV qu'une salle spéciale paraît avoir reçu cette affectation.

Autrefois on traita, avec beaucoup de raison, les salles à manger, grandes ou petites, avec la préoccupation dominante de la propreté. Comme sol, des carrelages pouvant se laver; comme parois, des dispositions de marbrerie, ou des lambris peints à l'huile, souvent avec des panneaux décoratifs représentant des sujets appropriés : fruits, gibiers, poissons, etc., comme, par exemple, la salle à manger du château de Beauregard, près de Blois (fig. 600). De nos jours, on a trop abandonné ces anciens errements, qui avaient le double avantage d'être excellents au point de vue hygiénique, et de concourir, par le caractère propre des salles à manger, à la diversité de l'habitation. Non seulement nos salles à manger reçoivent des papiers de tenture, mais

Fig. 600. — Salle à manger du château de Beauregard.

souvent elles sont tendues d'étoffes, et d'étoffes poreuses à gros grains. C'est un contresens absolu; ces étoffes s'imprègnent rapidement des vapeurs de tout ce qui se mange et se boit, et ne tardent pas à exhaler cette odeur désagréable qui est un résidu ou un mélange de tous les aromes culinaires.

En résumé, les qualités à rechercher dans l'étude d'une salle à manger sont le bien-être des convives et la facilité du service avec la table prise pour base de l'étude; le chauffage disposé de façon à incommoder le moins possible; la lumière aussi claire que possible; les parois réfractaires à la pénétration des vapeurs et des odeurs, soit que dans la riche habitation vous puissiez employer les marbres, les mosaïques, etc., soit que plus simplement vous ayez recours à la peinture ou aux vernis.

Pour ce qui est de l'éclairage des salles à manger, on fait souvent trop bon marché de la lumière du jour. Tablant sur nos habitudes actuelles, on arrive à considérer la salle à manger comme une partie de l'appartement qui ne servirait que le soir. Mais si l'on y dîne, on y déjeune aussi, et d'ailleurs les heures de repas sont affaire de mode : qui peut affirmer que bientôt les invitations ne se feront pas pour les repas du milieu de la journée, comme sous Louis XIV?

« J'y cours, midi sonnant, au sortir de la messe. »

Si cela était, il y a beaucoup de nos salles à manger où il faudrait fermer les rideaux et allumer les lumières.

Il est donc nécessaire que les salles à manger soient bien éclairées par de larges fenêtres, et éclairées commodément pour les convives. Pour cela, une chose est surtout à chercher : ne pas se faire ombre à soi-même, c'est-à-dire ne pas tourner le dos aux croisées; il faut donc, puisqu'il est inévitable que quelques convives soient dans cette situation défavorable, que ce soit du moins le plus petit nombre possible. Il en résulte que dans une salle à manger restreinte et qui ne peut recevoir de jour que d'un côté, les fenêtres devront être du côté d'un bout de table, en d'autres termes sur le petit côté de la pièce. C'est la disposition ordinaire dans nos appartements.

Mais pour les grandes salles à manger, ce n'est plus possible : dans ces salles qui sont presque des galeries, l'éclairage par l'extrémité serait insuffisante. Aussi trouve-t-on dans d'anciens hôtels ou maisons de campagne une disposition judicieuse : la salle à manger d'apparat, terminant une enfilade des appartements, forme une aile simple en épaisseur, et par conséquent peut s'éclairer sur ses deux faces opposées. Parfois encore, la salle à manger étant à l'angle d'un bâtiment peut avoir des croisées sur deux faces en retour d'équerre. Sans cela, tout un côté de la table est à contre-jour. A la vérité, cet inconvénient est un peu diminué lorsque l'élévation des appartements permet de très hautes croisées. Mais si la disposition générale autorise quelque combinaison d'éclairage complémentaire qui permette de diminuer l'obscurité de ce contre-jour, il ne faut pas le négliger.

Quant aux grandes salles à manger éclairées par le haut, dont il y a quelques exemples — car il n'y a pas d'absurdités dont on ne puisse citer des exemples — outre la tristesse de cet éclairage et de ces parois encaissées, elles sont à condamner radicalement par l'impossibilité de toute aération efficace.

La salle à manger offre, dans l'habitation, un programme artistique d'une nature particulière. Aussi a-t-elle été l'objet d'études très brillantes. La connaissance des besoins qui la régissent a conseillé dans sa décoration l'emploi de matériaux appropriés, tels que les marbres, les stucs, les mosaïques ou les céramiques; si l'on y employait des matières moins spéciales, telles que le bois ou les tentures, c'est en les protégeant par des peintures et des vernis qu'on est arrivé à ces décorations à la fois brillantes et cependant sérieuses qui caractérisent les salles à manger. La peinture y a répandu des sujets charmants; les grandes cheminées, d'apparat plutôt que d'usage, les dressoirs et les buffets, les fontaines, en ont fait un sujet de composition qui a puissamment attiré les artistes. Blondel nous fournit un exemple très intéressant de salle à manger au XVIIIe siècle, vue du côté des entrées de service (fig. 601-602).

Je vous ai déjà cité la salle des fêtes de Fontainebleau comme ayant été jadis désignée sous le nom de salle des festins.

A Versailles, du côté de la cour dite des Cerfs, vous pouvez voir une belle salle à manger du temps de Louis XV.

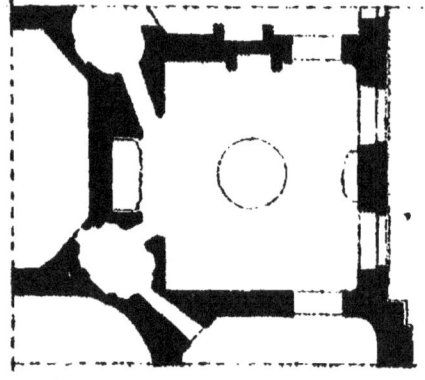

Fig. 601. — Salle à manger, d'après Blondel.

Au Petit Trianon, la salle à manger des appartements de Marie-Antoinette, et dans le Jardin, le Pavillon français, avec ses magnifiques boiseries, qu'on appelle ordinairement salon de jeux

Fig. 602. — Salle à manger de Blondel.

et que je vous ai cité plus haut comme salon, mais que M. Marcel Lambert croit avoir servi également de salle à manger.

Enfin, à Rambouillet, à la suite des salons que je vous ai déjà signalés, une belle salle à manger du XVIIIe siècle, d'une forme particulière résultant du plan général du château, et dont le croquis (fig. 603) vous donnera quelque idée.

La salle à manger a une dépendance directe : l'office ; l'office, du moins, dans le sens moderne de ce mot, et non comme l'entendait La Fontaine : « L'office que l'on nomme autrement la dépense, » où les rats allaient aux provisions. C'était alors un garde-manger.

Dans notre langage, l'office est une petite pièce de service à côté de la salle à manger. C'est là, depuis que ce ne sont plus les maîtres de maison qui découpent et qui servent les convives, que les maîtres d'hôtel découpent, font les portions, préparent les entrées ; là aussi que reviennent les plats desservis, les assiettes et les couverts retirés ; on y prépare aussi les glaces et rafraîchissements pour les salons. L'office est en quelque sorte les coulisses de la salle à manger.

Dans la disposition générale de l'habitation, sa place sera en communication directe avec la salle à manger, et autant que possible sur le parcours entre elle et la cuisine. Dans tous les cas, il ne faut jamais qu'il y ait communication ou simplement voisinage immédiat entre la salle à manger et la cuisine.

L'office sera aussi grand (ou grande) que la disposition le permettra ; très clair, et très propre ; parfois on revêt entièrement cette petite pièce de carreaux ou panneaux de faïence ; dans l'habitation très luxueuse, elle est quelquefois revêtue de marbre.

Il y faut des armoires, une table à découper, et de l'eau avec un vidoir et une tablette à égoutter, ordinairement en marbre ou en étain.

Fig. 603. — Salle à manger du château de Rambouillet.

Quant à l'office, dans le sens de garde-manger, c'est une dépendance de la cuisine, ou, dans la très grande habitation, de l'Intendance. Nous verrons du reste bientôt les dépendances de la cuisine.

Avant de quitter les pièces d'habitation à usage des maîtres, j'ai encore à vous dire quelques mots du cabinet de travail, de la bibliothèque, de la salle d'étude des enfants.

En général, le cabinet est une pièce où l'on reçoit non seulement des amis, mais des clients, des fournisseurs, même des inconnus. Il faut donc que le cabinet soit à portée directe de l'antichambre pour que les étrangers qui y viennent pénètrent le moins possible dans l'appartement. Mais, d'autre part, on peut être obligé de faire attendre un visiteur qu'on veut traiter avec respect, et il faut pouvoir le faire entrer dans un salon. Il est donc nécessaire que l'antichambre donne accès au cabinet et à un salon, et que ces deux pièces communiquent entre elles.

Comme exemples de cabinets d'une étude ravissante, je vous citerai à Versailles celui de Louis XV et celui de Louis XVI, deux merveilles d'art intérieur, ou, encore à Versailles, le cabinet dit salon des médailles (fig. 604 et 605).

La bibliothèque, lorsqu'elle ne se confond pas avec le cabinet, est plutôt une salle de travail commun pour la famille. Le plus possible de parois bien éclairées, et l'espace nécessaire pour la table de travail, voilà tout le programme de la bibliothèque; à moins cependant qu'il ne s'agisse d'un de ces amateurs de livres qui ont l'équivalent d'une bibliothèque publique; c'est alors un programme exceptionnel, qui ne peut rentrer dans le cadre de l'habitation ordinaire.

Les pièces pour l'étude, les salons de jeux, etc., n'appellent pas de prescriptions particulières; ce sont en réalité des chambres ou de petits salons.

Fig. 604. — Cabinet des Médailles, à Versailles. Côté de la cheminée.

Fig. 605. — Cabinet des Médailles, à Versailles. Côté de la croisée.

Quant aux salles de billard, elles doivent être placées de telle sorte que les invités puissent y être conduits, sans pour cela faire partie nécessaire de la réception. Il faut donc leur chercher une place assez indépendante, et de préférence à une extrémité. A la campagne, la salle de billard devient volontiers l'occasion d'un motif particulier. L'essentiel est qu'on ait largement l'espace nécessaire pour tourner autour du billard, et que la salle soit bien éclairée, en évitant autant que possible les ombres portées. Par conséquent un éclairage par plusieurs côtés sera préférable, en assurant une lumière diffuse.

CHAPITRE VII

LES CUISINES

SOMMAIRE. — Les anciennes cuisines. — Grandes cuisines du Moyen Age. — Cuisines depuis la Renaissance. — Emplacement. — Communs. — Cuisines dans les maisons. — Sous-sols. — La cuisine ordinaire. — Sa place. — Éclairage. — Hygiène. — Les grandes cuisines. — Rôtisserie. — Cuisines à rez-de-chaussée, en sous-sol, et dans les combles.
Les antichambres. — Vestiaires.
La mode dans l'habitation.

J'arrive à la cuisine, et je crois qu'il est assez difficile de bien comprendre les nécessités de la cuisine moderne, si l'on n'a quelque idée de ce qu'elle a été autrefois, sans remonter toutefois jusqu'aux Grecs et aux Romains; nous serions trop dans l'hypothèse.

L'art culinaire et le goût de la table sont choses fort antiques chez nous. S'il est probable que du temps des Mérovingiens et même sous Charlemagne, on ne connaissait guère que la broche et la marmite, il est certain que depuis l'origine de l'époque féodale les raffinements culinaires devinrent un luxe très répandu : ce fut un terrain où clercs et laïques, pourvu qu'ils fussent riches, rivalisaient sans trêve. Je crois qu'au vrai Moyen Age la société se divisait en deux classes : ceux qui mangeaient énormément et ceux qui ne mangeaient rien. Et ce qui le confirme, c'est que là où l'on ne trouve pas de cuisines gigantesques, on n'en trouve pour ainsi dire pas du tout. Dans les palais, dans les riches abbayes, les cuisines forment tout un bâtiment, et non des moindres; dans la simple maison, il y a la cheminée de la pièce commune, l'*atre* (du latin *atrium*) avec la crémaillère pour le chaudron, le tourne-broche, le trépied pour la poêle, le gril.

On voit encore dans les campagnes de ces anciennes maisons, où, dans *la salle*, comme on dit, subsiste cette grande cheminée devant laquelle se réunit la famille pendant les veillées d'hiver. Ce n'est pas une cuisine, car c'est autre chose aussi : on y mange, on y couche même, on y fait tout, mais c'est une salle où l'on fait la cuisine.

Nulle part, je crois, ces anciennes dispositions ne sont restées plus vivaces que dans les chalets des Alpes. Vous savez que le vrai chalet est une construction toute en madriers avec une cloison sous faîtage qui la divise en deux moitiés. Une autre cloison la divise transversalement, de sorte que le chalet type est composé de quatre compartiments : les deux du devant, plus grands, sont pour le bétail et les fourrages, les deux du fond pour les gens; et de ces deux, l'un sert de cuisine et de salle à manger. Or, dans les plus pauvres, il n'y a pas de cheminée, de fourneau encore moins. Sur la terre battue, on pose quelques pierres, entre ces pierres le feu. Le compartiment se rétrécit en pyramide tronquée, c'est là l'échappement de la fumée et sur les parois inclinés de cette pyramide, lesquelles sont en bois comme le reste, sont cloués les jambons et autres salaisons qui y seront fumés.

Voilà la pauvre cuisine du menu peuple; celle de la bourgeoisie n'était qu'un peu plus convenable. Voyons maintenant ce qu'étaient les grandes cuisines seigneuriales ou abbatiales.

LES CUISINES, ETC.

Dans un ensemble qui comprenait toutes les dépendances du service *de bouche*, laveries, garde-mangers, etc., s'élevait la cuisine proprement dite. Une des plus anciennes est celle de l'abbaye de Mont-Mayour, édifice circulaire, voûté en pierre et extradossé, présentant la forme d'une véritable cornue ou plutôt encore d'une bonbonne avec une cheminée centrale et des cheminées spéciales à chaque fourneau ou rôtisserie.

Fig. 606. — Cuisine de Fontevrault.

La cheminée centrale, la plus vaste et la plus élevée, était chargée de recevoir et d'expulser les fumées et les gaz qui n'avaient pas trouvé issue par les cheminées secondaires.

Fig. 607. — Cuisine de Fontevrault.

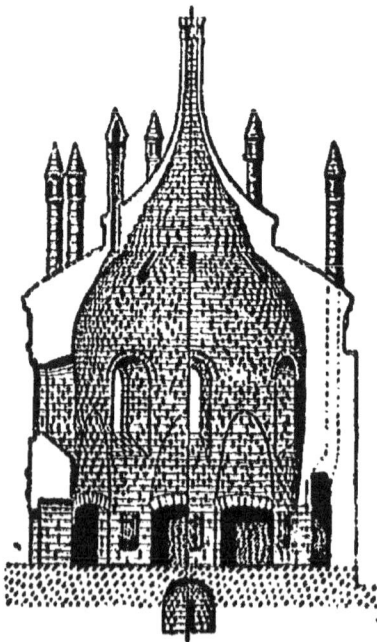

Fig. 608. — Cuisine de Fontevrault.

Dans le même esprit, mais plus vaste et perfectionnée est la cuisine de l'abbaye de Fontevrault (fig. 606, 607 et 608). Sur un polygone central, dont les piliers supportent une coupole appareillée en pierre, s'ouvrent autant d'absides dont chacune est occupée par un fourneau ou une rôtisserie, avec tuyaux de

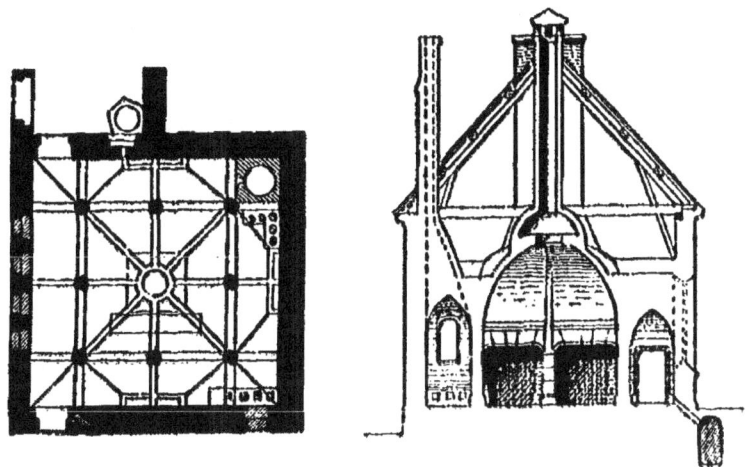

Fig. 609. — Cuisine des ducs de Bourgogne, à Dijon. Plan et coupe.

cheminée à chacun, et encore le tuyau central au milieu de la coupole qu'elle prolonge.

Je n'ai pas à insister, je crois, sur l'analogie avec ce que je vous disais du chalet des Alpes.

Il est à remarquer d'ailleurs que ces grandes cuisines monumentales sont très peu éclairées.

Une disposition différente, quoique procédant du même esprit, est celle de la cuisine du palais des ducs de Bourgogne à Dijon (fig. 609). Une salle carrée, voûtée, est entourée sur ses quatre côtés de véritables portiques sous trois desquels étaient les fourneaux ou les rôtisseries ; à chaque travée du portique correspond un tuyau de cheminée, et il devait certainement en exister au sommet de la salle centrale. Ici, le quatrième côté sert à l'éclairage de la cuisine au moyen de plusieurs fenêtres.

D'une façon générale, ces cuisines sont en dehors de l'habitation, et forment un groupe de bâtiments spéciaux. On peut encore citer dans le même esprit celles du monastère de Durham (fig. 610) et du château de Raby (fig. 611), toutes deux en Angleterre.

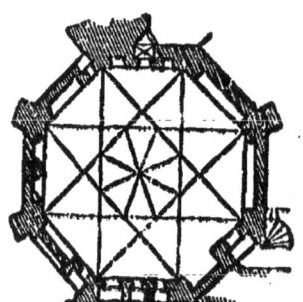

Fig. 610. — Cuisine du Monastère de Durham. Plan et coupe.

Avec les hôtels et palais de la Renaissance et des XVII° et XVIII° siècles, nous voyons les cuisines installées dans les *communs*. En général, elles ne donnent plus lieu à des bâtiments nettement distincts comme au Moyen Age, mais elles continuent à ne pas être dans les bâtiments d'habitation. Si quelquefois elles s'y incorporent, c'est par exception, et toujours dans une partie reculée.

Toute cette conception persistante de la disposition des cuisines reposait sur la même idée : éloigner de l'habitation les odeurs de la cuisine et de ses déchets. Aussi, dans la grande habitation française, voyons-nous souvent exister *l'aile des cuisines* comprenant avec la cuisine proprement dite tous ses accessoires, comme dans le plan type de grand château présenté par Blondel (fig. 612), qui vous montrera mieux que toute description quelle était l'importance de ce service multiple. La communication avec le corps de logis central du château se faisait par un passage souterrain sous les cuisines.

Mais le fait d'avoir une cuisine ne pouvait rester indéfiniment un luxe de grand seigneur, et celui qui ne pouvait avoir à lui seul un château, un hôtel ou une maison, voulut avoir une cuisine pour son apparte-

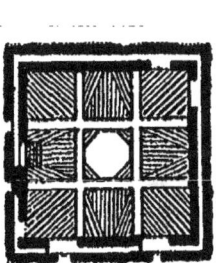

Fig. 611. — Cuisine du château de Raby. Plan et coupe.

ment. De là, les cuisines multiples dans les maisons en location.

Eh bien, la tradition d'éloignement des cuisines était si impérieuse que pendant longtemps la disposition des maisons bourgeoises fut celle-ci : à chaque étage, le palier de l'escalier donnait accès d'une part à la salle à manger, servant ainsi d'antichambre à l'appartement, et d'autre part à la cuisine, ainsi séparée de l'appartement par l'escalier. Solution bien fausse, car par toutes les portes restant forcément ouvertes pour le service, toutes les cuisines de la maison concentraient à la même heure leurs odeurs dans l'escalier, admirablement propre à la fonction de cheminée d'appel (mais qui, il est vrai, n'était ordinairement pas fermé) — sans parler des inconvénients de toute nature que devait entraîner l'impossibilité de la surveillance.

On fit alors rentrer les cuisines dans les appartements, mais à cette époque si déplorable pour l'architecture privée que fut la première moitié du XIXᵉ siècle; alors les cuisines furent prati-

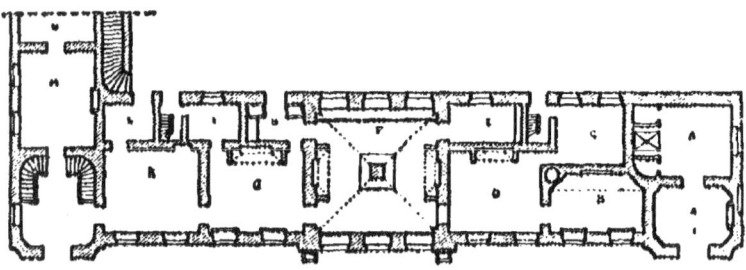

Fig. 612. — L'aile des cuisines d'un château, d'après Blondel.

A, logement du concierge. — B, pâtisserie. — C, pièce pour les viandes. — D, rôtisserie. — E, garde-manger. — F, cuisine. — G, aide. — H, lavoir. — I, boucherie. — K, salle du commun. — L, décharge. — M, salle à manger pour les officiers. — N, office.

quées sur des courettes sans air et sans lumière, et il fallut des règlements de police pour imposer un minimum bien insuffisant encore d'aération.

En même temps, dans les hôtels, une habitude anglaise imitée chez nous introduisit ou plutôt répandit l'usage des cuisines installées en sous-sol, et quelquefois dans de vraies caves. C'est ainsi qu'il y a des cuisines éclairées et aérées (?) par les soupiraux horizontaux des portiques de la rue de Rivoli.

Enfin, la cuisine dans nos maisons, devenait l'objet de dispositions nouvelles depuis qu'on eut pris l'habitude des escaliers de service.

Nous pouvons après cet exposé voir mieux ce que doivent être nos cuisines, et nous allons d'abord examiner la cuisine ordinaire, celle de nos appartements.

Sa place dans l'appartement est souvent difficile à bien choisir : elle doit être assez près de la salle à manger, sans lui être contiguë ; en tous cas, elle n'en doit être séparée que par des dégagements faciles et non par de longs corridors obscurs et tortueux comme on en voit trop d'exemples ; elle doit être accessible par l'escalier de service, assez immédiatement pour que les fournisseurs n'aient pas à traverser quelque partie que ce soit de l'appartement ; elle doit être en communication facile avec l'antichambre pour le service de la porte ; enfin elle doit être assez à part pour que les odeurs de cuisine ne se répandent pas dans l'appartement. Pour tout cela, je n'ai pas de solutions toutes faites à vous indiquer, l'essentiel est que, lorsque vous disposerez un appartement, vous sachiez quelles sont les conditions à remplir le mieux possible.

Une cuisine ne saurait être trop claire. Si la disposition permet qu'elle ait des fenêtres sur deux faces, cela vaut mieux pour l'aération. Le soleil est à éviter autant que possible ; les garde-manger extérieurs doivent de préférence être au nord.

Tout le monde connaît les fourneaux métalliques qui sont maintenant d'un usage général, avec foyer, four, grillade et bain-marie. Souvent une rôtisserie est installée à part. Le fourneau a son tuyau de cheminée propre, et de plus il est bon que la *hotte* qui recouvre tout le fourneau soit aussi desservie par un tuyau de ventilation pour l'évacuation des gaz, vapeurs, odeurs, etc. Les fourneaux se font à volonté pour l'emploi de la houille, du coke ou du gaz. On doit éviter que le fourneau soit en face de la fenêtre, car alors on se fait ombre, on est à *contre-jour*. Il en est de même de l'évier, s'il est dans la cuisine, ce qui est le cas toutes les fois qu'on n'a pas de laverie spéciale.

Une cuisine doit pouvoir être tenue très propre. Ses parois seront donc imperméables aux vapeurs, soit qu'on les munisse de carreaux de faïence, ou qu'on les peigne à l'huile, plafond compris. Mais en tous cas, il faut des revêtements de faïence partout où la chaleur risquerait de détériorer la peinture. Le sol peut être dallé ou carrelé ; les carreaux en grès ou en terre cuite très dure, tel que les carreaux de Beauvais, sont excellents.

Il est nécessaire de prévoir la place d'armoires assez vastes, et un assez grand développement de barres et tablettes pour le placement des ustensiles de cuisine. Les éviers sont accompagnés d'égouttoirs, souvent pris dans la masse même de l'évier.

Bien entendu, toute cuisine doit être alimentée d'eau, avec décharge. Les observations déjà faites au sujet des canalisations trouvent ici encore leur application.

Les grandes cuisines, dans les habitations importantes, doivent satisfaire aux mêmes conditions, mais leur installation est différente. Le plus souvent, pour permettre la préparation simultanée de plats nombreux, le fourneau principal est isolé au milieu de la pièce, de sorte qu'on puisse tourner autour. Comme, dans ce cas, il arrive fréquemment qu'on ne puisse le surmonter d'un tuyau direct, ni recouvrir le fourneau d'une hotte qui assombrirait la pièce, le fourneau est à *tirage renversé*, c'est-à-dire que la flamme et la fumée, après divers circuits, se rendent dans un tuyau horizontal sous le sol de la cuisine pour de là remonter dans un tuyau vertical pratiqué dans ou contre l'un de ses murs.

Pour mettre le feu en train, il faut commencer par allumer un feu vif au pied de la cheminée verticale, dans un petit foyer *ad hoc* qu'on désigne sous le nom de foyer d'appel. Le tirage déterminé par cette combustion rapide aspire l'air contenu dans la canalisation horizontale et fait remonter jusqu'au foyer du fourneau le tirage final. Mais on comprend que la partie supérieure de la pièce joue alors le rôle d'une grande hotte qu'il faut ventiler; pour cela, il faut faire partir du plafond, là où c'est possible, et en plusieurs endroits si on le peut, des tuyaux semblables aux tuyaux de cheminées ou des gaines de plus large section. La chaleur de la cuisine y déterminera facilement un courant ascendant; au besoin, on peut l'activer par la combustion d'un brûleur à gaz au départ de la gaine.

En général, la grande cuisine comporte en plus un ou deux fourneaux plus petits, adossés, destinés à des préparations spéciales ou aux petits repas.

La rôtisserie se fait de préférence devant une grande cheminée au bois, avec tourne-broches. Il est bon d'avoir devant cette cheminée un écran, petite cloison en briques émaillées ou revêtue de faïence, qui concentre la chaleur sur la rôtisserie, et protège la cuisine contre le rayonnement du feu ardent.

On dispose enfin des tables à réchauffer ou à maintenir les plats chauds; autrefois, on étendait de la braise sur des tables en pierre ou en fonte ; aujourd'hui, on obtient plus facilement le même résultat avec une circulation d'eau chaude dans une sorte de caisse plate métallique, ou encore avec quelques rampes à gaz sous une table en fonte.

Dans toute cuisine, il faut une table aussi grande que possible, et l'installation complète comporte de plus des billots, mortiers, et une table à viande analogue à celles des bouchers ; plusieurs bâches à eau avec décharges, et enfin des tablettes, barres, etc., soit contre les murs, soit suspendues au plafond.

Dans les grandes cuisines dont nous nous occupons en ce moment, la pièce principale, ou cuisine proprement dite, est réservée uniquement à la cuisson et à la préparation des mets. Il y a des locaux annexes pour tous les travaux accessoires, plus spécialement confiés aux aides de cuisine. Ainsi, on ne fait dans la cuisine ni lavages, ni épluchages. Il y a pour cela une *laverie* et aussi une pièce pour l'épluchage. Ces dépendances doivent être claires, très faciles à tenir proprement avec l'eau en abondance.

Parfois la rôtisserie est à part, c'est alors une sorte de cuisine spéciale à côté de la principale.

Le garde-manger, dans les grandes installations, est une pièce fraîche, peu éclairée mais bien ventilée, exposée au nord. Dans des installations riches, il se trouve même plusieurs garde-manger, afin que les poissons par exemple ne soient pas avec les viandes, et ainsi du reste; des glacières sont souvent exigées pour le gibier, le poisson, etc.

Tout cela est en somme question de programmes; l'architecte doit provoquer à ce sujet les décisions de son client; à la campagne surtout, les services de cuisine prennent parfois une importance tout à fait exceptionnelle : le programme peut comporter des fours non seulement pour la pâtisserie, mais pour le pain même; des salles importantes pour les approvisionnements, etc. Aucune règle ne peut donc être formulée sur ces divers sujets, en dehors des prescriptions fondamentales : dispositions permettant la clarté, la propreté, la surveillance efficace.

Je veux seulement vous bien montrer que dans la grande habitation, le mot cuisine est un terme général qui exprime tout un ensemble; c'est en ce sens qu'on disait autrefois « les cuisines ». Et lors même que votre programme vous dit simplement « une cuisine », vous ne lui donnez pas satisfaction par une pièce unique, si grande soit-elle; il vous faut penser qu'on désigne par là tout le service de la bouche, qui, dans les maisons riches, est très compliqué.

A la cuisine se rattache l'office de préparation; c'est le domaine du maître d'hôtel; c'est là qu'on dresse les plats et tout ce qui fait le luxe de la table. On y prépare aussi les glaces, les fruits, etc. Clarté, propreté, c'est encore ce qu'il faut y rechercher.

Enfin, à proximité de la cuisine se trouve la salle à manger des gens de service. A part le luxe et la décoration, tout ce que nous avons dit des salles à manger trouve ici son application.

Les grandes cuisines dont je viens de vous parler ne peuvent guère appartenir au simple appartement; c'est dans l'hôtel ou le château qu'on peut les prévoir. Là, quel sera leur emplacement?

A la campagne, il est facile de réaliser les conditions très judicieuses qui étaient celles des cuisines au Moyen Age et dans les châteaux plus modernes : placer les cuisines en dehors du corps de bâtiment principal, soit dans un bâtiment spécial, soit dans l'ensemble des communs; assez près cependant de la salle à manger pour que les transports ne soient pas excessifs; en assurant d'ailleurs les dispositions qui se prêtent à l'aérage et à la propreté. Il est bon que les cuisines aient une cour de service à elles, et que cette cour, comme la cuisine elle-même, soit abondamment pourvue d'eau. Je ne saurais mieux faire à ce sujet que de vous présenter un plan général de château projeté par Blondel pour les environs de Besançon (fig. 613). Les cuisines sont marquées dans la légende par la lettre E, les offices

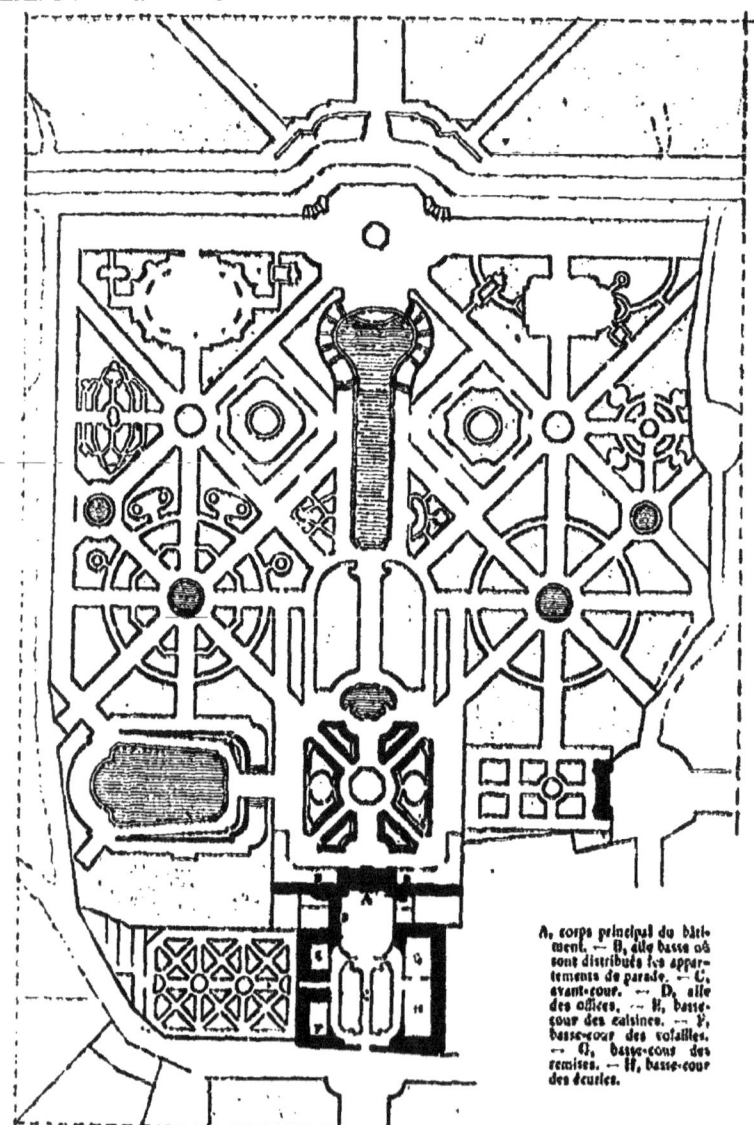

Fig. 613. — Grande habitation de campagne, d'après Blondel; plan général, bâtiments, jardins et dépendances.

A, corps principal du bâtiment. — B, aile basse où sont distribués les appartements de parade. — C, avant-cour. — D, aile des offices. — E, basse-cour des cuisines. — F, basse-cour des volailles. — G, basse-cour des remises. — H, basse-cour des écuries.

(D) rellent les cuisines au château. Ce plan montre bien quelle était dans ces châteaux l'importance des services de bouche.

Si par quelque circonstance cette disposition n'est pas possible, et qu'il faille loger les cuisines dans le bâtiment principal, on retombe alors dans l'hypothèse que nous examinerons tout à l'heure.

Dans les villes, s'il arrive encore qu'un hôtel soit disposé sur le plan type du xviii⁵ siècle, avec cour d'honneur, communs et cours des communs, bâtiment principal entre cour et jardin, l'hypothèse est en réalité, à ce point de vue, la même que pour la grande maison de campagne ou le château. Tel est, par exemple, l'emplacement des cuisines de l'ancien hôtel de Noirmoutiers, à Paris, que vous pouvez voir plus haut, fig. 556.

Mais ces larges conceptions, exigeant de grands terrains, se font de plus en plus rares, et même dans les habitations les plus somptueuses, on est le plus souvent forcé d'incorporer les cuisines au bâtiment principal. Disons-nous bien que c'est regrettable, et que cette nécessité entraîne toujours des inconvénients.

Les dispositions en pareil cas peuvent beaucoup varier, mais elles se ramènent à trois partis généraux que nous allons examiner successivement.

Ces cuisines peuvent s'établir à rez-de-chaussée, en sous-sol ou enfin dans les combles.

Leur installation à rez-de-chaussée, de plain pied avec les salles à manger et les offices, ainsi qu'avec l'entrée des services, est certainement la plus commode à tous égards. La communication directe avec l'entrée des fournisseurs sous la surveillance du concierge; la facilité des allées et venues toujours fréquentes entre la cuisine et les services de régie; la surveillance plus assurée parce qu'elle est plus facile; la simplicité enfin pour le transport des plats à l'office et de là à la salle à manger, recommandent cette combinaison chaque fois qu'elle est possible, et spécialement dans les maisons soit de ville, soit de campagne, qui, bien que déjà richement conçues, n'ont cependant de prétentions ni au grand hôtel ni au grand château. Mais elle a l'inconvénient d'une aération souvent sacrifiée, et surtout, si elle est conçue sans prudence, elle expose l'habitation proprement dite à la promiscuité du service et à la diffusion des odeurs de cuisine. C'est là ce qu'il faut s'efforcer d'éviter.

Ces cuisines devront donc avoir une entrée spéciale pour les fournisseurs, les marchandises, le combustible. Elles devront avoir en quelque sorte leur autonomie, et vous vous rappellerez que le cuisinier et ses aides n'ont rien à faire en dehors des cuisines. Les cuisines devront être claires et aussi aérées que possible; si elles peuvent être disposées dans un angle saillant, ce sera mieux, car on pourra renouveler l'air au moyen de fenêtres à deux expositions. Il ne faudrait pas, au contraire, qu'elles fussent dans un angle rentrant. Elles ne doivent être ni à côté ni surtout au-dessous de pièces d'habitation. Enfin, il est très utile qu'elles soient surmontées de gaines de ventilation largement établies : de simples tuyaux ne suffisent pas. Ces gaines seront au besoin munies d'une petite rampe à gaz pour activer le tirage, et par suite l'évacuation des odeurs et des vapeurs.

La disposition en sous-sol est la plus fréquente. Elle place les cuisines en dehors de l'habitation, mais elle complique le service. Toutefois, avec des monte-plats, cet inconvénient est minime. Mais l'aération est ici plus difficile, et il faut se rappeler, malgré de trop nombreux exemples, que *sous-sol* n'est pas synonyme de *caves*. Une cuisine ne peut jamais s'aérer suffisamment par des soupiraux ou de petites baies au haut de ses murs, il lui faut de vraies fenêtres. Même les ventilations artificielles, à l'aide soit de propulseurs, soit d'aspirateurs d'air, n'arrivent jamais à assurer une aération aussi parfaite que le libre courant d'air dû à l'ouverture de grandes fenêtres. Aussi, lorsque le sous-sol n'est pas un soubassement sous un rez-de-chaussée élevé, il est indispensable d'assurer la possibilité de fenêtres au moyen d'un fossé ou *cour anglaise*. Alors, c'est en quelque sorte un rez-de-chaussée inférieur, et ce que nous avons dit des cuisines à rez-de-chaussée trouve ici son application, sauf la communication de plain-pied.

Cependant il convient d'appeler encore votre attention sur une question spéciale aux sous-sols : avant d'y installer une cuisine, il faut bien s'assurer que les eaux pourront être évacuées, ou, en d'autres termes, que le sol de la cuisine ou tout au moins le niveau des décharges d'eaux est suffisamment en contre-haut des canalisations qui se rendent à l'égout. Cela n'est pas toujours. Et à ce sujet, il n'est pas sans intérêt d'appeler votre attention sur les dangers qui résultent des canalisations trop peu élevées au-dessus des égouts. Il semble que lorsque, avec une pente suffisante, on peut déboucher à 0^{m}30 ou 0^{m}40 au-dessus du *radier*, on n'ait rien à redouter. C'est vrai théoriquement, cela ne l'est pas en fait. Il arrive parfois que, par suite d'insuffisance de section, l'eau des égouts, au moment des grands orages, les remplit presque complètement. Parfois aussi, pour des réparations à faire en aval, on établit des barrages momentanés qui forment une retenue d'eau, et par conséquent une élévation de niveau. Pendant ce temps, vos évacuations, si elles ne sont pas à un niveau sensiblement supérieur, ne débiteront pas, ce qui est un grave inconvénient; mais de plus, il pourra arriver une chose beaucoup plus grave : l'eau d'égout trouvant par vos évacuations une issue au-dessous de son niveau, se déversera en inondation dans la cuisine et dans tous les sous-sols contigus. Il est donc indispensable, avant de rien décider, de bien constater les conditions de nivellement du sous-sol par rapport aux égouts dont on peut disposer.

L'installation des cuisines dans les combles est jusqu'ici exceptionnelle. Elle a surtout été pratiquée dans des établissements où il fallait plutôt des réfectoires que des salles à manger, et dès lors tout le service de bouche s'y trouve de plain-pied. Avec des salles à manger au rez-de-chaussée, l'éloignement vertical devient plus considérable qu'avec les cuisines en sous-sol, le service aussi; l'accès des fournisseurs et des denrées se complique. Mais l'aération peut être réalisée à souhait, aucune odeur, aucune chaleur n'est à craindre pour l'habitation; des mesures sont à prendre seulement pour que les regards du personnel des cuisines ne plongent pas dans la cour d'honneur ou le jardin. Je n'ai pas à préjuger ce qui se fera dans l'avenir; mais avec les facilités toujours croissantes qu'offrent les ascenseurs, monte-charges, etc., je ne serais pas étonné que les cuisines des grandes habitations fussent avant peu disposées dans les combles.

En continuant la revue des pièces qui se trouvent dans l'appartement, ou d'une façon plus générale dans l'habitation, il nous reste à voir l'antichambre et le vestiaire.

L'antichambre ne doit pas être confondue avec le vestibule. L'une fait partie des appartements, l'autre est en dehors.

Dans un appartement de moyenne habitation, l'antichambre, qui affecte souvent la forme d'une galerie, a son accès par le palier de l'escalier, et donne elle-même accès directement aux salons, au cabinet de travail ou d'affaires, à la salle à manger, en un mot à toutes les pièces où des étrangers peuvent être introduits. Elle donne accès indirectement — j'insiste sur ce mot — aux chambres et à la partie intime de l'appartement. Il faut en effet que le service des chambres puisse toujours se faire à l'abri des indiscrétions, et dans l'antichambre il peut toujours se trouver un étranger.

Dans l'antichambre bien éclairée, chauffée par le calorifère une cheminée ou un poêle, il faut des sièges, une table, des porte-manteaux, des miroirs. On doit pouvoir venir ouvrir la porte, non seulement de l'appartement proprement dit, mais aussi de la cuisine, lorsque les domestiques s'y trouvent réunis.

Ce programme spécial de l'antichambre est ce qui détermine avant tout la place du grand escalier. C'est ainsi qu'on obtient rarement une distribution commode avec l'escalier et l'antichambre à l'extrémité d'un bâtiment : on n'arrive pas assez au cœur de l'appartement.

Dans les hôtels ou châteaux, après le vestibule dont

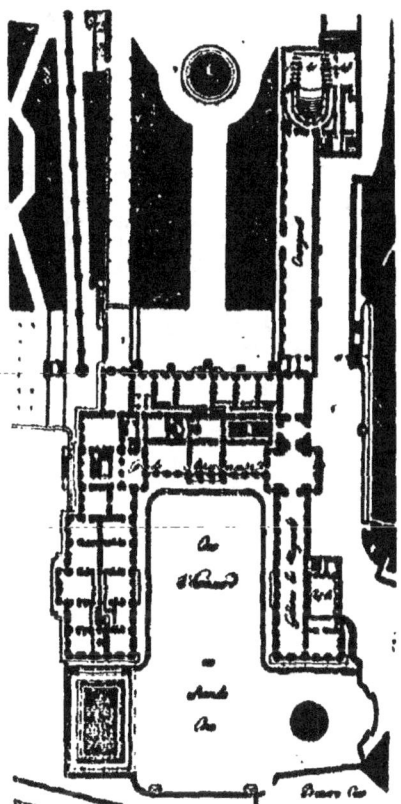

Fig. 614. — Plan de l'ancien château de Saint-Cloud.

nous parlerons plus tard, il y a une et quelquefois deux antichambres, comme par exemple dans le plan de l'ancien château de Saint-Cloud (fig. 614). Il faut en effet une salle d'attente pour les domestiques, et si le vestibule n'est pas disposé à cet effet, ce sera la fonction d'une première antichambre. Puis il s'en trouvera une seconde, où des visiteurs peuvent attendre, où les dames rajustent leur toilette avant d'entrer, où l'on s'inscrit, etc.

En toute hypothèse, l'antichambre appelle toujours une étude architecturale ou décorative sérieuse. L'aspect de l'antichambre est la première impression de quiconque pénètre dans l'appartement. Une architecture décorative sans clinquant, d'une grande tenue, une décoration plus grave que brillante lui donneront son caractère.

A Fontainebleau, vous verrez deux exemples de très belles antichambres, dans de grandes proportions : celle qui est au sommet de l'escalier en fer à cheval, et la salle qu'on désigne sous le nom de salle des Gardes.

A Versailles, l'antichambre du Roi sur la cour de marbre, d'une belle architecture Louis XIV, et

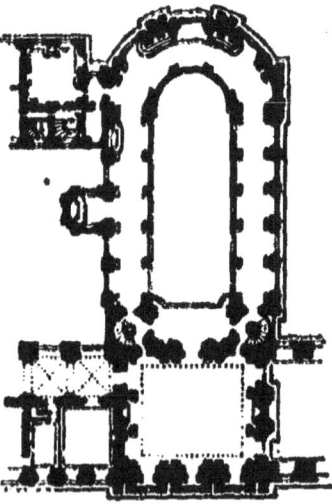

Fig. 615. — Antichambre de la chapelle, à Versailles. Plan et vue intérieure.

la salle des Gardes de la Reine, et surtout la magnifique antichambre de la chapelle au premier étage (fig. 615).

A Rambouillet, une très jolie antichambre du temps de Louis XV.

Enfin, à Paris même, vous trouverez au Louvre l'antichambre qui conduit à la chambre de Henri II de la même époque et du même style. Vous en trouverez de remarquables dans presque tous les anciens hôtels.

Il n'est pas sans intérêt de vous montrer comment les architectes du xviiie siècle, qui avaient si bien le sens des nécessités de la grande habitation, ont compris théoriquement l'antichambre. Vous en trouverez un exemple dans l'ouvrage de Blondel, *De la distribution des maisons de plaisance*, reproduit ici dans les figures 616 et 617.

Le *vestiaire* des invités — et non la garde-robe des maîtres — n'existe comme pièce spéciale que dans la grande habitation, et je vous en ai parlé plus haut comme dépendance du salon.

Mais dans l'appartement plus modeste, si cependant il doit y avoir des réceptions, il faut encore autant que possible un vestiaire distinct de l'antichambre; il le faut ou il le faudrait vaste, bien abordable, bien chauffé, et en communication immédiate avec les antichambres chauffées. En effet, si l'on arrive au vestiaire enveloppé de fourrures, les dames en sortent avec les épaules nues; s'il faut traverser ensuite une partie plus froide, cela peut être dangereux, et surtout à la sortie, alors qu'on quitte des salons surchauffés où l'on vient de danser.

Quant à la disposition, le vestiaire doit être près de l'antichambre, et plutôt avant; comme forme, ce que j'ai dit des

LES CUISINES, ETC.

grands vestiaires s'applique ici encore, toutes proportions gardées.

Avant de quitter l'appartement, permettez-moi quelques avis encore, d'un caractère général. Le grand danger de l'étude dans l'habitation, c'est la mode. Rien n'est plus impérieux, et rien n'est plus éphémère : aussi l'architecte qui doit être l'homme de la prévoyance doit-il réagir autant que possible contre ces tyrannies d'un moment.

La mode dans le vêtement

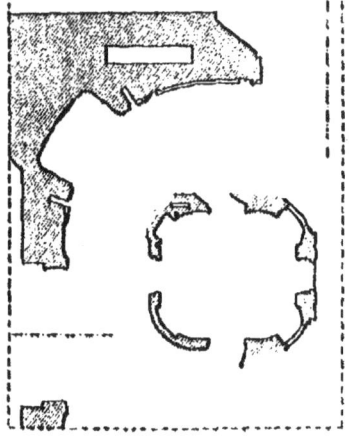

Fig. 616. — Plan d'une antichambre, d'après Blondel.

Fig. 617. — Antichambre, d'après Blondel.

Éléments et Théorie de l'Architecture.

est à sa place; dans le meuble elle est déjà plus dangereuse, car le meuble dure autant d'années que la mode dure parfois de jours. En architecture, les dispositions prises ont un caractère forcément définitif, et ce qui a été fait à la mode d'hier ne pourra être accommodé à celle d'aujourd'hui ou de demain.

Or, par la mode, je n'entends pas le caractère, cet ensemble d'expressions architecturales, et ce goût ambiant qui déterminent le style d'une époque. Nous reconnaissons, par exemple, le style du temps d'Henri II ou de Louis XIV : ce n'est pas de la mode, cela. L'idée de mode est une idée moderne; on ne sait qui crée la mode, mais tout le monde la subit, et ce qui la caractérise, c'est d'être généralement irraisonnée. Aujourd'hui la mode est aux antichambres-galeries, et dans quelques années on ne voudra plus de ces dispositions qui coupent l'appartement en deux. On vous demandera aujourd'hui pour vos salons des portes à coulisses vitrées à petits carreaux, et bientôt il faudra les remplacer par des portes pleines susceptibles de s'ouvrir; on vous demandera des menuiseries contournées à grands frais, des vitrages compliqués, sans s'apercevoir qu'il sera impossible de les nettoyer; des croisées à petits carreaux, qu'il faudra remplacer dès qu'on comprendra l'absurdité, quand on peut avoir de grandes glaces, d'imiter ce que faisait l'art de la vitre dans son enfance, et alors, notez-le bien, qu'on faisait les carreaux aussi grands qu'on le pouvait.

Mais ces modes dont je vous parle seront déjà démodées lorsque vous construirez; d'autres les auront remplacées, sans plus de raison. Votre devoir sera d'avertir vos clients des déceptions que leur vaudrait la servilité envers la mode.

Et surtout ici, dans vos études, affranchissez-vous donc de ces enfantillages. Pensez aux moutons de Panurge : de leur temps, c'était la mode de sauter dans la rivière. Et vous, dans vos projets, vous faites comme eux. Eh bien, la mode marche vite, et si plus tard vous restez les esclaves de la mode d'aujourd'hui, je vous garantis que vous serez étrangement démodés du premier coup. Étudiez donc avec votre raison et votre goût, et ne soyez pas le *servum pecus* du poëte.

CHAPITRE VII

COMPLÉMENTS DE L'HABITATION

SOMMAIRE. — Les caves. — Fosses. — Citernes. — Calorifères. — Profondeur des caves et sous-sols. — Boutiques. — Écuries, dispositions diverses. — Stalles et boxes. — Écuries monumentales. — Remises. — Selleries. — Cour des écuries.
Chauffage : Cheminées et murs à cheminées. — Souches. — Calorifères. — Règles générales. — Air chaud, eau chaude, vapeur.

La maison a ses compléments, qu'il convient de traiter dans ce livre de l'habitation, mais qui ne sont plus l'habitation elle-même. C'est à la campagne surtout que la maison se complète par de nombreuses dépendances : bûchers, celliers, fruitiers, laiteries, etc. Cela rentre plutôt dans le cadre de l'architecture rurale, je réserve donc ces sujets.

J'ai peu de chose à vous dire des caves en général. Leur disposition est forcément une résultante du plan du rez-de-chaussée, et la seule chose à chercher est un accès assez facile à toutes les caves. L'escalier de caves, ouvrant sur une cour, doit être assez large pour la descente des fûts, et souvent on le fait beaucoup trop raide. Aussi faut-il en général que l'escalier de caves soit placé sous le grand escalier, et non sous l'escalier de service, à moins que celui-ci ne soit exceptionnellement grand. Quant aux caves elles-mêmes, il est certain que pour le vin il vaut mieux qu'elles soient voûtées : on pourrait dire qu'il faut des caves voûtées pour le vin et des caves sous planchers pour les combustibles. Mais l'économie fait de plus en plus abandonner les caves voûtées. Dans tous les cas, si vous en faites, évitez de les cintrer sur les murs séparatifs; il faut que votre construction se tienne par elle-même, et ne risque pas un écroulement si le voisin démolit sa maison. Il faudrait alors que votre cave fût voûtée sur un contre-mur A-B suffisant pour en soutenir la voûte, lors même que le mur mitoyen serait démoli (fig. 618).

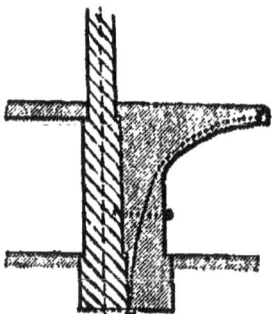

Fig. 618. — Cave voûtée contre un mur séparatif.

Parmi vos caves, vous aurez parfois des fosses d'aisances : partout il y a des règlements locaux que vous devrez suivre. Mais aujourd'hui, dans la plupart des villes, le système du *tout à l'égout* se substitue de plus en plus à l'ancien système de la fosse d'aisances. C'est le cas notamment à Paris. A-t-on réalisé la perfection en ce qui concerne la canalisation municipale, l'épandage, etc.? Je n'ai pas à traiter ici cette question. Mais au point de vue de l'habitation, nous devons nous féliciter de ce progrès qui nous affranchit de l'infection de la maison, et de la servitude barbare de la vidange. Seulement, c'est une étude qui exige beaucoup d'attention.

Le système le plus parfait, qui n'a d'autre inconvénient qu'une grande consommation d'eau, consiste à établir chaque cabinet avec un siège à siphon, et un réservoir *de chasse* qui moyennant un tirage instantané précipite 8 à 10 litres d'eau dans l'appareil et le nettoie radicalement; l'eau qui reste dans le siphon empêche toute odeur de remonter dans le cabinet. Cela peut se faire d'ailleurs aussi bien pour les cabinets communs que pour les cabinets privés. On peut aussi — c'est moins parfait — installer les cabinets avec les anciennes cuvettes à valve, dites *à l'anglaise*, et munir seulement d'un siphon le pied de la chute, à son raccordement avec la canalisation en caves; mais en ce cas, il est nécessaire que cette canalisation soit lavée énergiquement à intervalles réguliers par le jeu de chasses *automatiques* au moyen de réservoirs qui se vident d'eux-mêmes à chacun de ces intervalles. Notez en passant qu'il est aujourd'hui reconnu que les chutes d'un trop grand diamètre sont plus exposées aux engorgements, faute de lavage parfait, et que ce diamètre ne doit être que de 0^{m}12 environ.

Quel que soit le système des cabinets, les tuyaux de chute, aussi verticaux que possible, déversent les matières dans une canalisation quasi-horizontale en caves ou sous-sols. C'est ici que se présentent les difficultés les plus fréquentes.

Il n'y a guère de quartiers dans nos villes où le réseau des égouts soit assez profond pour que les canalisations de vidange puissent être pratiquées en contrebas du sol des caves : il faut donc les disposer dans la hauteur de cet étage souterrain, qui lui-même est rarement assez haut pour permettre d'en établir tout le parcours en suspension aux voûtes ou plafonds, car les règlements d'accord avec la prudence exigent une pente *minima* de 0^{m}03 par mètre, ce qui pour un parcours de 20 mètres par exemple donne 0^{m}60 de dénivellation entre le point haut et le point bas; si l'on y ajoute la hauteur des coudes et celle du tuyau lui-même, c'est d'un mètre au moins que cette canalisation devra descendre au-dessous du plafond à son point bas, et souvent plus. Contre les murs qui séparent les caves ou sous-sols de parties en terre-plein, ou d'une propriété voisine, cela n'a pas d'inconvénient : il n'en est pas de même si la canalisation doit traverser des caves, corridors, ou passer devant des portes.

Il faut donc, le plus tôt possible, aller gagner les parcours adossés à des murs pleins, et comme ce sera en général sur le mur de façade que s'ouvriront les branchements d'égouts, c'est ce mur qu'il s'agit d'atteindre : dans la grande majorité des cas, ce ne pourra être qu'en suivant les murs mitoyens (fig. 619).

Bien entendu, le risque que j'ai signalé plus haut à propos des cuisines en sous-sol serait à redouter ici encore si le niveau de l'égout était trop élevé et laissait craindre l'invasion du sous-sol par l'eau de cet égout.

Ces données générales une fois établies, comme pouvant agir sur la composition même, je vous renverrai, pour l'étude technique de ces questions, aux publications spéciales sur ce sujet.

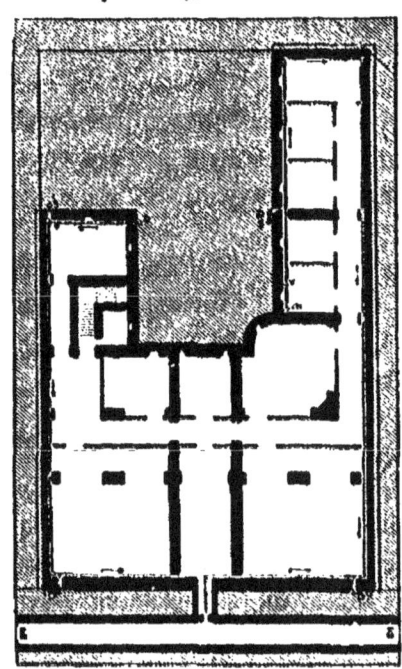

Fig. 619. — Sous-sol d'une maison, avec canalisation tout à l'égout.

CH, chute d'aisances. — DD, descente d'eaux pluviales. — E, égout public. — SS, syphons de cours. — VV, vidanges de postes d'eau : éviers, toilettes, etc.

Vous pourrez aussi dans certaines régions, être conduits à faire des citernes. Le plus souvent on les fait très mal. Comme construction, la citerne n'a rien de particulier : il faut des murs bien étanches, et suffisamment forts pour résister à la pression de l'eau. Mais il y a des précautions à prendre dans la disposition : il ne suffit pas, comme on le fait presque toujours, d'avoir tout simplement un récipient maçonné dans lequel s'écoule l'eau des tuyaux de descente : il faut faire arriver cette eau à la partie supérieure d'un premier compartiment, dit *citernon*, rempli par des couches alternées de sable et de charbon; l'eau traverse ce filtre et n'arrive à la citerne que par des créneaux pratiqués au bas du mur qui sépare le citernon de la citerne et garnis de toile métallique.

On a ainsi de l'eau très pure, qu'il est bon d'aérer au moyen d'une *trompe* placée sur les toits. Bien entendu, la citerne doit être close et couverte afin d'éviter l'introduction des poussières (fig. 620).

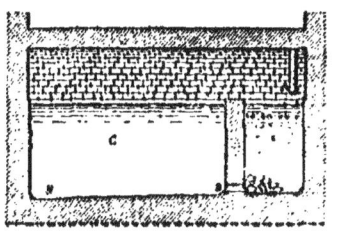
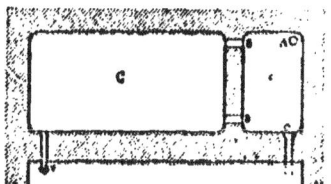

Fig. 620. — Plan et coupe d'une citerne.

C, citerne. — c, citernon-filtre. — A, arrivée de l'eau pluviale. — bb, passage du filtre à la citerne. — D, trop-plein. — V, puisage.

Dans les caves doivent trouver place diverses installations : les compteurs à eau, à gaz, à électricité, à air comprimé. Ces compteurs doivent être aussi près que possible de la voie publique, et toujours dans une cave ou espace restant à la disposition du concierge. Autant que possible, les canalisations diverses à établir en caves — et elles sont nombreuses — doivent être plutôt dans les corridors et passages que dans des caves fermées.

Rien à dire du distributeur et de la décharge de l'ascenseur, ou du moteur qui l'actionne, sinon que tout cet organisme doit être dans un endroit clos et non dans un passage banal.

Pour les calorifères, il faut des caves bien aérées, communiquant directement avec le dépôt de charbons, et entourées de gros murs pour que la chaleur ne se répande pas avec excès dans les caves. Les canalisations de chauffage ne sauraient être trop prémunies contre la déperdition de chaleur. En règle générale, il faut pour un calorifère une cheminée de plus large section que celle qu'on peut engager dans un mur. Nous retrouverons plus loin cette question des calorifères.

Quelle doit être la profondeur des caves? Il peut être prudent de ne pas l'arrêter *a priori*. Le plus souvent, la nature du terrain exige des fondations assez profondes, et on peut avoir tort de remblayer sur trop de hauteur. Plusieurs considérations conduisent en effet à tenir les caves assez élevées.

D'abord les canalisations de toutes natures. Pour les décharges d'eaux vannes, la pente usuelle est, je l'ai dit plus haut, de 0^m 03 par mètre; or il y a souvent de longs parcours, et il est très rare que les évacuations puissent se faire en contrebas du sol des caves. Lorsqu'elles seront posées en élévation, il sera difficile d'éviter des dispositions qui obligent en certains endroits à passer dessous : sous le point haut, c'est encore facile, mais si la canalisation doit par exemple traverser un corridor, après avoir déjà parcouru 10 ou 14 mètres en descendant, on voit qu'il faut une hauteur sérieuse. Il en est de même pour les calorifères à air chaud. Il faudrait environ 0^m 04 de pente par mètre aux conduits d'air, ce qui, avec la section du conduit, fait que souvent le calorifère doit avoir son sommet à plus d'un mètre au dessous du plafond des caves, sans préjudice de la profondeur spéciale qui peut être nécessaire pour la cave même du calorifère.

Comme vous voyez, l'architecte ne peut pas décider d'avance la hauteur de ses caves, à moins de les faire évidemment plus hautes qu'il n'est nécessaire; ce n'est que l'étude attentive du projet, et spécialement des canalisations, qui pourra lui dicter cette décision. D'ailleurs, il arrive souvent que pour trouver le bon sol il faut descendre assez profondément les fondations et par conséquent les fouilles. Il en coûte bien peu alors de donner aux caves une profondeur assez grande, plus grande que celle qu'on leur donnerait si le bon sol se rencontrait presque immédiatement.

Que pourrais-je vous dire des boutiques? C'est le désespoir de l'architecte. Il y a là des besoins impérieux : il faut la plus grande somme possible d'ouvertures, en largeur et en hauteur, une construction absolument ajourée, là où précisément les lois rationnelles de la construction et de l'architecture exigeraient de la force et presque de la lourdeur d'aspect. Aussi nos maisons, à partir de l'entresol ou du premier étage, ont-elles l'air de porter sur rien : et les revêtements de menuiserie, les tableaux d'enseignes, etc., accentuent encore le contresens. Heureusement on y est habitué, c'est tout ce qu'on en peut dire, en ajoutant : heureux l'architecte lorsqu'il fait une maison sans boutique!

Mais il n'importe, vous n'avez pas le droit de ruser avec une nécessité, ni avec la loyauté que vous devez à votre mandat : et la seule théorie admissible en pareille matière, c'est, lorsque vous avez une boutique à faire, de faire résolument une boutique. D'ailleurs si vous ne le faisiez pas, votre châtiment ne se ferait pas attendre : voyez les maisons où l'on avait fait des rez-de-chaussée en arcades, espérant que le boutiquier s'en accommoderait comme devanture : elles sont toutes horriblement défigurées, et l'aspect est encore pire que là où l'on a fait de vraies boutiques. Rien n'est plus démonstratif à cet égard que l'aspect de la Place des Victoires. Cette place a été conçue avec une architecture régulière et monumentale, dont le respect est encore imposé théoriquement aux propriétaires. Mais le commerce est venu s'en emparer, et dès lors qu'est devenue cette architecture ? Il en est un peu de même de la rue Royale, bientôt hélas peut-être de la Place Vendôme.

Depuis quelque temps du moins on a fait des efforts très intéressants pour rendre aussi artistique que possible la devanture de boutique. Il y a là un essai tenté par des chercheurs et qui mérite d'être encouragé.

Quant à l'intérieur, il va sans dire que l'agencement et la décoration sont absolument connexes avec la nature du commerce exercé. C'est donc de l'art essentiellement provisoire, et qui ne procède pas de la construction : l'architecte de la maison doit au contraire s'abstenir de tout ce qui pourrait engager, si peu que ce fût, les combinaisons d'arrangement des boutiques : des murs et des plafonds nus, c'est tout ce qu'il doit prévoir.

Soit dans la maison ordinaire, soit dans l'hôtel, soit dans la maison de campagne, vous aurez souvent à prévoir des écuries et remises avec leurs dépendances. En général, cet ensemble est au rez-de-chaussée : lorsque, pour des raisons spéciales, on est obligé de disposer des écuries en sous-sol, le programme reste le même : ce sont les difficultés de sa solution qui augmentent. On a même fait parfois des écuries au premier étage, avec des rampes d'accès. Cela peut, le cas échéant, se justifier par une nécessité absolue; autrement, cette solution réunit tous les inconvénients de la difficulté d'accès, de la sonorité, des complications de toute nature.

Tout d'abord, en matière d'écuries, il faut faire justice de préjugés routiniers. On va répétant que les chevaux n'ont pas besoin d'air pur, que les écuries doivent être un local hermétiquement clos, on accepte comme une nécessité *l'odeur d'écuries*, on considère comme inévitable le dégagement de gaz ammoniacaux qui, dès l'entrée dans certaines écuries, saisissent la gorge et les yeux. Pure routine que tout cela; ce qui sent l'ammoniaque, ce n'est pas le cheval, c'est la malpropreté, et tout comme nous les chevaux ont besoin d'air pur et en plus grande quantité que nous. Il faut pour une écurie salubre un renouvellement de dix mètres cubes d'air au minimum par cheval et par heure. Il faut des moyens prévus pour enlever la buée, pour assurer l'écoulement des urines; il faut en un mot toutes les prévisions possibles de propreté et d'hygiène.

Dans les écuries, l'humidité est très à craindre, aussi l'exposition n'est pas indifférente. S'il se peut, l'écurie devra être exposée au midi ou à peu près au midi, plutôt vers l'est que vers l'ouest, du moins dans la plupart des régions françaises. Sa construction devra être faite en matériaux non absorbants; rien n'est préférable pour cela à la meulière et au ciment, ou encore à la brique bien cuite et dure.

Pour le sol, il faut penser avant tout à l'étanchéité et à la possibilité de lavage. Il peut être en pavés de grès dur, en grès cérame, en briques dures posées de champ, pourvu que les pentes soient bien établies, et que les joints soient faits en bon ciment ou en asphalte. On a préconisé pour les écuries le pavé de bois : il a certains avantages en effet, il est moins dur et moins froid aux pieds des chevaux, et moins sonore sous les coups de pieds. Mais il s'imprègne d'humidité et d'odeurs. Le mieux est un pavage dur, en ne ménageant pas la litière.

Comme plafond, les écuries voûtées sont excellentes; mais il est rare qu'on emploie ce mode de construction. Beaucoup d'anciennes écuries sont recouvertes d'un plafond en solives apparentes : les angles y font autant de nids à infection. Les plafonds doivent être unis, imperméables à la buée : de simples plafonds en plâtre peints à l'huile conviennent parfaitement, et aussi les voûtains en briques apparentes. Les briques émaillées ont ici un emploi tout indiqué. Parfois enfin le plafond est revêtu de frises en bois; c'est très admissible pourvu que le bois soit sérieusement peint ou imbibé d'huile.

Voilà donc les matériaux de l'écurie. Quant à sa disposition, les écuries sont simples ou doubles.

Dans une écurie simple, les chevaux ont la tête tournée vers un mur auquel sont adossés le râtelier et la mangeoire. Pour l'ensemble de la mangeoire, du recul laissé au cheval, et du cheval lui-même, il faut compter environ 3 m 50 de longueur.

Derrière le cheval, pour le service, et pour que les hommes ne soient pas trop exposés aux coups de pieds, ce n'est pas trop de 2 m 50, quoique on réduise trop souvent cette largeur. Vous voyez que l'écurie simple doit avoir environ 6 mètres de profondeur dans œuvre entre murs.

Sa longueur sera déterminée par le nombre de chevaux et leur mode d'installation. Pour des chevaux de travail, séparés par de simples bat-flancs, on compte au moins 1 m 45 par cheval; pour les chevaux en stalles fixes, il faut 1 m 75 ou 1 m 80.

La hauteur ne doit pas être moindre de 3 m 50, c'est un minimum. 4 mètres constituent une bonne hauteur. Une trop grande hauteur expose une écurie au froid.

Le sol doit présenter une pente de 0 m 025 à 0 m 03 sous la place des chevaux, le point haut vers la mangeoire; cette pente se continue jusqu'à un caniveau collecteur dans le passage en arrière des stalles, et qui lui-même doit avoir une pente de au moins 0 m 02, et d'ailleurs des orifices d'évacuation aussi fréquents que possible.

Les fenêtres sont placées assez haut, et du côté opposé aux mangeoires; le plus souvent elles ouvrent en abattant. En général, on évite de disposer les fenêtres au-dessus de la tête des chevaux. D'ailleurs, les fenêtres servent à éclairer et à aérer lorsque les chevaux sont absents ou lorsque le temps est doux

— absolument comme les fenêtres de nos appartements. Mais il faut de plus des moyens de ventilation qu'on trouve dans des ventouses à fermeture mobile, pratiquées au bas du mur opposé aux mangeoires, et dans des tuyaux ou gaines de ventilateurs dans le plafond et à l'opposé.

Dans les écuries doubles, deux longueurs de stalles analogues sont séparées par un passage longitudinal. Ce passage doit être assez large pour la sécurité des hommes; on lui donne au moins 3 mètres et plutôt 3 ^{m} 50 dans les installations sérieuses; l'écurie double a ainsi au moins 10 mètres ou 10 ^{m} 50 de largeur dans œuvre.

La principale difficulté dans les écuries doubles est de bien placer les fenêtres, qui ne peuvent être que sur des pignons d'extrémité. Dans tous les cas, on évite encore ici de les placer au-dessus de la tête des chevaux, à moins que la hauteur ne soit très considérable. Cependant la direction des Haras demande les écuries doubles avec passage central et fenêtres de chaque côté au-dessus de la tête des chevaux.

On fait aussi des écuries doubles avec les chevaux tête à tête. Ce sont pour ainsi dire deux écuries simples accolées l'une à l'autre. La disposition des fenêtres est alors plus facile.

Enfin on a pratiqué des écuries avec passage de service en arrière des mangeoires, soit entre ces mangeoires et le mur pour des écuries simples ou doubles, soit entre deux rangs de mangeoires pour les écuries tête à tête. Cette disposition, qui augmente d'un mètre environ par passage la largeur de l'écurie, paraît judicieuse : cependant les hommes du métier la rejettent, parce que, disent-ils, le cheval n'arrive pas à connaître l'homme qui le soigne.

Il y a enfin des écuries en *boxes* pour les chevaux de prix. Là, le cheval a une véritable chambre à lui, où il peut se mouvoir sans être attaché. C'est une écurie de luxe, dont je n'ai rien de particulier à vous dire. Je vous soumets d'ailleurs une figure théorique d'écuries en stalles et en boxes (fig. 621).

Il n'est pas inutile ici de vous faire connaître les instructions qui régissent l'établissement des écuries pour l'armée, prescriptions résultant d'une longue expérience. On exige pour les chevaux un cube d'air de 20 m^3 au minimum, mais en

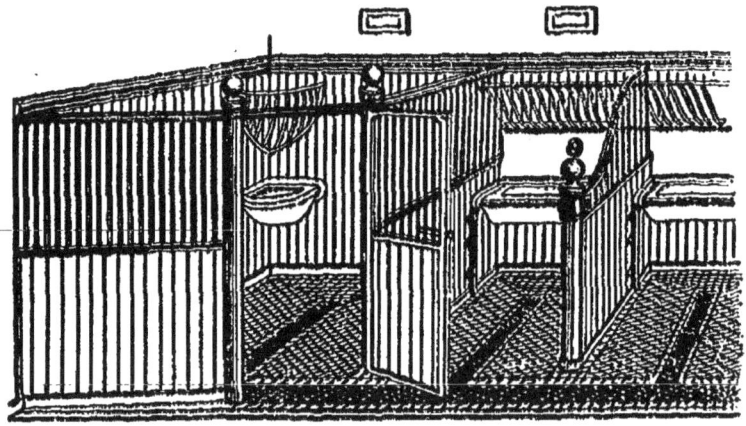

Fig. 621. — Stalles et boxe d'une écurie de luxe.

réalité on leur donne davantage. L'espacement des stalles, ou plutôt des bat-flancs, est de 1^m 45 d'axe en axe. La largeur d'une écurie à un rang, 6 mètres; à deux rangs, avec passage au milieu (croupe à croupe), 10^m 40. — Celles de l'écurie à deux rangs, tête à tête, 12 mètres; la hauteur 3^m 50.

Cela donne comme cube d'air: dans l'écurie simple, 30 m^3 450; écurie à deux rangs, croupe à croupe, 26 m^3 370; écurie à deux rangs, tête à tête, 30 m^3 450.

Mais en dehors des questions primordiales d'hygiène et de propreté qui doivent avant tout guider votre étude, il se pose encore une autre question fort importante : celle de la surveillance. Les chevaux ne doivent pas être laissés à eux-mêmes, et il faut que toujours la surveillance soit prête à prévenir des accidents. Aussi, pour les écuries importantes, on installe dans l'écurie même le couchage d'un garçon ; pour cela, un compartiment vitré, suffisamment spacieux pour faire l'équivalent d'une petite chambre, peut être disposé un peu en élévation : l'essentiel est que de là on puisse voir immédiatement l'écurie entière. Dans les petites écuries, on ne dispose pas de ce moyen, mais il importe du moins que la chambre du palefrenier ou du cocher soit en contact direct avec l'écurie, afin qu'il puisse s'y rendre d'urgence au premier bruit suspect.

Vous voyez donc l'importance de la surveillance simultanée de toute une écurie. Cela vous montre que toute disposition qui ne se prête pas à cette surveillance doit être écartée. Ainsi, nous voyons parfois dans vos projets des écuries sur plan courbe : cette forme n'est évidemment pas bonne.

Comme position dans l'ensemble d'une composition, les écuries doivent être écartées de l'habitation. Si elles sont sous la maison, ou en contact immédiat avec elle, elles la rendent inhabitable, non seulement par les émanations qu'on ne peut jamais éviter absolument, mais encore plus peut-être par le bruit : bruit de coups de pieds, de chaînes, etc. Il faut donc, pour les écuries et leurs dépendances, un bâtiment spécial, et lorsqu'on ne le peut pas faire, c'est qu'on ne dispose pas d'un terrain qui permette l'installation d'écuries. Aussi voyons-nous le plus souvent les écuries des anciens grands châteaux être établies dans un bâtiment spécial, et parfois assez éloigné. Telles étaient les écuries si importantes de Versailles (fig. 622). D'ailleurs, les écuries appellent des dépendances qui ne peuvent être dans la maison et qui exigent la constitution d'un tout bien spécial ;

surtout si nous envisageons les écuries importantes dans un hôtel, et non pas seulement l'écurie modeste de la maison de location.

Passons donc en revue ces dépendances.

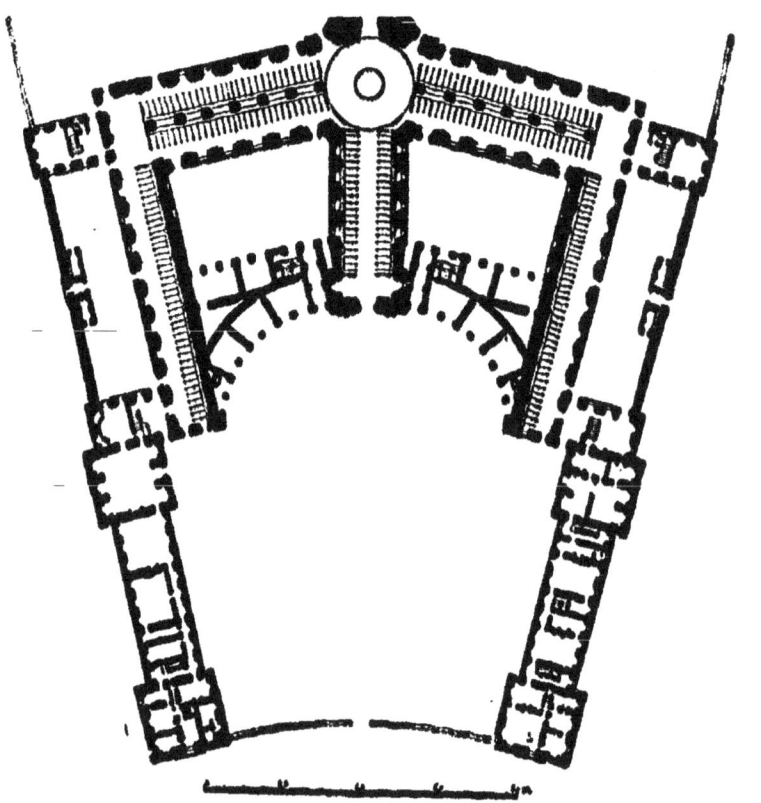

Fig. 622. — Petites Écuries de Versailles.

Il est d'abord très désirable qu'il y ait une cour spéciale des écuries, où se fera le pansage des chevaux, l'entrée ou la sortie des fourrages ou fumiers, et où se trouvera cantonné le personnel des écuries. Souvent maintenant on fait ces cours couvertes.

C'est plus commode en effet, mais à la condition que ce ne soit pas au détriment de l'aération.

La cour des écuries doit être pourvue d'eau ; il s'y trouvera une auge ou abreuvoir pour faire boire les chevaux. Quant à un abreuvoir pour bains, il faudrait des conditions tout exceptionnelles pour qu'il pût faire partie de l'habitation.

Une autre dépendance — ou une sujétion — essentielle des écuries est le dépôt de fumiers. Hors de l'écurie, il faut bien avoir ce dépôt provisoire en attendant l'enlèvement. On le fait sous forme de fosse étanche, dite *trou à fumier*, avec couvercles rabattants en fer et tôle ; ou bien sous forme de coffre métallique au-dessus du sol. Cette dernière solution est préférable, parce que le nettoyage est plus facile. Dans les deux cas, il est bon que les liquides issus du fumier, *les purins*, suffisamment tamisés par des toiles métalliques, puissent se rendre dans les égouts par l'intermédiaire de siphons obturateurs.

Il est bon d'ailleurs que ces récipients à fumier ne soient pas trop vastes, car il vaut mieux que l'enlèvement soit fréquent, et il ne sera fréquent que s'il est obligatoire. Une capacité d'un mètre cube par cheval est largement suffisante, au moins dans les conditions usuelles.

Les propriétaires de chevaux sont en général très désireux d'une installation non seulement hygiénique, mais luxueuse. Aussi s'est-il fait dans cet ordre d'idée des constructions soit grandioses, soit élégantes. Je vous citerai en premier lieu les célèbres écuries du château de Chantilly, qui sont à elles seules un monument superbe du plus grand aspect soit à l'intérieur, soit à l'extérieur (fig. 623 et 624). Il faut dire toutefois que, si l'on s'en inspirait seulement au point de vue de l'aspect et des dimensions, on risquerait de faire des écuries plus fastueuses que réellement appropriées à leur destination. Les spécialistes craignent les écuries très élevées, parce qu'elles sont froides en hiver. Aussi ne vous y trompez pas : si les écuries de Chantilly ont pu échapper aux inconvénients de leur hauteur, c'est parce que leurs murs très épais et leurs voûtes en pierre les défendent contre le refroidissement, de même que

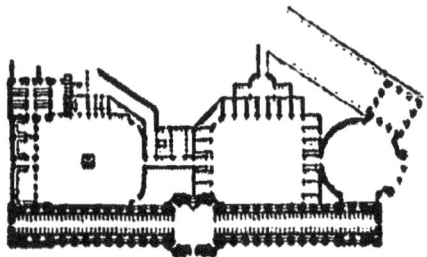

Fig. 623. — Plan général des Écuries de Chantilly.

Fig. 624. — Façade centrale des Écuries de Chantilly.

dans les rez-de-chaussée monumentaux des palais comme le Louvre, par exemple, le froid de l'hiver ne se fait jamais sentir dans sa rigueur. Mais, par contre, on doit craindre en été une sensation de fraîcheur qui saisit, et qui peut être dangereuse pour les chevaux comme pour les hommes. Il faut en pareil cas que le cheval entre vêtu à l'écurie, et ne quitte sa couverture qu'après un certain temps. Moyennant ce soin, les écuries de Chantilly sont excellentes par le grand cube d'air, par la belle lumière, par l'égalité de température.

Presque toutes les grandes résidences ont ou avaient des écuries remarquables, par exemple celles du Pape à Rome, celles de Caserte, celles du palais Doria (fig. 625, 626 et 627) et celles des gardes-nobles (fig. 628) à Rome, etc. Je vous cite donc ces célèbres écuries comme un exemple d'application de l'art monumental au programme des écuries, mais comme une solution exceptionnelle de ce programme. A ce point de vue, vous trouverez de nombreux exemples d'écuries installées d'après les principes aujourd'hui en vigueur, soit dans les hôtels particuliers, soit dans les haras, les casernes, etc.

Pour les remises, les questions sont moins spéciales. Il importe seulement que la place soit suffisante pour que les

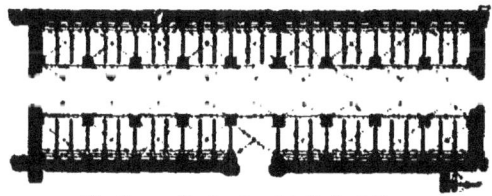

Fig. 625. — Écuries du palais Doria, à Rome.

voitures ne risquent pas de se détériorer par les chocs ou les frottements des unes contre les autres. Il faut, quand on le peut, éviter d'avoir plusieurs rangs de voitures les unes devant les

Fig. 626. — Écuries du palais Doria, à Rome. Coupe transversale.

autres, car cela oblige à sortir celles du premier rang pour faire place à la sortie de celles du fonds. Il est bon aussi qu'on ne soit pas obligé de démonter les flèches des voitures pour les remiser. Sachez donc d'abord pour quelles voitures vous devez préparer les remises. La largeur variera peu : il est bon de pouvoir disposer de 3 mètres pour une remise à une seule voiture, et de 2 m 50 au moins par voiture dans les remises à plusieurs voitures.

Fig. 627.
Écuries du Palais Doria, à Rome. Travée de coupe longitudinale.

Dans une remise bien installée, il doit y avoir autant de portes que de voitures de front. Rien n'est plus incommode que l'obligation de remiser les voitures en tournant. Les portes ouvrent en dehors, ou parfois à coulisses, mais s'il y en a plusieurs contiguës, cela est gênant, car la porte ouverte masque la porte voisine.

Il faut que les voitures puissent être nettoyées près de la remise. Aussi trouve-t-on souvent une cour couverte à cet usage.

Les remises doivent être bien sèches ; le sol doit être d'un roulement facile, car les voitures sont remisées à bras d'hommes. Le ciment, l'asphalte, les grès factices, le parquet même peuvent être employés utilement. La remise peut être plus près de la maison que l'écurie, dont elle n'a pas les inconvénients immédiats.

Lorsqu'on ne peut pas faire autrement, on la place parfois en sous-sol, avec un ascenseur à voitures. Je n'ai pas besoin de vous dire que c'est un pis-aller auquel il ne faut recourir que si on y est absolument obligé.

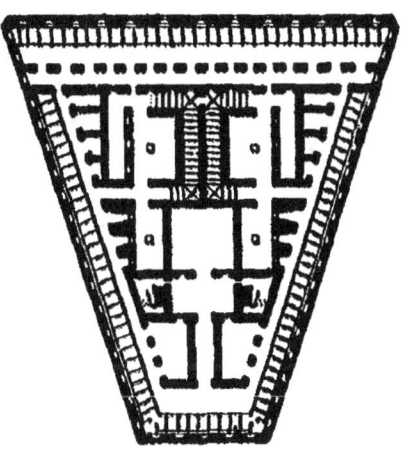

Fig. 628. — Écuries des gardes-nobles, à Rome.

Cet ensemble se complète enfin par la sellerie, qui n'a besoin que de clarté. Ce local doit être exempt d'humidité, mais plutôt frais, la chaleur étant fâcheuse pour les cuirs et les vernis.

Les remises et les selleries doivent, avec les écuries, être disposées sur la même cour spéciale toutes les fois que la composition le permet.

Cette cour elle-même, dite cour des Écuries dans les grands hôtels, doit autant que possible avoir sa porte de service sur la rue, afin d'éviter que les charrois de fourrages, fumiers, etc., ne doivent traverser la cour d'honneur. Mais il faut alors que le logement du portier soit installé de telle façon qu'il puisse surveiller les deux entrées : il est toujours infiniment préférable qu'il n'y ait pour les entrées et sorties qu'une seule surveillance, et par conséquent une seule responsabilité.

Tout ce qui précède s'applique à la voiture ordinaire, mais peut s'appliquer aussi, sauf quelques variantes de dimensions, à la voiture industrielle, commerciale, etc.

Quant aux voitures automobiles, les dispositions ordinaires des remises leur conviennent également, sauf que la sellerie sera remplacée par un dépôt de pièces de rechange et outillage, magasin de combustibles spéciaux, etc. Cela n'appelle pas de recommandations particulières, et pour le lavage de la voiture les conditions resteront les mêmes.

J'ai passé en revue à peu près tout ce qui, dans l'habitation, soulève des questions de nature à influer sur la composition. Je n'ai pu d'ailleurs que vous donner des indications générales : les cas particuliers ne relèvent pas de l'enseignement théorique.

Toutefois je désire encore, à ce même point de vue de la composition, vous dire quelques mots du chauffage des maisons, car c'est une question qui doit se poser à vous dès vos premières études, lorsque vous décidez de la place des gros murs, qui seuls pourront recevoir les cheminées.

On dit parfois que les cheminées sont un moyen de chauffage arriéré, qui doit disparaître avec le progrès. C'est possible, mais il serait téméraire de l'affirmer, et si cela était, il serait permis de regretter la cheminée, qui est certainement pour beaucoup dans le charme du chez soi, et même du chez les autres. En tous cas, la cheminée n'est pas encore morte, et il est nécessaire d'y penser.

Il n'y a de cheminée hygiénique, et de cheminée chauffante, que celle qui a des prises d'air extérieur et soit des ventouses, soit plutôt des bouches de chaleur qui remplacent dans la pièce l'air brûlé par de l'air extérieur déjà chauffé. La bouche de chaleur chauffe parce qu'elle émet de l'air chaud, mais surtout parce qu'elle supplée à l'introduction d'air froid, qui, sans elle, se fait nécessairement sous les portes ou les croisées. Il faut donc prévoir dans la composition de vos façades, soit sur rue soit sur cour, une prise d'air pour chaque cheminée — car si vous ne les prévoyez pas, comme il faudra les faire tout de même, elles seront percées au hasard, et au mépris de votre étude.

Le besoin d'économie de place qui nous poursuit en tout a obligé les architectes à abandonner presque complètement l'usage ancien des tuyaux de cheminée adossés, et de les remplacer par des tuyaux engagés dans les murs. Comme construction, c'est certainement regrettable. Les tuyaux adossés laissent au mur toute sa solidité, qu'il perd en devenant une sorte de crible; les risques d'incendie sont tout au moins plus localisés avec les tuyaux adossés; — mais toutes ces considérations sont superflues : la nécessité nous commande les tuyaux engagés. Il faut donc les faire le mieux possible, et pour cela savoir que c'est une difficulté. Il n'est guère possible, dans nos superpositions nombreuses d'étages, d'arrêter les plans supérieurs avant d'avoir étudié les passages de tuyaux : là par exemple où une porte à deux vantaux sera possible au premier ou au second étage, on aura du mal à en trouver une à un vantail au cinquième ou sixième.

Vous savez peut-être qu'on a imaginé jadis des combinaisons de tuyaux desservant plusieurs cheminées; cela est mauvais, et est même interdit à Paris. Chaque cheminée doit avoir son tuyau indépendant. Or, ceci encore réagit sur la composition :

lorsqu'un mur sépare deux pièces à cheminées, cela fait deux tuyaux par étage, et 12 tuyaux, et parfois 14 ou 16, au sommet du mur. Souvent, on n'en a pas la place, et dans les derniers étages il faut les adosser.

Cette nécessité des tuyaux de cheminée restreint donc la faculté de disposer des portes dans les murs (fig. 629). Il serait par exemple très imprudent de supposer des portes de chaque côté de la cheminée dans un mur à deux cheminées adossées ; en tous cas, si cette disposition est possible aux étages inférieurs, il faut nécessairement y renoncer dès que le nombre des tuyaux devient important : ce n'est que par un tracé de leurs passages qu'on peut en juger avec certitude.

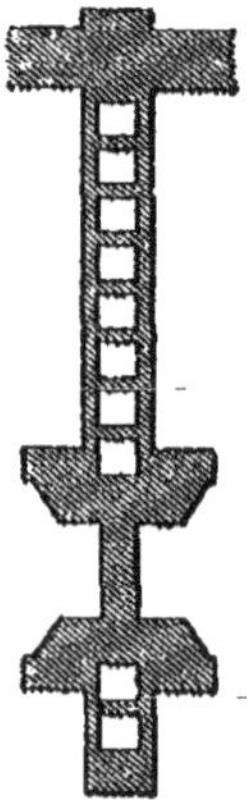

Je vous rappelle enfin ce que j'ai déjà indiqué, que les cheminées doivent être établies dans des murs qui ne portent pas les planchers ; dans les étages supérieurs surtout, le mur à cheminées est tellement criblé qu'on n'y trouverait plus la place d'une portée et d'un scellement ; et d'ailleurs cette construction vide est sans force pour résister au poids des planchers. — C'est encore une erreur fréquente de disposer les cheminées contre des murs de façade, avec tuyaux incorporés dans ces murs. Cette section du haut en bas d'un mur de façade est déplorable pour la construction ; le moindre tassement, le moindre feu de cheminée deviennent ainsi de grands sinistres ; d'autre part, ces tuyaux sont exposés au refroidissement, et un tuyau de cheminée froid tire mal ; enfin si ces cheminées augmentent de nombre à chaque étage, votre mur n'existe plus. Si donc la disposition exige impérieusement cette place pour les cheminées, faites du moins des tuyaux adossés.

Fig. 629.
Mur avec tuyaux de cheminées.

Et encore cela présente un inconvénient qu'il faudrait toujours éviter : des souches qui sortent mal des toitures, en recevant l'eau sur leur grand côté et non sur l'épaisseur.

Vous voyez que, ici encore, les exigences de la construction peuvent parfois combattre les convenances de la distribution; rappelez-vous qu'elles sont impérieuses. Ne soyez pas de l'école qui dit : la construction s'en arrangera toujours; au contraire, c'est la distribution qui devra au besoin s'accommoder et se modifier pour respecter la construction.

Le chauffage par calorifères est un chauffage moderne, bien que, à certains égards, on puisse le considérer comme renouvelé des Romains. Il y a trois modes de chauffage, avec des variétés d'ailleurs infinies : chauffage par l'air chaud, par l'eau chaude, par la vapeur. Voyons d'abord ce qui est commun à ces trois modes de chauffage.

Le chauffage pratique est celui qui combat efficacement le refroidissement : il faut bien comprendre en effet qu'il y a dans le chauffage deux opérations successives : l'élévation initiale de la température de la pièce, puis le maintien de cette température. La première est une mise en train qui demande un certain temps, la seconde n'est plus que de l'entretien. Or, pourquoi cet entretien ? Parce que sans cela la pièce se refroidirait. Et par où se refroidirait-elle ? Par les *surfaces de refroidissement*, c'est-à-dire avant tout par les fenêtres et les parois extérieures. Et pour empêcher ce refroidissement, il faut le combattre là où il se produirait.

De là cette théorie qui doit présider à toute installation rationnelle de chauffage : disposer les émissions de chaleur contre les surfaces de refroidissement. La théorie du chauffage doit d'ailleurs varier suivant les climats. Dans les pays septentrionaux, où le froid est un phénomène continu pendant la moitié de l'année, on emploie des modes de chauffage qui exigent une mise en train assez longue, mais qui font de toute la construction un réservoir de chaleur très lent à se refroidir. Au moyen de doubles parois, on constitue de véritables murs chauds ; la chaleur n'est pas localisée, elle est partout. La maison est pour ainsi dire enveloppée d'une ceinture tiède, et on combat le refroidissement par l'usage des doubles fenêtres, rigoureusement calfeutrées au début de l'hiver, et jusqu'au printemps.

Mais cette atmosphère enfermée se vicie rapidement et sans remède. Or, il n'y a pas de chauffage hygiénique s'il ne renouvelle pas l'air ; comme nous l'avons vu pour la cheminée, le chauffage sain introduit de l'air chaud et pur dans la pièce, en remplacement de l'air plus ou moins consommé qui lui fait place en s'évacuant soit par des cheminées de ventilation, soit par les interstices qui existent toujours — heureusement — dans nos clôtures.

Ainsi, bon emplacement des émissions de chaleur, et introduction d'air pur, voilà pour nous les éléments d'un bon chauffage, et les questions à résoudre par la composition même de l'habitation. Car il est bien entendu que c'est là seulement ce que je traite : je ne prétends pas vous faire un cours de chauffage ou de construction d'appareils, je vous renvoie pour cela aux traités spéciaux ; mais, je vous l'ai dit plusieurs fois, composer c'est prévoir, et c'est dès la composition du plan qu'il faut prévoir et décider ce que sera le chauffage à appliquer.

Le chauffage par calorifère encore le plus répandu, dans l'habitation surtout, est le chauffage à air chaud. D'une façon générale, le système est toujours celui-ci :

Un calorifère est installé en cave ; son foyer avec la cloche en fonte et les tubulures en tôle qui le prolongent en donnant passage à la flamme et à la fumée, forment un ensemble dont les parois sont portées à une température élevée; autour de ces parois, et dans un espace dit *chambre de chaleur*, circonscrit par les parois du calorifère, de l'air venant de l'extérieur au moyen d'une large *prise d'air* s'échauffe, et en raison même de cet échauffement acquiert une force ascensionnelle qui le répartit entre les diverses gaines qui, de la chambre de chaleur, vont jusqu'aux bouches des appartements. Il faut soit une gaine par bouche, soit des ramifications d'une étude assez délicate.

Voilà donc de l'air pur pris au dehors, échauffé au contact de surfaces chaudes, et propulsé dans l'habitation. Pour que le chauffage fonctionne bien, il faut que le calorifère soit placé autant que possible au centre des départs de gaines, car si les unes ont de longs conduits presque horizontaux, les autres de courts conduits, l'air chaud ne prendra que les gaines les plus voisines, à moins de précautions compliquées et délicates dont l'effet n'est pas infaillible. Il faut d'ailleurs que le calorifère soit assez rapproché d'un endroit où puisse être disposé un tuyau de fumée en gaine, car, je le répète, un tuyau dans l'intérieur d'un mur est forcément insuffisant pour cet usage. L'emplacement du calorifère dans votre plan dépend donc des facilités de passage des canalisations. Il faut, dès lors, voir où pourront être ces canalisations, et par suite les bouches de chaleur.

D'après ce que je vous disais tout à l'heure, elles devraient être près des surfaces de refroidissement, c'est-à-dire près des fenêtres. Malheureusement, dans le chauffage par l'air chaud, si on cherche à les placer ainsi, c'est au détriment de la construction, en enlevant toute solidité au mur de façade, chose qu'il faut s'interdire absolument; ou bien il faut avoir contre ce mur des gaines en saillie, ce qui n'a rien de contraire à la construction, mais est très incommode, impraticable d'ailleurs s'il y a des boutiques au rez-de-chaussée. Notez bien que, pour desservir les divers étages, il faut des tuyaux de chaleur assez nombreux, et que les gaines adossées finissent par presque doubler l'épaisseur du mur.

On place le plus souvent ces conduits dans le mur parallèle à la façade; les bouches sont alors mal placées pour le chauffage, et d'ailleurs le plus souvent sous ou derrière des meubles. Puis on affaiblit ainsi un mur dont la fonction est de porter les planchers, et qui souvent n'est pas très épais.

Enfin un troisième parti consiste à placer les conduits de fumée dans les murs de refend qui portent cheminées; entre le nombre de tuyaux de cheminées qui augmente à mesure que l'on monte, et le nombre de tuyaux de chaleur qui diminue avec le nombre d'étages, il se fait une compensation au moins théorique; mais il faut que cette question soit étudiée de très près, et dès le début, car cette solution n'est pas toujours possible, et les mécomptes sont à craindre.

En tous cas, lorsqu'on peut agir ainsi, cette disposition est encore la moins fâcheuse au point de vue de la construction, à moins, bien entendu, que l'on ne puisse, par une étude appropriée, disposer tous les conduits de chaleur dans des gaines adossées, sans compromettre les murs.

Car, il faut le répéter, tous les tuyaux dans des murs *sont de la mauvaise construction*, qu'il s'agisse d'eau, de fumée ou de chaleur. C'est un expédient nécessité par la cherté du terrain et le haut prix de la construction, mais ce n'est qu'un expédient, et la construction saine et logique n'admettrait que les tuyaux adossés.

Vous voyez que le chauffage à air chaud présente de grandes difficultés au point de vue de la disposition générale. Il faut donc dès le début savoir quel sera le mode de chauffage, et si ce doit être le calorifère à air chaud, prévoir à tous égards les conséquences qu'il entraînera pour la disposition et l'étude de vos plans. De toutes façons d'ailleurs il a de graves inconvénients, et le résultat de l'étude ne peut être que de les atténuer, et non de les supprimer.

J'ajouterai d'ailleurs que ce mode de chauffage n'est pas hygiénique. Lorsque tout est d'une exécution parfaite, on ne s'en aperçoit pas beaucoup ; mais généralement, il faut bien le dire, à travers les interstices microscopiques du foyer, de la cloche de fonte, des tubulures de tôle, il se fait un passage d'oxyde de carbone, gaz toxique comme vous savez, qui pénètre dans la chambre de chaleur et de là dans les gaines et dans l'habitation. La proportion en est minime — sans quoi ce serait un sinistre, mais à la longue cette lente infiltration produit un effet souvent très fâcheux sur la santé, surtout si des bouches de chaleur sont établies dans les chambres à coucher.

En somme, le calorifère à air chaud est le plus répandu parce qu'il est le plus ancien, parce qu'il est facile à conduire, parce que sa construction est à la portée du simple fumiste. Mais il est très inférieur, comme confort et comme hygiène, aux calorifères à eau chaude ou à vapeur, qui tendent de plus en plus à le remplacer.

Ces deux derniers modes de chauffage ont beaucoup de ressemblance entre eux quant à leurs exigences au point de vue de la composition.

L'un et l'autre sont basés sur les mêmes principes : production dans une chaudière soit de l'eau chaude, soit de la vapeur, et circulation de ces agents de chauffage dans des canalisations qui deviennent des *surfaces de chauffe* dans les endroits voulus, puis retour à la chaudière des eaux refroidies.

Je n'entrerai pas dans le détail de ces installations, et je ne vous en dirai que ce qui est essentiel pour la composition.

Le chauffage à l'eau chaude peut être sans pression ou avec de l'eau en pression; dans le premier cas, la canalisation peut être ouverte à sa partie supérieure, cette ouverture sert au besoin de trop-plein avec évacuation sur la toiture. Dans le second cas, elle forme un circuit rigoureusement fermé, et il faut un *vase d'expansion* permettant à l'eau de prendre sa dilatation due au chauffage ; mais le réseau proprement dit du circuit doit toujours être plein d'eau : eau en repos lorsque le chauffage s'arrête, eau en mouvement lorsqu'il y a chauffage.

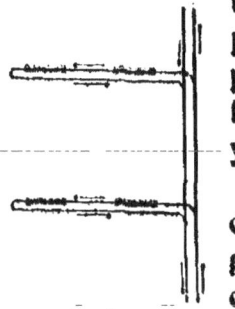

Fig. 630.
Schéma d'un chauffage par l'eau chaude.

Le circuit consiste en une ou plusieurs colonnes montantes sur lesquelles se greffent les circulations locales ; ainsi l'eau chaude s'élève dans la colonne montante, prend l'embranchement en légère pente qui alimente les surfaces de chauffe, puis arrivée à l'extrémité de sa course, trouve un tuyau de retour soit vertical, soit le plus souvent en légère descente jusqu'à la gaine qui renferme déjà la colonne montante, que le tuyau de retour accompagne verticalement, mais avec mouvement inverse (fig. 630).

Il y a presque toujours plusieurs colonnes montantes, logées dans des angles, et jamais dans des murs. Leur multiplicité permet d'éviter les trop longs parcours horizontaux. Il est nécessaire que les conduites horizontales — c'est-à-dire à très légères pentes — puissent longer des murs continus, car elles ne pourraient passer en élévation devant des portes, et il est très rare qu'on puisse les loger dans l'épaisseur des planchers.

Il convient ici de faire justice d'un préjugé très répandu, non parmi les techniciens, mais parmi leurs clients. On répète souvent que le chauffage à eau chaude (ou à vapeur) produit une chaleur *humide*. C'est une erreur absolue : le tuyau de fonte, de tôle ou de cuivre dans lequel circule l'eau chaude est rigoureusement sec, et ne peut communiquer à l'air que de la chaleur sèche. Ce préjugé vient tout d'abord d'un raisonnement trop hâtif qui conclut de l'emploi de l'eau à l'hygrométrie de la chaleur produite, et aussi de ce fait qu'on a d'abord vu ce mode de chauffage employé dans des serres. Là en eff t il se produit une buée chaude, qui se condense sur les verres; mais c'est l'humidité des plantes, celle de la terre fréquemment arrosée qui produit ce dégagement très sensible de vapeur d'eau. Le chauffage lui-même ne saurait causer d'émission de vapeur qu'en cas de fuite. On peut même affirmer que le chauffage à eau chaude est plus sec que celui à air chaud, car ce dernier ne fait que transmettre à l'habitation l'air du dehors, parfois saturé d'humidité atmosphérique et qui, malgré la dessiccation due au passage dans la chambre de chauffe, peut encore en conserver à l'état de vapeur d'eau.

Le chauffage par la vapeur doit se diviser en deux combinaisons : chauffage à basse, ou plutôt à *moyenne pression*, pouvant aller à deux atmosphères environ; et chauffage à *très basse pression*, ne dépassant pas ordinairement deux dixièmes d'atmosphère. Voyons d'abord le premier :

Le chauffage par la vapeur à moyenne pression se fait lui aussi par circulation dans une canalisation desservant des surfaces de chauffe aux endroits désignés. Le système est donc, dans son ensemble, analogue au chauffage par l'eau chaude, mais avec des conditions de fonctionnement à certains égards inverses. En effet, la vapeur, en communiquant sa chaleur à la canalisation, se condense, c'est-à-dire retourne à l'état d'eau ; il faut que cette eau de condensation s'écoule, et elle ne peut le faire que dans le sens de la pente des tuyaux, car elle n'est plus, comme dans le chauffage à l'eau, refoulée par la circulation de l'eau ascendante. Elle redescend en vertu de son propre poids. Si la vapeur circule en sens inverse, il y a entre ces deux circulations conflit, choc et bruits désagréables. Il faut donc que l'eau de condensation et la vapeur non encore condensée circulent dans le même sens, c'est-à-dire en descendant.

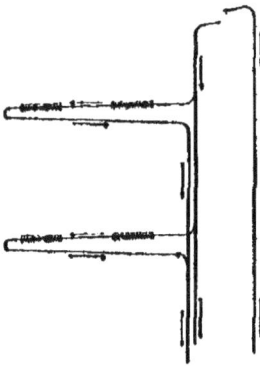

Fig. 631. — Circulation de la vapeur destinée au chauffage.

Le schéma d'un chauffage à vapeur à moyenne pression sera donc le suivant (fig. 631) : la vapeur issue de la chaudière s'élève par une ou plusieurs colonnes montantes jusqu'au point le plus haut, et de là elle revient aux étages d'habitation par une colonne descendante ; les branchements pratiqués sur cette colonne descendante l'envoient aux surfaces de chauffe, et l'eau de condensation retourne au générateur par des tuyaux de retour, voisins ou non des colonnes maîtresses. Tout le chauffage se fait donc par une circulation du sommet à la chaudière, par un circuit constamment descendant. Et dès

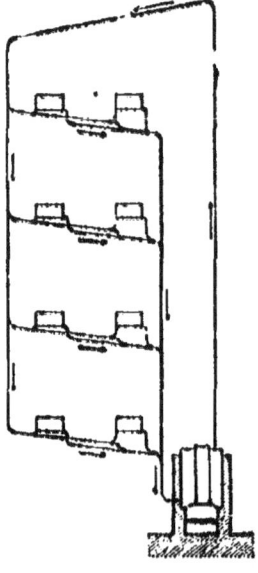

Fig. 632. — Schéma théorique d'un chauffage à vapeur à moyenne pression.

lors, l'ensemble de l'installation se présente comme dans le schéma théorique ci-joint (fig. 632).

Pour le passage des canalisations, les précautions à prendre sont les mêmes que pour le chauffage à l'eau.

Le chauffage à moyenne pression était le seul connu il y a quelques années ; il s'en fait aujourd'hui à très basse pression, cette pression dépassant à peine celle de l'atmosphère (environ 2 *hectogr.* par centimètre carré, ou 2/10 d'atmosphère. C'est le chauffage le plus maniable et le plus facile à régler, et qui demande comme les précédents des gaines et circulations à peu près identiques, sauf que les surfaces chauffantes doivent être plus importantes puisque la chaleur est moindre. Mais au point de vue de la composition, ce mode de chauffage a une conséquence particulière : c'est la profondeur nécessaire de la cave du calorifère, car il est indispen-

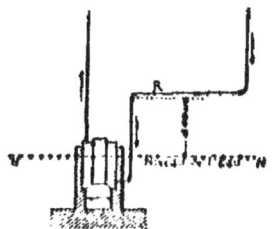

Fig. 633. — Schéma théorique d'un chauffage à vapeur à basse pression.

sable que le niveau supérieur de l'eau dans la chaudière soit au moins de 2 à 3 mètres en contrebas du point le plus bas des tuyaux de retour. Voici pourquoi. Supposez (fig. 633) une chaudière cylindrique verticale, dans laquelle le niveau supérieur de l'eau est N-N. Un tuyau de retour R, à peu près horizontal, ramène à cette chaudière l'eau de condensation, après avoir desservi au passage les appareils de chauffage ; cette eau, peut-être encore mélangée de vapeur, doit être considérée comme n'étant plus que de l'eau n'ayant plus de pression, ou n'ayant plus qu'une pression négligeable. Si l'eau de la chaudière est à la pression de 2 hectogrammes, cette pression la fera remonter de 2 mètres dans la partie verticale du tuyau de retour ; de 3 mètres pour 3 hectogrammes de pression ; et si en remontant ainsi elle trouve ouvert le tuyau horizontal de retour, elle s'y répandra et obstruera la circulation. En d'autres termes, il faut que la pression due à la hauteur d'eau verticale V fasse au moins équilibre à la pression produite dans la chaudière par le chauffage de l'eau.

Cette combinaison n'est donc pratique que si l'on peut disposer d'une cave profonde, et c'est encore une prévoyance qu'il faut avoir dès l'établissement du plan de fondations de l'édifice.

Les surfaces de chauffage peuvent et doivent être établies près des surfaces de refroidissement, c'est-à-dire près des murs de façade. Il serait même difficile qu'il en pût être autrement, à cause de l'obligation de disposer les conduites horizontales contre des murs continus. Cela permet d'ailleurs l'introduction très facile d'air pur venant s'échauffer contre les surfaces de chauffage et renouvelant ainsi l'atmosphère de la pièce. Les difficultés naissent lorsque les murs de façade ont eux-mêmes des portes, par exemple dans le cas de balcons. On peut alors être conduit à des dispositions spéciales, impossibles à prévoir dans leur variété, mais dont on aura toujours raison en ne perdant pas de vue les principes de chaque mode de chauffage.

J'ajouterai enfin que ces chauffages ne sont pas d'une conduite plus difficile que le chauffage à air chaud; seulement il faut encore lutter contre des craintes irraisonnées à cet égard.

Mais, par exemple, il faut que l'exécution soit excellente. Des fuites auraient des conséquences matérielles fort graves, et il importe d'éprouver les canalisations sous une pression très supérieure à celle qu'elles subiront en service. Ainsi le chauffage à eau par petites conduites peut fonctionner dans les grands froids à 12 ou 15 atmosphères : n'hésitez pas à faire éprouver la canalisation entièrement terminée à 80 ou 100 — et devant vous.

Enfin, on fait assez souvent un chauffage mixte; un calorifère à eau ou à vapeur échauffe des surfaces métalliques autour desquelles vient s'échauffer de l'air pur qui s'élève ensuite dans des gaines. Ce système combine les avantages des deux modes, mais il est coûteux. En tous cas, au point de vue de la composition, il revient au même que le chauffage à air chaud. C'est un chauffage à air chaud, dont le calorifère est établi plus scientifiquement — et plus hygiéniquement.

Comme vous le voyez, nous revenons toujours à notre aphorisme : composer c'est prévoir. Vous devez comprendre en effet que dès l'étude de vos plans il est nécessaire que vous sachiez quel sera votre chauffage et que vous teniez compte de ses exigences.

Voilà à coup sûr bien des choses à propos d'habitation : et que de choses encore n'ai-je pas laissées de côté ! Le sujet est inépuisable. Mais une conclusion s'impose : après avoir été longtemps un programme d'une simplicité relative, l'habitation est devenue d'une complication extrême. Récemment encore, la génération qui nous a précédés ne connaissait pas le vestibule clos, les escaliers fermés et chauffés, les circulations d'eau, de gaz, d'électricité, etc., les calorifères, les ascenseurs, les monte-charges, les téléphones, que sais-je encore ? Aujourd'hui, la maison moderne est usinée du haut en bas, il y faut tous les progrès, et chaque jour en en apportant de nouveaux crée de nouvelles exigences. Une maison très ordinaire a des kilomètres de canalisations de toutes sortes.

Pour tout cela, c'est une grosse erreur de croire que l'architecte puisse et doive tout inventer, tout prescrire. Il n'y a pas de cerveau qui y pût suffire. Il faut que l'ingénieur sanitaire, l'ingénieur chauffeur, l'ingénieur électricien, etc., soient des collaborateurs dévoués, et non de simples exécutants : ils doivent être et sont, en effet, à moins d'usurpation de titres, d'habiles techniciens, expérimentés et savants chacun dans sa spécialité. Le rôle de l'architecte, qui est le plus laborieux et le plus complexe de tous, est de mettre en œuvre ces savoirs et ces compétences, de les faire concourir à un ensemble, d'assurer la conception générale sans laquelle tout concours spécial serait stérile, de faire concorder et s'accommoder les exigences respectives. Il est le chef, le *maître de l'œuvre*, et c'est une belle mission. Il commande : mais pour commander utilement il faut avoir sagement prévu ; et c'est ainsi que tout, même ce qui paraît le plus spécial, relève de cette première fonction du véritable architecte : la composition.

CHAPITRE VIII

HABITATIONS COLLECTIVES

SOMMAIRE. — L'hôtellerie. — La caserne. — Les édifices hospitaliers : asiles, hospices, maisons de retraite. — Résumé des règles relatives à l'habitation.

Je n'ai certes pas, je le répète, épuisé ce vaste sujet : l'habitation. Je ne pouvais vous parler que de ses éléments théoriques : quant à la manière pratique de les mettre en œuvre, l'expérience seule vous l'apprendra. En art, il y a avant tout ou au-dessus de tout l'exercice continu, la sûreté acquise. Vous êtes ici pour vous exercer, et le programme de l'habitation est de ceux qu'il faut étudier souvent, toujours en face de difficultés nouvelles ; il est infini, et ne se satisfait ni avec des formules, ni avec des recettes. Rendez-vous souples et ingénieux, l'exercice seul vous y conduira ; je ne puis dans ce cours que vous signaler les difficultés, vous faire connaître les besoins : à vous de trouver dans chaque cas la solution.

Mais il me reste à vous dire quelques mots de l'habitation collective. A certains égards, le programme devient en effet différent lorsque à l'habitation personnelle — chambre, appartement, maison, hôtel ou palais — se substitue l'habitation en commun, temporaire ou permanente.

Toutefois, je ne chercherai pas l'habitation dans toutes ses formes : ainsi, l'enfant habite le lycée, mais le lycée est avant tout un édifice d'instruction; le malade habite l'hôpital, mais l'hôpital est avant tout un édifice sanitaire : un autre programme prime alors le programme d'habitation. Sous cette rubrique de l'habitation collective, je vous parlerai seulement de ce qui est fait avant tout pour habiter : l'hôtellerie, l'asile ou l'hospice, la caserne; et cela en tant seulement que j'aurai à vous signaler des différences avec les éléments de l'habitation personnelle que nous venons d'étudier.

L'hôtellerie n'a plus rien de commun avec l'ancienne auberge si souvent décrite, et que nous voyons disparaître peu à peu dans ses derniers types. Il faut dire adieu à l'auberge pittoresque où le voyageur s'arrêtait dans la cuisine, où l'aubergiste était l'hôte ou l'hôtesse, où les chambres étaient souvent des dortoirs favorables aux aventures. Cela, c'est l'hôtellerie classique de Don Quichotte, du Roman comique, de Gil-Blas. Elle avait un grand mérite, elle était amusante; la nôtre est ennuyeuse : qu'elle soit au moins confortable.

La chambre d'hôtel est forcément banale; lorsqu'elle ne l'est pas, c'est qu'elle n'a pas été faite pour son usage; ainsi à Gênes et à Venise, d'anciens palais sont devenus des hôtels de voyageurs, et parfois une chambre voûtée avec des peintures à fresque intéresse l'artiste de passage. Mais c'est le vieux palais qui se survit, ce n'est pas l'auberge. Dans l'hôtel, le programme est d'avoir le plus grand nombre possible de chambres disposées du côté le plus recherché des voyageurs; il en faut à un et à deux lits, et sauf dans quelques situations à part, les chambres d'hôtel doivent être pourvues de cheminées. Comme elles peuvent être louées séparément ou par groupe, lorsqu'une famille en désire plusieurs, ces chambres communiquent les unes avec les autres par des portes qu'on tient fermées lorsque la location est isolée; en ce cas, et pour éviter qu'on n'entende tout d'une chambre à l'autre, il est bon qu'il y ait double porte.

Au surplus, dans un hôtel, le grand écueil est la sonorité. Tandis que dans l'habitation ordinaire on a toujours un certain nombre d'heures de silence pendant la nuit, à l'hôtel il y a des arrivées et départs de voyageurs à tous les trains, souvent au milieu de la nuit, ou de grand matin, le transport des bagages, les allées et venues de service. Si les chambres donnent directement sur le corridor de circulation, même séparées par un mur sérieux et en dépit de tous les tapis, le bruit est insupportable. Aussi dans les hôtels bien aménagés, il y a toujours entre le corridor et la chambre l'interposition nécessaire d'une petite entrée et d'un cabinet servant soit à la toilette, soit au dépôt des bagages et effets. Pour ce programme essentiellement moderne, je ne puis vous citer des exemples anciens; c'est dans l'architecture contemporaine que vous en trouverez l'expression. Je vous montrerai donc le plan à l'un des étages d'habitation de l'hôtel de voyageurs qu'a récemment construit M. Chedanne aux Champs-Élysées (fig. 633), en vous faisant observer que sa destination est celle d'un hôtel tout à fait luxueux, dont les recherches doivent être considérées comme un maximum, et seraient excessives pour un hôtel modeste.

Je n'ai rien de particulier à vous signaler pour les salons, salles de jeux ou de lecture, etc. Tout cela rappelle, avec plus de banalité inévitable, les salons de l'habitation. De même pour les écuries et remises, etc. Seule la salle à manger appelle quelques remarques spéciales.

En général, le programme d'une salle à manger d'hôtel comporte la table d'hôte et des tables particulières. Sa forme peut donc être moins longue que ce que nous avons vu pour une salle à manger d'apparat dans l'habitation, avec une table unique.

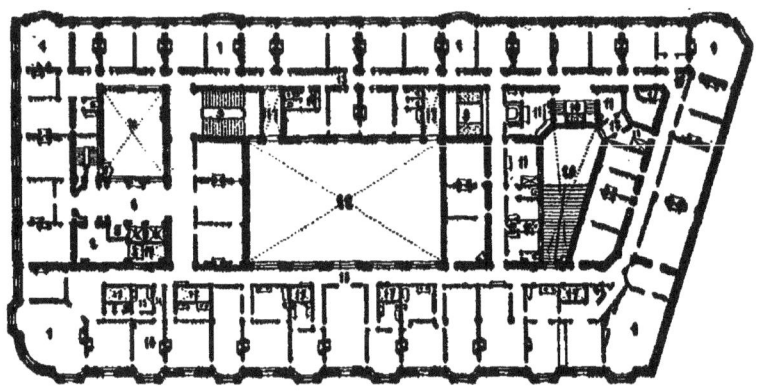

Fig. 634. — Hôtel meublé aux Champs-Élysées. Plan du premier étage.

1, salons en location. — 2, bagages. — 3, monte-bagages. — 4, ascenseurs. — 5, cabine téléphonique. — 6, salon d'étage. — 7, Escalier des domestiques des voyageurs. — 8, ascenseur des domestiques des voyageurs. — 9, grand escalier. — 10, escalier de service. — 11, services. — 12, passerelle pour battre les habits. — 13, galerie des chambres. — 14, antichambres. — 15, toilette et bains. — 16, chambres. — 17, courettes. — 18, postes d'incendie. — 19, vidoirs. — 20, cour. — 21, gaine pour les tuyaux de la cuisine. — 22, grande cour.

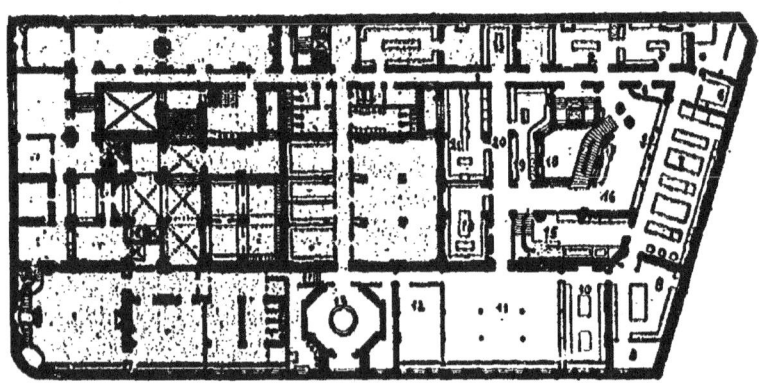

Fig. 635. — Hôtel meublé aux Champs-Élysées. Plan des cuisines.

1, dégagement. — 2, glacier. — 3, pâtisserie. — 4, cave à charbon. — 5, gaine des tuyaux de la cuisine. — 6, légumier. — 7, cuisine. — 8, garde-manger. — 9, bureau du chef. — 10, boucherie. — 11, salle à manger des domestiques. — 12, pièces de service. — 13, salle des filtres. — 14, cave de jour. — 15, plonges. — 16, galerie des services. — 17, contrôle. — 18, cour. — 19, plonge de l'argenterie. — 20, dégagements. — 21, cafeterie. — 22, tables chaudes.

Ici, il ne s'agit pas tant de faire une table que de pouvoir servir un public nombreux, surtout si l'hôtel, comme c'est fréquent, reçoit dans sa salle à manger un nombreux public en dehors de ses hôtes.

Mais, d'autre part, pour cette salle comme pour les salons qui seront évidemment au rez-de-chaussée, vous trouverez une difficulté pratique : la superposition à ces salles de chambres nombreuses séparées par des murs à cheminées, tout au moins quelques-uns. Si les portées sont très grandes, la difficulté devient fort sérieuse : il peut donc résulter de votre disposition des nécessités, imposées par la construction, de points d'appui intérieurs ou de piliers spéciaux. Je ne puis que vous répéter encore que les plans des divers étages forment une composition unique, qui doit être étudiée simultanément à ces divers niveaux.

Dans les hôtels importants, le service des cuisines, auxquelles doivent s'annexer les salles à manger du personnel et aussi des domestiques des voyageurs, devient très considérable. Vous en pourrez juger par le plan du sous-sol du même hôtel des Champs-Élysées (fig. 634) où j'ai hachuré tout ce qui ne constitue pas ce service spécial des cuisines et du service des domestiques. Vous y remarquerez combien, dans ces sortes d'établissements, on tient à les bien traiter, disons le mot, à leur faire la cour : bains, cabinets de toilette, rien ne leur manque; c'est que ce sont souvent les pourvoyeurs de la maison.

De l'hôtel passons à la caserne ; c'est l'hôtel de votre âge avec « bon souper, bon gîte, et le reste ». Le reste, c'est parfois la corvée ou la consigne; mais c'est surtout le sentiment très fier et très digne du devoir. Ici, tout a sa gravité, et l'architecture aussi; il y a le nécessaire, mais le strict nécessaire. Et si le jour vient, comme je l'espère, où les architectes seront chargés de cette œuvre d'architecture qui est l'habitation des soldats, ne perdez jamais de vue cette simplicité absolue qui n'est pas seulement ici l'économie, mais qui est encore le caractère et l'aspect d'art des constructions militaires. Voyez cette magnificence, l'Hôtel des Invalides : quelle simplicité dans ses éléments, et par là même quel aspect sévère et grandiose dans son style !

L'habitation à la caserne, c'est la chambrée. Aujourd'hui, la chambrée n'est pas luxueuse, mais autrefois ! Vous savez que jadis les hommes couchaient deux par lit, et il nous reste des casernes de l'ancien régime des descriptions écœurantes. Maintenant encore, trop de casernes sont installées dans de vieux bâtiments, souvent des couvents, qui n'ont pas été faits dans ce but, ou dont la disposition remonte à une époque où l'on avait peu souci de l'hygiène. Les casernes nouvelles sont plus humainement conçues; et cependant vous allez voir qu'on n'y répartit pas bien largement l'air respirable. Les instructions militaires prévoient pour les chambres de troupes 3 à 4 mètres carrés par homme, et 12 mètres cubes par fantassin ou 14 mètres cubes par cavalier. Heureusement, on ne peut guère se dispenser d'augmenter ces dimensions, car l'espacement des lits ne peut guère être moindre de $1^m 20$ d'axe en axe, ce qui avec la demi-largeur de la chambre (7 mètres environ, soit $3^m 50$ pour la moitié) fait une surface de $4^m 20$, et pour une hauteur normale de $3^m 50$, produit un cube par homme de $14^m 700$. Il est bien évident que pour la santé des hommes il faut compter sur le renouvellement rapide de l'air par des moyens voulus ou non.

Vous connaissez la disposition ordinaire des chambrées : Préoccupé avant tout de l'aération, on les dispose avec des fenêtres des deux côtés, soit quatre en tout. Le bâtiment est donc simple en profondeur, et il ne peut y avoir de circulations indépendantes. Dès lors, on multiplie les escaliers, afin qu'ils puissent desservir directement les chambrées, ainsi que les lavabos et chambres de sous-officiers. Voici (fig. 635) un plan de pavillon conforme aux instructions en vigueur, et se composant d'un rez-de-chaussée, d'un premier et d'un deuxième étages semblables.

Les conditions les plus rigoureuses de propreté sont avant tout nécessaires ici. Surfaces lisses peintes à l'huile partout où le frottement est possible, badigeonnées à la chaux, très fréquemment, dans les parties élevées; éviter les angles inutiles, les solivages apparents, etc. De l'air, de la lumière, de la propreté, tel est le programme de cette variété d'habitation.

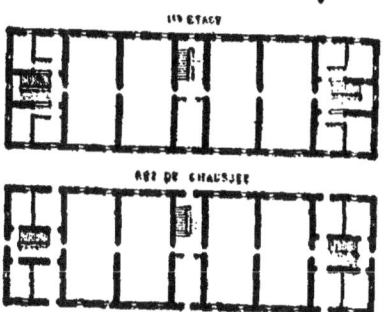

Fig. 636. — Pavillon de casernement.

Quant aux chevaux, j'ai peu de chose à ajouter à ce que je vous ai déjà dit des écuries. Dans les casernes de cavalerie, on recherche autant que possible les dispositions qui isolent les écuries, en ne les plaçant ni sous les chambrées des hommes, ni sous les dépôts de fourrages. On préfère donc les bâtiments absolument spéciaux pour les écuries.

Le surplus des locaux dépendant de la caserne n'appelle ici aucune description spéciale : sans quoi il faudrait transcrire à votre intention toutes les prescriptions à l'usage du génie militaire. En cela comme en tout, lorsque vous vous trouvez en présence d'un programme d'espèce particulière, à l'instruction générale qui vous prépare, il faut superposer l'instruction spécifique que vous trouverez dans les publications spéciales et les monographies.

Sous divers noms, asile, hospice, pension, maison de retraite, on exprime tous ces établissements destinés à l'habitation des malheureux. Il en faut de toutes sortes : pour les enfants, les infirmes, les vieillards; pour les misérables, les incurables, les fous; pour les ménages et pour les célibataires ou les veufs; pour les civils et pour les militaires.

Pour tous, certes, le rêve serait le chez soi, le foyer, même bien humble et bien étroit. C'est la nécessité seule qui les relègue dans ces grandes maisons forcément banales et règlementées, où l'on couche, où l'on mange, où l'on fait tout en commun. Aussi, nul programme n'a jamais comme celui-là sollicité les âmes généreuses, et toujours, à toute époque, dans les constructions d'asiles ou d'hospices, il y a eu une pensée. Cherchons-la, car ainsi seulement nous pourrons comprendre comment, avec un même but charitable, ce programme a pu être si diversement traité.

Nous connaissons trop peu l'antiquité pour savoir ce qu'elle réservait à ses déshérités. Je serais d'ailleurs presque tenté de me demander si, à Rome notamment, il y avait lieu à assistance publique. Il y avait de la misère, certes, mais ordinairement le misérable était à quelqu'un : c'est là le seul résultat un peu humain de l'esclavage : si le droit romain disait brutalement *servus res est, non persona*, du moins ce pauvre diable n'était pas *res nullius*, et un hospice de vieux esclaves n'avait peut-être pas plus de raison d'être que chez nous un hospice de vieux chevaux ou de vieux chiens. Peut-être — il faut du moins l'espérer — le riche propriétaire se débarrassait-il moins allègrement d'un esclave vieilli qu'on ne le fait chez nous du vieux cheval qui ne rend plus de service ? Le patronage et la clientèle devaient constituer aussi une assistance restreinte, dont la forme et les moyens nous sont peu connus.

C'est le Christianisme qui a réellement fait l'hospice, et pendant bien des siècles l'hospitalité a été purement chrétienne; puis peu à peu elle a commencé à devenir politique ou administrative, et finalement elle a été conçue comme une obligation stricte de la société.

Ces conceptions différentes devaient produire des expressions architecturales différentes. Il y a eu, et pendant des siècles, l'hospitalité cruelle qui ne visait qu'à se débarrasser de misérables dont on avait peur : telles étaient les léproseries du Moyen Age, ou ce lazaret de Milan, si tragiquement décrit dans les *Fiancés* de Manzoni. C'était le tombeau anticipé.

Mais en même temps il y avait les édifices de pitié chrétienne dont il nous reste encore de si beaux exemples. Là, il est permis d'affirmer que l'art a été en communion parfaite avec son sujet, car il n'y a personne qui puisse douter de ce qu'il a voulu exprimer. Mais — je vous l'ai déjà dit — l'architecture d'une époque est la résultante des idées et de l'état social de cette époque : dans ces siècles de foi profonde, le but, en fait d'hospitalité, était moins de prolonger que de consoler la vie des malheureux; la pensée de leurs bienfaiteurs était tournée et tournait la leur plutôt vers la vie future que vers l'existence actuelle; tout était fait pour le salut des âmes, non pour le corps.

Aussi avons-nous de cette époque des restes précieux, des salles d'un grand caractère de christianisme, mais que les hygiénistes condamnent, et dont l'un des plus beaux exemples est l'*Albergo de Poveri* de Gênes (fig. 636).

A cette hospitalisation toujours gouvernée par l'idée religieuse, et mise aux mains de communautés, de confréries, de sociétés qui, même laïques, étaient en réalité des corporations religieuses, s'est substituée une nouvelle hospitalisation gouvernementale. L'Hospice général — aujourd'hui la Salpêtrière —

est une création de ce genre, ainsi que, dans un autre ordre d'idées, l'Hôtel des Invalides; et encore, au début, la discipline des Invalides était presque celle d'un couvent.

On a reproché à ces édifices grandioses leur caractère monu-

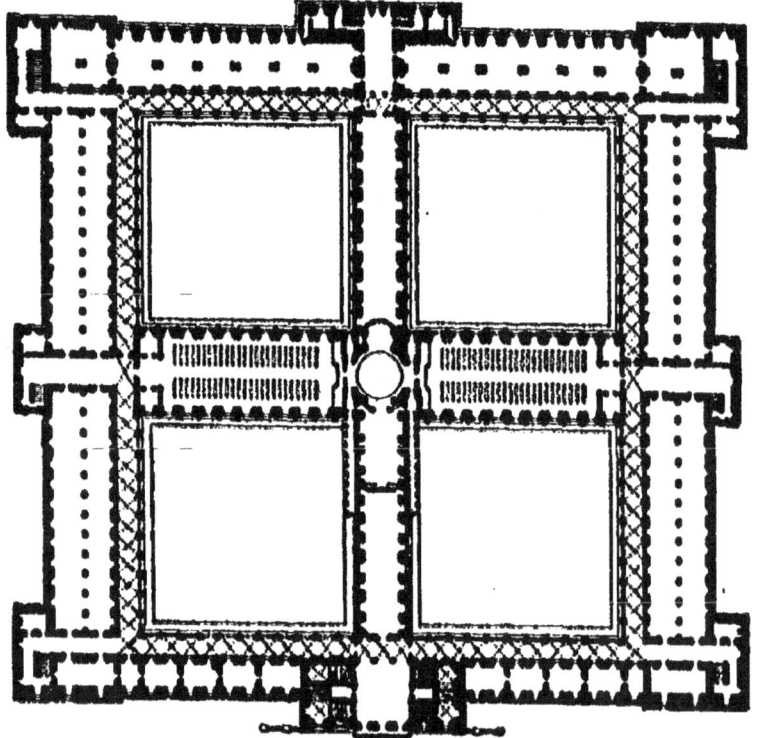

Fig. 637. — Plan de l'*Albergo de Poveri*, à Gênes.

mental, leurs façades. Mais c'est la royauté même de Louis XIII — de Richelieu — et surtout de Louis XIV qui se traduit ici comme partout. Oui, sans doute, pour les millions qu'a pu coûter l'Hôtel des Invalides, on aurait pu construire des logements pour deux fois plus de monde. Mais n'était-ce donc rien que la fierté créée ou maintenue parmi les *soldats du roi*, que le respect imposé, que les traditions de gloire transmises? C'est pour moi un souvenir d'enfance très impressionnant, le service des repas aux officiers invalides, dans leurs grands réfectoires décorés de peintures, avec les mets apportés dans la vaisselle d'argent massif que leur avait donnée Louis XIV, et qui seule n'a pas été fondue lors des sacrifices héroïques qu'a récompensés Denain, tandis que des sous-officiers, l'épée nue, escortaient ce service vraiment royal.

La pensée n'est plus la même, mais il y avait là une pensée aussi, une grande pensée ; ai-je besoin de vous dire combien elle est rendue ?

Aujourd'hui encore, nous avons une pensée maîtresse en fait d'hospitalité : adoucir et prolonger la vie. Notre hospitalité est nettement matérialiste. Si elle cherche à parler à l'âme, à la consoler ou à l'égayer, c'est dans l'intérêt exclusif de la santé corporelle. L'hygiène, voilà le but unique que nous poursuivons, mais en sachant bien que l'hygiène a des facteurs très divers, et que parmi eux il faut placer en bon rang le contentement et au besoin l'illusion.

Avec les yeux sans cesse fixés sur ce but unique, il s'est fait une architecture toute d'expérience, très appropriée à son programme particulier[1]. Elle a ses règles contrôlées par les résultats, et aujourd'hui il n'est plus permis de concevoir l'architecture hospitalière autrement que moyennant des prescriptions catégoriques, non en ce qui concerne la composition, mais pour tout ce qui est des éléments de cette composition.

Tout d'abord, l'hospice, l'asile, doivent être gais, aussi gais

---

[1]. Je dois à l'obligeance de M. Michelin, architecte de l'Assistance publique, une grande partie des indications qui vont suivre.

que possible ; si l'on pouvait ajouter : engageants, ce serait l'idéal. L'hospitalisé sent son cœur se serrer lorsqu'il entre dans un bâtiment immense, ou dans les grandes cours monacales où il devra achever sa vie ; il lui faut l'illusion du chez soi, la nature ; même à l'aliéné dangereux, pour qui l'hospitalité est une réclusion, on dissimule le mur nécessaire, on fait la clôture plutôt en creux, afin que son regard s'étende sur la campagne où il lui semble qu'il soit libre d'aller. La verdure est un très puissant moyen hygiénique.

Supposons donc un asile établi soit à la campagne, soit dans un faubourg d'une ville, en bon air, sur un terrain en pente légère, pas humide, à l'abri des vents violents. Là, suivant les cas, les pensionnaires habiteront des chambres ou des dortoirs communs. Sur la chambre, je ne vous dirais rien de nouveau : faites que le déshérité puisse s'y plaire ! C'est le dortoir qui constitue avant tout l'habitation collective.

Pour l'intelligence de ce qui va suivre, je vous prierai de vous reporter d'abord au plan d'un des plus grands ensembles auxquels ait donné lieu ce programme, l'hospice des Incurables à Ivry (fig. 638).

Les dortoirs se trouveront en un ou plusieurs bâtiments, suivant le nombre des pensionnaires. En général il faut éviter et les trop longs bâtiments, et les dortoirs avec des lits trop nombreux.

Les dortoirs peuvent être au rez-de-chaussée, pourvu qu'ils ne soient pas humides. Du reste, il faut toujours au-dessous un sous-sol pour divers usages ; le dortoir pourra donc être dans un rez-de-chaussée élevé sur quelques marches, et au besoin sur des rampes très douces. S'il est au premier étage, il sera desservi par un escalier facile et un ascenseur.

On exige pour le dortoir des fenêtres des deux côtés. Ces

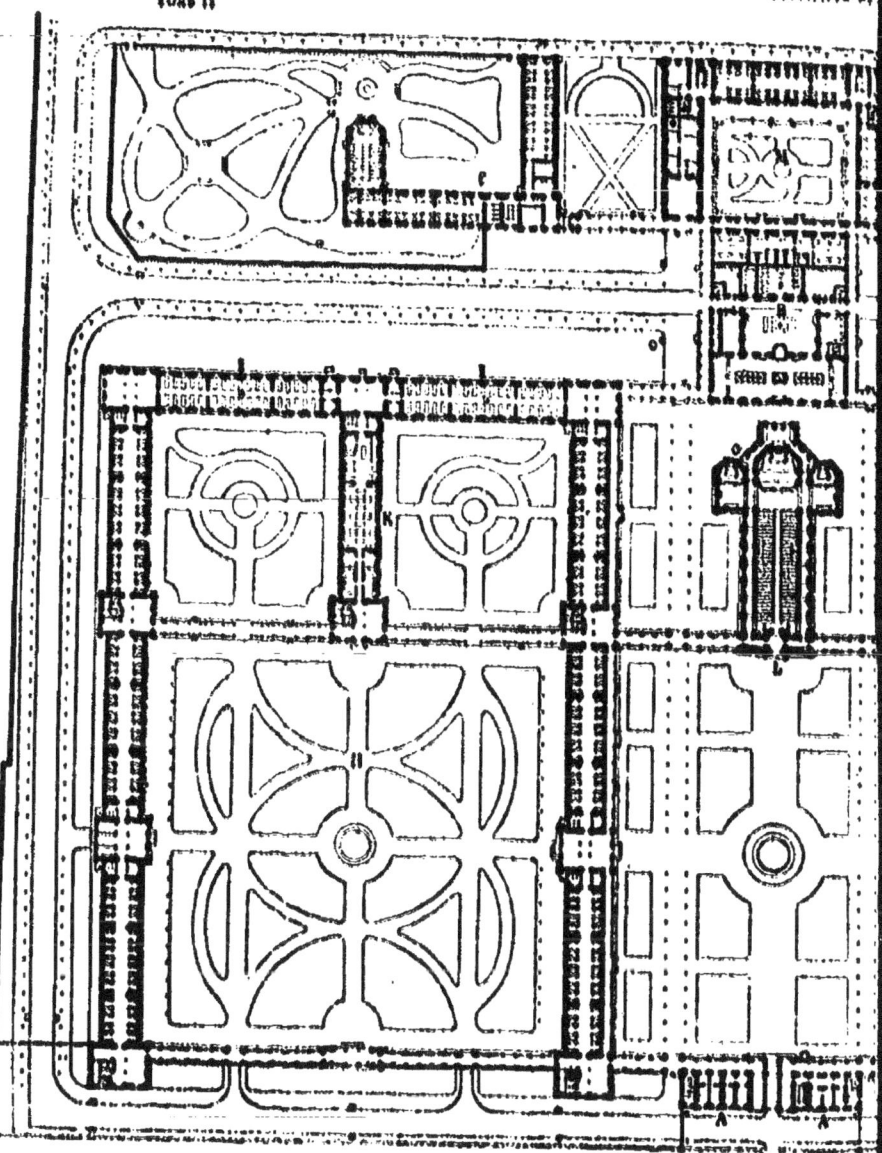

Fig. 617. — H

SERVICES GÉNÉRAUX. — AA, administration. — B, service des cuisines avec cour vitrée. —
HOSPITALISÉS. — HH, dortoirs. — II, réfectoires. — J,
DÉPENDANCES. — N, services des

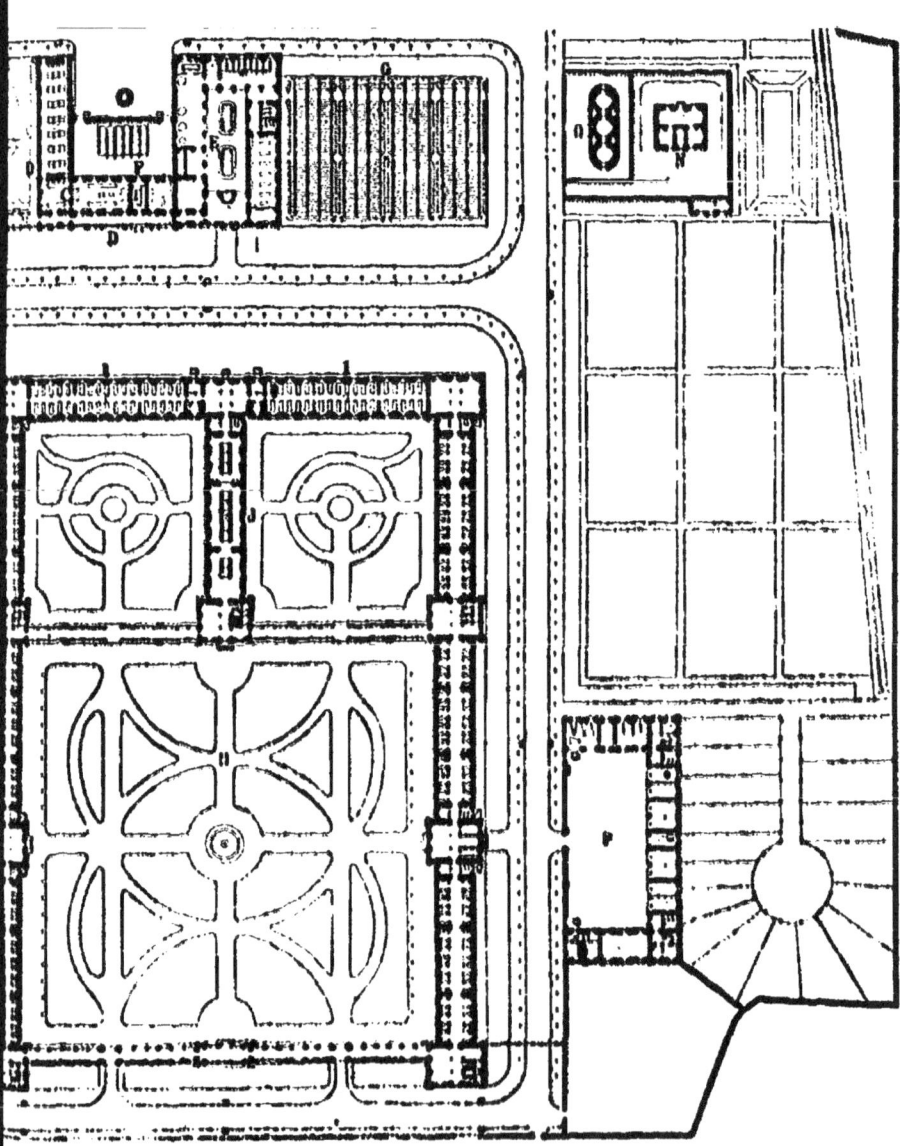

...curables, à Ivry.

...rranté. — D, lingerie. — H, buanderie. — F, salle des chaudières. — O, champ d'étendage.
...tions. — N, habillement. — L, chapelle. — M, Infirmerie.
...servoirs. — P, dépôts et ateliers.

fenêtres n'ont pas besoin d'être larges, mais il est nécessaire qu'elles montent aussi près que possible du plafond, pour que aucune partie de la salle n'échappe à l'aération. Elles se composent ordinairement de trois parties : l'allège dans laquelle on dispose un volet d'aération, la fenêtre proprement dite, et l'imposte également ouvrant. Pour la largeur de la baie, on compte 1 mètre ou 1^m 10. C'est une fenêtre assez étroite comme vous voyez. Le trumeau doit avoir environ 1^m 60 de large, si, comme c'est préférable, on peut ne disposer qu'un lit par tru-

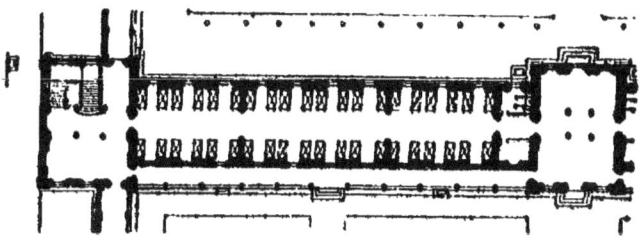

Fig. 639. — Plan d'un dortoir d'hospice.

meau; cette largeur est déterminée par l'expérience, en raison du lit et de ses accessoires, table de nuit et siège. Ainsi l'entre-axe des fenêtres sera de 2^m 60 à 2^m 70; dimensions un peu rapprochées pour la construction : vous aurez donc à voir si vous devez faire coïncider vos entre-axes constructifs avec chacune de ces travées ou seulement de deux en deux. Mais cette disposition d'un seul lit par trumeau est rare, parce qu'elle est plus coûteuse. Le plus souvent on en met deux. En ce cas, l'entre-axe sera de environ 4 mètres.

Le dortoir doit avoir de 8 à 9 mètres de largeur, ce qui laisse 4 à 5 mètres d'espace libre entre les deux rangs de lits (fig. 638). La hauteur varie de 4 à 5 mètres. On obtient ainsi de 50 à 70 mètres cubes par personne; la moyenne de 60 mètres cubes est très bonne, le minimum demandé par les médecins étant de 40 mètres cubes. Quelques auteurs ont demandé jusqu'à 100 mètres cubes par personne, mais c'est une exagération évidente : il faut tenir compte aussi des conditions de dépense, et ne pas avoir d'exigences telles qu'un budget même riche ne puisse hospitaliser que très peu de monde. Cette tendance à l'exagération irait droit contre le but qu'on poursuit.

Pour les enfants, le cube d'air pouvant être moindre, et les lits étant plus courts, on doit faire les salles moins larges ; dans les nouveaux pavillons de Bicêtre, on a adopté 7 mètres de largeur, et cette installation est réputée excellente.

Dans divers établissements, lorsque l'économie n'était pas aussi rigoureuse, on a remplacé les dortoirs par des chambres, ou tout au moins par des compartiments. Telle est la disposition de l'Hospice Debrousse, fondation particulière (fig. 640). La disposition par dortoirs est employée de préférence dans les établissements destinés à des pensionnaires dont la vie a été peu aisée, comme par exemple l'Hospice Brézin, à Marnes (fig. 641). Celle par chambres proprement dites est réservée aux établissements où l'on paye une pension plus ou moins élevée, tels que l'Institution de Sainte-Perine (fig. 642), ou la Maison de retraite Rossini (fig. 643), beaucoup plus modeste, et destinée à des pensionnaires peu nombreux, dont vous trouverez ici le plan du rez-de-chaussée. Les chambres sont placées aux 1er et 2e étages, avec une distribution semblable.

Bien qu'il ne s'agisse pas ici de malades, comme dans l'hôpital, il s'agit en général de personnes dont la santé est précaire ; avant tout, il faut que tout concoure à combattre les germes d'infection. La propreté que je recommandais pour les casernes, occupées par des hommes jeunes et valides, est plus essentielle

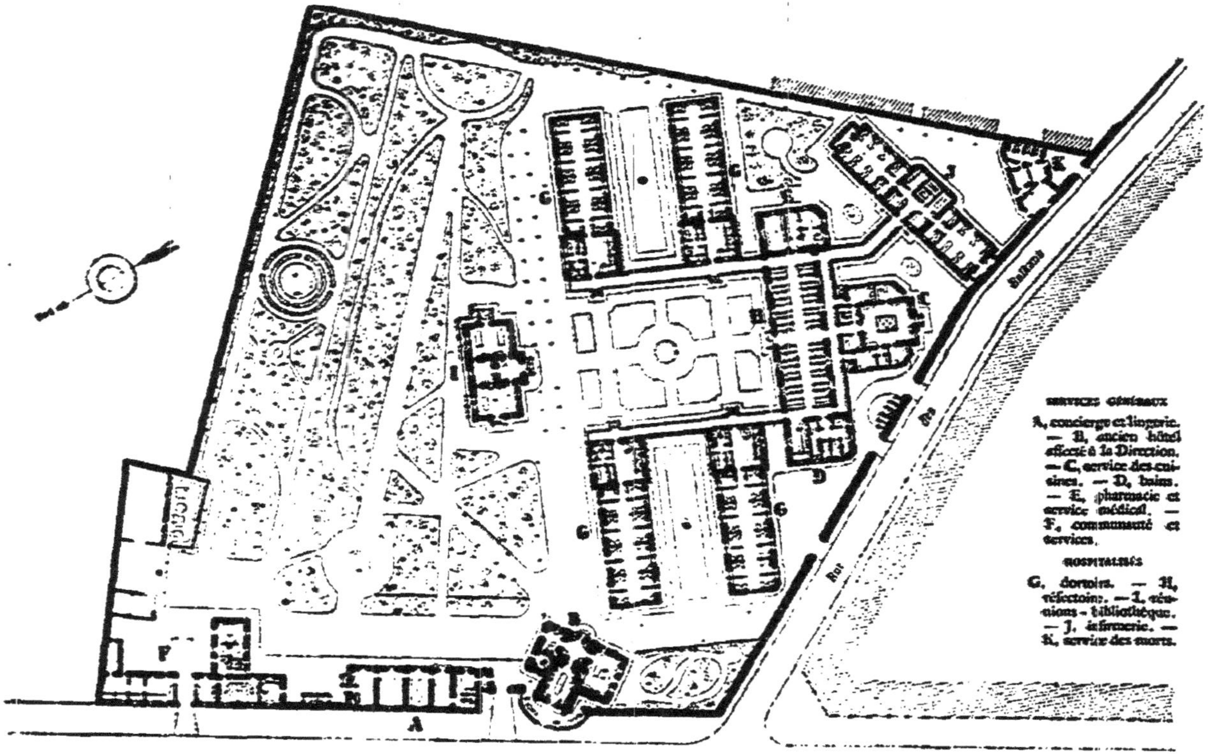

HABITATIONS COLLECTIVES

Fig. 64a. — Hospice Debrousse. Plan général.

encore pour des infirmes ou des vieillards. Les dortoirs auront

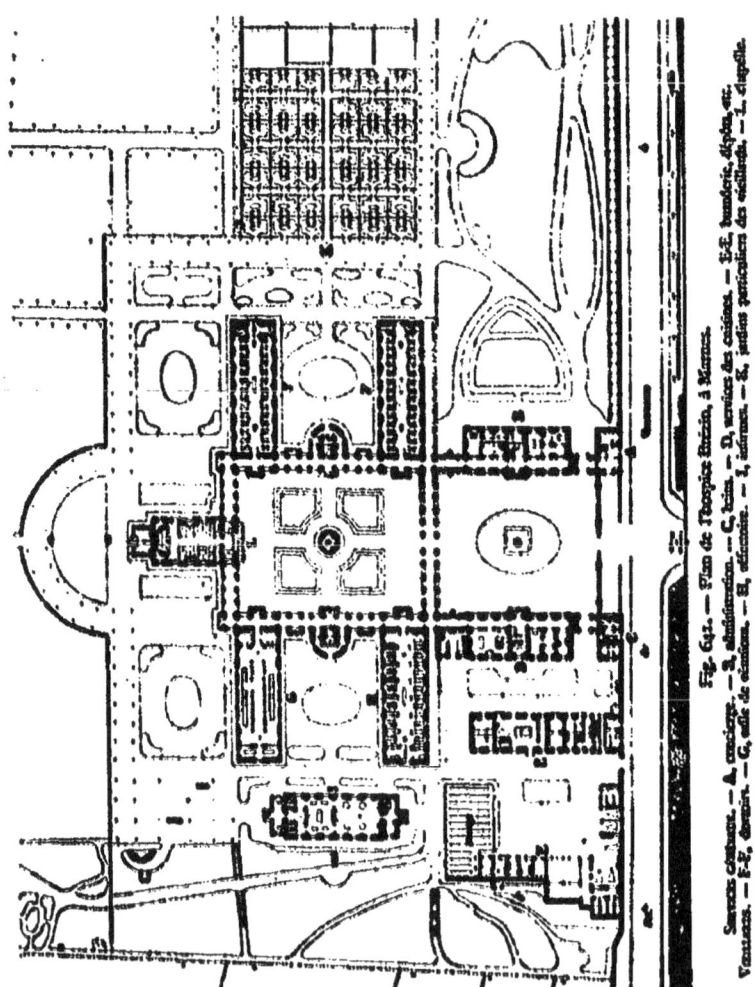

Fig. 641. — Plan de l'Hospice Rotshild, à Ivry.

donc leurs murs et leurs plafonds imperméabilisés; l'Assistance publique emploie dans ce but la peinture à base de goudron.

HABITATIONS COLLECTIVES

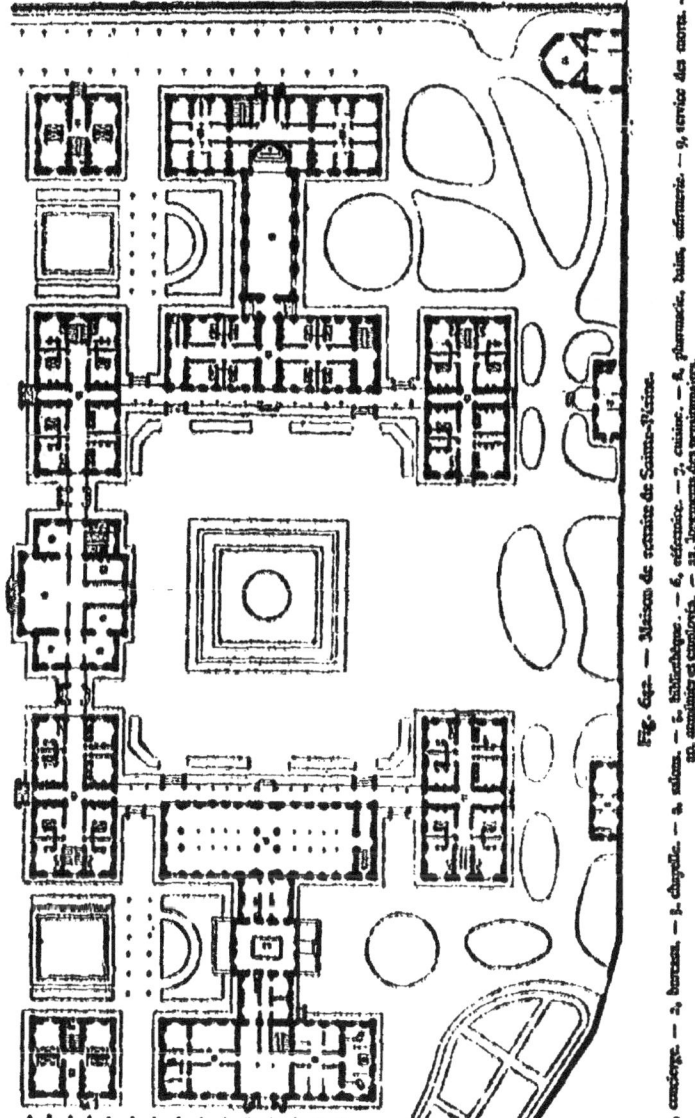

Fig. 642. — Maison de retraite de Sainte-Péine. — 1, concierge; — 2, bureaux; — 3, chapelle; — 4, salons; — 5, bibliothèque; — 6, réfectoire; — 7, cuisine; — 8, pharmacie, bains, infirmerie; — 9, service des morts; — 10, cuisines et employés; — 11, logements des pensionnaires.

Les angles des murs entre eux, des murs avec les plafonds, des murs avec le sol doivent être arrondis; les saillies inutiles évitées.

Le sol est ordinairement parqueté en chêne; il sera en grès cérame ou autre carrelage analogue si le dortoir est destiné à des vieillards gâteux ou à de jeunes enfants. Le chauffage est ordinairement demandé à la vapeur à basse pression; cependant, on tient à disposer aussi des cheminées à feu visible, pour l'agrément des yeux plutôt que pour la chaleur émise.

Ces dortoirs ont des dépendances nécessaires : cabinets d'aisance, lavabos, petit office ou tisanerie, pièce de débarras. Enfin la chambre du veilleur ou de la veilleuse, avec châssis donnant directement sur le dortoir; pour les dortoirs d'enfants, la veilleuse couche dans le dortoir même.

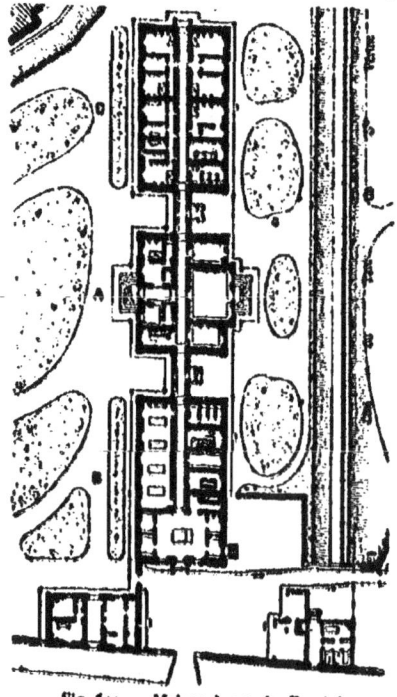

Fig. 643. — Maison de retraite Rossini.
A, réunions et administration. — B, services généraux. — C, hospitalisés.

En principe, le dortoir ne devrait servir qu'au couchage, et il devrait y avoir d'autres pièces, qui n'existent pas toujours; le plus souvent cependant, on trouve des *salles de réunion*. Ces salles peuvent exister dans chaque pavillon de dortoirs ou dans un dortoir spécial. Elles n'ont rien de particulier; ce sont, pour les adultes ou les vieillards, des salons de lecture, de travail, des chauffoirs ou fumoirs; pour les enfants, il y a de petites classes, des ateliers de couture et autres. Du bon air et de la lumière, pas d'humidité, tel est encore le programme de ces locaux qui n'appellent pas de description spéciale.

Mais cette salubrité que nous cherchons, l'étude des dortoirs en eux-mêmes ne suffira pas seule à l'assurer. La composition générale doit aussi y concourir, et en premier lieu. Il est à peine besoin d'indiquer la nécessité d'une large aération; mais il faut encore que cette aération ne soit pas contrariée. Or, on considère comme toujours fâcheuses les rencontres de bâtiments qui laissent des angles où l'air se renouvelle difficilement; non seulement on proscrit les cours fermées sur tous leurs côtés, comme nous en voyons tant dans les anciens hospices, mais on évite le plus qu'on peut les avant-corps en saillie comme déterminant des angles rentrants, que les hygiénistes appellent des *angles morts*. L'idéal serait donc une disposition par pavillons isolés, complétement rectangulaires, reliés entre eux seulement par des galeries de circulation peu élevées à rez-de-chaussée, et bien entendu avec de larges espaces d'isolement entre eux. — C'est du moins la tendance française, et je la crois juste, bien qu'à l'étranger nous trouvions souvent des constructions hérissées de saillies en tous sens, multipliant ainsi ces angles morts que condamnent nos hygiénistes. C'est sans doute que dans les hospices anglais et allemands surtout on croit devoir avant tout chercher un aspect plutôt pittoresque, qui enlève à ces établissements le caractère administratif et monotone qu'on regrette facilement de voir dominer dans les nôtres. Mais avec nos dispositions, il n'est pas impossible de réaliser un caractère sinon réjouissant, du moins pas trop désespérant : c'est à quoi l'architecte doit s'attacher, en supposant dans son étude que lui-même sera peut-être un jour l'hôte de sa composition : c'est ainsi qu'on arrive à mettre tout son cœur au service d'une pensée généreuse.

La salle à manger prend ici le nom de réfectoire. Les réfectoires, bien éclairés, auront le sol en dallage céramique, les murs et plafonds imperméabilisés, les angles arrondis. On préfère le service par petites tables rondes ou rectangulaires, toujours pour

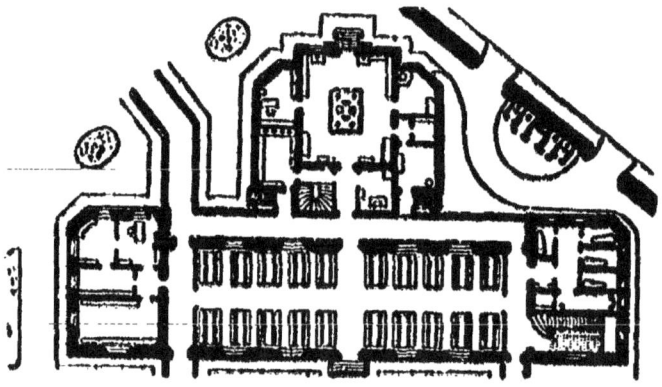

Fig. 644. — Plan d'un réfectoire d'hospice et cuisine.
(Emprunté à l'Hospice Debrousse.)

donner aux pensionnaires une certaine illusion du chez soi. Les réfectoires peuvent être répartis à proximité des dortoirs, ou dans un pavillon séparé, mais en tous cas en communication facile avec la cuisine, qui doit elle-même être assez éloignée des pavillons d'habitation (fig. 644).

Un hospice comporte forcément une *infirmerie*. Cette infirmerie, à son tour, comporte un ou deux dortoirs analogues aux précédents, mais avec un cube d'air plus sérieux encore, et quelques chambres isolées, ainsi qu'une petite salle d'opérations. Mais ce sujet se rattache plutôt aux hôpitaux, que nous étudierons plus tard.

Je n'ai rien à dire des services généraux et administratifs, ni des dépendances telles que pharmacie, buanderie, etc. Je réserve ces sujets pour le chapitre où je vous parlerai de l'architecture hospitalière. Pour le moment, je n'ai voulu que vous montrer une variété de l'habitation : l'habitation de ceux qui ne sont pas assez riches pour avoir un logement personnel.

D'ailleurs, les cas d'habitation en commun sont extrêmement variés. A ce groupe se rattacheraient, entre l'hôtellerie et l'hospice, la maison de retraite, la pension bourgeoise ou maison de famille; nous trouverions encore la gendarmerie, la caserne de douaniers, l'orphelinat, les asiles divers. Plus ou moins coûteux, plus ou moins confortable, c'est toujours le même programme et l'emploi des mêmes éléments. Les mêmes principes régissent les mêmes besoins, et je ne puis entrer dans les détails minutieux qu'appellerait l'étude spéciale de chacun de ces sujets : je ne pouvais que vous exposer les grandes lignes des prescriptions aujourd'hui acceptées dans toutes ces variétés de l'habitation collective.

Me voilà donc arrivé à la fin de ce premier groupe : l'habitation. Vous pouvez maintenant juger la méthode de ce cours et ses résultats. Vous ai-je enseigné à composer une habitation, grande ou petite, personnelle ou collective ? Non, assurément. Cela ne s'enseigne pas, et rien ne serait plus profondément contraire à tout sentiment d'art qu'un enseignement formulaire et didactique de la composition. Dans d'autres écoles, je le sais, on enseigne des *types* pour certains programmes; on y expose aux élèves le dispositif consacré de la caserne ou de la gare de chemin de fer. Mais ces écoles ne forment pas des artistes; une telle méthode serait pour vous la stérilisation; et pour voir les choses de plus haut encore, elle serait — que dis-je ? elle est la cause d'une déplorable monotonie dans ces sortes de constructions, et d'une survivance inévitable des errements surannés. Si l'élève d'autrefois, aujourd'hui chef de service, compose comme on le lui a jadis enseigné, soyez sûr que pendant qu'il est resté stationnaire le programme s'est modifié. Il n'y a guère de programme qui soit aujourd'hui ce qu'il était il y a 20 ou 30 ans.

Nous tenons donc avant tout à laisser à votre esprit la liberté et l'élasticité. Pour en revenir à l'habitation, le jour où vous aurez à composer pour la réalité, quel sera votre programme, quel sera le programme général de l'habitation, tel que l'auront fait notre état social, nos moyens ou nos tendances ? Vous l'ignorez et moi aussi; peut-être ferez-vous, comme en Amérique, la maison à vingt étages, peut-être la maison basse et étendue. Qu'importe? Ici, vous vous serez assoupli à la composition, aux luttes constantes de l'ingéniosité et des difficultés : tout compositeur digne de ce nom a de nombreuses cordes à son arc, et les programmes, si nouveaux et imprévus soient-ils, ne sont pas pour l'effrayer.

Mais dans cette liberté entière des solutions, dans cet exercice de la composition, en vue de laquelle il n'y a pas chez nous d'enseignement, mais seulement les conseils du maître que vous avez choisi, dans ces combinaisons peut-être imprévues que vous réaliserez un jour, il y aura toujours des éléments de raison et de bon sens, des nécessités de construction. L'habitation, à travers ses variétés de programme, aura toujours le même but; elle pourra disposer tout autrement ses éléments, c'est toujours avec ces éléments qu'elle devra composer. Et ces éléments — ce que j'ai appelé les *Éléments de la composition*, échappent à la fantaisie, ils relèvent avant tout de la raison : ils ont en eux-mêmes une vérité concrète, et vous remarquerez que tout ce que je vous en ai dit se démontre — moins rigoureusement sans doute qu'un théorème de géométrie — assez rigoureusement toutefois pour qu'il soit permis de dire que sur ces matières il n'y a pas de désaccord possible.

Tel est mon but et mon rôle : faire connaître les éléments nécessaires de la composition, en faire la démonstration. Je vous livre des matériaux, je vous en expose les qualités et les conditions d'emploi : à vous d'en tirer parti, de les mettre en œuvre par la composition, cette faculté personnelle de l'artiste instruit.

LIVRE VII

LES
ÉLÉMENTS DE LA COMPOSITION

DANS LES ÉDIFICES D'ENSEIGNEMENT
ET
D'INSTRUCTION PUBLIQUE

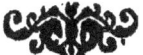

CHAPITRE PREMIER

ÉCOLES PRIMAIRES

SOMMAIRE. — Classification des écoles primaires, mixtes, maternelles; groupes scolaires.
La classe. Emplacement, aérage, éclairage, dimensions. — Classes éclairées par des jours unilatéraux ou bilatéraux.
Les préaux couverts et découverts. — Cabinets d'aisance.
Salles de dessin — de travaux manuels.
Vestiaires. — Lavabos. — Cantines. — Escaliers.
Recherche de la gaieté de l'École.

J'aborde maintenant les éléments des édifices destinés à l'instruction publique, dans ses divers degrés. Nous commencerons naturellement par le plus humble, l'enseignement primaire.

Les éléments de l'école sont toujours la classe, la salle de travail, le préau, la cantine et quelques dépendances. Mais ces éléments peuvent s'appliquer à des écoles plus ou moins nombreuses, plus ou moins modestes. Il y a l'école mixte de petit village, avec une seule classe pour garçons et filles, dont M. Salleron donne un type théorique (fig. 645), présentant cette particularité, peut-être discutable, de placer les entrées des élèves au fond des préaux découverts; l'école mixte avec deux classes, une pour chaque sexe; les écoles soit de garçons, soit de filles, à une ou plusieurs classes; les écoles maternelles pour les tout jeunes enfants. Lorsque plusieurs écoles sont réunies en un seul ensemble, on a le groupe scolaire, dont une composition presque théorique est réalisée dans le plan des écoles de la rue Saint-Lambert à Paris, par M. Bouvard (fig. 646 et 647). Il faut ajouter tout de suite que la grande préoccupation de l'architecte, lorsqu'il compose un plan d'écoles ou de groupe scolaire, est avant tout l'aération. Vous remarquerez donc que dans ce plan, les divers bâtiments ayant plusieurs étages, l'architecte a réalisé par la réunion des cours un très grand volume d'air central au grand bénéfice de la salubrité des bâtiments.

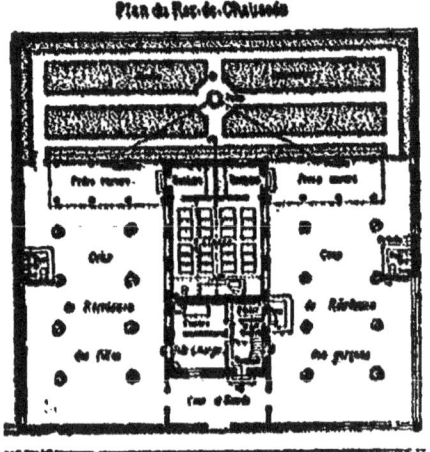

Fig. 645. — École mixte.

Mais voici un autre groupe scolaire, dont la composition est toute différente, celui des écoles d'Ivry-sur-Seine par M. Raulin (fig. 648). Les cours sont ici séparées par un bâtiment : vous vous tromperiez cependant si vous pensiez que, de ces deux plans, un seul peut être bon et que l'un est exclusif de l'autre. C'est que dans celui dont nous nous occupons présentement, les bâtiments — sauf le pavillon central qui est à la jonction des branches du plan — ne sont élevés que d'un rez-de-chaussée. Les cours ou préaux découverts sont donc dans de très bonnes conditions d'aération et de salubrité. Mais le plan deviendrait défectueux si quelque jour pour agrandir l'école on surélevait les bâtiments, tout au moins celui qui sépare les deux cours.

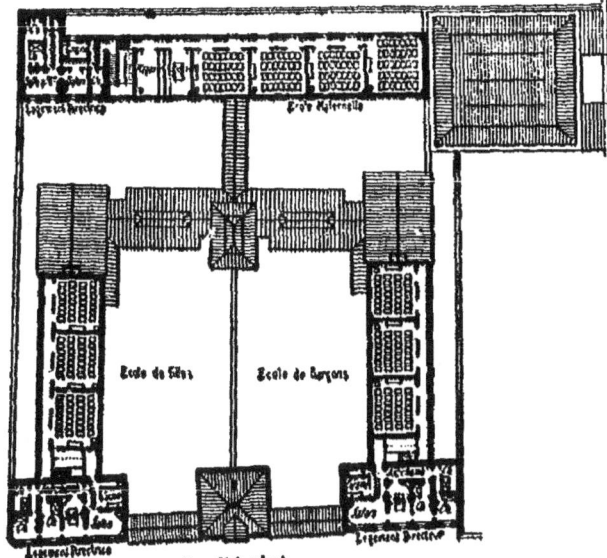

Fig. 647. — Groupe scolaire, à Paris (M. Bouvard, architecte). Plan du 1ᵉʳ étage.

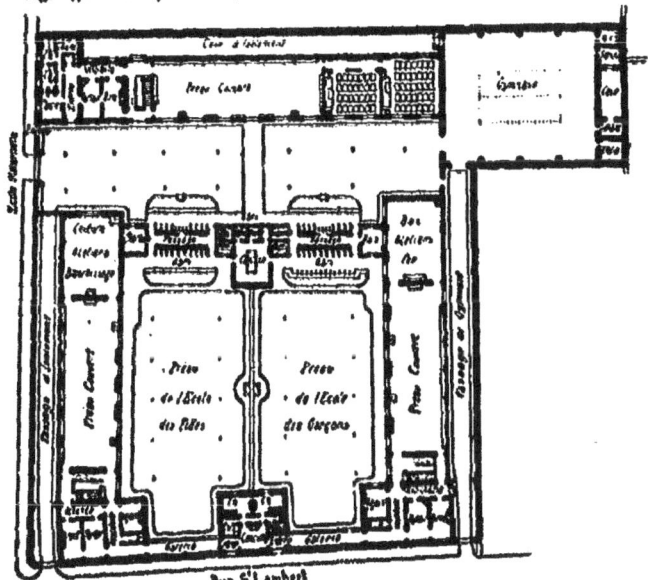

Fig. 646. — Groupe scolaire, à Paris (M. Bouvard, architecte). Plan du rez-de-chaussée.

Il m'a paru nécessaire de vous exposer ces considérations d'ensemble avant d'arriver à l'étude des diverses parties de l'école que nous allons maintenant aborder.

Les besoins et l'architecture des écoles ont été très étudiés et les résultats de l'expérience sont à peu près fixés, notamment par les nombreux travaux de la Ville de Paris, dont on

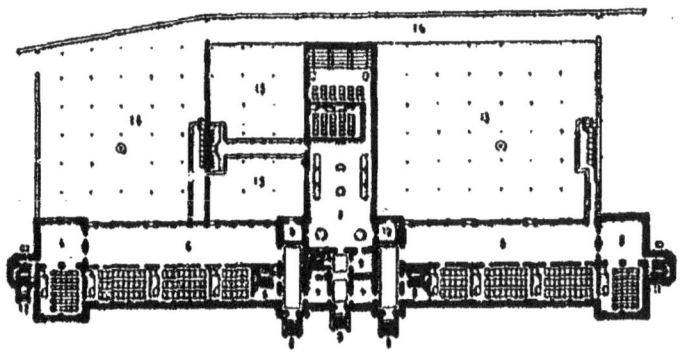

Fig. 648. — Groupe scolaire, à Ivry-sur-Seine (M. Raulin, architecte).

1, entrée de l'école des garçons. — 2, entrée de l'école des filles. — 3, entrée de l'école maternelle. — 4,4,4, concierge. — 5,5, préaux couverts des garçons. — 6,6, préaux couverts des filles. — 7, préaux couverts de l'école maternelle. — 8,8,8, portois. — 9, salle de repos de l'école maternelle. — 10, cuisine de l'école maternelle. — 11, entrée des logements des instituteurs adjoints et sous-sols. — 12, entrée des logements des institutrices adjointes. — 13, cour de récréation des garçons. — 14, cour de récréation des filles. — 15,15, cour de récréation de l'école maternelle. — 16, passage des voitures de service.

s'inspire généralement ; c'est donc là surtout que je puiserai les indications nécessaires, grâce à une note qu'a bien voulu me remettre M. Blavette, et aux tracés d'une publication de M. Salleron (*Études et documents relatifs à la construction des Écoles*). Nous verrons d'abord les éléments indispensables des écoles même les plus simples : la classe, le préau couvert, le préau découvert, les cabinets d'aisances.

Au point de vue général, il faut donc rechercher pour une école l'aération, la salubrité et la lumière. A la campagne surtout, ce qu'il faut craindre avant tout, c'est l'humidité. Aussi recommande-t-on surtout d'éviter l'exposition au nord ; c'est la seule qui doive être absolument écartée. Lorsqu'on a le choix, l'exposition au sud-est est celle qui est le plus recommandée.

Les classes sont la partie la plus essentielle de l'école; quel qu'en soit le nombre, il y a des principes permanents qui en régissent la disposition intérieure. Quant à leur emplacement dans l'ensemble de l'école, il importe qu'elles soient bien aérées, bien éclairées, et d'un accès assez immédiat pour éviter les longs parcours, qui sont toujours une occasion de bruit et de désordre. Dans une école maternelle, les classes doivent être au rez-de-chaussée et d'un accès très immédiat : il s'agit ici d'enfants qu'on doit conduire à l'école, et souvent c'est le frère ou la sœur un peu plus âgés qui y déposent le tout petit en se rendant eux-mêmes à l'école, et qui le reprennent en en sortant. Il ne faut pas perdre de vue ces conditions, le plus souvent sous-entendues et non exprimées dans la rédaction des programmes.

Les classes d'enfants plus âgés, celles de l'école primaire proprement dite, peuvent être soit au rez-de-chaussée, soit dans des étages. En ce cas, les escaliers devront être faciles, à emmarchements droits; il est d'ailleurs désirable qu'il y ait deux escaliers, ne fût-ce que pour éviter les sinistres terribles qui se produiraient avec un escalier unique s'il survenait un incendie.

La classe est une salle rectangulaire, dont la longueur ne doit pas être trop considérable : il faut que de toutes les places les élèves voient facilement le tableau, et entendent aisément le professeur. Une longueur de 8 mètres est très bonne; on va parfois jusqu'à 10 mètres, c'est un maximum. Le parquet en est horizontal, et c'est la légère élévation de l'estrade recevant le bureau du professeur et le tableau qui permet aux élèves de bien voir, et au professeur de bien surveiller. Cette condition encore s'oppose à la création de classes trop longues.

Après de nombreux essais, on a résolument pris le parti de disposer les élèves par petites tables de deux places seulement. Chacun peut ainsi sortir de sa place sans déranger personne. Ces tables à deux places ont 1 mètre pour les petits, 1^m 10 pour les plus grands. Ici encore, comme nous l'avons vu pour l'habitation, l'unité mobilière est déterminante pour la proportion des salles.

Chaque table avec son banc forme un meuble unique, afin que les bancs ne puissent se déranger. Les dimensions varient quelque peu dans le sens de la profondeur; pour les petits, l'ensemble a de 0^m 67 à 0^m 70, et pour les grands, de 0^m 71 à 0^m 77. Les espaces libres sont : pour les circulations entre deux rangs de tables 0^m 60, et pour les circulations contre les murs, 0^m 75. L'espace libre entre le banc d'un rang et la table du banc suivant, de 0^m 10 (fig. 649).

Ces indications sont minutieuses, et parfois il faut bien les faire varier quelque peu. Cependant, elles sont assez impérieuses pour déterminer si une classe devra être à trois ou quatre rangs de tables; car on n'en fait ni à deux ni à cinq rangs. De ces mesures il résulte que la classe à trois rangs de tables demande 6 mètres de largeur, et celle à quatre rangs, 7^m 70. Ces mesures peuvent être un peu dépassées, mais on' ne pourrait les restreindre sans inconvénients.

Fig. 649.
Disposition d'un mobilier de classe pour grands et petits.

Ainsi donc, les classes auront environ de 6 mètres à 6^m 50, ou de 7^m 70 à 8 mètres de largeur; des largeurs intermédiaires n'auraient pas d'application. Mais pour que ces largeurs soient possibles, il faut que l'éclairage soit suffisant, car sans éclairage

ÉCOLES PRIMAIRES 199

suffisant la classe est impossible. Or, pour que cet éclairage soit suffisant, que faut-il ? Que la lumière arrive sur les tables sous un angle suffisamment ouvert. La hauteur est donc un facteur essentiel de la lumière.

En général, les classes des écoles de la Ville de Paris ont 4 mètres de hauteur. Cette élévation est largement suffisante pour l'aération, mais elle ne l'est pas pour l'éclairage des classes profondes. D'un autre côté, elle ne pourrait pas être sensible-

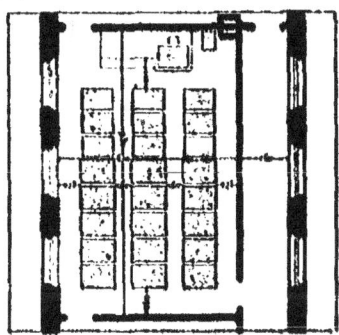

Fig. 650. — Plan d'une classe à éclairage unilatéral.

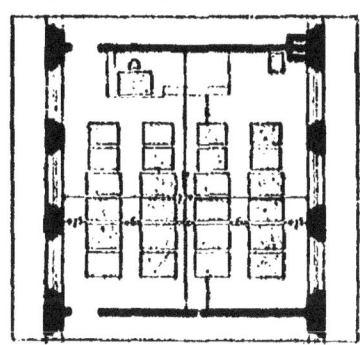

Fig. 651. — Plan d'une classe à éclairage bilatéral.

ment augmentée à cause de la dépense plus grande de la construction, du plus grand développement à donner aux escaliers, etc.

De là les deux modes d'éclairage dont vous avez certainement entendu parler : éclairage *unilatéral* pour les classes ordinaires (fig. 650), éclairage *bilatéral* pour les classes plus larges (fig. 651) : en d'autres termes, classes avec fenêtres sur un seul côté ou sur deux.

Incontestablement, lorsque l'éclairage unilatéral est possible, il est préférable à tous égards. Il permet de placer tous les élèves dans la même situation par rapport au jour, c'est-à-dire avec les fenêtres à leur gauche. Il permet aussi d'avoir des corridors de circulation longeant les classes du côté opposé aux fenêtres, ce qui est souvent une nécessité de la composition. Enfin, on obtient ainsi des classes pouvant contenir, par tables de deux places, 36, 42 ou 48 élèves, nombre qu'on ne saurait dépasser et qui est déjà bien grand pour la bonne tenue d'une classe.

La classe avec éclairage bilatéral, si elle est plus large, soit à quatre rangs de tables, ne devra pas dépasser ce nombre; elle

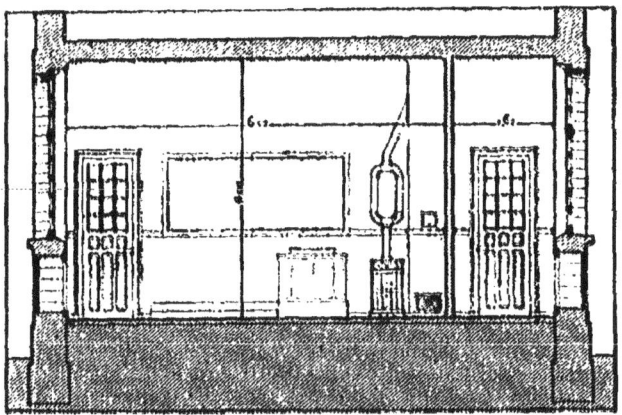

Fig. 652. — Coupe d'une classe à éclairage unilatéral.

sera donc plus courte. Les élèves, certains d'entre eux du moins, seront moins en face du maître et du tableau, et auront le jour du côté droit. Le nombre de places sera de 40 ou 48.

Dans les deux cas, ainsi qu'on le voit par la coupe (fig. 652) correspondant au plan figure 650, les fenêtres auront leur appui à une hauteur de 1 m 10 à 1 m 30 au-dessus du sol; ces fenêtres monteront aussi près que possible du plafond, et dans l'allège on pratique des volets ouvrants pour l'aération. Si l'éclairage est unilatéral, il faut avoir dans la paroi opposée aux fenêtres des baies de ventilation fermées par des volets opaques, afin de pouvoir, pendant l'absence des élèves, déterminer des courants d'air.

L'estrade du maître est élevée de 0 m 30 environ, soit deux marches, au-dessus du parquet de la classe.

Si nous faisons l'application des plans publiés par M. Salleron, nous trouvons comme surfaces et comme cube d'air par élève les chiffres du tableau ci-après :

ÉCLAIRAGE	LONGUEUR de la classe	LARGEUR de la classe	SURFACE de la classe	NOMBRE de places	SURFACE par élève	CUBE
Unilatéral.............	9.30	6,00	55,80	48	1,16	4,640
Bilatéral..............	8,00	7,70	61,60	48	1,28	5,130

D'où il résulte que, dans une disposition générale, il faut prévoir environ 1 m 20 à 1 m 30 superficiels par élève, pour l'aire totale de la classe, y compris l'estrade du maître, et les circulations.

Dans une école maternelle, ces dimensions pourront être légèrement diminuées; mais il arrivera parfois qu'il y aura superposition : alors ce seront les dimensions de la classe la plus grande qui s'imposeront.

Le plus souvent le chauffage est assuré par de simples poêles. Il est essentiel qu'ils aient des prises d'air pur. Si dans de grandes écoles on peut chauffer par calorifères, les principes à suivre sont ceux que je vous ai déjà exposés.

Dans tous les cas, on assure le renouvellement de l'air par des gaines de ventilation.

Pour les récréations, les élèves ont les préaux : préaux couverts et découverts. Le préau découvert est la cour de récréation, le préau couvert est un abri pour le mauvais temps.

Les cours ou préaux découverts ne sauraient être trop aérés. On évite avec soin les dispositions qui les enferment entre des bâtiments de tous côtés : au contraire, on doit chercher à les ouvrir sur deux ou trois côtés, ou à la rigueur sur un seul :

mais cela même est un pis-aller. Il faut aussi que le préau découvert soit d'une surveillance facile, et pour cela on doit éviter les saillies dont les angles peuvent faire des cachettes pour les élèves.

Le sol en est sablé au milieu, avec des trottoirs autour. S'il est possible de planter des arbres qui ne soient pas trop voisins des bâtiments, on ne doit pas y manquer. Il est nécessaire, à moins d'impossibilités absolues, que le préau soit accessible aux voitures pour le sablage, les enlèvements, etc. Il faut éviter que le préau découvert reçoive l'ombre portée de bâtiments élevés, qui serait une cause d'humidité permanente.

Le préau couvert est clos ou ouvert : c'est un peu une question de climat et de ressources. S'il est vitré, il est généralement chauffé. On y trouve des bancs, même des tables si les enfants doivent y prendre leurs repas. Le sol en est ferme, constitué suivant les régions, avec de l'asphalte, des carrelages, des parquets. Les préaux des écoles maternelles sont toujours clos et parquetés. On doit éviter dans les préaux les colonnes de fonte et tout ce qui, n'étant pas facilement vu, risquerait de blesser les enfants dans leurs jeux et même, à moins de force majeure, les piliers en maçonnerie. Si donc les préaux sont au-dessous des classes, il faudra que leurs planchers, et les poutres sous les murs ou cloisons, soient assez résistants pour permettre toute la portée nécessaire. Les préaux doivent communiquer aussi directement que possible avec les classes ou les escaliers des classes, ainsi qu'avec les cabinets d'aisances.

Évidemment, un préau peut sans inconvénients être fort grand, surtout si on dispose dans une partie des agrès de gymnase. Si tous les enfants devaient s'y réunir, et pouvoir s'y donner tout le mouvement que comportent leurs jeux, le préau devrait être plus vaste que toutes les classes réunies. Mais les élèves ne restent pas tous entre les classes, et l'économie ne permet pas d'exagérer l'importance des préaux. Voici quelques mesures que je relève également dans l'ouvrage de M. Salleron :

NOMBRE D'ÉLÈVES de l'école	LONGUEUR du préau couvert	LARGEUR du préau couvert	SURFACE du préau couvert	SURFACE par élève	
24 garçons 24 filles.....	5.60	4.40 (2 fois)	52.00	1.09	ÉCOLE MIXTE
d° d°	9.60	3.00 (2 fois)	54.00	1.12	d°
d° d°	11.50	6.00 (2 fois)	118.00	2.87	d°
d° d°	ens. 27.00	4.00 (2 fois)	108.00	2.24	d°
48................	16.00	4.60	83.60	1.74	École à une classe
96................	ens. 50.00	4.50	225.00	2.35	Deux classes
d°...............	ens. 16.40	8.00	131.20	1.37	d°
d°...............	17.00	5.00	85.00	0.89	d°
293...............	32.60	7.60	247.76	1.28	Quatre classes

Vous voyez par ce tableau combien varie l'importance proportionnelle des préaux, puisque nous trouvons depuis 0^m 89 jusqu'à 2^m 87 par élève. La vérité, c'est qu'on fait comme on peut, qu'il n'y a pas ici de besoin précis, mais qu'il est bon toutefois de donner aux préaux toute l'importance compatible avec le terrain dont on dispose. Quant aux préaux découverts, nous trouverions des différences encore plus sensibles : l'essentiel est que ces préaux soient bien aérés, qu'ils profitent des espaces voisins tout au moins pour avoir de l'air. Il faut aussi — l'un est d'ailleurs la conséquence de l'autre — qu'ils ne soient pas humides, que le soleil y pénètre, que par conséquent, comme je l'ai déjà dit, ils ne soient pas longtemps dans l'ombre portée des bâtiments. En matière d'écoles, les questions d'orientation ont une importance capitale.

Les préaux couverts des écoles maternelles ont proportionnellement plus d'importance. Là, en effet, la classe est peu de chose, c'est dans le préau que se passe la plus grande partie du temps. Le préau de l'école maternelle est muni de bancs, et généralement de tables pour les repas des enfants. Il est d'ailleurs complété par un abri, sorte de portique de 4 mètres environ de large, ouvrant directement sur la cour de récréation.

Voici d'ailleurs pour des écoles maternelles un tableau dont les résultats pourront être comparés à ceux des tableaux ci-dessus :

NOMBRE D'ÉLÈVES		LONGUEUR	LARGEUR	SURFACE	SURFACE PAR ÉLÈVE	
48....	Préau	17,50	7,50	131,25	3m,13	
	Abri	28	4,00	112	2,70	
80 à 90	Préau	12	7,00	84	env. 1,00	Les élèves ne restant
	Abri	28	4,00	112	env. 1,10	pas tous au préau

L'installation des cabinets d'aisances est toujours une question très sérieuse dans les écoles. Leur emplacement devrait répondre à des conditions multiples et souvent difficiles à concilier. Tout d'abord, il faut un endroit bien aéré, pas trop rapproché de l'école, et cependant en communication facile, à couvert s'il se peut. Il faut que la surveillance en soit très efficace, et pour cela on désire que le maître, de sa place, puisse voir le groupe des cabinets. Enfin si deux écoles sont accouplées dans un groupe scolaire, il convient pour l'économie que les cabinets d'aisances des deux écoles soient contigus, de façon à ne pas exiger en double le service de fosses, canalisation, évacuation, etc.

Dans tous les cas, le groupe des cabinets doit toujours former un petit bâtiment à part, bien aéré, bien en vue. Les cabinets eux-mêmes seront d'autant plus propres qu'ils seront plus petits : il importe qu'il n'y ait qu'une place possible, et la porte même, ouvrant en dedans, doit rendre cette place obligatoire. On admet généralement les dimensions ci-après : largeur, $0^m 70$; profondeur, $1^m 10$. Écoles maternelles : largeur, $0^m 55$; longueur, $0^m 80$, sans porte. Bien entendu, les parois doivent

ÉCOLES PRIMAIRES

être imperméables. La porte n'est qu'un panneau fermant la partie milieu de la hauteur de l'huisserie, avec parties vides suffisantes, en bas et en haut, pour la surveillance. Le plus souvent, il n'y a pas de plafonds, les cloisons séparatives s'arrêtent à 2 mètres environ, et un espace libre reste entre ces cloisons et la toiture (fig. 653). Il est bon d'ailleurs que devant les sièges, et pour la réception des urines, il existe un bassin étanche, peu profond, et recouvert d'une grille mobile sur laquelle on marche. Ce bassin lui-même est nettoyé par des chasses d'eau intermittentes (fig. 654).

On compte un cabinet pour 30 à 40 élèves; un peu plus pour les écoles de filles. Pour les garçons, il faut annexer des urinoirs à raison de un pour 50 élèves.

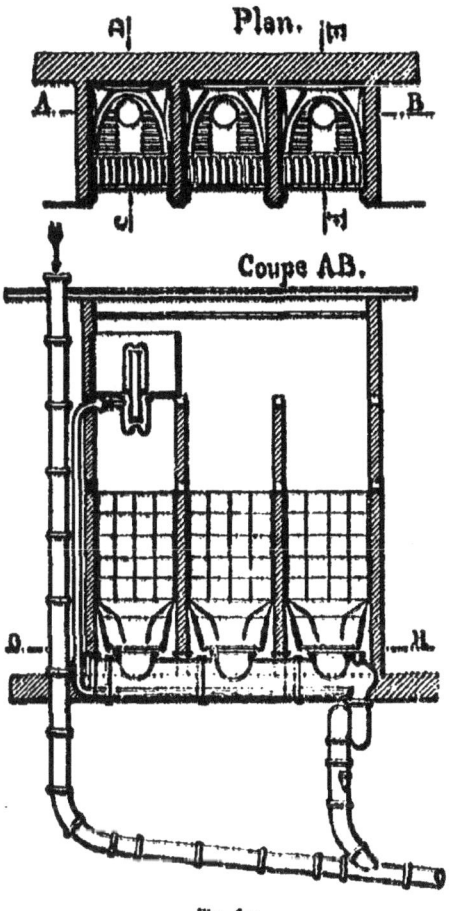

Fig. 653.

Le système des cabinets varie suivant le mode de vidange.

En tout cas, il faut toujours de l'eau en abondance ; si bien que lorsque le quartier est desservi par le *tout à l'égout*, comme maintenant beaucoup de rues de Paris, il faut prévoir le chauffage du petit bâtiment des cabinets : chauffage très doux, et cela non pour le confortable, mais pour empêcher la congélation de l'eau qui est l'élément indispensable du fonctionnement. Le lavage se fait par des chasses d'eau automatiques, à intervalles réglés, et non par commande individuelle.

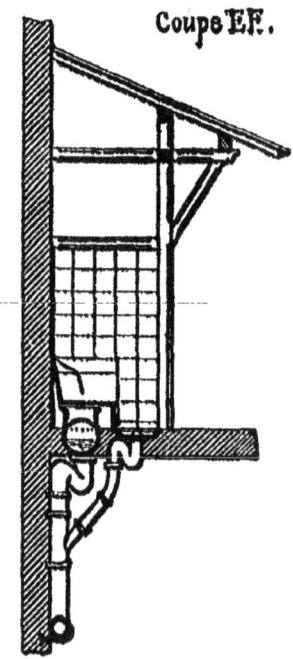

Fig. 654.

Les sièges se font généralement *à la turque*, et assis pour les écoles maternelles.

D'une façon générale, les cabinets d'aisances sont un des services qui préoccupent le plus dans la disposition des écoles. Ils sont toujours un danger. Aussi les rejette-t-on absolument de la maison d'école : lorsqu'il y a plusieurs étages de classes, et à moins de dispositions tout à fait exceptionnelles, il faut que les élèves descendent au rez-de-chaussée pour trouver les cabinets ou les urinoirs. Cela n'est pas sans inconvénients, qui se présument de reste. Mais aussi, c'est une des raisons qui recommandent à tout prix la simplicité des dispositions et la facilité des accès.

Voilà les éléments essentiels de l'école toute simple : mais vous savez qu'on a étudié les programmes d'écoles avec beaucoup de largeur, et à ces éléments on en a ajouté d'autres, assurément fort utiles — lorsque les ressources permettent d'y penser.

Je ne vous parlerai ni du concierge, ni des logements d'instituteurs ou directeurs; cela rentre dans l'habitation.

Comme locaux d'enseignement, nous avons encore à voir deux compléments d'une école complète, la salle de dessin, et la salle de travail manuel.

La salle de dessin est elle-même un programme double : il y a la salle pour le dessin graphique et la salle de dessin proprement dit.

Vous vous ferez mieux que personne une idée de ce que doit être une salle de dessin graphique en pensant à vos ateliers d'études, non pas tels qu'ils sont, mais tels que vous les désireriez : une salle en longueur, largement éclairée au nord ou presque au nord. Seulement comme, dans les écoles primaires on s'exerce le plus souvent à dessiner d'après des modèles, il faut des tables avec partie verticale pour la suspension des modèles; et dès lors les tables ne peuvent être parallèles aux fenêtres : elles leur sont perpendiculaires, placées de façon que les élèves aient le jour à gauche, et assez peu longues. Il est bon que les fenêtres soient un peu élevées, $1^m 10$ à $1^m 30$ au-dessus du sol, et qu'elles montent aussi haut que possible dans la pièce.

La salle de dessin proprement dit, ou dessin d'imitation, comprend en général deux sortes de places : pour les élèves les plus avancés, des places en demi-cercle autour d'un point central occupé par le modèle — nature, ornement ou antique — puis des tables analogues à celles du dessin graphique pour les commençants qui dessinent d'après l'estampe, ou d'après des modèles bas-relief (fig. 655).

Il faut donc pour ces salles l'éclairage du nord, comme tout à l'heure; mais, de plus, il faut que le professeur puisse éclairer le modèle à son idée, et l'éclairage du haut est nécessaire également : ces éclairages divers pouvant d'ailleurs se régler au moyen de stores ou rideaux.

Les séances de dessin ont d'ailleurs souvent lieu le soir, et l'éclairage désiré du modèle s'obtient alors par l'extinction d'une partie des lampes, qu'elles soient à gaz ou à électricité.

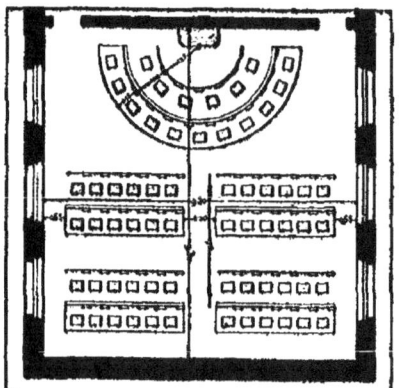

Fig. 655. — Plan d'une salle de dessin.

La question d'éclairage d'une salle de dessin est toujours difficile, car il faut à la fois éclairer le modèle et tous les dessins des élèves. On n'arrive pas au succès complet sans tâtonnements; mais s'il est facile de restreindre des vitrages trop étendus, il est beaucoup plus difficile d'agrandir des vitrages insuffisants. Ne craignez donc pas de prévoir des éclairages très larges : vous les diminuerez s'il le faut.

Les salles ou ateliers de travail manuel sont peut-être encore à l'état d'expérience, tout au moins pour les écoles de garçons. Quoi qu'il en soit, on dispose dans ce but des salles dont la seule condition est d'être bien éclairées et de capacité suffisante. Pour les garçons, on les place à rez-de-chaussée en les divisant en atelier du fer, avec une forge et une enclume, et atelier du bois avec des établis et des tours.

Les ateliers des filles, affectés à la couture, sont mieux placés dans les étages, et ne demandent pas de combinaisons spéciales, sauf une lumière abondante et une place suffisante : à nombre égal d'élèves, l'atelier de filles doit être plus grand que la classe.

Il me reste à vous parler des dépendances matérielles en quelque sorte de l'école.

Près de l'entrée est le vestiaire des élèves. Assez souvent, faute de place ou de ressources, on confond ce vestiaire avec le vestibule d'entrée. C'est une erreur, car il en résulte souvent des échanges plus ou moins involontaires, lorsque les élèves quittent séparément la classe. Il en est de même pour les dépôts de déjeuners là où cet usage existe. Autant que possible, ce vestiaire et ce dépôt doivent être sous la surveillance immédiate du concierge.

Ces pièces doivent être claires, et le renouvellement de l'air doit y être facile.

A toute école il faut des lavabos. Autrefois on en plaçait souvent dans les classes même. Aujourd'hui on les dispose de préférence dans les préaux couverts, ou dans un compartiment en communication directe avec ce préau. Il est bon alors que la séparation soit vitrée, car les lavabos exigent une surveillance efficace.

Beaucoup d'écoles comportent des *cantines*. En général, la cantine scolaire n'est pas un débit : on veut seulement que les provisions apportées par les enfants puissent être réchauffées, et leur petite vaisselle lavée. La cantine n'est donc qu'une cuisine avec un guichet pour la livraison. En ce cas, c'est ordinairement le concierge qui est chargé de ce soin, et c'est sa cuisine particulière qui sert aussi de cuisine de cantine.

A Paris, et sans doute dans d'autres villes, on distribue des déjeuners gratuits aux enfants des écoles. La cantine est alors une vraie et souvent une grande cuisine, avec offices et dépôts de provisions. Je n'ai donc qu'à me rapporter à ce que je vous ai dit des cuisines. Observez toutefois que, lorsque vous faites un groupe scolaire, la cantine devra autant que possible être commune à deux écoles ; c'est-à-dire que votre cuisine sera en quelque sorte mitoyenne, avec distribution séparée pour chacune des écoles.

On a annexé à quelques écoles de Paris des *douchoirs*. Cela ne paraît pas avoir complétement réussi jusqu'ici, les maîtres et maîtresses hésitant à user d'un instrument dont la pratique demanderait une expérience spéciale. En tous cas, c'est là une question de programme qui ne vous appartient pas.

Un mot enfin des escaliers, qui dans les écoles doivent être traités d'une façon spéciale. Je vous ai déjà dit qu'on doit éviter les quartiers tournants. L'escalier doit être très clair. Si par exception des classes d'école maternelle doivent être au premier étage, les marches n'auront pas plus de 0^m 14 à 0^m 15 de hauteur, et 0^m 25 à 0^m 27 de large, et une seconde main courante sera placée à hauteur de la main des enfants. Dans les autres écoles, les emmarchements seront ordinaires, mais les mains courantes seront élevées à une hauteur de 1^m 20 à 1^m 30.

Tel est pour les écoles l'état général de la question. Une réflexion vous aura peut-être frappés : Que de choses pour une école! Sans doute, et je crois, quant à moi, que le programme de nos écoles ne va pas sans exagérations. Certes, toutes ses exigences sont très raisonnées, les questions scolaires ont été étudiées avec persévérance, et assurément ceux qui avaient à établir les programmes devaient naturellement incliner à assurer aux enfants des écoles tout le bien-être possible. Mais n'est-il pas parfois dangereux de faire trop comprendre aux enfants toutes les insuffisances de leur chez soi, par le contraste des somptuosités relatives de l'école ? Et ne vaut-il pas mieux faire à moins de frais des écoles moins idéales, et pouvoir ainsi en faire plus ? Peut-être ; mais quelle que soit sur cette grave question sociale votre pensée personnelle, vous n'êtes, en tant qu'architectes, que les serviteurs loyaux d'un programme que vous n'avez pas établi. On a souvent dit, et non sans vérité, que les constructions scolaires avaient lourdement grevé les finances du pays ; et de là à en rendre responsables les architectes il n'y avait qu'un pas. C'est une grande injustice, car à des programmes ambitieux, trop ambitieux peut-être, a répondu une exécution aussi modeste que possible, sauf à peine quelques exceptions que le goût réprouve autant que la raison.

Est-ce à dire que, par cette simplicité absolue qui est ici la règle, l'art soit éconduit et ne puisse éprouver que des regrets devant le programme des écoles ? Non, certes — et si vous en voulez la preuve, comparez ! Il y a l'art de la simplicité, comme il y a l'art des magnificences. Et cet art trouve sa récompense dans l'obtention du caractère. Je vous disais au début de ce cours que caractère et diversité sont des termes synonymes : diversité judicieuse et loyale, telle que la réclament les programmes. Telle doit être la pensée constante de l'architecte s'il veut que son édifice parle le langage qu'il en attend. Dans une école, tout luxe est une fausse note, toute fantaisie est une trahison.

Mais l'école ne doit être ni triste ni rebutante ; l'enfant préférera toujours au fond l'école buissonnière à l'école réelle : faites ce qui dépendra de vous pour l'attirer et le retenir, pour lui faire aimer son école : vous aurez la satisfaction d'avoir facilité la tâche de ses éducateurs.

CHAPITRE II

LYCÉES, COLLÈGES, ETC.

SOMMAIRE. — Recommandations générales. — Les classes. — Salles d'étude. — Gymnase. — Réfectoire. — Cuisines. — Dortoirs. — Préaux et cours de récréation. — Cabinets d'aisances. — Caractère à chercher. — Séminaires. — Écoles industrielles.

Entre ces édifices, lycées, collèges, etc., et l'école que nous venons de voir, il y a de nombreuses analogies, et aussi certaines différences. Sans prétendre poser des principes de composition, subordonnées d'ailleurs à toutes les variétés de programme, d'emplacement, de climat, il est bon d'indiquer du moins les recommandations d'un caractère général qui sont faites aux architectes en raison de l'expérience acquise.

Que le lycée soit un internat ou un externat, ou qu'il soit mixte, les considérations hygiéniques doivent être prépondérantes. De l'air et du soleil autour des bâtiments, de l'air et de la lumière dans les bâtiments, tel est le mot d'ordre essentiel. L'emplacement est donc chose capitale : il faut — ou il faudrait — un terrain dominant les voisinages, bien sec, avec de larges accès pour l'air et le soleil, abrité cependant des vents froids ou humides. Mais il est rare que l'architecte soit consulté sur le choix d'un emplacement, il le reçoit tout fait et ne peut que chercher à en tirer le meilleur parti. Et trop souvent cet emplacement est insuffisant à bien des égards.

En tous cas, l'expérience permet de formuler quelques règles qui doivent présider à toute composition de lycée : non pour dire ce qui doit être fait, mais plutôt ce qui doit être évité.

Ainsi, on doit éviter d'exposer au nord les classes, les salles d'étude, les préaux, les dortoirs, et en général les endroits où l'élève fera de longs séjours.

Les bâtiments scolaires proprement dits doivent être autant que possible simples en profondeur, afin de pouvoir s'aérer des deux côtés. Lorsqu'un corridor est nécessaire, il ne doit pas s'opposer à l'aération, car on doit se convaincre que l'aération naturelle est toujours préférable à toutes les ventilations artificielles.

On ne peut pas éviter les étages, mais on ne doit pas les faire trop nombreux. Des bâtiments très élevés rendent les rez-de-chaussée sombres et humides, et encaissent les cours.

Les cours, et surtout les préaux des élèves en récréation, doivent être aussi aérées que possible ; lorsqu'il y en a plusieurs, si elles peuvent être contiguës, le volume d'air se multiplie ; en tous cas, il faut éviter les cours fermées sur tous les côtés, si vastes qu'elles soient. Lorsque la composition exige absolument qu'il y ait des bâtiments sur toutes les faces, il est désirable du moins que certains d'entre eux — du côté où le soleil peut pénétrer — ne s'élèvent pas au delà d'un rez-de-chaussée. Il faut éviter que les cours soient dans l'ombre portée de hauts bâtiments ; les parties de cours qui restent toujours dans l'ombre restent humides.

Les communications doivent être faciles, et surtout la surveillance doit être immédiate partout. Ainsi, le groupement des cours, simplement séparées par des murs, a cet avantage que d'une fenêtre on peut voir tout ce qui se passe dans toutes à la fois.

Le service des dépendances, cuisines, etc., doit se faire sans qu'on ait à traverser les locaux scolaires.

Telles sont à peu près les règles principales auxquelles doit satisfaire un plan de lycée, quelle que soit d'ailleurs la composition. Pour vous les faire comprendre par des exemples, ce qui est toujours la meilleure des démonstrations, je vous engage à étudier les plans ci-joints du Lycée Buffon à Paris (fig. 656), et du Lycée de Grenoble (fig. 657 et 658), tous deux de M. Vaudremer, dont l'autorité est la plus considérable en pareille matière. Tout ce qui va suivre n'est à proprement parler que le commentaire de ces plans.

Il faut absolument, quand il s'agit de lycées, écarter de notre esprit nos souvenirs d'enfance — du moins pour la plupart d'entre nous. A Paris et dans presque toutes les grandes villes, les lycées ont été installés tant bien que mal dans d'anciens bâtiments de couvents, soit que déjà on y eût fait de l'éducation autrefois, soit que ces anciens couvents aient été incorporés au domaine de l'État comme biens nationaux. Trouvant ainsi de vastes bâtiments tout faits, de capacité suffisante pour recevoir de nombreux élèves, on a pu à peu de frais installer des lycées et collèges, mais dans des bâtiments qui ne sont ni des lycées ni des collèges, et auxquels nous n'aurons rien à emprunter.

Passons maintenant rapidement en revue les divers locaux propres au lycée.

La *classe* ressemble fort à la classe d'école que je vous ai décrite. Il est bon cependant de compter un peu plus de place pour chaque élève, ce qui n'augmente pas les dimensions de la salle, car le nombre d'élèves ne doit pas normalement dépasser 35 à 40; c'est déjà un nombre fort élevé.

La disposition est sensiblement la même : les élèves par

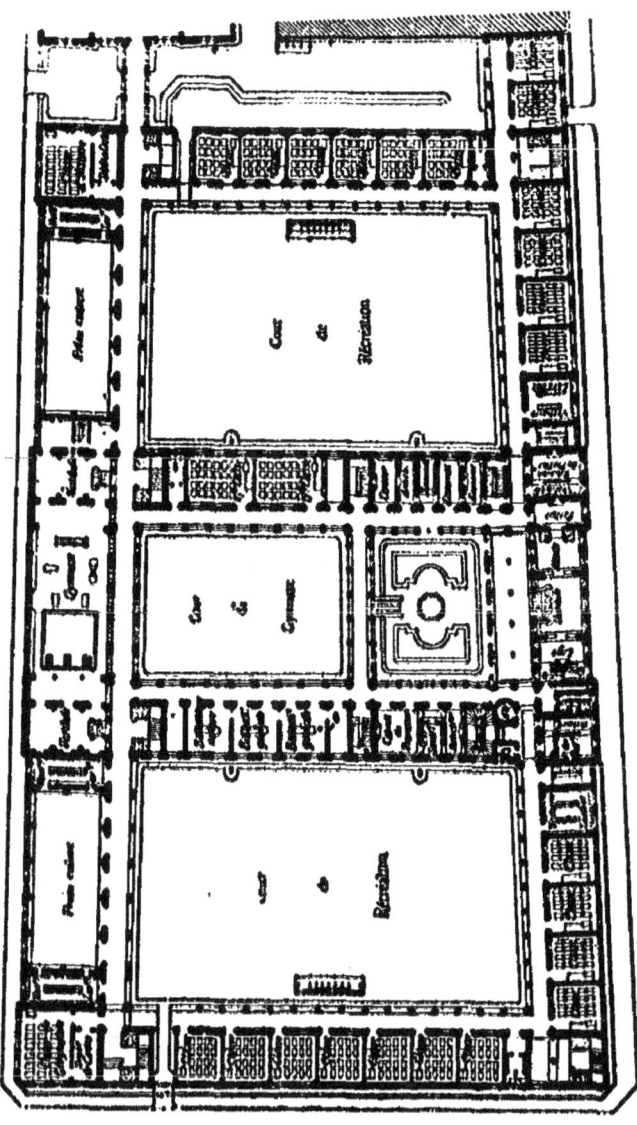

Fig. 696. — Lycée Buffon. Plan du rez-de-chaussée.

LYCÉES, COLLÈGES, ETC.

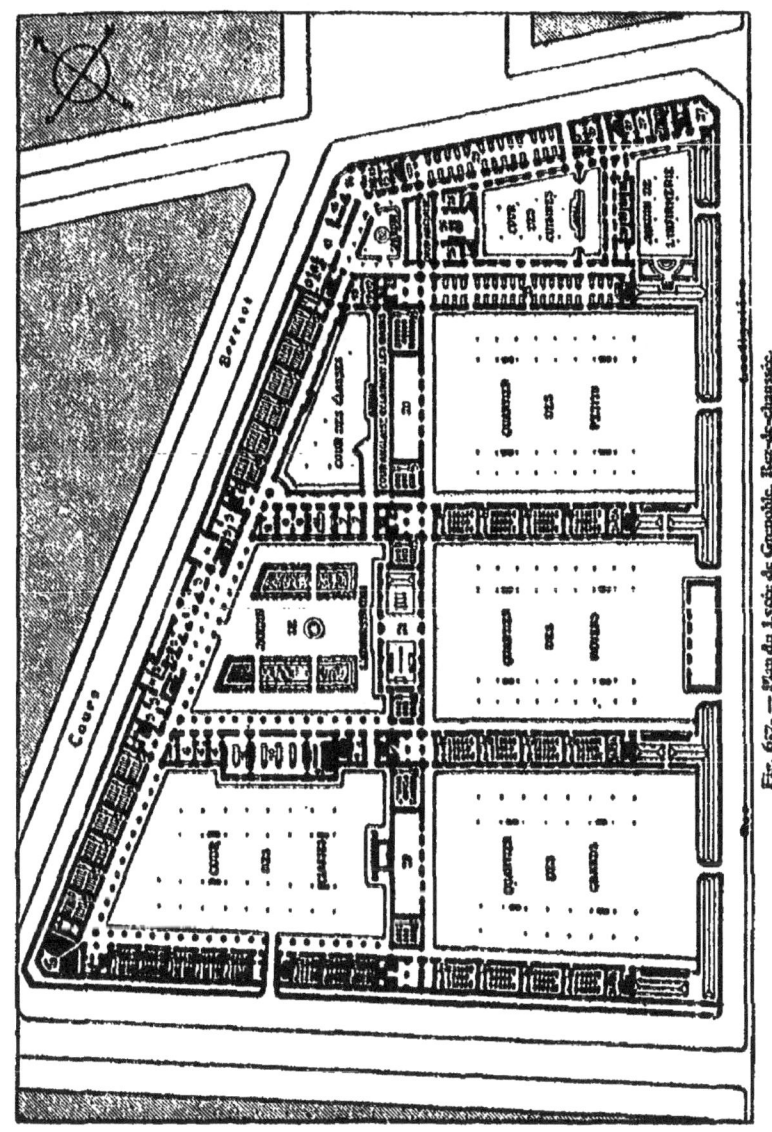

Fig. 67. — Plan du Lycée de Grenoble. Rez-de-chaussée.

EXTERNAT. — 1-2, entrée, conciergerie. — 3-4, parloirs. — 5, professeurs. — 6-7-8, direction. — 9-10, histoire naturelle. — 11, bibliothèque. — 12, dessin. — 13, classes. — 14-15, carré et concierge des petits. — 16-17, parloirs. — 18-19, économat.

INTERNAT. — 20, préau. — 21, gymnase. — 22-23, études. — 24, musique. — 25, réfectoires. — 26, cuisine. — 27-28, service médical.

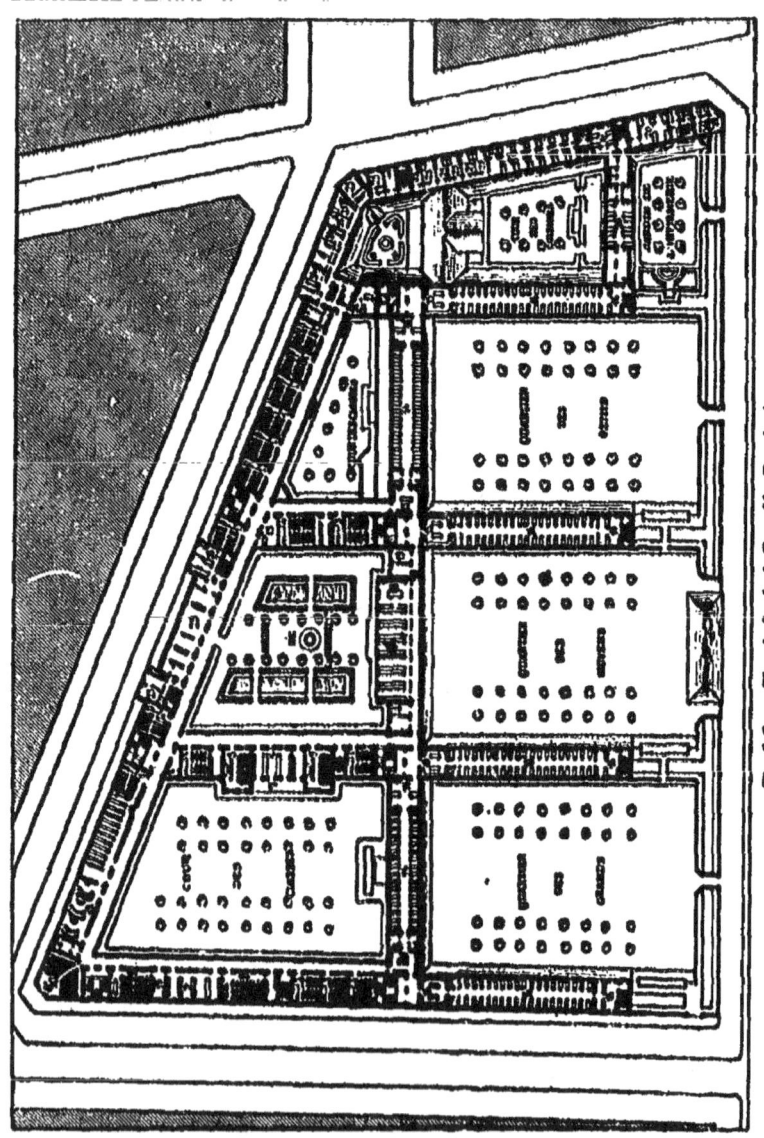

Fig. 658. — Plan du Lycée de Grenoble. Premier étage.

tables de deux places; le plancher horizontal, une estrade surélevée de deux marches, recevant la chaire du professeur et le tableau.

Autant que possible, l'éclairage doit être unilatéral, à la gauche des élèves. On peut admettre pour règle que pour cela la hauteur doit être les deux tiers de la largeur, un peu plus si des raisons quelconques font craindre un peu d'assombrissement, par exemple au rez-de-chaussée.

Les classes sont ordinairement desservies par un corridor, bien éclairé, du côté opposé aux fenêtres. La paroi séparative doit être percée de baies avec croisées ouvrantes permettant d'établir des courants d'air entre les séances de classes. En même temps ces vitrages permettent

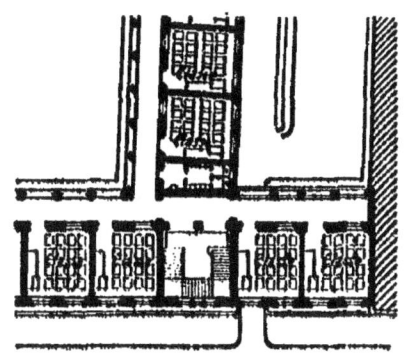

Fig. 659. — Exemple d'un groupe de classes (Lycée Buffon).

à la surveillance générale de s'exercer, tandis que de son côté le préposé au chauffage voit sans entrer dans la classe le thermomètre qu'il doit consulter. Le détail d'un groupe de quelques classes sera donc conforme au plan ci-joint (fig. 659).

Autrefois, le chauffage se faisait par des poêles : système fâcheux qui, en localisant trop le chauffage, crée des places intolérables par la chaleur tandis que d'autres restent froides. Le chauffage par calorifère est préférable, et surtout le chauffage par circulation d'eau ou de vapeur : toujours avec introduction d'air et évacuation de l'air consommé, ainsi que je vous l'ai expliqué.

Lorsqu'on peut faire des classes spéciales pour l'histoire et la géographie, il faut qu'elles soient disposées de façon à présenter en face des élèves de larges trumeaux pour développer de grandes cartes.

Les classes de mathématiques sont souvent plus nombreuses, et donnent lieu à un véritable cours. D'après le nombre d'élèves prévu au programme, on peut être obligé de les disposer avec éclairage bilatéral, car on ne doit pas augmenter indéfiniment la profondeur, non seulement afin qu'on entende, mais aussi afin qu'on voie les notations écrites sur le tableau. Une distance de 8 à 9 mètres du tableau paraît un maximum. Dans ces classes, le trumeau auquel s'adosse le tableau doit être large et bien éclairé.

Quant aux classes de physique, chimie, histoire naturelle, qu'on désigne par le mot *amphithéâtres*, je réserverai ce sujet : j'aurai en effet à vous parler des amphithéâtres à propos des édifices d'enseignement supérieur, et ce que je pourrais vous en dire ici ferait double emploi. Il en est de même des laboratoires et salles de manipulations. Il faut concevoir en effet le lycée comme confinant par ses basses classes aux édifices d'instruction primaire, et par son sommet à ceux d'enseignement supérieur. Il s'y fait maintenant des classes enfantines, pour de très jeunes enfants; et, d'autre part, la préparation aux écoles spéciales s'y fait non dans la *classe* proprement dite, mais dans de véritables salles de cours ou de conférences. Il est donc nécessaire de compléter ce qui peut être dit ici du lycée par ce qui a été dit de l'école, et par ce qui sera dit plus loin des édifices d'enseignement supérieur.

Je n'ai rien d'ailleurs à ajouter à ce que je vous ai dit au sujet des salles de dessin.

Il ne se fait plus de lycées, et il ne se fait pas beaucoup d'établissements d'instruction secondaire, qui soient de purs internats. Le pur externat est rare également, car le lycée d'externes comporte presque toujours des demi-pensionnaires ou externes surveillés. Il en résulte que les classes sont fréquentées par des élèves venant du dehors, à l'heure même de la classe. Partout donc où il y a des externes, il importe que l'accès des classes soit facile, et que pour s'y rendre les élèves n'aient pas à traverser des locaux où la surveillance serait impuissante. Les classes seront dès lors autant que possible au rez-de-chaussée, leurs portes bien en vue ; on ne pourra sans doute pas éviter d'en avoir au premier étage, mais du moins il est bon de ne pas monter plus haut, la multiplicité d'étages ayant pour effet de fractionner la surveillance, et de la rendre ou plus coûteuse ou plus inefficace. Lorsqu'un lycée comporte internat et externat, les classes font partie de l'externat.

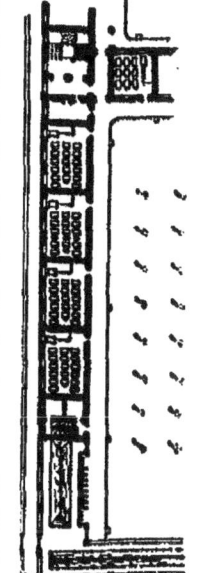

La salle d'études (fig. 660), pour les internes ou les demi-pensionnaires, est souvent par les nécessités du plan superposée à une classe ; elle aura donc forcément, en ce cas, la même surface. Mais elle contient quelques élèves de moins, 30 à 35 au lieu de 35 à 40. C'est que,

Fig. 660. — Exemple d'un groupe de salles d'études (Lycée de Grenoble).

malgré la place que laisse ici la réduction de l'estrade qui absorbe une partie de la surface de la classe, il faut que les élèves aient, dans la salle d'études, un peu plus de place que dans la classe, afin de pouvoir ouvrir devant eux des dictionnaires, des atlas, etc. Lorsqu'on le peut d'ailleurs, les salles d'étude sont au rez-de-chaussée, en bordure des cours de l'internat. L'internat est alors complétement séparé de l'externat.

Voici du reste un tableau qui indique comparativement les dimensions adoptées dans la classe et dans la salle d'études. Ces exemples sont pris au lycée de Grenoble :

	NOMBRE d'élèves	LONGUEUR	LARGEUR	SURFACE	SURFACE par élèves
Classe...............	32	7^m	7^m	49^m	1.53
Étude................	34	10,00	7,00	70,00	2,06
Classe d'histoire naturelle.......	32	7,00	10,00	70,00	2.19
Classes d'histoire et de géographie	d°	10,00	7,00	70,00	2.19
Classe de chimie.............	d°	7,00	10,00	70,00	2.19

Sur l'éclairage, le chauffage, l'aération, je ne pourrais que répéter ce que j'ai dit à propos de la classe.

Les compléments divers des études dans un lycée complet sont assez nombreux. Il faut d'abord une bibliothèque ; je réserve ce sujet, devant plus loin vous parler des bibliothèques en général ; il en sera de même pour les salles de collections d'histoire naturelle et autres, les cabinets de physique et chimie, etc. Dans le lycée, ces services ne sont que des réductions de ce que nous verrons à propos des grandes collections de l'enseignement supérieur.

Pour l'enseignement des exercices physiques, nous trouvons le *gymnase* (fig. 661). Autrefois, les gymnases étaient dans les cours ; maintenant on les veut dans des salles. La salle de gymnase est toujours rectangulaire, de proportion assez longue, 35 ^{m} × 15 ^{m} au moins, parfois avec des galeries. L'essentiel est qu'elle soit bien éclairée, et de plusieurs côtés pour produire une lumière diffuse : il faut éviter en effet les ombres portées trop nettes; l'éclairage du haut seul ne vaudrait rien pour un gymnase. Il faut aussi que l'air puisse être largement renouvelé après les séances, par l'établissement de courants d'air : préférez toujours la ventilation naturelle à la ventilation d'expédients. Les fenêtres doivent être placées à la partie supérieure, toutes les parois étant nécessaires soit pour les exercices contre le mur, soit pour le rangement des agrès. Il convient donc d'avoir près du sol des ouvertures d'aération (les portes suffisent souvent

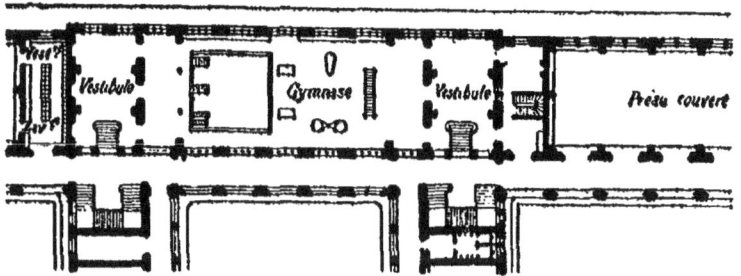

Fig. 661. — Gymnase (Lycée Buffon).

pour cela), et au haut de la salle les baies d'éclairage, d'ailleurs également ouvrantes.

La salle d'escrime est souvent une annexe du gymnase; je n'ai rien de particulier à en dire, sinon qu'elle doit être bien éclairée, et d'une ventilation facile. Il en sera de même pour les classes de danse ou de chant.

Les réfectoires (fig. 662) sont toujours des salles en longueur, avec des fenêtres des deux côtés, d'une part ouvrant directement sur une cour ou une rue, et de l'autre côté, s'il y a lieu, sous un portique de communication. On peut ainsi établir des courants d'air efficaces entre les repas.

La disposition la plus commode pour les réfectoires consiste en petites tables perpendiculaires à la longueur de la salle. Pour une table et le passage entre cette table et la voisine, il faut compter environ 2 ᵐ 40. Cet entre-axe dépend avant tout d'ailleurs, dans le cas de superposition, de celui qui est déterminé par la disposition des dortoirs, comme nous le verrons plus loin.

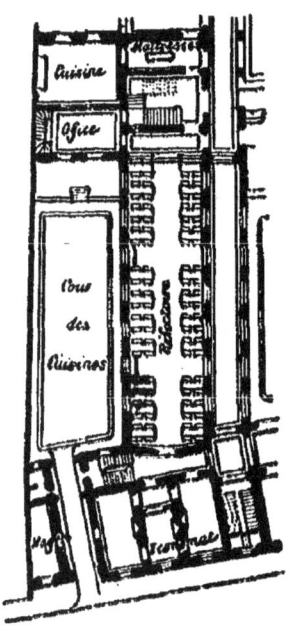

Fig. 662. — Réfectoire.

Le passage longitudinal entre les deux séries de tables a au moins 2 mètres de largeur. Ainsi, au Lycée de Grenoble, la largeur dans œuvre du réfectoire étant de 7 mètres, les tables ont de chaque côté 2 ᵐ 50 de longueur, dimension convenant pour 8 élèves par table.

Quant à la construction des réfectoires et aux précautions à prendre en vue de la propreté et de l'hygiène, vous n'avez qu'à vous reporter à ce que nous avons déjà dit à ce sujet.

De même je n'ai rien à ajouter au sujet des cuisines ; tout ce que j'en ai dit s'applique encore ici.

Les dortoirs appellent une attention toute particulière. Ils doivent être invariablement disposés en longueur, dans des bâtiments simples en profondeur, et avec deux rangs de lits seulement. Dans certains établissements anciens, on trouve des dortoirs avec trois rangs de lits, c'est aujourd'hui condamné. Non seulement le dortoir a des fenêtres des deux côtés, mais il n'est pas longé par des galeries même ouvertes. C'est bien un bâtiment simple en profondeur dans tout le sens de l'expression. Je vous prie à ce sujet de vous reporter au plan général de l'étage des dortoirs au Lycée de Grenoble (v. plus haut, fig. 657).

Le dortoir a pour dépendances nécessaires un cabinet de surveillant et un petit réduit pour une chaise percée; un local pour les lavabos et un autre pour le vestiaire des élèves. Ces deux locaux sont comme le dortoir lui-même éclairés et aérés des deux côtés : en réalité, ce sont des travées du bâtiment de dortoir prélevées pour cet usage spécial.

Constituant un bâtiment simple en profondeur, le dortoir est accessible par son extrémité; mais pour n'en pas faire une impasse, et surtout pour parer à tout danger de sinistre, on tient à ce que l'extrémité opposée à l'accès soit desservie par un escalier de service.

Voici les dimensions prévues au Lycée de Grenoble pour un dortoir de 34 élèves et un surveillant, soit 35 personnes : longueur, 33 mètres; largeur 7 mètres = 235 ^{m}², soit une surface de 6^m 60 par personne, ou avec une hauteur de 4 mètres un cube de 26 ^{m} 40.

Vous voyez que nous sommes assez loin ici du cube d'air prévu pour les édifices hospitaliers. C'est que dans ces édifices il s'agit de vieillards, d'infirmes, de gens dont le voisinage est souvent malsain. Mais nous sommes d'autre part non moins loin des conditions dont on se contente pour les casernes. En tout cela, il faut bien le dire, la raison d'économie est plus ou moins impérieuse, et c'est elle qui domine les décisions à prendre.

Nous avons vu dans le dortoir théorique d'asile ou d'hospice autant de fenêtres que de lits, et par suite un entre axe de travées

Éléments et Théorie de l'Architecture.

de bâtiment de environ 2 m 60 à 2 m 70. Dans le lycée où la place est plus mesurée aux pensionnaires, on place deux lits par trumeau entre deux fenêtres. La largeur d'axe en axe est ainsi de environ 3 m 40 à 3 m 50.

Et faites bien attention à cette mesure d'entre axe. Déterminée par les exigences du dortoir, elle régira par superposition les entre axes de la classe, de la salle d'études, du réfectoire, de tout ce qui peut se trouver au-dessous du dortoir. Là, en effet, les cotes pourraient varier davantage, celles du dortoir sont presque inflexibles, et votre devoir est d'y conformer votre composition.

Dans les lycées ou pensionnats de jeunes filles, on fait souvent pour les plus grandes les dortoirs avec des divisions analogues à des stalles. On est alors obligé d'écarter les lits des murs, car sans cela une division de stalle tomberait dans le milieu de chaque fenêtre.

Quant aux infirmeries, la disposition est analogue à celle des dortoirs, sauf pour les chambres d'isolement : il est bon toutefois que le cube d'air soit plus considérable, et par conséquent que les lits puissent être plus espacés, soit que la composition permette un autre entre axe d'architecture, soit qu'on place un lit seulement par trumeau.

Le préau couvert n'est dans le lycée qu'une salle libre de tout mobilier, aussi grande qu'on peut la faire, et en communication immédiate avec le préau découvert : toujours avec aération bilatérale.

Quant au préau découvert, ou cour de récréation, comprenez bien que ce n'est pas une cour quelconque, pratiquée pour les nécessités de l'éclairage et de l'aération, et dans laquelle les élèves prennent leur récréation ; cela a souvent été ainsi, mais aujourd'hui on veut le préau nettement considéré comme une partie intégrante du programme. Comme je vous l'ai dit pour les écoles, je le répète avec plus d'insistance ici où il s'agit d'internes, le préau doit être le plus possible ouvert à l'air extérieur; le soleil doit y pénétrer et en chasser l'humidité; l'encaissement, l'orientation au nord sont à rejeter.

Aussi, dans un lycée où il y a internes et externes, vous pourrez avoir des cours qui seront, s'il le faut, entourées de bâtiments en tous sens, si ce sont des cours des classes ou de l'administration, et si d'ailleurs la composition l'exige; mais les *cours-préaux* devront être ouvertes, parce que ces cours ne sont pas un simple passage, ou un simple moyen de disposer un plan, ce sont — je le répète — des parties essentielles du programme : préau veut dire cour ouverte.

C'est dans les préaux et dans les cours des classes que se placent les cabinets d'aisances, dans de petits bâtiments spéciaux, analogues à ceux que je vous ai décrits à propos des écoles. On n'admet pas de cabinets d'aisances dans les étages : je crois, quant à moi, qu'il y a dans cette exclusion un reste de crainte motivée par d'anciens errements, et qu'il serait aujourd'hui très possible d'en constituer dans les étages sans inconvénients.

J'insiste enfin en terminant sur la facilité de surveillance qu'il est nécessaire d'assurer dans toutes les parties de l'édifice : elle sera toujours difficile et il ne doit pas résulter de la composition des complications, des obscurités, des cachettes; tout doit être clair et bien visible, et l'édifice doit être un véritable édifice d'éducation.

Permettez-moi donc avant de quitter ce sujet d'appeler ici votre attention sur la nature particulière de votre composition et de vos études — quel que soit d'ailleurs le parti que vous aurez adopté — en présence de ce programme.

Ici, pour les choses principales du moins, les mots ont un sens précis, je dirais presque géométriquement déterminé. Ailleurs, on vous demandera des salons par exemple : un salon peut être carré, rectangulaire, circulaire, ovale, ou participer de ces diverses formes. Une classe est une classe. C'est une salle presque invariable dans sa forme comme dans ses dimensions. Ailleurs, le caractère ou votre volonté vous dicteront les dimensions de votre architecture, vos hauteurs d'étages, les espacements de travées; ici, tout est presque nécessaire, largeur des bâtiments, hauteur des étages, entre axes des travées. Vous devez composer, certes, mais composer avec des matériaux invariables. Si dans ces conditions vous trouvez l'avantage d'être renseignés avec précision, il est incontestable d'autre part que ces exigences précises sont un frein et un assujettissement.

Faut-il le regretter ? Non. Tantôt nos programmes sont libres et élastiques, tantôt rigides et précis. Acceptons-les toujours loyalement tels qu'ils sont, sans ruser avec eux, et nous en serons récompensés, car c'est ainsi seulement que nous caractériserons nos œuvres. Sans doute, entre les lycées, il y aura forcément une certaine uniformité, puisque les éléments en sont identiques; mais si l'étude est consciencieuse, ce lycée ne ressemblera ni à de l'habitation, ni à la simple école, ni à l'édifice hospitalier, ni à toute autre chose qu'un lycée : vous le reconnaîtrez à sa composition sans avoir besoin de lire l'inscription sur la porte.

Mais lorsque vous aurez satisfait à ces nécessités inflexibles du programme, lorsque vous aurez ainsi rendu possibles pour les élèves l'instruction et le bien-être, n'oubliez pas qu'à leur âge la réclusion est contre nature, que l'internat est un emprisonnement; les nécessités sociales peuvent l'exiger, l'enfance réclamerait le mouvement, l'expansion, tout ce que promet et permet le libre espace! Cherchez à leur rendre la détention aussi supportable que possible, aimable s'il se peut; et ici, je vous le dis comme je vous le disais pour l'habitation, pour l'hospitalité, mettez-vous par la pensée à la place de ceux pour

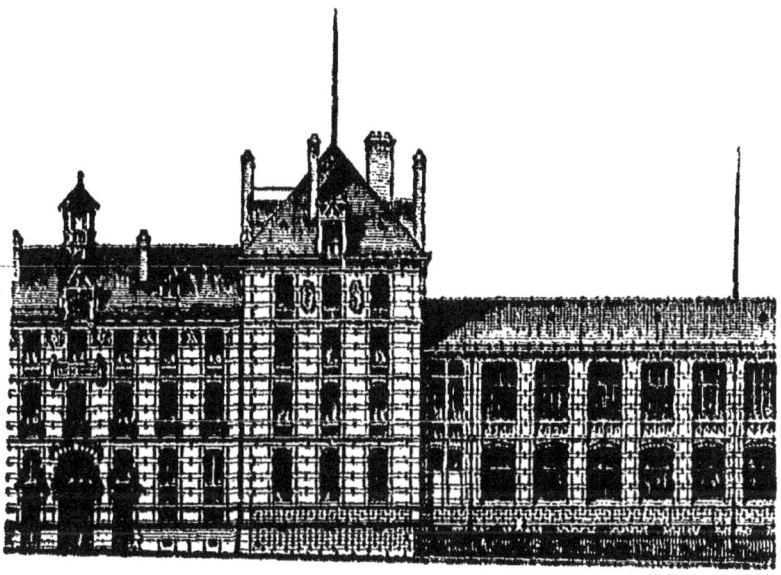

Fig. 663. — Façade du Lycée Buffon.

qui vous travaillez. C'est ainsi qu'ont été compris, dans leur aspect même, les lycées qu'on peut citer pour modèles, par exemple le Lycée Buffon (fig. 663).

Dans tout ce qui précède, j'ai employé le mot *Lycée*. Je n'avais pas à répéter à tout instant les variantes de ce mot. Que ce soit un lycée, ou collège, ou pensionnat, qu'il soit laïque ou congréganiste, le programme reste le même, les éléments ne varient pas, la pensée qui doit guider l'architecte ne varie pas non plus : toujours l'hygiène, la lumière, la facilité de surveillance, et s'il se peut la gaieté des élèves.

A ce même groupe doit se rattacher le séminaire, bien qu'il reçoive des jeunes gens plus âgés que ceux qui fréquentent le lycée. A beaucoup d'égards, les éléments seront analogues, pour les classes, études, réfectoires, bibliothèques, salles de cours, etc. La différence est surtout en ce que tous les élèves sont ici des internes, mais des internes qui couchent dans des cellules et non dans des dortoirs. La cellule est même le lieu de travail du séminariste, en dehors des heures de travail en commun.

Les professeurs ecclésiastiques habitent aussi le séminaire, et prennent leurs repas avec les élèves; il y a donc dans le réfectoire une place spéciale pour la table des maîtres.

Un seul préau découvert reçoit en même temps tous les séminaristes. Le plus souvent, ce préau est entouré d'un portique formant cloître, qui sert aussi de dégagement aux salles principales. Le plan du rez-de-chaussée du séminaire de Rennes par H. Labrouste peut être proposé pour exemple (fig. 664). Il faut seulement remarquer que le bâtiment disposé au fond du cloître, et qui comprend le réfectoire, la salle des exercices et la chapelle, ne s'élève que d'un rez-de-chaussée, et laisse par conséquent pour le préau et les bâtiments plus d'aération qu'on ne le supposerait en voyant le plan. Les chambres des maîtres et les cellules des séminaristes sont au-dessus des portiques du cloître, sur trois sens, et des classes, parloirs, vestibules, etc., qui entourent ce portique; un corridor milieu dessert chaque étage de cellules. Des cabinets d'aisances sont disposés à chaque étage aux angles externes des bâtiments.

Comme vous le voyez, si le séminaire diffère assez sensible-

LYCÉES, COLLÈGES, ETC.   231

ment du Lycée dans la pratique, c'est que le programme est lui-même assez différent, tandis que le *petit séminaire* n'est guère autre chose qu'un collège.

Enfin, c'est encore ici que je puis vous dire un mot des

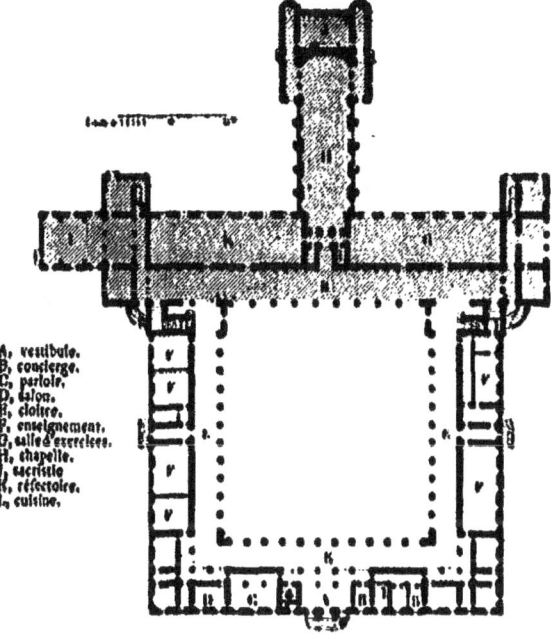

A, vestibule.
B, concierge.
C, parloir.
D, salon.
E, cloître.
F, enseignement.
G, salle d'exercices.
H, chapelle.
I, sacristie.
K, réfectoire.
L, cuisine.

Fig. 664. — Plan du grand séminaire de Reanes.
(Les bâtiments hachurés ne s'élèvent qu'à rez-de-chaussée.)

Écoles industrielles. Bien grande en est la variété, surtout pour la partie pratique. Car ces écoles ont nécessairement, avec plus ou moins d'ampleur, une partie consacrée aux études théoriques, qu'elles soient d'ailleurs internat ou externat : en cela, elles ne diffèrent pas sensiblement des lycées ou collèges. C'est la partie pratique qui leur est propre.

Là, il faut des ateliers de diverses natures, avec force motrice

ÉLÉMENTS ET THÉORIE DE L'ARCHITECTURE

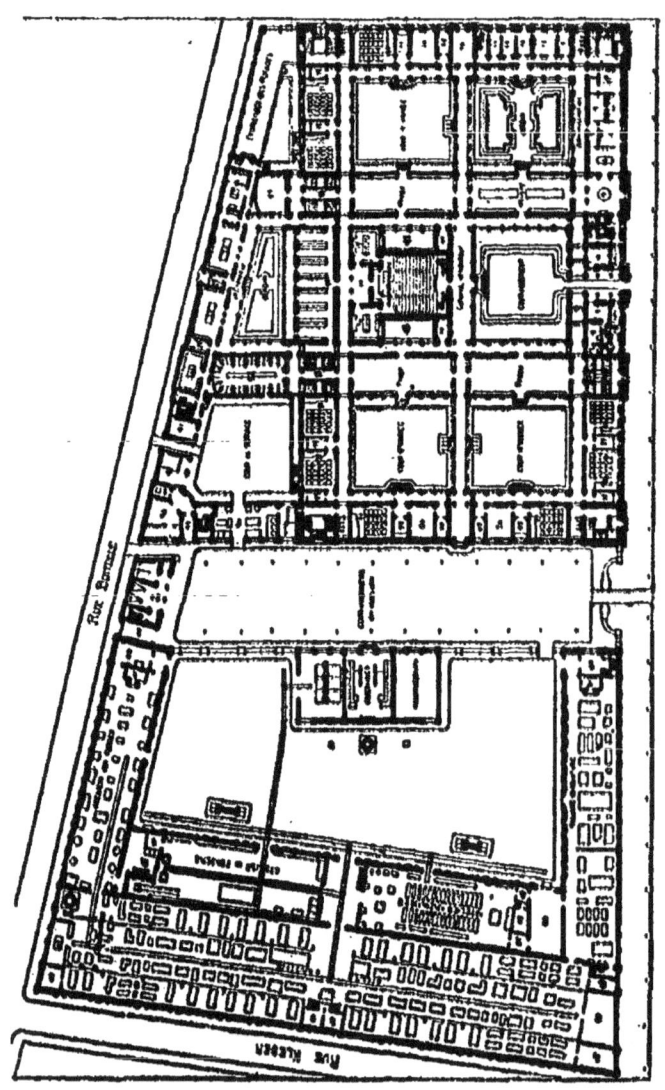

Fig. 665. — École des Arts et Métiers à Lille. Rez-de-chaussée.

produite soit dans l'établissement, soit au dehors. Je ne saurais mieux faire que de vous montrer le plan de la plus récente réalisation de ce programme, à l'École des Arts et Métiers de Lille (fig. 665), par M. Batigny. L'école théorique est nettement séparée de l'école pratique par une grande cour, réservée aux exercices militaires; aucune symétrie ne pouvait être cherchée entre ces deux groupes généraux. Les ateliers sont affectés à l'étude des métiers les plus suivis dans la région : les industries des métaux et des textiles. Ce sont en réalité des hangars dont le plus important est l'atelier d'ajustage, accompagné des ateliers de tours, modèles, scieries, fonderie, chaudronnerie, forges, chacun sous la surveillance d'un ou plusieurs contremaîtres. Les textiles motivent les ateliers de filature et dépendances et celui des objets confectionnés, qui est plutôt un dépôt.

Tous ces ateliers sont éclairés par des châssis verticaux, dont la plupart sont assez élevés pour que le plan n'en rende pas compte. Des jours horizontaux par lanternons vitrés complètent l'éclairage. La lumière est abondante partout. Ces ateliers ne sont pas chauffés, les élèves y sont placés à peu près dans les conditions pratiques du travail industriel.

Cet exemple général suffira pour vous donner un aperçu des éléments de cet enseignement, avec cette réserve, bien entendu, que le programme différera pour chaque école, et que, par exemple, l'école du Livre et celle du Meuble, etc., auront des exigences tout autres. Question de programmes qui doivent être donnés à l'architecte avec précision. Pour vous, l'essentiel est de bien comprendre tout d'abord qu'à l'enseignement industriel vous devez offrir des locaux industriels, et non d'autres.

CHAPITRE III

LES ÉDIFICES D'ENSEIGNEMENT SUPÉRIEUR

SOMMAIRE. — Conception moderne de l'enseignement supérieur. — Salles de cours : composition différente suivant la nature de l'enseignement, le nombre des auditeurs, etc. — Amphithéâtres demi-circulaires — rectangulaires. — Emplacement, accès. — Pente des gradins. — Programmes spéciaux. — Éclairage.

Avec l'enseignement supérieur, les programmes deviennent beaucoup plus spéciaux, surtout pour les études scientifiques. Ici, entre l'architecte et le professeur, la collaboration est inévitable et indispensable. C'est que le programme est souvent personnel : un savant, qui est ou qui se croit une lumière, ne pourra enseigner comme il le veut que dans des conditions déterminées par lui-même; le local d'enseignement sera entre les mains d'un Claude Bernard ou d'un Pasteur un instrument, et cet instrument, il le veut à son goût et à son idée.

Aussi arrive-t-il généralement que, après un professeur, son successeur trouve et déclare absurde tout ce qu'il a fait faire, et travaille à le faire transformer sinon détruire. Ce sont là querelles de savants, dont nous n'avons pas à nous occuper. Mais nous devons tâcher de savoir du moins les vérités générales et généralement acceptées qui régissent les compositions d'édifices destinés à l'enseignement supérieur, en nous rappelant que là surtout l'architecte doit demander des programmes précis. L'architecte a pour mission, en effet, l'exécution loyale des programmes; mais à chacun sa responsabilité : si l'exécution du programme est défectueuse, la faute est à l'architecte; mais si c'est le programme qui est insensé, ainsi que les savants le disent volontiers lorsque c'est un autre savant qui l'a établi, la responsabilité doit en incomber à l'auteur du programme et non à l'exécutant.

Il est d'ailleurs juste de constater que la science va toujours se spécialisant et se subdivisant. Jadis, dans nos grands établissements d'enseignement supérieur, on avait par exemple un amphithéâtre pour les cours de physique, chimie, minéralogie, etc. Aujourd'hui, et provisoirement peut-être, il y a la chimie organique, la chimie inorganique, la chimie industrielle, etc., etc., et chacune de ces branches a besoin d'un instrument de démonstration différent. Dans l'histoire naturelle, c'est bien autre chose encore; et ainsi du reste. De cette subdivision de l'enseignement, il résulte nécessairement une variété infinie des programmes. Je ne pourrai les suivre dans tous leurs détails, ce serait fastidieux et sans utilité. Lorsque vous serez en présence d'un programme bien spécial, vous l'étudierez spécialement : cherchons quant à présent les règles logiques et générales qui devront présider pour vous à ces recherches spéciales.

De même que dans l'école ou le lycée nous avons d'abord étudié la classe, ici nous devrons étudier d'abord la salle de cours ou amphithéâtre.

Peut-être n'existe-t-il pas de programme qui exige autant que celui-là une réaction vigoureuse contre de très fâcheux errements d'école. Encore aujourd'hui, vous projetez une salle de cours, soit demi-circulaire, soit rectangulaire, *sans savoir pourquoi*, pour varier, ou parce que, dites-vous, cela fait bien en plan! Que cette salle de cours soit destinée à des leçons littéraires, aux sciences mathématiques ou à des cours de physique ou chimie, peu vous importe, ce n'est pas cela qui déterminera la forme que vous lui donnerez. Très souvent, vous engagez ces salles de cours au milieu de bâtiments, sans relations réciproques, loin des services avec lesquels elles devraient avoir des rapports de tout instant. Vous poursuivez une autre idée, celle de ce que vous appelez un beau plan.

Or, dites-vous bien que s'il y a des salles de cours qui sont demi-circulaires, d'autres qui sont rectangulaires, c'est qu'il y a pour cela des raisons, et des raisons tirées de la nature même de l'enseignement qui s'y donne. Dites-vous bien qu'une salle de cours a besoin de lumière et d'air, qu'il faut que tout y soit vu par tous; que le professeur voie ses auditeurs, que les auditeurs voient et entendent le professeur; que les uns et les autres voient le tableau, les cartes de géographie, les expériences; que le professeur puisse lire ses notes, les auditeurs écrire et parfois dessiner; que lors même qu'il n'y aurait eu dans une salle que quelques personnes pendant une ou plusieurs séances, il faut renouveler l'air; que c'est bien plus nécessaire encore si la leçon comporte des exhibitions de cadavres ou des expériences parfois nauséabondes et même malsaines. En un mot qu'une salle de cours est faite pour satisfaire à son programme, et non pour motiver une courbe gracieuse — sur le papier — au fond d'un plan.

La vérité, vous dis-je, la vérité!

Quelle que soit la destination d'une salle de cours, qu'elle soit littéraire ou scientifique, il y a donc toujours un même but à poursuivre : il faut que les auditeurs entendent et voient le mieux possible, il faut que le professeur puisse se faire entendre et voir avec le minimum de fatigue. Aussi faut-il qu'une salle de cours ne soit pas plus grande qu'il n'est nécessaire, et lorsque le nombre d'auditeurs est fixé, les dimensions de la salle sont fixées par cela même. On peut compter, pour un avant-projet, que la surface des salles de cours peut être calculée d'après les bases minima suivantes : deux auditeurs et demi par mètre superficiel pour les cours purement oraux, lettres, histoire, etc., soit cinq pour deux mètres superficiels; et deux auditeurs par mètre pour les cours scientifiques. Cela ne veut pas dire que deux auditeurs occupent un mètre, car dans cette évaluation sont compris les espaces pris par les passages, l'estrade du professeur, etc. Ces évaluations, je le répète, sont des *minima*. Suffisantes si l'amphithéâtre est destiné à des cours nombreux, elles ne le seraient plus pour un petit nombre d'auditeurs. C'est toujours le cas des frais généraux qui sont d'autant moins élevés proportionnellement qu'ils portent sur un plus vaste ensemble. Seul donc un plan précis vous permettra de vous rendre exactement compte des dimensions nécessaires, mais ces données préparatoires sont suffisantes tant que vous en êtes à préparer la composition générale.

Vous voyez d'ailleurs par là combien on exagère lorsqu'on parle à tout propos d'amphithéâtre pour 1.000 ou 1.500 personnes, c'est-à-dire 500 ou 750 mètres superficiels, en moyenne l'équivalent d'un carré de 25 mètres de côté. Sans doute, exceptionnellement, l'homme peut se faire entendre dans une plus grande salle. Mais pour un cours dont les séances sont fréquentes et longues, les dimensions ont des limites, celles de la possibilité d'audition, et celles de la fatigue du professeur. Et puis, y a-t-il donc beaucoup de cours qui réunissent 1.000 étudiants?

Évitez donc les salles de cours inutilement grandes, ne dépassez pas les limites de l'audition et de la vue, ni celles de l'émission de la voix. Je vous disais l'an dernier, en parlant des proportions, combien sont disproportionnés ces plans où la largeur d'une cour d'honneur est la largeur même d'un amphithéâtre : vous voyez aujourd'hui la démonstration de cette vérité.

Quant à la forme à donner à une salle de cours, elle dépendra de bien des choses, et il n'y a pas ici de règle simple à formuler. Pour déterminer cette forme, il faudra tenir compte de la nature de l'enseignement, du nombre d'auditeurs, de la grandeur effective, des nécessités d'éclairage et d'aération, des relations avec les services voisins.

Pendant longtemps, on n'a compris l'amphithéâtre que sous forme de demi-cercle. Les architectes, frappés de la beauté des théâtres antiques et désireux de se mesurer avec ce bel élément de composition, adoptèrent cette forme avec d'autant plus d'empressement qu'elle était parfaitement logique lorsque l'enseignement était avant tout dans la parole. C'était le temps des cours restés célèbres de Guizot, de Villemain, de Cousin. Voulez-vous la démonstration de cette logique? Voyez ce qui se passe lorsqu'un orateur en plein vent débite ses discours sur une place publique : son auditoire émerveillé *fait cercle* autour de lui, ou plus exactement fait un demi-cercle un peu allongé; on voudrait être en face, mais si les places de face sont prises, plutôt que d'être trop loin on se met sur l'un des côtés, et la forme demi-circulaire se réalise d'elle-même, sans que rien la trace ni l'impose.

Le plan en demi-cercle fut donc longtemps le plan unique des amphithéâtres; tellement que si vous entrez un jour au grand amphithéâtre du Muséum d'histoire naturelle, vous voyez du dehors un édifice carré : la porte franchie, c'est un demi-cercle : exemple frappant de ces mensonges artistiques que j'ai recommandés à toute votre aversion. Voyez-le cet amphithéâtre, non comme modèle à coup sûr, mais comme curiosité : je dirais presque comme les jeunes Spartiates regardaient les ilotes ivres pour se préserver de l'ivresse.

La forme demi-circulaire reste la plus convenable dans un grand nombre de cas. Je ne puis vous les citer tous sans omissions, mais je chercherai du moins à vous montrer les raisons qui, suivant le programme à satisfaire, devront vous faire adopter ou rejeter cette forme. J'ai d'ailleurs eu soin de contrôler mes appréciations par celles, très autorisées, de M. Nénot qui a eu plus que personne à étudier les besoins de l'enseignement supérieur, et qui a bien voulu me livrer pour vous tous les secrets de ses études. Et pour vous permettre de saisir ce qui va suivre, je vous montrerai tout d'abord les plans des deux principaux étages de la Nouvelle Sorbonne (fig. 666) et (fig. 667).

La salle demi-circulaire ne convient — cela n'a guère besoin de démonstration — que pour un public déjà assez nombreux. Lorsque l'enseignement s'adresse à cinquante ou même à cent auditeurs, quelque transcendant qu'il puisse être, la salle de cours est toujours *la classe* que nous avons vue dans l'école et le lycée.

Quelle est en effet la justification de la forme demi-circulaire ? Elle a certes beaucoup d'inconvénients, construction compliquée, difficultés d'éclairage et de plafonds, disposition difficile dans un plan d'ensemble, accès souvent difficiles aussi; mais elle réalise ce problème : grouper à portée d'un orateur un grand nombre d'auditeurs, avec le minimum possible de distance de l'un aux autres. Supposez en effet 500 personnes groupées en demi-cercle, à raison de 2 par mètre. Si nous supposons le demi-cercle pur, son rayon sera :

$$R = \sqrt{\frac{500}{\pi}} = 12^m60$$

Si nous supposons au contraire une salle rectangulaire en longueur, telle que la nef d'une église, et si nous donnons à cette salle 10 mètres de largeur, il lui faudra 25 mètres de longueur.

Ainsi dans le premier cas (demi-cercle) les auditeurs les plus éloignés seront à 12^m60 du professeur, dans le cas du rectangle de 10 mètres de largeur, ils en seraient à 25 mètres, un peu plus même, à la diagonale. J'ai pris pour exemple une salle de 10 mètres, qui serait très étroite, mais, comme toujours, j'ai un peu exagéré afin d'être mieux saisi.

Donc, première conclusion : la salle demi-circulaire ne convient que pour des auditoires assez nombreux. Vous ne vous figurez certainement pas une salle de cette forme ayant moins de 10 mètres de diamètre : celle-ci contiendrait environ 150 personnes. Pour 100 auditeurs, cela en vaudrait-il la peine? A moins de nécessités spéciales j'en doute, car pour ces 100 personnes il faut 50 mètres superficiels, et une salle de 50 mètres superficiels, c'est-à-dire 7 mètres au carré, ne saurait, en forme rectangulaire, exposer à aucun mécompte ni pour la vue ni pour l'audition.

Je dirai même que, si la nature de l'enseignement exige une disposition conique des gradins, et si la salle est d'ailleurs petite, il vaut mieux encore disposer ainsi les gradins dans une salle carrée ou rectangulaire : s'il y a ainsi un peu de place perdue dans les angles, la construction est tellement plus simple, les accès et l'éclairage tellement plus faciles, que ce très petit

Éléments et Théorie de l'Architecture.

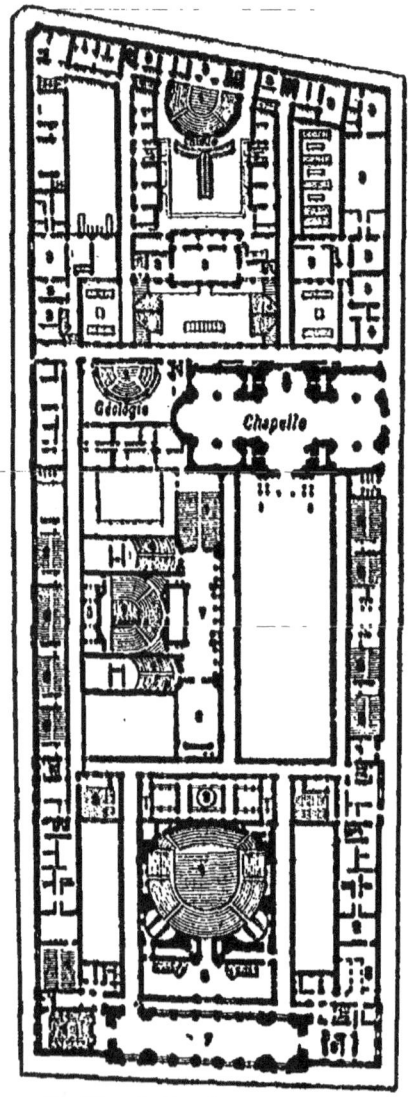

Fig. 666. — La Nouvelle Sorbonne. Plan du rez-de-chaussée.

1, amphithéâtres. — 2, salles de cours et de conférences. — 3, laboratoires. — 4, bibliothèques. — 5, salles de baccalauréat. 6, grand escalier. — 7, vestibule. — 8, administration et personnel. — 9, salles des autorités.

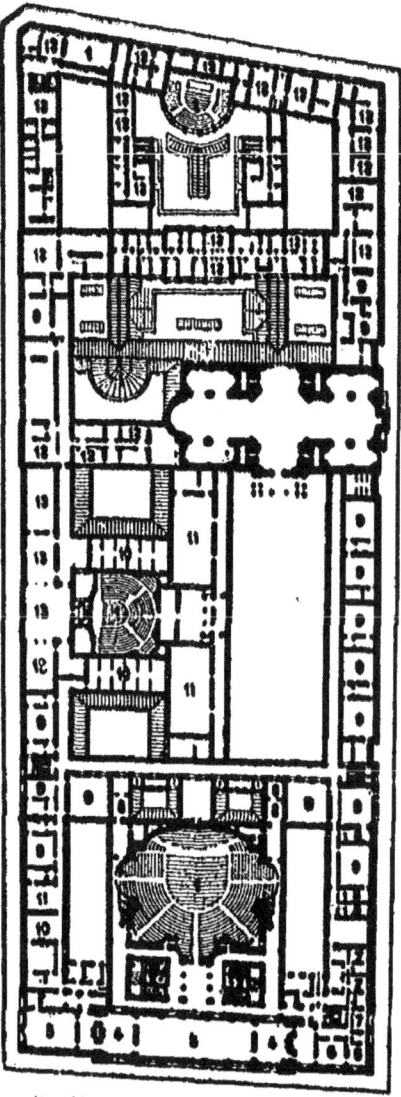

Fig. 667. — La Nouvelle Sorbonne. Plan du premier étage.

1, amphithéâtres. — 2, grand escalier. — 3-4, salles de commissions. — 5, salle du conseil académique. — 6, salons. — 7, chambres. 8, cabinets. — 9, salles de conférences. — 10, bibliothèques. — 11, salle de lecture. — 12, laboratoires. — 13, collections.

LES ÉDIFICES D'ENSEIGNEMENT SUPÉRIEUR 243

inconvénient disparaît devant l'avantage des résultats obtenus. C'est ainsi que, dans l'antiquité même, tandis que vous voyez le grand théâtre de Pompéi (fig. 668) établi dans un monu-

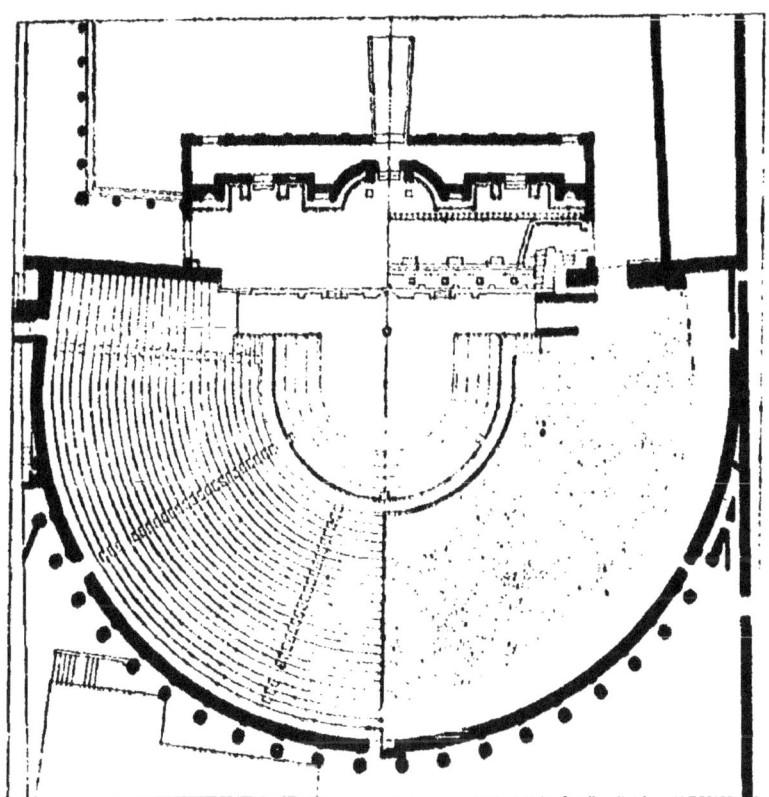

Fig. 668. — Plan du grand théâtre de Pompéi.

ment demi-circulaire, le petit théâtre (fig. 669) a ses gradins disposés en cône dans une salle presque rectangulaire.

Voilà pour le nombre. Maintenant, quels seront les éléments de destination qui justifieront la disposition demi-circulaire? Vue ou audition, ils se traduisent d'un mot : la convergence.

Ainsi, cette forme sera excellente pour l'enseignement littéraire — toujours à condition que l'auditoire soit nombreux. Là, en effet, il s'agit d'écouter un orateur, rien de plus; et par littérature, j'entends aussi bien le droit, l'érudition, etc.

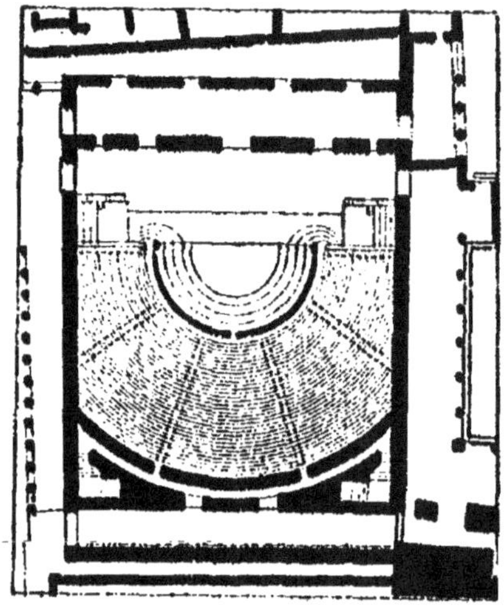

Dans l'enseignement scientifique, elle sera nécessaire aussi lorsque les auditeurs sont aussi les spectateurs d'une expérience faite sur la table d'enseignement, lorsqu'il faut que les regards *convergent* sur l'objet montré, car alors on obtient le minimum de distance visuelle pour les spectateurs les plus éloignés. Ceux des premiers rangs verront mieux, cela va de soi, mais aucun ne sera à une distance excessive — ou bien c'est que la salle de cours sera trop grande.

Mais lorsque dans un enseignement, littéraire ou scientifique, la vision doit être parallèle et non convergente, en d'autres termes lorsque le tableau est l'objectif principal du cours, la

Fig. 669. — Petit théâtre de Pompéi.

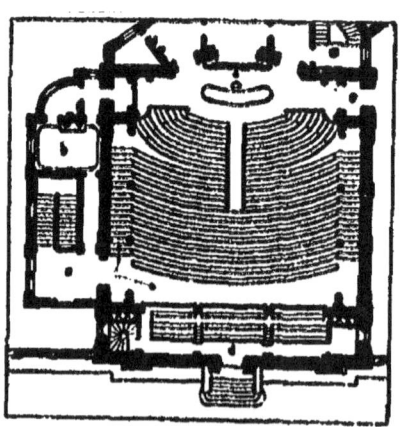

Fig. 670. — Plan du grand amphithéâtre de l'École Polytechnique.

a, tableau de démonstration. — *b*, salon d'attente. — *c*, arrivée des élèves. — *d*, tribunes à 2 étages. — *e*, grande baie d'introduction des rayons solaires.

forme demi-circulaire ne vaut plus rien. On ne peut utilement voir un tableau sous un angle trop oblique, et le tableau de démonstration a pour conséquence la disposition des bancs ou gradins parallèlement à sa surface; il faut de plus que ces gradins ne commencent qu'à une distance suffisante pour que les extrémités du premier rang ou des premiers rangs ne soient pas sacrifiées.

Et par tableau il faut entendre ici non seulement le tableau noir, mais la grande carte de géographie ou le châssis à projections.

Il peut arriver d'ailleurs que les nécessités de l'enseignement soient presque contradictoires : ainsi, dans un cours de physique, vous aurez l'expérience avec ses nécessités de convergence, et le tableau avec ses nécessités de parallélisme. Aussi parfois faut-il adopter une solution en quelque sorte transactionnelle, au moyen de gradins en arc de cercle, ni tout à fait convergents vers la table d'expérience, ni tout à fait parallèles au tableau. Tel est le cas de l'amphithéâtre de physique de l'École Polytechnique, salle rectangulaire assez vaste pour recevoir au besoin les deux *promotions* de l'École, et dont les gradins sont disposés en arc de cercle (fig. 670, 671, 672). Mais cette disposition de gradins serait illusoire dans une salle plus profonde. Ainsi, dans le grand amphithéâtre du Conservatoire des arts et métiers, qui est rectangulaire (fig. 673), les gradins supérieurs arrivent à être presque parallèles au tableau.

Ainsi, vous le voyez, lorsqu'on dit quelquefois : la forme demi-circulaire convient pour l'enseignement littéraire, la forme rectangulaire pour l'enseignement scientifique, c'est une formule beaucoup trop simple.

L'hémicycle convient aux grandes salles de cours pour l'enseignement littéraire, — littérature, philologie, langues étrangères, droit, théologie, etc. — pour l'enseignement de l'histoire, s'il est distinct de la géographie et de l'archéologie, car pour ces dernières études il faut des surfaces d'exposition pour les cartes, dessins, etc., et châssis de projection.

Dans l'enseignement scientifique, la forme demi-circulaire,

Fig. 671. — Coupe transversale de l'amphithéâtre de l'École Polytechnique.

radicalement inadmissible pour toutes les sciences mathématiques, astronomiques, etc., est préférée pour l'enseignement de la chimie, de la physique expérimentale, des sciences médicales, lorsqu'elles ne sont pas descriptives (comme l'anatomie figurée), et de presque toutes les sciences naturelles.

Toutefois, la plupart de ces derniers enseignements ne com-

LES ÉDIFICES D'ENSEIGNEMENT SUPÉRIEUR 247

portent jamais assez d'auditeurs pour motiver une salle demi-circulaire. Ainsi les cours spéciaux d'histoire naturelle — l'herpétologie par exemple — réunissent quelques étudiants seulement. Alors le cours se fait dans une chambre, dans une dépendance quelconque du laboratoire.

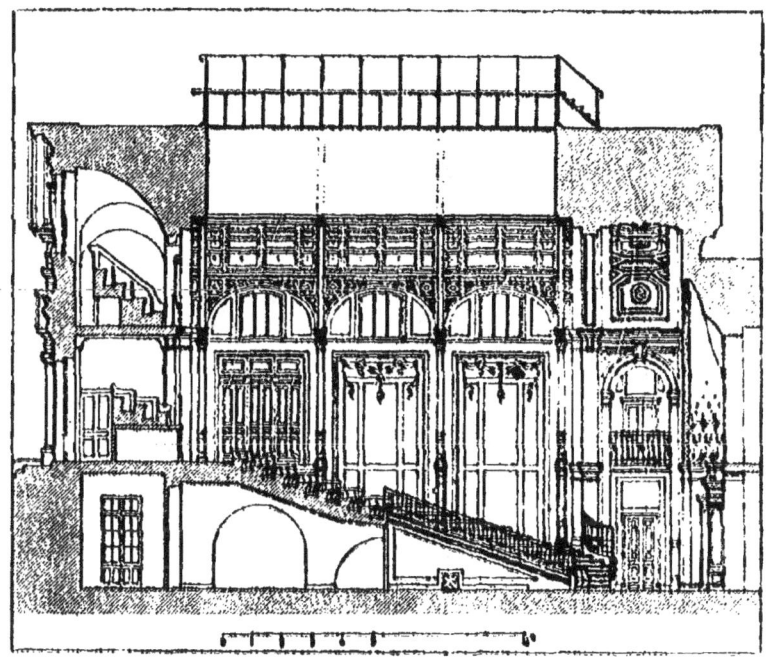

Fig. 672. — Coupe longitudinale de l'amphithéâtre de l'École Polytechnique.

Au surplus, les programmes d'enseignement supérieur viennent de faire l'objet, à la nouvelle Sorbonne, d'installations qui correspondent très exactement à l'état de la science et aux aspirations de l'enseignement. Il est donc utile de mettre sous vos yeux un tableau comparatif de quelques salles de cours, avec leurs formes et le nombre approximatif d'auditeurs.

248   ÉLÉMENTS ET THÉORIE DE L'ARCHITECTURE

Le tracé, purement schématique, des plans de ces diverses salles (fig. 674 à 679) vous rendra compte de leur disposi-

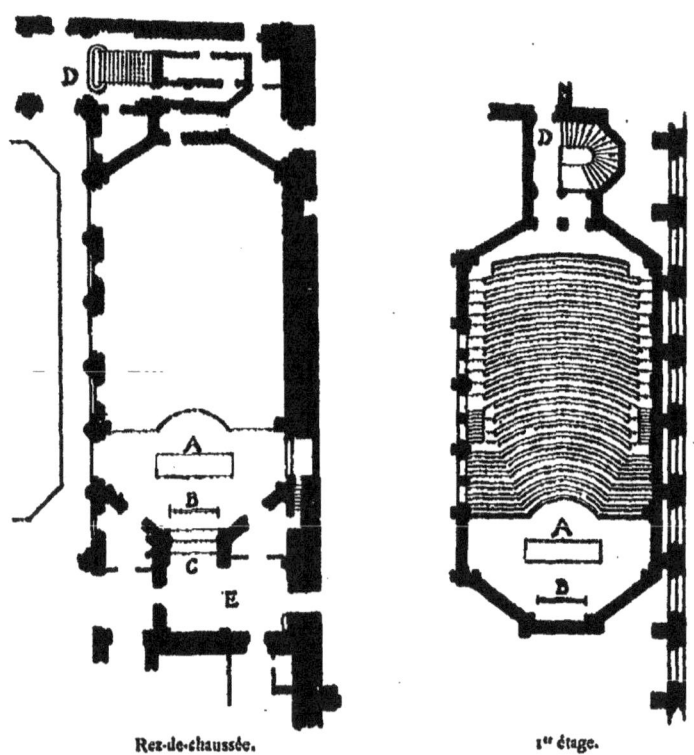

Rez-de-chaussée.   1ᵉʳ étage.

Fig. 673. — Grand amphithéâtre du Conservatoire des Arts et Métiers.

A, table du professeur. — B, tableau. — C, double fourneau avec écran. — D, accès des auditeurs.
E, salle de préparation des cours.

tion, et vous en fera comprendre les motifs pratiques auxquels il faudrait cependant pouvoir ajouter ceux qui provenaient des nécessités d'une composition générale, à laquelle il faut parfois subordonner dans une certaine mesure les exigences propres d'un programme spécial.

Ainsi donc, suivant les cas, vous ferez des salles de cours semi-circulaires ou rectangulaires : d'ailleurs, vous ne vous déciderez qu'après vous être bien mis d'accord avec l'enseignement intéressé, et, laissez-moi ajouter, après vous être assuré la constatation de cet accord.

ENSEIGNEMENT	DIAMÈTRE	SURFACE	NOMBRE officiel d'auditeurs	NOMBRE PAR mètre²	ÉCLAIRAGE
1° SALLES EN HÉMICYCLES — ENSEIGNEMENT SCIENTIFIQUE					
Chimie............	16ᵐ 00 partie droite 5ᵐ 50	188ᵐ 50	350	1.86	latéral et vertical.
Géologie...........	13ᵐ 00 partie droite 3ᵐ 50	98ᵐ 80	150	1.52	latéral et vertical.
2° SALLES RECTANGULAIRES — ENSEIGNEMENT SCIENTIFIQUE					
Physique (gradins courbes en arc de cercle)	long. 15ᵐ 30 larg. 11ᵐ 50	176ᵐ	300	1.70	bilatéral.
Physiologie..........	long. 12ᵐ 00 larg. 7ᵐ 00	84ᵐ	160	1.90	unilatéral.
ENSEIGNEMENT LITTÉRAIRE					
Littéraire...........	long. 11ᵐ 00 larg. 9ᵐ 00	99ᵐ	200	2	unilatéral.
Id.	long. 12ᵐ 00 larg. 9ᵐ 00	108ᵐ	250	2.31	bilatéral.

Ceci établi, quant à la forme de la salle de cours, il vous restera de nombreuses questions à résoudre.

Tout d'abord, quelle sera, dans une composition générale, la position relative de cette salle de cours ?

Ici, la réponse sera toujours la même, mais c'est surtout en pensant aux cours de sciences que vous en trouverez la démonstration : il faut que l'enseignement et les auditeurs aient chacun

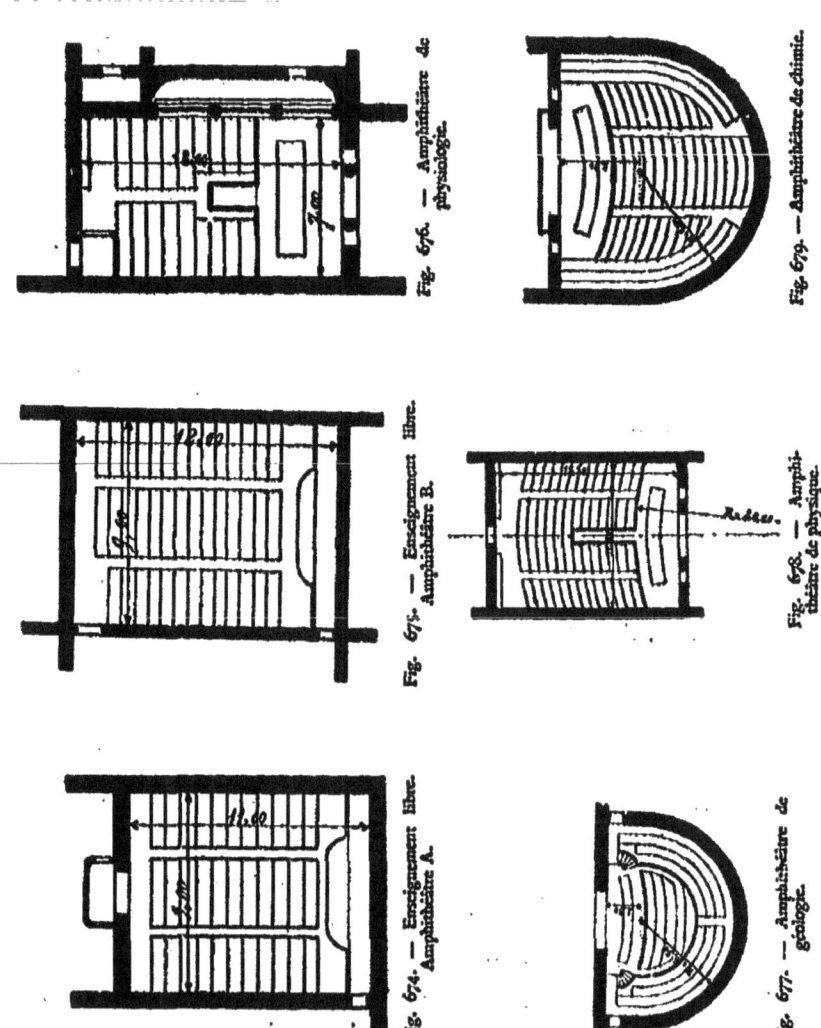

Fig. 676. — Amphithéâtre de physiologie.

Fig. 679. — Amphithéâtre de chimie.

Fig. 675. — Enseignement libre. Amphithéâtre B.

Fig. 678. — Amphithéâtre de physique.

Fig. 674. — Enseignement libre. Amphithéâtre A.

Fig. 677. — Amphithéâtre de géologie.

des accès distincts. Dites-vous bien en effet qu'une disposition comme celle de l'Hémicycle de notre École (fig. 680) — qui est d'ailleurs une salle exquise — peut convenir pour des séances officielles, à la rigueur pour un cours qui n'a besoin d'aucune dépendance : et encore l'entrée des auditeurs par des portes pratiquées dans le mur auquel s'adosse l'orateur est une grande cause de trouble et de confusion. Mais si la salle de cours, comme c'est toujours le cas, doit être accompagnée de dépendances nécessaires à l'enseignement; si même, comme c'est la vérité aujourd'hui dans l'enseignement scientifique, la salle de cours n'est réellement qu'une annexe des laboratoires, vous devez comprendre l'impossibilité radicale d'un accès unique. Cela serait aussi illogique que si, dans un théâtre, le public entrait et sortait par le mur de la scène.

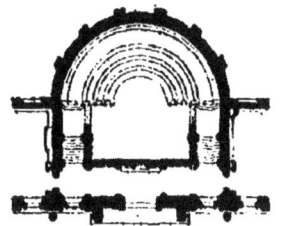

Fig. 680. — Plan de l'hémicycle de l'École des Beaux-Arts.

Ainsi donc, un accès pour les auditeurs, et à l'opposé un accès pour l'enseignement.

L'accès du professeur sera généralement facile, car sa place sera de plain-pied avec l'étage. Cette entrée aura toujours lieu par une porte latérale.

L'accès des auditeurs est plus difficile à étudier. Si la salle de cours est en gradins, comme c'est toujours le cas pour les salles importantes, l'accès aura généralement lieu par le haut des gradins, et dès lors nécessitera des escaliers. Or, c'est une grande faute, que nous voyons souvent dans vos plans, de supposer ces escaliers dans la salle. Dans ces conditions le bruit des allées et venues est intolérable, et il est nécessaire que les escaliers soient en dehors des salles. Quant aux entrées des auditeurs, il est bon, si la salle est grande, qu'il y en ait plusieurs, avec des tambours. Il faut éviter qu'un auditeur pour gagner sa place ou en sortir ait à déranger plusieurs personnes. Dans les salles rectangulaires, la meilleure disposition serait assurément celle que nous avons vue dans les classes des écoles, par petites tables de deux places. Dans les salles demi-circulaires, cette disposition ne peut être réalisée; il faut au moins que les passages soient assez nombreux pour que les rangées d'auditeurs ne soient pas très longues.

Quant à la pente des gradins, il est nécessaire pour la bien étudier de tracer une épure de coupe (fig. 681). Vous verrez par là que les premiers rangs peuvent avoir une pente peu prononcée, tandis que, à mesure qu'on s'éloigne du professeur, cette pente doit augmenter. La section générale sera donc courbe, et ce n'est que pour

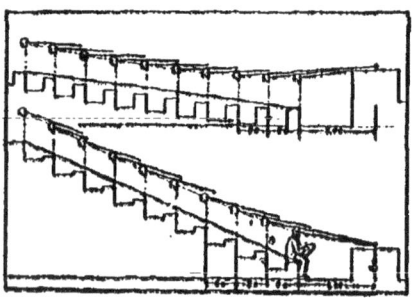

Fig. 681. — Pente de gradins.

plus de simplicité que j'ai employé plus haut le mot *conique*. Cette courbe est nécessaire aussi bien dans les salles rectangulaires que dans les hémicycles. Dans le premier cas, elle détermine une surface réglée, qui est cylindrique; dans le second cas, c'est une surface de révolution, qui donne à peu près l'illusion d'un cône, mais qui n'en est pas un en réalité. Vous verrez même que, avec certaines données du problème, la courbe, très rapide au sommet de l'amphithéâtre, devient tangente à l'horizontale à sa partie inférieure, et va jusqu'à se relever en approchant de l'estrade. C'est le résultat presque paradoxal qu'on obtient par l'étude précise d'un parquet de théâtre, par exemple.

Ainsi, et j'insiste encore sur ce point, à propos de la disposition des gradins et de la coupe de salle qui en résulte, vous devez vous demander avant tout dans une salle de cours quel sera son objectif visuel : professeur, tableau, table d'expériences : cette disposition en dépendra. Je veux vous citer à cet égard un exemple très curieux et très probant. A la Sorbonne, pour la chaire de physiologie, il y a une salle de cours, très petite, pour 30 ou 40 auditeurs au plus. Sa destination, c'est de faire, en présence des étudiants, des expériences de vivisection. Il faut donc, pour que la démonstration requise ait lieu, que tous les étudiants puissent voir au moment même le phénomène à démontrer, par exemple la pulsation d'une artère. Or, la distance visuelle ne peut guère pour cela dépasser 2^m 50. Le problème est ici bien spécial. Voici comment il a été résolu :

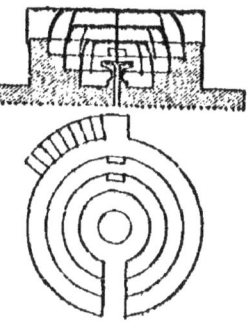

Fig. 682. — Amphithéâtre de vivisection.

La salle dont je vous donne un croquis schématique de coupe (fig. 682) est circulaire; au fond est la table sur laquelle est assujettie la victime, cette table est montée à pivot, au centre d'un petit espace circulaire, juste de la grandeur nécessaire pour recevoir cette table et l'opérateur. Un premier gradin, élevé, reçoit un premier rang d'étudiants, debout, accoudés à une balustrade qui surplombe. Un second gradin, plus élevé, reçoit un deuxième rang d'étudiants, également debout, également accoudés à une balustrade en surplomb. Ici donc, le professeur est au fond d'un entonnoir dont les parois sont constituées par trois rangs circulaires de spectateurs, dont les têtes forment un cône très raide. Le tout est éclairé par un seul jour vertical à plomb du cercle inférieur. Disposition exceptionnelle comme le programme qui la motive : avant tout, il faut voir et voir de près : ici, on ne prend pas de notes, on regarde une opération forcément assez courte, on écrira ensuite. Rien ne peut mieux vous montrer combien à chaque variété d'enseignement doit au besoin correspondre une variété spéciale de disposition.

De même, des dispositions spéciales sont nécessaires pour les salles de cours où il faut montrer des expériences dont la préparation doit être immédiate : physique, chimie, etc. Autrefois, — je vous parle des cours de Pouillet, de Despretz, etc., — des garçons de salle apportaient l'objet d'expériences par une porte qui reliait la salle à un laboratoire plus ou moins voisin : s'il s'agissait de chaleur, par exemple, vous jugez combien l'expérience pouvait être compromise par le refroidissement de ce transport — à la grande joie, j'en conviens, des auditeurs pour qui une expérience manquée était un régal de fête. Maintenant ces amphithéâtres sont en communication immédiate par de larges parties ouvrantes avec la hotte du laboratoire de préparation, l'objet passe instantanément du laboratoire à la table de démonstration. Souvent même la salle de cours a sa hotte à elle et l'expérience se prépare sous les yeux même du public. Il faut cependant un tableau noir, bien en face lui aussi du public. Rien de plus simple : le tableau est devant la hotte, il la ferme lorsque besoin est, le professeur ayant tantôt à montrer l'expérience, tantôt à écrire des formules au tableau. Pour cela, le tableau monte et descend, comme un tablier de cheminée. Si le tableau est de petites dimensions, on le manœuvre à la main ; il est équilibré par des contre-poids. Tel est celui de la salle où je parle. Si le tableau est très grand, il est mû soit par l'action hydraulique, soit par un mécanisme électrique : il suffit de presser un bouton. Il en est de même du châssis à projections. L'amphithéâtre de physique de l'École Polytechnique (v. plus haut, fig. 670) est un exemple de cette disposition.

Je vous citerai enfin une forme particulière de salle de cours, adoptée par L. Ginain, à l'École pratique de médecine. Dans une salle demi-circulaire, il est certain que les places trop latérales, aux extrémités du diamètre parallèle à la table ou au tableau d'enseignement, ne sont pas bonnes, et que la voix y parvient mal. L'amphithéâtre dont je vous parle est donc constitué par une partie en quelque sorte angulaire, avec un mur courbe en avant du sommet de l'angle droit, et par un autre arc de cercle concentrique aux gradins (fig. 683). C'est presque l'un des *cunei* (coins) des théâtres antiques. Cette forme est très judicieuse.

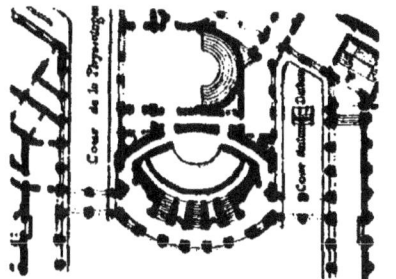

Fig. 683. — Salle de cours de l'École pratique de médecine.

Dans tout cela, il faut bien voir; pour bien voir, il faut que la salle soit bien éclairée. De grâce, pensez-y bien, et ne faites pas de salles de cours qui soient obscures.

Défiez-vous des plans qui enferment une salle de cours dans une opacité de bâtiments compacts. Une salle de cours est une salle qui a des fenêtres, je suis presque honteux d'avoir à vous le dire.

Comme pour les classes, l'éclairage sera unilatéral si la salle est restreinte et si sa hauteur peut être au moins les deux tiers de sa largeur, toujours avec les fenêtres à la gauche des auditeurs. Les fenêtres doivent monter aussi haut que possible, et descendre assez bas, car si les appuis sont trop élevés, les auditeurs voisins des fenêtres sont dans l'ombre des appuis. Si la salle dépasse 7 à 8 mètres de largeur, l'éclairage bilatéral s'impose. Enfin pour les grandes salles il vous faudra le jour du haut, mais sans préjudice des fenêtres. Ainsi, pour les salles en hémicycle, il sera généralement nécessaire d'avoir un plafond vitré dans sa partie centrale, mais il y aura aussi des fenêtres. Remarquez d'ailleurs que les fenêtres sont le meilleur moyen de renouveler l'air entre les leçons. Mais cela n'empêche pas l'emploi des moyens de ventilation artificielle nécessaires pendant les leçons mêmes, surtout pour la chimie, l'anatomie, etc.

Le meilleur éclairage pour une grande salle de cours est la lumière diffuse, celle qui vient de tous les côtés à la fois : d'en haut, de droite, de gauche, d'en face. Si le soleil est momentanément gênant, on peut toujours s'en défendre par des stores.

L'éclairage du soir est facile, surtout avec la lumière électrique. Des lampes nombreuses disséminées en des points multiples du plafond constituent un très bon éclairage.

Enfin, il faut à volonté pouvoir produire l'obscurité, pour certaines expériences d'optique, et pour les projections. Pour cela, les fenêtres et le plafond vitré, s'il y en a, sont munis de stores épais qui s'abaissent devant les fenêtres ou s'étalent horizontalement sous les vitrages des plafonds. Une manœuvre électrique commande instantanément cette obturation.

CHAPITRE IV

LES ÉDIFICES D'ENSEIGNEMENT SUPÉRIEUR

(Suite.)

SOMMAIRE. — Les très grandes salles de cours, ou de solennités. — Leur utilisation possible, leurs accès. — Difficultés acoustiques. — Dépendances des salles de cours. — Chauffage. — Salles de conférences. Salles d'examens.

Il me reste à vous parler des très grandes salles de cours. Elles sont exceptionnelles par leur programme, par leurs dimensions, et sont en très petit nombre. Cependant, de ce que ce programme est très exceptionnel, ce n'est pas une raison pour ne pas le traiter.

Ces salles de cours servent aussi de salles de séances solennelles, distributions de prix, etc. Leur programme unique est en somme de contenir beaucoup de monde, en le mettant à même de voir et d'entendre, moins bien sans doute que dans une salle plus restreinte, mais encore suffisamment. Comme nous l'avons vu d'ailleurs, il leur faut deux accès distincts, l'accès du public et celui de l'enseignement ou du cortège officiel. Naturellement, il faut des dégagements nombreux pour l'entrée et surtout pour la sortie. Si l'on entre peu à peu, on sort tous à la fois. C'est presque le programme d'une salle de théâtre, et c'en est presque la composition. Vous voyez donc combien sont peu pratiques les plans où une grande salle de ce genre est rejetée en dehors de la composition, avec un même vestibule d'accès pour le public et pour le corps enseignant ou les gens de l'estrade. Et c'est pourtant ainsi qu'on a longtemps composé, et que vous composez encore pour que, sur le papier, votre plan se termine par un demi-cercle qui, dites-vous, le finit bien. Comme si cela signifiait quelque chose!

Dans ces très grandes salles, l'écueil est dans la trop grande distance de l'auditeur à l'orateur. Je dis l'orateur, parce qu'ici l'enseignement devient forcément du discours, et d'ailleurs ces salles sont interdites à l'enseignement scientifique. Ni le tableau ni la table d'expérience ne permettent de pareilles distances. Aussi ces très grandes salles seront-elles presque nécessairement demi-circulaires : le demi-cercle, nous l'avons vu, est la forme qui assure le minimum de distance à nombre égal entre l'orateur et les auditeurs les plus éloignés. Elles comportent aussi la multiplication des places au moyen de tribunes.

Ainsi, voilà une salle demi-circulaire, et supposons-la de 40 mètres de diamètre. Si, pour la facilité du raisonnement, je suppose le demi-cercle pur, sans aucuns prolongements, cette salle aura donc plus de 1.250 mètres superficiels. Le dernier rang d'auditeurs sera à 20 mètres, en projection horizontale, du centre que je suppose occupé par l'orateur. Verra-t-il, entendra-t-il? Telle est la double question que doit se poser l'architecte, non sans anxiété.

Si la salle est bien éclairée (toujours ce *postulatum*), il verra autant que ses yeux lui permettent de voir, à 20 ou 22 mètres. Il ne verrait pas une expérience, mais il verra le geste de l'orateur. Dans l'espèce, cela suffit.

Entendra-t-il? La question est plus douteuse. Il risque en effet deux échecs : entendre insuffisamment, ou entendre deux fois, ce qui est une autre manière de ne pas entendre.

Je n'ai pas la prétention, croyez-le bien, de vous faire un cours d'acoustique. Ce n'est pas mon domaine, et d'ailleurs j'ai sur l'acoustique une opinion qui ne me permettrait guère de l'enseigner : c'est que c'est la science des déceptions et des erreurs. Je m'empresse de proclamer, si l'on y tient, que c'est une science, une science très exacte, très certaine, très infaillible, comme d'ailleurs toute science doit être par définition. Mais aussi une science qui joue de malheur, car elle n'a rien pu conclure, et c'est toujours au tâtonnement, pour ne pas dire à l'empirisme, qu'il lui faut demander des solutions.

Mais sans pédantisme, sans mots tirés du grec, il y a des notions de bon sens et d'expérience pratique qui peuvent mettre en garde contre certains dangers, et il faut d'abord voir ce qu'on peut craindre, pour étudier les moyens de dissiper ces craintes.

Comment entendons-nous en plein air, comment dans une salle ? En plein air, je suppose en rase campagne, nous entendons presque uniquement par la perception directe du son. Une personne parle, une autre en est à 10 mètres, elle entend la première, parce que de la première à la seconde le son a suivi une ligne droite, et comme le son parcourt 340 mètres par seconde, il est perçu par l'auditeur 1/34 de seconde après avoir été émis par l'orateur. Le son ici n'est pas multiplié : les rayons sonores qui passent à côté de l'auditeur vont se perdre dans les espaces lointains, il n'en perçoit rien. Tout au plus un certain renforcement du son est-il dû à la réflexion sur le sol, si surtout ce sol est uni, comme par exemple un dallage ou un simple trottoir. Le renforcement du son sur une nappe d'eau est un phénomène bien connu.

Il n'en va pas de même dans une salle. Là l'auditeur perçoit *d'abord* le son venu en droite ligne de l'orateur à lui. Mais, de plus, les rayons sonores passant à côté de lui vont rencontrer des murs, un plafond, des vitrages, etc. Ils sont renvoyés par ces surfaces et une partie de ces sons *réfléchis* arrive à l'auditeur *un peu après* qu'il a perçu le son direct.

Si cet intervalle est assez minime pour ne pas être appréciable, ce faisceau de rayons sonores, bien que frappant l'oreille successivement en réalité, produit pour nous l'effet d'un son unique, mais d'un son majoré : voilà pourquoi nous entendons mieux dans une salle qu'en plein air, et mieux encore dans une salle dont les parois sont plus réfléchissantes du son, par exemple des boiseries.

Mais s'il se passe, entre l'arrivée du son direct et l'arrivée du son réfléchi, un espace de temps saisissable pour notre oreille, alors il y a *écho* ou redondance et l'audition perd en netteté ce qu'elle gagne en volume. Les sons se confondent et se mélangent, on entend un bruit, on n'entend pas une articulation. C'est un son répété, et non plus un son renforcé.

Il est évident n'est-ce pas que si vous êtes à l'entrée d'une salle qui ait 170 mètres de long; si avec un instrument bruyant vous frappez des notes scandées à intervalles réguliers, ces notes vous reviendront après avoir fait 170 mètres à l'aller, 170 mètres au retour, c'est-à-dire au bout d'une seconde. Si la mesure de vos notes battues et la durée d'une seconde sont deux nombres inégaux, la cacophonie déjà formidable en tous cas deviendra quelque chose d'épouvantable.

La conclusion, c'est qu'il ne faut pas de distances qui exposent au son double ni au son qui, sans être distinctement doublé, serait prolongé d'une façon sensible : pas de distances excessives si les parois sont très réfléchissantes, ou alors il faut supprimer les renvois de son réfléchis; il faut que le son réfléchi soit perçu comme ne faisant qu'un avec le son direct. Où commencent les dispositions dangereuses ?

LES ÉDIFICES D'ENSEIGNEMENT SUPÉRIEUR

M. Nénot a eu naturellement à étudier très sérieusement cette grave question pour sa très grande salle de la Sorbonne. Il a fait des expériences délicates avec le concours de physiciens et de musiciens, desquelles il résulte que, jusqu'à concurrence d'un dixième de seconde, aucune oreille ne percevrait distincts l'un de l'autre deux sons émis à cet intervalle. En d'autres termes, deux sons, réellement séparés par un intervalle d'un dixième de seconde, n'en font qu'un pour l'oreille humaine. Or, en matière de transmission de sons, le dixième de seconde correspond à 34 mètres de distance.

Ces prémisses posées un peu longuement, cherchons l'application. Si dans une salle demi-circulaire (fig. 684), l'orateur O est au centre même, l'auditeur A ne pourra, du fait de la paroi cylindrique, recevoir de rayon réfléchi que celui même qu'il a déjà perçu directement. De plus, l'orateur sera lui-même le point de convergence de tous les rayons réfléchis, et si la salle a plus de 17 mètres de rayon, il sera tout

Fig. 684. — Hémicycle avec l'orateur au centre.

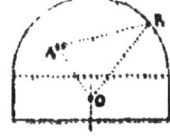
Fig. 685. — Hémicycle avec l'orateur en arrière du centre.

étourdi par l'écho de sa propre parole. Cette forme de salle ne convient donc pas, et, pour des raisons multiples, on est conduit à placer l'orateur au delà du centre du demi-cercle (fig. 685), dans une salle où la forme demi-circulaire se raccorde avec une partie rectangulaire.

Dans ces conditions, si nous appelons O la place de l'orateur, A celle de l'auditeur, R un point de réfléchissement d'un rayon sonore, ce réfléchissement ne gênera pas l'auditeur et au contraire l'aidera à entendre si nous avons : $(OR + RA) - OA = < 34$ mètres. Supposons en effet que $OR + RA = 40$ mètres, mais que l'auditeur soit à 10 mètres de l'orateur. Il aura perçu le son direct après 1/34 de seconde, temps pendant lequel le rayon OR aura aussi parcouru 10 mètres; il restera donc 30 mètres seulement à parcourir au rayon réfléchi avant d'arriver à l'auditeur. Il lui faudra moins d'un dixième de seconde, et, d'après la théorie ci-dessus, les deux sons se confondront.

Remarquez seulement que ce n'est pas en plan qu'il faut mesurer ces distances. Il faut tenir compte des plafonds, de la hauteur des murs et, ce qui est plus grave, des ricochets qui font heurter le son à diverses parois, en allongeant ainsi son parcours. Telle salle sera exempte de ces inconvénients si sa hauteur n'est pas excessive, et la parole y deviendra un bourdonnement si la hauteur en devient très grande, le plan restant le même. C'est qu'alors, tandis que OA ne change pas, OR et RA deviennent beaucoup plus considérables. L'épure est d'ailleurs assez facile à faire, car vous devez voir que le risque d'écho est surtout pour les personnes les plus voisines de l'orateur, OA devenant alors minime. Il suffit donc de calculer sur une de ces places, en restant bien entendu assez en deçà de la limite pour n'avoir rien à craindre.

Telle est la théorie que M. Nénot a déduite de ses expériences, et dont je dois lui laisser le mérite, et il faut reconnaître que le succès lui a donné raison puisque dans cette très vaste salle l'orateur se fait entendre sans qu'on soit gêné par aucun écho. Un bon exemple vaut encore mieux que toutes les théories.

Cependant, dans cette grande salle (V. plus haut, fig. 667), M. Nénot n'a pas cru pouvoir pratiquer de fenêtres; la salle est seulement éclairée par des jours de plafonds, abondants et produisant une lumière diffuse. Pourquoi cette absence de fenêtres, alors que toutes les autres salles demi-circulaires de la

Sorbonne en sont pourvues? C'est que les vitrages répercutent le son d'une façon très sensible, et M. Nénot a craint cette répercussion. Sur les parois en maçonnerie, on peut au besoin réprimer un écho par l'application d'étoffes, des fenêtres ne le permettraient pas.

Vous voyez combien de difficultés créent ces très grandes salles. Je vous ai cité la plus grande de toutes, en raison même de ces difficultés et de l'étude très sérieuse qu'elles ont motivée, et que je ne fais que vous rapporter en en laissant tout le mérite à l'architecte qui a bien voulu m'en faire part.

Vous demanderez peut-être si je suis personnellement convaincu de la valeur de la théorie que je viens d'exposer. A vrai dire, je crains que non.

S'il est vrai que le son *répété* n'est perceptible qu'après un dixième de seconde, il faut presque autant craindre le son *prolongé*, tel que nous l'entendons dans les églises. Sans doute on ne perçoit pas deux fois la même articulation, mais le son se prolonge, s'estompe en quelque sorte, et la netteté de la parole la plus syllabique fait place au bourdonnement.

Je crois donc qu'il faut demander l'audition sinon au seul son direct, du moins au seul son renforcé par un réfléchissement immédiat. Et fort heureusement, le son qui a déjà parcouru de longues distances, qui s'est cogné à plusieurs parois, perdant de sa vigueur à chaque choc, finit par s'éteindre sans être gênant, si les parois ne sont pas trop répercutantes. C'est comme la bille de billard qui s'arrête forcément après avoir heurté plusieurs fois la bande.

S'il en est ainsi, il faut — et c'est là, je crois, la cause de la grande sonorité des théâtres antiques — que l'orateur soit près de surfaces répercutantes, qui donnent à sa voix un renforcement immédiat. Ce son ainsi déjà renforcé se dirige vers l'auditeur, empruntant encore sur son parcours quelque renforcement immédiat au sol, aux surfaces les plus voisines. Puis il arrive aux auditeurs lointains, plus mal placés pour percevoir le son direct, mais pour eux il se renforce du réfléchissement immédiat des parois près desquelles ces auditeurs sont placés, réfléchissement efficace à peu de distance, éteint pour l'auditeur éloigné.

Donc, avant tout le son direct, puis pour une proportion moindre le renforcement immédiat du son; et quant aux longues circulations de sons réfléchis, aux promenades d'échos, mieux vaut s'en dispenser. Si, grande ou petite, une salle avait des parois vibrantes sous la moindre impulsion d'une onde sonore, comme une peau de tambour ou un gong japonais, on entendrait tellement qu'on n'entendrait rien du tout.

Et si vous voulez d'ailleurs être édifiés sur les incertitudes de l'acoustique, lisez le chapitre XI du livre de Ch. Garnier, *le Théâtre*. Vous ne le regretterez pas.

Et maintenant, croyez-vous que des formes de salles de cours puissent être arbitraires, qu'on puisse les faire rectangulaires ou semi-circulaires uniquement par préférence de goût ou parce qu'on serait séduit par une occasion d'étude d'un motif qu'on aimerait à traiter? Non, n'est-ce pas? A chaque enseignement convient une salle et non une autre; cela se raisonne, et lorsque l'artiste a la conviction d'avoir composé la salle qui convient à l'enseignement déterminé qui la réclame, alors loyalement il l'étudie, il y met son goût et son talent. Mais qu'il ne se fasse pas dire : votre salle est charmante, mais l'enseignement y est impossible.

Lorsque la salle de cours n'est pas elle-même une dépendance ainsi que nous le verrons tout à l'heure et ne fait pas partie d'un vaste ensemble scientifique, elle nécessite elle-même au moins quelques dépendances. Tout d'abord les accès : nous en avons déjà parlé. Du côté du professeur, il faut disposer au moins un cabinet avec lavabo, et une petite pièce pour l'appariteur ou garçon de salle. Souvent il sera nécessaire d'avoir un dépôt d'objets d'enseignement, même pour les cours de lettres ou de mathématiques qui n'exigent pas les ensembles de laboratoires que nous verrons tout à l'heure. Ainsi pour les mathématiques il peut falloir des modèles de solides, des instruments; pour l'histoire et la géographie des dépôts de cartes et de globes, etc.

Du côté des auditeurs, il serait bien nécessaire d'avoir un vestiaire qui pût recevoir les effets mouillés, et tout ce dont on ne sait que faire dans une salle où l'espace est très resserré. Jusqu'ici les administrateurs n'ont pas accepté cette idée de vestiaires, dans la crainte des erreurs, des réclamations, du désordre peut-être. Il n'est pas douteux cependant qu'on s'y résoudra, et qu'on affranchira les salles de cours de tous ces dépôts qui les encombrent et les enlaidissent.

Telles sont à peu près les dépendances directes de la salle de cours.

Quant au chauffage, il est le plus souvent demandé à des calorifères à eau chaude ou à vapeur, avec répartition des surfaces de chauffe près des surfaces de refroidissement et introduction d'air pur, l'air vicié étant évacué par des gaines de ventilation dont le tirage est assuré soit par la combustion d'un ou de plusieurs brûleurs à gaz, soit par un ventilateur mécanique, généralement actionné par l'électricité.

Mais comme dans tout chauffage bien combiné, il ne suffit pas que la salle de cours elle-même soit chauffée, si ses accès immédiats ne le sont pas. Ainsi, vous disposez parfois dans vos plans une salle de cours ouvrant directement sur un portique ouvert; c'est-à-dire que la salle n'est séparée de l'air extérieur que par une porte. Dès lors, chaque fois que cette porte s'ouvre, c'est un engouffrement d'air froid qui entre d'autant plus violemment dans la salle que celle-ci est plus chauffée, et un grand nombre de places sont ainsi rendues impossibles. Sauf dans les pays méridionaux, les abords de la salle de cours doivent être clos et chauffés.

Depuis que l'enseignement supérieur s'est fait moins théâtral et plus pratique, à la salle de cours s'est superposée et parfois substituée la salle de conférences : en somme une petite salle de cours, mais intime, recevant un nombre restreint d'auditeurs sérieux qui travaillent avec les conseils du professeur. C'est en quelque sorte la *classe* de l'enseignement supérieur, et c'est là, il faut bien le dire, que se font les hautes études dans l'ordre littéraire et historique.

L'expression architecturale de la salle de conférences ne diffère donc pas de celles des classes que nous avons déjà vues, sauf que la place doit y être plus large, surtout pour l'histoire et la géographie. Le parquet ici est horizontal, la disposition de l'estrade et du tableau sont ce que nous avons déjà vu, l'éclairage est unilatéral ou bilatéral suivant les mêmes considérations que nous avons envisagées à propos des classes.

Les salles d'examen sont des salles de même nature, mais plus grandes. Il est bon que, pour les épreuves écrites, les candidats soient isolés chacun sur une petite table suffisamment éloignée des voisines. Le professeur qui préside aux épreuves se tient dans une chaire assez élevée pour bien voir et pouvoir surveiller la surveillance elle-même. Il faut compter près de 2^m 50 superficiels par candidat pour assurer le mieux possible la sincérité des épreuves.

Quant aux examens oraux, ils se passent dans des salles tout ordinaires; il s'y trouve toujours une partie publique; ici encore il faut un accès du public distinct de l'accès des examinateurs qui doivent trouver à proximité immédiate de la salle une pièce où ils puissent se retirer pour délibérer, et qui d'ailleurs leur servira aussi de vestiaire.

CHAPITRE V

LES ÉDIFICES D'ENSEIGNEMENT SUPÉRIEUR

(*Suite.*)

SOMMAIRE. — Les laboratoires en général. — Leur importance. — L'enseignement scientifique supérieur moderne. — Destinations diverses des laboratoires : laboratoires personnels, d'enseignement, de recherches scientifiques, de préparation des cours.
Nécessités communes : air et lumière.
Le laboratoire d'enseignement. — Le microscope. — Les hottes. — Ventilation. — Surveillance.
Particularités. — Dépendances variées.
Les laboratoires de recherches et de préparations.

J'arrive maintenant à un très vaste sujet, les *Laboratoires*. Sujet absolument moderne, on peut le dire, car de notre temps le laboratoire, qui autrefois n'était que l'instrument du chercheur, est devenu, de plus, le pivot de l'enseignement scientifique — je parle ici bien entendu des sciences expérimentales et non des mathématiques.

Il est impossible de bien comprendre ce que doit être un laboratoire dans chacune de ses variétés si l'on n'a pas d'abord une idée générale de ce qu'est aujourd'hui l'enseignement scientifique supérieur. Je vais essayer de vous le résumer, et, pour être plus intelligible, je procéderai par comparaison.

A l'époque où je suivais les cours de la Sorbonne, les professeurs presque aussi nombreux qu'aujourd'hui disposaient de trois ou quatre amphithéâtres, peut-être même moins, lesquels servaient à tour de rôle à chaque enseignement, lettres ou sciences. Il y avait quelque part un laboratoire de physique, un autre de chimie, mais ces laboratoires n'étaient destinés qu'à la préparation des cours. Le *préparateur* en était le maître Jacques, et jamais, je crois, un étudiant ne pénétrait dans le laboratoire à moins de faveur toute spéciale. Cela ne faisait pas partie de l'enseignement, et — permettez-moi la comparaison — ce n'était que la cuisine où ne pénètrent pas les convives : ils jugeront à table si le mets est bien réussi, ils ne le voient pas préparer.

Tel a été longtemps le rôle respectif de la salle de cours et du laboratoire ; c'est ainsi que le grand amphithéâtre du Museum d'histoire naturelle, dont je vous ai déjà parlé, est flanqué de trois petites absides : l'une est le cabinet du professeur, l'autre un dépôt de verrerie, la troisième est le laboratoire; le laboratoire, dépendance de la salle de cours, le laboratoire de préparation des quelques expériences qui peuvent se faire sur une table de cours.

Et c'est ainsi encore que vous trouvez dans d'anciens programmes un « amphithéâtre de chimie, avec diverses dépen-« dances, telles que cabinet de professeur, laboratoires, etc. ».

Or, si vous vous attardez dans cette conception, vous ne comprendrez jamais les besoins de l'enseignement scientifique, et vous resterez incapable de satisfaire à ses exigences nécessaires.

Dans un grand ensemble d'enseignement scientifique, tel qu'est une Faculté des sciences, il y a un certain nombre d'ensembles secondaires, dont chacun forme un enseignement distinct. Voilà aujourd'hui la conception maîtresse de l'enseignement scientifique.

Ainsi, par exemple, il y a la *chaire* de botanique : sur une porte vous lirez « Botanique », et lorsque vous aurez franchi cette porte, vous pénétrez dans des locaux qui tous, sans exception, qu'ils soient loge de concierge, salle de cours, vestiaire, herbier, serre chaude, laboratoire, cabinets divers, sont uniquement, exclusivement, affectés à la botanique.

Dans cet ensemble, les élèves ne sont plus seulement des auditeurs venus pour l'heure du cours, partant lorsque le cours est fini; ils y travaillent, ils y passent des heures consécutives, tantôt ici tantôt là, guidés dans leurs travaux, exercés aux investigations scientifiques, expérimentant eux-mêmes, maladroitement d'abord, habilement plus tard. Puis de temps en temps, une heure ou deux heures par semaine, ces mêmes étudiants quittent un instant leurs travaux pour assister au cours, cours d'ailleurs public, mais fait avant tout pour ces fidèles des études scientifiques.

Eh bien, ne voyez-vous pas dans cette méthode moderne quelque analogie avec vos travaux à vous-mêmes? Chez vous, l'atelier a été de tout temps le grand instrument d'enseignement; le cours vous enlève quelques instants à votre travail d'atelier, vous y retournez le cours fini. Or, votre atelier, c'est dans l'enseignement scientifique le laboratoire d'enseignement; la méthode actuelle de l'enseignement scientifique, c'est la méthode consacrée de l'enseignement artistique.

Mais comme cet ensemble, que je vous ai présenté sous le titre de « chaire de botanique », a ses nécessités spéciales, comme la physiologie par exemple en aura de tout autres, qui différeront de celles de la chimie, très différentes elles-mêmes de celles de la physique, ... etc., etc., il en résulte deux nécessités que vous ne devrez jamais oublier si vous voulez faire une composition pratique à propos d'enseignement supérieur.

L'une, c'est que la composition particulière de chaque chaire, ou, comme disent les Allemands, de chaque *institut*, doit être spéciale et ne peut pas être la répétition d'une autre, *le programme de l'une étant absolument différent du programme de l'autre*.

La seconde, c'est que, en ce qui concerne les laboratoires en particulier, des différences capitales sont exigibles entre les laboratoires des chaires diverses.

Et n'est-ce pas encore là une analogie avec ce qui se passe chez nous? Peintres, sculpteurs, architectes, graveurs, vous avez aussi vos laboratoires, ce sont vos ateliers. Que diriez-vous d'une composition où les ateliers de peintres et ceux d'architectes se feraient servilement pendant? Absurde, direz-vous, parce que vous connaissez bien ici les nécessités de ces différences : eh bien, dites-vous qu'entre le travail du botaniste et celui du chimiste, il y a autant de différences qu'entre le vôtre et celui de votre camarade peintre.

Je sais qu'en vous disant cela, en vous montrant les nécessités vraies de la composition en matière d'enseignement scientifique, je vous enlève un oreiller commode : adieu, je le crains bien, à la pondération, à la symétrie, à tout ce qui fait le plan facile et facilement séduisant. Que voulez-vous? Je ne vous dérobe jamais la vérité, vous le savez bien : sachez de votre côté la bien voir et n'en avoir pas peur. La vérité elle aussi est comme un engrenage : elle possède bientôt tout entier celui qui a osé se livrer à elle si peu que ce soit.

Dans un ensemble scientifique complet, il y a plusieurs sortes de laboratoires :

1° Les laboratoires personnels :

Le laboratoire personnel du professeur;

Les laboratoires personnels des préparateurs;

Les laboratoires personnels, mis temporairement à la disposition d'un savant ou même d'un étudiant pour des recherches délicates.

2° Les laboratoires qui ne sont pas personnels, savoir :
Le laboratoire d'enseignement ;
Le laboratoire de recherches scientifiques ;
Le laboratoire de préparation ;
Le laboratoire de la salle de cours.

3° Enfin les nombreuses dépendances des laboratoires, très diverses suivant la nature de l'enseignement, telles que bibliothèques, herbiers, salles de photographie, dépôts de verrerie et autres — machines à vapeur ou autres — chenils, clapiers et cages — glacières ou étuves..., etc., etc., sans parler des vestiaires, cabinets d'aisances, etc.

Nous allons commencer par les laboratoires proprement dits, et voir d'abord ce qui leur est commun.

Or, une première chose est indispensable à tous, c'est l'air et la lumière. Jamais, entendez-le bien, jamais un laboratoire ne sera trop clair, jamais il ne le sera assez. Jamais non plus il ne sera assez aéré, surtout s'il s'y fait des expériences parfois nauséabondes, comme en chimie ou en physiologie. En somme, un laboratoire répond à son programme, sauf le détail des installations, s'il assure ces trois conditions : place suffisante, lumière très abondante, aération puissante.

Vous pensez bien que je ne vais pas passer en revue toutes les variétés de laboratoires, des volumes n'y suffiraient pas, surtout si je devais vous parler des mille détails d'installation, très ingénieux, très complexes, qui exigent tant d'études de la part de l'architecte. Je me bornerai à essayer de vous indiquer les principes directeurs auxquels vous devrez vous conformer.

Voyons d'abord les laboratoires collectifs, et parmi ceux-ci commençons par les laboratoires d'enseignement.

Pour la place suffisante, rien n'est plus variable, et c'est là essentiellement une question de programme. Tout ce que je pourrais vous dire à cet égard serait dangereux : cette indication doit être donnée par le professeur ou par ceux qui ont qualité pour fixer le programme. Toujours est-il cependant qu'un laboratoire doit être assez vaste pour qu'on ne s'y gêne pas mutuellement, qu'on ne mette pas parfois son voisin en danger, et enfin pour que la pièce soit bien aérée, indépendamment de toute ventilation artificielle. Ainsi, aux laboratoires d'enseignement de la chimie, à la Faculté des sciences, votre professeur M. Riban n'a pas voulu que les costières réelles des hottes fussent cachées par un pigeonnage vertical, ainsi que cela se fait ordinairement, parce que cette disposition aurait diminué de quelques mètres le cube d'air que peuvent respirer les élèves, et cela bien que ces laboratoires soient admirablement ventilés.

Ici donc la règle est simple : faites les laboratoires aussi grands que votre composition le permettra, et si le nombre d'étudiants est déterminé, faites-vous déterminer également l'espace qu'on réclame pour chacun.

Pour l'éclairage, la question est beaucoup plus complexe. Sauf peut-être quelques exceptions pouvant naître d'un programme très spécial, cet éclairage doit être demandé à des fenêtres : fenêtres très larges, très hautes, s'élevant jusqu'au plafond, avec le minimum de trumeaux. Aucun professeur, je crois, n'admettrait des fenêtres en arcade même surbaissée, cela fait trop perdre de lumière. Les vitrages par verres aussi grands que vous le pourrez; des glaces de grand volume ne seraient que mieux, en évitant toute division de petits bois.

Quant à la direction de la lumière, le jour du nord n'a jamais d'inconvénients, les autres orientations peuvent en avoir. Mais il faut d'abord que vous sachiez quel sera le travail à faire, et en premier lieu si le microscope sera l'instrument nécessaire des recherches.

Vous savez en effet que beaucoup de sciences datent du microscope, que le microscope seul permet les investigations qui révèlent la constitution intime des êtres. Le microscope est l'instrument par excellence des sciences naturelles et médicales, et dans les laboratoires de ces sciences chaque élève est uniquement un observateur habile ou inhabile penché sur un microscope.

Or, pour l'étude microscopique, il faut le jour du nord, l'observateur face au jour; et plus il sera près du jour, mieux cela vaudra. Donc, pour ces sciences, le laboratoire d'enseignement sera logiquement une salle longue, peu profonde, éclairée unilatéralement de grands jours au nord.

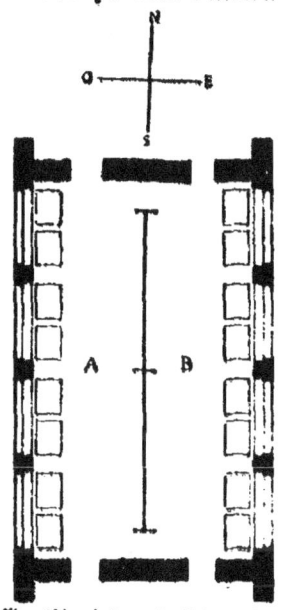

Fig. 686 — Laboratoire d'observations microscopiques divisé par un écran.
A, moitié de salle servant avant midi. — B, moitié de salle servant après midi.

Que si pour une raison impérieuse de composition générale ce laboratoire ne peut être exposé au nord — ou à peu près au nord — s'il est par exemple orienté par ses longs côtés à l'est et à l'ouest, il faut alors qu'il soit plus large et que l'éclairage soit bilatéral, car voici ce qui se passe : la salle est divisée ou divisible dans sa longueur par un écran (fig. 686), et les élèves sont obligés de se transporter d'un côté à l'autre de cet écran pour aller travailler contre les fenêtres qui ne reçoivent pas le soleil.

Vous ne sauriez trop vous pénétrer de cette nécessité de la lumière. Ainsi, voici deux exemples bien significatifs empruntés à la Faculté des sciences.

Aux laboratoires de physiologie (fig. 687), les observateurs qui se servent du microscope sont placés dans des *bowindows* entièrement vitrés, en saillie au nord sur le bâtiment. Il n'y fait pas très chaud, paraît-il, et je le crois sans peine ; mais la lumière est presque celle du plein air ; elle est en tous cas aussi intense que possible.

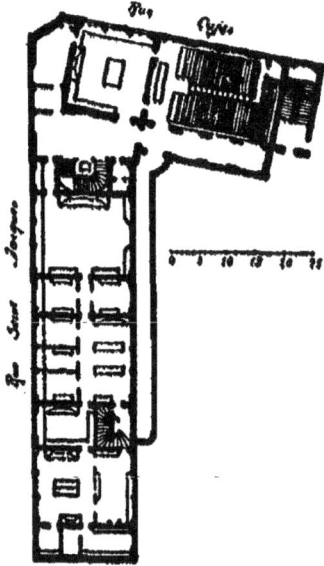

Fig. 687. — Laboratoire de physiologie.

Le laboratoire de botanique (fig. 688) est plus instructif encore. Ici, profitant de ce que ce laboratoire est dans l'étage de combles, on a pu constituer toute sa face nord avec un seul grand vitrage de 15 mètres environ de longueur, commençant très près du parquet et montant jusqu'au plafond ; et cette surface vitrée est composée de grandes glaces aussi grandes que celles des devantures de boutiques, sauf des parties ouvrantes, également vitrées bien entendu, pratiquées à la partie supérieure pour l'aération. Une échelle roulante à l'extérieur permet le nettoyage des glaces.

Grâce à cette disposition, déjà copiée à l'étranger, on peut travailler au microscope sur quatre rangs de tables parallèles à ce grand vitrage.

Voilà pour l'éclairage des tables : vous voyez combien on

s'en préoccupe ; mais il y a encore dans certains laboratoires un instrument de travail très important : c'est l'ensemble qu'on désigne sous le nom de *hotte*.

La hotte, c'est ce qui permet les expériences qui dégagent des vapeurs ou des gaz soit simplement gênants, soit malsains ou même délétères. Lorsqu'on emploie l'acide sulfureux, par exemple, ou telle autre substance aussi fâcheuse, il est nécessaire que les gaz s'échappent au dehors et ne se répandent aucunement dans le laboratoire. On a donc des tables revêtues de carreaux de porcelaine ou d'autres carrelages suivant les cas ; ces tables sont constituées au moyen de ce que, en fumisterie, on appelle des paillasses. Là, au moyen de réchauds

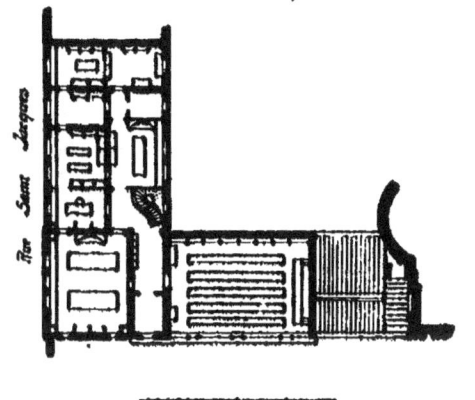

Fig. 688. — Laboratoire de botanique.

à charbon ou à gaz, ou de courants électriques, se fait toute la *cuisine* — j'emploie ce mot à dessein. — Comme un fourneau de cuisine, la paillasse est surmontée de la hotte proprement dite, très activement ventilée : cette ventilation entraîne les gaz vers des gaines d'évacuation : je n'entre pas dans le détail des moyens. Mais comme souvent la préparation sous la hotte dure longtemps, on cherche à isoler cet espace du surplus du laboratoire, et des châssis vitrés à coulisses verticales équilibrés par des contrepoids permettent de fermer la hotte pour les gaz et les odeurs, mais non pour la vue, car il faut qu'on puisse surveiller la préparation. Le travail sous la hotte se fait alors en quelque sorte dans un local contigu au laboratoire, visible par transparence.

Il faut donc que les hottes soient bien éclairées, soit qu'elles s'adossent aux murs de refend, ou à un mur opposé aux fenêtres, soit même qu'une hotte soit isolée au milieu de la pièce. Ce sont en somme les emplacements que nous avons vus pour les fourneaux des grandes cuisines. A certains égards, une cuisine est un laboratoire, et un laboratoire est une cuisine.

En général, on réclame moins une lumière intense pour les hottes que pour les tables d'expériences : la raison en est que sous la hotte on ne fait que préparer l'expérience qui se fera sur la table. Cependant il est bien entendu que la hotte elle aussi ne sera jamais trop éclairée. Et encore certains savants veulent-ils la hotte en pleine lumière : ainsi, M. Berthelot, dont l'autorité est incontestable en pareille matière, demande que les hottes soient adossées directement aux grands vitrages de la façade du laboratoire, et soient elles-mêmes complètement vitrées. Cette disposition conduit nécessairement à l'éclairage bilatéral, afin d'avoir sur une autre façade des fenêtres ouvrantes. Elle n'a été adoptée d'ailleurs pour aucun des nouveaux laboratoires de la Faculté des sciences : cela vous montre combien ces programmes sont personnels.

Quant à l'aération, outre celle qui résulte du renouvellement de l'air par les fenêtres, il faut qu'elle existe même avec toutes portes et fenêtres closes. On ne peut pas en effet, dans un laboratoire, rester dans une atmosphère incessamment imprégnée de gaz souvent nuisibles. Toutefois, les conditions sont très différentes : ainsi des laboratoires de géologie, de minéralogie, de botanique ont infiniment moins besoin de ventilation que ceux de chimie, de physiologie, d'anatomie, etc. En général, tout laboratoire qui doit être pourvu de hottes doit aussi être assuré d'une ventilation puissante de la salle elle-même. Suivant les cas et les exigences particulières de l'enseignement, cette ventilation sera assurée au moyen d'appels activés par des brûleurs ou des rampes à gaz, ou mieux au moyen d'insufflations par une action mécanique quelconque, suivant la nature du moteur dont on pourra disposer. Mais en tout état de cause l'air vicié sera entraîné, par aspiration ou par insufflation, dans de larges gaines qui s'élèveront au-dessus des toitures. Ces gaines seront nombreuses et motiveront des constructions spéciales bien autrement importantes qu'un tuyau de cheminée : elles doivent être très larges, car dans une gaine étroite la vitesse d'évacuation des gaz est trop ralentie par les frottements. Il faut donc que le laboratoire, s'il est dans un étage inférieur, se trouve au-dessous des locaux que ces gaines puissent traverser sans inconvénients : vous voyez que des laboratoires de cette nature ne peuvent guère trouver place au-dessous de grandes salles comme des salles de collections par exemple. D'ailleurs, tout cet ensemble ne peut généralement comporter des étages nombreux, les rez-de-chaussée en seraient trop assombris. Un rez-de-chaussée, un premier et un deuxième étages constituent, sauf nécessité absolue, un maximum qui ne doit guère être dépassé.

Il va sans dire que les laboratoires doivent recevoir de nombreuses et importantes canalisations, pour l'eau, le gaz, l'air comprimé, les circuits électriques, etc., ainsi que pour les évacuations des eaux usées.

Le chauffage en est généralement assuré par la circulation d'eau chaude ou de vapeur, avec introduction d'air pur contre les surfaces de chauffe.

Tout laboratoire d'enseignement doit se prêter à cet enseignement. Les élèves n'y sont pas livrés à eux-mêmes, un professeur ou un chef de laboratoire préside aux travaux, les dirige, les critique : à ce point de vue, le laboratoire est aussi une salle de conférences. Ainsi, je vous ai cité le laboratoire de botanique de la Sorbonne : là une cinquantaine d'élèves observent dans le microscope des échantillons semblables, par exemple la section d'une tige de plante déterminée : le professeur, au tableau, leur explique ce qu'ils voient ou leur indique ce qu'ils doivent voir : il leur apprend ainsi à observer. De même pour toutes les sciences naturelles. Cela n'empêche pas d'ailleurs qu'il ne passe près des élèves et ne leur donne des avis ou des explications à leur place même, ni que l'élève n'aille consulter le professeur. Il faut donc une place spéciale pour le professeur, bien en vue. Mais il faut aussi que dans tout laboratoire la circulation soit facile. Les hommes de service ou les élèves eux-mêmes ont à porter des objets parfois lourds ou volumineux, ou dont le contact serait corrosif; et d'autre part pour la surveillance, il faut que le maître puisse tout voir et puisse au besoin se porter vivement là où une imprudence est commise ou va se commettre.

Il faut enfin que l'issue des laboratoires soit facile, de ceux surtout où des expériences peuvent être parfois dangereuses. Un membre de l'Académie des sciences racontait un jour devant moi que, étant élève chimiste, il avait eu subitement ses vêtements en feu à la suite d'une maladresse, et qu'il n'avait dû son salut qu'à la présence dans la cour voisine d'une grande vasque pleine d'eau où il s'était précipité.

Telles sont les plus importantes des considérations générales que peuvent motiver les laboratoires. Mais il y a entre eux des variétés spécifiques très grandes, vous l'avez déjà compris. Je ne puis vous les signaler toutes, il faudrait tout un traité, et encore n'y trouveriez-vous pas d'indications précises pour le laboratoire que vous aurez quelque jour à établir avec le concours d'un professeur qui aura ses visées personnelles pour son enseignement. Je ne puis que vous citer des exemples, en les prenant encore à la Sorbonne, parce que c'est là que se trouvent les laboratoires les plus nouveaux. Aujourd'hui, les installations de la Sorbonne sont en tête des progrès accomplis; dans vingt ans, les méthodes et les programmes auront sans doute changé.

Je vous ai dit ce qu'est le laboratoire de botanique : vous pouvez le prendre pour exemple de ce qu'est un laboratoire destiné à des travaux purement microscopiques. Ainsi, une disposition analogue conviendrait pour un grand nombre de sciences naturelles, telles que l'entomologie, la miologie, etc., et pour les sciences médicales qui observent les infiniment petits, par exemple la bactériologie.

Mais ne croyez pas que ce laboratoire soit tout simplement une salle; entendez bien au contraire qu'il comporte de nombreuses dépendances, qui ne seront pas toutes énoncées dans un programme lorsqu'on vous dira simplement un laboratoire de botanique, ou de toute autre science pouvant s'étudier dans des conditions analogues. Outre les vestiaires, cabinets d'aisances, etc., il faudra un herbier, c'est-à-dire une disposition permettant de très nombreux tiroirs et des vitrines; car, en dehors des collections de musées qui existeront dans le même établissement, il faut toujours les collections spéciales au laboratoire, collection d'étude quotidienne dont les échantillons doivent pouvoir être manipulés par les étudiants.

De même, le laboratoire a sa bibliothèque, aux livres souvent consultés, rapidement usés, que l'étudiant ouvre à côté même de l'objet qu'il observe : absolument comme dans vos ateliers, vous avez votre bibliothèque d'étude, sans préjudice de la bibliothèque de l'École.

Il faut encore une salle de photographie, elle-même avec ses dépendances : en réalité, un petit laboratoire photographique. Puis des dépôts pour les instruments, la verrerie, etc.

Enfin des serres chaudes et tempérées, serres d'expériences et non de musée.

Vous voyez par cet exemple quel ensemble complet représente ce simple mot : un laboratoire.

Ainsi donc, voilà un premier groupe, les laboratoires destinés aux observations avant tout microscopiques. Tout autres sont les laboratoires pour les sciences physiologiques ou d'histoire naturelle étudiant les conditions de la vie : pour bien saisir la différence, il faut se rendre compte de la différence des études. Pour la botanique, je vous disais que cinquante étudiants observent simultanément le même élément. A la physiologie, que je prends pour type du second groupe, cinquante étudiants devront, s'il est possible, voir à la fois une expérience unique, suivre ensemble une démonstration soit sur le vif, soit sur le cadavre. La salle principale du laboratoire sera donc ici une grande salle, bien éclairée, bien aérée, où les étudiants se grouperont autour des instruments de torture où se font des expériences cruelles. Les parois opaques reçoivent l'adossement de hottes nécessaires pour bien des préparations. Mais il se fait aussi des observations microscopiques, et ici, pour que l'observateur ne soit pas dérangé, on lui a ménagé de véritables cabinets spéciaux au moyen des *bowindows* dont je vous ai parlé.

Les dépendances sont nombreuses aussi; en premier lieu, dans une cour voisine, les chenils, clapiers à lapins et à cobayes, les cages d'animaux divers, des aquarium : tout cela pour le animaux destinés aux expériences. D'autre part, une infirmerie pour les animaux en observation après expérience : par exemple un animal à qui on a enlevé un organe, ou à qui on a injecté un virus ou un poison. Nous trouvons encore ici la salle de photographie, la bibliothèque spéciale, des collections d'étude. Puis, la petite salle de vivisection que je vous ai décrite, distincte de la salle de cours ; enfin, en sous-sol, un four crématoire pour l'incinération des cadavres et des résidus de dissection.

Souvent, ces sortes de laboratoires comportent une salle de dessin, et un atelier de moulage ; enfin un atelier pour la préparation des pièces à conserver soit dans l'alcool, soit par injection de substances appropriées.

Naturellement, il faut des dépôts de verrerie, etc., et des diverses matières antiseptiques et autres dont l'usage est continuel.

Avec des variantes inévitables, ce type de laboratoires peut s'appliquer à la plupart des sciences zoologiques.

Il y a cependant, en histoire naturelle, des laboratoires très différents comme combinaison, en raison de la nature spéciale des sujets d'expérience. Ce sont les laboratoires d'icthyologie — étude de la vie des poissons, crustacés, et en général des animaux marins.

Et rien ne nous montre mieux l'importance des laboratoires dans les études scientifiques modernes : la chaire de zoologie au Muséum d'histoire naturelle a l'un de ses laboratoires dans le département de la Manche, à Saint-Waast-la-Hougue, non loin de Cherbourg. M. Dauphin, architecte de cet établissement, a bien voulu me communiquer une description de ce curieux centre d'études ; je pense vous intéresser en vous le résumant ici.

Les laboratoires de zoologie maritime destinés à l'étude de la faune marine ainsi que des végétaux marins sont assez nombreux. Tels sont en France ceux de Roscoff, Boulogne, Concarneau, Arcachon, Marseille, Alger, et celui de Saint-Waast, installé dans la petite île de Tatihou.

Dans ce dernier, les étudiants sont logés, c'est une nécessité de situation. Il y a aussi un personnel assez nombreux de garçons de laboratoire et de marins et pêcheurs.

Lorsque le temps s'y prête, les explorateurs, c'est-à-dire les étudiants eux-mêmes, partent soit sur une chaloupe à vapeur ou des canots, soit à pied, à marée basse, pour aller récolter des sujets d'étude à la drague en mer, ou dans les sables ou les anfractuosités des rochers. Au retour de la pêche, tout le butin est déposé pêle-mêle dans un bassin plat, lavé constamment par de l'eau de mer, situé au centre d'une salle qui prend le nom de salle de dragage et de remise des agrès. Attenant à cette salle se trouvent des cabinets de toilette pour les explorateurs.

Chaque étudiant a son laboratoire personnel, contigu à sa chambre à coucher. Ces laboratoires sont destinés avant tout à l'observation microscopique.

L'établissement comprend une grande salle des aquarium; c'est là qu'on conserve les sujets réservés à des expériences. Les bassins, qui doivent naturellement recevoir de l'eau de mer, sont alimentés au moyen de pompes; pour cela, on pratique des citernes au niveau que peut atteindre la marée montante, et c'est de là que l'eau est élevée dans un château d'eau, haut de 8 à 10 mètres au-dessus du sol.

Le laboratoire se complète par un petit laboratoire de chimie, une salle de photographie avec dépendances, un dépôt de verrerie.

Une salle de conférences, une bibliothèque et des collections assez importantes sont adjointes aux laboratoires, qui comportent également le logement du directeur, du chef des travaux et de préparateurs; ces logements dans des pavillons séparés, ainsi que ceux des gens de service; enfin un petit port d'abri pour les embarcations.

A ce laboratoire d'expériences est annexé un laboratoire de pisciculture, comprenant d'abord une grande salle avec plusieurs bassins pour la conservation des animaux reproducteurs; puis une salle dite *d'éclosion* où se fait tout un travail compliqué pour que les œufs ne se perdent pas; enfin un grand vivier en pleine mer, excavation demi-circulaire de 50 mètres environ de diamètre, où sont conservés dans des caisses perforées les plus grands sujets d'étude.

Tout cela, avec toutes les dépendances inévitables, forme, comme vous le voyez, un grand établissement, sorte de colonie de travail et d'application pour les étudiants qui trouvent bien au Muséum l'instruction théorique et même le laboratoire scientifique, mais qui vont là pendant quelques mois, au contact de la nature elle-même, étudier surtout dans les animaux les plus primitifs les relations qui existent dans la chaîne des êtres.

A peu de chose près, les divers laboratoires qui répondent à ce même programme sont analogues entre eux ; les différences tiennent surtout aux conditions très différentes d'accès. Ainsi à Roscoff et dans d'autres établissements, toujours accessibles, il n'y a pas besoin de loger les élèves ni les maîtres; dans une île comme Tatihou, qui peut, pendant des jours et parfois des semaines, rester inaccessible, ce logement est indispensable, avec tout ce qu'il comporte : cuisines, dépôts de vivres, salles à manger, etc. C'est ici le programme d'enseignement, doublé du programme d'habitation.

Je rentre à Paris avec les laboratoires de physique (fig. 689).

Tout d'abord, une grande salle, très claire, où se font les expériences : pour cela, des tables et des hottes, avec des fourneaux spéciaux pour les hautes températures, des étuves, une place importante pour le tableau noir, etc. Une salle obscure ; une salle de photographie ; de nombreux casiers, et des vitrines très importantes pour les instruments ; toujours une bibliothèque spéciale.

Fig. 689 — Laboratoire d'enseignement de la physique.

Dans un laboratoire de physique, il y a des instruments qui doivent être placés sur des massifs fondés sur le bon sol, isolés de tout parquet ; ces conditions ne sont réalisables que dans un rez-de-chaussée. Puis, une galerie des expériences de magnétisme, salle voûtée, sur terre-plein ou sur voûte, sans aucune ferrure : serrures, targettes, charnières, tout y est en cuivre. Il y a toujours une salle spéciale, bien close, et à l'abri des trépidations, pour les balances de précision.

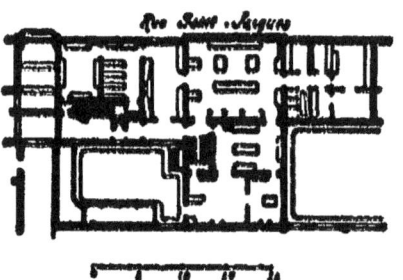

Fig. 690. — Laboratoire de minéralogie.

A la Sorbonne, la chaire de physique a demandé, pour des expériences d'optique, la disposition d'une galerie de 65 mètres de longueur, et une tour permettant également 65 mètres de hauteur pour le regard.

Ici, l'ensemble se complète par des moteurs à gaz ou à vapeur avec les dépendances nécessaires ; ces moteurs actionnent des dynamos, des ventilateurs et des engins nécessaires aux expériences sur la pesanteur, les chocs, etc.

Le laboratoire de minéralogie (fig. 690) comporte à la fois des expériences et des observations microscopiques. Ici, il faut des casiers très nombreux pour les échantillons en ordre, et tout un outillage pour scier, polir, pulvériser, ainsi que des fourneaux à haute température pour les expériences de fusion. Ce laboratoire est à proprement parler un atelier.

Les laboratoires de chimie (fig. 691) sont les plus importants de tous par la surface qu'ils occupent. Il faut que chaque étudiant manipule, apprenne à analyser, à expérimenter, et pour cela il lui faut deux instruments principaux : la table d'expériences et la hotte.

Dans les universités allemandes, les conséquences de ces nécessités ont été poussées à l'extrême lo-

Fig. 691. — Nouvelle Sorbonne, Laboratoire d'enseignement de la chimie.

gique : voulant que l'étudiant trouve dans le laboratoire des conditions analogues à celles qu'il rencontrera plus tard, on a constitué pour chacun une sorte de loge avec sa petite table et sa petite hotte; le tout est volontairement exigu, afin que l'étudiant s'habitue à ne pas prendre toutes ses aises : on le prépare ainsi aux conditions toujours restreintes qui sont celles de l'industrie pratique.

Chez nous, on n'a pas adopté cette théorie, et le travail se fait plus en commun; chaque étudiant peut voir ce que font ses voisins, et s'étendre un peu si son voisin a besoin de moins de place que lui. Question de programme, qui échappe à l'architecte : quant à nous, il nous est aussi facile de faire un laboratoire par stalles que sans divisions.

Voici en tous cas la disposition des laboratoires d'enseignement de la faculté des sciences, établie d'après les *desiderata* de votre professeur M. Riban. Ces laboratoires sont jusqu'à nouvel ordre la plus parfaite expression de ce programme particulier. Tout d'abord, il convient d'établir que dans tout laboratoire de chimie, malgré toutes les précautions de ventilation, il y a des expériences qui ne peuvent se faire qu'en plein air. Il faut donc que l'étudiant puisse, selon les cas, travailler à la table d'expériences — sous la hotte — en plein air.

Le travail sous la hotte est généralement connexe avec le travail de la table d'expériences, l'un étant souvent la préparation de l'autre. En plein air, il n'y a plus besoin de hotte, puisque la hotte n'est qu'un moyen de constituer dans une salle un endroit parfaitement aéré; mais la table d'expériences étant moins aérée, c'est cette table qu'il s'agit de retrouver en plein air. On aura donc dans une cour des tables d'expériences, simplement abritées par une toiture vitrée : on travaille en réalité sous une marquise.

La grande salle du laboratoire est éclairée des deux faces par des baies aussi larges et hautes que possible; un large passage parallèle aux murs de face la divise longitudinalement, et dans chacune des deux moitiés ainsi obtenues, chaque fenêtre éclaire un compartiment pouvant recevoir 8 à 10 étudiants. Pour cela, il y a dans l'axe de la fenêtre un groupe de tables d'expériences adossées l'une à l'autre, et de chaque côté une hotte, vitrée bien entendu; la hotte d'un compartiment est ainsi adossée à la hotte du compartiment voisin, dont elle est séparée par un mur de refend. La salle est donc, comme construction de gros œuvre, une double série de stalles séparées par des murs, ayant chacune sa fenêtre, et complétement ouvertes sur le passage milieu, qui assure la surveillance.

Grâce à cette disposition, chaque étudiant a sa place

et trouve sous la main les objets nécessaires sur la table d'expériences ; il n'a d'ailleurs qu'à se retourner pour se servir de la hotte ; il peut en quelque sorte travailler d'une main à la table de l'autre à la hotte. Le bon ordre et la surveillance sont assurés par la circulation médiane. La ventilation des hottes est extrêmement active ; la gaine de ventilation descend presque jusqu'au sol, le mur séparatif de deux hottes étant accompagné de deux murs isolés se trouve ainsi entre deux espaces libres où s'établit par appel un courant d'air permanent très énergique ; la fonction de la hotte est ainsi double : par ce fond creux, elle enlève toutes les vapeurs qu'on envoie derrière l'écran du premier mur : par exemple, un liquide chauffé dans une cornue : par un simple tube de caoutchouc, on envoie les vapeurs à travers un manchon dans la gaine verticale, ces vapeurs sont enlevées sans avoir pu se répandre dans le laboratoire, pas même sous la hotte ; puis au sommet de cette hotte, de larges issues donnent passage aux gaz et vapeurs mélangés à l'atmosphère : c'est la fonction ordinaire de la hotte (fig. 692).

Fig. 692. — Laboratoire de chimie. Coupe d'une hotte vitrée.

Voilà pour la salle ; voyons maintenant le plein air : c'est fort simple, la disposition en plein air n'est que la répétition de la salle. Le long du bâtiment existe une marquise vitrée, et, perpendiculairement, des abris vitrés, séparés par des mitoyennetés qui sont le prolongement de celles des hottes. Il y a donc des compartiments de plein air en même nombre, et de même entre axe que ceux de la salle. Le centre est à ciel ouvert : chaque compartiment représente ainsi une cour particulière avec marquises vitrées au pourtour. Chacun de ces compartiments de plein air est affecté au même groupe d'étudiants que la division correspondante de la salle.

Le laboratoire de chimie a de nombreuses annexes, car cette salle que je viens de décrire ne sert qu'au travail journalier et en quelque sorte classique des manipulations. Mais il y a des expériences qui, même dans un laboratoire d'enseignement, exigent des conditions spéciales : salles des hautes températures des courants électriques, d'autres encore : pour nous, cela veut dire en résumé quelques salles bien éclairées, bien ventilées et pouvant recevoir des adossements de hottes. Il y a encore la salle de photographie, la bibliothèque, et des dépôts importants pour les instruments placés dans des armoires; pour les produits chimiques, ce qu'on pourrait appeler la droguerie; pour la verrerie, très considérable. Le laboratoire de chimie a besoin, comme celui de physique, de force motrice ; mais il suffit généralement de la demander à l'électricité ou à l'air comprimé sans qu'on ait besoin de générateurs et de machines à vapeur.

Je pourrais continuer à vous entretenir longtemps encore de ce sujet qui est vraiment inépuisable. Je vous en ai dit assez, je crois, pour vous donner une idée de ce que sont ces instruments d'enseignement qu'on appelle laboratoires, et je vous en ai montré des types assez divers pour que vous puissiez y trouver des éléments d'analogie lorsqu'il le faudra. Voyez bien surtout que le laboratoire se compose d'après ce qu'on y fait : il sera tout autre si l'étudiant doit être toujours penché sur son microscope, ou s'il fait des expériences d'ébullition, d'évaporation, etc.

Je vous parlerai plus loin, d'ailleurs, de quelques autres lieux d'étude qui ne sont pas sans analogie avec des laboratoires : vos ateliers, les salles de dissection, etc.

Quant à présent, il me reste à épuiser ce sujet par quelques indications assez courtes sur les autres laboratoires, ceux qui, tout en concourant à l'enseignement, ne sont pas des laboratoires d'enseignement au sens propre du mot.

Chaque chaire possède un laboratoire de recherches; là ce ne sont pas des étudiants, ce sont des savants qui poursuivent des expériences souvent longues. Le personnel n'y sera pas nombreux, mais la place doit cependant être large, car des travaux divers s'y poursuivent à la fois, et souvent une expérience en cours immobilise pendant assez longtemps une partie du laboratoire.

Autrement, ce laboratoire de recherches sera analogue au laboratoire d'enseignement respectivement correspondant : toujours clair, ventilé, assez vaste, pourvu des mêmes facilités de travail.

Réservé aux travaux les plus sérieux, il doit être à l'abri des allées et venues, du bruit; il sera donc disposé dans la partie la plus tranquille de l'ensemble affecté à chaque enseignement.

Il en sera de même du laboratoire personnel du professeur, et des autres laboratoires personnels d'étude. Non seulement il faut ici la tranquillité, mais les savants tiennent beaucoup aussi à la discrétion.

Le laboratoire de préparation est en général assez grand, presque autant que le laboratoire d'enseignement. Son titre indique ce qu'il est : c'est en réalité le domaine des *préparateurs*. On y fait tous les travaux premiers de l'expérience qui se conclura ensuite soit dans le laboratoire de recherches, soit dans celui du professeur. Pour nous, c'est encore une grande salle analogue aux précédentes, toujours bien éclairée, bien ventilée, et avec quelques dépendances particulières.

Enfin le laboratoire de préparation du cours est celui qui

attient à la salle de cours, et où se préparent les expériences qui vont être réalisées sous les yeux des auditeurs. Ce laboratoire ne diffère des précédents que par la nécessité de sa communication immédiate avec la salle de cours. Pour les cours de physique, chimie, etc., on dispose, comme je vous l'ai dit, une grande baie dans le mur séparatif entre deux hottes, l'une dans le laboratoire, l'autre dans la salle de cours; les objets passent d'une salle à l'autre sur des tables au même niveau sous ces deux hottes, et un châssis à coulisses verticales permet de fermer cette baie au droit du mur séparatif.

Je voudrais bien pouvoir vous résumer ces considérations un peu longues et peut-être confuses pour vous. A certains égards ce n'est pas impossible. Vous voyez en effet que partout les programmes nous crient : de la lumière, de l'air, de l'ordre ! Avant tout en effet vous aurez donné à des laboratoires leur caractère distinctif si vous en faites des salles évidement éclairées, évidemment aérées. Évidences évidentes, direz-vous : il faut croire que non, car j'ai vu parfois dans vos plans des pièces qualifiées laboratoires, étroites et profondes, et éclairées par le petit côté : je ne répondrais pas de n'en avoir pas vu qui n'étaient pas éclairées du tout, sous prétexte que cela pouvait s'éclairer par en haut ! Vous devez voir maintenant si c'est admissible.

Mais sauf cette prescription générale et absolue de large lumière et de large aération, de cube d'air libéralement accordé, le reste devient question de programme spécial. Or, je vous l'ai souvent dit et vous le savez bien, nous ne cherchons pas dans notre école à vous donner des recettes qui seraient bientôt surannées; nous cherchons à développer votre imagination et votre raison, à faire de vous des hommes capables d'étudier un programme et de satisfaire à des besoins.

Or, si nous cherchons dans nos archives, nous verrons que très souvent vous ou vos prédécesseurs avez eu à traiter des sujets d'enseignement supérieur. Mais les mots avaient un sens inconnu; on ignorait ce qu'est une salle de cours ou un laboratoire; j'ai cherché à ce que désormais ces mots aient pour vous un sens; et si dans vos études, aujourd'hui, vous savez chercher à comprendre ce qu'est votre programme, ce que l'architecte doit loyalement faire pour que son œuvre soit utile, alors je ne suis pas inquiet pour vous : dans vingt ans, si vous avez à construire un édifice de ce genre, les programmes auront sans doute bien changé; mais vous saurez être alors l'homme du programme d'alors, parce que vous aurez appris aujourd'hui à être l'homme du programme d'aujourd'hui.

CHAPITRE VI

LES ÉDIFICES D'ENSEIGNEMENT SUPÉRIEUR

(Suite.)

SOMMAIRE. — Les salles de collections. — Éclairage. — Lumière verticale ou plafonds vitrés. — Ateliers d'enseignement. — Salles de dessin — de musique. — Manèges. — Salles des séminaires. — Amphithéâtres de dissection.

Les collections jouent un grand rôle dans les établissements d'enseignement supérieur. On peut dire même qu'on en abuse, car chaque établissement veut avoir ses collections complètes; ainsi l'idéal des savants — chacun dans sa chaire — serait qu'il y eût une collection complète de minéralogie, par exemple au Muséum, à la Faculté des sciences, au Collège de France, au Conservatoire des arts et métiers, et dans les Écoles des mines, des ponts et chaussées, normales, etc.

Or, cela est nécessaire en effet pour les collections de laboratoires. Nous avons vu que, à chaque laboratoire, il faut une collection d'échantillons, mais non un musée. Et par salle de collection il faut entendre *musée*, c'est-à-dire l'endroit où les objets sont sous verre, avec l'écriteau « défense de toucher ».

Les salles de collections peuvent être très variées de formes; il faut avant tout qu'elles livrent beaucoup de parois bien éclairées, car ici encore la première condition est que les objets exposés soient bien vus.

Lorsque la salle est en réalité une galerie longue et peu large, la difficulté n'est pas grande : de hautes et larges fenêtres éclaireront suffisamment les vitrines contre la paroi opposée. C'est le parti adopté pour les galeries du Conservatoire des arts et métiers (fig. 693) entre autres exemples. Mais si la salle devient large, les fenêtres n'éclaireront bien que le bas des vitrines, à moins d'être très élevées; et encore, ne vous y fiez pas trop, car on vous demandera, si la salle est haute, des balcons et des seconds rangs de vitrines.

Lors donc qu'une salle de collections dépasse une largeur normale de 8 mètres environ, et que son éclairage ne peut pas être bi-latéral, il est utile qu'elle soit éclairée par le haut, sans préjudice des fenêtres, la multiplicité diffuse de la lumière étant toujours une excellente condition; d'ailleurs les fenêtres permettent le renouvellement d'air bien mieux que les ventilations artificielles.

Rappelez-vous en tous cas que cette difficulté d'éclairage est plus grande pour des salles de collections que pour d'autres salles auxquelles on pourrait les comparer. Ainsi, dans une bibliothèque, il importe de bien voir le dos des livres, amené à l'aplomb ou à peu près du parement du meuble. Dans un musée il s'agit en général de bien voir des surfaces verticales que rien ne met dans l'ombre. Dans la salle de collections, au contraire, il faut que le regard aille plonger entre les tablettes des armoires, parmi les ombres portées possibles des divisions verticales et horizontales du meuble.

Aussi l'éclairage vertical demande lui aussi à être employé judicieusement. Si la salle est étroite et haute, il sera trop vertical et les tablettes mettront les objets exposés dans l'ombre; si elle est large et basse, le jour sera trop oblique.

Il faut donc faire l'épure de vos jours. Pour une salle de

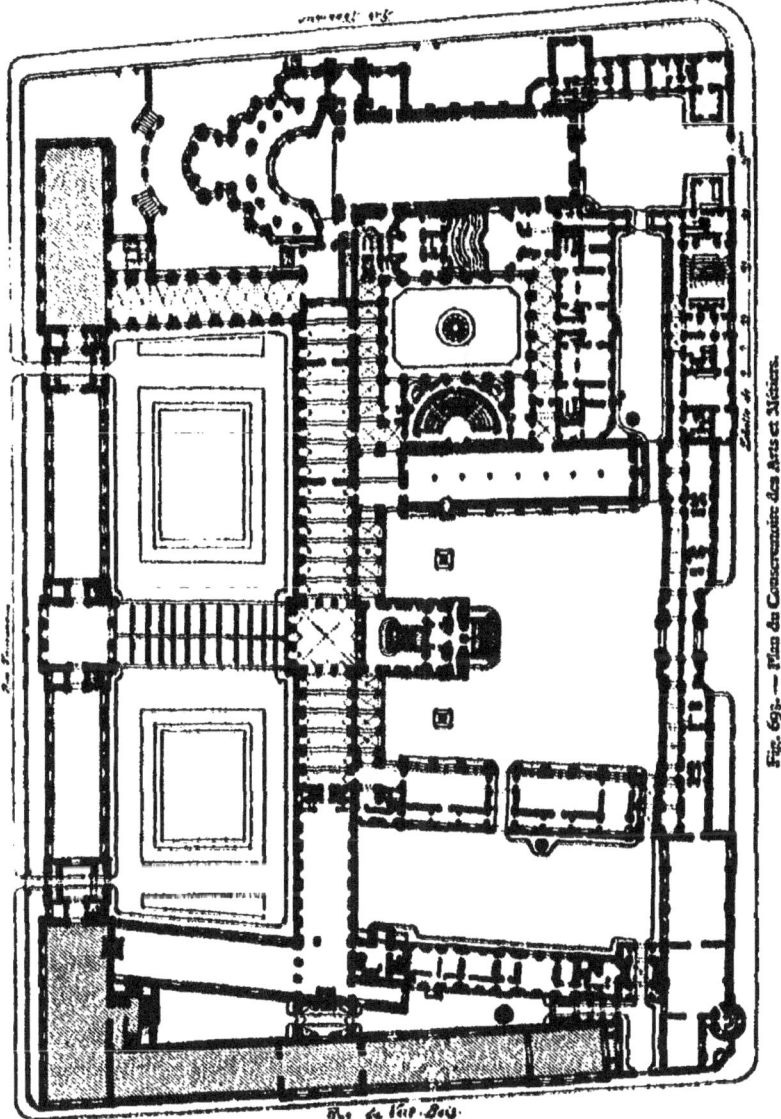

Fig. 693. — Plan du Conservatoire des Arts et Métiers.

proportions moyennes, vous trouverez une disposition ordinaire avec châssis — toujours vaste — au milieu du plafond (fig. 694). Si la salle est haute et étroite, il faudra ou que le vitrage soit total, ou s'il n'y a de vitrines que d'un côté, le vitrage pourrait être reporté sur la moitié opposée du plafond, sans inconvénients pour l'éclairage, sinon pour l'aspect de la salle (fig. 695). Enfin si la salle est large et basse,

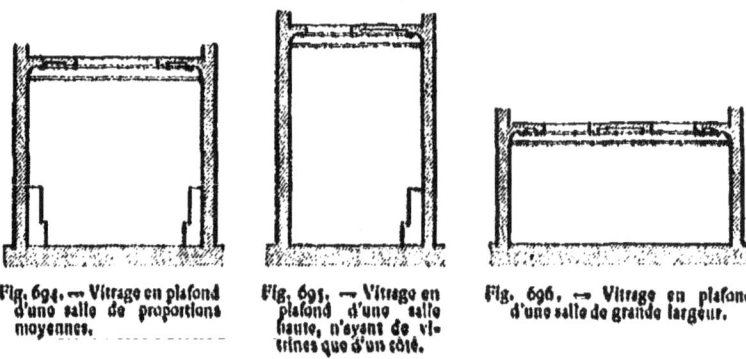

Fig. 694. — Vitrage en plafond d'une salle de proportions moyennes.

Fig. 695. — Vitrage en plafond d'une salle haute, n'ayant de vitrines que d'un côté.

Fig. 696. — Vitrage en plafond d'une salle de grande largeur.

un vitrage milieu ne suffirait pas, et il faudra soit un vitrage total, soit deux vitrages avec partie milieu opaque (fig. 696).

Et puisque je vous parle de vitrages, il faut bien comprendre que les vitrages n'éclairent bien qu'à la condition de recevoir eux-mêmes beaucoup de lumière. Et tout d'abord, écartons le vitrage unique, qui ne mettrait entre l'intérieur de la salle et l'extérieur que l'épaisseur d'une vitre. Je vous l'ai déjà dit, mais il y a des vérités qu'il faut répéter, lorsque les erreurs se répètent avec persistance : le vitrage unique est une cause de refroidissement intolérable, et réciproquement de chaleur pénible. Cela se comprend, ce me semble, sans démonstration. De plus, il expose la salle et tout ce qui s'y trouve à l'inondation directe si un verre se trouve cassé, ou si un joint trop ouvert laisse rentrer l'eau chassée par le vent; la neige notamment s'introduit par les joints avec une subtilité désespérante. Ces effets s'amortissent lorsque entre la salle et l'atmosphère il y a interposition d'un plafond vitré et d'un espace libre. Enfin, le vitrage direct expose la salle aux inconvénients de la *condensation*.

Savez-vous bien tous ce qu'est la condensation ? Lorsque de la vapeur d'eau est en suspension dans l'air — l'air d'une salle par exemple — elle reste à l'état gazeux tant qu'elle ne subit pas un refroidissement sensible; mais si elle rencontre un corps froid, par exemple un vase contenant de l'eau froide, elle se *condense* au contact, et retourne à l'état liquide, en abandonnant une partie de sa chaleur. Or, le même phénomène se produit si cette vapeur rencontre des parois froides, murs ou vitrages; seulement, si le mur est perméable, l'eau de condensation est absorbée; si la paroi est imperméable, — et c'est le cas de la vitre —, elle ruisselle contre le vitrage vertical, où elle s'en détache et retombe en gouttes si le vitrage est horizontal ou simplement incliné. La pluie n'est pas autre chose que de la condensation, et les effets de la condensation dans une salle ne sont pas autre chose que de la pluie. Cela est si vrai que, dans des serres élevées, chauffées à la partie inférieure, et très arrosées, où par conséquent il se dégage beaucoup de vapeur, on a vu parfois de la neige véritable se former à la partie supérieure et retomber en pluie ou neige fondue au contact de l'air chauffé. Et c'est ainsi encore que dans des salles ou plutôt des cours vitrées, par un temps de claire gelée, on voit parfois tomber des gouttes d'une pluie qui n'est que de la condensation contre le vitrage de la vapeur d'eau mélangée à l'air de la salle.

On a cherché bien des moyens de s'opposer à ce phénomène désagréable de la condensation de *la buée*. Le meilleur est encore et sans contredit de n'avoir pas de surfaces exposées à un refroidissement capable de la provoquer, c'est-à-dire de n'avoir pas de vitrages directs.

Enfin, j'indiquerai encore une raison contre l'emploi des vitrages directs, c'est qu'en général ils ne donnent pas un éclairage satisfaisant : non pas faute de lumière, mais parce que la lumière arrive trop comme en plein air, avec les inconvénients de l'exposition au soleil et à l'ombre. Pour des collections, il faut que la lumière pénètre partout, à peu près égale; pour cela,

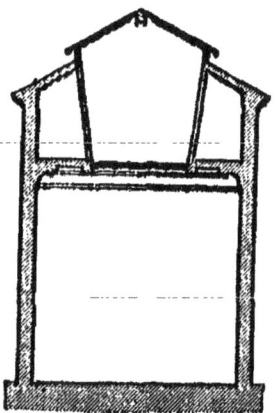

Fig. 697. — Vitrages de plafonds. Indication vicieuse.

il faut, suivant l'expression consacrée, qu'elle soit *tamisée*. C'est l'effet du plafond vitré, lequel est le plus souvent en verre dépoli. La lumière traverse alors le vitrage de toiture, et, arrivant sur cette surface dépolie, se répartit également en tous sens : elle est moins vive, mais plus égale.

Concluez donc que vos salles éclairées du haut doivent comporter un double vitrage : vitrage de plafond, vitrage de toiture. Mais ici, laissez-moi donc vous dire combien, sans savoir d'ailleurs pourquoi, vous les indiquez mal dans vos coupes. Vous projetez un plafond vitré, et vous élevez sur ses bords des costières ou cloisons qui montent jusqu'à la toiture vitrée (fig. 697). Votre vitrage horizontal est ainsi le fond d'une sorte de boîte, vitrée aussi à sa partie supérieure.

Cela est tout simplement absurde. Vous faites une partie vitrée dans un plafond : c'est très bien : il faut que ce plafond vitré reçoive le plus de lumière possible, et il faut que ses verres puissent être *très fréquemment* nettoyés.

LES ÉDIFICES D'ENSEIGNEMENT SUPÉRIEUR

Pour qu'il reçoive le plus de lumière possible, faites le comble vitré qui l'éclaire le plus grand possible, beaucoup plus grand si vous le pouvez que le plafond; alors seulement le plafond vitré vous représentera une fenêtre horizontale ouvrant sur de vastes espaces éclairés et non sur un puits. Qui vous dit d'ailleurs que cet éclairage du comble sera à plomb de votre plafond? Souvent ce ne sera pas possible, ou ce ne sera pas désirable si vous voulez que la lumière vienne dans votre salle sous une direction déterminée (fig. 698).

Et pour que les verres puissent être nettoyés, il faut qu'on puisse circuler autour : rappelez-vous donc cette prescription nécessaire : un châssis de plafond doit être ouvert dans le plancher d'un grenier accessible : il faut tout autour un véritable chemin facilement praticable (fig. 699).

Fig. 698. — Plafond vitré avec vitrage de toiture.

Encore une recommandation matérielle à propos des salles de collections : vos planchers devront être très résistants, car vous ignorerez toujours quelle surcharge on leur imposera. Ils seront chargés le long des murs, mais très souvent ils le seront aussi par des *meubles-milieux*, où vous aurez quinze ou vingt tiroirs remplis d'échantillons

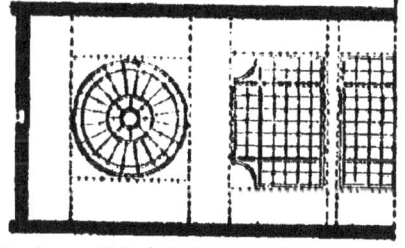

Fig. 699. — Plafond vitré avec circulations de service vu par dessus.
(Plan à l'étage des combles).

de minéralogie par exemple, c'est-à-dire de métaux. C'est là une question de première importance à étudier de concert avec ceux qui seront chargés de ce placement; mais, je vous le dis d'avance, n'espérez guère être renseignés, et prévoyez de très fortes charges, — à moins qu'on ne vous garantisse expressément et officiellement un maximum — ce qui n'arrivera jamais.

Sous la rubrique « enseignement », il faut comprendre encore diverses salles répondant à des programmes spéciaux. Et d'abord les vôtres. Chez vous, la salle de cours est ce qu'elle est ailleurs, je n'insiste pas : ce qui est particulier à vos études c'est l'atelier collectif. Ici encore, c'est la nature du travail qui déterminera la forme; pour les architectes, l'atelier doit être une salle avec de nombreuses fenêtres, en réalité une galerie, car il est rare qu'on puisse utilement dessiner sur une troisième table, à moins que l'atelier ne soit conçu comme ce que je vous ai indiqué pour le laboratoire de botanique de la Faculté des sciences. D'ailleurs, cette nécessité que vous comprenez de reste pour l'atelier d'architectes est la même pour tous les ateliers où le travail est individuel, par exemple les salles de dessin graphique, de gravure, les ateliers d'une école du meuble ou du livre, etc.

L'exposition désirable est le jour du nord ; les fenêtres montant aussi haut que possible et descendant presque jusqu'aux tables.

Tout autre est l'atelier de vos camarades peintres ou sculpteurs. Là le travail est convergent : un modèle vivant ou un plâtre est reproduit par chacun des élèves groupés autour. Les places ne sont pas marquées, mais tout naturellement les sièges se trouvent disposés en demi-cercle. C'est aussi d'ailleurs la disposition des salles de dessin, sauf que dans ces dernières les places sont en gradins (fig. 700).

Naturellement, l'éclairage est ici la grande question. Il faut le jour du nord, venant de haut, et il est bon qu'il arrive à la fois par de grands jours verticaux et par des châssis de toiture.

On peut toujours restreindre au besoin l'éclairage par des stores, et il est prudent de le prévoir très large, en se rappelant que la lumière doit éclairer à la fois le modèle et les travaux des élèves. Pensez toujours aussi à la possibilité du nettoyage des vitres, soit par des accès extérieurs, soit par des parties ouvrantes. Si l'atelier est au rez-de-chaussée, on peut encore assurer ce nettoyage par des échelles, mais non si cet atelier est dans un étage supérieur. C'est souvent l'objet d'études très délicates.

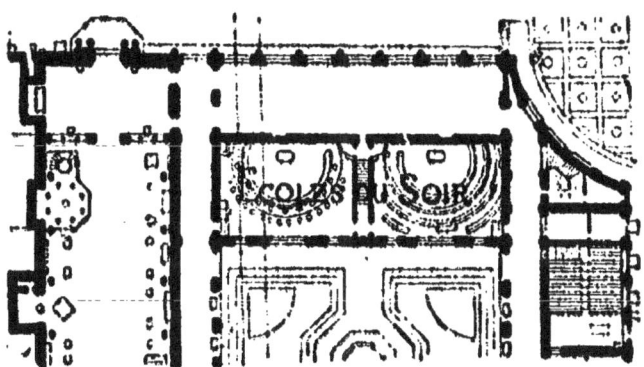

Fig. 700. — Plan des salles de dessin et de modelage, à l'École des Beaux-Arts.

Quant au dessin dans les galeries de modèles, nous en parlerons à l'occasion des salles de musée.

Pour l'enseignement de la musique, on dispose des classes où il faut obvier à deux inconvénients : perception dans la classe des bruits extérieurs; expansion du bruit de la classe dans des classes voisines.

Pour s'affranchir des bruits extérieurs, il faut éviter que les classes soient disposées sur des rues, on réserve plutôt cette situation pour les corridors de circulation. On évite aussi dans la mesure du possible que des classes se fassent vis-à-vis dans une cour étroite. Quant à la communication du bruit de la classe elle-même, on n'y peut obvier en partie que par l'insonorité de la construction, et en cherchant à séparer les classes par interposition de cabinets, de lavabos, de vestiaires, etc.

Certaines classes représentent en petit une réduction de scène, avec la pente du plancher, ou sont disposées pour un chœur ou l'orchestre. Ce sont alors des diminutifs de salles de théâtre ou de salles de concert.

C'est encore à l'enseignement que je dois rattacher des salles où il se rencontre également des maîtres et des élèves. Tels sont les manèges.

Le manège est une salle rectangulaire; la longueur est environ trois fois la largeur, ces mesures prises pour l'espace libre laissé à l'équitation. Si donc il y a des tribunes, ce sera en dehors de cet espace. La salle doit être bien éclairée, par des jours élevés répandant une lumière diffuse sans ombres portées trop vives. Le mieux est certainement d'avoir des fenêtres sur toutes les faces ou tout au moins sur les deux grands côtés. Ces jours verticaux peuvent d'ailleurs se compléter par un châssis de toiture, et il faut prévoir un renouvellement facile de l'air, comme partout où manœuvrent des chevaux.

L'entrée sera mieux placée sur l'un des petits côtés, afin que si le cheval d'un cavalier novice s'effraie, il ait du champ devant lui.

Aucune saillie n'est admissible jusqu'à la hauteur de 2^m 30 environ; dans cette hauteur, les murs sont revêtus de lambris en planches ou en frises, unis, et assez inclinés, formant ainsi une pyramide tronquée dont le sommet serait à une grande profondeur au-dessous du sol. Il faut en effet que, si le cheval longe les murs dans sa course, le cavalier ne soit pas blessé aux genoux ou aux épaules. Les angles de la salle ne doivent jamais être émoussés par des pans coupés ou des parties rondes, l'un des exercices les plus fréquents étant précisément de faire tourner court le cheval dans l'angle des deux murs.

Il importe que le manège soit en communication assez directe avec les écuries; le cheval est souvent tout mouillé de sueur après la séance, et il y aurait danger à l'exposer sans transition au froid extérieur. Il est bon aussi qu'il y ait des vestiaires ou cabinets de toilette pour les élèves.

Le manège peut être un bel édifice, et il y en a eu de beaux exemples. Un projet de manège pour les Tuileries, je crois, de Philibert Delorme, nous a été conservé. C'est une application des combles dits *à la Philibert Delorme*. Mais, je ne puis malheureusement vous en citer que vous puissiez visiter. A Versailles notamment, il y en avait de fort intéressants. Absorbés aujourd'hui dans les casernes d'artillerie, ils sont très dénaturés. Il en a existé autrefois aux Tuileries, et c'est dans une salle de manège que tinrent séance l'Assemblée législative et la Convention nationale. Je vous indiquerai comme exemple un manège construit à Caen, et qui correspond bien à la théorie (fig. 701).

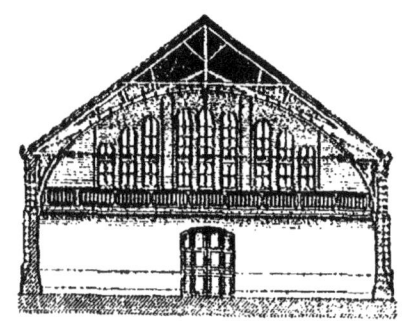

Fig. 701. — Coupe transversale d'un manège à Caen.

C'est encore l'enseignement qui motive, dans un tout autre ordre d'idées, les salles qu'on appelle *salles d'exercices* dans les séminaires. Ce sont des salles où les élèves apprennent à exécuter les mouvements prescrits par le cérémonial religieux. On y figure les offices, et par conséquent cette salle doit reproduire — matériellement — la disposition d'un chœur d'église. Mais

Éléments et Théorie de l'Architecture.

c'est là sa seule analogie avec l'église même, et il convient au contraire que son caractère ne puisse créer aucune confusion avec une chapelle consacrée.

Quant au surplus de l'enseignement religieux dans les séminaires, les salles nécessaires ressemblent de tous points à des classes ou salles de cours; le caractère artistique seul peut différer. Je vous en ai d'ailleurs entretenu plus haut.

Les hôpitaux comportent aussi des salles de cours pour les leçons cliniques. Généralement, l'occasion de la leçon est une autopsie; il importe par conséquent que le public, parfois assez nombreux, puisse voir suffisamment le cadavre; c'est donc le cas d'une disposition convergente, et la forme d'hémicycle est évidemment la plus appropriée à ce programme.

Je ne puis quitter les locaux d'enseignement sans vous parler d'un groupe bien spécial, et dont le rôle est très important dans les études scientifiques : les pavillons de dissection des écoles pratiques de médecine. Ce sont de véritables laboratoires d'enseignement, mais des laboratoires dont le caractère est déterminé par des nécessités particulières.

Vous savez quelle est dans les études médicales l'importance des travaux pratiques, et notamment de la dissection. Depuis longtemps, l'expérience a fait prévaloir pour ces études le système des pavillons isolés. Un nombre restreint d'étudiants, souvent trop grand faute de places ou faute de *sujets*, se groupe autour d'une table en pierre sur laquelle est couché le cadavre. Un professeur, assisté de quelques aides, fait la démonstration et guide les étudiants dans leur travail. Pour cela, chaque pavillon est éclairé sur toutes ses faces par des fenêtres élevées qui font arriver de haut le jour nécessaire; une ventilation énergique est indispensable et s'opère par des gaines sortant de la toiture.

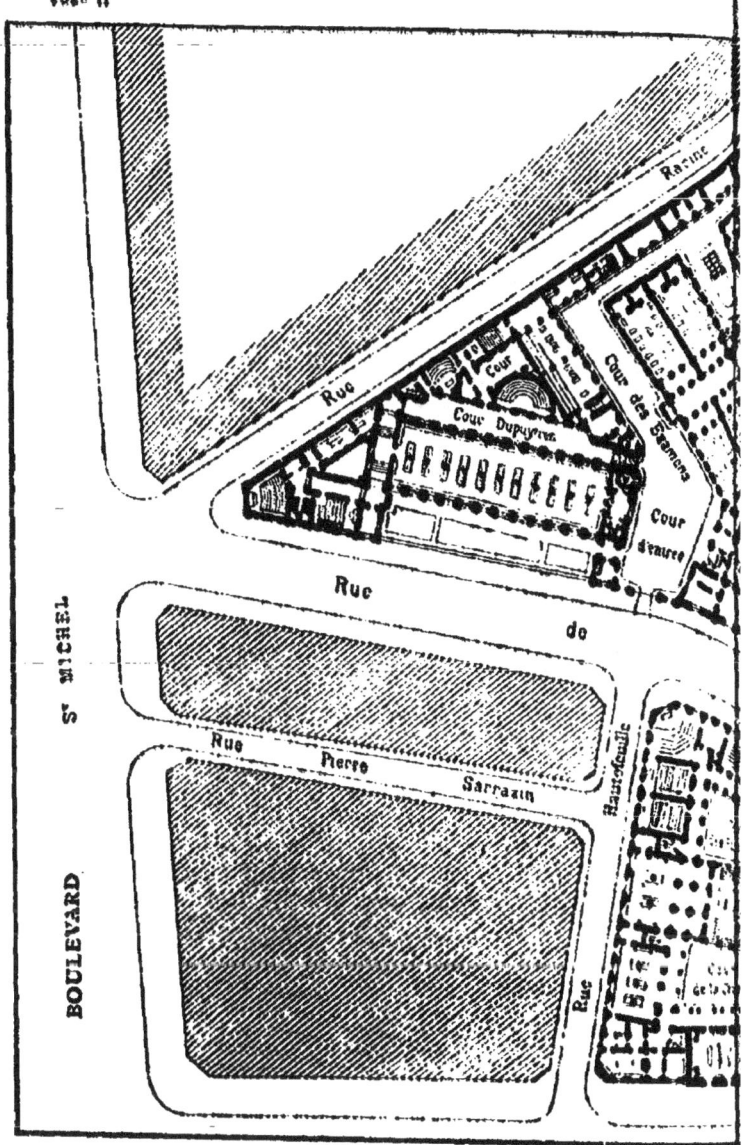

Fig. 702. — École de Médecine

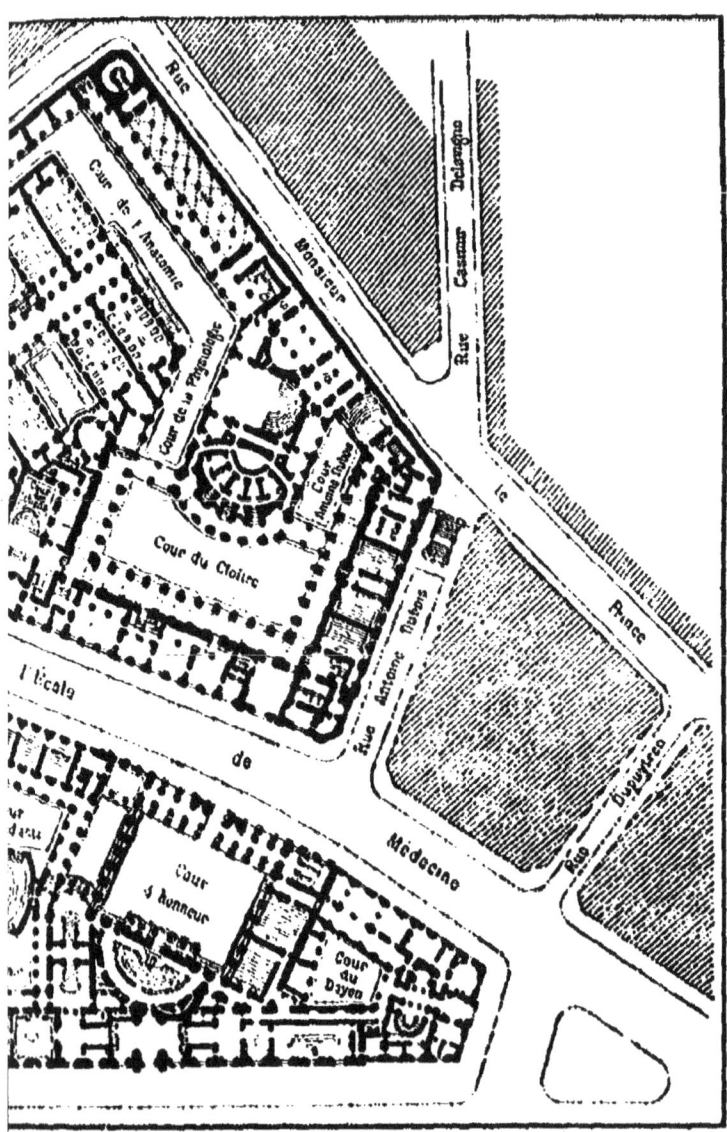

e et École pratique, à Paris.

L'ensemble de l'École pratique comporte de nombreuses dépendances, et tout d'abord les dépôts de cadavres dans des salles ventilées et munies d'appareils frigorifiques; des dépôts d'instruments et de matériel, ceux des *résidus...*, etc. Tout cela est très spécial et exige une étude particulière qui sort du cadre de la théorie générale : je ne puis mieux faire que de vous montrer le plan très ingénieux de l'École pratique de Paris (fig. 702), par L. Ginain, en observant toutefois que si tout le possible a été fait, la liberté des accès et l'aération générale ont forcément souffert de l'exiguité du terrain pour un programme aussi complexe.

Ainsi que vous le verrez par ce plan, il est nécessaire que les pavillons soient accessibles non seulement aux piétons, mais à la circulation des voitures qui doivent faire aussi décemment que possible le transport des cadavres et des résidus de la dissection.

A ces quelques indications doit se borner ce que je puis vous dire sur ce sujet très particulier, dont la réalisation exige une entente complète entre l'architecte et le personnel enseignant. C'est dire que le programme n'a rien de fixe, et peut varier essentiellement suivant les idées qui présideront à sa rédaction.

Dans ce programme si vaste de l'enseignement, avons-nous tout vu ? Non, certes. Nous n'avons même rien vu assez à fond pour que vous puissiez trouver dans ces indications les éléments complets d'une étude spéciale : le jour où vous aurez — et je vous le souhaite — à vous mesurer avec ces programmes, vous aurez alors à les creuser, et à vous spécialiser pour le temps de cette étude. Mais si, comme je l'espère, vous avez appris à vous orienter, à comprendre ce que vous devez chercher, à distinguer l'objectif nécessaire de votre étude, je n'aurai pas perdu mon temps. La science pour laquelle vous travaillerez un jour n'existe peut-être même pas encore : ainsi, qu'était la bactériologie il y a vingt ans ? L'avenir d'hier — le domaine infini de demain. Ce que vous ferez, je l'ignore. Mais je sais que si vous êtes des architectes dévoués à vos programmes, si vous savez vous interdire les conceptions *a priori*, si vous savez vous pénétrer avant tout de la réalité des besoins à satisfaire et regarder résolument la vérité en face ; si vous ne sacrifiez pas à une disposition ou à une forme en disant « il faudra bien qu'on s'en arrange » ; si vous parvenez à cette conception de votre art qui place la vérité avant tout, vous ferez alors des œuvres qui seront bonnes, et qui vous récompenseront par l'originalité inévitable de ce qui est logique, de ce qui est pensé, de ce qui est vrai.

L'équation parfaite entre la solution et le programme, voilà, dans la plus haute acception du concept artistique, l'élément certain du caractère, le gage de l'originalité. Et jugez-en vous-mêmes, voyez dans les œuvres de vos maîtres quelles sont celles que vous seriez le plus fiers d'avoir conçues et étudiées ? Celles précisément qui répondent à cette noble ambition de l'artiste, et qui permettent d'évoquer pour l'architecture aussi ce principe si sûr :

« Rien n'est beau que le vrai » !

CHAPITRE VII

LES ÉDIFICES D'INSTRUCTION PUBLIQUE

SOMMAIRE. — Les Édifices d'instruction publique. — Le Musée — Conditions générales. — Mise en valeur des objets exposés. — Musées d'art, sculpture; éclairage. — Peinture, dessins, gravures; modes divers d'éclairage des salles. — Les salles du Musée du Louvre. — Salles à vitrines pour objets de petites dimensions.

En étudiant les édifices d'enseignement, primaire, secondaire, supérieur, nous n'avons pas épuisé, il s'en faut, les programmes que comportent les édifices d'instruction publique. S'il y a en effet les édifices où l'on enseigne, il y a aussi ceux qui ont pour objet d'instruire sans enseignement direct : tels sont les musées, les bibliothèques, etc.

En réalité, toutefois, cette différence n'est pas absolue : il n'y a guère de grande école qui n'ait ses musées ou ses bibliothèques, et il est rare qu'une bibliothèque ou un musée ne comporte pas quelques salles d'enseignement. Mais dans un cas comme dans l'autre, l'accessoire ne modifie pas le caractère principal de l'édifice; et pour nous, au point de vue particulier de ce cours, nous avons à voir quelles sont les conditions à remplir pour ces éléments du musée et d'autres programmes de même famille, quelle que soit d'ailleurs leur importance dans une composition générale.

A propos de l'enseignement supérieur, je vous ai parlé déjà des salles de collections ; j'aurais dû peut-être attendre que nous fussions en présence des Musées ; je vous ai parlé aussi de bibliothèques, mais plutôt pour vous en indiquer la nécessité dans certains ensembles que pour vous montrer les nécessités de leur construction. C'est à ce point de vue plus spécial que nous devons nous placer dans la présente étude.

Examinons d'abord les Musées : c'est le sujet le plus vaste.

Considérés en vue de leur destination, les Musées offrent des variétés infinies, depuis le grand Musée national jusqu'au simple cabinet d'amateur : nous avons le Musée artistique — le Musée archéologique — le Musée scientifique — le Musée industriel — chacun avec ses variétés : le Musée artistique recevra des tableaux, des statues, des dessins, des estampes, des objets de vitrines, des médailles : tout cela, appartenant à des civilisations dont l'évolution est accomplie, ou aux arts contemporains. L'archéologie remonte aux époques préhistoriques, et confine aux temps modernes ; elle étudie les objets les plus variés, l'iconographie, les inscriptions, les armes, les ustensiles, le vêtement — tous les vestiges survivants des époques lointaines. Plus grande encore est la variété des Musées scientifiques, soit qu'ils nous montrent les produits de la nature, les classifications des corps, des minéraux, des plantes, des animaux ; soit qu'ils nous invitent à étudier les produits de la science. Ils se rattachent alors aux Musées industriels, dont la variété infinie n'a pas besoin d'être démontrée.

Ce sont là encore des questions de programmes, et souvent une salle de musée devra satisfaire à des conditions toutes particulières qu'on ne saurait prévoir d'avance.

Mais, heureusement, il y a des données générales aussi, et

LES ÉDIFICES D'INSTRUCTION PUBLIQUE

pour nous le programme dans son ensemble est en réalité assez simple : cherchons d'abord les qualités qui seront de mise dans tout musée.

Avant tout, il faut que les objets exposés soient bien vus : question d'éclairage, mais aussi question d'accès. Dans un musée, on voit en s'arrêtant, et on circule; toute salle de musée fait partie de la circulation générale, qui souvent ne peut se faire que par ces salles; il faut donc que la circulation ne dérange pas ceux qui regardent ou qui étudient : et pour cela il faut que la circulation puisse se faire en arrière des spectateurs : rien n'est insupportable comme les circulations qui s'interposent entre vous et l'objet que vous regardez.

— Or, la circulation est déterminée par la ligne des portes. Si donc les objets exposés sont de ceux qui exigent du recul, comme les tableaux ou les statues, la ligne de foulée pour ainsi dire de la circulation, devra être assez éloignée de la paroi ou de la ligne des piédestaux. Vous devrez donc éviter des dispositions comme celle de la figure 703 où la ligne A-A des portes est trop voisine

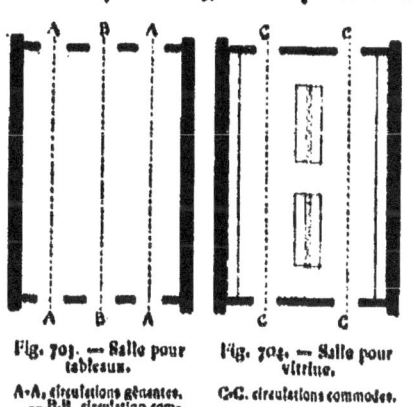

Fig. 703. — Salle pour tableaux.
A-A, circulations gênantes. — B-B, circulation commode.

Fig. 704. — Salle pour vitrine.
C-C, circulations commodes.

des parois d'exposition. Mais il n'en sera pas de même si le Musée comporte des objets de vitrines qu'on voit sous-l'œil; en ce cas, une largeur assez restreinte C-C, un mètre au plus, entre la façade des vitrines et les ouvertures de portes suffit (fig. 704) : cela permet d'ailleurs de placer au centre des vitrines basses.

Eh bien, à ce point de vue de la disposition des passages,

les salles de musée — quelle qu'en soit d'ailleurs la destination, peuvent se ramener à deux groupes : celles où il faut du recul, celles où il n'en faut pas. La disposition dépendra essentiellement de la nature des objets exposés : dans le premier cas, c'est l'aspect qu'on veut voir d'abord, c'est l'impression d'ensemble qu'on veut ressentir, sauf à étudier ensuite les moyens : tel est avant tout le tableau et la statue; mais tel sera aussi le meuble, l'armure, la tapisserie, etc., etc. Dans le second cas, il s'agit ou de regarder de petits objets, bijoux, porcelaines, ivoires, etc., ou d'analyser des objets qui valent par l'emploi de leurs organes, tels que des instruments de physique, des modèles d'outillages, etc.

Voilà donc la considération qui doit d'abord vous guider dans votre composition. Il y en a une seconde plus importante encore, c'est celle de l'éclairage; nous y viendrons plus loin.

Pour l'instant, continuons à chercher quelles seront les conditions communes aux divers Musées, avant d'entrer dans les différences spécifiques.

Je n'insisterai pas sur la facilité et la simplicité des moyens d'accès : cela reviendrait à dire une fois de plus qu'on ne saurait jamais trop mettre d'ordre dans une composition.

Mais je veux appeler votre attention sur le caractère commun aux diverses salles de musée bien comprises. Là, l'architecture et la décoration n'ont pas d'autre raison d'être que de faire valoir les objets exposés; l'architecture ne doit pas être une cause de distraction pour le visiteur.

Est-ce à dire que je regrette la beauté de certaines salles du Louvre ou du palais Pitti par exemple ? Nullement, mais quand je vois des tableaux de je ne sais quel peintre dans la chambre de Henri II au Louvre, je ne les regarde pas, je ne m'aperçois de leur présence que pour les maudire de m'avoir gêné dans mon admiration pour cette magnifique pièce, et je sors de là ignorant de qui sont ces malheureuses peintures, ignorant si elles valent quelque chose ou non, parce que la chambre de Henri II est trop belle, et que le seul musée qu'on puisse y admettre, c'est elle-même, et que tout ce qu'on y peut placer ne peut que nuire à la beauté d'une œuvre d'art incomparable.

De même lorsque pour la première fois j'ai visité le Musée du Palais Pitti à Florence, j'en suis ressorti n'ayant vu ni un tableau, ni une statue : la magnifique décoration de ces salles avait retenu toute mon attention : et encore je voudrais que ces salles fussent débarrassées de tableaux, car elles méritent à elles seules d'être vues pour elles-mêmes, avec les parois prévues pour supporter leurs voûtes que seules nous voyons aujourd'hui.

Mais, je le répète, ce sont là des salles qui n'ont pas été créées pour des Musées, pas plus que les grands salons de Versailles, d'où, fort heureusement, on est à peu près arrivé à enlever les tableaux dont les avait encombrés un zèle barbare. La vérité, c'est qu'une salle de musée est une salle dont les murs seront cachés ; dès lors, non seulement il est inutile de les décorer de motifs d'architecture dont l'effet serait perdu, mais ces motifs — colonnes, pilastres, panneaux, etc. — tronqués par les cadres, les vitrines, les objets exposés feraient le plus déplorable effet. Et ce n'est pas l'architecture seule qui en souffrirait, ce sont aussi les objets exposés, ceux pour lesquels est fait le Musée. Comment juger des contours d'une statue par exemple, si elle se détache sur un fond composé de toutes sortes de saillies, de compartiments, de marbres divers, d'arcades, en un mot de lignes et de colorations qui viendront au hasard contrarier les aspects de ces contours ?

Non, il faut que le visiteur ne soit pas distrait par l'architecture, il faut que la décoration ou tout au moins l'intérêt de la salle de musée soit dans les objets exposés. La décoration, toujours sobre d'ailleurs, doit commencer au-dessus seulement. En d'autres termes, la salle de musée comportera d'abord des parois tranquilles, des grands plans verticaux, soit qu'ils servent de fonds perspectifs, soit qu'ils forment adossements ; la décoration sera réservée à la partie supérieure, aux plafonds et aux voûtes.

Aussi verrez-vous souvent dans les salles des Musées les parois verticales en tons unis ou presque unis, puis au haut une frise décorée et une corniche plus ou moins ornée ; enfin le plafond ou la voûte reposant sur cette corniche, mais sans retombées sur des motifs verticaux. Les voûtes seront de préférence en berceau et en arc de cloître ; si elles présentent des combinaisons de pénétrations, voûtes d'arêtes, pendentifs, les retombées seront plutôt des consoles ou des culs-de-lampe. Ainsi, au Louvre, le salon carré, la salle des Sept cheminées, les salles des antiques pour la plupart sont voûtées en arc de cloître ; tandis que dans la partie qu'on appelle Musée Charles X, au milieu des colonnes et des pilastres, on ne peut exposer que de petits objets de vitrines. Le programme du Louvre est assez vaste pour comporter ces variétés. Mais en général la règle s'impose des parois unies et d'aspect tranquille et reposé.

Toute règle cependant a ses exceptions. Les exceptions ici seront de deux sortes : elles seront motivées par la nature particulière des objets exposés, ou encore par ce fait que le Musée ne sera pas exclusivement un musée.

Il est évident que si dans une salle de musée on doit exposer seulement de petits objets, très délicats, qui doivent presque être regardés à la loupe, en tous cas de très près, l'exposition n'atteindra pas deux mètres en hauteur. Tel est, par exemple, le Musée des médailles à l'Hôtel des Monnaies. Il en serait de même pour un musée de bijouterie, d'orfèvrerie, par exemple la salle des *Gemmes* à Florence. Alors il devient nécessaire que la salle reçoive une décoration élégante et discrète, en rapport avec la délicatesse des objets exposés.

Entendez-bien toutefois que cette relation, cette harmonie entre la salle et les objets de musée n'implique pas le pastiche, tout au contraire. Il n'y a pas de contre-sens plus choquant que la conception fausse qui consiste à placer des collections japonaises par exemple dans un décor de faux-japonais, des collections égyptiennes dans un décor pseudo-égyptien.

Je me permettrai enfin un avis qui, à vrai dire, s'adresserait plutôt aux conservateurs des Musées qu'à leurs architectes : c'est d'éviter l'encombrement. Que pour le Salon annuel on se croie obligé de couvrir de peintures le moindre centimètre carré de parois, cela se conçoit par le motif — mauvais d'ailleurs — qu'on veut faire le plus grand nombre possible d'heureux. Mais pour un musée permanent, qui est censé ne montrer que des œuvres de premier ordre, rien n'est odieux comme cet entassement. Lorsque les tableaux se touchent en tous sens, comment apprécier une peinture délicate juxtaposée à des brutalités violentes ? Il faudrait que chaque tableau pût être isolé par une bande du fond commun de la tenture; mais il faudrait pour cela comprendre que tout l'intérêt d'un musée est dans la sélection sévère des chefs-d'œuvre, et ne pas mettre son amour-propre à grossir sans relâche le nombre des numéros des catalogues. Il n'y a pas de musée, à commencer par le Louvre, qui ne dût gagner beaucoup au renvoi, fût-ce dans un grenier, de trop nombreuses œuvres d'ordre inférieur. Voyez, par exemple, combien ont gagné en valeur les compositions décoratives de Rubens, depuis que dans la belle salle appropriée par M. Redon chacune est devenue en quelque sorte un monument artistique (fig. 705).

Quant aux Musées qui ne sont pas exclusivement des musées, leur caractère procède alors d'un autre programme. Et dois-je me permettre de le dire? Ce sont les Musées les plus aimables à voir : telle la galerie d'Apollon, ou le portique de la Villa Albani (fig. 706), ou le Casino de la Villa Borghèse (fig. 707), ou même ce musée en plein air qu'est la façade de la Villa Médicis. Je dirai plus, ce sont les seuls où la satisfaction soit pure, où l'on ne ressente pas cette vague impresssion de cimetière qui vous désole à l'entrée de ces grandes nécropoles des arts qu'on appelle les Musées officiels.

Et, au risque d'une digression, puisque nous causons entre artistes, permettez-moi d'adresser devant vous aux musées un peu des malédictions qu'ils méritent.

Les musées sont tellement entrés dans nos habitudes d'esprit, qu'on doit certainement être taxé de paradoxe si l'on ose dire qu'ils sont une des créations les plus funestes aux arts : rien n'est cependant plus vrai.

A toutes les époques vraiment inspiratrices de progrès artistiques, le musée était chose inconnue ; surtout, on n'aurait jamais compris qu'un artiste fit une œuvre pour qu'elle allât immédiatement s'enterrer dans ce domaine des morts. Alors, la peinture était faite avant tout pour la décoration architecturale et pour l'instruction publique, l'élévation morale de la génération ; toute peinture avait son emplacement, sa destination, son cadre, elle était une partie d'un tout, en harmonie avec les autres éléments. Alors, l'art de la peinture, c'était avant tout la

Fig. 70. — Salle des Rubens, au Louvre.

fresque, la peinture murale ; le tableau n'a existé que longtemps après la peinture, et lui aussi avait sa destination, son entou-

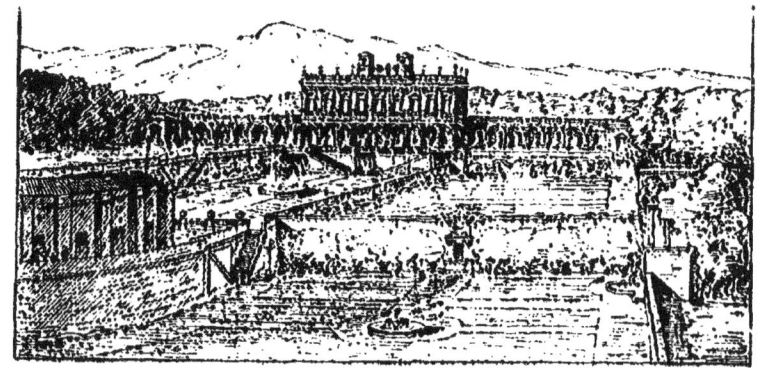

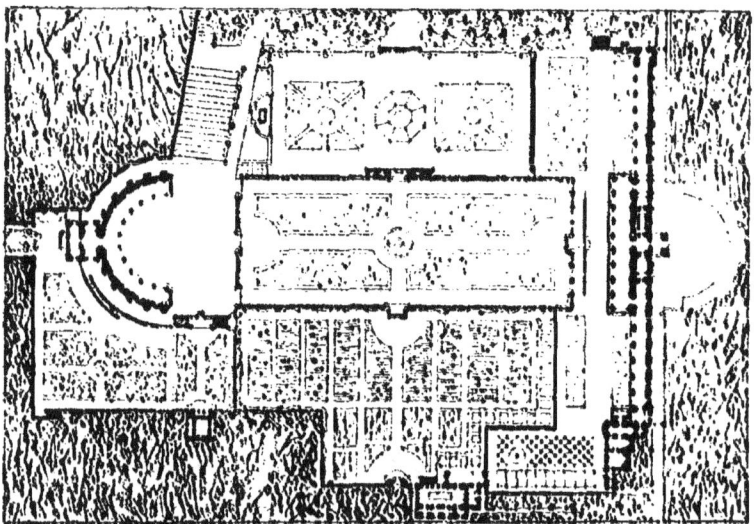

Fig. 706. — Villa Albani, à Rome

rage, sa lumière nécessaire. La sculpture également, et il est impossible de prononcer ce mot sans que la pensée se reporte à d'éternels chefs-d'œuvre conçus et faits pour un monument,

318 ÉLÉMENTS ET THÉORIE DE L'ARCHITECTURE

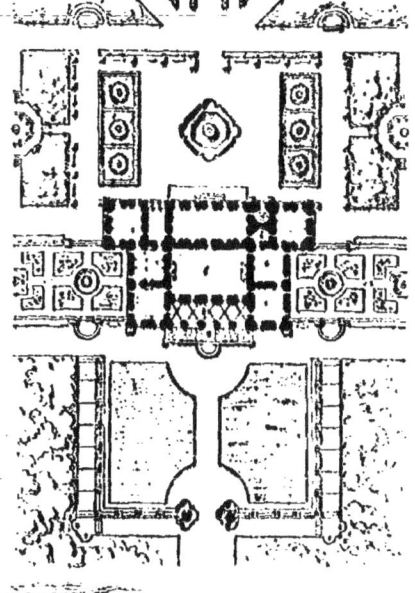

pour une place, qu'il s'agisse d'ailleurs des œuvres de Phidias, des sculptures des cathédrales ou des tombeaux des Médicis à Florence.

Et quant aux objets d'art survivant à leur temps, tels que les nombreuses œuvres antiques découvertes dans les fouilles — ces œuvres qui nécessairement n'ont pas d'application moderne, — elles furent d'abord l'objet de

Fig. 707. — Plan et vue du Casino-Musée de la Villa Borghèse.

collections particulières, ou plutôt le mot n'est pas juste : des amateurs véritables vivaient avec ces œuvres, leur faisaient une place dans leur intimité, les disposant dans leurs salons, leur bibliothèque, leur salle à manger, les vestibules ou les portiques de leur palais ou de leur villa. Mais leur nombre grandissant, la restriction des fortunes princières d'autrefois a exigé pour ces restes du passé un abri. Pour elles le musée est légitime, car il est alors un moyen de conservation, un témoignage de piété respectueuse pour ce qui serait sans objet à défaut de cet asile.

Oui, asile, campo-santo, cimetière, peu importe le mot : c'est le domaine du passé, l'abri ou l'hospice de ce qui n'est plus vivant. Le chef-d'œuvre même, s'il n'a plus d'autre séjour possible, viendra s'y enterrer; là, il n'aura plus rien de ce qui faisait son entourage, sa signification, sa raison d'être : du moins, il sera abrité, et si on le voit mal, si on le juge mal, on le voit et au besoin on peut le deviner.

Mais on en est arrivé à cette singulière idée que l'inscription dans un catalogue de musée soit la plus grande fortune qui puisse échoir à une œuvre d'art. Nous voyons au Louvre — et c'est monstrueux — des sculptures dont la place est vide à Versailles et à Fontainebleau; la *belle cheminée* de Fontainebleau est dépouillée du bas-relief équestre de Henri IV, par Jacquet de Grenoble, et il se trouve des fanatiques qui voudraient dépouiller l'Arc de l'Étoile du bas-relief de Rude au profit d'une salle de musée ! Nous voyons plus étrange encore, un Musée des artistes vivants !

Et qu'arrive-t-il dès lors ? Le Musée des vivants appelle des œuvres faites en vue du musée, c'est-à-dire les œuvres sans but, sans signification, sans raison d'être ! Art de virtuoses peut-être, de gens habiles, art stérile quand même, art inférieur en tous cas, car il n'y a d'art vraiment grand que celui qui se consacre à une mission supérieure et désintéressée.

Mais enfin, le musée existe, et il nous faut faire le mieux possible des salles de Musées. Ici, après les grands problèmes de composition générale, le souci de l'architecte doit être que les objets exposés soient bien vus, et pour cela qu'ils soient bien éclairés. C'est la question capitale en matière de musées.

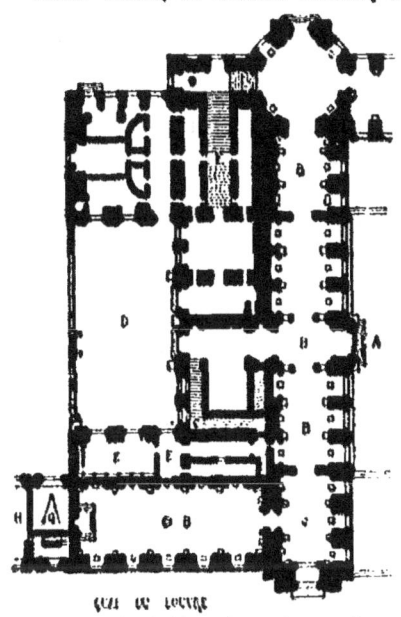

Fig. 708. — Plan du Musée des Antiques au Louvre (disposition ancienne).

A, jardin de l'Infante. — B B.B, salles du Musée des Antiques. — C, escalier sortie du Musée. — D, cour du Musée. — E, bureaux du Musée. — F, grand escalier. — G, remises. — H, guichet.

Or, la composition adoptée placera vos salles dans deux situations très différentes à ce point de vue : ou elles pourront être éclairées par le haut, ou elles ne pourront s'éclairer que par des jours verticaux dans une ou plusieurs parois. Ce dernier cas sera notamment celui des salles à rez-de-chaussée lorsqu'il y a plusieurs étages. Et si nous nous attachons d'abord au musée d'art, ce sera le plus souvent la condition des salles de sculpture. Tel est le cas au Louvre (fig. 708) : mais il faut ajouter tout de suite que les rez-de-chaussée du Louvre n'ont pas été faits pour des musées, et que, par conséquent, il ne serait pas juste de critiquer ici des insuffisances d'éclairage.

Supposons pour le moment que vous ayez à exposer le

mieux possible une seule statue, par exemple la Vénus de Milo ou le Germanicus. Pour que l'éclairage fasse valoir toute la beauté de l'œuvre, il ne devra être ni trop vertical, car en tombant d'aplomb sur la statue, il porterait des ombres trop accentuées, ni trop horizontal, car il ne permettrait de saisir ni les mouvements ni les modelés. Il devra donc être élevé et oblique. Il faudra d'ailleurs qu'il ne vienne pas de tous les côtés, car pour la sculpture une diffusion d'éclairage supprime tout *effet*, et partant tout modelé.

Ces conditions sont réalisées au Vatican, dans la partie du Musée qu'on appelle la Cour du Belvédère (fig. 709) : aux angles de cette cour, on a disposé des loges, sorte de petites salles ouvertes sur la diagonale de la cour : dans chacune de ces loges est une œuvre unique, l'Apollon, le Persée, le Mercure, le Laocoon; près de là, le *Torse* et le Méléagre : et assurément ces sculptures doivent en partie leur célébrité à la beauté de cet éclairage et de cet isolement : en somme, une large et haute ouverture, laissant entrer une belle lumière qui éclaire de haut et obliquement l'œuvre exposée (fig. 710).

Mais cette condition d'une salle spéciale pour une œuvre unique est rare : elle n'est admissible que pour des sculptures de premier ordre, qui méritent une situation exceptionnelle. Le plus souvent, des salles assez étendues reçoivent des sculptures nombreuses. Or, rarement ces salles sont assez hautes, rarement surtout la lumière y pénètre d'assez haut pour bien éclairer les sculptures. Pourtant il y en a des exemples; ainsi, le Musée de la Villa Albani à Rome offre un excellent éclairage des statues : c'est un large et haut portique voûté et ouvert, où les piédestaux sont pour la plupart isolés au milieu de la largeur du portique. Dans votre École même, le vestibule sur le quai est une bonne salle d'exposition de sculpture : on peut dire que toute salle assez large et assez haute, si les jours s'élèvent assez haut dans la paroi, sera une bonne salle de

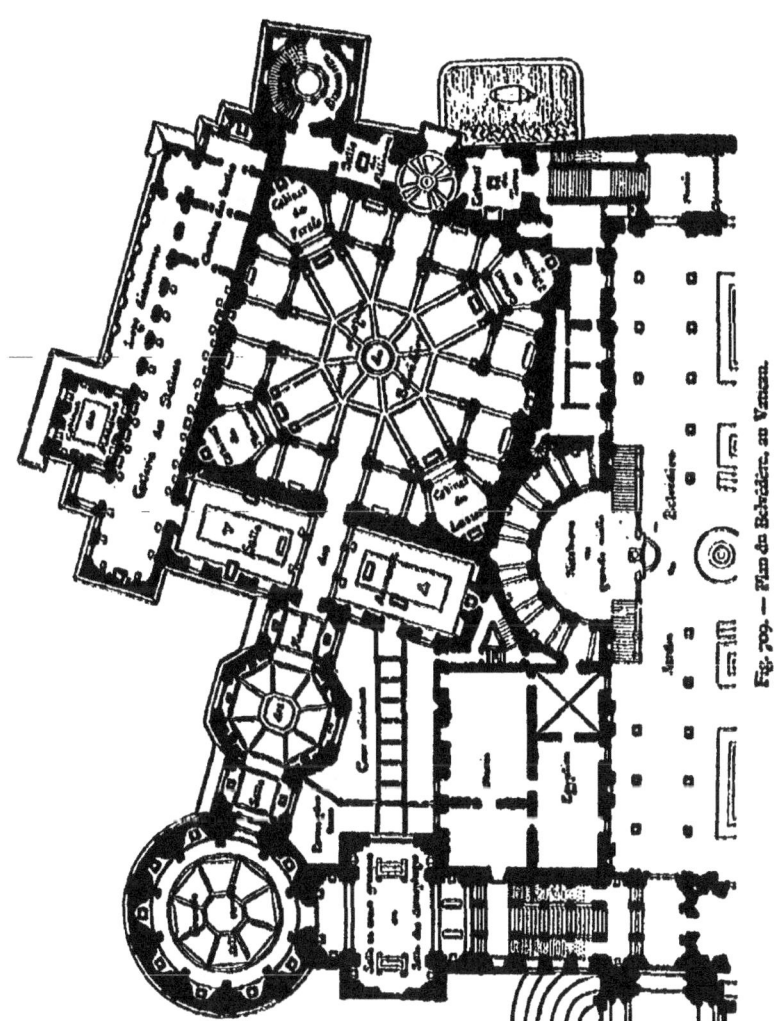

Fig. 709. — Plan du Belvédère, au Vatican.

sculpture, à condition que les statues ne soient pas placées contre la paroi éclairante, toujours afin que la lumière puisse être élevée et oblique.

Mais, lorsque la composition le permet, le jour du haut est encore le meilleur, pourvu qu'il ne tombe pas à plomb sur les statues. Un exemple très réussi de cette disposition est la salle

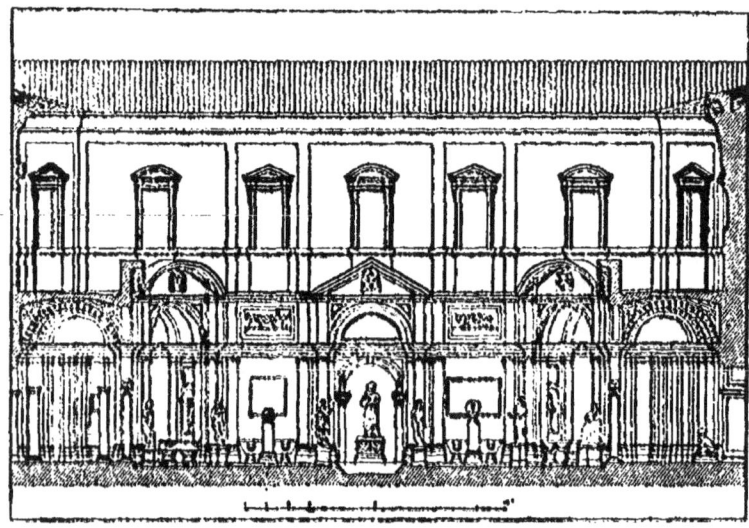

Fig. 710. — Coupe du Belvédère, au Vatican.

du Vatican dite le *Braccio Nuovo* (fig. 711). La salle est longue, voûtée, suivant son axe longitudinal, par une série de châssis vitrés et un grand vitrage circulaire au milieu d'une coupole centrale. Chaque travée de cette salle s'ouvre latéralement en deux absides; au centre de chaque abside, une statue sur un piédestal. Les sculptures sont ainsi exposées sans confusion, chacune dans un local à elle, bien que l'ensemble ne forme qu'une salle; la lumière est excellente, venant ainsi de haut et obliquement, le public seul est sous l'aplomb des vitrages. Il faut ajouter toutefois que ce Musée ne comporte, par sa disposition même, que des objets isolés, statues, groupes ou vases, et que cette disposition exige une place considérable pour le

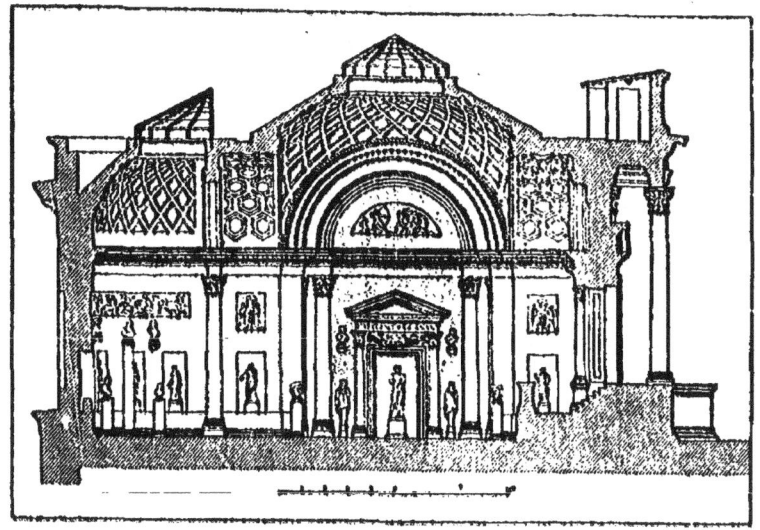

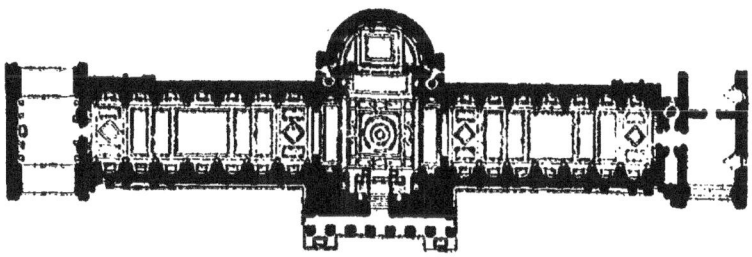

Fig. 711. — Plan et coupe de la galerie du *Braccio Nuovo*, au Vatican.

nombre d'objets exposés. Ce n'en est que mieux, mais c'est un luxe d'espace qu'on peut rarement se permettre.

On peut jusqu'à un certain point considérer comme éclairées du haut des salles où les fenêtres sont ouvertes à une grande hauteur. Telle est la salle centrale de la Villa Borghèse à Rome, où l'éclairage est excellent; telle est encore la *chapelle* de l'École des Beaux-Arts, dont les fenêtres font pénétration dans la voûte; mais elles existent d'un côté seulement, et l'éclairage qui est très bon dans les deux tiers de la salle devient insuffisant pour les objets placés contre le mur où sont pratiquées les fenêtres.

Contiguë à cette salle est la petite salle octogonale où sont exposés les moulages de Michel-Ange; la lumière y pénètre par un chassis central, et produit un éclairage très judicieusement analogue à celui de la chapelle des Médicis. Aussi pouvez-vous y voir les sculptures de ces tombeaux dans les conditions voulues par le grand sculpteur qui, très certainement, les a étudiées en tenant le plus grand compte de l'éclairage particulier de la salle qui devait les recevoir.

Mais en général la sculpture a plutôt été composée en vue du plein air, et lorsque les circonstances s'y prêtent, comme à Versailles, les jardins sont les plus agréables Musées. On a donc cherché à réaliser pour des collections de sculptures ces conditions du plein air, et vous avez dans votre École même un exemple intéressant de cette tentative avec la cour vitrée au centre du Palais des Études, près de ces cours d'un aspect si artistique, qui sont de véritables Musées en plein air, par la réunion des fragments d'architecture sauvés par Alexandre Lenoir (fig. 712, 713, 714).

Ce parti d'exposition avec l'éclairage du plein air est celui qui a été adopté pour les Salons annuels, où il faut réunir un très grand nombre de sculptures. A l'ancien Palais des Champs-Élysées, dont le souvenir mérite d'être conservé, sinon pour son architecture extérieure, tout au moins pour ses dispositions générales (fig. 715), ce programme était réalisé très

326   ÉLÉMENTS ET THÉORIE DE L'ARCHITECTURE

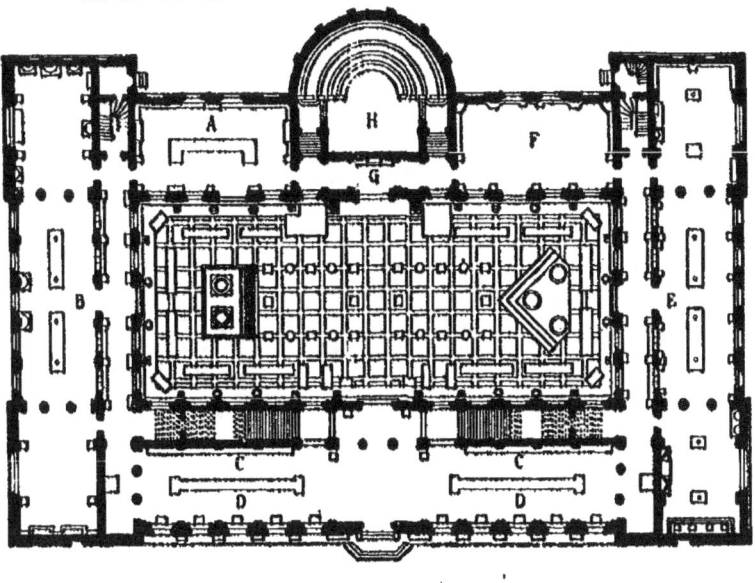

Fig. 712. — Plan du Musée de l'École des Beaux-Arts.

B, galeries romaines. — C, Égine. — D, Parthénon. — E, galerie grecque. — F, salle de dessin et musée. — G, monument à Duban. — H, hémicycle.

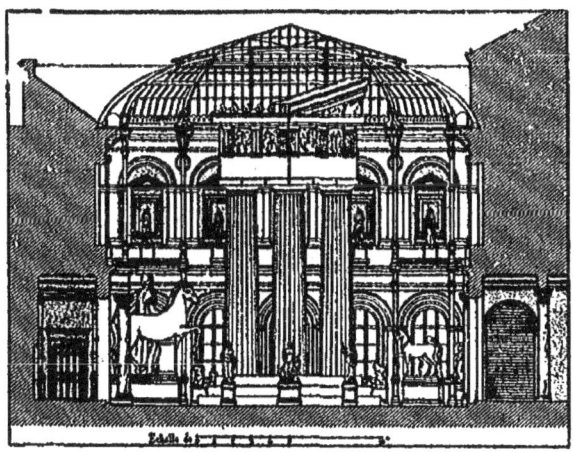

Fig. 713. — Musée de l'École des Beaux-Arts. Coupe transversale.

LES ÉDIFICES D'INSTRUCTION PUBLIQUE

heureusement par sa grande nef rectangulaire, encadrée par des abris sous les galeries du premier étage. Le même parti a été conservé dans le Palais qui l'a remplacé. Seulement, voyez ici l'importance des questions d'orientation : dans l'ancien Palais, la nef était orientée à peu près de l'est à l'ouest; on pouvait dès lors ombrer d'une façon permanente par un *velum* le versant sud de la toiture vitrée : on réalisait ainsi un éclairage constant, et une certaine défense contre la chaleur si gênante des cours vitrées. Dans le

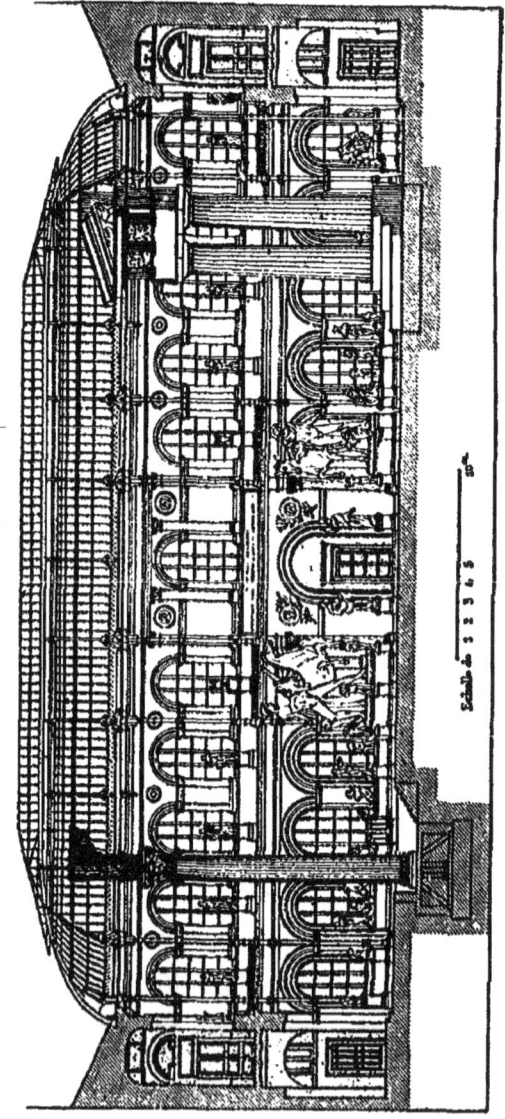

Fig. 714. — Musée de l'École des Beaux-Arts. Coupe longitudinale.

grand Palais actuel, où l'orientation de la nef est sud-nord, ce n'est pas possible, et ni l'éclairage ni la chaleur ne peuvent être gouvernés. Erreur, non de l'architecte, qui n'a pas été consulté, mais de l'administration, qui a affecté aux Expositions d'art un emplacement où l'orientation sud-nord de la nef était inévitable,

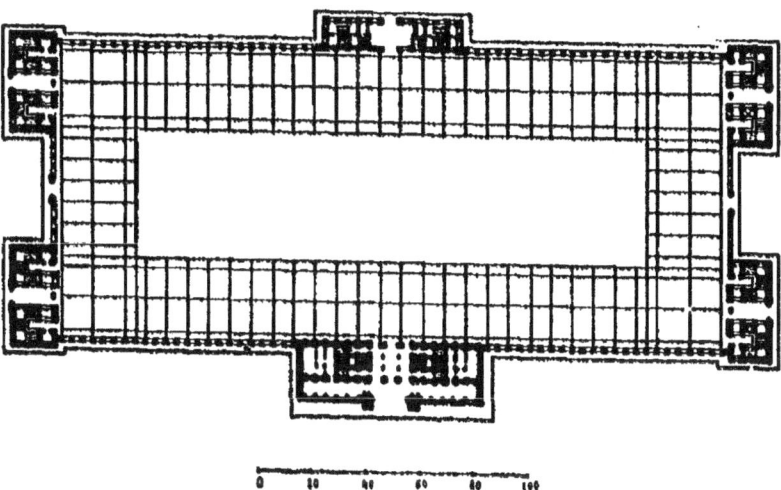

Fig. 715. — Plan de l'ancien Palais des Champs-Élysées.

alors que l'expérience montrait la supériorité de l'orientation perpendiculaire à celle-là.

La sculpture est aussi éclairée du haut au Musée du Luxembourg; mais ici l'encombrement dans un espace trop petit enlève à cet éclairage ses qualités : on n'en peut retenir qu'une chose, c'est qu'un Musée de sculpture ne doit pas être un entassement.

Il n'y a pas de plus important Musée de sculpture que celui du Vatican. Voyez-en le plan (fig. 716) et vous serez frappés de la grandeur de cet ensemble. Tout n'est pas musée dans le

Vatican : la partie la plus voisine de Saint-Pierre est le Palais pontifical ; vous reconnaîtrez facilement les salles du Musée, et vous serez frappés de leur ampleur et aussi de leur variété ; car dans cet ensemble si vaste, on a su éviter la monotonie d'architecture qui était à redouter.

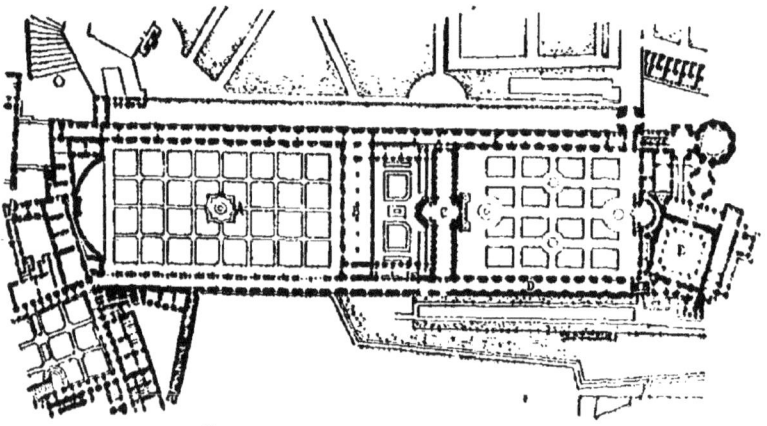

Fig. 716. — Plan général du Musée du Vatican.

A, cour basse du Belvédère. — B, bibliothèque. — C, galerie de Braccio Nuovo. — D, Musée Chiaramonti. — E, cour octogone du Belvédère.

Pour la peinture, les dessins, les gravures, l'éclairage du haut est le plus favorable. Mais il ne faudrait pas croire qu'il suffise qu'une salle soit éclairée du haut pour être nécessairement une bonne salle de Musée de peinture. La disposition en est au contraire assez délicate, et rien ne vaut ici l'expérience : nous aurons donc à voir quelles salles sont bonnes, quelles autres ne le sont pas.

La question d'éclairage n'est d'ailleurs pas la seule ; il faut aussi que les salles de Musées soient *hygiéniques* pour les objets exposés. L'humidité est funeste pour les tableaux et les dessins ; le soleil également. Récemment, les peintures et les dessins exposés dans un Musée important ont été compromises, et il a été reconnu que la cause de ces détériorations était imputable à une installation défectueuse du chauffage, qui envoyait dans les salles de l'air chaud, mais humide. Les trop grandes variations de température sont aussi à redouter, et par conséquent il faut éviter les trop grandes surfaces exposées aux refroidissements — qui sont aussi celles exposées aux échauffements.

La salle de musée devra donc être constituée avec des murs sérieux, en maçonnerie qui ne se laisse pas traverser par l'humidité. Les châssis d'éclairage ne devront pas être la toiture vitrée elle-même : entre les uns et les autres, il faut l'interposition d'un comble, et parfois il pourra être nécessaire que le comble lui-même soit légèrement chauffé. Ce comble doit d'ailleurs être praticable et facilement accessible : il est nécessaire en effet que les verres du plafond vitré soient fréquemment nettoyés, sans quoi la poussière les rendrait bientôt opaques. Je vous rappelle ici ce que je vous ai dit des plafonds vitrés à propos des salles de collections. Il faut donc que des passages de service suffisants existent autour de ces châssis, et qu'on puisse les parcourir librement en portant les ustensiles de nettoyage. Les vitrages de toitures doivent aussi être facilement accessibles et entourés de chemins de service. Il faut que les allées et venues fréquentes que nécessiteront les nettoyages puissent se faire sans danger pour les hommes et sans dégradations pour les couvertures : ce serait par exemple une faute grave d'amener des toitures en ardoises jusqu'aux rives de ces châssis vitrés.

Avec les questions d'éclairage, nous abordons les difficultés capitales des salles de musée. Je crois pouvoir vous en faire saisir les principes en vous parlant d'abord de salles que vous connaissez bien : je prendrai donc pour premiers exemples la salle de la Melpomène dans votre École, et les salles du Salon de peinture aux Champs-Élysées. Lorsque vos dessins sont exposés dans la salle Melpomène, et que leur nombre exige qu'il y en ait non seulement contre les parois, mais encore dans des rangées longitudinales au milieu de la salle, qu'arrive-t-il ? Les premiers sont bien éclairés, les autres le sont mal, et mal surtout lorsque les dessins sont vus dans un plan qui se trouve entre le spectateur et l'axe de la salle. Ils sont alors éclairés en quelque sorte par derrière, vus en transparence ou en contre-jour. Mais lors même que cette condition tout à fait défectueuse ne se présente pas, ils sont encore mal éclairés par un jour trop frisant : et si c'étaient des peintures, le résultat serait pire encore à cause du miroitement. J'ajoute que la salle Melpomène a été conçue en vue de l'éclairage de ses parois, et non de subdivisions longitudinales que l'architecte ne pouvait prévoir.

Vous pouvez conclure de là que des œuvres d'art, éclairées du haut, doivent recevoir un jour qui reste cependant oblique, et que l'éclairage à plomb ne vaut rien. Aussi verrez-vous toujours dans les salles de musée le plafond vitré ne pas occuper toute la surface : il y a toujours une bande opaque, voussure ou plafond plat, et sous cette bande sont exposés les tableaux. Un plafond vitré de toute l'étendue de la salle, bien que paraissant donner plus de lumière, ne serait pas bon, car vous verriez les tableaux en miroitement, ou plutôt vous ne les verriez pas : vous ne verriez que le reflet de la lumière comme si c'étaient des glaces qui garnissaient le mur.

A l'ancien Palais des Champs-Élysées, les salles de peinture étaient constituées au moyen de cloisons légères, et les plafonds au lieu de vitrages étaient établis en étoffe transparente, calicot ou étamine. La lumière qui arrivait très abondante par le grand comble entièrement vitré, était ainsi tamisée et répartie, diffusée, par le passage à travers cette étoffe. Mais autour des salles, et par conséquent à plomb des parois qui reçoivent les tableaux, régnait une bande d'étoffe plus foncée qui interceptait presque complètement la lumière : c'est l'équivalent des voussures ou bandes de plafond que je vous signale dans les salles véritables. Les salles de peinture du Grand Palais actuel se rapprochent davantage de la salle de Musée proprement dite.

Remarquez enfin que les vitrages de la salle Melpomène sont en verre dépoli : l'effet est le même que celui des calicots du Salon : d'une part, la lumière est diffusée, et par conséquent égalisée; d'autre part, on ne voit pas les charpentes et les chassis du comble : double résultat à chercher en pareille matière.

Ainsi, lumière diffuse et égale; pas de miroitements, et pour cela pas de lumière à plomb des tableaux, voilà ce qu'on doit obtenir dans une bonne salle de musée. Et à ce sujet je dois éviter une contradiction apparente : je vous recommande ici la lumière diffuse, que je déconseille pour les sculptures. C'est que les nécessités d'éclairage sont différentes. La sculpture reçoit son effet de la lumière dirigée dans un sens déterminé; la peinture ou le dessin ont leur effet en eux-mêmes. La lumière modèle la sculpture, elle doit seulement éclairer la peinture.

Mais on peut aller plus loin dans ces combinaisons; transportons-nous dans les Panoramas. Vous savez combien la peinture y est vivement éclairée et bien vue. Or, cet effet tient à ce que les vitrages éclairants y sont cachés au spectateur. En effet, plus on est soi-même dans l'ombre, et plus on voit nettement ce qui est éclairé. C'est donc parce que le spectateur est sous un écran horizontal, sous un plafond opaque, que la lumière de la peinture lui paraît d'autant plus éclatante. Tel est aussi le cas des décors de théâtre éclairés par des *herses* de lumière électrique soigneusement cachées aux spectateurs, ou encore l'éclairage des devantures de marchands de tableaux.

Je ne veux pas dire que des Musées comportent des moyens artificiels comme ceux-là. Toutefois, dans certains Musées étrangers, et lorsque les salles sont d'ailleurs larges, on a essayé de diviser les plafonds en cinq bandes longitudinales : contre chaque paroi, une bande opaque; puis de chaque côté un vitrage éclairant; enfin, au milieu, un plafond opaque. Quel est le résultat obtenu ? Je ne suis pas en mesure de vous le dire. Je croirais assez qu'il est bon pour le visiteur qui passe, mais qu'il ne doit pas être sans inconvénients pour le travailleur. Or, le Musée n'est pas fait seulement pour le passant, il faut penser aussi aux artistes qui vont y faire des séances de copies. La salle de musée est un atelier en même temps qu'une salle d'exposition.

Je vous indique donc cette variante en passant, en recommandant à ceux d'entre vous qui auront à construire des Musées, d'aller voir s'il y a réellement quelque chose à emprunter à ces dispositions; sous cette réserve, je resterai dans les données classiques et éprouvées de la salle de musée. Quant à l'importance du plafond vitré par rapport à la salle, nous trouverons, dans les meilleures conditions, qu'elle doit être à peu près de moitié au moins de la largeur totale.

Voici quelques mesures à ce sujet :

MUSÉE DU LOUVRE

SALLE	LARGEUR	VITRAGE	%
Salon carré (médiocre)	15^m 77	5^m 47	34 %
Sept cheminées (assez bonne)	14^m 71	5^m 60	38 %
Lacaze (assez bonne)	12^m 70	10^m 00	78 %
Françaises XVIIe, XVIIIe (assez bonne)	12^m 71	7^m 55	59 %
— XIXe siècle (bonne)	17^m 45	8^m 25	47 %
Italienne (très bonne)	7^m 00	3^m 75	54 %

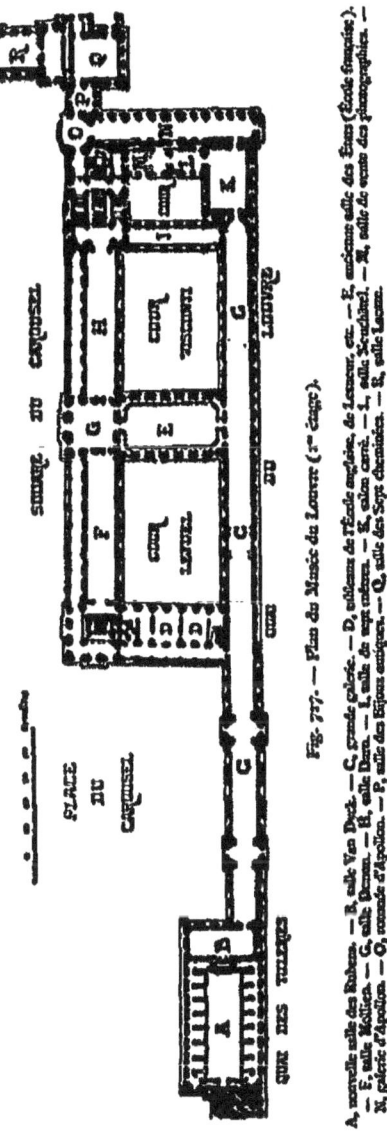

Fig. 717. — Plan du Musée du Louvre (1er étage).

Mais ces proportions ne sont pas le seul élément d'études, et nous allons en trouver de non moins importants.

Il nous reste en effet à voir comment se produira, par le plafond vitré, le passage de cette lumière diffuse et égale que nous désirons. Le verre dépoli ne suffit pas pour cela; il y a des questions de distance, de proportion et de position entre ces plafonds et les vitrages de toitures. Pour les étudier, je vous engage à considérer les coupes transversales des principales salles du Musée du Louvre : nous y trouverons tous les éléments nécessaires à cette étude. Le plan (fig. 717) des salles de peintures du Louvre vous servira de repère pour les indications qui vont suivre.

Toutes, sauf une, ont des lanternes de toiture à deux pentes, disposées symétriquement par rapport au plafond vitré. Celle qui fait exception

— et qui est malheureusement la plus étendue — est la grande galerie qui longe le quai (fig. 718). Là, soit en vue d'éviter le jour du midi, soit pour laisser à la toiture qui couronne la façade sur le quai, l'unité d'aspect que lui assure l'emploi unique de l'ardoise, l'architecte n'a pratiqué de vitrages de toitures que sur le versant nord, côté des cours. Or, le résultat n'est pas bon, il est même mauvais. La paroi contre le quai reste obscure, et ce

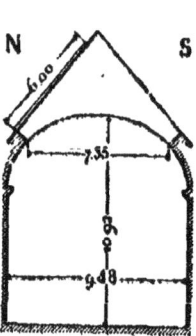

Fig. 718. — Éclairage de la grande galerie du Louvre.

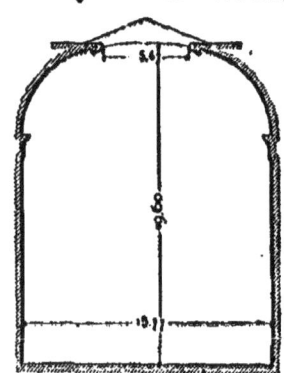

Fig. 719. — Éclairage du Salon carré du Louvre.

n'est guère que le matin, par de belles journées, qu'elle est suffisamment éclairée.

Toutes les autres salles, éclairées symétriquement comme je le disais, sont assez bonnes ou bonnes. Il y a cependant encore entre elles de notables différences d'éclairage, qui correspondent à de notables différences dans la disposition des combles. Je vous les montrerai par des tracés purement schématiques, afin de faire mieux ressortir les éléments de l'étude actuelle.

Le *Salon carré* (fig. 719) et la *Salle des Sept cheminées* (fig. 720) sont des salles combinées à peu près de même : carrées toutes deux, éclairées par des plafonds vitrés carrés, elles ont ces plafonds presque immédiatement contigus aux vitrages de leurs toitures. La distance verticale du plafond au faîtage est de 1 m 52 pour la première et de 2 m 50 pour la seconde. La lumière est abondante, mais vous pouvez constater dans toutes deux qu'elle n'est pas égale. Suivant l'heure, c'est une paroi ou une autre qui est plus vivement éclairée, parce que, en somme, l'action du soleil se produit trop directement dans la salle.

La *Salle Lacaze* (fig. 721) est meilleure; la distance verticale du plafond au vitrage de comble est ici de 6 m 50. Peut-

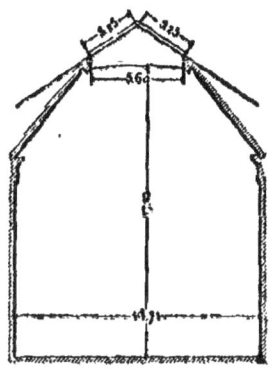
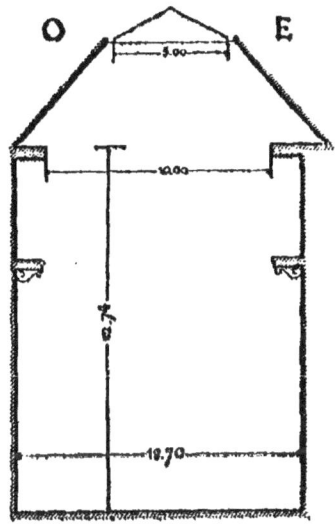

Fig. 720. — Éclairage de la salle dite des Sept cheminées, au Louvre.

Fig. 721. — Éclairage de la salle Lacaze, au Louvre.

être vaudrait-il mieux que les surfaces vitrées de toitures fussent plus importantes en raison de l'étendue du plafond vitré. Les *Salles françaises* (fig. 722) des XVIIe et XVIIIe siècles sont bonnes aussi. La distance verticale est de 4 m 65.

Je vous citerai comme très bonne la *Salle du XIXe siècle* (fig. 723). Le faîtage du très large vitrage de toiture est ici à 6 m 30 du plafond vitré. Les vitrages de toiture développent ensemble 16 m 15, pour une largeur de plafond de 8 m 23.

Enfin, la meilleure salle de toutes, mais qui à la vérité est petite, est la *Galerie italienne*, qu'on appelle aussi la salle de *sept mètres* (fig. 724) (c'est la cote de sa largeur). Entre le plafond vitré et le haut des châssis de toitures, la distance verticale est de 5 m 15, la largeur du plafond vitré étant seulement de 3 m 75. Les deux vitrages de comble développent ensemble 5 mètres et

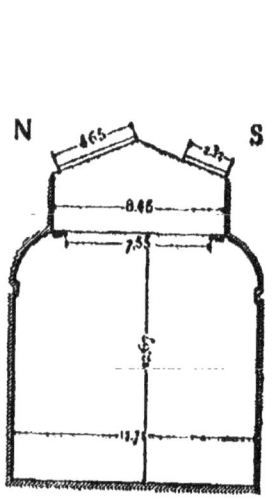

Fig. 722. — Éclairage de la Salle Française, XVIIᵉ et XVIIIᵉ siècles, au Louvre.

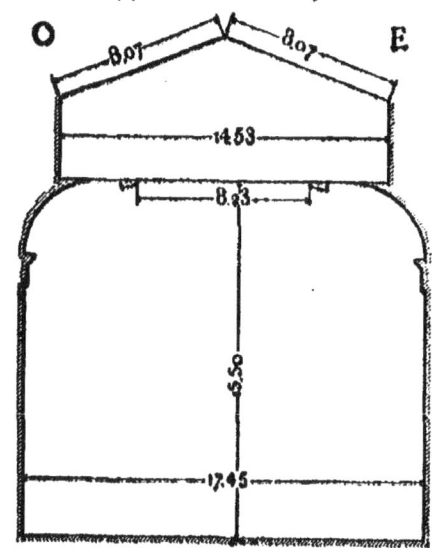

Fig. 723. — Éclairage de la Salle Française du XIXᵉ siècle, au Louvre.

sont pratiqués dans des pentes beaucoup plus raides que les autres.

Ainsi, ces dernières salles ont un élément commun : c'est une distance assez considérable entre le plafond vitré et les vitrages des toitures; la *Salle Lacaze*, et les *Salles françaises des XVIIᵉ et XVIIIᵉ siècles*, qui sont les moins bonnes, ne diffèrent des autres que par la moindre étendue des vitrages de toiture. Si nous prenons en effet la largeur des plafonds vitrés comme unité, nous trouvons :

Éléments et Théorie de l'Architecture.

338   ÉLÉMENTS ET THÉORIE DE L'ARCHITECTURE

SALLE	LARGEUR du plafond vitré	DÉVELOPPEMENT des toitures vitrées	PROPORTION des toitures vitrées par rapport au plafond vitré
Lacaze.............................	10,00	6,00	0,60 %
Salles françaises des XVIIe et XVIIIe siècles.	7,55	6,97	0,93 %
Salle du XIXe siècle................	8,25	16,15	1,96 %
Galerie italienne ou des Sept mètres.....	3,75	5,00	1,33 %

Je n'ai pas la prétention de dégager de ces constatations des règles chiffrées, mais seulement des indications d'expériences.

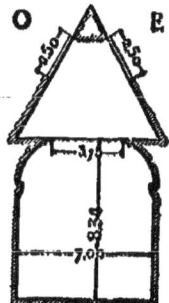 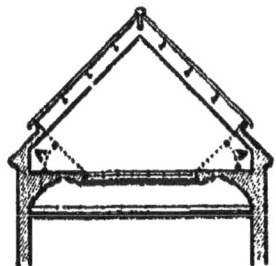

Fig. 724. — Éclairage de la galerie italienne dite Salle des Sept mètres.
Fig. 725. — Plafond vitré et vitrage de toiture.

Tout d'abord donc, entre le plafond vitré et le chassis de toiture, il faut une hauteur assez grande pour que la lumière du soleil puisse en quelque sorte s'amortir. Vous voyez que dans les bonnes salles du Louvre, cette distance verticale varie de $4^m 65$ à $6^m 50$. Si la toiture vitrée est d'une grande étendue, cette distance augmentera encore : c'est le cas du Salon des Champs-Élysées. On admet en général que, de l'extrémité du plafond vitré à la naissance du chassis de toiture, il faut que l'angle A soit au moins de 45° (fig. 725), ou tout au moins que la partie de vitrage de toiture qui serait en contrebas de cet angle de

45° ne profite pas à l'éclairage. Il est donc inutile de descendre le vitrage plus bas.

Les vitrages de toiture doivent être à très peu de chose près symétriquement disposés par rapport aux plafonds vitrés. En tout cas, la dissymétrie, s'il y en a, ne doit pas projeter sur le plafond vitré un éclairage unilateral.

La surface des vitrages de toitures doit être plus grande que celle des plafonds vitrés. Il ne semble pas que l'exagération soit ici à craindre; tandis que l'éclairage par le plafond vitré doit être localisé, celui de la toiture doit être général. L'exemple du Palais des Champs-Élysées, où le comble était entièrement vitré, est rassurant à cet égard.

Les plafonds vitrés ne doivent pas arriver jusque contre les parois d'exposition; les tableaux doivent être exposés sous des bandes opaques, voussures ou plafonds.

Les plafonds vitrés doivent être constitués en verre dépoli, et bien entendu sans verres de couleur.

Tout cela, je le reconnais, manque de précision : c'est que la précision n'est pas possible en pareille matière. Il y a trop d'éléments variables : le climat et par suite l'intensité de la lumière, l'orientation des salles, leur proportion, le voisinage de bâtiments plus ou moins élevés. Ici, le tâtonnement est inévitable, et il sera toujours prudent d'expérimenter une disposition de vitrages, avant de l'arrêter définitivement. Ou, si l'on ne peut procéder ainsi, il sera sage de ménager des vitrages qui ne soient certainement pas trop petits, car si l'on peut facilement réduire des vitrages trop grands, il faudrait une démolition, pour augmenter après coup des vitrages trop petits. Dans un chassis de toiture, il sera toujours possible de substituer partiellement des couvertures opaques à la vitre; et quant aux plafonds vitrés, il serait sage de les étudier avec une disposition de cadre ou de rives

340   ÉLÉMENTS ET THÉORIE DE L'ARCHITECTURE

qui permette *ad libitum* l'emploi du verre ou de panneaux. C'est un soin d'études qui peut épargner bien des ennuis.

Je ne puis vous montrer tous les exemples de Musées ; j'en choisirai d'abord un dont l'étude a été très sérieuse, c'est le Musée de Grenoble, construit par Questel (fig. 726, 727 et 728). Vous y verrez des salles de peintures, de sculptures, et aussi de bibliothèque, l'édifice étant destiné à ce double usage; puis le Musée très pittoresque de Toulouse, en partie installé dans les bâtiments d'un ancien couvent, dont le cloître est converti en une sorte de jardin artistique (fig. 729).

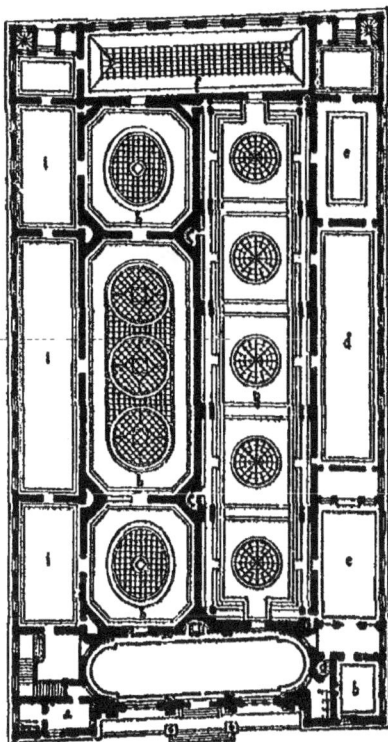

Fig. 726. — Plan du Musée-Bibliothèque de Grenoble.

A, concierge. — B, cabinet du bibliothécaire. — C, salle de lecture. — D, dépôt de livres. — E, bibliothèque dauphinoise. — F, musée des copies — G, bibliothèque. — H, peinture. — I, sculpture.

Pour les salles à vitrines, recevant des bronzes, des orfèvreries, des médailles, des ivoires, etc., le problème serait infiniment varié. On peut dire ici que l'éclairage pourra toujours être bon, s'il est abondant, s'il pénètre partout, qu'il soit d'ailleurs demandé à des fenêtres ou à des plafonds vitrés. L'analogie est assez grande avec les Musées de sculpture; toutefois il intervient dans ces salles un élément dont il faut tenir grand compte, l'ombre portée par les jouées ou les tablettes des vitrines, qui ne doivent pas être inutilement profondes.

LES ÉDIFICES D'INSTRUCTION PUBLIQUE 341

Mais les conditions d'exposition des objets varient ici suivant le meuble, et il n'y a pas un programme constant comme dans

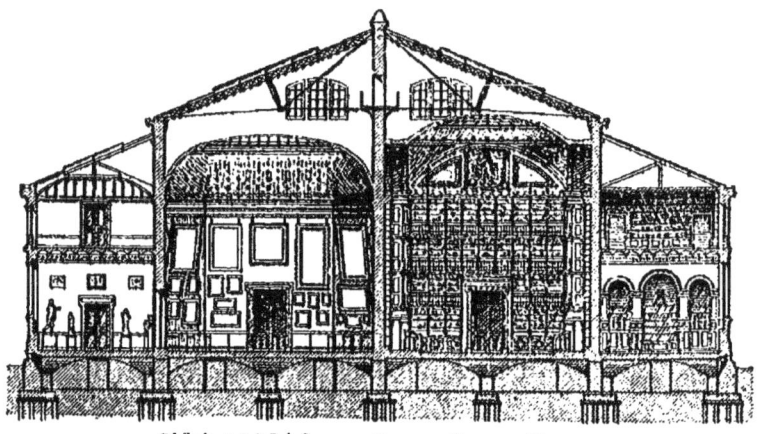

Fig. 727. — Coupe du Musée-Bibliothèque de Grenoble.

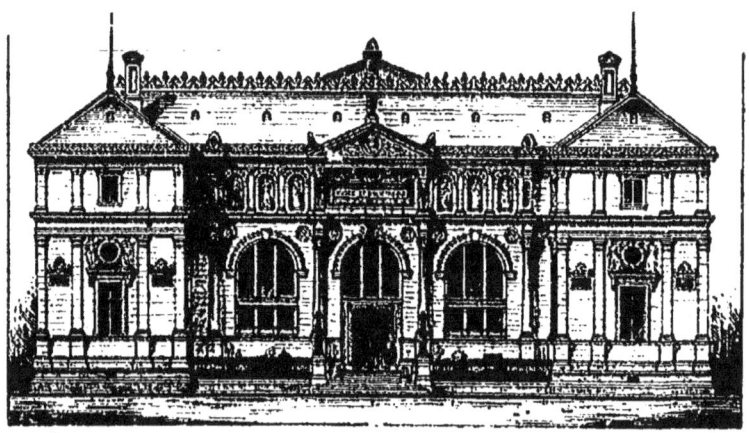

Fig. 728. — Musée-Bibliothèque de Grenoble.

les salles de sculpture et de peinture. La difficulté est plutôt dans la disposition et le placement de ces meubles. On peut affirmer

342 ÉLÉMENTS ET THÉORIE DE L'ARCHITECTURE

par exemple que les salles de votre École, aussi bien la salle Melpomène éclairée du haut, que les salles sur le quai, éclairées par de grandes fenêtres seraient excellentes pour des objets de vitrines, à condition que les vitrines fussent judicieusement

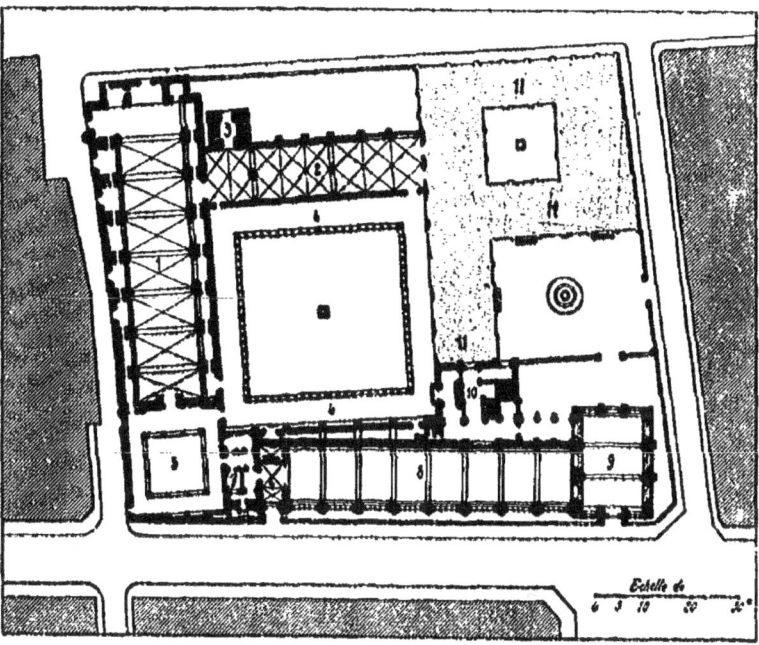

Fig. 729. — Musée de Toulouse. Plan.

ANCIEN COUVENT DES AUGUSTINS. — 1, église. — 2, salles voûtées. — 3, tour. — 4, grand cloître. — 5, petit cloître. CONSTRUCTIONS NOUVELLES DU MUSÉE. — 6, vestibule. — 7, concierge et administration. — 8, galerie de la sculpture. — 9, grande salle de la sculpture. — 10, grand escalier conduisant aux salles de la peinture. — 11, parties réservées.

disposées. C'est donc plutôt un programme d'ameublement qu'un programme de composition : il suffit à l'architecte d'avoir combiné un éclairage abondant. La faute serait de disposer des locaux où la lumière n'arriverait pas, car une vitrine placée dans un endroit obscur sera obscure *a fortiori*, et dans tout endroit bien éclairé, une vitrine pourra être bien éclairée. Je ne vois donc pas d'autre règle à prescrire que l'abondance de lumière pénétrant partout, sans introduction directe des rayons solaires. Aussi, si la salle est éclairée par des fenêtres, le jour du nord est préférable ; et si la salle est éclairée du haut, les conditions seront les mêmes que pour la peinture : lumière diffuse obtenue par les mêmes moyens.

Je dirai cependant que pour ces sortes de salles on doit se défier de l'éclairage du haut ; voici pourquoi : très fréquemment, les salles destinées à des objets de vitrines seront étroites, et c'est naturel puisqu'ici on n'a pas besoin de recul. Lors donc que les nécessités de la composition auront créé dans un plan de Musée des salles larges et d'autres étroites, ce sont ces dernières qu'on réservera pour les objets de vitrines. Or une salle étroite s'éclaire mal du haut. Prenons comme exemple extrême le corridor : éclairé du haut, il pourra être très clair comme circulation ; mais si l'on dispose contre ses murs des armoires ou de simples tablettes, l'éclairage forcément vertical mettra tous les objets exposés dans l'ombre portée des tablettes. Pour des salles de Musées, l'éclairage du haut n'est bon qu'à la condition d'avoir une largeur de plafond vitré suffisante pour que cet éclairage puisse être oblique et non vertical. Cela revient à dire que la disposition recommandée pour les salles de peinture est encore nécessaire pour les salles à vitrines, lorsque ces salles doivent être éclairées par un plafond vitré — et par conséquent que ces salles peuvent être étroites lorsqu'elles sont éclairées par des fenêtres, et doivent être larges si elles sont éclairées par des plafonds vitrés. En ce cas, on utilise les parties milieu de la salle par des vitrines horizontales.

En général, pour des objets de vitrines, le regard n'a pas à s'élever au delà de deux mètres. Une salle de musée sera toujours assez haute pour qu'il n'y ait pas à craindre l'obscurité résultant d'un plafond trop bas. Mais il y a parfois des balcons avec un second étage de vitrines. En ce cas, il importe que le rang inférieur ne soit pas dans l'ombre, et si la disposition ne permet

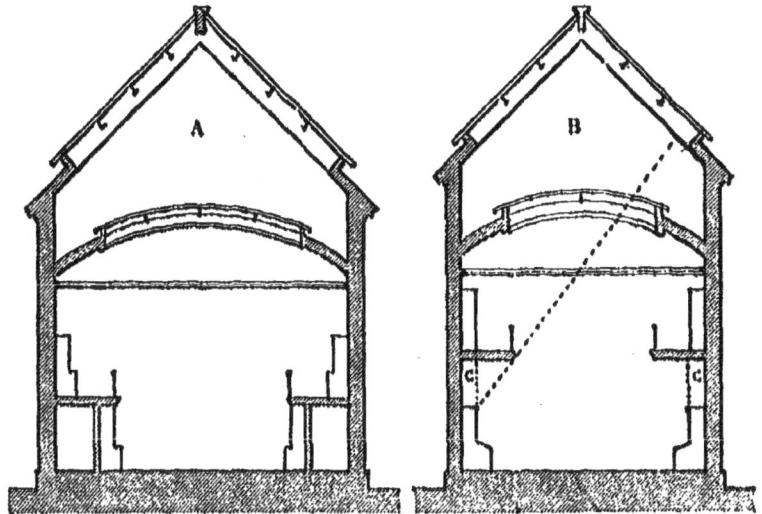

Fig. 730. — Salle de musée à deux étages de vitrines (le second en retrait).

Fig. 731. — Salle de musée à deux étages de vitrines superposés.

pas de l'avancer presque à l'aplomb du balcon comme en A (fig. 730), il faut que le balcon soit assez élevé pour que l'éclairage arrive à la partie supérieure des vitrines. Ainsi, dans la coupe B (fig. 731), si l'on place encore des objets en C, il faut admettre que ce sont des objets secondaires et relativement sacrifiés. Ce sont là des questions d'étude pour lesquelles il n'est pas possible de tracer de règles précises.

CHAPITRE VIII

LES MUSÉES SCIENTIFIQUES

SOMMAIRE. — Conditions générales, éclairages divers. — Exemples pris au Muséum d'histoire naturel'e. — Salles avec fenêtres. — Salles éclairées du haut.
Serres et orangeries. — Orangeries chauffées et non chauffées.

Les Musées scientifiques présentent aussi de très grandes variétés de programmes et souvent des difficultés considérables. Là, il y a parfois une certaine contradiction entre les nécessités d'exposition au point de vue de l'éclairage et les exigences du classement scientifique. Il faudra par exemple que l'échantillon presque microscopique se juxtapose au colosse : ainsi le diamant sera logiquement le voisin du bloc de houille; les squelettes de mammifères s'étendront de l'éléphant à la souris; les graminées présenteront le brin d'herbe à côté du bambou, etc. Mais, d'une façon générale, ce qui importe dans ces Musées c'est, après les données d'ensemble de la composition, les conditions de conservation et d'éclairage. Il faut que les salles soient indemnes d'humidité d'abord, et aussi des trop grandes variations de température. C'est ce que nous avons déjà vu pour les Musées d'art. Il importe aussi que ces salles soient bien ventilées, car certains objets exposés peuvent pendant assez longtemps dégager une odeur assez gênante, soit par eux-mêmes, soit par suite des préparations ou des ingrédients employés pour combattre les insectes. Ce sont là des données générales sur lesquelles je n'insisterai pas.

Quant à l'éclairage, il y a des salles excellentes avec des fenêtres, il y en a aussi avec l'éclairage du haut. On peut dire que tout éclairage est bon, s'il est abondant. Mais l'éclairage du haut a l'avantage d'économiser la place en livrant plus de parois. Dans une même salle, on pourra exposer plus d'objets avec l'éclairage par plafond vitré.

Pour les Musées artistiques, je vous ai indiqué surtout les salles du Louvre; pour les Musées scientifiques, je vous invite à connaître principalement les salles du Muséum d'histoire naturelle, le plus important établissement de ce genre que vous puissiez étudier (fig. 732 et 733).

En effet, sans parler ici des salles de collections qui existent, très nombreuses, dans diverses Écoles et Facultés, mais qui rentrent à ce titre dans le programme déjà vu des édifices d'enseignement supérieur, il y a à Paris deux grands Musées scientifiques : le Muséum d'histoire naturelle et le Conservatoire des Arts et Métiers (voir fig. 693). Mais tandis que le premier a maintenant des salles construites pour cette destination, le Conservatoire des Arts et Métiers ne nous offre que des galeries installées dans d'anciens bâtiments, sauf la plus récente construction de M. Ancelet; d'ailleurs, le programme était moins délicat, par la nature même des objets exposés.

Au Muséum, vous pouvez voir avec profit les galeries de minéralogie, botanique et géologie (fig. 734), dont la construction date de 1840. Ces galeries sont éclairées du haut; contre chaque paroi, il existe un premier rang de vitrines, isolées des murs par une circulation de service; la largeur entre ces vitrines opposées est donc sensiblement moins grande que celle de la

LES MUSÉES SCIENTIFIQUES

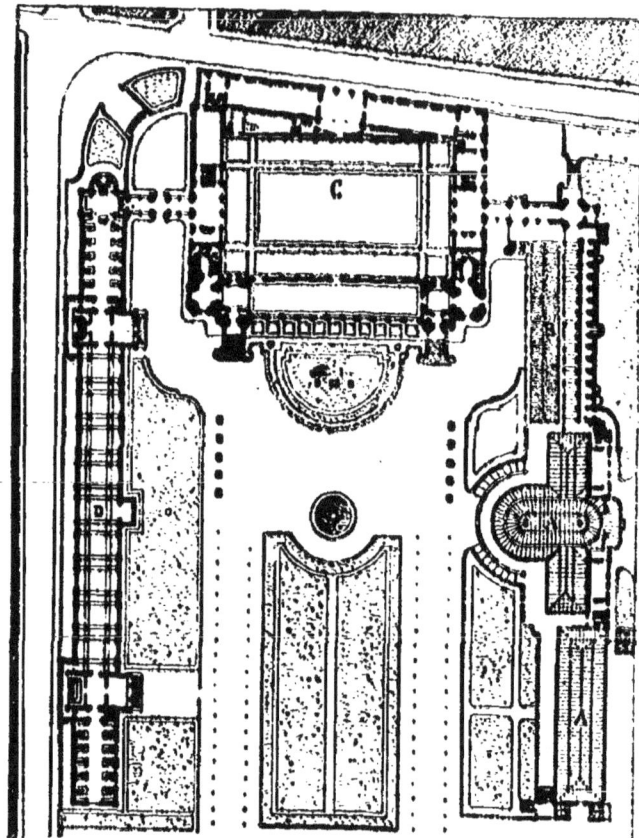

Fig. 712. — Muséum d'histoire naturelle (plan).
A, serres nouvelles. — B, serres anciennes. — C, nouveaux bâtiments. — D, anciens bâtiments de minéralogie.

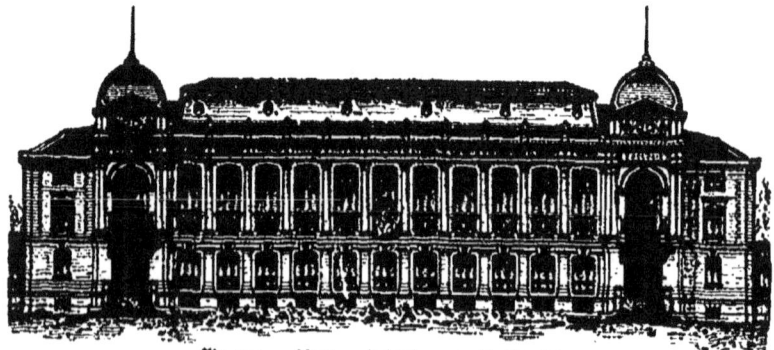

Fig. 713. — Muséum d'histoire naturelle (façade).

348 ÉLÉMENTS ET THÉORIE DE L'ARCHITECTURE

salle ; mais au-dessus, la salle retrouve sa largeur effective, les vitrines du second rang étant en retraite de toute la largeur d'un

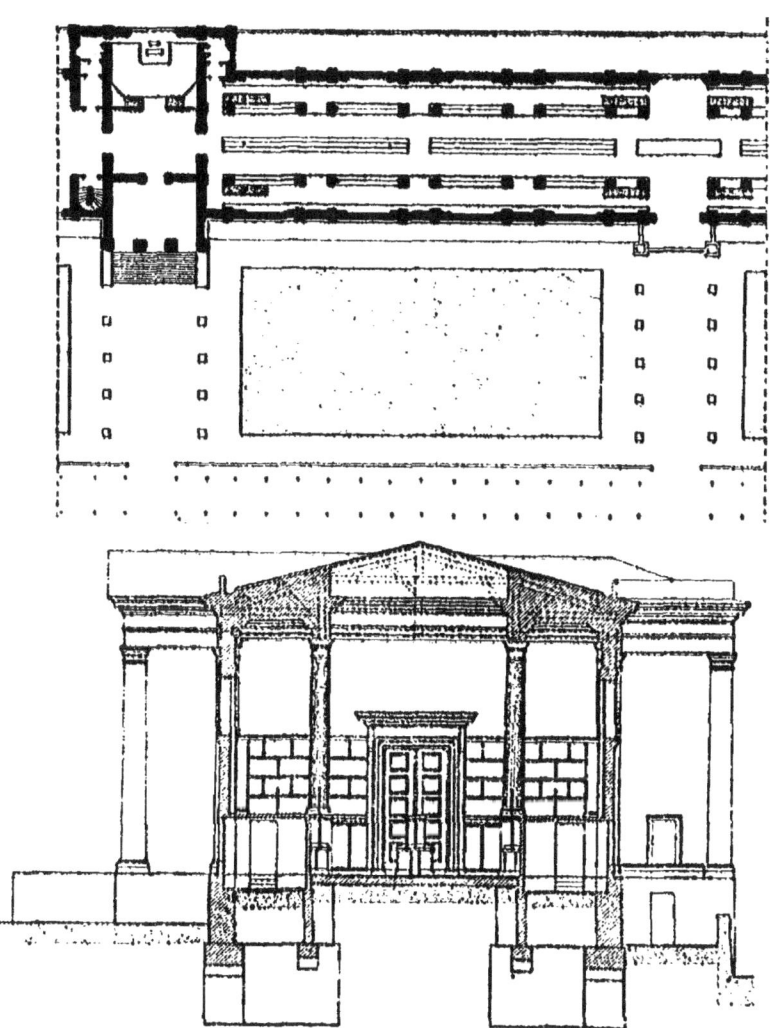

Fig. 734. — Galerie de minéralogie du Muséum (plan et coupe).

passage et de meubles d'appui formant balustrade. Cette disposition est très bonne, et évite ainsi que je le disais plus haut les ombres portées d'un balcon. Au milieu de la salle sont des meubles divers, tables, vitrines ou socles, généralement affectés à l'exposition des objets plus volumineux. Il y a pour l'éclairage des chassis vitrés sous des vitrages de toiture : la lumière est bonne, cependant les chassis pourraient être plus étendus ; par les temps gris ou couverts, la salle est plutôt un peu obscure.

Les galeries de zoologie (fig. 735 et 736), construites plus récemment, sont beaucoup plus importantes. Dans ce grand bâtiment, vous trouverez des salles éclairées par des fenêtres, d'autres éclairées par le haut. Les grandes salles du rez-de-chaussée et des étages, pratiquées contre la façade éclairée au nord, sont des galeries vastes et bien éclairées : je n'ai rien de particulier à vous y signaler; je vous engage seulement à les voir comme un bel exemple des dispositions que permet ce programme.

La grande salle centrale présente au contraire une disposition remarquable. Pour pouvoir exposer des squelettes ou des spécimens de très grands animaux, comme la baleine, l'éléphant et autres, des galeries ne seraient pas suffisantes; d'autre part, la simple cour couverte ne serait pas une salle de musée; il fallait cependant les deux éléments : galeries nombreuses pour les objets de dimensions restreintes, vaste salle pour les plus grands spécimens; et entre ces éléments, non seulement proximité, mais unité : unité d'exposition correspondant à l'unité de la science. Malgré quelques critiques toujours faciles, ce problème a été magistralement résolu dans une composition grandiose. Au milieu est pratiquée une salle, grande comme une cour, mais salle par son plafond vitré au-dessus duquel est la toiture également vitrée : c'est le centre lumineux du Musée. Là sont exposés les plus grands sujets nettement éclairés du haut.

Tout autour règnent trois rangs de galeries, dont la première est légèrement surélevée au-dessus de l'espace central, afin de mieux permettre la vue d'ensemble. Ces galeries, si le milieu était occupé par une cour, seraient éclairées par des fenêtres; ce milieu étant non pas une cour proprement dite, mais une salle vitrée, les galeries n'ont pas de parois qui les en sépare, elles sont tout ouvertes, profitant ainsi d'un maximum de lumière.

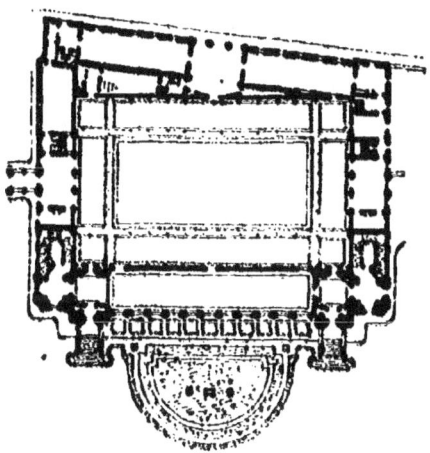

Fig. 711. — Galerie de zoologie.

Sans doute, les galeries du rez-de-chaussée sont moins éclairées que celles du premier étage, celles-ci moins éclairées que celles du deuxième étage : cela est inévitable; et du moment où l'espace disponible ne permet pas l'installation à un seul niveau, il n'en saurait être autrement. Toutefois, aujourd'hui, on ferait sans doute les planchers en verre-dalle. Cela n'infirme pas la disposition, au contraire.

Voyez cet ensemble, il est public, et il sera très instructif pour vous, si vous le voyez non en simple curieux, mais en architectes informés des difficultés du programme, et capables d'en apprécier la solution.

Je n'aurais pas épuisé ce sujet si je ne vous disais quelques mots des *Musées de plantes* : j'entends par là, en dehors des jardins botaniques, les serres et orangeries, en un mot les constructions destinées à recevoir des plantes.

Fig. 736. — Vue intérieure des galeries de zoologie, au Muséum.

Pour les serres, il se présente une difficulté analogue à ce que nous venons de voir pour la zoologie. On doit exposer de grandes plantes, même des arbres souvent très élevés, comme les palmiers par exemple ; puis il y a la multitude des plantes basses, vivaces ou annuelles. Toute plante de serre exige du chauffage, mais pas au même degré ; de là les distinctions entre les serres *chaudes* et les serres *tempérées*.

Ces considérations amènent forcément une conclusion : c'est qu'une serre complète ne saurait être un vaisseau unique ; le chauffage des serres est très dispendieux et deviendrait impraticable s'il fallait échauffer un volume d'air énorme pour faire vivre des plantes qui ne dépassent pas un mètre. Il faut donc des compartiments d'élévation différente, et de chauffage différent. Un programme spécial est donc indispensable, et l'architecte doit être renseigné au préalable sur l'importance qu'il devra donner à chacune de ces parties.

Les serres sont isolées ou adossées, couvertes à deux pentes ou en appentis. Lorsqu'elles sont isolées, elles offrent plus de surface au refroidissement, le chauffage doit donc être plus efficace. Les serres adossées (fig. 737) sont placées soit contre un simple mur, soit contre un terre-plein. Cette dernière disposition les abrite évidemment mieux ; elle est souvent employée dans les serres dites *hollandaises* (fig. 738), qui de plus sont un peu enterrées dans le sol.

En général, le chauffage est demandé à la circulation d'eau chaude : il est bon que ces canalisations soient disposées de telle sorte que les terres reçoivent aussi du chauffage ; non seulement on obtient ainsi des conditions analogues à celles des terrains dans les climats propres aux plantes de serre, mais de plus cette quantité de terre qui s'échauffe lentement, et se refroidit lentement ainsi, devient une sorte de réservoir de chaleur pour conjurer des accidents de gelée en cas d'extinction imprévue du calorifère, spécialement la nuit.

Dans les serres très élevées, il est souvent utile de disposer une canalisation de chauffage vers la partie supérieure. Il est vrai que l'air échauffé s'élève, et on pourrait croire que, ainsi que cela se passe dans un local habité, l'atmosphère sera plus chaude dans le haut de la serre que près du sol. Mais ce courant ascendant, rencontrant les surfaces très froides du comble vitré, et étant d'ailleurs toujours chargé de vapeur d'eau, il se produit une condensation abondante, et l'eau de condensation très refroidie au contact des vitres retombe parfois en neige, au grand dommage des plantes. C'est à cet inconvénient qu'obvie un chauffage des parties hautes.

Fig. 717. — Serre adossée.
A, porte. — B, bâches. — CC, gradins. — DD, échelle. — FF, châssis ouvrants. — HH, tablettes à claire-voie. — GG', tuyaux d'eau chaude. — FF' passerelle.

Fig. 718. — Serre hollandaise.
A, porte. — B, bâche. — F, passerelle. — F, foyer.

Je ne puis naturellement entrer dans les détails de la construction des serres : c'est un sujet très spécial, qui exige une étude minutieuse lorsqu'on en a à construire. Je ne puis que vous indiquer la disposition générale des serres du Muséum, qui est excellente, encore que le mode de construction métallique ne soit plus à la hauteur des progrès accomplis. Je me borne donc à ces

Éléments et Théorie de l'Architecture.

quelques indications au point de vue de la composition générale.

Quant à l'orientation, il n'y a qu'une seule règle qui serve : veiller à ce que le soleil puisse pénétrer le plus possible. Pour la serre adossée, ce sera le midi, ou à peu près le midi, qui sera préférable. Pour la serre isolée, on peut dire que l'orientation n'a pas d'importance puisqu'il y aura toujours des faces aux diverses expositions ; si la serre est en longueur, on évitera plutôt cette orientation au midi, qui a pour contre-partie l'exposition au nord d'une grande longueur de vitrages. Du reste, chaque horticulteur ayant sur ce point ses idées personnelles, c'est encore une question de programme que l'architecte doit recevoir au préalable, dans les limites de la liberté que peut laisser à cet égard l'emplacement choisi.

Les *orangeries* relèvent de deux groupes : les orangeries sous terrasses, et les orangeries en élévation. En aucun cas une orangerie ne doit être confondue avec une serre.

Comme orangeries sous terrasses, je puis vous citer celles de Versailles et de Meudon ; comme orangeries en élévation, celles des Tuileries, du Luxembourg, du Museum d'histoire naturelle, et d'autres moins importantes.

Les unes et les autres servent à abriter pendant l'hiver des orangers et autres arbustes qui pendant l'été sont répartis dans les Jardins. La température n'a pas besoin d'être aussi élevée que dans les serres, l'essentiel est que jamais elle ne puisse descendre jusqu'à la congélation.

Dans une orangerie, on a deux fois par an à mouvoir des caisses très lourdes et d'un transport difficile ; le mieux est donc que les chariots spéciaux puissent arriver jusqu'à l'emplacement même de la caisse, et l'enlever ou la déposer directement. Aussi, dans les grandes orangeries, vous devez considérer comme une nécessité l'entrée et la manœuvre, dans la salle même, de ces chariots attelés souvent de plusieurs chevaux. Si l'orangerie, plus modeste, n'est destinée qu'à des caisses pouvant être transportées à bras d'homme, ou sur de petits véhicules à bras, cette condition du programme n'existera plus.

L'orangerie monumentale n'est pas seulement un dépôt de plantes : elle en est un véritable Musée. Les caisses sont alignées en ordre, profitant le mieux possible de l'air et du soleil, et toutes les baies doivent être ouvrantes, car on ne manque pas de les ouvrir pendant les belles heures du jour, dès que la température le permet.

Le type de l'orangerie sous terrasse est celle de Versailles (fig. 739 et 740), qui s'étend en trois sens sous les parterres du château, aux expositions sud, est et ouest. Elle n'est pas chauffée : abritée par l'adossement à des terre-pleins, par une forte épaisseur de terre sur ses voûtes monumentales, par l'épaisseur de ses murs, elle réalise une égalité presque constante de température : c'est en quelque sorte la condition climatérique d'une cave, mais d'une cave largement éclairée. Là, les plantes sont soumises à une sorte d'hivernage, et l'expérience démontre qu'elles s'accommodent fort bien de ce régime. Je n'ai pas besoin d'ajouter qu'on a ainsi pu créer une très belle œuvre d'architecture : vous connaissez ces belles salles souterraines, si amples de proportions, d'une grande simplicité et aussi d'un grand style, création remarquable de Mansart.

Les orangeries en élévation sont toute différentes ; leur condition impérieuse est le chauffage. Dès lors, et étant donnée cette nécessité de chauffage, on peut y faire entrer plus abondamment la lumière et le soleil ; les baies doivent monter aussi haut que possible, soit que l'orangerie soit plafonnée, soit qu'elle soit voûtée. On peut même avoir des parties vitrées

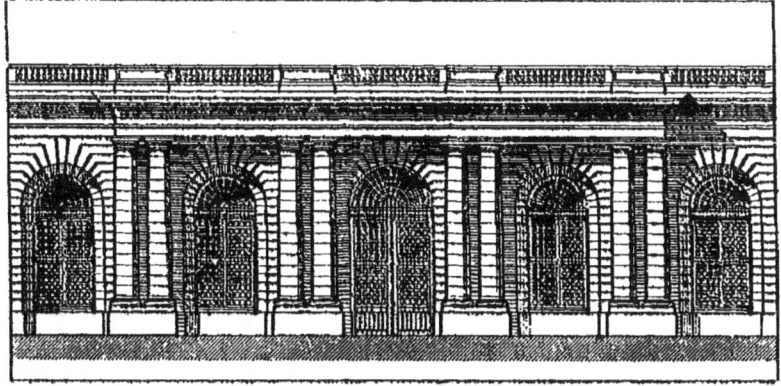

Fig. 739. — Orangerie de Versailles. Pavillon central.

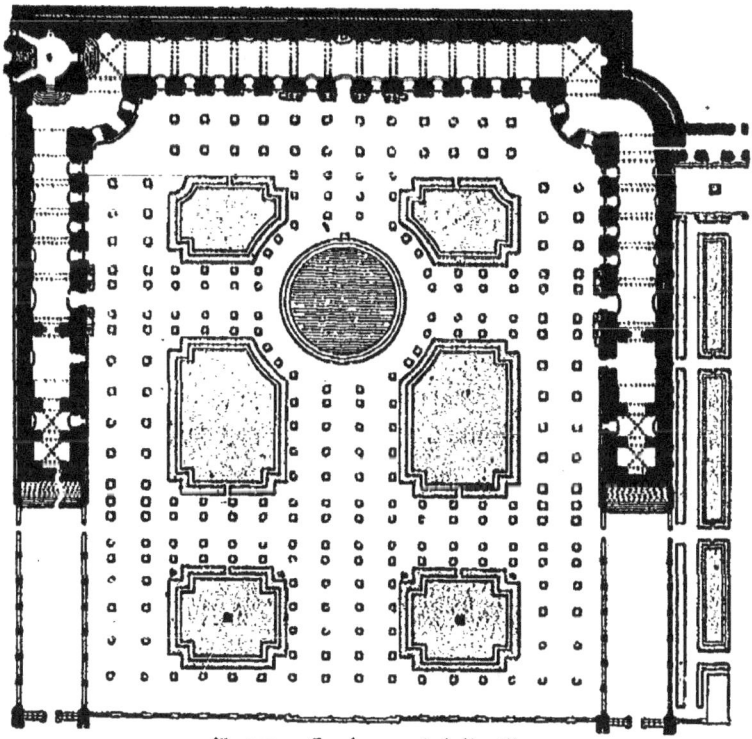

Fig. 740. — Grande orangerie de Versailles.

dans les toitures, pourvu que le chauffage soit assez puissant et assez général pour empêcher la gelée. On apprécie beaucoup, au point de vue de la conservation des orangers, celles du Luxembourg (fig. 741) et des Tuileries. Ces orangeries ont un de leurs longs côtés exposés au midi, et percé de grandes baies; le mur opposé est plein ou peu percé, et les quelques

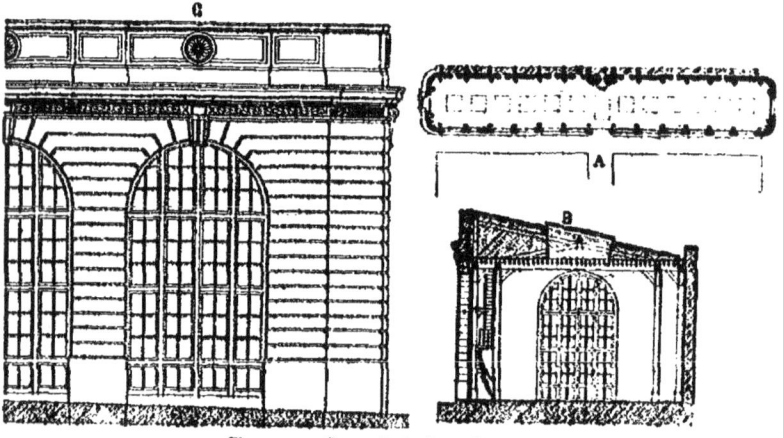

Fig. 741. — Orangerie du Luxembourg.
A, plan. — B, coupe. — C, élévation de travée.

baies de service qui y sont pratiquées sont généralement garnies de paillassons pendant la saison rigoureuse.

Les orangeries et les serres comportent d'ailleurs quelques dépendances nécessaires : dépôts d'outils, de pots à fleurs et de caisses, de terre végétale et terreau : tout ce qu'il faut pour les travaux accessoires. Il va sans dire qu'il y faut aussi de l'eau pour les arrosages; quant au service de chauffage, il doit autant que possible être assuré par des sous-sols, caves ou soubassements. Enfin, il faut prévoir des accès faciles pour l'entretien de la vitrerie; si la disposition comporte des vitrages élevés, en façade, il est bon d'avoir des balcons de service. Les vitrages de toitures sont rendus accessibles au moyen de chemins et spécialement de chemins de faîtages, nécessaires aussi pour la manœuvre des claies dont on se sert pour *ombrer* au besoin des parties plus ou moins étendues de vitrages.

J'ai traité ces sujets à propos des édifices d'enseignement, mais il est bien évident que les mêmes recommandations s'appliquent aux serres et orangeries d'agrément.

Pour tout le détail des installations spéciales, je ne puis que vous renvoyer aux ouvrages spéciaux.

CHAPITRE IX

LES BIBLIOTHÈQUES

SOMMAIRE. — Salles de bibliothèques dans des édifices complexes. — Disposition. — Éclairage.
Grandes bibliothèques publiques. — Compositions rayonnantes. — — Salles de lecture. — Éclairage. — Magasins de livres.
Dépendances des bibliothèques.

J'arrive aux bibliothèques. Il n'est pas de grand établissement qui n'ait sa bibliothèque, qu'il s'agisse d'un édifice d'enseignement comme les Écoles, Facultés, Museums, ou de tous autres ensembles qui supposent la lecture et la consultation de documents, tels que les Parlements, les Palais de Justice, les chambres de commerce, etc. : cette énumération pourrait être longue. La bibliothèque comporte alors une ou plusieurs salles dépendant d'un grand ensemble et qui y tient toujours une noble place. Je vous citerai parmi celles que vous pouvez le mieux connaître la belle bibliothèque de votre École, d'une étude si artistique; celle du Conservatoire des Arts et Métiers, heureusement disposée dans l'ancien réfectoire, un peu assombri, de l'abbaye de Saint-Martin-des-Champs; celles de l'École de médecine et de l'École de droit, de la Sorbonne, etc.

Mais il y a d'autre part les Bibliothèques publiques, qui ne sont que des bibliothèques. A Paris, vous en pouvez voir quatre : la Bibliothèque Nationale, celles de Sainte-Geneviève, de l'Arsenal, et la Mazarine. Les deux dernières ont été installées le mieux possible dans des édifices qui n'ont pas été construits pour cela, ce sont donc les deux premières qui doivent surtout nous intéresser dans cette étude; car, bien que la Bibliothèque Nationale conserve encore de notables et très intéressantes parties des anciens hôtels de Mazarin et de Colbert, il y a été fait des constructions spéciales et très complètes; et d'ailleurs ces deux exemples nous présentent des spécimens de deux variantes, ou, si vous aimez mieux, de deux systèmes qui peuvent et doivent, selon les cas, avoir leur application.

Il y a en effet deux idées qui dès le principe doivent régir la composition des bibliothèques : ou les travailleurs sont dans la salle même qui contient les livres; c'est le cas de la Bibliothèque Sainte-Geneviève, et de toutes les bibliothèques spéciales comme la vôtre et des services secondaires de la Bibliothèque nationale (manuscrits, estampes, etc.); ou au contraire les travailleurs sont réunis dans une salle de lecture, presque dépourvue de livres, et de vastes dépôts de livres sont à proximité, permettant en dehors de la salle les recherches des employés et le rangement : tel est, à la Bibliothèque nationale, le grand service des Imprimés. De là, deux groupes bien différents.

Évidemment, c'est le programme donné à l'architecte qui doit dire lequel de ces deux partis devra être adopté. Il est bon toutefois que vous connaissiez les avantages et les inconvénients de chacun.

Dans une bibliothèque comme celle de notre École, où les lecteurs ne sont jamais très nombreux, je crois que le système de la salle unique est préférable. Les recherches exigent moins de temps et elles ne sont jamais ni assez fréquentes ni assez bruyantes pour risquer de troubler les travailleurs. On est plus en famille, pour ainsi dire, au milieu des livres; on est plus dans la situation de quelqu'un qui travaillerait dans sa propre bibliothèque.

Il arrive aussi — et c'est le cas de la Bibliothèque Sainte-Geneviève — que le public est nombreux, mais que le nombre des livres est relativement restreint. Peut-être alors serait-il mieux qu'il y eût une salle de lecture distincte; mais en tous cas, là, l'exiguïté du terrain ne l'aurait pas permis, et la question ne pouvait pas se poser.

Au contraire, pour un aussi vaste ensemble que le département des Imprimés à la Bibliothèque nationale, le parti de la salle de lecture s'impose. Il est nécessaire de trouver place pour des *millions* de volumes, et cela ne peut se faire qu'à la condition de resserrer les espaces par des dispositions spéciales, sans quoi il faudrait des étendues immenses, et dès lors les travailleurs seraient répandus dans des espaces presque indéfinis, au grand préjudice du bon ordre et de la surveillance nécessaire. Si d'ailleurs tous les livres devaient être disposés contre les parois de la salle de lecture, il faudrait de tels développements de rayons que les allées et venues des employés seraient interminables; enfin les recherches provoquées à tout instant par des lecteurs aussi nombreux ne pourraient se faire sans bruit.

Aussi peut-on dire qu'une bibliothèque considérable à la fois comme nombre de livres et comme nombre de lecteurs réclame l'existence de salles de lecture distinctes des emmagasinements de livres.

En général, les bibliothèques de moindre importance — j'entends par là celles qui ne sont pas uniquement des bibliothèques — sont des salles en forme de galeries; cette disposition est judicieuse, et d'ailleurs très souvent commandée par les superpositions de plans. L'éclairage par de grandes fenêtres aussi élevées que possible dans la salle et ne descendant pas trop bas est indiqué ici, sans préjudice du supplément de lumière que peut apporter l'éclairage du haut, si la galerie est très large.

Un bel exemple de ces salles est celui de la section des manuscrits à la Bibliothèque nationale (fig. 742), où les lecteurs sont assez peu nombreux, et où des objets de grande valeur sont réunis dans des meubles de grande beauté. Je vous citerai aussi l'ancienne Bibliothèque Sainte-Geneviève, dépendant de l'antique abbaye de ce nom, et maintenant incorporée au Lycée Henri IV (fig. 743).

L'éclairage unilatéral a certainement pour inconvénient que les tables des lecteurs, généralement disposées en longueur, ont un de leurs côtés à contre-jour. Toutefois lorsque la salle est haute et les fenêtres élevées cet inconvénient s'atténue. A certains égards, ce que je vous ai dit à propos des grandes salles à manger peut encore s'appliquer ici.

Une prudence à recommander est de faire très résistants les planchers de ces salles, et de prévoir dans leur disposition des combinaisons spéciales pour les parties les plus chargées : les meubles contre les murs, les tables de milieu qui normalement peu chargées le sont parfois beaucoup lorsqu'elles servent de décharges pour les rangements de livres. L'architecte devrait toujours, ici encore, comme je vous l'ai dit pour les salles de collection, recevoir des administrations compétentes l'indication de la charge *maxima* à prévoir.

Quant aux grandes bibliothèques publiques, le problème est beaucoup plus complexe. Il se résume en ceci :

Étant donné que ces bibliothèques comportent des salles de lecture, et en dehors de ces salles de vastes dépôts de livres, assurer la plus grande simplicité et la plus grande rapidité dans le transport des livres du dépôt à la salle et réciproquement. Tout dépendra de cela : la facilité des études pour le lecteur, la

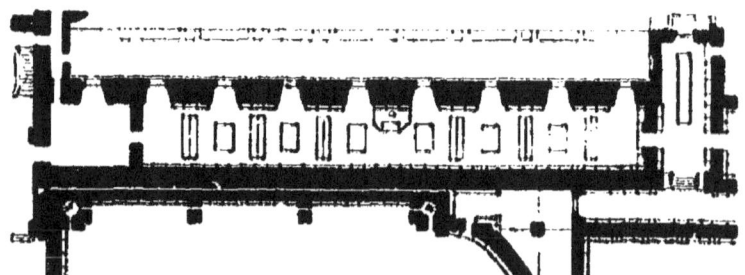

Fig. 747. — Salle des manuscrits, à la Bibliothèque Nationale. — Vue et plan.

facilité des recherches et du rangement pour l'employé. Il faut donc, ou il faudrait, que tout livre fût à proximité de la salle,

Fig. 743. — Salle de l'ancienne Bibliothèque de l'abbaye Sainte-Geneviève.

et par conséquent que l'espace fût utilisé avec une véritable avarice.

Dans plusieurs monuments étrangers, très intéressants à étudier, dont je puis vous citer deux exemples intéressants, la Bibliothèque du *British Museum*, à Londres (fig. 744), et celle de Washington (fig. 745), la solution de ce problème a été demandée à la composition rayonnante, très séduisante théoriquement, mais qui en fait, au lieu d'économiser l'espace, exige des terrains beaucoup plus étendus. On n'a pas suivi ce système pour notre grande Bibliothèque de Paris, et je crois qu'on a eu raison.

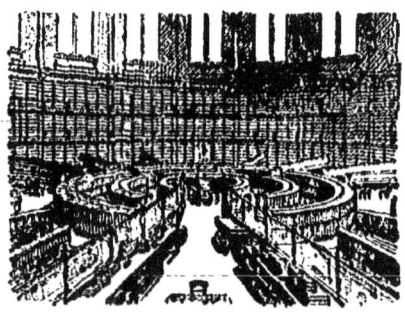

Fig. 744. — Bibliothèque du British-Museum, à Londres.

Dans tous les cas, la grande salle de lecture doit avant tout être bien éclairée, et bien disposée pour la surveillance. Pour être bien éclairée, il faut qu'elle le soit abondamment, et de plusieurs côtés; en un mot, beaucoup de lumière diffuse. C'est la nécessité que vous avez déjà rencontrée chaque fois qu'il s'agit de salles où il ne faut pas d'ombres portées violentes. Ainsi, l'éclairage purement du haut ne vaudrait rien, car le lecteur penché sur son livre ou sur son papier le mettrait dans sa propre ombre portée. L'éclairage unilatéral, sans être forcément mauvais, n'est pas facilement bon; ou bien cet éclairage demanderait que les lecteurs fussent disposés par petites tables parallèles comme les élèves dans une classe, et dans une seule direction : ce qui serait regrettable et pour l'aspect et pour la surveillance.

Si au contraire le jour vient un peu de partout, la lumière obtenue sera la résultante d'éclairages divers, et toute interposition de corps qui intercepte pour le livre d'éclairage d'une fenêtre ou d'un châssis déterminé, ne le met cependant pas dans l'ombre

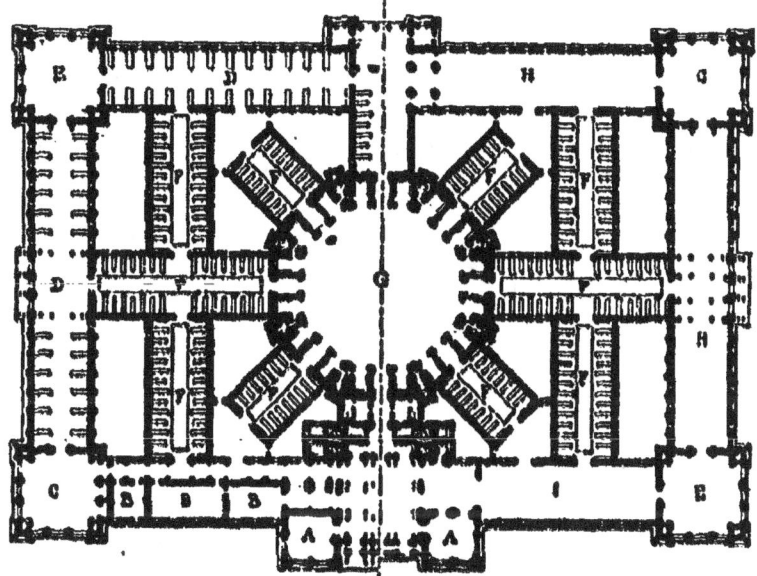

Fig. 745. — Plan de la Bibliothèque de Washington.

A, bureaux. — B, administration. — C, manuscrits précieux. — D, magasins. — E, salles de lecture. — F, magasins à plusieurs étages. — G, grande salle de lecture. — H, salle de dessins. — I, manuscrits.

parce qu'il reste un nombre suffisant de châssis qui l'éclairent d'autre part.

Aussi ne puis-je mieux faire que de vous citer à ce point de vue la grande salle de lecture de la Bibliothèque nationale disposée au centre même du plan général de l'établissement (fig. 746). Un vaste espace carré est, au moyen de quatre colonnes intérieures, divisé en neuf carrés égaux. Chacune de ces travées est couverte par une coupole en pendentif, avec un châssis circu-

[366 ÉLÉMENTS ET THÉORIE DE L'ARCHITECTURE

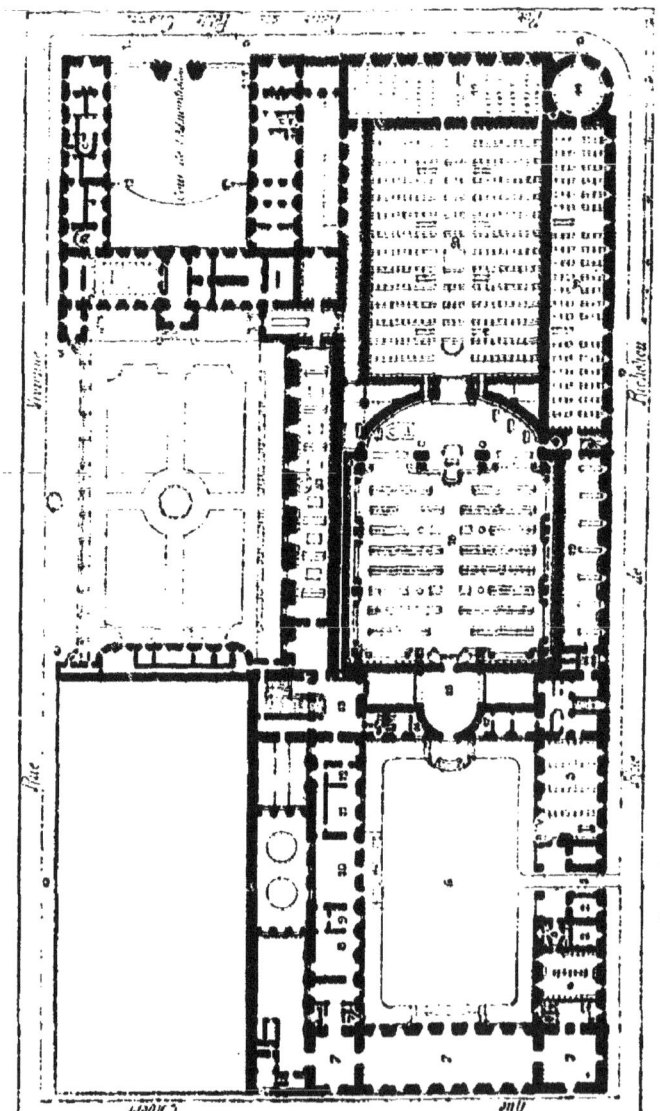

Fig. 736. — Plan de la Bibliothèque Nationale, avant ses compléments en cours de construction.

2, entrée principale. — 2, concierge. — 3, bureau des voitures. — 4, dépôt des journaux. — 5, w.-c. — 6, cour d'honneur. — 7, magasin pour les journaux. — 8 à 12, administration; vestibule, bureaux. — 13, escalier. — 14, v.-c. — 15, vestibule. — 16, sociétaire. — 17, bar. — 18, grande salle de travail du département des imprimés. — 19, magasin. — 20, magasin central des imprimés. — 21, département des estampes.

ÉLÉMENTS ET THÉORIE DE L'ARCHITECTURE

Tome II   Page 367

Fig. 747. — Bibliothèque Nationale. Grande salle de lecture.

laire central. En même temps, l'une des faces de la salle, du côté de l'entrée, présente l'ouverture d'un grand arc vitré, laissant largement entrer la lumière du nord. Les coupoles, revêtues de panneaux de faïence blanche, jouent le rôle de grands réflecteurs : de toute cette disposition résulte une lumière abondante et diffuse, qui pénètre partout. Je vous ai montré plus haut (V. vol. 1, fig. 541) la disposition de cette salle remarquable que je vous ai citée comme exemple de construction métallique. Au point de vue de son usage, je me permettrai de vous la montrer de nouveau sous un autre aspect, d'après une photographie que M. Pascal a bien voulu me communiquer, et qui a été prise du niveau du premier étage (fig 747). Vous y voyez les tables des lecteurs, sous lesquelles circulent les canalisations de chauffage; dans le passage central les casiers de répertoire; tout le vaste espace de l'abside du fond réservé aux conservateurs et bibliothécaires ; enfin la grande porte encadrée de cariatides donnant accès au Magasin des livres. L'éclairage multiple, par les jours de façades, les neuf coupoles de la salle et le vitrage de l'abside, pénètre partout en assurant à toutes les places une lumière diffuse et égale. La surveillance est aussi assurée que possible.

Je n'ai pas besoin, je pense, de vous faire remarquer quel beau caractère est celui de cette salle remarquable à tous égards, et qui est justement considérée comme un des chefs-d'œuvre de l'architecture contemporaine. Et cet exemple vous montre une fois de plus ce que peut, au profit d'un programme, l'intelligence des conditions à observer. Supposez réunies en une seule surface vitrée, soit verticale soit horizontale, les surfaces partielles de ces divers vitrages, vous auriez une salle claire sans doute, mais un éclairage heurté, des ombres accentuées, et non cette lumière calme et ambiante, qui enveloppe le lecteur quelle que soit sa place dans la salle, car dans cette grande salle toutes les places sont bonnes.

Avec des qualités analogues, mais sur des proportions plus restreintes, il est intéressant de comparer à cette salle celle de la

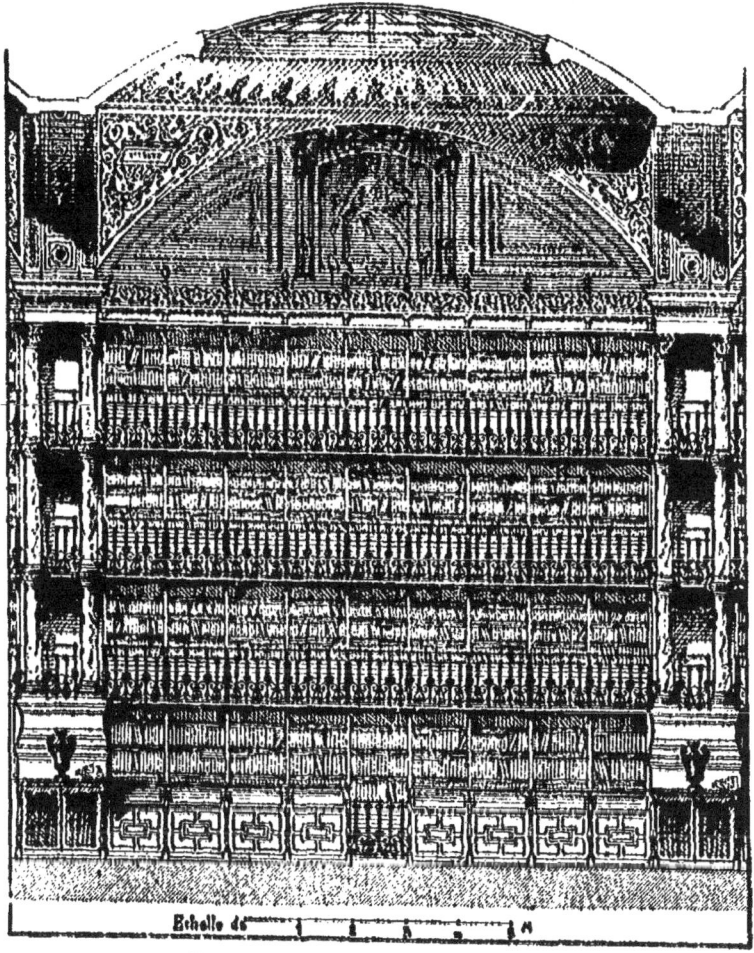

Fig. 748. — Travée de la Bibliothèque de Grenoble.

Bibliothèque de Grenoble, dont une travée vous donnera l'idée générale (fig. 748).

La surveillance, vous ai-je dit, doit être facile. Elle est en effet nécessaire, car sans parler des vols, un livre est bientôt abîmé. Il est même étrange de voir combien le soin des livres et leur maniement sont choses ignorées de presque tout le monde. Or la surveillance résultera avant tout, et presque sans le vouloir, de la circulation fréquente des employés près des lecteurs. De l'estrade ou du bureau des conservateurs ou bibliothécaires, il ne peut être fait qu'une surveillance générale ; mais si les employés inférieurs, pour aller aux recherches, pour porter ou ranger les livres, etc., passent bien en vue des lecteurs, le lecteur qui les voit fréquemment se sent en vue lui-même. Sous ce rapport rien ne se prête à la surveillance comme les longues tables accompagnées par les chemins : c'est le cas de votre Bibliothèque, de la Bibliothèque Sainte-Geneviève, et de beaucoup d'autres. Mais lorsque les chemins sont perpendiculaires aux tables, comme par exemple au service des manuscrits de la Bibliothèque nationale, la surveillance n'est assurée que si les tables sont assez courtes pour que, d'un chemin ou de l'autre, on voie facilement jusqu'au milieu.

En somme, ne comptez pas trop sur la surveillance immobile, mais bien sur la surveillance ambulante : on ne se promène pas pour surveiller, mais on passe et par cela même on surveille. Et par conséquent, quelle que soit la disposition, faites qu'il n'y ait pas de places trop distantes des chemins des employés.

Ai-je besoin d'ajouter que ces salles sont un magnifique programme artistique ? Sans vous parler de celles qui, à une autre époque, furent traitées avec tant de soin et de goût, telles que la *Librairie* de la cathédrale de Sienne (fig. 749), la Bibliothèque du Vatican (fig. 750 et 751), mais qui n'étaient guère, comme les bibliothèques des anciens couvents ou des châteaux, qu'un beau

Fig. 749. — *Libreria* de la cathédrale de Sienne.

LES BIBLIOTHÈQUES

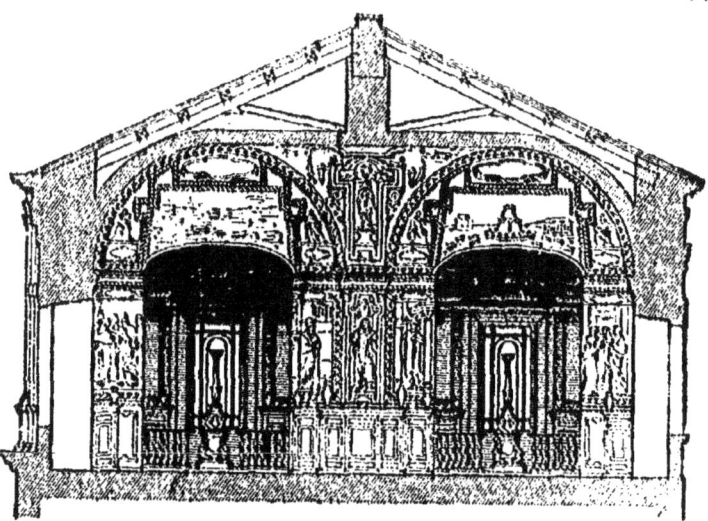

Fig. 750. — Bibliothèque du Vatican. Coupe transversale.

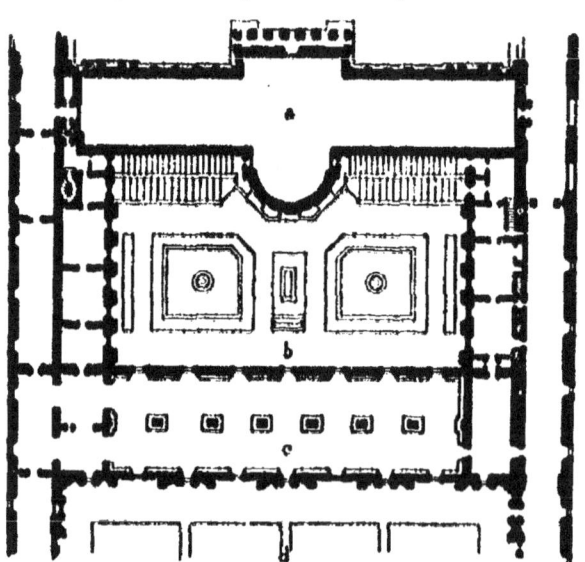

Fig. 751. — Bibliothèque du Vatican. Plan.

a, galerie dite *Braccio-Nuovo*. — *b*, cour de la Bibliothèque. — *c*, bibliothèque de Sixte-Quint. — *d*, cour basse du Belvédère.

logement ou un bel encadrement pour des livres, en réalité un musée de beaux manuscrits; sans insister sur les nombreuses bibliothèques de nos palais, de nos écoles, de nos hôtels de ville, qui sont toujours une des parties les plus intéressantes de ces ensembles, je tiens à vous faire bien voir, à propos de la grande salle de la Bibliothèque nationale, comment un artiste supérieur atteint ces deux desiderata de l'architecture moderne, le caractère et l'originalité.

Henri Labrouste avait l'esprit hardi et indépendant; le sens critique très développé, souvent même agressif; c'était un homme de lutte, et la réputation lui en est restée. Mais d'autre part — ne l'oubliez pas — un homme qui avait fait de sérieuses études, des études véritablement classiques; s'il voulait choisir à sa guise dans son patrimoine artistique, c'est qu'il avait un patrimoine. Les circonstances — car dans notre carrière les circonstances tiennent une place énorme — l'avaient fait nommer architecte de l'ancienne Bibliothèque Sainte-Geneviève, alors située dans les bâtiments de l'ancienne abbaye de ce nom; construction ancienne, peu ou point commode pour une bibliothèque, insuffisante, mais dont la disparition est cependant regrettable en elle-même, sinon comme bibliothèque. On se décida en haut lieu à faire reconstruire la Bibliothèque Sainte-Geneviève, Labrouste eut à en étudier le projet. J'ai eu l'occasion de vous en montrer le plan (v. plus haut, vol. 1, fig. 377), je vous en donnerai donc ici seulement la coupe et la façade (fig. 752 et 753).

Sur le terrain que vous connaissez, trop petit, trop immédiatement en contact avec la voie publique, heureusement peu bruyante, il eut à résoudre un problème qui n'était pas sans difficultés; l'abordant de front, il disposa dans une seule et unique salle tout ce que devait contenir la Bibliothèque, livres, lecteurs, conservateurs et employés. Et, chose alors presque bizarre, il éclaira cela par des fenêtres, et il demanda à une ossa-

Fig. 712. — Bibliothèque Sainte-Geneviève, Façade.

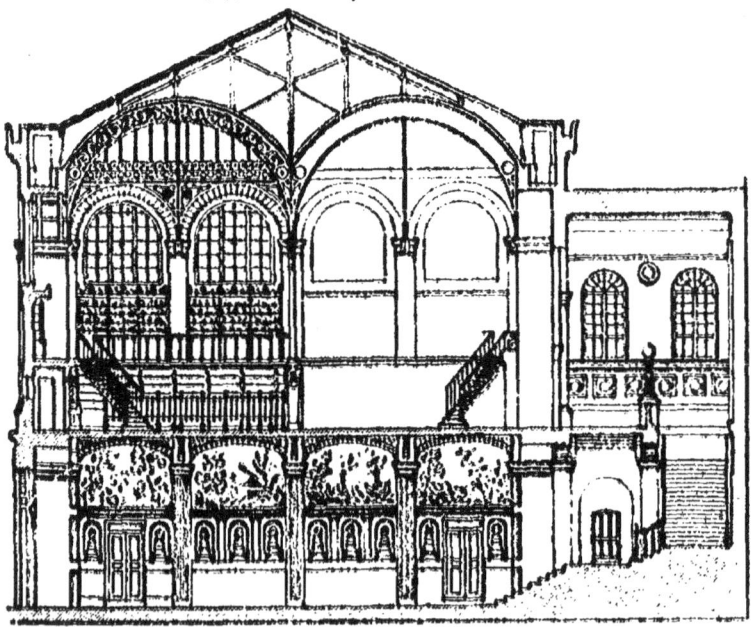

Fig. 713. — Coupe de la Bibliothèque Sainte-Geneviève.

ture métallique le caractère de sa construction. Tout cela fut très âprement discuté, dénigré ou exalté, sans surprise d'ailleurs pour lui-même, car en même temps qu'il cherchait le mieux, il ne craignait pas de faire de l'architecture de combat.

Quelques années après, architecte de la Bibliothèque nationale, il eut à étudier la grande salle de lecture, parmi les dispositions d'un plan général d'extensions de l'établissement. Ici, il n'hésita pas à séparer la salle de lecture des dépôts de livres; et, profitant de l'expérience acquise, possédant plus complètement son programme, nanti d'autre part d'une autorité qui n'était plus discutée, il sut chercher dans les éléments seuls du programme les éléments de son architecture. Tout est réfléchi, judicieux, les quelques exagérations d'autrefois ont disparu, l'ensemble est à la fois plus harmonieux et plus impressionnant.

Et par cette sagesse qui est l'art classique véritable, par cette sincérité absolue, cette sérénité du dévouement au programme, l'œuvre s'affirme du premier coup au point de créer un type; elle possède le caractère, cette impression de nécessité, et l'originalité, cette récompense de l'abnégation sincère.

Mais à la condition, je le répète encore, d'être nourri de fortes études : les intentions ne suffisent pas.

Ne croyez pas d'ailleurs que la salle de lecture soit la seule partie remarquable de cette œuvre partout remarquable. Le dépôt ou magasin des livres est une conception originale, considérée encore comme un type. Mais le public n'y entrant pas, il est moins connu.

Au fond de la salle de lecture, une grande porte donne accès à ce magasin qu'une assez large circulation divise en deux dans toute sa longueur. De chaque côté de ce passage ouvrent des compartiments, sortes de stalles, dont les deux parois perpendiculaires au passage central sont constituées par des casiers à livres. Pour la facilité des recherches, il ne fallait ni escabeaux, ni marchepieds; les dimensions de chaque stalle sont donc déter-

Fig. 74. — Magasin de livres à la Bibliothèque Nationale.

minées : en largeur, par l'étendue normale des bras ouverts de l'homme, afin que d'une même place il puisse à volonté atteindre le casier de droite ou celui de gauche ; en hauteur, par le niveau de ce que peut atteindre à la main un homme de taille ordinaire. Aussi, la largeur sans œuvre ne peut guère excéder 1 m 60, la hauteur 2 m 10. Il fallait donc des étages nombreux, et cependant de la lumière, qui ne pouvait venir que du haut.

Dans ce but, des escaliers faciles conduisent à ces divisions d'étages, et les planchers sont composés de grilles à claire-voie : la lumière pénètre ainsi très suffisamment à un cinquième niveau. D'ailleurs, dans les stalles, le plancher ne règne pas partout : il n'est nécessaire que là où l'employé doit passer, c'est donc une sorte de balcon milieu ; près des armoires, le plancher est vide ; seulement, comme dans la manœuvre des livres un volume peut tomber, ce vide est muni d'un simple filet, comme un filet de pêche à larges mailles.

Ce n'est vraiment qu'en voyant cette originale et utile composition qu'on peut s'en rendre compte ; je vous en donne cependant une vue intérieure qui vous permettra de vous en faire une idée approximative (fig. 754).

Au point de vue matériel, signalons quelques difficultés : la bibliothèque a besoin d'aération en tout temps, il serait donc bon qu'elle fût ventilée ainsi que nous l'avons vu pour d'autres salles. Mais elle craint la poussière, et elle en aura toujours trop par les allées et venues. Il faut donc chercher à ce que les calorifères introduisent le moins possible de poussières extérieures. C'est surtout par des modes de tamisage de l'air dans les prises qu'on y peut obvier.

Le chauffage est toujours une question délicate dans une salle où un public nombreux reste de longues heures immobile.

Comme pour l'éclairage, il est nécessaire de diviser le plus possible l'introduction du chauffage. Une salle de bibliothèque sera en général chauffée par l'eau ou la vapeur de préférence à l'air chaud ; mais tout chauffage sera acceptable s'il ne localise pas les émissions. Le mieux paraît dans tous les cas un chauffage par bouches ou batteries destinées à échauffer l'air de la salle, et disposées en dehors des places des travailleurs, auprès surtout des surfaces de refroidissement ; puis, des circulations sous les tables, formant chaufferette pour les lecteurs.

Une grande difficulté est celle des vestiaires. Il n'appartient pas à l'architecte, bien entendu, de prescrire ce que le lecteur pourra garder ou ce qu'il devra laisser au vestiaire, s'il en existe. Mais supposons un vestiaire très complet, très commode : le lecteur entrera cependant dans la salle avec des objets qu'il n'a pas déposés, et qu'il retirera, ne fût-ce que son chapeau, ou un pardessus d'abord conservé. Suspendre tout cela, ou le laisser sur les tables, serait affreux et d'ailleurs très gênant pour la surveillance. On n'a pas trouvé d'autre moyen dans les bibliothèques que d'installer sous chaque case de la table un récipient personnel, soit un filet, soit une boîte ouverte d'une face.

Certaines bibliothèques servent le soir. Avec l'éclairage électrique, cela ne présente pas de difficultés : toujours le plus de diffusion possible de la lumière par la multiplicité des points éclairants.

Quant à tout le détail du mobilier et des agencements, c'est un sujet que je n'aborderai pas, et qui est du domaine des monographies.

Ici encore, sur ce groupe très multiple des édifices d'instruction publique, je ne pouvais vous donner un traité complet de la matière. Certes, après avoir lu ces quelques pages, vous n'êtes pas en mesure d'étudier à fond un Musée ou une Bibliothèque. Je ne vous en ai montré que les éléments. Il en est ainsi d'ailleurs de tout programme ; si les circonstances font que quelque jour vous ayez à traiter l'un de ces sujets, alors vous visiterez ce qui a été fait, vous questionnerez, vous vous consulterez avec les hommes compétents ; vous vous débattrez avec toute la série des petites questions soulevées par les petites dépendances, dont on ne peut vous parler dans un exposé général, et qui prennent une importance inévitable à l'exécution. Un programme général de Bibliothèque ne vous parlera par exemple ni de dépôts de fournitures quelconques, ni de cabinets d'aisances, ni de logement de concierge : c'est que ce sont choses sous-entendues, et que dans une étude définitive il faudra bien trouver. A toute composition, il faut une certaine élasticité qui permette les extensions : de même que dans un devis on fait toujours la part de l'imprévu, de même dans un projet il faut aussi la part de l'imprévu : l'étude définitive en trouvera rarement assez, car le programme entier se révèle peu à peu.

Ne croyez donc pas que je vous ai parlé de tout ce qui pourra se placer dans vos compositions. Mais dites-vous bien que dans tout programme il y a les besoins spéciaux, puis tout ce qui n'est pas particulier au sujet. Ainsi par exemple dans un Musée, un cabinet de Conservateur ou une salle de Commission ou de Conseil n'auront rien de spécial ; je ne vous en parle donc pas ; je dois me limiter sur chaque sujet à ses éléments propres. C'est déjà assez vaste.

LIVRE VIII

LES
ÉLÉMENTS DE LA COMPOSITION

DANS

LES ÉDIFICES ADMINISTRATIFS
POLITIQUES, JUDICIAIRES, PÉNITENTIAIRES

CHAPITRE PREMIER

ÉLÉMENTS DES ÉDIFICES ADMINISTRATIFS

SOMMAIRE. — Complexité des programmes. — Le bureau ; travail intérieur, travail avec le public. — Grands locaux administratifs. Service du cabinet. — Services généraux : archives, matériel, etc. — Salles de délibérations.
Nécessités de l'architecture des bureaux.

Si les programmes des édifices administratifs, depuis la petite mairie jusqu'au Palais de Parlement, sont extrêmement variés au point de vue de la composition générale, ils le sont beaucoup moins dans leurs éléments ; et d'ailleurs nous rencontrerons ici des sujets déjà vus : par exemple, l'habitation joue un rôle important dans les édifices administratifs, soit qu'il s'agisse d'un hôtel de particulier ou d'un hôtel de Préfecture ou de Ministère, la chambre, le salon, la cuisine ou le cabinet d'aisances ne motiveront pas de conceptions différentes. De même pour les écuries et remises, les cuisines, etc. Je n'y reviendrai pas, et je ne vous parlerai ici que de ce qui est bien un élément spécial de l'édifice administratif, c'est-à-dire les locaux où l'on fait de l'administration.

Je prends d'ailleurs ce mot dans son sens le plus large, et sous la rubrique *Édifices administratifs* doivent se classer également les *Édifices politiques*.

A propos de ces édifices, l'architecte se trouve bien souvent dans une situation fort embarrassante. Tandis que la raison et la loyauté lui disent que tout doit être conçu et disposé pour la commodité du public et la bonne expédition des affaires, un programme sous-entendu, qui n'est écrit nulle part, lui rappelle bien souvent que ceux qui le mettent directement en œuvre veulent n'avoir pas besoin de parler pour être compris lorsqu'il s'agit de leurs commodités personnelles. Heureux l'architecte d'administration, s'il a assez d'esprit pour comprendre ce que parler veut dire, ce que se taire signifie !

Mais je n'ai pas à vous enseigner la souplesse que d'ailleurs je possède peu. Nous étudierons ici comme toujours la vérité vraie, naïvement et sans malices. D'ailleurs, malgré les résistances ou les inerties, c'est elle qui finit toujours par avoir raison.

Ici, la théorie consiste surtout à bien définir les mots qui servent à désigner les choses. On a presque enseigné tout ce qui peut être enseigné, si l'élève peut lire un programme avec clarté et avec proportion. Et ce sont les programmes d'édifices administratifs qui sont les plus touffus de tous, et généralement les plus difficiles à rédiger. Cependant le programme a une importance capitale, car il ne doit rien omettre, et il doit prévoir. Le programme, je vous l'ai souvent dit, n'incombe pas à l'architecte, qui doit — ou plutôt qui devrait — le recevoir tout préparé ; et cependant, pour dresser un programme il faut tellement l'intuition du possible, la prévoyance de l'impraticable, le sens de la proportion générale, que l'architecte seul peut faire un programme réalisable. Comment pourront se concilier ces deux nécessités opposées ? Uniquement par la coopération loyale, par l'accord des bonnes volontés indispensables.

L'architecte aura donc, en fait, à collaborer au programme :

dès lors, il n'est pas inutile de voir ce que doit être un programme, et vous me permettrez de vous en dire quelques mots. Cette digression, que j'aurais pu d'ailleurs placer déjà dans les pages qui précèdent, vous montrera en passant que la direction générale de vos études n'est pas sans difficulté.

Mauvais programme tout d'abord celui qui ne permet qu'une seule solution, qui n'est en quelque sorte qu'un état de lieux descriptif d'une disposition préconçue. Plus mauvais programme encore celui qui serait insoluble. Et n'allez pas croire qu'il n'en existe pas : je pourrais vous citer des programmes de concours publics qui demandaient dans un terrain donné deux ou trois fois plus de surfaces partielles qu'il n'en pouvait entrer même à grand renfort d'étages superposés et d'agglomérations inacceptables.

Le programme doit donc être libéral, mais il faut que son rédacteur le soumette lui-même à une critique sérieuse pour s'assurer qu'il ne demande pas l'impossible. Puis, tout comme la composition qu'il prépare, il devra aller de l'ensemble aux détails, indiquer d'abord les grandes divisions ou plutôt les grands groupements, et ensuite les détails subsidiaires. Mais si ces détails sont trop nombreux, ils font perdre de vue l'ensemble, et rien n'est moins clair et n'inspire moins que ces programmes comme nous en voyons souvent dans les concours publics, où l'on commence par détailler la loge du concierge avec toutes ses circonstances et dépendances, sans faire grâce d'un placard, et en fixant successivement les surfaces de chaque pièce ou de chaque dégagement. Ce n'est plus un programme, c'est un procès-verbal.

Concis et complet, voilà en somme le programme qu'on rêve de vous donner. Mais l'édifice sera multiple et la concision, c'est-à-dire la clarté du programme, ne pourra être obtenue que par des formules assez compréhensives pour « clore en peu de mots beaucoup de sens ». Cela revient à dire que, dans nos programmes, le mot est l'abrégé d'un groupe. Si nous disons par exemple *un bureau*, ce bureau n'est pas une pièce unique, c'est un ensemble qui pourrait se décomposer à son tour. Nos programmes condensent, parce qu'il s'adressent à des lecteurs qui sont réputés savoir les lire, parce que vous devez, sous ce mot *bureau*, comprendre ce détail secondaire qui ne vous est pas dit.

Mais savoir lire un programme, c'est du talent déjà, et de l'expérience; c'est le prologue indispensable de la composition; et c'est pour cela que par une sorte de réciprocité les leçons de ce cours sont un peu le commentaire permanent de vos programmes.

L'outil principal, et si l'on peut dire ainsi, l'unité tactique de l'administration publique ou privée, c'est le bureau. Un bureau comprend toujours un chef qui se réserve les questions essentielles, puis une hiérarchie d'employés du sous-chef à l'expéditionnaire ou copiste, enfin les garçons de bureau qui font le service et renseignent le public.

L'ordre est la condition première du bon travail d'un bureau, et les affaires y aboutissent par deux canalisations : envoyées par la direction supérieure ou apportées par le public — tout au moins dans un grand nombre de bureaux. Il est évident que si le public va frapper au hasard à toutes les portes, il dérangera le travail sans utilité. Il faut donc tout d'abord l'antichambre où le garçon de bureau renseigne les arrivants, les fait attendre et les dirige.

Aussi l'antichambre doit-elle être à l'entrée du bureau; puis doivent venir les pièces où le public peut avoir le plus à faire;

les cabinets des chefs plus à l'abri des indiscrets, et en même temps à portée de la surveillance.

Mais il y a des bureaux très différents par leur destination, et le programme comportera des nuances nombreuses que je ne puis exposer en détail. D'une façon générale, cela se ramènera d'ailleurs à deux groupes : les bureaux de travail intérieur, et les bureaux de travail en public.

Pour les bureaux de travail intérieur, il suffit de pièces bien éclairées, suffisamment confortables, disposées en général pour plusieurs employés. Une pièce par employé serait un luxe trop coûteux, et il y a souvent connexité entre le travail de plusieurs ; le programme d'ailleurs est essentiellement variable à cet égard ; il est évident par exemple que des rédacteurs ont besoin d'un isolement inutile à des expéditionnaires qui pourraient être réunis dans une sorte d'atelier commun.

D'autre part, au nom de la surveillance, de l'économie de place, etc., on a souvent préconisé la réunion de tous les employés d'un même bureau dans un seul local. Or, des pièces trop grandes qui contiendraient tout le monde à la fois seraient dans un autre sens peu favorables au travail. On ne dépasse guère la réunion de quatre à cinq employés. Tout cela est une question de mesure, et il n'y a pas de solution absolue.

Quant aux chefs et sous-chefs, qui auront souvent à traiter des affaires avec discrétion, ils doivent avoir des cabinets personnels. Il en est de même des employés qui par leurs fonctions ont directement affaire à des personnes étrangères à l'Administration, par exemple les contrôleurs qui reçoivent des réclamations, etc.

Il est bon enfin que chaque bureau dispose de ses dépendances, cabinets d'aisances, lavabo, vestiaire des employés, dépôts divers : tout ce dont l'absence provoquerait des sorties parfois prolongées au delà des besoins.

Un exemple entre autres vous fera voir l'ensemble d'un bureau administratif (fig. 755); il est emprunté au Ministère des affaires étrangères. Ce ministère est d'ailleurs dans sa disposition générale un exemple trop rare d'un édifice d'administration publique construit spécialement pour sa destination. Je crois utile de vous en faire voir le plan pris au rez-de-chaussée; vous y trouverez l'hôtel très important du ministre, l'aile des bureaux en bordure de la rue de Constantine, et le service des archives sur la rue de l'Université (fig. 756). Il faut remarquer

Fig. 755. — Bureaux du Ministère des Affaires étrangères.

A, directeur. — B, dégagement. — C, garçons de bureau. — D, pièce d'attente. — E,F,H, rédacteurs. — G, sous-directeur. — I, commissions. — J, grand escalier.

toutefois que ce ministère comporte un certain apparat, même dans ses locaux administratifs, et que dans tout son ensemble il s'appelle aussi le « Palais des affaires étrangères » d'où une nuance de richesse et d'ampleur qui ne serait pas partout de mise.

D'ailleurs, chaque bureau pourra de plus avoir des dépendances spéciales, d'après sa destination particulière : ainsi, tel bureau aura une bibliothèque considérable, ou des dépôts de gravures ou de cartes; des archives intérieures à consulter constamment; des salles d'empaquetage, d'expédition ou d'ouverture. Mais ce sont là des particularités très spéciales qui échappent aux programmes généraux. Ici encore, répétez-vous bien que la connaissance exacte et entière des besoins

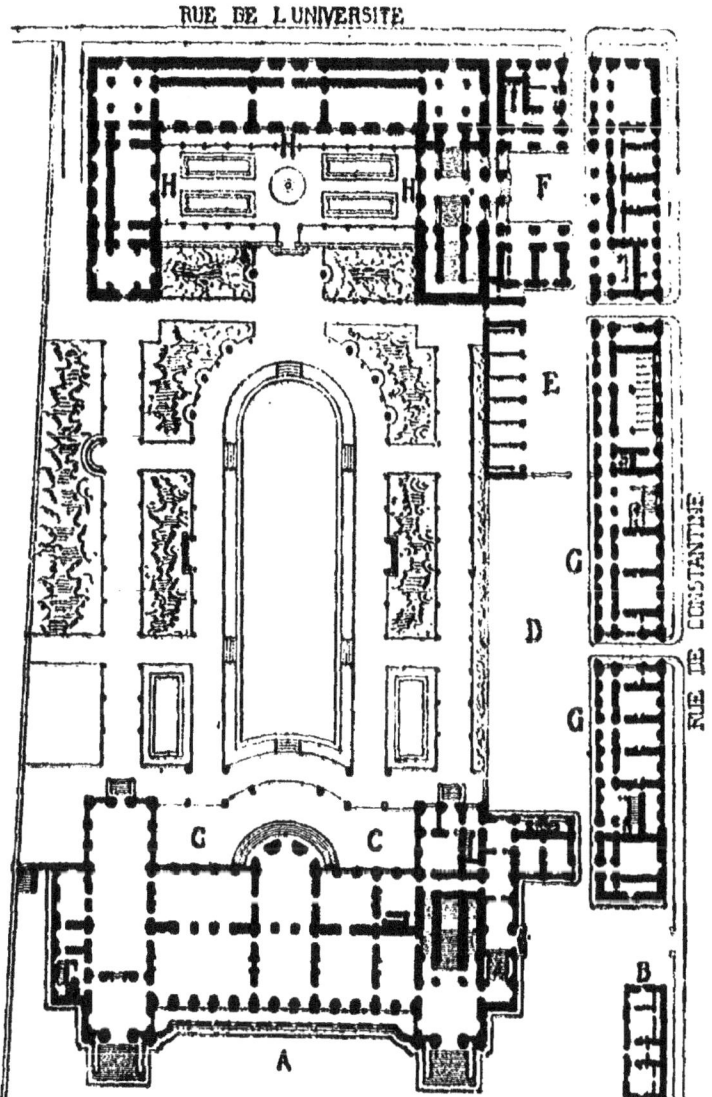

Fig. 756. — Plan du Ministère des Affaires étrangères.

A, cour d'honneur. — B, conciergerie. — CC, Hôtel du Ministre. — D, cour des bureaux. — E, cour des remises. — F, cour des archives. — GG, bâtiment des bureaux. — HH, bâtiment des archives.

doit précéder et guider la composition. Mais à l'École, nous ne pouvons vous enseigner ce détail, nous devons nous borner à vous préparer à en comprendre l'importance et à en accepter la nécessité le jour où vous aurez à vous mesurer avec les programmes qui le comportent.

Tout autres sont les bureaux où l'on travaille en public, et même avec le public, par exemple tout le service du Payeur du Trésor, la Caisse municipale de l'Hôtel de Ville, les bureaux de poste et de télégraphe, ainsi que de très nombreux bureaux qui n'appartiennent pas à des administrations de l'État, comme la Banque de France, le Crédit foncier, le Crédit Lyonnais (fig. 757), les Compagnies d'assurances, etc., etc. Là, le contact avec le public est la règle, et ces sortes de bureaux sont aménagés dans de vastes salles, aussi claires que possible, aérées et chauffées le mieux possible, mais qui tiennent toujours un peu du marché ou de l'abri couvert. Vous connaissez évidemment quelques-unes de ces salles, où les employés travaillent derrière des guichets ou des comptoirs, où çà et là s'élève une estrade de surveillant ou de chef qui doit tout voir. Ici, il n'y a pas de distribution permanente : le mieux est d'avoir une salle aussi grande que possible, libre de points d'appui et surtout de murs, éclairée par une lumière abondante et qui se répande partout, multiple par conséquent. Puis, c'est la menuiserie qui forme les compartiments et les divisions.

Et cela présente un très grand avantage : la mobilité. Je vous citais la grande salle des Caisses du Trésor, elle date de trente ans environ, et déjà bien des fois des remaniements complets ont été faits dans ses distributions : c'est que des menuiseries se déplacent aisément, et s'il fallait modifier ce qui serait enclos par des murs ou des piliers, on serait bien empêché. Et il n'y a guère de service de cette nature, qu'ils dépendent ou non de

ÉLÉMENTS DES ÉDIFICES ADMINISTRATIFS 389

l'État, où ces modifications presque continuelles ne soient la règle et non pas l'exception.

Aussi pour ces grands services administratifs, de création moderne, services financiers, bureaux de chemins de fer, de banques, de poste, d'expéditions, etc., comme l'hôtel des bureaux de la Cⁱᵉ des chemins de fer d'Orléans (fig. 758), croyez bien qu'il n'y a qu'un programme : faire grand et faire mobile.

Faire grand, car les accroissements vont vite, et toute installation qui ne laisse pas du disponible et beaucoup de disponible lors de sa création sera rapidement insuffisante.

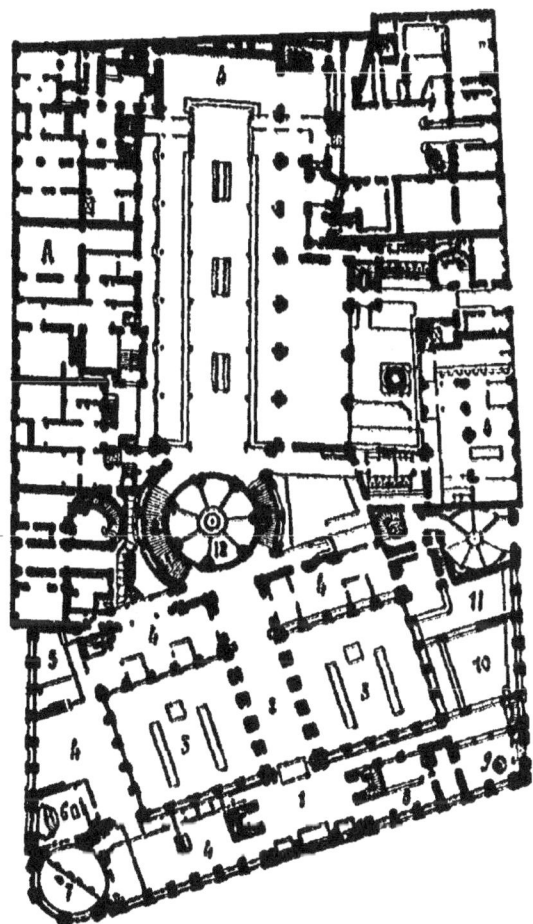

Fig. 757. — Plan du Crédit Lyonnais, à Paris.

A, partie en location. — 1, grand vestibule. — 2, galerie d'entrée. — 3, salle des Pas-Perdus. — 4,4, bureaux divers. — 5, caisse principale. — 6, vestibule des chemins autrichiens. — 7, Change. — 8, pièces sur titres. — 9, service des assurances. — 10, service des dépêches. — 11, service des titres. — 12, escaliers (a, montée d'honneur, b, montée de service).

390   ÉLÉMENTS ET THÉORIE DE L'ARCHITECTURE

Faire mobile, car toute installation immuable, fût-elle absolument parfaite lors de sa création, serait bientôt impraticable avec les changements qui s'imposent : pour citer un seul exemple, croyez-vous que le service de la Rente puisse se faire

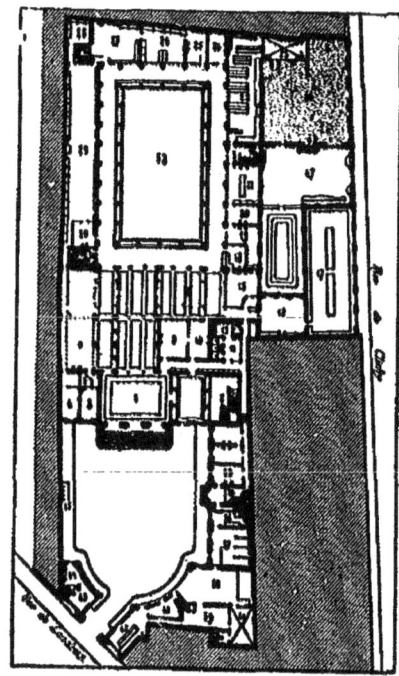

1. Vestibule.
2. Escalier principal.
3. Caissier.
4. Employés de la Caisse.
5. Débarras.
6. Salle des paiements.
7. Salle d'attente pour les paiements.
8. Salle d'attente pour le retrait des titres.
9. Bureau des titres.
10. Chef du bureau des titres.
11. Cour.
12. Cabinets d'aisances des employés.
13. Urinoirs.
14. Cabinet d'aisances réservé.
15. Retrait des titres.
16. Conservateur des titres.
17. Dépôt des titres.
18. Perception de l'impôt.
19. Bureau des transferts.
20. Chef du bureau des transferts.
21. Bureau des transferts.
22. Teneurs de livres.
23. Cour.
24. Sous-chef du bureau du Grand Livre.
25. Chef du bureau des vérifications.
26. Dépôt des coupons de titres.
27. Vérification des titres.
28. Débarras.
29. Vérification des titres.
30. Contrôleur.
31. Escalier des bureaux.
32. Salle des bordereaux.
33. Médecin.
34. Escalier de service.
35. Escalier secondaire.
36. Lampisterie.
37. Écurie.
38. Remise des omnibus.
39. Messagerie.
40. Cour.
41. Salle d'attente.
42. Bureau pour les voyageurs et la messagerie.
43. Concierge.
44. Cuisine.
45. Urinoirs.
46. Hôtel occupé par un locataire.
47. Cour d'entrée dudit hôtel.

Fig. 758. — Bureaux de la Cⁱᵉ du chemin de fer d'Orléans.

avec le même outillage aujourd'hui où il y a des titres de rente de 3 francs, que lorsque la dette était le privilège de la haute banque ?

Mais à côté de ces grandes salles, pensez aux dépendances nécessaires. Là, vous devez le comprendre, les employés sont très nombreux, et les espaces qu'on peut leur affecter sont restreints. De plus, tout est en vue, et rien ne serait déplaisant ou même inconvenant, comme les résultats d'une imprévoyance qui n'aurait pas su disposer par exemple les vestiaires nécessaires — et désormais les remisages de bicyclettes. Vous aurez aussi à vous enquérir si dans ces bureaux certains travaux sont confiés à des femmes, et en ce cas à constituer des dépendances qui leur soient spécialement affectées.

Un service très important dans les établissements financiers est celui *des Caisses*. Par ce mot, il faut entendre non seulement les coffres pour le numéraire, mais aussi ceux qui renferment les titres et papiers de valeur. Ce service doit être en communication facile avec *la Caisse*, mais il exige une sécurité toute particulière. Aussi le place-t-on souvent dans les sous-sols, et vous avez sans doute entendu parler des *Caves* de la Banque de France et des précautions qui en font une véritable forteresse. Sur des proportions plus modestes, mais dans un édifice spécialement construit pour sa destination financière, vous pourrez vous rendre compte de la connexité de ces deux services et de la disposition rationnelle des caisses par la comparaison des plans du rez-de-chaussée et du sous-sol du Comptoir d'Escompte à Paris (fig. 759).

Enfin, je ne veux pas quitter ce sujet sans vous signaler la nécessité de la discrétion : il va parfois dans les cabinets des directeurs des personnes dont la présence ne doit pas être révélée, et il importe que les murs n'aient là ni des yeux ni des oreilles. Ne me demandez pas pourquoi, car si vous l'ignoriez, je m'en voudrais de vous le révéler.

Une *division* est le groupement de plusieurs bureaux, une *direction* le groupement de plusieurs divisions. Les éléments sont donc les mêmes, et je n'ai rien de particulier à vous en dire.

Mais nous arrivons aux grands chefs de l'Administration,

qu'ils s'appellent d'un nom ou d'un autre, chefs de division, directeurs, secrétaires généraux, préfets ou ministres, présidents, ambassadeurs, peu importe. En dehors de l'habitation, ils ont

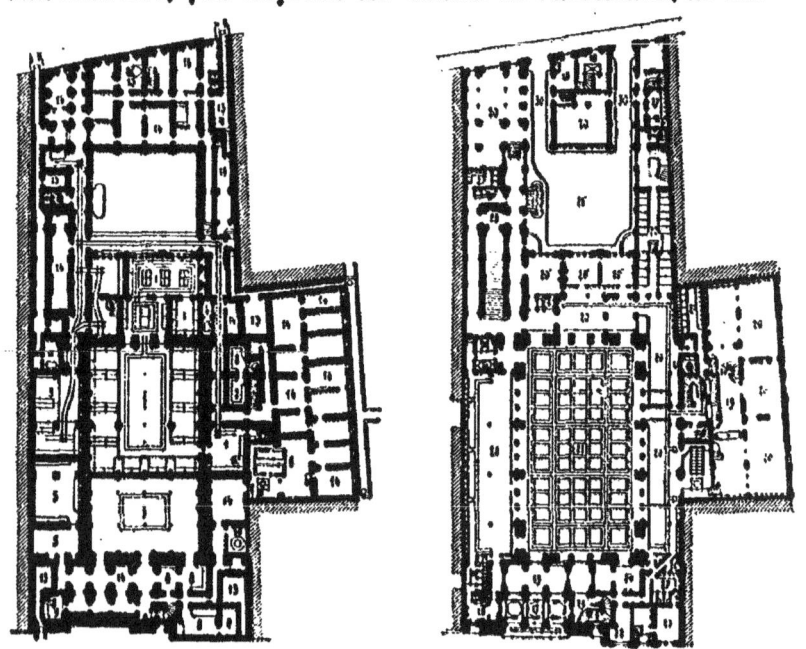

Fig. 759. — Comptoir d'escompte de Paris.

PLAN DU SOUS-SOL

1, dépôt des titres. — 2, dépôt du portefeuille. — 3, dépôt de la caisse principale. — 4, caisse mobile. — 5, resserres. — 6, générateurs (chauffage à vapeur à basse pression). — 7, réfectoire. — 8,8, cuisine et office. — 9, cuisine du concierge. — 10, puits. — 11, ascenseurs. — 12, monte-charge. — 13,13, fosses mobiles. — 14,14, magasins. — 15, poste d'eau.

PLAN DU REZ-DE-CHAUSSÉE

17, porche. — 18, concierge. — 19, vestibule. — 20, bureaux. — 20', caissier principal. — 21, grande salle. — 22, cour d'honneur. — 23, gardiens. — 23, poste militaire. — 24, ascenseur. — 25, monte-charge. — 26, poste d'eau. — 27,27, courettes avec urinoirs et cabinets d'aisances. — 28, grand escalier. — 29,29, passage de porte cochère.

un local où ils administrent, le lieu officiel de leur fonction. C'est le *cabinet*.

Aussi vous dira-t-on dans un programme le *cabinet du préfet*, par exemple. Or, ce simple mot est complexe. Le préfet ou le ministre a son cabinet, grande pièce de travail où il peut convoquer plusieurs personnes, souvent une commission; mais il a un chef de cabinet, un secrétaire, quelquefois plusieurs, des attachés de cabinet : tout cela sous la main, car il se fait souvent dans le cabinet — par exemple au Ministère de la guerre — un travail dont rien ne doit transpirer. Le cabinet est donc un ensemble administratif plus particulièrement groupé autour du chef.

D'autre part, ce chef reçoit, donne des audiences. Pendant qu'il est avec l'un, les autres attendent. Ces autres, ce sont souvent des personnages importants, qu'on ne fait pas attendre dans une antichambre. De là le salon d'attente, ou mieux les salons d'attente, car il y a souvent le salon réservé aux privilégiés qui passent avant leur tour.

Vous voyez quel ensemble complexe peut désigner ce simple mot « cabinet ». Je vous ai montré un Ministère; je vous montrerai aussi une Préfecture, celle de Grenoble, très heureusement composée pour son objet (fig. 760).

Toute administration a ses services généraux : ainsi partout l'amas, toujours de plus en plus considérable, des archives. Souvent on dispose les archives dans un bâtiment à part : on évite ainsi les communications qui peuvent être une cause d'incendie; souvent aussi les archives sont dans les combles, dans des entresols, un peu partout. Dans tous les cas, on doit se prémunir contre le danger d'incendie, et aussi contre celui du poids trop considérable imposé aux planchers. Ainsi il a fallu des travaux importants pour que les archives de la Cour de Paris ne compromissent pas les voûtes de la salle des Pas-Perdus du Palais.

Les archives sont toujours placées sous la garde d'un archiviste responsable; les communications autorisées se font dans un local spécial. C'est souvent un service très important : vous

394   ÉLÉMENTS ET THÉORIE DE L'ARCHITECTURE

pouvez vous faire une idée de ce que peuvent être les archives de certains ministères : la Guerre, les Affaires étrangères, la Marine, ou de ce qu'étaient avant leur destruction les archives de la ville de Paris.

Matériellement, un local d'archives comporte des casiers facilement accessibles : c'est assez analogue à ce que je vous ai

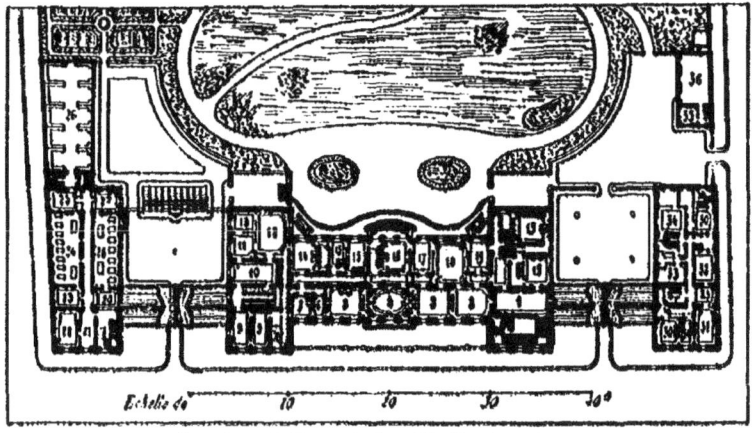

Fig. 760. — Préfecture de Grenoble. Plan du 1ᵉʳ étage.

Bâtiment principal. — 1, paliers formant vestibule. — 2, antichambre. — 3, premier salon. — 4, salon principal. — 5, chambre d'honneur. — 6, cabinet de toilette. — 7, chambre. — 8, salle de bains. — 9,9, bureaux du secrétaire particulier. — 10, salle d'attente. — 11, petit salon. — 12, cabinet du préfet. — 13, arrière-cabinet. — 14, chambre du préfet. — 15,15, chambres à coucher. — 16, chambre de madame. — 17, boudoir. — 18, salle à manger. — 19, office.
Annexes. — 20, vestibule. — 21, garçons de bureau. — 22, cabinet du secrétaire général. — 23, chef de la 1ʳᵉ Division. — 24, Première Division. — 25, comptabilité. — 26, Archives. — 27, chef de la 2ᵉ Division. — 28, troisième Division.
Appartement du secrétaire général. — 29, antichambre. — 30,30, chambres à coucher. — 31, salon. — 32, salle à manger. — 33, cuisine. — 34, chambre du cocher. — 35, magasin à avoine. — 36, grenier à fourrages.

exposé à propos du dépôt de livres dans les Bibliothèques. Au contraire, tout accès possible de l'extérieur doit être évité. C'est ainsi que la belle façade du Ministère des Affaires étrangères sur la rue de l'Université ne présente d'autres fenêtres que celles qui éclairent un dégagement central (fig. 761).

Les dépôts d'archives, comme les dépôts de livres dans les Bibliothèques comportent des étages nombreux et peu élevés.

ÉLÉMENTS DES ÉDIFICES ADMINISTRATIFS

Telle est la disposition du nouveau dépôt des archives de la Cour des Comptes, rue Cambon (fig. 762 et 763), qui comporte deux étages de sous-sol, et dix étages, comble compris, au-dessus du sol.

Je n'ai rien à vous dire des Bibliothèques ou des Collections annexées à des Administrations.

Il faut toujours des dépôts assez importants pour le matériel, notamment pour les imprimés administratifs, la lingerie, etc.

Le chauffage est une question qui excite beaucoup de passions dans le monde administratif. Je crois bien que dans les pays voisins on n'emploie guère que le calorifère. Chez nous, le chauffage soulève une question de hiérarchie. La cheminée et le bois à brûler sont des marques

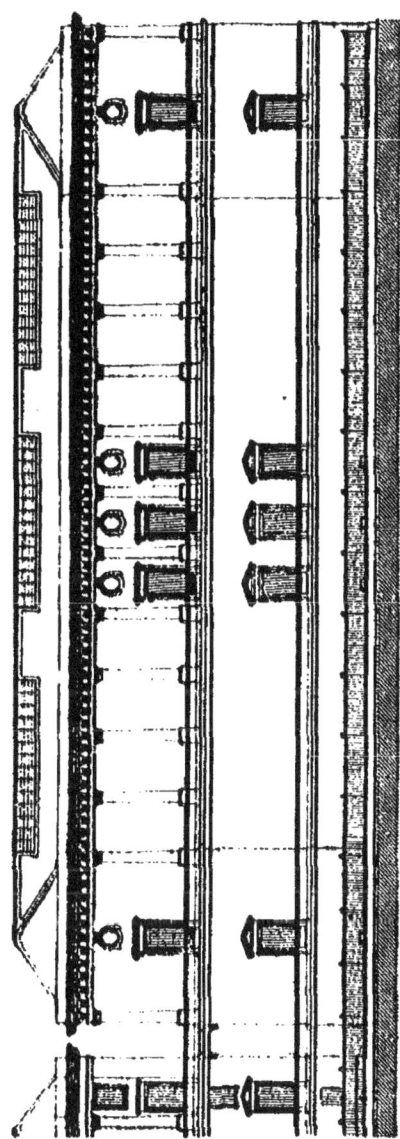

Fig. 761. — Bâtiment des Archives du Ministère des Affaires étrangères. Façade sur la rue de l'Université.

de considération. Aussi chacun en veut-il, et vous connaissez les formidables fournitures de bois qui se font aux ministères. Question de programme, et non d'initiative de l'architecte. Ce qui n'empêche que si, plus tard, il faut faire une canalisation

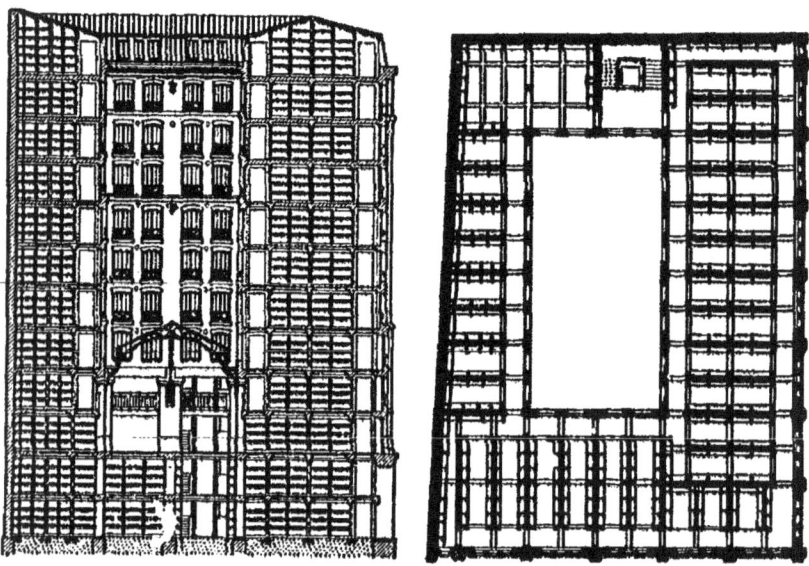

Fig. 762. — Archives de la Cour des Comptes. Coupe.

Fig. 763. — Archives de la Cour des Comptes. Plan du 8ᵉ étage.

après coup dans un édifice où lors de sa construction on l'aura énergiquement interdite, c'est l'architecte qu'on accusera d'imprévoyance.

En dehors de ces données générales, le champ des particularités serait immense. Je ne puis vous faire un répertoire de toute l'architecture administrative, et je vous l'ai déjà dit nous n'enseignons pas des recettes qui seraient d'ailleurs surannées lorsque vous vous en serviriez.

ÉLÉMENTS DES ÉDIFICES ADMINISTRATIFS

Il nous faut voir seulement quelle expression motivera en façade cette architecture de bureaux. Il va sans dire que, exception faite des services disposés dans les grandes salles vitrées du haut, les bureaux se logent toujours dans des étages superposés et ordinairement nombreux. Dès lors, pour ne pas faire des édifices de hauteur exagérée, ces étages doivent être assez peu élevés, trois mètres environ, et à part peut-être le premier étage qui peut être réservé à des services plus importants, à des salles de commissions, etc., il n'y a pas de raison pour que ces nombreux étages aient des hauteurs sensiblement différentes. Les pièces doivent être bien éclairées par des fenêtres larges, les pièces pas trop profondes doivent être disposées pour que le travail de rédaction, écriture, calculs, puisse se faire près du jour : on ne peut guère supposer deux rangs d'employés. Le fond et les parois

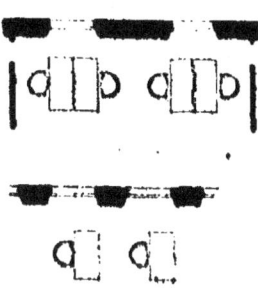

Fig. 764. — Bureaux avec tables d'employés accouplés ou isolés.

latérales sont presque constamment garnis de casiers à cartons. L'entre axe des croisées résulte de la disposition même d'un bureau, où ces employés peuvent travailler à des tables simples ou accouplées (fig. 764). La largeur d'entre axe varierait donc théoriquement suivant ces dispositions, mais comme dans les étages superposés il faut admettre que, soit d'après la nature du travail, soit d'après des différences d'idées à ce sujet, il y aura des unes et des autres, il faut que les entre axes des façades se prêtent à ces deux dispositions, c'est-à-dire satisfassent à celle qui demande le plus de largeur. Il est évident que c'est celle par tables accouplées, et la distance ne peut guère être moindre de 3 mètres, tandis qu'elle serait inutilement plus grande.

De toutes ces nécessités, il résultera des façades essentiellement monotones, si bien qu'on hésite le plus souvent à aborder ce programme de front, qu'on ruse presque toujours avec ses exigences. Souvent d'ailleurs l'étendue des bâtiments a permis de n'avoir pas d'étages très nombreux, puis il y a des nécessités de raccordements de hauteurs entre les lignes des bâtiments de bureaux et celles de bâtiments principaux. En ce cas, ce sont les pauvres bureaux qui sont généralement sacrifiés, et trop fréquemment vous en verrez qui sont trop élevés — ce qui n'est qu'un petit inconvénient — ou trop bas, ce qui est beaucoup plus grave; mal éclairés, par des fenêtres parfois au niveau du sol et ne montant que jusqu'au milieu de la hauteur de la pièce. Tout cela est fâcheux, et l'architecte doit faire tous ses efforts pour l'éviter : toujours, dans la méthode d'étude, la coupe commandant la façade, et non l'inverse.

La réception joue souvent un grand rôle dans les édifices administratifs, mais nous en avons parlé à propos de l'habitation. Il me reste toutefois à vous parler d'un élément que nous rencontrons ici pour la première fois, la *salle de délibérations*.

En tant que spécialisation, c'est certainement une création moderne. L'antiquité, le moyen âge, les siècles derniers avaient évidemment des réunions délibérantes; mais vous avez déjà vu qu'alors les destinations des salles étaient moins spécialisées : de même qu'à Fontainebleau et à Versailles il n'y avait pas de salle à manger proprement dite, de même que les chefs-d'œuvre de Corneille, de Racine, de Molière se représentaient dans un des salons de Versailles, de même dans les maisons communes du moyen âge ou dans les palais féodaux ou royaux, on délibérait dans la grande salle. A Venise la salle du grand Conseil au Palais ducal est simplement le plus grand des superbes salons de ce palais unique.

ÉLÉMENTS DES ÉDIFICES ADMINISTRATIFS 399

La plus modeste de nos salles de délibérations est la salle de commissions. Quelques personnes autour d'une table, de la clarté, voilà tout le programme. Cependant, ces salles deviennent importantes lorsqu'il s'agit par exemple des réunions de Sections

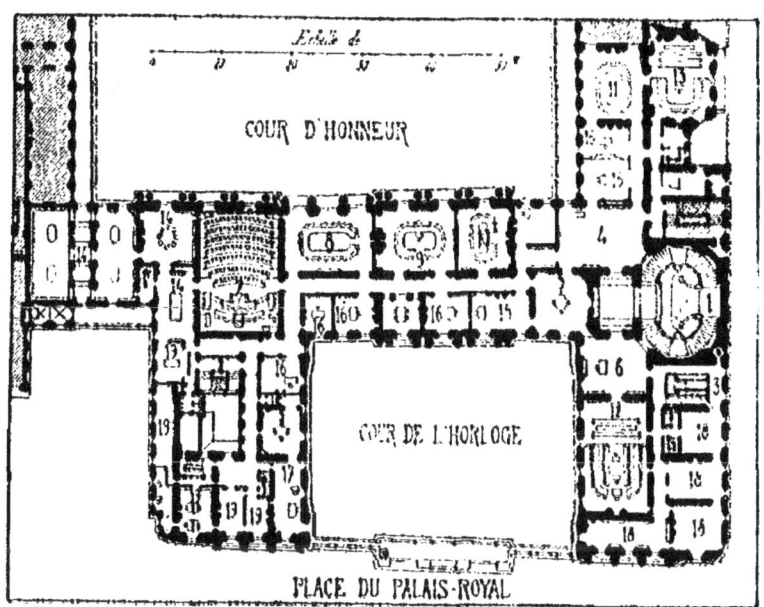

Fig. 765. — Conseil d'État, 1ᵉʳ étage.

1, escalier d'honneur. — 2, escalier des bureaux et sections. — 3, escalier public du contentieux. — 4, antichambre. — 5,5, salons d'attente. — 6, antichambre du contentieux. — 7, salle des assemblées générales. — 8, section de l'intérieur. — 9, section des Travaux publics. — 10, section de Législation. — 11, section des Finances. — 12, section du contentieux. — 13, section supplémentaire du contentieux. — 14, bibliothèque. — 15, cabinet du président. — 16,16, cabinet des présidents de sections. — 17, secrétaire général. — 18,18, dépendances du contentieux. — 19, bureaux.

du Conseil d'État (fig. 765) ou de la Cour des Comptes, ou des grandes commissions — du budget par exemple — de la Chambre ou du Sénat. Telles sont encore les salles du Conseil dans un grand nombre d'administrations ; telles encore les salles dites de Conférences dans les Parlements, salles qui peuvent se prêter à divers usages et qui dès lors ne peuvent recevoir d'installation permanente.

Toutes ces salles en général se caractérisent, par rapport aux grandes salles de délibérations, par une différence essentielle : leur sol est de plain-pied. Ainsi, dans le plan du Conseil d'État que je vous montre plus haut, toutes les salles de sections administratives sont de plain-pied, tandis que la salle des assemblées générales est en gradins. Quant aux salles du contentieux, leur destination les rattache plutôt à l'architecture judiciaire. En réalité donc nous trouvons ici des espèces de salons, répondant bien aux exigences de leur destination si l'espace est suffisant, la lumière abondante, le chauffage assuré — par des calorifères de préférence, sauf à disposer une grande cheminée pour l'apparat plutôt que pour le chauffage.

Ces salles peuvent avoir un beau caractère, surtout si elles ont une histoire. Caractère grave et sérieux, relevant en premier lieu de la peinture historique ou des portraits. Les exemples en sont nombreux : sans chercher loin, je vous citerai la salle du Conseil de votre École, les salles des grandes commissions de l'Hôtel de Ville, plusieurs salles de section du Conseil d'État au Palais-Royal, etc. Mais vous reconnaîtrez que ces salles sont toujours en réalité un salon, dont seulement la décoration est plus grave et moins intime que celle d'un salon d'habitation.

Il est à peine besoin d'ajouter que ces salles comportent toujours des dépendances, soit particulières à chaque salle, soit communes à plusieurs : vestiaires, lavabos, dépôts divers. Souvent même elles doivent être accompagnées de cabinets pour le président, le secrétaire, de bureaux accessoires. Questions de programme qui doivent être traitées au préalable, car rien n'est plus difficile ni plus illusoire que de vouloir réformer ou amplifier un programme après coup.

Les salles dont nous venons de parler ne comportent pas en général une assistance nombreuse : trente à quarante personnes au plus, mais bien à l'aise. Voici, à titre d'indication, les rapports de surface et du nombre de personnes existant pour les salles des sections administratives du Conseil d'État prises comme types :

SECTION	NOMBRE	SURFACE	SURFACE par personne
Intérieur................	25	13ᵐ × 9ᵐ = 117ᵐ	4,68 m²
Travaux publics..........	23	11 × 9 = 99	4.30
Législation..............	21	7,50 × 9 = 67,50	3.21
Finances.................	23	10,50 × 9 = 94,50	4.11

soit en moyenne 4 ᵐ 075 par personne. D'où vous pouvez conclure qu'une salle de délibérations ou commissions largement installée exige quatre mètres superficiels par personne.

CHAPITRE II

ÉLÉMENTS DES ÉDIFICES POLITIQUES

SOMMAIRE. — Salles de séances des assemblées politiques. — Relations de ces salles avec les dépendances. — Disposition des salles d'assemblée. — Accès, surveillance, chauffage, éclairage, ventilation. Nécessités à observer dans la composition générale. — Dimensions possibles, dimensions excessives. — Caractère. — Le respect historique.

Avec les grandes salles de délibérations, par exemple celles des assemblées politiques, les conditions ne peuvent plus être celles que nous venons de voir pour les édifices administratifs. Il est évident que là où il doit y avoir place pour 500 personnes, on ne peut donner à la salle 2.000 mètres superficiels. Il est donc nécessaire que l'assistance soit plus tassée : on doit alors reprendre sur les circulations, les tables, les espacements de siéges. Ainsi, dans le même édifice, la salle des assemblées générales du Conseil d'État, qui reçoit 120 personnes, plus quelques employés (50 présidents et conseillers, 30 maîtres des requêtes, 35 auditeurs, 5 secrétaires), mesure $11^m 50 \times 17^m = 195.50^{m^2}$, soit $1^{m^2} 625$ en moyenne par personne.

Nous trouverons la surface proportionnelle moins grande encore dans les grandes assemblées.

La salle des séances du Conseil municipal de Paris et du Conseil général de la Seine (fig. 766), composé de 88 membres, est également rectangulaire. Ses dimensions sont de 14ᵐ 35 de largeur sur 21ᵐ 60 de longueur, non compris la tribune publique, soit une superficie de 309ᵐ² 96 ou 310 mètres, ou en moyenne 3ᵐ 52 par personne. Les places des conseillers n'occupent d'ailleurs que les trois cinquièmes au plus de la salle, le surplus étant affecté au bureau, à la tribune, aux sténographes et aux places des administrateurs et secrétaires. Ici, les places contiguës sont par deux au plus. Chaque place, mesurée sur son petit bureau, a 0ᵐ 70 de large; l'espacement d'un rang à l'autre est de 1ᵐ 25, dont 0ᵐ 40 pour la profondeur du petit bureau, et le surplus, soit 0ᵐ 85, pour le siège et le jeu nécessaire.

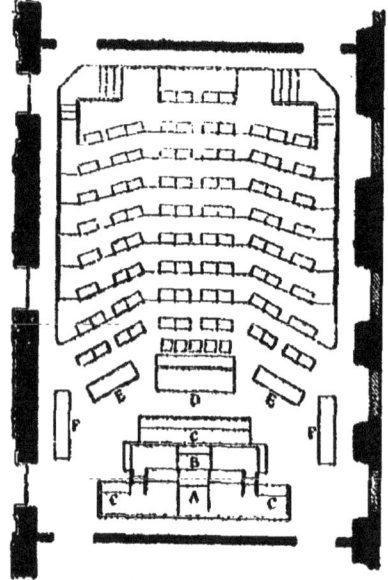

Fig. 766. — Salle des séances du Conseil municipal de l'Hôtel de Ville de Paris.

A, président et secrétaires. — B, tribune. — C,C, sténographes. — D, préfets et secrétaires généraux. — E,E, directeurs. — F,F, secrétaires de l'administration.

La place est donc plus grande ici que dans la grande salle du Conseil d'État. Mais vous remarquerez que le Conseil d'État comporte des personnes de grades différents, et que le corps délibérant proprement dit y est presque moitié moins nombreux qu'au Conseil municipal. Puis il a été fait dans les anciens bâtiments du Palais-Royal ce que les locaux permettaient de faire, et certainement cette salle pourrait facilement être plus vaste qu'elle ne l'est.

Pour les salles de grandes assemblées délibérantes comme

celles du Sénat ou de la Chambre des députés, le programme est beaucoup plus complexe : il faut dire tout d'abord, qu'ici je n'ai pas d'exemples nombreux à vous proposer. La salle de la Chambre des députés est si insuffisante à tous égards qu'on a le projet de la remplacer; celle de Versailles (Sénat) est l'ancienne

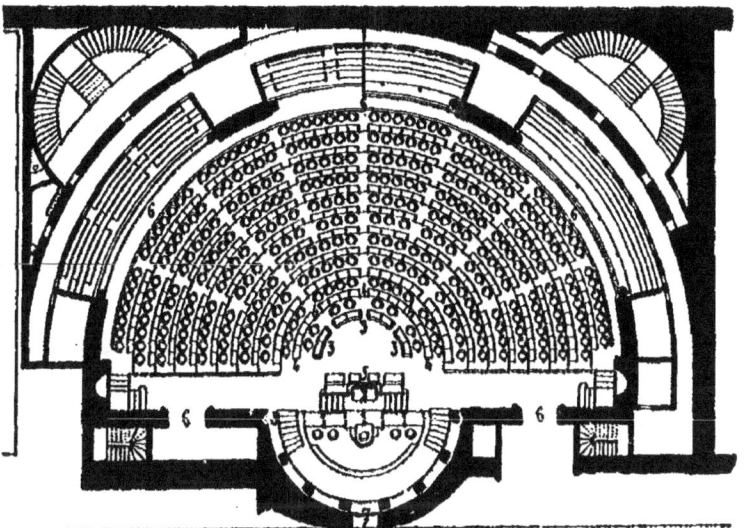

Fig. 767. — Salle du Sénat, à la hauteur des tribunes.

1, bureau du président, secrétaires, etc. — 2, tribune de l'orateur. — 3, ministres. — 4, membres des commissions. — 5, sténographes. — 6, entrées des sénateurs. — 7, entrée du président.

salle de théâtre du Palais, et celle de la Chambre dans ce même palais a dû être installée dans une ancienne cour; ce ne sont pas des salles conçues vraiment pour leur objet. Seule celle du Sénat à Paris est plus satisfaisante, et pourra nous servir de motif d'étude (fig. 767). Mais pour que vous puissiez vous rendre compte des nécessités parfois contradictoires que comporte ce programme, il faut d'abord que nous examinions ensemble ce qui s'y fait et comment cela s'y fait.

Pour qu'une délibération se fasse avec ordre et ne dégénère pas en vacarme confus, il faut qu'elle soit dirigée, et que la disposition même de la salle rende, sinon impossibles, du moins exceptionnelles les violences toujours à redouter dans des assemblées nombreuses et passionnées. Il faut aussi que l'orateur soit entendu — je suppose ici qu'on veut bien l'écouter; enfin nos lois veulent que ces séances soient publiques, mais à condition que le public, placé dans des tribunes, reste silencieux. Toute la police de la salle et des tribunes appartient au Président.

Après des essais inexpérimentés, des tâtonnements éphémères, ces considérations fondamentales ont amené partout à une même conception de la salle d'assemblées publiques dans son programme intérieur : les places des députés ou sénateurs sont personnelles; l'orateur parle à la tribune et non de sa place; le président est placé de façon à pouvoir diriger la séance et surveiller toutes les parties et tous les éléments de la salle; les tribunes du public ou des invités sont bien en vue, sous la surveillance du président, mais desservies par d'autres accès que la salle elle-même. Voilà la théorie, laquelle doit d'ailleurs s'accommoder à des habitudes dont j'aurai à vous parler tout à l'heure. Voyons maintenant les relations de ces salles avec le dehors. Elles sont multiples.

Le travail législatif se prépare dans ce qu'on appelle les *bureaux* et les *commissions*. La chambre est divisée par le sort entre les bureaux (actuellement au nombre de onze), et les propositions, projets de lois, etc., sont d'abord soumis aux bureaux, qui les discutent sommairement, et nomment un *commissaire* — parfois deux ou trois par bureau. La commission est ainsi composée de 11, 22 ou 33 membres, lesquels, après délibération, désignent à leur tour un rapporteur.

Ce travail de bureaux et de commissions exige des locaux

spéciaux, qui doivent être à proximité de la salle, car les allées et venues peuvent être fréquentes.

Non moins près de la salle doivent se trouver ses grandes dépendances : la bibliothèque — car souvent, pendant la séance même, pour vérifier ou contester une assertion, il faut aller consulter des documents ; — les archives, pour des motifs analogues ; — les salles de conférences, où se réunissent des *groupes* ; — la salle des Pas-Perdus, grand vestibule où fréquentent des hommes politiques ne faisant pas partie de l'assemblée.

Puis, le voisinage immédiat de la salle doit encore offrir : la buvette, dont le rôle est des plus importants comme vous le savez ; le vestiaire des députés ; des lavabos, des cabinets d'aisances.

Mais ce n'est pas tout : il faut aussi, et toujours le plus près possible de la salle, quelques pièces pour les membres du bureau de la Chambre ; — une salle où les ministres puissent se réunir ; — une salle où les sténographes traduisent *en clair* les notes qu'ils viennent de prendre ; — une salle où les orateurs puissent corriger les épreuves de leurs discours..., etc.

De tout cela résulte une conception nécessaire de la salle : que ces habitudes soient bonnes ou mauvaises, il faut que les députés ou sénateurs puissent facilement et sans trop de désordre quitter leurs places, y revenir : c'est une réunion d'allants et venants. Souvent, vous le savez, pendant une discussion, il n'y a pas dans la salle le quart des membres, puis survient un incident, un discours attendu, ou un vote important : on va partout chercher les absents, les appeler et les rappeler, la salle se remplit, pour se vider de nouveau lorsque cette affluence n'a plus sa raison d'être.

Et pour permettre cette mobilité, il faut que toutes les places soient facilement accessibles, qu'elles soient desservies par de nombreux dégagements. On voudrait qu'il n'y eût jamais plus de deux sièges en ligne : chacun alors est rendu libre par un dégagement à droite ou à gauche. En voulez-vous un exemple ? Lorsque la Constitution créa le Sénat, je fus chargé de son installation à Versailles, dans l'ancienne salle du théâtre du Palais. Les sénateurs arrivaient quelques jours d'avance, et leur premier soin était de désigner à la questure les places qu'ils voulaient occuper. Or, tous les sièges contigus à un dégagement furent les premiers marqués, sans exception. Les autres, bien qu'il n'y eût pas en général plus de quatre sièges en ligne, échurent aux retardataires.

Cependant, il ne faut pas que les salles soient trop grandes, ni pour le bon ordre, ni pour la facile audition. Les places sont donc plutôt exiguës, les tables ou pupitres sont réduites au minimum. Comme il arrive bien souvent, les données sont contradictoires. Questions de tact et de mesure pour arriver à concilier autant que possible ces exigences opposées. En somme, étant donné un nombre d'auditeurs, vous devez, d'une part, restreindre autant que possible les dimensions de la salle, et, d'autre part, constituer des places aussi aisées que possible, des dégagements aussi nombreux que possible. Je le répète, c'est contradictoire, et ce n'est que par une appréciation judicieuse des sacrifices et des concessions que vous pourrez arriver à une solution acceptable. Je ne puis — vous le comprendrez facilement — vous donner de recettes pour composer une salle dont la composition laissera toujours à désirer ; voici seulement, à titre de renseignements, quelques indications empruntées à la salle des séances du Sénat.

Nombre des places (non compris celles des ministres, des commissions et du bureau).............. 300

Nombre de places du bureau....................	7
Superficie générale de la salle, environ (non compris les tribunes).........................	412ᵐ 50
Surface moyenne par sénateur..................	1ᵐ 37
Dimensions du banc des ministres..............	6
Dimensions de la tribune de l'orateur } tablette..	1ᵐ 70 × 0ᵐ 40
parquet...	1ᵐ 70 × 1ᵐ 25
Dimensions du bureau du président............	6ᵐ 60
Distance des places de dos au dos..............	1ᵐ 15
Largeur moyenne des dégagements entre les rangs de places..................................	0ᵐ 80
Surface moyenne par auditeur dans les tribunes publiques (0ᵐ 60 × 0ᵐ 75).................	0ᵐ 45
Pente des gradins, par mètre..................	0ᵐ 135

Il faut observer toutefois que ces dimensions, à part celles du bureau et de la tribune, sont trop exiguës. La salle avait été composée pour le Sénat de l'Empire, soit 150 membres; il y en a aujourd'hui 300, et il a bien fallu réduire, surtout pour pouvoir ainsi doubler le nombre.

Mais, en dehors de ces questions générales de dimensions, il se pose encore d'autres questions en grand nombre. Quelle forme sera la plus convenable ici? Il semble bien que la forme traditionnelle en hémicycle soit la plus rationnelle. Il faut qu'un orateur, placé à un point central qui est ici la tribune, soit entendu de tous; il faut que tous soient également vus du président. Ce que nous avons vu à propos des salles de cours a encore ici son application; et si pour des raisons de composition la salle ne pouvait pas être demi-circulaire, il faudrait au moins qu'elle fût sensiblement circonscrite au demi-cercle. Telle est la salle de la Chambre des députés à Versailles, que je vous montre non pas tant pour la salle elle-même que pour sa disposition heureuse au centre de tous les services qui lui sont nécessaires (fig. 768). Une salle en profondeur, comme une église, serait tout à fait défectueuse.

Bien qu'elle soit restée à l'état de projet, je crois intéressant de vous faire voir aussi la salle qui a été récemment projetée pour remplacer, au Palais Bourbon, la salle actuelle de la Chambre des députés (fig. 769). L'architecte de ce Palais avait une très longue expérience de l'architecture des Parlements, et assurément il est utile de connaître ce qui lui avait paru la meilleure forme de salle pour une assemblée délibérante. Ce n'est pas l'hémicycle, mais la disposition des sièges y est presque la même que dans un hémicycle, les distances de la tribune aux places les plus éloignées y sont à peu près les mêmes. On peut presque dire que cette salle est un hémicycle, dans la mesure où le permettaient les nécessités de la composition générale du monument.

Mais je reviens à la salle théorique, en continuant à me référer à celle du Sénat comme exemple.

Dans cette salle demi-circulaire, la disposition des sièges sera naturellement concentrique : chacun ainsi aura à peu près en face de soi l'orateur, et le président pourra d'un seul regard embrasser toute la salle. Cette disposition a d'ailleurs une autre conséquence dont les effets sont très sensibles : les divers membres se voient réciproquement, et il en résulte une vie propre à ces assemblées. Sans doute, les violences sont aggravées par le vis-à-vis des adversaires, mais la salle est animée et expressive, ce ne sont plus de simples auditeurs, la lutte est dans la salle même en même temps qu'à la tribune. On n'accepterait pas aisément que les sièges fussent disposés comme à l'orchestre d'un théâtre : cette disposition pourrait après tout être commode, elle ne serait pas suffisamment passionnante.

Vous comprenez bien d'ailleurs que ces sièges ne sont pas

ÉLÉMENTS DES ÉDIFICES POLITIQUES 411

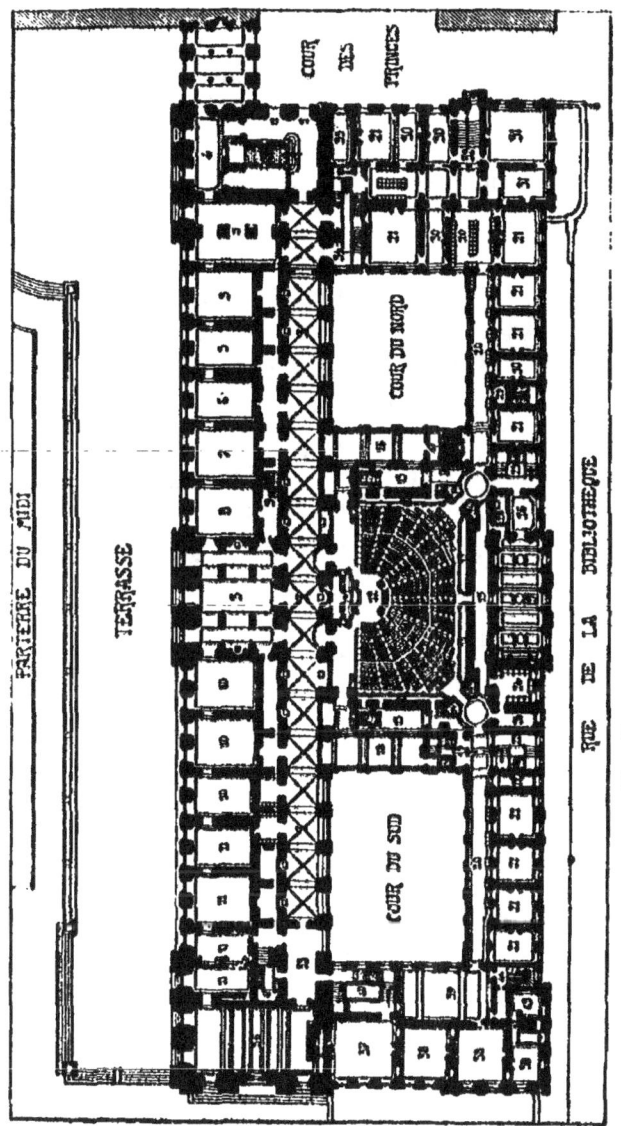

Fig. 768. — Salle de la chambre des députés, à Versailles.

1,1, entrée des députés. — 2, escalier des princes. — 3, salle des Pas-Perdus. — 4, vestibule de la questure. — 5,5, secrétariat général de la questure. — 6, cabinet du questeur. — 7, buvette. — 8, bureau. — 9, escalier des commis en second. — 10,10, salles de conférence. — 11,11, secrétariat général de la Présidence. — 12, salle des séances. — 13,13, portes à éclairer à la salle des séances par le sous-sol des réunions du Congrès. — 14,14, colonnes tournant d'air. — 15,15, galerie de circulation autour de la salle. — 16, galerie d'accès des députés au chemin de fer par l'escalier 17. — 17, escalier desservant tous les étages. — 18, galerie de travail des sténographes. — 19, escalier réservé aux députés, desservant tous les étages. — 20,20, galerie des tribunes. — 21,21, bureaux. — 22, lavabo. — 23, escalier du public tournant sur lui-même. — 24,24, escalier de ventilation. — 25, escalier du public, donnant les tribunes à l'étage de la salle des séances. — 26, antichambre du public. — 27, salle de réception du public. — 28, cheminée de ventilation. — 29, escalier neuf, à l'étage des commissions. — 30,30, Commission. — 31,31, Commission du budget. — 32, escalier desservant l'appartement du Président et tous les étages. — 33, antichambre d'attente, à l'étage en dessous. — 34, escalier d'Orléans. — 35, cabinet du Président. — 36,36, cabinet. — 37, salle à manger. — 38, escalier de Monsieur. — 39, escalier tournant en escargot. — 40, escalier desservant l'étage d'habitation au-dessous. — 41, cabinet. — 44, escalier de service.

ainsi rangés sur un plan horizontal. Pour que les membres voient bien l'orateur, et que l'orateur voie bien son auditoire; pour que le président voie tout, pour que les membres se voient entre eux, l'établissement de gradins est nécessaire. La salle sera donc constituée par un parquet en gradins, dont la surface circonscrite sera un tronc de cône. Mais les pentes n'ont pas besoin d'être très fortes, parce que l'orateur et le président — les deux objectifs des rayons visuels — sont assez élevés au-dessus du parquet. Cette obligation de pentes dans une salle qui doit avoir de nombeux accès est toujours une difficulté. Il faut ici qu'on arrive de plain-pied et au pourtour qui dessert les places, et au pied de l'hémicycle, et enfin à l'estrade du président. La solution la plus pratique consiste

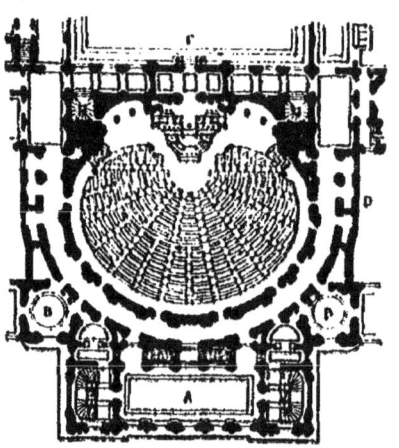

Fig. 769. — Salle projetée pour la chambre des députés au Palais-Bourbon.

A, salle du public. — B, salons. — C, salle des Pas-Perdus. — D, cour.

à constituer les différences de niveau de la salle en creux et non en relief. Je m'explique : au Sénat, par exemple, la salle est au premier étage : de niveau avec ce premier étage sont les cinq portes qui donnent passage aux sénateurs, et la porte d'entrée du président. L'estrade du président, le haut des gradins, les accès de l'hémicycle sont donc au niveau du premier étage, et c'est par les degrés intérieurs de la salle qu'on descend aux divers gradins, et à l'hémicycle au pied de la tribune. Par conséquent, sous cette salle, il ne peut exister à rez-de-chaussée que des locaux dont la hauteur est moindre que celle de l'étage

Coupe transversale.

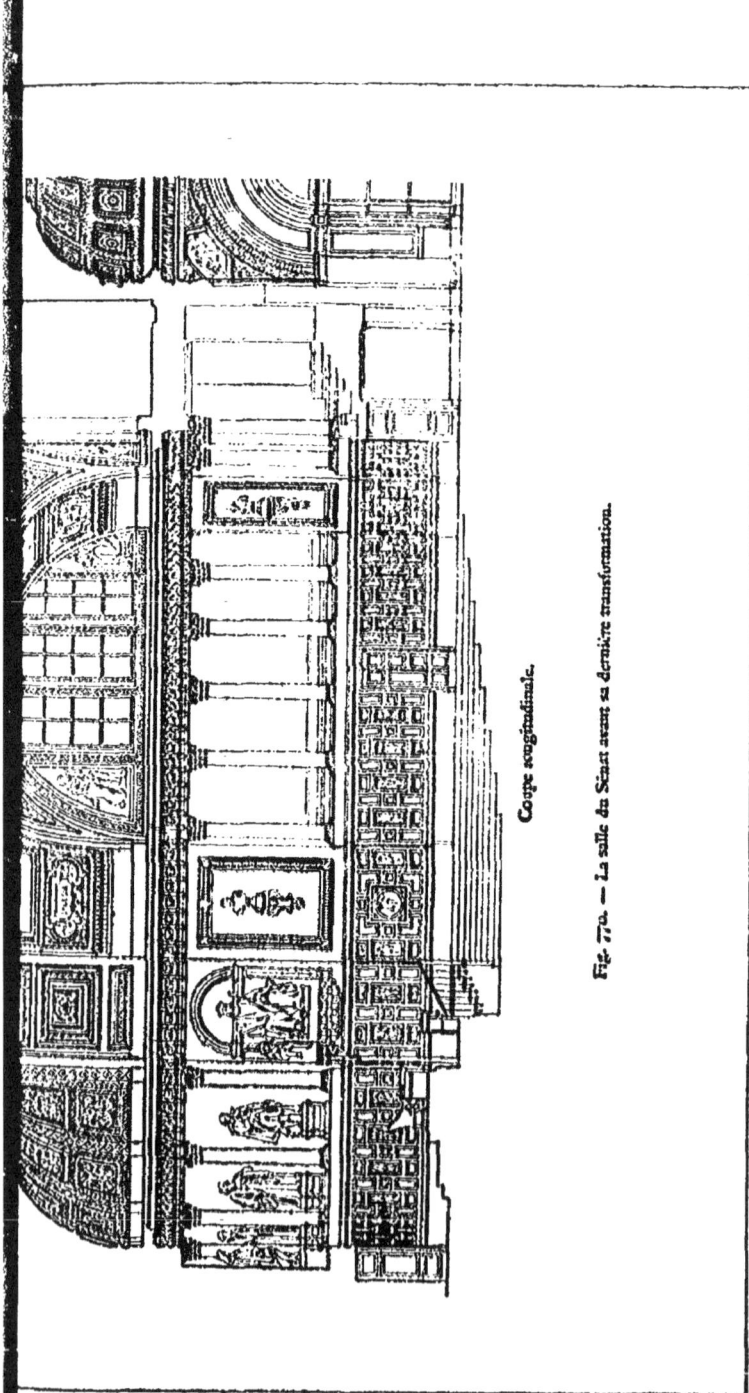

Coupe longitudinale.

Fig. 770. — La salle du Sénat avant sa dernière transformation.

(fig. 770). (Je vous montre cette salle telle qu'elle a été conçue par son architecte, avant ses dernières modifications, c'est-à-dire pour les 150 sénateurs de l'Empire.)

Voilà donc la forme et la disposition de la salle réglés par des règles raisonnées. Il faut maintenant comme toujours penser à ces deux objectifs l'air et la lumière, en d'autres termes l'éclairage et l'aération — celle-ci comprenant le chauffage.

Les séances ont lieu de jour et de nuit. Toujours le problème est le même : que chacun y voie bien clair à sa place et voie bien l'orateur — que le président voie bien toutes les parties de la salle.

Pendant le jour, aucun éclairage ne répond mieux à ces nécessités que l'éclairage du haut. D'abord, des fenêtres ne pourraient être placées que très haut, à cause des tribunes, — car il ne saurait être question d'en ouvrir au fond des tribunes dont le public serait alors invisible pour le président. Mais, même ainsi placées, des fenêtres seraient une difficulté pour la police de la salle, et on a dû supprimer celles qui autrefois éclairaient la salle du Sénat, au-dessus des anciennes tribunes. On est donc arrivé dans toutes les salles d'assemblées au plafond vitré. Mais il faut que ce plafond soit vaste, car il faut que la lumière soit diffuse pour pénétrer partout sans ombres violentes. Je pense même qu'il y aurait avantage à ce qu'il fût multiple, c'est-à-dire que autour d'un grand compartiment central, il pourrait y avoir un entourage de plafonds vitrés secondaires. Toujours bien entendu avec les conditions d'établissement dont je vous ai entretenus à propos des salles de musées.

Quant à l'éclairage de nuit, tous les essais faits oscillent entre deux systèmes généraux : l'éclairage à lumières visibles (lustres, appliques, etc.) ou l'éclairage à lumières cachées (plafonds lumineux).

Le plafond lumineux, c'est l'éclairage diurne qu'on cherche à continuer de nuit. Rien n'empêche qu'il ne soit excellent si l'éclairage de jour est bon lui-même. Mais il demande une puissance énorme d'éclairage, et par conséquent est très coûteux. De plus, si c'est le gaz qui est employé, ce plafond n'est pas seulement éclairant, il est chauffant aussi, et très chauffant. Pour sa grande salle d'assemblées générales, le Conseil d'État tient beaucoup à ce mode d'éclairage et ne voudrait aucunement de feux visibles. Après avoir été longtemps demandé au gaz, non sans l'inconvénient d'une forte chaleur, il est aujourd'hui assuré par l'électricité. La salle du Sénat est éclairée par un lustre central, maintenu assez élevé pour ne pas éblouir le président, et par une ceinture d'appliques. De tout cela, il ne paraît pas se dégager de conclusions formelles autre que d'aménager suivant la salle un éclairage suffisamment diffus pour atteindre partout, et en évitant toute cause d'éblouissement, toute interposition d'appareils éclairants entre ce qui doit rester réciproquement visible, notamment tout ce qui pourrait gêner le président dans la surveillance de la salle.

En ce qui concerne le chauffage, le mot du programme est aussi : diffusion. Si vous prétendez chauffer une salle d'un grand volume par quelques *bouches de chaleur*, il faudra que ces bouches permettent chacune une émission considérable de chaleur; gêne insupportable pour les voisins, résultat presque nul pour les éloignés.

Rien n'est plus pratique à cet égard que ce qui a été aménagé au Sénat (voir plus haut, Plan du rez-de-chaussée du Luxembourg, vol. I, pl. 42), il y a cinquante ans environ. Sous la salle s'étend un vaste local appelé chambre des mélanges : de l'air pur pris au dehors arrive dans cette chambre et s'y échauffe au contact des appareils de chauffage — lesquels peuvent être aussi bien à eau chaude ou à vapeur qu'à air chaud. Puis, par toutes les contre-marches des gradins, par les plinthes des menuiseries, cet air échauffé pénètre dans la salle, remplaçant l'air vicié évacué par la partie supérieure, grâce à un simple courant ascensionnel. La multiplicité et l'étendue des orifices de communication rend le mouvement d'entrée de l'air chaud très lent, et par conséquent nullement gênant.

Pendant l'été, ces introductions d'air chaud sont remplacées par des introductions d'air frais, capté par des prises d'air exposées au nord, et propulsé dans la salle — toujours par l'intermédiaire de la chambre de mélanges — au moyen d'insufflateurs, tandis que l'air vicié et échauffé s'échappe par les ouvertures grillées de la voûte supérieure.

Mais ce programme n'est pas uniquement français, et vous pouvez être curieux de savoir comment il a été traité à l'étranger. Je ne vous parlerai pas de l'Angleterre : bien que ce soit la patrie du parlementarisme, la tradition est tellement puissante chez les Anglais que, pour les édifices qui abritent leurs institutions nationales, il n'est permis de rien innover, la raison est sans droits contre la survivance du passé. C'est ainsi que se perpétuent les perruques de jadis, le sac de

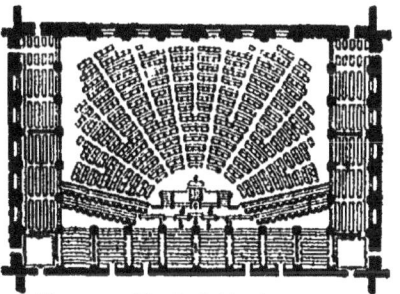

Fig. 771. — Plan du Reichstadt, à Berlin.

a, président. — *b,b*, secrétaires. — *c*, orateur. — *d,d*, sténographes. — *e*, recueil des lois. — *f,f*, tribune des membres de la chambre des Seigneurs. — *g,g*, tribune du public.

laine, des formules même qui empruntent à l'époque normande un français disparu ailleurs. Les parlements se sont tenus autrefois dans certaines salles, telles doivent être toujours les salles du parlement anglais : le problème de la meilleure disposition, de la conception la plus rationnelle ne peut pas se poser. Cette idée a sa grandeur comme elle a son étroitesse : on pourrait dire qu'elle est toute en longueur. En tous cas elle ne nous livre pas d'enseignement.

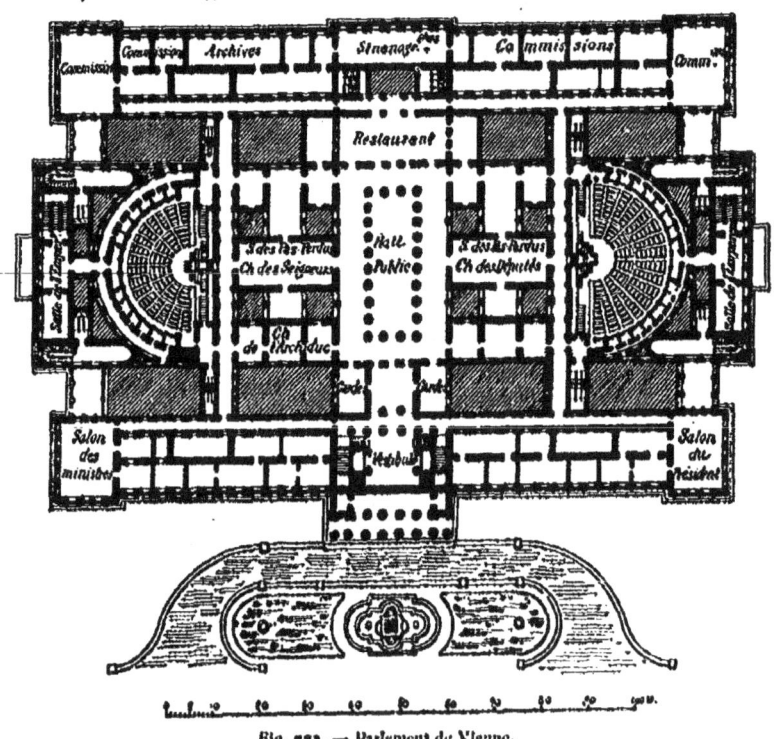

Fig. 772. — Parlement de Vienne.

Au contraire, l'exemple du Reichstadt de Berlin (fig. 771), composition récente, vous montrera dans son ensemble une conception à certains égards différente de la nôtre, analogue cependant dans ses grandes lignes. De même le Palais du Parlement de Vienne (fig. 772), et celui de Stockolm (fig. 773), où

ÉLÉMENTS DES ÉDIFICES POLITIQUES   417

vous remarquerez une disposition particulière des sièges; on y a cherché avec des lignes droites un fonctionnement assez

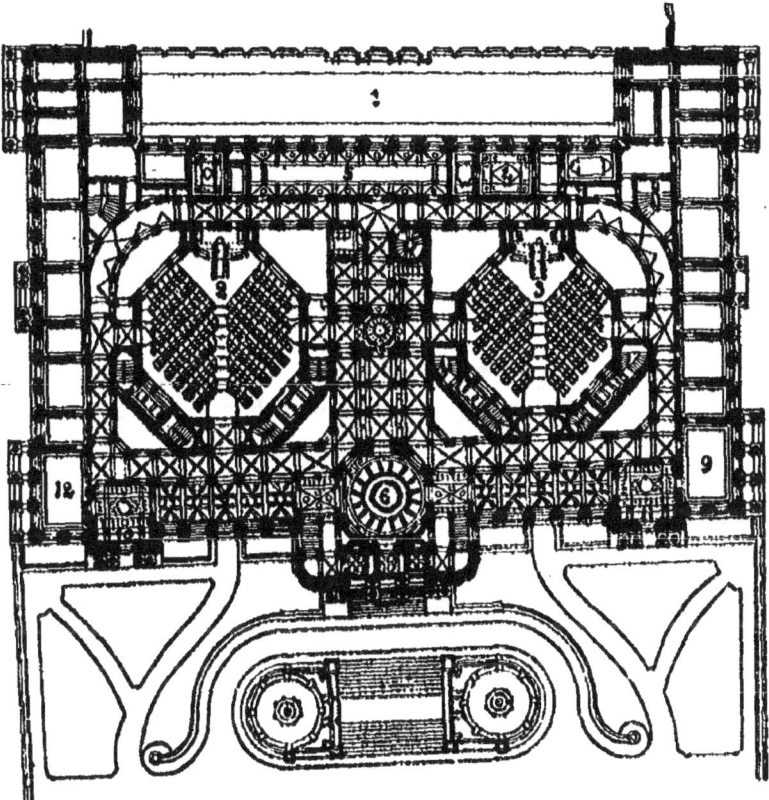

Fig. 773. — Parlement de Stockolm.

1, galerie. — 2, première chambre (186 membres). — 3, deuxième chambre (212 membres). — 4, cabinet des ministres. — 5, salle d'assemblée communale. — 6, vestibule. — 7,8, Pas-Perdus. — 9, reporters. — 10,11, restaurants. — 12, journaux.

analogue à celui d'une salle en hémicycle. C'est peut-être un parti plus ingénieux que franc.

Et maintenant essayons de dégager quelques conclusions de tout ce qui précède.

Éléments et Théorie de l'Architecture.

Tout d'abord, vous devez voir combien sont peu pratiques ces conceptions fréquentes dans les projets d'il y a quarante ans et plus, qui consistaient à rejeter la salle des séances dans un appendice excentrique en dehors de l'édifice ou du moins en saillie sur l'édifice. Dans ces errements, la salle est sans dépendances, sans communications, sorte de hors-d'œuvre d'une composition dont elle doit au contraire être l'âme et le centre. — Mais on faisait ainsi ce qu'on appelait un *fonds de plan*, et qui sait si ce mot, qui ne signifie rien, n'a pas encore quelque peu cours parmi vous? Tant les superstitions ont la vie dure!

Laissons de côté aussi les salles dont les dimensions seraient extravagantes. Faire énorme n'est pas faire grand, c'est faire absurde. Dans une salle demi-circulaire de 25 à 30 mètres de diamètre, un orateur quelconque se fera entendre — à condition qu'on l'écoute. — Dans une salle de 40 mètres, il y aura fatigue pour l'orateur et les auditeurs. Mais une salle de 30 mètres est déjà exiguë pour 300 membres : que faire donc si l'assemblée en a 600, ou 900 comme en 1848 ? C'est bien simple, la salle sera mauvaise, forcément mauvaise, quel qu'en soit l'architecte. Au point de vue de la salle, une assemblée de 300 membres devrait être un maximum : je me figure qu'au point de vue des affaires, c'est déjà plus que le maximum utile.

Et dès lors, pour vous donner une idée d'une salle d'assemblée bien réussie, je ne saurais mieux faire que de vous décrire brièvement la salle du Sénat. Composée d'abord pour la Chambre des pairs, puis pour le Sénat du Second Empire, elle ne comportait à l'origine que 150 à 160 membres. Il a fallu en augmenter le nombre, on n'a pu le faire qu'au détriment des circulations, et en resserrant davantage les sièges.

La salle, je vous l'ai dit, est en hémicycle. Elle comporte sept gradins : au sommet des gradins règne une circulation semi-circulaire qui dessert tous les dégagements, et qui ouvre par trois portes sur la galerie extérieure que surmontent les tribunes. Deux autres portes donnent accès aux sénateurs de chaque côté du tympan.

La pente des gradins est environ 0^m 135 par mètre. Au pied des gradins sont des places spéciales réservées d'une part aux ministres, et d'autre part aux membres de la commission. Ce sont là des places en plus du nombre officiel des sénateurs.

Enfin, au pied de l'estrade du président est la tribune, accessible par deux escaliers; contre la tribune deux pupitres pour les sténographes. Quant à l'estrade du président, ou *du bureau*, elle est constituée dans un renfoncement en forme d'abside, où l'on entre par une porte dans l'axe de la salle (fig. 774). Cette estrade est assez vaste pour contenir le bureau du président, les membres du bureau, et des tables pour divers employés du secrétariat, de la questure, etc. Le bureau est en communication par des escaliers avec l'hémicycle de la salle.

Quant aux tribunes publiques, elles sont installées dans de grandes arcades dont le cintre fait pénétration dans la voûte de la salle et au-dessus du dégagement extérieur des places des sénateurs. Primitivement, il y en avait un seul rang; lorsqu'on a supprimé les fenêtres dont je vous ai parlé, on en a établi un second étage.

Je vous ai expliqué l'éclairage et l'aération de cette salle, je n'y reviendrai donc pas.

Malgré tout, ce beau programme de la salle d'assemblée n'a pas donné lieu à ces compositions qui s'imposent à l'admiration publique. C'est que, à l'opposé de nos églises, de nos tribunaux, de nos hôtels de ville, elles n'ont pas d'histoire. Elles sont trop récentes. Seuls les Anglais, je vous l'ai dit plus haut, peuvent être fiers à ce propos d'une tradition qui s'affirme par le respect historique du passé, qui n'y veut rien toucher. Chez nous, la tradition n'existe pas, et si elle existait y serions-nous attachés comme les Anglais ? J'en doute, car nous avons plutôt la défiance de la tradition. Là est la grande querelle entre les fervents du passé et les confiants dans l'avenir. Certes, je suis loin de désirer que notre art s'emprisonne dans des formules surannées : mais n'est-ce pas une noble jouissance d'artiste de pouvoir devant un chef-d'œuvre ancien ressentir avec l'admiration l'émotion du respect ?

Respect historique, ai-je dit : c'est là malheureusement un respect qui nous manque trop en France. Seules nos vieilles églises en ont bénéficié à travers les âges, et c'est ainsi que, lors même que leur beauté architecturale n'était ni comprise, ni goutée, le respect les préservait de la destruction : sous Louis XIV, on n'eût pas touché à Notre-Dame, et si l'on infligeait à Saint-Eustache la façade que vous savez, c'est que Saint-Eustache n'avait pas de façade, car on ne l'aurait pas détruite. Mais à part l'église, le respect était inconnu, et il s'en est de peu fallu que la cour du Louvre ne fût démolie pour faire place à la conception du Bernin.

Et remarquez même que lorsque je vous parle du respect des églises, il faut encore faire des réserves : si les guerres de religion ont laissé les églises intactes, elles en ont mutilé les sculptures ; car les dévastations dont on accuse de confiance la Révolution sont presque toutes l'œuvre des guerres de religion : la Révolution a souvent démoli, elle ne perdait guère son temps à mutiler.

Je ne sais si c'est une erreur, mais il me semble que je vous expose ici un phénomène plus particulièrement français, encore qu'on le trouve déjà chez les Byzantins Iconoclastes, et plus tard chez les Sarrazins : la colère contre les choses nées d'un état qu'on hait. La monarchie a détruit à plaisir les anciennes forteresses féodales, réduites pourtant à l'impuissance; elle n'aimait guère non plus les édifices témoins de libertés parlementaires ou communales, elle fauchait volontiers comme Tarquin les tiges qui dépassaient le nivellement commun. Le calvinisme a détruit non pas les églises qu'il entendait bien confisquer à son profit, mais ce qui dans les églises avait une signification catholique, les images des saints. Puis plus tard les colères populaires — ou parfois hélas les colères à froid au nom du peuple — ont détruit ce qui rappelait l'aristocratie d'abord, la royauté ensuite : on peut dire que ce qui a survécu, a survécu par une sorte de miracle.

Où le respect aurait-il trouvé place en tout cela ? Aussi n'existe-t-il pas ou guère, et en dehors de toute haine, de toute passion de détruire, on détruit encore sans remords, parce qu'on n'est pas élevé à croire que la conservation d'une belle chose du passé vaille un léger sacrifice de commodité actuelle, le détournement d'une ligne droite ou l'éloignement d'une chambre de domestique. Il n'y a que soixante ans qu'un cri d'alarme provoqué par la fréquence des destructions irréparables a fait inaugurer la protection des *Monuments historiques*. Par là, un double résultat a été obtenu : on a matériellement conjuré des ruines, et moralement on a créé un certain respect : assurément la génération actuelle est plus respectueuse du passé que ne l'étaient les générations précédentes.

Eh bien, pour en revenir de cette digression à mon sujet, les Anglais, qui ont une longue histoire parlementaire, ne se trompent pas dans leur respect des choses antiques que cette histoire leur a léguées. Une assemblée politique dont la salle a une histoire, bénéficie du respect qui s'attache à ces vieux murs, à ces piliers vénérables. Ne serait-ce donc rien de pouvoir se dire, dans nos salles de parlement, « Ici parlait Mirabeau » ? ou encore « ici « Boissy d'Anglas saluait héroïquement la tête de Féraud » ?

Oui une salle d'assemblée pourrait avoir une beauté supérieure, un prestige que vos plus belles compositions ne sauraient lui donner, qu'il ne dépend pas de vous de créer, mais qu'il peut parfois dépendre de vous de ne pas détruire : un passé et une histoire ! Et j'ai beau savoir que la grande salle de Westminster (fig. 775), vraie salle des Pas-Perdus du Parlement anglais, n'a peut-être plus un seul fragment qui soit vraiment antique, il n'importe : telle qu'elle est, avec son aspect qui évoque des siècles, je veux lui reconnaître les longues suites d'années dont elle se réclame, je veux y voir le témoin de la longue histoire parlementaire de l'Angleterre.

Fig. 775. — Grande salle de l'abbaye de Westminster.

CHAPITRE III

ÉLÉMENTS DES ÉDIFICES MUNICIPAUX

SOMMAIRE. — Anciens édifices municipaux; Maisons communes et Hôtels de Ville.
Caractère et façades. — Vestibules et portiques. — Beffrois. — Les mairies contemporaines. — Services principaux. — Leur programme moderne.

En tant qu'éléments, au sens propre du mot, les édifices municipaux, mairies ou hôtels de ville, ne présentent pas de particularités bien spéciales. Il s'y trouve des bureaux, des salles de commissions, des cabinets de fonctionnaires, des archives, parfois des salles de fêtes ou de réunions, des bibliothèques. Tout cela ne diffère guère de ce que nous avons vu. La salle des mariages elle-même n'est en réalité qu'un salon d'une tenue sérieuse; seule, la salle de délibérations du Conseil municipal atteint, dans les grands hôtels de ville, à une importance qui la rapproche des salles d'assemblées. Il y a également bureau de président, tribune, places des conseillers, tribune publique. Mais je vous ai montré la disposition de celle de Paris, la plus grande de toutes, et vous voyez que comme composition architecturale c'est une salle fort simple, rectangulaire, et l'on peut dire que toute salle assez vaste, bien éclairée et d'accès facile conviendrait pour ce programme qui n'a rien de bien spécial. Au contraire, si quelque chose doit être recommandé à ce sujet, c'est de ne pas jouer à la grande salle d'assemblée, et de rester dans la mesure et la proportion. Je pourrais donc borner à ces quelques lignes ce que je puis vous dire des édifices municipaux.

Et cependant, ils sont peut-être, après nos églises, ceux qui ont marqué d'une plus profonde empreinte notre architecture. Pourquoi ?

Fig. 776. — Hôtel de Ville de Saint-Antonin.

C'est que, presque autant que l'église, ils sont des monuments de tradition et de symbolisme historique ; c'est que dans le grand hôtel de ville ou l'humble mairie, il ne suffit pas que le bureau soit commode et bien placé, que chaque dépendance soit utile, les services faciles et clairs, le confortable suffisant. On ne demandera pas plus peut-être pour la Préfecture, organe moderne de la vie administrative : on veut davantage pour l'Hôtel de ville, parce qu'il se revêt dans notre pensée de la majesté des siècles.

Sans doute aujourd'hui la tour du veilleur n'a plus à interroger l'horizon pour signaler les hostilités féodales ; le beffroi ne fait plus entendre son tocsin pour annoncer des incendies, ou son bourdon pour appeler à la délibération les notables bourgeois : le téléphone s'en acquitte mieux et plus vite ; sans doute *le populaire* ne se porte plus en foule à la *maison commune* pour concer-

ter tumultueusement des mesures de salut public; l'horloge même de la mairie qui seule autrefois avec celle du clocher donnait l'heure aux habitants pourrait s'arrêter sans que la vie de la cité en fût troublée. Mais depuis le municipe romain ou les premières com-
munes des pays latins, depuis surtout les communes ou les villes libres du moyen âge féodal, la Mairie — qu'elle s'appelât hôtel de ville, maison commune, parloir des bourgeois — a manifesté l'espérance de populations qui voulaient s'affranchir, la protestation contre le droit du plus fort, la lutte de la vie civile contre la tyrannie seigneuriale, du progrès

Fig. 777. — Hôtel de ville d'Audenarde.

contre l'immobilité de l'ignorance grossière. Et, ne fût-ce qu'à l'état de souvenir et de reconnaissance instinctive, cela se symbolise dans des éléments d'architecture conservés par le respect et la tradition, horloge, beffroi, *loggia*, etc.

Je ne crois pas qu'on puisse étudier utilement un projet de

mairie, même très modeste, si d'abord on ne se pénètre pas de ces idées, ou plutôt de ces impressions. J'aurais à vous montrer en nombre bien plus grand que je ne le puis les exemples de ce caractère des édifices municipaux : en voici deux très différents et par l'époque de la construction des édifices, et par leur importance : le petit hôtel de ville de Saint-Antonin (fig. 776) et celui d'Audenarde (fig. 777), la comparaison vous montrera mieux que je ne pourrais le faire, ce qui est commun, ce qui est différent dans ces deux compositions.

Il faut cependant que j'essaie de vous montrer ce que peuvent être les divers éléments de cette nature de compositions. Tout d'abord, nous trouvons l'entrée ou vestibule. La plupart des hôtels de ville ont leur entrée de niveau avec la place publique : c'est en quelque sorte la place de tout le monde qui se prolonge par un abri aussi libre et accessible que la place elle-même. Tels sont entre autres les hôtels de ville de la plupart des villes de Belgique, Bruges, Ypres, etc. Chez nous, ceux de Compiègne, d'Arras (fig. 778), et tant d'autres ; en Italie, ceux de Brescia, de Pienza, de Milan ; en Allemagne, ceux de Hambourg, de Brême, de Schœrbek, etc., etc. : je ne vous cite que quelques exemples.

Il y a aussi des hôtels de ville élevés au haut de perrons, et souvent de perrons très importants. Si l'entrée est ainsi moins directe, par contre cette disposition permet d'établir dans un étage de soubassement beaucoup de services qui ont immédiatement affaire au public, notamment les services de police. Parmi ces compositions, voyez dans un pays septentrional l'hôtel de ville de Leyde (fig. 779) et dans le midi le Capitole de Rome (v. plus haut, fig. 40). Il faut ajouter cependant que de nos jours on est devenu beaucoup moins indifférent aux intempéries, et qu'un perron de trente marches nous paraît désagréable à monter sous la pluie ou sous le soleil. Aussi est-il sage, en étudiant ce beau

ÉLÉMENTS DES ÉDIFICES MUNICIPAUX

Fig. 778. — Hôtel de Ville d'Arras.

motif, de réserver le perron pour les occasions solennelles, et de trouver près de l'entrée un escalier intérieur qui permette d'arriver au rez-de-chaussée surélevé plus modestement mais à l'abri, à moins que le perron ne soit que de quelques marches, comme à l'hôtel de ville de Lyon.

Fig. 779. — Hôtel de ville de Leyde.

Mais la vie moderne a d'autres exigences encore. La mairie n'est plus seulement la maison commune, le siège des délibérations et du gouvernement municipal, elle a maintenant dans ses attributions tous les actes de l'état civil des citoyens; et si les déclarations de naissance ou de décès se font discrètement et sans apparat, il n'en est pas de même des mariages qui appellent à la mairie le cortège des familles et souvent de nombreux invités.

Or dans les villes, tout ce monde arrive en voitures, et rien n'est plus désagréable que de descendre de voiture sur la voie publique, au milieu des curieux ou des importuns. Il est donc préférable que les voitures puissent entrer dans l'édifice, soit

ÉLÉMENTS DES ÉDIFICES MUNICIPAUX 429

qu'il se présente avec une cour d'honneur comme l'Hôtel de Ville de Bordeaux ou celui de La Rochelle (fig. 780), ou à Paris les

Fig. 780. — Hôtel de Ville de La Rochelle.

mairies de la rue de Grenelle (VII⁰ arr*) ou de la rue Drouot (IX⁰) — qui à la vérité étaient d'anciens hôtels convertis en mairies, — soit que, disposant de moins d'espace, il ait fallu faire entrer les voitures sous le bâtiment même de la mairie, comme à Paris celle du VII⁰ arrondissement, place Saint-Sulpice, que je vous fais voir comme un exemple de mairie urbaine de moyenne importance, d'après un programme déjà bien modifié (fig. 781).

Dans plusieurs hôtels de ville vous verrez la façade précédée d'un portique en saillie, parfois interrompu par le motif milieu ou le beffroi. Au premier étage il se trouve alors une ou deux terrasses dont la fonction était tout indiquée soit qu'on s'y tînt pour assister à des fêtes, revues, etc., soit que de là on dût dans certaines occasions haranguer la foule. L'Hôtel de Ville d'Audenarde (voir plus haut, fig. 777) peut être cité comme exemple de cette disposition.

D'ailleurs, il y a pour les grands édifices municipaux deux partis généraux de façade : les uns, comme à Bruxelles, à Louvain, présentent une façade continue, d'un seul développement ; celui de Paris même, bien qu'il fût flanqué de deux pavillons d'angle, et que son motif milieu d'horloge et de beffroi soit vigoureusement accusé, présente aussi un front central développé. Cette ordonnance se motive par l'existence au premier étage d'une salle principale au centre de la composition. D'autres au contraire ont un motif milieu, parfois réduit à la largeur du beffroi, comme à Ypres, ailleurs assez large pour correspondre à la largeur d'une salle encore importante. La partie milieu de l'Hôtel de Ville d'Anvers (fig. 782) est un joli exemple de ce parti monumental.

Mais je ne puis passer en revue toutes les variétés de façades d'hôtels de ville, et cette architecture municipale est d'une richesse telle qu'il faudrait des volumes pour la traiter. Nous ne

ÉLÉMENTS DES ÉDIFICES MUNICIPAUX

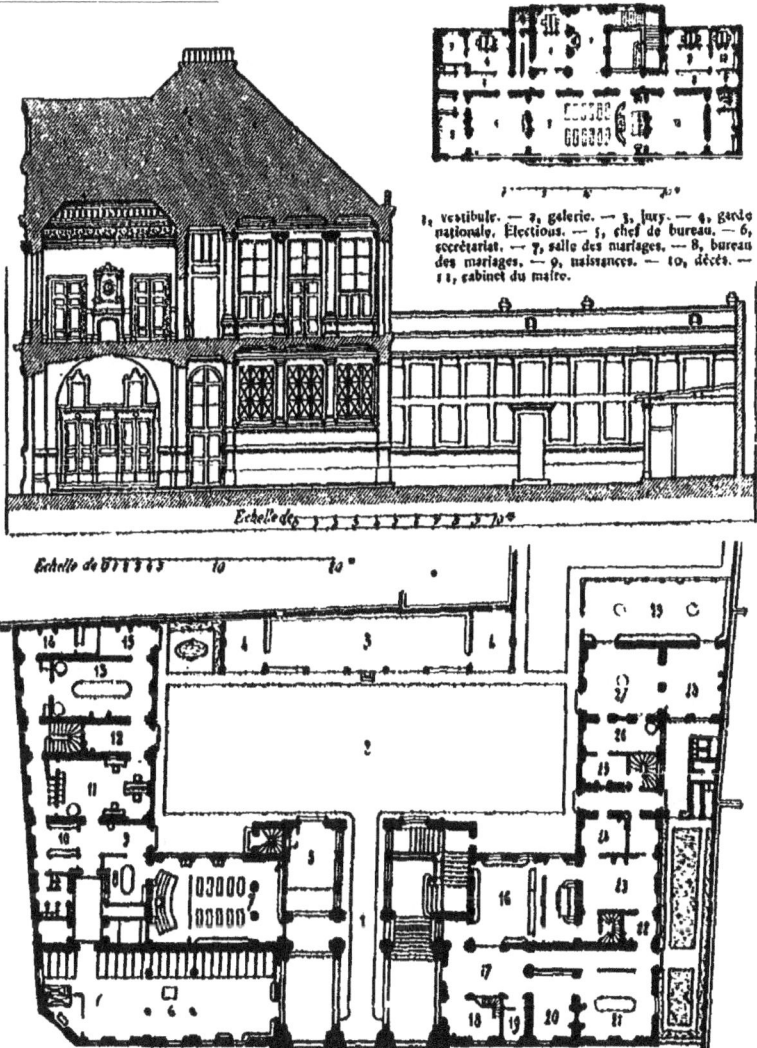

1, vestibule. — 2, galerie. — 3, jury. — 4, garde nationale. Élections. — 5, chef de bureau. — 6, secrétariat. — 7, salle des mariages. — 8, bureau des mariages. — 9, naissances. — 10, décès. — 11, cabinet du maire.

Fig. 781. — Mairie de Saint-Sulpice, à Paris (avant ses agrandissements). Plan du rez-de-chaussée et coupe.

1, passage des voitures. — 2, cour. — 3, abri couvert. — 4,4, remises. — 5, buvette. — 6, poste de la Garde nationale. — 7, conseil de discipline. — 8, salle des délibérations. — 9, plantons. — 10, fourriers. — 11, adjudants-majors. — 12, major. — 13, conseil supérieur. — 14, secrétaire. — 15, colonel. — 16, prétoire. — 17, vestibule de la justice de paix. — 18, concierge. — 19, secrétaire. — 20, petit cabinet du juge. — 21, grand cabinet du juge. — 22, archives courantes. — 23, greffe. — 24, cabinet du greffier. — 25, cabinet du trésorier. — 26, bureau des employés. — 27, délibérations. — 28, magasins. — 29, salle d'attente.

trouverions pas moins de beautés dans les intérieurs ; c'est un des programmes qui ont été le plus heureusement traités en architecture.

Il n'y a guère que l'hôtel de ville qui évoque l'idée de l'architecture purement municipale. Ce n'est pas que les villes ne possèdent bien d'autres édifices, ils sont au contraire en très grand nombre. Mais ce sont des écoles, des hôpitaux, des gymnases, des bains publics, des marchés, quelquefois même des théâtres. Tout cela doit être classé dans sa famille propre, et n'a pas de caractère particulier, du fait que c'est une ville qui en est propriétaire. Je me bornerai donc à ces quelques aperçus, avec quelque regret de cette discrétion. Mais je me suis proposé dans ce cours de vous parler des éléments, et les éléments ne sont pas différents suivant qu'un édifice est municipal ou non. Si je vous ai parlé des hôtels de ville en particulier, c'est que dans leurs façades surtout il y a vraiment des éléments qui ne se trouvent guère que là, et dont la beauté a permis le caractère magnifique et si original des beaux monuments municipaux.

Fig. 782. — Hôtel de Ville d'Anvers.

CHAPITRE IV

ÉLÉMENTS DES ÉDIFICES JUDICIAIRES

SOMMAIRE. — Le programme dans l'antiquité. — Le Forum. — La Basilique.
Les Palais de Justice. — Chambre de Tribunal, salle d'audiences. Nécessités pratiques. — Dépendances.

Les édifices judiciaires ont toujours été des monuments importants, mais ils ont beaucoup varié suivant les coutumes de la Justice; on peut même dire qu'ils n'ont existé que lorsque la Justice est devenue l'attribution d'une classe particulière de citoyens, la magistrature. Dans l'antiquité, l'Agora et le Forum tenaient lieu de tribunaux ; c'était le peuple lui-même qui jugeait à Athènes, et à Rome le préteur, fonctionnaire élu, délégué du peuple aux fonctions judiciaires. La Justice se rendait devant le peuple, la place publique était le Palais de Justice d'alors.

Peu à peu cependant, à mesure sans doute que la place publique devenait plus bruyante, et à mesure que le peuple se désintéressant de la Justice comme de tout le reste, il se créait au moins en fait une magistrature, les tribunaux se concentrèrent dans les *basiliques*, vastes et magnifiques monuments dont la destination première était plutôt un lieu d'abri et de rendez-vous pour les affaires, ce que nous appellerions une bourse de commerce. Mais l'importance des fonctions judiciaires fit oublier les autres destinations de la basilique dans laquelle on arriva à ne voir que le tribunal romain.

Il n'importe d'ailleurs : je ne vous fais pas ici un cours d'histoire ou d'archéologie. Mais l'architecture des anciennes basiliques a eu son action certaine dans les traditions de nos édifices judiciaires, comme aussi de nos édifices religieux : certains errements fréquemment suivis n'ont pas d'autre origine ni d'autre explication. Il est donc nécessaire avant d'aborder les éléments du tribunal moderne que vous connaissiez un peu la basilique antique.

Au fond, c'était un portique : portique plus grand, plus monumental que les autres, mais présentant toute la simplicité du portique. Son nom, tiré du grec στοὰ βασιλικὴ (portique royal) en fait foi. D'après Vitruve, la basilique devait être ouverte au sud afin d'être réchauffée par les rayons du soleil. C'était quelque chose comme ce que les Italiens du moyen âge ont appelé la *loggia*, dont la loge des *Lanzi* à Florence (v. plus haut, vol. I, fig. 308) et la *loggia* de Vérone sont les plus beaux exemples.

Mais par suite de la variété des fonctions de la basilique, on fut amené à y trouver des parties diverses, au moyen de la superposition d'un second rang de portiques, d'un exèdre pour le *prétoire*, et l'on arriva ainsi à la composition traditionnelle de la nef entourée de portiques, de tribunes au-dessus de ces *bas-côtés*, d'une abside servant de prétoire : véritable place publique couverte. Couverte, mais non close du côté du forum, car je crois que la basilique était un édifice ouvert. A Pompéi (fig. 783), il n'y a nulle trace de clôtures; à Rome, devant la basilique Ulpienne (fig. 784), les marches antiques sont usées partout; enfin, c'est une tradition encore en vigueur à Rome que, tandis que *les églises* ferment au milieu du jour, *les basiliques* restent seules ouvertes. Je crois aussi que ces monuments étaient couverts de la façon la plus simple : voûte demi-sphérique sur les absides, et charpente apparente sur la nef et les tribunes (fig. 785). Sans parler d'une médaille qui paraît l'indiquer, je constate que la *basilique chrétienne* de Saint-Paul-hors-les-Murs, élevée par Constantin et couverte par une magnifique charpente apparente, avait précisément la portée dans œuvre de la basilique Ulpienne, et que Constantin, ainsi qu'en témoigne son arc de triomphe, se gênait peu pour parer ses constructions des dépouilles des Antonins ; et que, d'ailleurs, les plus anciennes basiliques chrétiennes, imitation pure et simple des basiliques antiques, étaient toutes couvertes par une charpente apparente : le plafond dans les églises est d'une date relativement très récente.

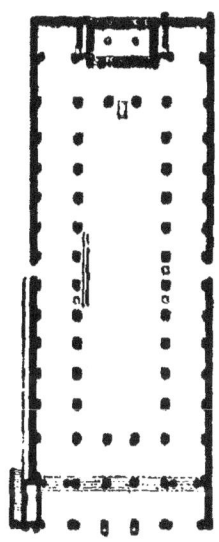

Fig. 783. — Plan de la basilique de Pompéi.

De tout cela il résulte que la basilique était un abri, abri très vaste, très somptueux, riche par les matières, les colonnes et les panneaux de marbre, et que sous cet abri on rendait la justice. Mais c'est la seule analogie avec nos tribunaux infiniment plus complexes, et grande serait l'erreur si dans les éléments de la basilique on croyait pouvoir trouver tous les éléments de nos tribunaux.

Avec le moyen âge, avec la puissance des *parlements*, avec l'existence d'une magistrature devenant en fait une aristocratie parlementaire — ce qu'on a appelé la *noblesse de robe*, le Palais de Justice est devenu un monument spécial, bien caractérisé, et qui a donné lieu à de magnifiques expressions architecturales. De tout temps on a compris que l'autorité de la justice ne pouvait

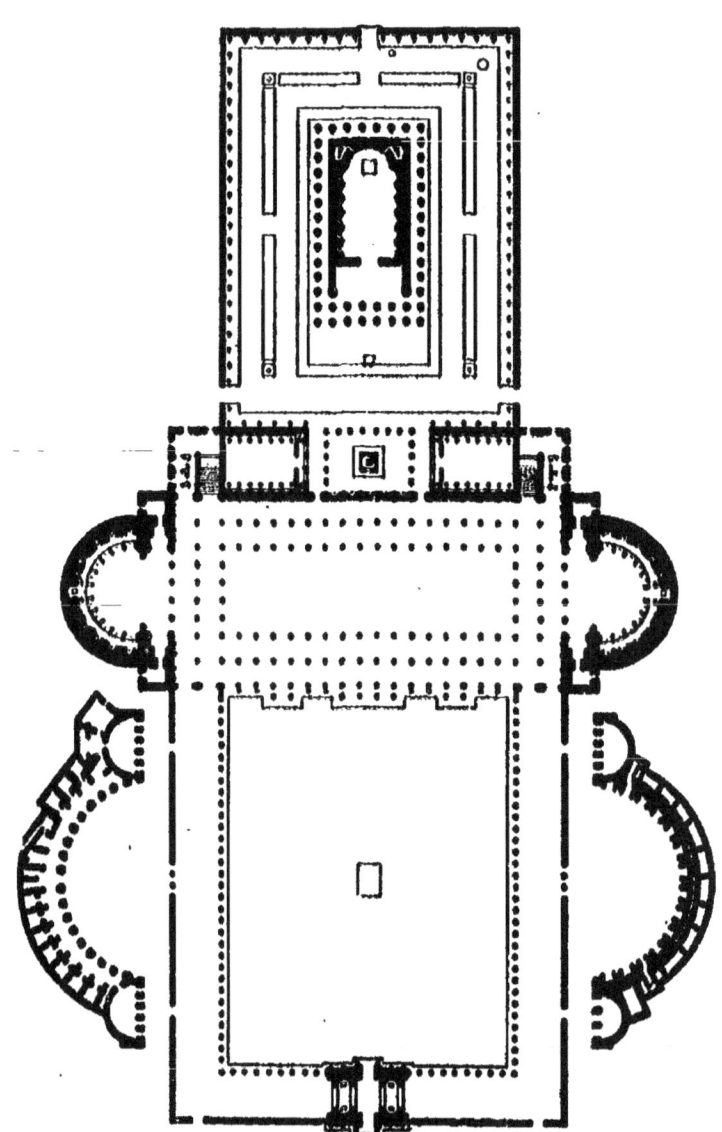

Fig. 784. — Plan de la Basilique Ulpienne et du Forum de Trajan, à Rome.

que gagner à ce que la solennité de ses arrêts fût confirmée, rehaussée même, par la solennité grave et imposante d'un édifice commandant le respect. Tout ce qui réclame le prestige et l'autorité a besoin d'un certain apparat : on se sent plus justiciable d'une justice plus imposante, et l'architecture apporte ainsi son

Fig. 785. — Coupe de la Basilique Ulpienne, à Rome.

élément nécessaire au respect de la chose jugée. Quelques-uns parmi vous connaissent sans doute les belles salles des anciens parlements de Poitiers (fig. 786, 787 et 788), de Rouen, de Dijon ou de Rennes. A des époques différentes, vous y trouvez cette même inspiration : vous la trouverez partout, en intention tout au moins. Et de notre temps encore — car nous pouvons bien qualifier de contemporaines les œuvres de Duc, vous rencontrerez au Palais de Justice de Paris des salles dont l'impression sera sur vous sérieuse et profonde. Les séances des tribunaux sont publiques; allez voir notamment la première chambre du Tribunal, ou la grande salle des assises; allez voir tout d'ailleurs au Palais de Justice, car je vous l'affirme, si au lieu d'être à Paris il était à 500 kilomètres d'ici, vous feriez le voyage pour aller le voir et l'étudier, et vous le connaîtriez sans doute mieux qu'en passant journellement devant, sans peut-être y entrer jamais.

J'ai cherché à vous indiquer quel doit être le premier souci d'un artiste en présence de ce beau programme. Mais il faut aussi que sa conception réponde à des besoins précis et impérieux. Je vais donc essayer de vous faire comprendre ce que sont les éléments de cette vaste composition.

Fig. 786. — Grande salle du Palais de Justice de Poitiers.

Suivant les villes, un Palais de Justice peut comprendre simplement un tribunal plus ou moins important, ou un tribunal et une Cour d'appel; seul le Palais de Justice de Paris réunit dans un même édifice trois juridictions, puisqu'il abrite aussi la Cour de cassation, qui pourrait être un monument parfaitement distinct. Certains Palais comportent aussi une salle de tribunal de commerce. Peu importe pour l'objet de nos études: les éléments seront plus ou moins importants, ils se retrouveront toujours comme des nécessités du programme.

Dans un édifice judiciaire, bien des éléments sont de tous points analogues à ce que nous avons déjà passé en revue. Il s'y trouve des bureaux, des bibliothèques, des salles de commissions, de l'habitation. Les éléments vraiment spéciaux sont la salle d'audiences, la salle des Pas-Perdus et leurs dépendances, enfin les maisons de Justice (conciergeries), dépendance nécessaire du Palais, mais que nous examinerons avec l'architecture pénitentiaire.

La salle d'audiences n'est elle-même qu'une partie — la plus

ÉLÉMENTS DES ÉDIFICES JUDICIAIRES

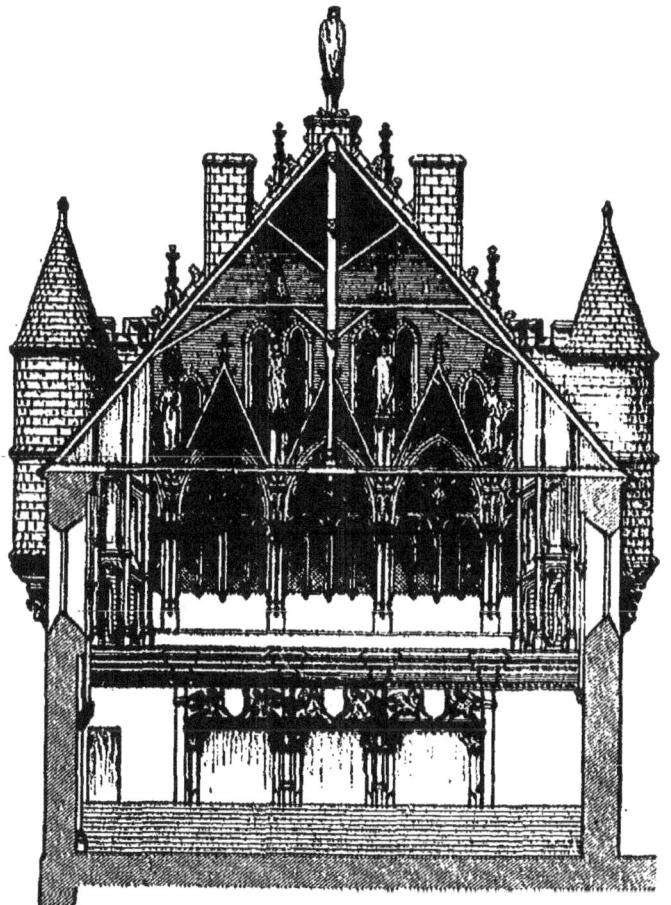

Fig. 787. — Coupe de la grande salle du Palais de Justice de Poitiers.

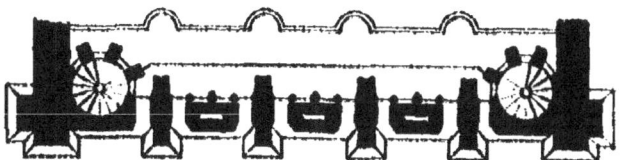

Fig. 788. — Détail du plan de la grande salle du Palais de Justice de Poitiers.

importante de beaucoup — de ce qu'on appelle *une chambre* du Tribunal ou de la Cour. Depuis les petits tribunaux d'arrondissement qui n'ont qu'une seule chambre, jusqu'au Tribunal de la Seine qui en a onze, non compris la Cour d'appel, la chambre est l'unité variable dans sa proportion, mais presque invariable dans sa composition.

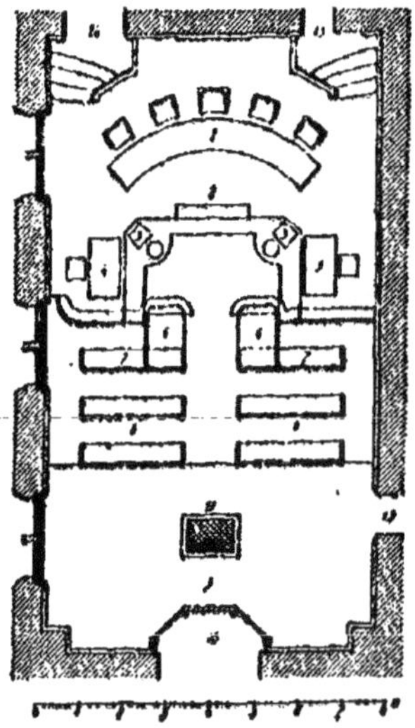

Voyons donc ce qu'est *une chambre* de Tribunal, car si vous l'ignorez vous ne pourrez jamais composer un plan de Palais de Justice.

La chambre comprend d'abord la salle d'audiences : les audiences sont publiques, il faut donc que leur salle ouvre directement sur la salle des Pas-Perdus, qui est le centre de toutes les allées et venues du Palais. Parfois la salle d'audiences se trouve séparée de la salle des Pas-Perdus par l'interposition d'un vestibule ou antichambre. Cela l'isole un peu du bruit, mais aussi cela augmente le nombre des endroits qu'il faut surveiller. En tous cas, ces antichambres, lorsqu'il en existe, doivent toujours être très claires et d'un large accès.

Fig. 789. — Plan d'une salle d'audience du Tribunal civil de la Seine.

1, bureau des juges. — 2, prétoire. — 3, huissier audiencier. — 4, substitut. — 5, greffier. — 6, tribune d'avocat. — 7, parties intéressées. — 8, avocats auditeurs. — 9, public. — 10, tambour. — 11, ventilation. — 12, porte donnant à la bibliothèque. — 13, porte des huissiers. — 14, porte conduisant à la salle du Conseil.

De ce qui précède résulte la disposition logique de la salle d'audiences : ayant sa partie publique vers la salle des Pas-Perdus, elle aura le Prétoire à l'opposé. C'est la disposition la plus fréquente et la plus rationnelle (fig. 789); si parfois des salles d'audiences ont des entrées latérales, c'est en raison de quelque difficulté de terrain qui a pu commander cette disposition exceptionnelle.

ÉLÉMENTS DES ÉDIFICES JUDICIAIRES

Voilà donc la salle d'audiences convenablement placée. Mais ce n'est pas toute *la chambre*, loin de là. La chambre comporte encore comme parties nécessaires : le cabinet du président; le cabinet du procureur ou de son substitut; la chambre du conseil où délibèrent les juges; le vestiaire des magistrats; parfois une ou deux pièces pour les témoins; le bureau d'un commis greffier et l'accès au greffe; l'entrée des avocats, et, s'il s'agit de cours d'assises ou de chambres correctionnelles, l'entrée des accusés (fig. 790; dans ce plan de la première chambre du Tribunal de la Seine, les parties hachurées indiquent les services qui lui sont étrangers). La cour d'assises comporte de plus le service du Jury. Or, rien de tout cela n'est public, mais tout cela doit être accessible au public régulièrement convoqué. Ainsi des avocats, avoués, notaires, experts, des plaideurs même sont journellement appelés par le président, le procureur, ou convoqués en chambre du conseil. Et si les magistrats peuvent avoir un accès particulier sans emprunter la salle des Pas-perdus, c'est de cette salle au contraire que devront venir toutes les personnes convoquées.

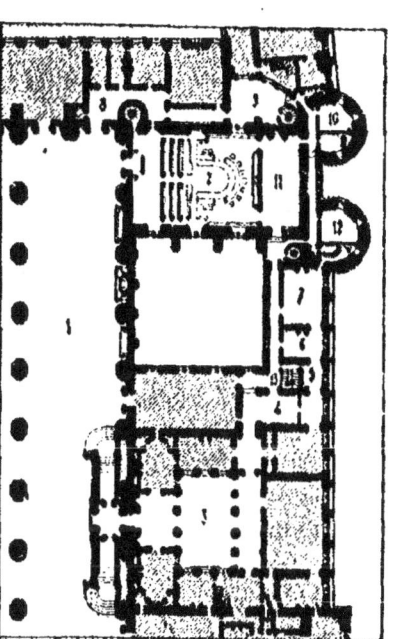

Fig. 790. — Plan de la première chambre du Tribunal de la Seine.

1, salle des Pas-Perdus. — 2, salle d'audience. — 3, antichambre vitrée du Tribunal. — 4, antichambre du cabinet du Président. — 5, attente. — 6, secrétaire. — 7, cabinet du Président. — 8, entrée des dépendances de la première chambre. — 9, garçons de bureau. — 10, ministère public. — 11, salle du conseil. — 12, cabinet du vice-président. — 13, escalier du greffe.

Vous voyez donc cette nécessité de composition : en même temps que la salle d'audiences ouvre sur la salle des Pas-Perdus, vous devez avoir près de là un autre accès qui puisse conduire à toutes ces dépendances. Mais on n'entre pas là sans un motif justifié : aussi trouve-t-on tout d'abord une antichambre où se tient un garçon de bureau : là se fait tout le travail des signatures, des communications, ce qu'on peut appeler presque les hors-d'œuvre de la justice.

De cette antichambre, on peut pénétrer, s'il y a lieu, dans les divers bureaux et cabinets de magistrats et dans la chambre du conseil.

Il va de soi d'ailleurs que la chambre du conseil et les cabinets de magistrats doivent être à portée aussi immédiate que possible du prétoire. Tout cette partie doit être à l'abri des indiscrétions. A proximité des cabinets de magistrats est un salon d'attente.

Lors donc que dans un programme étendu de Palais de Justice, on vous dit simplement qu'il y aura quatre chambres de tribunal par exemple, vous voyez que ce mot *chambre* désigne un ensemble considérable.

Mais notez bien encore ceci : c'est de plus un ensemble indépendant. Il serait très fâcheux que ce territoire de la chambre et de ses dépendances fût traversé par des circulations générales : je le répète, on n'y pénètre que dûment convoqué ou autorisé. Et cependant, voyez presque toutes les compositions que vos devanciers ont essayées sur ce programme de Palais de Justice, vous y verrez des circulations banales passant par exemple entre une salle d'audiences et sa chambre du conseil : c'est absolument impossible. Étudiez au contraire le plan du Palais de Justice de Paris : vous y verrez avec quelle ingéniosité ses architectes, malgré les immenses difficultés du programme, sont arrivés à faire de chaque chambre un groupe particulier, accessible mais indépendant.

Cependant il faut — entendez-le bien — il faut que la salle d'audiences soit éclairée et aérée par des fenêtres (fig. 791); et non pas par des fenêtres d'imposte placées au haut de la salle, mais par de grandes fenêtres éclairant largement la paroi. Dans

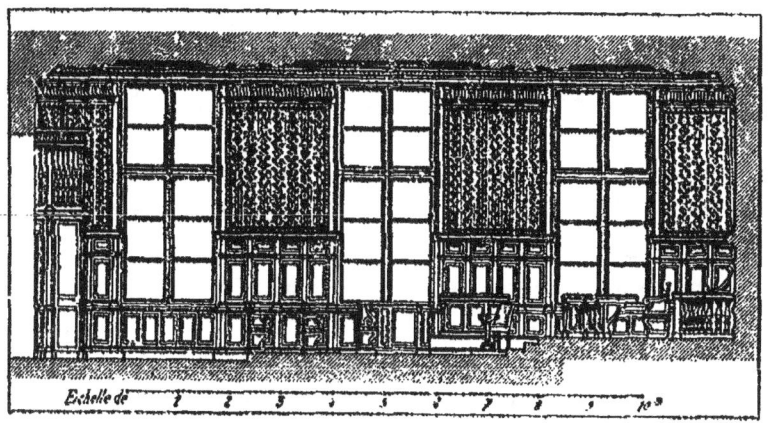

Fig. 791. — Salle d'audience, Palais de Justice de Paris, Coupe.

une très grande salle, comme celle de la première chambre de la Cour d'appel de Paris, on peut encore pratiquer au-dessous de ces fenêtres une galerie de circulation, relativement basse.

Mais en général ce n'est pas possible, et vous pouvez prendre comme règle constante qu'une salle d'audiences doit avoir un de ses grands côtés *en façade* d'un bâtiment. Jamais la magistrature n'accepterait une salle éclairée du haut, ni même éclairée par des fenêtres dont l'enseuillement serait trop élevé. S'il existe, à la vérité, quelques salles d'audiences éclairées par en haut, on s'en plaint très vivement, et cette fâcheuse exception ne fait que confirmer la règle.

Pour la Cour de cassation, on exige même un éclairage bilatéral, parce que les magistrats plus nombreux sont disposés en une sorte de fer à cheval, et d'ailleurs jugent le plus souvent sur pièces écrites. Mais je reviendrai plus loin sur cette salle.

Vous voyez par là combien sont impraticables ces plans où une salle d'audiences se trouve au milieu d'une agglomération de dépendances de chaque côté — et aussi ces plans où les dépendances font défaut, ou sont toutes rejetées en arrière, sans accès possible pour le public. La disposition vraiment pratique, celle que vous trouvez presque constante avec des solutions d'ailleurs très diverses, consiste à placer les dépendances, sur l'un des côtés et au fond : près de la salle des Pas-Perdus, ce seront les dépendances publiques, l'antichambre, les témoins, le commis greffier, l'entrée des avocats ; au fond ou vers le fond, la chambre du Conseil et les magistrats.

Et cette disposition presque nécessaire des dépendances se conforme admirablement aux besoins de la tenue des audiences. La salle a ainsi son entrée de la partie publique par la grande porte sur la salle des Pas-Perdus ; au fond, une ou deux portes donnent accès aux magistrats ; et enfin, sur le côté opposé aux fenêtres, une ou deux portes servent à l'entrée des avocats, à l'introduction des témoins — une porte spéciale de ce même côté étant réservée à l'entrée des accusés dans les salles d'assises ou de police correctionnelle. Ainsi, à Paris, pour la Cour d'assises et les appels correctionnels, les accusés amenés de la Conciergerie par un escalier spécial, sont placés en attendant l'audience dans une salle d'où ils se rendent à l'audience par un corridor particulier.

CHAPITRE V

ÉLÉMENTS DE L'ARCHITECTURE JUDICIAIRE

(Suite.)

SOMMAIRE. — Les salles d'audiences civiles, correctionnelles ; salles d'assises. — La grande chambre de la Cour de cassation. — Chambres du conseil. — Nécessités architecturales des salles d'audiences. — Les salles des Pas-Perdus ; leur fonction, leur caractère. — Mesures et surfaces comparées empruntées au Palais de Justice de Paris.

Et maintenant, mais maintenant seulement, nous pouvons étudier la salle d'audiences. Elle sera *civile* ou *correctionnelle*, ou enfin *criminelle* (salle des assises). De ces destinations il résultera quelques différences.

Prenons d'abord une chambre civile. Le tribunal ou la Cour occupe la table du prétoire au fond de la salle qui lui fait face. Le président, qui exerce la police de l'audience, voit ainsi tout ce qui se passe. D'un côté du prétoire est le bureau du Ministère public, de l'autre celui du greffier. Au pied du prétoire un espace libre : c'est là que viennent déposer les témoins, les experts, etc. Les avocats parlent en face du prétoire ; derrière eux, des bancs sont réservés au barreau, à la presse judiciaire, aux témoins, aux parties en cause. Enfin une balustrade sépare cette partie de la partie publique, où l'on entre de la salle des Pas-Perdus, et où le public se tient debout. (V. plus haut, fig. 789 et 790.)

Dans les chambres correctionnelles (fig. 792), la disposition du prétoire est sensiblement la même. Mais ici apparaît le banc des accusés. C'est un espace adossé au mur de la salle, opposé aux fenêtres, et entouré de trois côtés par un lambris d'appui. On y entre par une porte spéciale assez étroite. Dans cet espace, il y a trois ou même quatre bancs en gradins, afin de pouvoir trouver place pour un certain nombre d'accusés, toujours d'ailleurs séparés l'un de l'autre par un gendarme ou un garde.

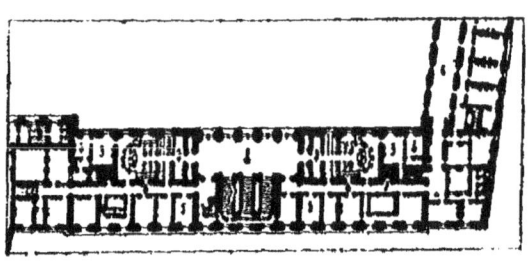

Fig. 792. — Chambres correctionnelles du Palais de Justice de Paris.

1, Pas-Perdus — 2,2, salles d'audience. — 3,3, salles du Conseil. — 4,4, cabinets des Présidents. — 5,5, témoins. — 6, service de l'instruction. — 7,7, escaliers des accusés. — 8,8, entrée des accusés.

Ces bancs des accusés sont invariablement placés en face des fenêtres, en pleine lumière, afin que pendant les interrogatoires aucun jeu de leur physionomie ne puisse rester inaperçu. Les avocats parlent au pied de cette tribune des accusés : il faut en effet qu'ils soient en communication avec leur client. Quant au surplus de la salle, il est très analogue aux chambres civiles. Toutefois à Paris et sans doute ailleurs, la partie publique des salles correctionnelles est très restreinte. On obéit à la loi qui exige cette publicité, mais on n'oublie pas que le public de ces audiences est souvent attiré par une curiosité malsaine, ou, pis encore, par une pensée d'apprentissage.

Une salle d'assises est beaucoup plus importante (fig. 793). Les causes retentissantes qui s'y dénouent appellent souvent

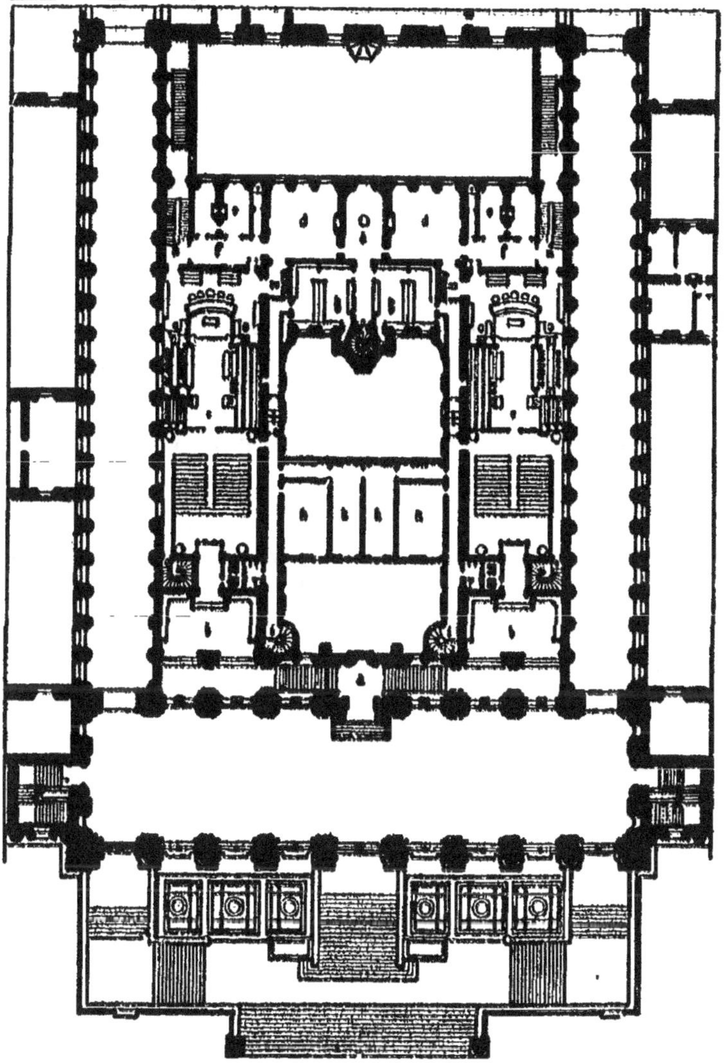

ÉLÉMENTS DES ÉDIFICES JUDICIAIRES

Fig. 793. — Plan de la Cour d'assises, au Palais de Justice de Paris.

a, escalier des deux salles d'assises. — *b,b*, vestibule des salles d'audience. — *c,c*, salles d'audience. — *d,d*, salles du Conseil. — *e,e*, cabinets des présidents. — *f,f*, garçons de bureau. — *g,g*, salles des accusés. — *h*, corps de garde. — *i,i*, escaliers des témoins. — *k,k*, salles des témoins. — *m,m*, escaliers de l'avocat général et du greffier. — *n,n*, escaliers du jury. — *o,o*, escaliers des avocats. — *p*, escalier venant des cachots.

une grande affluence; les témoins sont souvent très nombreux; l'apparat est plus grand. La disposition du prétoire, des sièges du ministère public et du greffier est toujours à peu près la même, sauf plus d'ampleur. Même disposition aussi pour le banc des accusés, et le banc des avocats. Mais ici il y a un élément spécial, le Jury. Vous savez que le Jury de la session est de trente membres, parmi lesquels douze siègent pour chaque affaire. Les douze jurés sont placés dans une tribune, sur deux rangs, directement en face des accusés. Ainsi les accusés, en face des fenêtres, sont en pleine lumière, tandis que les jurés sont à contre-jour; on peut lire ainsi sur les traits de l'accusé, tandis que les figures des jurés restent impénétrables. A la suite de la tribune des douze jurés, est une autre tribune, séparée, pour les jurés de la session qui veulent assister à l'audience.

Devant le bureau du prétoire est la table des pièces à conviction; tout l'espace compris entre les trois côtés occupés par la Cour, le Jury et les accusés est libre; il s'y trouve seulement la barre des témoins, sorte de balustrade d'appui où vient prendre place le témoin appelé à déposer. Puis, les bancs des témoins, du barreau, de la presse judiciaire, des parties civiles; et enfin au delà d'une balustrade d'appui, la partie publique de la salle.

De chaque côté du prétoire une porte donne accès au Jury, une autre à la Cour. Dans le mur opposé aux fenêtres, une petite porte ouvre sur les bancs des accusés; une autre porte donne passage aux avocats, aux témoins, etc. Enfin sur la salle des Pas-Perdus, grande porte publique de la salle.

Je vous citerai enfin, comme disposition exceptionnelle, la salle de la première Chambre de la Cour d'appel de Paris, et la Grand'Chambre de la Cour de cassation (fig. 794). Cette dernière sert journellement pour les audiences ordinaires de la

ÉLÉMENTS DES ÉDIFICES JUDICIAIRES

Cour ; mais dans les circonstances solennelles, ou dans certaines conditions déterminées par la loi, la Cour de cassation y siège *toutes chambres réunies*. Ce sont alors *cinquante* présidents ou conseillers qui composent la Cour ; il s'y adjoint encore le procureur général et les avocats généraux. Pour cela, des places sont disposées en une sorte de fer à cheval, le prétoire au fond, les sièges des conseillers sur deux rangs de chaque côté : cette disposition n'est pas sans analogie avec celle des stalles dans le chœur des cathédrales. Elle se retrouve d'ailleurs à peu près reproduite à la première Chambre de la Cour d'appel, qui, dans les circonstances solennelles, reçoit tous les conseillers. Seulement cette dernière salle a pour les audiences ordinaires un mobilier qui se déplace pour les grandes circonstances : de sorte que la salle peut être réputée avoir deux profondeurs diverses, selon que les audiences sont ordinaires ou extraordinaires.

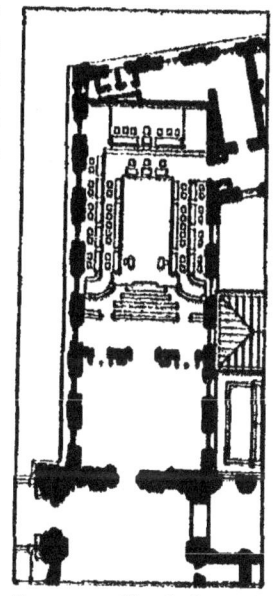

Fig. 704. — Plan de la grande chambre de la Cour de cassation.

Mais, je vous le répète, tout cela est facile à voir puisque c'est public. Voyez-le, et à la suite des quelques commentaires qui précèdent, vous comprendrez ce que vous verrez.

Et vous comprendrez une fois de plus que rien ne doit se faire au hasard, que les choses ont leur raison, et que pour étudier utilement la chose il faut connaître d'abord sa raison.

La *Chambre du Conseil* n'est pas seulement affectée aux délibérations. Il s'y rend certains jugements pour lesquels la discussion publique n'est pas exigée. Aussi est-ce toujours une salle assez importante et d'un caractère sérieux. Il va sans dire qu'elle est plus ou moins spacieuse suivant le nombre de magistrats qu'elle contiendra, et par conséquent plus grande à la Cour de cassation qu'à la Cour d'appel, plus grande à la Cour d'appel qu'au Tribunal, sauf celle de la première chambre de chaque tribunal, qui reçoit dans certaines circonstances un nombre assez élevé de magistrats.

Lorsqu'un tribunal se compose de plusieurs chambres, il y a les vice-présidents qui président chaque chambre, et qui disposent des cabinets dont il a été parlé plus haut; puis, il y a le Président du tribunal, avec un service spécial de cabinet. Ici encore, ce cabinet doit être accompagné d'antichambre, salon d'attente, une pièce ou deux pour secrétaire ou employés.

Je n'ai rien de particulier à vous dire du parquet : ce sont des cabinets et des bureaux; de même les cabinets des juges d'instruction, série de pièces accompagnées chacune d'un petit cabinet, et ouvrant sur une galerie d'accès. Vous remarquerez seulement, dans le plan donné plus haut (fig. 792) du bâtiment de la Police correctionnelle, que les cabinets des juges d'instruction sont desservis par un corridor, distinct de la galerie d'attente, afin que les circulations de service puissent se faire en dehors du public.

Les greffes sont aussi de vastes bureaux, des cabinets et pièces diverses. Aucun élément particulier n'est à signaler ici. Les archives des greffes, très considérables, n'ont rien qui réclame une autre construction que des archives en général.

Je vous ai dit qu'il y a de magnifiques exemples de salles de Justice : notamment à Rouen, à Dijon, à Rennes, à Paris. Ces salles sont très différentes par le caractère de la décoration : à

Rouen, c'est encore presque le moyen âge, à Dijon, la Renaissance; les salles de Rennes sont du temps de Louis XIV, et celles de Paris, modernes. Il y a encore de beaux exemples de salles qui n'ont pas été construites pour cette destination, mais qu'on a pu disposer en salles d'audience; telle est la salle des assises de Poitiers, qui n'est autre que l'ancienne grande salle du palais des comtes de Poitiers (v. plus haut, fig. 786-787). Eh bien, malgré ces siècles de distance, malgré ces différences de caractère, il y a entre ces salles des analogies frappantes, qui doivent s'expliquer, et que je vais chercher à vous expliquer en effet.

Toutes ces salles sont rectangulaires, éclairées par de grandes fenêtres; toutes, sauf peut-être de très rares exceptions, sont plafonnées; toutes ont leurs parois unies sans saillies architecturales ni renfoncements. La forme rectangulaire est commandée par les dispositions même que je vous ai expliquées; elle l'est également par les nécessités de communications avec les dépendances, enfin par les nécessités d'éclairage. La disposition logique et nécessaire du prétoire ne s'accommode que de la forme rectangulaire, et jamais un tribunal ne trouverait sa place dans ces formes d'absides que vous voyez parfois dans des plans malheureux de salles d'audiences. Il faut que tous les juges voient la salle et pour cela qu'ils lui fassent vis-à-vis.

Le plafond est pour ces salles de tradition constante. Cela est remarquable au XV° siècle, alors que les voûtes étaient en si grand honneur et si habilement mises en œuvre. Pourquoi donc cet usage exclusif du plafond? C'est je crois pour une raison de sonorité. Les anciennes salles d'audiences étaient lambrissées en bois; supposez de plus un plafond également en bois, vous êtes dans une véritable caisse sonore. Avec des voûtes, il faudrait une hauteur plus grande si on suppose une voûte en berceau au-dessus des fenêtres, ou des surfaces rompues si l'on emploie la voûte d'arête. Comparez du reste aux sonorités des salles d'audiences celles des églises. Dans les églises, le son se propage assurément, mais il parvient à l'auditeur allongé et redondant. Pour qu'un prédicateur soit entendu distinctement, il faut qu'il parle lentement, que la résonance de chaque mot ait le temps de s'éteindre avant l'arrivée du mot suivant. Dans un tribunal, il y a du dialogue, de la parole brève, contradictoire, emportée parfois. Il faut une accoustique sèche, instantanée. L'expérience montre que le plafond satisfait à ces conditions bien mieux sans doute que la voûte.

Cette même considération de sonorité, qui est vous le comprenez bien de première importance ici, est aussi une raison suffisante pour éviter les saillies et les renfoncements. Il y en a une autre : le Président doit tout voir, et la police de la salle d'audiences n'est pas toujours facile à exercer. Si quelque assistant pouvait se dérober derrière une colonne, ou dans le renfoncement d'une baie, d'une niche, de quoi que ce soit qui pût faire une cachette, vous présumez bien qu'il en pourrait résulter non seulement des inconvénients désagréables mais même de très graves difficultés pour la justice.

Indépendamment donc de la tradition, qui à elle seule est respectable, vous voyez que des raisons très sensées et très pratiques justifient la persistance des formes qui ont été toujours données aux salles de Justice. C'est ce que vous voyez presque toujours, et c'est aussi ce qui vous montre combien il serait téméraire de changer des traditions séculaires pour le plaisir de changer. Lorsqu'une tradition se transmet à travers des siècles, c'est qu'elle a très vraisemblablement des motifs sérieux de durée. Je ne veux certes pas dire que les choses soient immuables : mais avant de changer, encore faut-il savoir s'il y a lieu de changer, et si ce qu'on proposera vaudra ce qu'on prétend remplacer. Il

ÉLÉMENTS DES ÉDIFICES JUDICIAIRES 453

faut connaître son sujet et son art : les deux connaissances qui

Fig. 795. — Coupe de l'atrium vitré, au Palais de Justice, à Paris.

manquent le plus souvent aux prédicateurs du changement quand même.

Voulez-vous que je vous donne un conseil de pur bon sens? Si vous avez quelque jour à faire une salle de Justice, composez-la comme celles de Duc;... puis, étudiez-la d'une façon encore supérieure. Je vous réponds que ce sera absolument original !

Dans un Palais de Justice, le centre de rayonnement de toutes les circulations est la salle des Pas-Perdus. C'est là qu'on se rencontre, qu'on cause affaires, soit entre gens du Palais, soit avec les clients. De là on doit aller partout, et les communications doivent être aussi immédiates que possible, car souvent on a, presque au même moment, à faire à plusieurs chambres. Aussi, voyez comme à Paris la salle des Pas-Perdus dessert bien tout le Tribunal (v. plus haut le plan d'ensemble du Palais de Justice, vol. I, fig. 32). Soit directement par des portes ouvrant sur cette salle même, soit par l'intermédiaire du petit atrium intérieur (fig. 795 et 796)

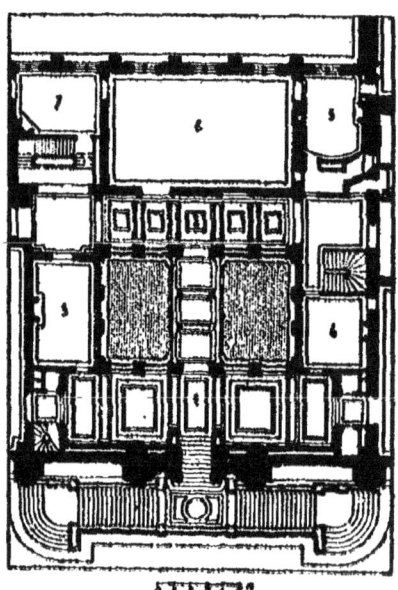

Fig. 796. — Atrium vitré, au Palais de Justice de Paris, 1ᵉʳ étage.

1, vestibule. — 2, galerie. — 3, légalisation. — 4, greffe de la quatrième Chambre. — 5, salle de conseil de la troisième Chambre. — 6, deuxième chambre. — 7, greffe de la sixième chambre.

que vous connaissez, ou du premier étage auquel on accède par un perron dans la salle elle-même (fig. 797), on peut se rendre en un instant dans toutes les chambres civiles du Tribunal et dans toutes leurs dépendances (les chambres correctionnelles sont dans un autre bâtiment). De plus, on y trouve l'accès

des salles *des référés* et *des criées*; de la chambre des avoués;
puis, par des larges et belles galeries qui sont en quelque sorte
le prolongement de la salle des Pas-Perdus, on peut gagner sans
confusion tous les autres services du Tribunal, et se rendre à la
Cour d'appel, dont l'installation n'est pas encore achevée. Aussi,
le plan du Palais de Justice est-il admirable dans sa clarté, et je
ne saurais trop vous en recommander l'étude.

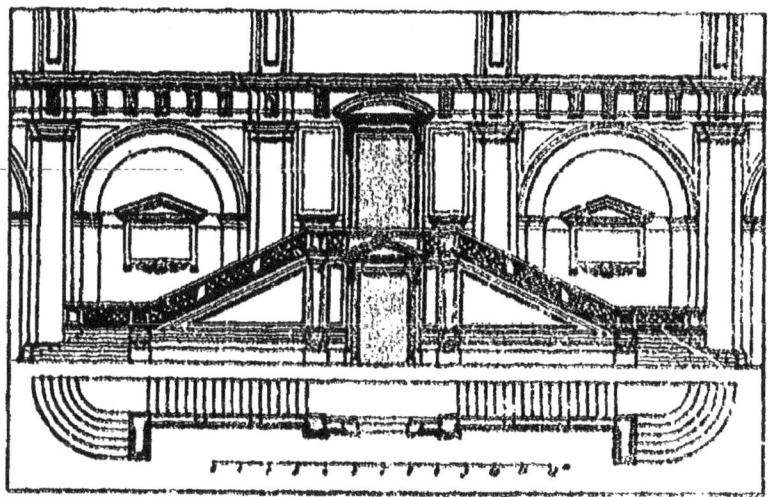

Fig. 707. — Perron de la salle des Pas-Perdus, au Palais de Justice de Paris.

Et la salle en elle-même est un chef-d'œuvre. Vous connaissez
sa disposition résultant d'ailleurs en partie de celle de la grande
salle inférieure, laquelle date de l'époque où le Palais était la
résidence des rois (v. plus haut, vol. I, fig. 32 et 73) : un rang de
piliers la divise en deux berceaux voûtés; des jours nombreux,
en pénétration dans la voûte, et les grands tympans des extrémités y répandent une lumière abondante et également répartie.
La salle actuelle est d'ailleurs une nouvelle étude d'une même

disposition antérieure. Seulement dans l'ancienne salle, les voûtes étaient en bois, et après qu'elles eurent été détruites dans un incendie resté historique, on reconstruisit la salle toute en maçonnerie, avec des proportions plus monumentales, mais en conservant l'ancienne disposition en deux nefs, disposition d'ailleurs assez fréquente au moyen âge, et dont nous voyons un exemple si intéressant à la Bibliothèque des Arts et Métiers, autrefois réfectoire de l'abbaye de Saint-Martin-des-Champs. Cette disposition en deux nefs est ici excellente : elle canalise en quelque sorte la promenade — car on a l'habitude de conférer en se promenant. Elle permet de plus d'avoir des proportions élevées, là où la même hauteur paraîtrait écrasée si le vaisseau était de toute la largeur. L'architecture est ici empruntée à la pierre, aux voûtes en maçonnerie. Nul inconvénient à cela : si la multiplicité des causeries particulières produit une sorte de bourdonnement général, on n'a pas ici les nécessités d'audition d'une salle d'audiences : on confère par petits groupes et de près.

Aussi, les salles de Pas-Perdus sont-elles le plus souvent voûtées. De cette tradition, il résulte un caractère différent de celui des salles d'audiences, et lors même que les ressources ont peut-être manqué pour donner à ces salles leur couronnement logique par une belle voûte en maçonnerie, vous trouvez encore l'affirmation de la tradition, comme par exemple dans la salle, très intéressante, des Pas-Perdus de Rouen, voûtée en bois. Le Palais de Justice de Rouen est d'ailleurs un des plus remarquables monuments de l'architecture des anciens Parlements (fig. 798).

Toutefois, il n'y a pas ici de raisons inflexibles qui dictent la composition de la salle. Une *basilique* conviendrait fort bien à une salle de Pas-Perdus, une salle de thermes également. Pourvu qu'il y ait de faciles accès, de libres espaces, de la lumière, et pourvu que la salle des Pas-Perdus desserve tout ce qu'elle doit desservir, elle peut présenter des caractères très variés : toujours, bien entendu, avec la gravité sans laquelle on ne croirait pas être dans un édifice judiciaire.

L'architecture judiciaire présente, vous le voyez, de magnifiques programmes, et se recommande par de magnifiques solutions. Elles sont nombreuses, et si je vous ai parlé surtout de notre Palais de Justice de Paris, c'est que je ne crois pas qu'il y ait ailleurs de types aussi complètement heureux. Chaque fois que je le puis, j'aime à vous citer de préférence ce que vous pouvez voir facilement. Connaissez donc votre Palais de Justice, étudiez-le, vous ne sauriez faire de plus utile étude.

Voici, comme renseignement, quelques-unes des dimensions qui vous indiqueront la proportion de différentes salles les unes par rapport aux autres :

DÉSIGNATION DES SALLES	LONGUEUR	LARGEUR	SURFACE	OBSERVATIONS
Salle des Pas-Perdus.........	68m00	26m50	1802m²	
Vestibule Harlay ou des assises...............	54.00	12.00	648.00	Non compris les escaliers d'accès aux salles d'assises.
Chambre civile de la Cour de cassation................	23.00	12.00	276.00	Salle servant aux audiences, toutes chambres réunies.
Salle de la Chambre criminelle.	19.20	9.60	184.50	
Salle de la Chambre des requêtes.................	14.50	8.50	123.25	
Cour d'appel, 1re Chambre....	25 00	11.50	287.50	Longueur réduite à 19 mét., soit 218m,50° pour les audiences ordinaires.
Salle des assises.............	27.00	10 50	283.50	
1re Chambre du Tribunal civil.	16.50	12.00	198.00	
Référés....................	13.30	7.80	103.75	
Chambres civiles............	12 00	7.60	91.20	La 6e Chambre prise comme exemple.
Chambre des criées.........	7.80	16.50	128.70	Assez exiguë.

DÉSIGNATION DES SALLES	LONGUEUR	LARGEUR	SURFACE	OBSERVATIONS
Chambres correctionnelles....	12.00	7.70	92.40	Assez exiguë.
Salle du Conseil de la Grand' Chambre de la Cour de cassation...............	12.00	8.00	96.00	Reçoit un grand nombre de magistrats.
Salle de la Chambre criminelle.	9.30	6.30	57.66	
Salle de la Chambre des requêtes,..................	9.00	6.30	56.70	
Salle de la 1re Chambre de la Cour d'appel,.............	11.80	7.80	92.04	id.
Salle de la 1re Chambre du Tribunal.................	12.00	5.00	60.00	id.
Salle du Conseil des Chambres civiles,..................	5.60	4.10	23.00	
Salles correctionnelles	4.80	4.00	19.20	Exiguë.
Salles de la Cour d'assises ...	7.00	7.00	49.00	

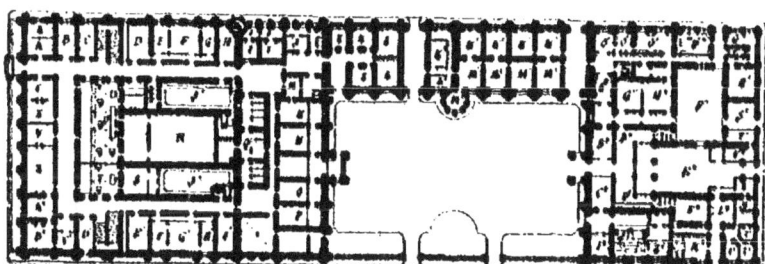

1er étage. — A,B,C,D, questure. — E, délibération. — F,G, audience. — I, Pas-perdus. — S, audience. — V,N, tribunal civil. — A', salle des assises. — O'X', salles d'audiences. — V, correctionnelle.

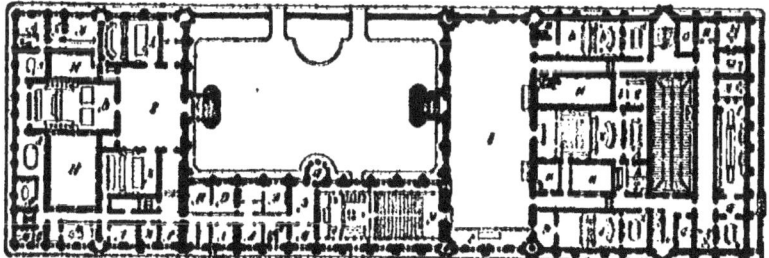

Rez-de-chaussée. — A, concierge. — B,C, inculpés. — D, témoins. — E,F,G,H, instruction. — I, dépôt. — J, parloir. — K, archives. — L, gardien. — M, water-closet. — N,O,P,Q, dépôt et cellules. — R,S,T,U, greffe. — V,X,Y,Z, police et parquet. — A'B'C'D', procureur. — E'F'G'H', instruction. — J', cour. — K'L'M'N', archives et état civil. — O', avocats. — F°, pompe à incendie. — I°J°, simple police. — K°, juge de paix.

Fig. 798. — Palais de Justice de Rouen. Plan et façade.

CHAPITRE VI

ÉLÉMENTS DES ÉDIFICES PÉNITENTIAIRES

SOMMAIRE. — Considérations générales. — La détention ancienne et moderne. — Principes applicables à toutes les détentions.
Les prisons préventives. — Le Dépôt. — La maison d'arrêt. — La maison de Justice. — Le petit Dépôt.

De l'architecture judiciaire à l'architecture pénitentiaire, la transition est naturelle. Saurai-je vous intéresser à ce sujet dont l'étude est mélancolique, et trop souvent décourageante des meilleures intentions? Je l'ignore : j'essaierai du moins de vous faire voir qu'ici encore l'action de l'architecte peut être humaine et utile : l'architecte d'un édifice pénitentiaire doit être un peu un philosophe et un moraliste. Il doit se souvenir qu'il concourt au traitement d'une grande misère sociale, et que si tous les progrès rêvés n'ont pas toujours été réalisés, si trop d'illusions généreuses ont échoué, il ne faut jamais désespérer du bien à faire, ni renoncer à l'espérance du progrès. Ce progrès, même incomplet, doit beaucoup déjà à l'architecture, et nous pouvons être fiers des travaux de Blouet, de Gilbert, pour ne citer ici que les précurseurs des efforts jusqu'ici poursuivis et des efforts encore attendus.

On peut dire que ce programme est essentiellement moderne. C'est qu'il n'y a guère plus de cent ans que des esprits élevés ont pensé qu'il y avait là un vaste sujet d'études. Au milieu du xviii° siècle, le titre seul du livre de Beccaria, *De la proportionnalité entre les délits et les peines*, put être une surprise en attendant qu'il imposât une révolution! Jusque là, certes, la prison existait, mais l'architecture pénitentiaire n'existait pas. On emprisonnait en vertu de deux idées : châtier ou supprimer : prison criminelle ou prison d'État. A ces idées s'en est substituée une autre, plus humaine et plus légitime : améliorer. C'est le but poursuivi, l'avenir entrevu; les difficultés sont immenses, mais on doit toujours espérer : aussi la conception moderne des criminalistes les plus éminents est de demander à la prison le traitement et si possible la guérison des maladies sociales. Dans cette conception, l'emprisonnement est une expropriation pour cause d'utilité publique, la prison est une maison de santé, le régime pénitentiaire un traitement pathologique.

Nous connaissons peu la prison antique; elle était très certainement dure. Peut-être dans les nombreux compartiments qu'on retouve dans les substructions romaines, faut-il voir entre autres des prisons. L'esclavage avait d'ailleurs pour corollaire la prison domestique. Je crois bien qu'en vous figurant des cellules où tout était combiné pour rendre l'évasion impossible, — et où toutes les préoccupations se bornaient à cela seulement, — vous devez vous faire une idée assez juste de ces prisons.

Nous savons un peu mieux ce qu'étaient les prisons du moyen âge. Ne vous figurez pas d'ailleurs des édifices spéciaux : les prisons étaient un peu partout. La féodalité comportait le droit de justice — ou de bon plaisir — pour les seigneurs; le clergé possédait les mêmes droits; enfin les communes le conquirent à leur tour. Sans parler donc de la royauté, ni des Parlements qui vinrent mettre l'ordre dans ce chaos, on pourrait dire que la Société au plus pur moyen âge se partageait en deux classes : les emprisonneurs et les emprisonnés. Aussi n'était-il pas de palais, de château, de couvent, de chapitre, de maison commune qui n'eût ses prisons. Or, toutes ces prisons avaient un caractère commun : on s'y débarrassait du condamné — ou de l'ennemi. La prison était-elle par hasard à peu près salubre ? Tant mieux pour lui. Était-elle humide, méphytique ?... Et après ? Qu'on n'en pût pas sortir, voilà le souci unique.

Aussi les prisons sont le plus souvent dans les fondations ou dans les tours, là où les murs ont des épaisseurs énormes. On en voit ainsi notamment à l'abbaye du Mont Saint-Michel, au château de Pierrefonds, au château d'If. Les plus curieuses pour nous sont peut-être celles de l'Officialité de Sens (fig. 799). Là, les cellules des prisonniers, dallées, murées, voûtées en pierre sont relativement habitables; toutefois les petites fenêtres qui les éclairent sont ingénieusement masquées par des hottes en pierre, qui laissent pénétrer un peu d'air,

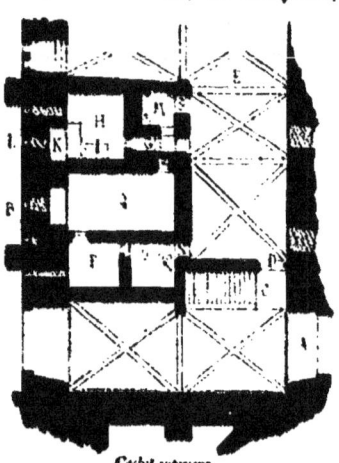

Cachot supérieur.

A, entrée du palais archiépiscopal. — B, cour. — C, escalier du 1er étage. — D, guichet d'entrée dans l'officialité. — G, guichet d'entrée dans la prison H. — H, prison. — I, dalle percée d'un orifice communiquant à une fosse. — N, hotte de pierre. — L, fenêtre. — M, cabinets d'aisances. — N, guichet d'entrée dans les cellules O,P,Q. — O,P,Q, prisons. — R, trappe d'entrée du cachot a. — b, porte de l'officialité.

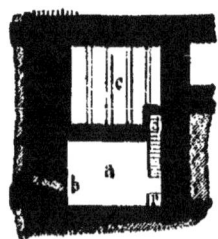

Cachot inférieur.

a, cachot. — b, cheminée pour l'aération. — c, fosses d'aisances. — d, siège d'aisances.

Fig. 799. — Plan de la prison de l'officialité de Sens.

mais qui interdisent au prisonnier toute vue du ciel. Il est d'ailleurs pratiqué des espèces de réduits contigus, qui paraissent avoir été des cabinets d'espionnage, sans doute lorsque deux prisonniers étaient perfidement réunis dans une cellule.

Mais de plus, comme à Pierrefonds et ailleurs, il y avait les cachots. Réfléchissez à l'étymologie de ce mot *cachot*, et vous comprendrez. En dessous des cellules, à un endroit quelconque du dallage, on voit une pierre ronde, un tampon. Si on le soulève, on se trouve au-dessus d'un réduit voûté, qui n'a pas d'autre accès. C'est le cachot — l'*in pace*. Là, il n'y a même pas de fenêtre, une sorte de cheminée y laisse tomber un peu d'air extérieur.

Le prisonnier qu'on avait descendu ou jeté dans cette paix inviolable y était-il nourri ? Peut-être.

La crainte de l'évasion avait encore fait imaginer une variante de l'emprisonnement. Non plus dans une cellule, mais dans une salle plus grande où séjournaient des soudards, le prisonnier était attaché à un pilier sans que la longueur de sa chaîne lui permît d'approcher des murs. Cela se voit à Carcassonne; et les vers de Byron ont surtout rendu célèbre le *prisonnier de Chillon*, Bonivet, ainsi attaché à un pilier dans une salle basse du château de Chillon sur le lac de Genève. Walter Scott décrit dans un de ses romans une ancienne prison écossaise, où la salle était traversée à quelques centimètres au-dessus du carrelage par une forte barre de fer autour de laquelle glissaient des anneaux ; à ces anneaux on attachait la chaîne du prisonnier, toujours assez courte. Simple variante du pilier vertical.

Quant aux prisons d'État, destinées non aux criminels, mais aux hommes politiques, ou autres — car on y restait parfois de longues années pour avoir risqué un quatrain ou une épigramme — on y vivait évidemment mieux, quand on avait de l'argent, mais matériellement il n'y avait pas grande différence. Je ne connais pas les cachots de la Bastille. Mais il y a à Vincennes, à Doullens, à Ham, au Mont Saint-Michel, ailleurs encore, des cellules où des malheureux qui n'avaient été condamnés par aucun tribunal, qui avaient simplement déplu à une Pompadour ou même à une Dubarry, ont passé des années, et où aujourd'hui on n'oserait pas mettre le plus hideux récidiviste.

Car à ce point de vue, entre le moyen âge et le siècle de Louis XIV, il n'y a pas de différence.

Je ne veux pas toutefois quitter ce sujet sans avoir signalé à votre curiosité le volume des *Prisons* de Piranèse. C'est de la fantaisie assurément, le cauchemar intense d'une imagination excessive, mais je ne crains pas de dire que c'est le poème de la férocité. Rien n'est plus curieux : avec certaines peintures de l'École espagnole, c'est l'exposition la plus saisissante du sens qu'attachait au mot prison une imagination faite de terreurs et de l'obsession d'horreurs mystérieuses qu'on se racontait en tremblant.

J'arrive à la prison moderne, à celle qui appelle vos études. Je ne vous parlerai pas des prisons qu'on a installées le mieux possible dans des édifices construits pour une autre destination, comme le château de Laval ou ceux de Gaillon ou de Loches, par exemple. Le programme ici n'est pas entier.

Or, je vous le dis souvent, et je le répète encore à ce sujet, l'architecte est le serviteur d'un programme qui n'émane pas de lui. C'est le législateur, devancé par le moraliste, qui dit ce que doit être la prison; c'est l'administrateur qui, d'après ces données générales ou ces principes, doit rédiger le programme. Il lui appartient de décider quel sera le régime, comment on vivra dans ces murs, quelle sera la conception que l'architecte devra réaliser.

Et ce programme a beaucoup varié, et nul ne peut dire qu'il

soit définitif. Car le sujet est toujours à l'étude et le progrès toujours à l'ordre du jour dans tous les pays civilisés. Je vous dirai donc de mon mieux ce qui se fait, mais sous réserve d'un avenir peut-être prochain qui rendra cette exposition surannée.

Les tâtonnements ont été nombreux : tantôt on a espéré que l'isolement amènerait la réflexion et le repentir; tantôt on a demandé au travail en commun l'élément moral de la régénération. D'autre part les considérations de surveillance, très impérieuses, ont parfois fait regarder comme impraticables et purement théoriques des conceptions trop oublieuses des nécessités matérielles. On a essayé de la vie en commun, de la vie par groupes, de l'isolement complet. Puis on s'est trouvé conduit à des solutions mixtes : le travail en commun dans l'atelier, et l'isolement pour l'habitation. On a construit des prisons dans les villes, et aussi des colonies pénitentiaires à la campagne pour les jeunes détenus. Puis encore, entre les prisonniers, on a établi des classifications : toutes les maladies sont plus ou moins contagieuses, et les maladies morales plus que d'autres. Il est bon que le condamné dont la faute est légère et la régénération possible ne soit pas en contact avec l'incurable. Il y a enfin l'emprisonnement préventif où l'accusé qui sera peut-être acquitté demain, ne doit pas être confondu avec le condamné flétri par la justice. De là, plusieurs sortes de prisons, ou plusieurs sortes de quartiers dans une même prison.

Vous devez donc retenir que le mot prison n'a pas un sens unique. C'est un terme général qui désigne les diverses variétés que dans le langage administratif on appelle maisons d'arrêt — maisons de justice — maisons de correction.

La maison d'arrêt reçoit les prévenus; la maison de justice, les accusés; la maison de correction, les condamnés.

Mais ces distinctions sont parfois purement théoriques; les

nécessités budgétaires s'opposent souvent à ce que cette classification soit effective. Il en est de même de diverses prescriptions formelles des règlements qui ne peuvent être exécutées, faute d'argent : on peut même dire qu'il y a très peu de prisons qui soient conformes aux types officiels. Ce sont cependant ces types seuls que nous devons étudier, et non les solutions incomplètes nées de circonstances spéciales.

En général, dans la composition de toute prison, il y a une première règle qui domine tout le reste : c'est la séparation absolue du quartier des prisonniers et des services généraux. Le quartier des prisonniers s'appelle *la détention* : là, le prisonnier doit trouver tout ce qui lui est permis, car jamais il ne doit franchir la porte, *unique*, de la détention avant le jour où, libéré, il la passera une dernière fois. Même dans les maisons d'arrêt ou de justice, c'est aussi la règle, le détenu ne sort que pour comparaître devant le juge ou le tribunal.

Toute composition de prison se présente donc avec deux parties nettement distinctes : une partie relativement publique, avec des allées et venues d'employés, de fournisseurs, etc. Ce sont les services généraux, avec des habitations; puis la détention, véritable camp retranché, où l'on pénètre par une seule porte ouvrant sur les services généraux. Dans la détention se trouve tout ce qui est nécessaire à la vie du prisonnier : son habitation — cellule ou dortoir — le réfectoire, la cuisine, les ateliers, l'infirmerie, le quartier correctionnel (locaux de punition). S'il va au parloir, ou si dans une maison d'arrêt il doit conférer avec son avocat, c'est encore dans la détention.

Bien entendu, la préoccupation dominante est celle de la surveillance. Il faut qu'elle soit facile, qu'il n'y ait jamais de cachettes possibles. Mais à ce point de vue même, ce qu'on redoute surtout, c'est le complot, préparant la révolte, la confusion, et peut-être les évasions à la faveur du désordre. Aussi veut-on en toutes choses la division par groupes réduits et non l'agglomération. C'est ainsi que dans les préaux, pendant les récréations, la marche est obligatoire pour les prisonniers, dans le même sens et en file : si à la rigueur des propos peuvent être échangés entre quelques-uns, il ne peut y avoir de ces ententes générales que permettrait l'immobilité dans une partie de la cour.

Or, dans ces mesures de précautions, l'architecture a sa part, et il est nécessaire que vous connaissiez cette nécessité.

Dans le même but, tout projet de prison doit être étudié de telle sorte que jamais, soit d'une salle, soit d'un préau, soit d'un endroit quelconque où il pourra passer, un prisonnier ne puisse voir qui que ce soit au dehors. Cette règle générale est inflexible, et par cela même elle dispense de règles particulières. Ainsi, rien n'est prescrit quant à la hauteur des fenêtres : mais la règle sera violée si à travers une fenêtre le prisonnier peut voir quelqu'un et faire des signes. Si donc la prison est isolée, ou abritée d'une façon quelconque contre toute vue plongeante extérieure, il suffira que le prisonnier, de son dortoir ou de son atelier par exemple, ne puisse pas voir celui qui serait dans un préau, ou passerait dans une cour. Si au contraire la prison est dominée de près ou de loin par des voies publiques, des jardins ou des maisons — comme était la prison Mazas par exemple — alors les fenêtres devront être munies d'auvents ou d'écrans, et les murs des préaux seront très élevés, ou surmontés encore d'écrans. Si enfin, comme à Gaillon, certains ateliers sont orientés en dominant un vaste paysage où toute route est lointaine, ou si un appentis recouvrant un étage inférieur suffit à intercepter la vue des espaces voisins, alors il n'y a aucun inconvénient à ce que les fenêtres soient descendues aussi près du plancher qu'on le voudra.

Contre les évasions de l'intérieur, il y a les barreaux de grilles et l'emploi pour les maçonneries de matériaux durs. C'est une des raisons qui à Paris font employer de préférence la meulière, pierre siliceuse, plutôt que la pierre calcaire. A l'extérieur, c'est-à-dire dans les passages ou les préaux, il y a les murs élevés, et les dispositions particulières de ces murs; enfin le chemin de ronde, où viendrait échouer l'évasion qui aurait triomphé de toutes les précautions.

Les murs ai-je dit sont élevés; de plus ils ne doivent présenter aucune saillie pouvant retenir un crochet au bout d'une corde. Ainsi, pas de chaperons saillants, pas de tuyaux de descente ou de conducteurs de paratonnerres contre ces murs de clôtures. Mais enfin le prisonnier a-t-il pu, par quelque moyen invraisemblable, arriver au sommet de ce mur? Il lui faut alors gagner l'endroit où il croira pouvoir descendre de l'autre côté, et pour cela il suivra à califourchon la crête du mur. Or, cela même est prévu, et sur le chemin de cette dangereuse promenade, il se trouvera tout à coup arrêté par une partie surélevée du mur : sans aucun autre motif que celui-là, les murs d'une prison présentent çà et là des exhaussements de 2^m 50 ou 3 mètres, peu longs d'ailleurs. Vous concevez combien cela gêne une circulation jambe de-ci, jambe de-là. Puis enfin supposez encore tous ces obstacles surmontés, le mur franchi : le fugitif se trouve tout simplement dans un chemin de ronde, où nulle cachette n'est possible, où la surveillance est facile et fréquente, et dont l'autre côté présente un mur aussi infranchissable que le premier. Aussi l'évasion gymnastique n'existe pas dans les prisons bien constituées; mais vous voyez combien de précautions sont prises, et combien l'architecture doit se pénétrer de leur importance avant d'aborder la composition d'une prison.

Nous pouvons maintenant étudier les applications de ces principes. Malheureusement, vous ne pourrez pas visiter les établissements dont nous parlerons... à moins que vous ne poussiez le zèle des études jusqu'à vous faire incarcérer : encore vous ne verriez pas tout.

Dans les grandes villes et notamment à Paris, il y a quelque chose qui n'est pas encore la maison d'arrêt, encore moins la maison de Justice ou de correction, qui n'est en réalité qu'un instrument inévitable de police; c'est *le Dépôt* (fig. 800 et 801).

Lorsque vous montez les perrons de la place du Harlay, lorsque vous vous arrêtez sur les riches dallages du grand vestibule des Cours d'assises, ou des galeries qui joignent ce vestibule à la salle des Pas-Perdus, vous doutez-vous du cloaque moral que vous avez sous les pieds? Rien, je crois, n'est plus épouvantable dans tout le Paris invisible que ce *Dépôt*, lieu de passage de tout ce qui est ramassé sur la voie publique : criminels, vagabonds, ivrognes, fous ou épileptiques, affamés, enfants perdus. Il y a le quartier des hommes et celui des femmes, qui d'ailleurs n'ont rien à s'envier. Là, on reste peu de temps : le sujet est interrogé et, d'après cet interrogatoire, il est élargi ou envoyé à une maison d'arrêt.

Le Dépôt à Paris est donc incorporé au Palais de Justice : ce n'est pas une nécessité, et, à certains égards, il vaudrait mieux peut-être qu'il fût ailleurs. Mais, vu le grand nombre de ses hôtes, et l'obligation de les interroger promptement — ce qui est la fonction du *Petit parquet* — il est évidemment plus commode qu'il soit ainsi à portée immédiate des magistrats.

Le Dépôt étant en quelque sorte une maison d'arrêt, ou tout au moins de détention préventive, son régime est l'isolement. Les locaux des détenus consistent donc en cellules, et en préaux divisés en compartiments restreints. Toutefois, faute de place, il

ÉLÉMENTS DES ÉDIFICES PÉNITENTIAIRES

a fallu conserver des salles communes, sorte de hideux dortoirs sous le grand vestibule de la place du Harlay.

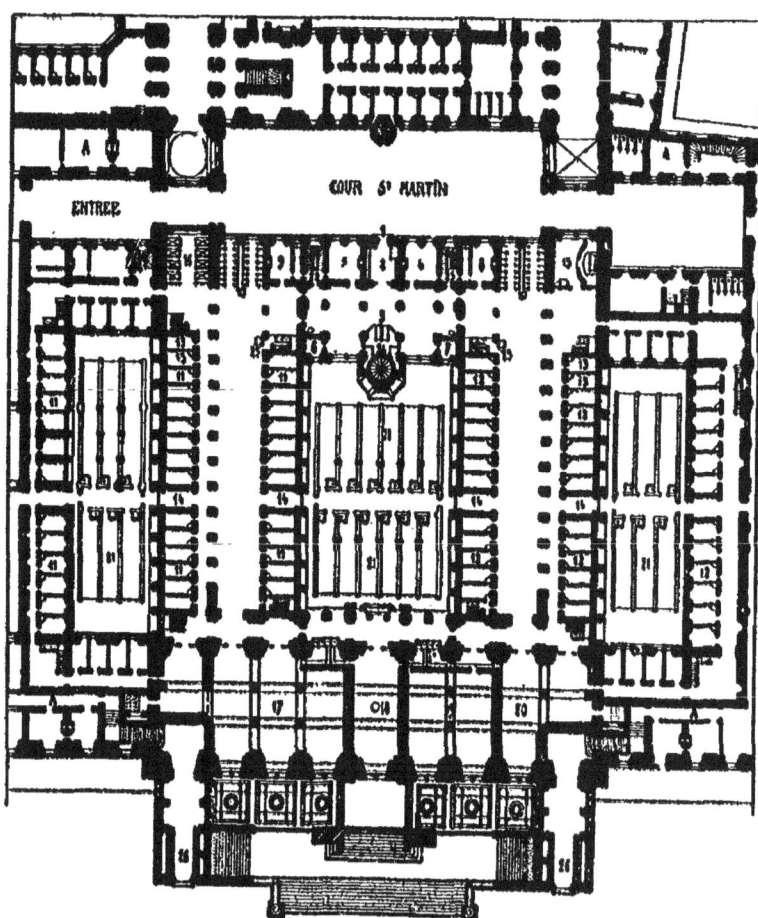

Fig. 800. — Plan du Dépôt, au Palais de Justice de Paris.

1, entrée principale. — 2, premier guichet. — 3, grand guichet. — 4, greffe. — 5, directeur. — 6, fouilleuse. — 7, paneterie. — 8, médecin. — 9, cabinet de l'instruction. — 10,10, parloirs cellulaires. — 11,11, cellules des prévenus (hommes). — 12,12, cellules des prévenus (femmes). — 13,13, cellules pour les aliénés. — 14,14, gardiens. — 15, chapelle des Sœurs. — 16, dortoir des gardiens. — 17, salle commune des hommes. — 18, salle commune des enfants (garçons). — 19, salle commune des femmes. — 20, salle commune des enfants (filles). — 21,21, préaux découverts. — 22, escalier du directeur. — 23, escalier du greffier. — 24, escalier des criminels venant des cachots et aboutissant au 2º étage. — 25,25, treuils pour monter les gamelles. — 26,26, entrée des magistrats. — A, bâtiments dépendant d'autres services.

470 ÉLÉMENTS ET THÉORIE DE L'ARCHITECTURE

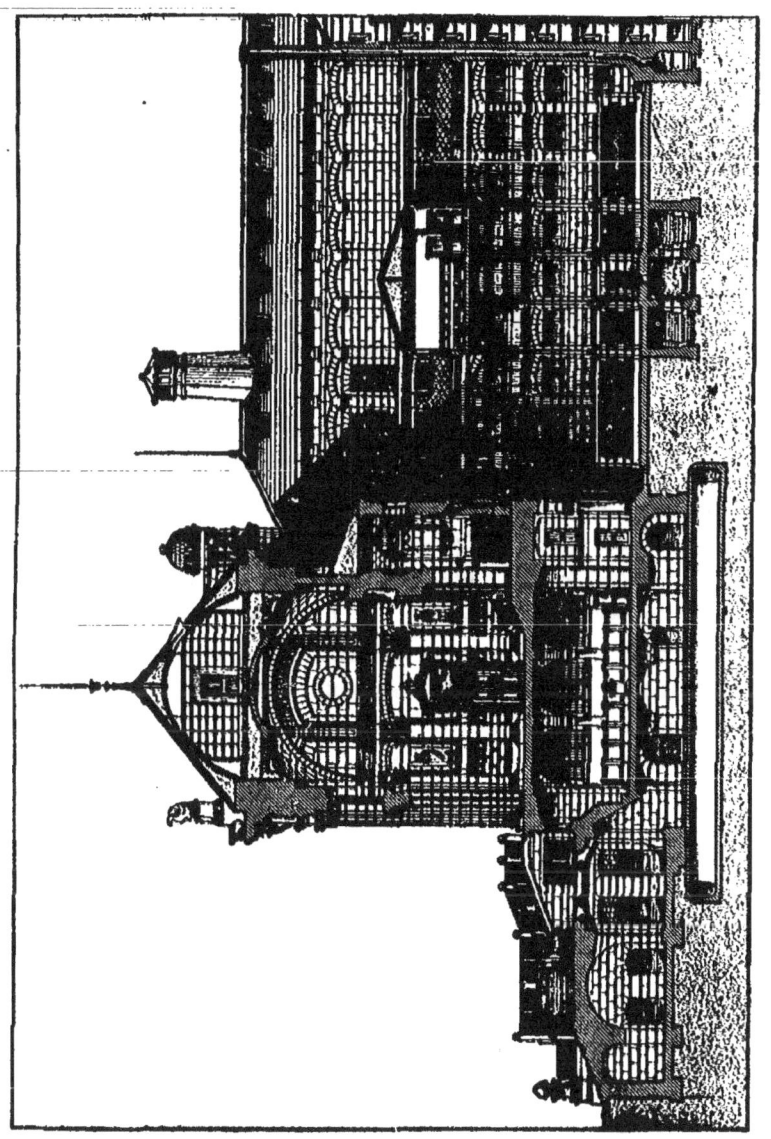

Fig. 502. — Dépôt du Palais de Justice. Coupe.

Tout individu amené au Dépôt est tout d'abord conduit à une salle de bains par aspersion; pendant qu'on le douche ainsi, ses vêtements sont désinfectés dans une étuve à vapeur. Ce service, installé sous le perron du Harlay, a produit les meilleurs effets.

Vous avez encore entendu parler de l'Infirmerie du Dépôt. C'est un petit quartier séparé, composé de cellules pour les malades trouvés sur la voie publique, que par des raisons quelconques on n'envoie pas aux hôpitaux : par exemple lorsqu'on peut supposer la simulation dans les cas de folie, épilepsie, alcoolisme, ou lorsqu'il y a lieu de vérifier si l'impulsion maladive peut excuser un crime ou un délit. Il y a enfin le quartier des enfants ramassés dans la rue, souvent incapables de dire ni leur nom ni leur adresse, et qu'on garde momentanément dans cette sorte de fourrière des épaves perdues.

Tout cela, profondément curieux comme ingéniosité de plan, ne nous livre pas d'éléments bien particuliers. C'est la cellule individuelle qui est ou devrait être l'unique élément du Dépôt. Seulement, comme cela se passe pour vous avec vos loges, on est souvent obligé de les doubler, — et cela présente les mêmes inconvénients, soit dit sans vous offenser.

Dans le Dépôt lui-même, les évasions sont peu à craindre, elles pourraient plutôt être tentées pendant les parcours parfois assez longs que les prévenus ont à faire pour se rendre à l'instruction. Les précautions les plus minutieuses sont prises pour les empêcher, et vous pourrez vous en rendre compte par un exemple curieux : c'est la clôture par des grilles de l'escalier dit *Escalier de sûreté*, qui met en communication le Dépôt avec les étages du Palais (fig. 802). En général, d'ailleurs, et dans la mesure du possible, les corridors où passent les prisonniers sont réservés à cet usage, aussi bien pour qu'une évasion ne puisse être tentée à la faveur d'un encombrement momentané, que pour éviter toute occasion d'échange de paroles ou de signes avec des étrangers.

Entre la maison d'arrêt et la maison de justice les différences sont minimes quant aux éléments. C'est leur fonction qui est différente. Je vais essayer de vous faire saisir cette nuance.

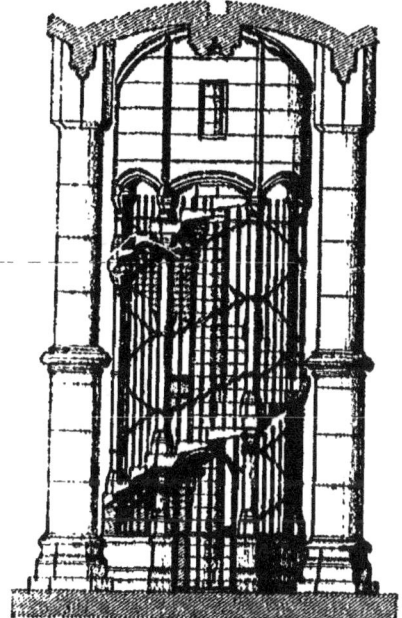

Fig. 802. — Escalier de sûreté du dépôt, au Palais de Justice de Paris.

A Paris, Mazas était, et la Santé est en partie une maison d'arrêt; la Conciergerie est une maison de justice. En théorie, la maison d'arrêt reçoit des prévenus, la maison de justice des accusés. Supposez donc un crime commis : le criminel présumé est l'objet d'un mandat d'arrêt : la Santé lui ouvre sa porte. Puis l'instruction se poursuivant, l'affaire passe devant la Chambre des mises en accusation : le prévenu devient alors un accusé. Et comme, à partir du moment où il est accusé, les magistrats et surtout le président des assises peuvent avoir constamment besoin de le voir, il est nécessaire qu'il soit à leur disposition. Il émigre alors de la Santé, maison d'arrêt, à la Conciergerie, maison de justice.

Autrement, je le répète, les éléments sont les mêmes. Et tandis que la Conciergerie est établie dans les soubassements du Palais de Justice, avec toutes les difficultés inhérentes à cette situation, Mazas a été construit exprès pour sa destination, et c'est là que nous trouverons à leur début les éléments de la maison d'arrêt ou de justice, en d'autres termes de la prison cellulaire.

Vous êtes-vous parfois avisés que Mazas était un chef-d'œuvre (fig. 803) ? Pour moi, le sujet m'y invitant, je me fais un devoir de proclamer devant vous ma profonde admiration pour cette création, réalisation si parfaite de son programme qu'elle est devenue d'emblée un type, partout où ce même programme a été en vigueur. Gilbert, son architecte, n'était un esprit ni vaste, ni surtout libéral. Obstiné, exclusif, incapable de grâce ou d'élégance, il avait la droiture qui ne sait pas dévier, la conscience qui ne sait pas fléchir, la sincérité qui ne sait pas déguiser. Droit devant lui, sans autre objectif que son programme, sans autre souci que les exigences de ce programme, il a fait une œuvre romaine, j'entends de celles que faisaient les Romains dans leurs travaux d'utilité et non de faste. Rappelez-vous ce que je vous disais des plus belles choses de l'architecture : cela est ainsi parce que cela ne pouvait pas être autrement : de notre temps, personne n'a plus que Gilbert mérité qu'on décernât à son œuvre cet éloge suprême : cela est ainsi parce que cela ne pouvait pas être autrement. Cette prison a été détruite récemment, et ses hôtes transportés à la prison dite de la Santé qui rappelle à beaucoup d'égards, dans sa partie cellulaire, les dispositions de la prison Mazas. Nous la retrouverons, plus loin, avec les maisons de correction.

La maison d'arrêt ou de justice est cellulaire de jour et de nuit. Tout doit être prévu pour qu'un détenu en cellule ne puisse avoir aucune communication avec un autre détenu. La cellule ne sera donc pas seulement isolée pour la vue, il faut qu'elle le soit aussi pour l'ouïe. Elle a des gros murs en tous sens, et elle est voûtée. Il s'y trouve tout l'indispensable, elle est chauffée et ventilée, éclairée, pourvue d'un siège d'aisances. Les

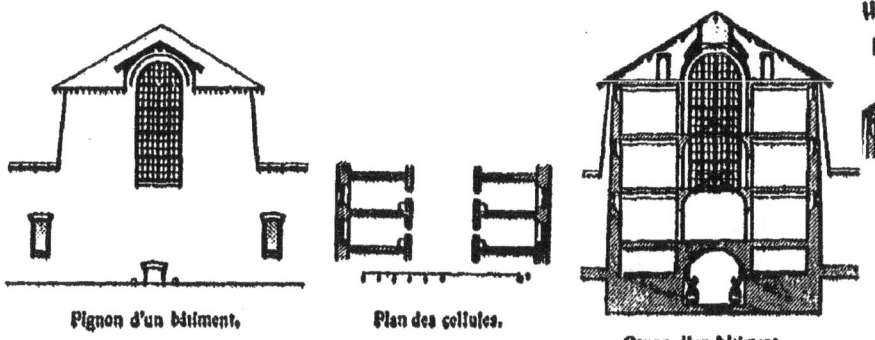

Pignon d'un bâtiment.   Plan des cellules.   Coupe d'un bâtiment.

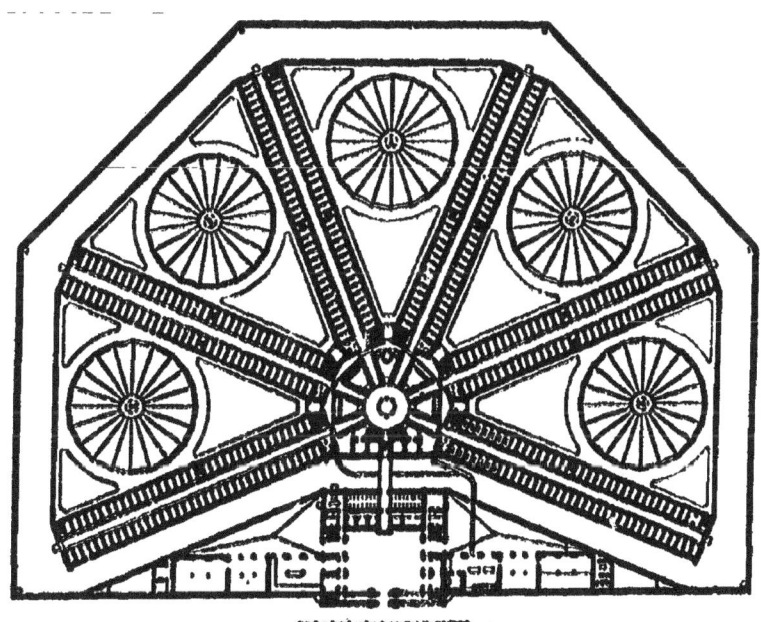

Fig. 803. — Ancienne maison d'arrêt de Meaux. Plan général.

fenêtres sont élevées et pratiquées comme je l'ai expliqué. Pour la surveillance, il y a des guichets, et aussi des trous coniques dans le mur de face : l'œil du gardien, près d'un trou presque invisible, peut tout voir à cause de l'évasement du cône vers l'intérieur de la cellule.

Les dimensions d'une cellule sont au moins 2 mètres × 3 mètres. Le cube d'air exigible est de 14 mètres.

Il y a quelques cellules doubles pour les détenus en surveillances ou ayant des idées de suicide.

Naturellement, on cherche à ménager l'espace et la dépense, et par conséquent il y a presque toujours plusieurs étages de cellules, le plus souvent deux. Le couloir central monte alors de fond, et de simples balcons desservent les cellules de l'étage supérieur. Cette disposition facilite la surveillance et l'éclairage ainsi que l'aération.

Dans la *détention*, il doit se trouver les dépendances où le détenu peut avoir à aller. Ainsi, le cabinet du juge d'instruction, le parloir spécial aux avocats, le parloir général sont dans la détention : de même la cuisine et divers autres services. Seul le parloir mérite une mention particulière : c'est une pièce d'étendue moyenne, divisée par des grilles en trois parties : une partie pour les visiteurs, puis, dans toute la longueur de la pièce, un corridor pour un surveillant; enfin au delà d'une seconde grille des cases pour les détenus, qui ne peuvent ainsi parler aux visiteurs qu'à travers deux grilles trop espacées pour qu'on puisse faire passer quoi que ce soit de l'une à l'autre.

L'Infirmerie consiste également en cellules, un peu plus vastes que les autres, et avec quelques dépendances nécessaires. On a essayé des buanderies et *cuisines cellulaires*; ce dernier type est réalisé, notamment à Angers, où se trouve également un atelier cellulaire (fig. 804). Dans ces prisons, il y a ordinairement une chapelle-école, dite *alvéolaire*, c'est-à-dire analogue aux ruches. Chaque détenu est placé dans une case strictement suffisante, ouvrant sur la salle qui sert à la fois de chapelle et

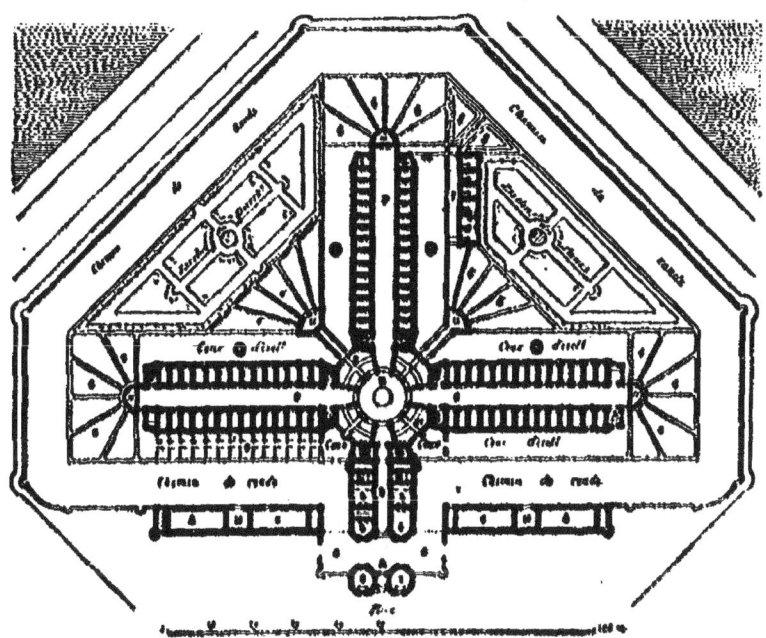

Fig. 809. — Maison d'arrêt et de correction d'Angers.

A, entrée. — a,a, passage des voitures. — B, administration. — C, quartier des hommes. — D, femmes. — E, services généraux. — F, infirmerie des femmes. — G, ateliers cellulaires de vannerie. — H, services accessoires. 1, concierge. — 2, bureau du directeur. — 3, gardien-chef. — 4, cellules d'arrivée. — 5, écrou. — 6, commission de surveillance. — 7, cuisines. — 8, parloir (hommes). — 9, parloirs (femmes). — 10, instruction — 11, surveillants. — 12, water-closets.

d'école. Les précautions nécessaires sont prises pour qu'il n'en résulte pas de possibilité de communication.

Les préaux sont également cellulaires et individuels. Bien entendu, il ne peut pas y en avoir autant que de cellules : les détenus se partagent les heures. On préfère pour les préaux la disposition rayonnante, qui permet à un seul gardien placé au sommet des murs séparatifs, et au centre du rayonnement, de surveiller d'un seul coup d'œil tous les préaux.

Il faut ajouter enfin que dans les maisons d'arrêt, il y a souvent aussi des condamnés à de courtes peines. Il peut aussi s'y trouver des accusés si la maison est assez près du Palais pour pouvoir servir de Conciergerie. Mais cela ne change rien à la composition des éléments : en ce cas une aile est affectée à une catégorie de détenus, c'est la seule différence. Ainsi à Paris, il y a plusieurs prisons dont la population est mixte — prévenus, accusés, condamnés — telles sont ou étaient Mazas, la Santé, la petite Roquette, Saint-Lazare.

Je vous ai parlé tout de suite de la détention, bien que ce ne soit jamais la première partie du plan, mais parce que c'en est la partie maîtresse, la raison d'être de l'ensemble. La détention, nous l'avons vu, est entourée d'un chemin de ronde.

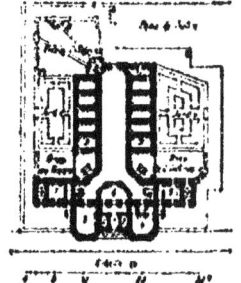

Fig. 801. — Maison d'arrêt de Sainte-Menehould.

1, porche. — 2, dépôt. — 3, cuisine. — 4, gardien chef. — 5, greffe. 6, surveillants. — 7, pompe. — 8, bains. — 9, cellule de punition. — 10, débarras.

En dehors de ce chemin sont les services généraux et relativement publics, bureaux, économat, greffes, corps de garde, habitations, magasins divers. Je n'ai rien de particulier à vous en dire.

Mais je dois vous signaler les conditions nécessaires à l'entrée de toute prison.

Sur la rue extérieure, la prison a une porte défendue par un corps de garde et surveillée par un concierge : cette porte s'ouvre fréquemment, ou même reste ouverte pour les allées et venues d'employés, fournisseurs, personnes étrangères allant aux bureaux. Ce n'est pas encore la porte de la détention, mais

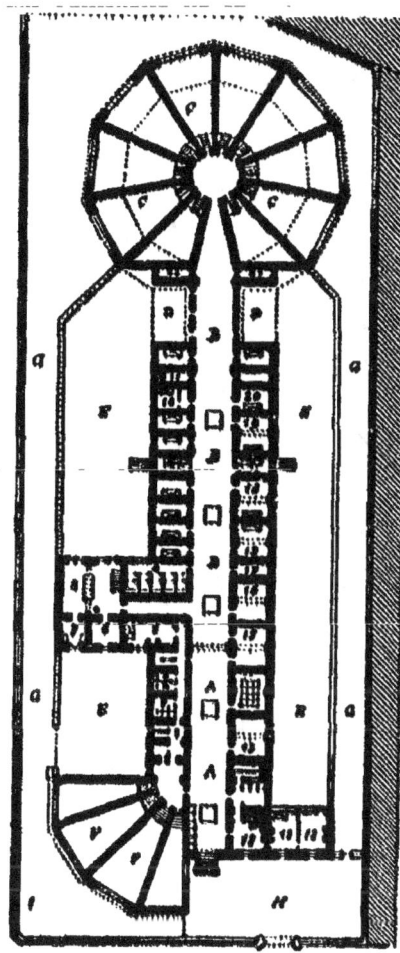

Fig. 806. — Prison de Corbeil.

A,A, quartier des femmes. — B,B, quartier des hommes. — C,C, préaux des hommes. — F,F, préaux des femmes. — D,D, réservé. — E,E, cour d'isolement. — G,G, chemin de ronde. — H, cour d'entrée.

1, surveillant. — 2, cellules d'attente. — 3, parloir des femmes. — 4, bains des femmes. — 5, infirmerie des femmes. — 6, dépense. — 7, laverie. — 8, cuisine. — 9, bains des hommes. — 10, cellules de punition. — 11, dépôt. — 12, logement du concierge. — 13, magasins. — 14, parloir des hommes. — 15, greffe. — 16, juge d'instruction. — 17, tisanerie. — 18, infirmerie des hommes. — 19, cellule d'observation. — 20, chambre de gardien.

comme c'est la porte de la prison elle doit être à l'abri de toute violence par sa solidité et par l'efficacité de la protection armée. Or, cette porte donne ordinairement sur une première cour intérieure. Voici la raison de cette disposition exceptionnelle.

Qu'ils soient amenés à pied ou en voiture, les détenus, dûment escortés, franchissent cette première porte, et alors elle est rigoureusement fermée, tant que par suite des opérations d'inscriptions ou autres le détenu n'a pas franchi la porte de la détention. La première porte ne se rouvre que lorsque la seconde est bien définitivement fermée. Entre les deux, il faut donc un espace où les voitures puissent se mouvoir, tourner sur elles-mêmes pour ressortir par où elles sont entrées. C'est ce qui motive cette cour intérieure, véritable écluse entre la voie publique et la détention.

ÉLÉMENTS DES ÉDIFICES PÉNITENTIAIRES   479

Dans toute cette partie administrative et relativement publique de la prison, il n'y a pas beaucoup à se prémunir contre l'évasion, la détention y suffit, et ce n'est qu'au moment de l'arrivée qu'une évasion pourrait être à craindre. Nous venons de voir comment on y obvie. Mais il y a ici une autre crainte, c'est l'hostilité et la violence du dehors. Il ne suffit pas que l'émeute

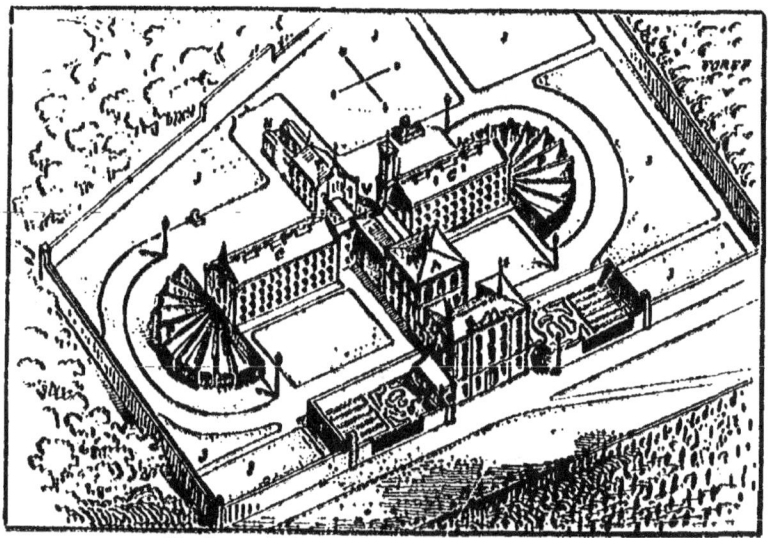

Fig. 807. — Pénitencier du canton de Neuchâtel (Suisse).
A, administration. — C,C, cellules. — E, bâtiment d'entrée. — P,P, préaux. — T, ateliers. — JJ, jardins.

ne puisse pas forcer la porte, si plus loin elle peut entrer par la fenêtre. Il faut donc éviter les ouvertures du côté de la voie publique, et c'est là une considération que vous ne devez pas perdre de vue dans la composition d'un plan de prison.

Les prisons dont je vous ai montré les plans sont des prisons grandes ou moyennes. Mais les mêmes principes sont applicables aux petites. Telles sont, par exemple, celles de Sainte-Menehould (fig. 805) et de Corbeil (fig. 806). Et ces principes sont encore les mêmes à l'étranger, comme vous pouvez le voir par le croquis (fig. 807) de la prison de Neufchâtel (Suisse).

Cette maison d'arrêt se complète — à distance — par un organisme nécessaire du Palais de Justice, le petit dépôt (fig. 808), ou dépôt momentané. La Conciergerie est réservée aux accusés de crimes ou de délits pouvant motiver des interrogatoires plus ou moins fréquents, des comparutions successives. Mais il y a la très nombreuse catégorie des flagrants délits, rapidement expédiés. Ici, les accusés amenés de la maison

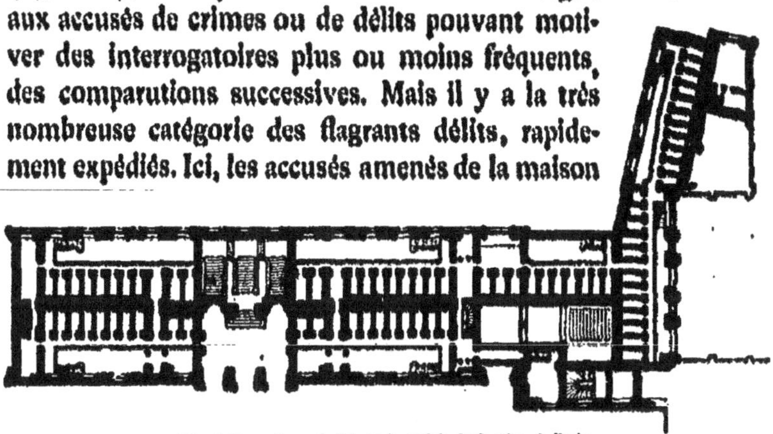

Fig. 808. — Le petit Dépôt du Palais de Justice, à Paris.

d'arrêt pour l'audience, n'ont en tout état de cause que quelques heures à passer au Palais de Justice. On les dépose non dans des cellules — la cellule supposant le couchage, — mais dans des espèces de loges de la grandeur environ d'une petite cabine d'école de natation. A Paris, ces loges, très nombreuses et contiguës les unes aux autres, sont disposées dans le soubassement du bâtiment de la Police correctionnelle, ouvrant toutes sur un couloir de surveillance, lequel aboutit à des escaliers communiquant aux salles d'audience.

Comme vous le voyez, entre le Palais de Justice et la maison d'arrêt, les relations sont fréquentes. S'il n'est pas indispensable, comme pour la maison de justice (Conciergerie) qu'il y ait connexité matérielle de bâtiments, il est utile cependant que la distance soit minime. La distance en effet coûte pour les transports, est gênante pour les magistrats et les avocats, et c'est pendant les transports que les évasions sont le plus à craindre. Aussi est-ce une composition très logique que celle qui place la maison d'arrêt près du Palais de Justice, parfois de l'autre côté d'une voie publique, avec un pont de jonction : composition qui, en outre, a eu la bonne fortune de motiver le Pont des Soupirs de Venise !

CHAPITRE VII

ÉLÉMENTS DE L'ARCHITECTURE PÉNITENTIAIRE

(Suite.)

SOMMAIRE. — Les maisons de correction. — Maisons centrales, de correction et de force.
Détention cellulaire — mixte ou système dit d'Auburn; — détention en commun — cellules — dortoirs — ateliers — préaux — cachots.
Colonies ou Écoles de réforme.
Mesures et surfaces.

Mais voilà que l'accusé est devenu le condamné. Il n'a plus rien à faire au Palais de Justice ni à l'instruction, il n'a plus qu'à subir sa peine. Il échange donc la maison d'arrêt ou de Justice contre la maison de correction, que celle-ci soit la simple prison ou la maison centrale, ou même une portion seulement d'un tout, comme à la Santé, réunion de maison d'arrêt et de maison de correction (fig. 809).

Il y a dans les prisons une certaine hiérarchie. Les maisons de correction sont construites pour recevoir les condamnés majeurs, c'est-à-dire, au point de vue pénal, ayant atteint seize ans. Les peines d'un an et moins sont subies dans les prisons départementales; les peines de plus d'un an, dans les maisons centrales. La loi prévoit deux sortes de maisons centrales : la *maison centrale de correction* pour les condamnés à l'emprisonnement; et la *maison centrale de force* pour les condamnés à réclu-

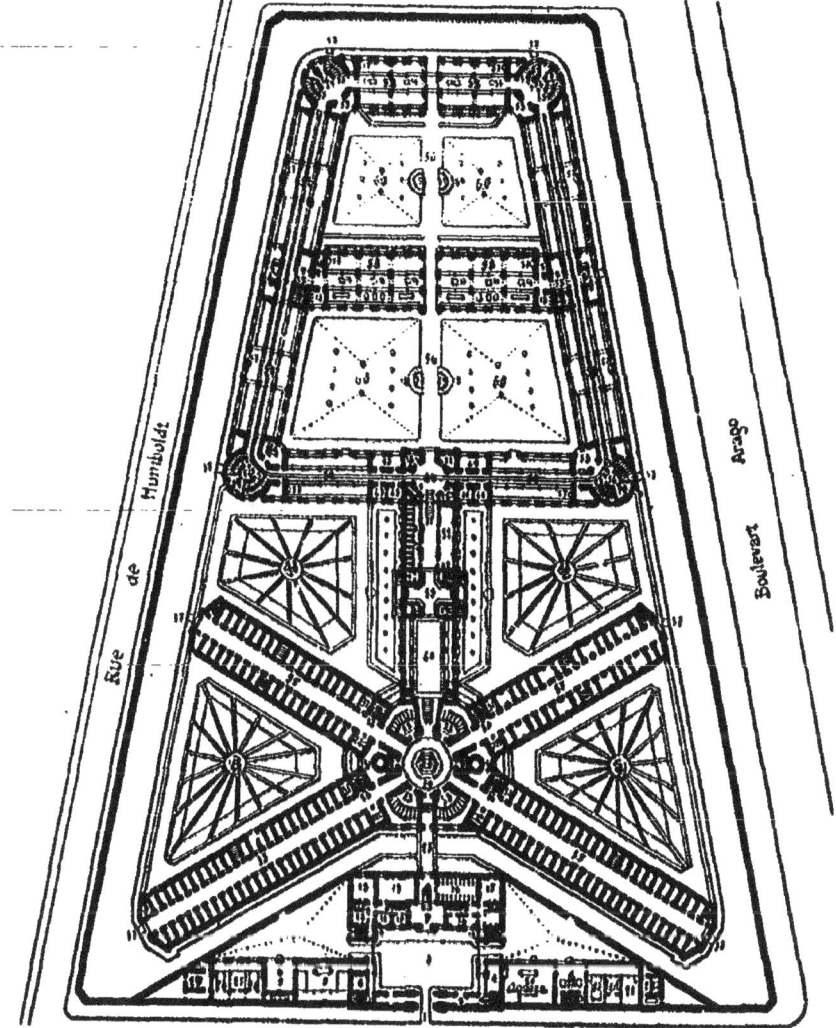

Fig. 809. — Prison de la Santé, à Paris.

1, entrée. — 2, 1er guichet. — 3, cour. — 4, attente. — 5, corps de garde pour 50 hommes. — 6, officier. — 7, 2e guichet. — 8, escalier communiquant en sous-sol au quartier des condamnés. — 10, cabinet pour la fouille. — 11, literie des gardiens. — 12, prêtre. — 13, juges d'instruction et commissaires de police. — 14, greffe et avant-greffe. — 15, directeur. — 16, dépôt cellulaire pour les arrivants. — 17, dépôt commun pour les condamnés arrivants. — 18, w.-c. — 19, escaliers de logements. — 20, 21, 22, cuisine et dépendances. — 23, escalier des caves et magasins. — 24, mobilier, vestiaire, etc... — 25, remise. — 26, morts. — 27, bufeterie. — 28, passage couvert conduisant au quartier des prévenus. — 29, guichet d'entrée. — 30, cantine. — 31, avocats. — 32, vestiaire. — 33, parloirs cellulaires. — 34, guichet central avec autel au-dessus. — 35, cellules des prévenus. — 36, escalier desservant par un balcon les étages supérieurs. — 37, enlèvement des fosses mobiles. — 38, préau avec guichet de surveillance et w.-c. — 39, grand escalier. — 40, grand vestibule du quartier des condamnés servant de nef au moment des offices. — 41, escalier des tribunes. — 42, escalier de l'infirmerie située aux étages supérieurs. — 43, bains des condamnés. — 44, guichet d'entrée des condamnés. — 45, escalier de service. — 46, culte israélite. — 47, barbier. — 48, fourneaux et réservoirs des bains. — 49, oratoire protestant. — 50, bibliothèque. — 51, escalier desservant le quartier des condamnés. — 52, réfectoire, promenoir, chauffoir. — 53, vestibule. — 54, guichet d'angle pour la surveillance. — 55, escalier des dortoirs cellulaires. — 56, communication couverte. — 57, vasque avec robinet. — 58, atelier. — 59, trappes des caves des ateliers. — 60, préau découvert.

sion. Mais, en fait, il n'y a pas de différences entre les unes et les autres, et cette distinction est par conséquent sans objet pour vous.

Quant aux enfants, on les envoie autant que possible dans des établissements agricoles, tels que Mettray ou Chiavari en Corse.

Enfin, un phénomène assez fréquent est le condamné devenant fou. La folie chez l'accusé lui évite la condamnation, mais la folie chez le condamné ne l'exonère pas de la peine restant à subir. Il a donc fallu pourvoir à cette éventualité par la création de quartiers d'aliénés dans certaines maisons centrales (notamment à Gaillon). Bien entendu, cela ressemble de tous points aux asiles d'aliénés, dont j'aurai à vous parler à propos de l'architecture hospitalière.

Les maisons de *correction* présentent toujours la division générale expliquée plus haut : les services généraux accessibles au public, et la *détention* avec son unique porte d'entrée. Toujours aussi la cour d'entrée, comme nous l'avons vu dans les maisons d'arrêt.

Ces prisons relèvent de trois systèmes :

La prison cellulaire, de jour et de nuit ;

La prison mixte, du système dit d'*Auburn*, avec des locaux en commun pour le travail de jour, et l'isolement de nuit ;

Les prisons où tout est en commun, de jour et de nuit. Ce système est condamné, et n'existe plus que par suite de difficultés budgétaires.

Le système complètement cellulaire n'est admis que pour les prisons départementales, où le condamné subit au plus une année d'emprisonnement. Les condamnés de cette catégorie ont le droit de réclamer l'emprisonnement cellulaire, et la durée de la peine est alors réduite d'un quart. Les éléments en sont ceux que nous avons vus pour la maison cellulaire d'arrêt.

Ce n'est donc que dans les maisons centrales que nous avons à étudier d'autres éléments.

Il y a en France une quinzaine de maisons centrales ; trois sont réservées aux femmes, à Clermont, Montpellier et Rennes (fig. 810 et 811). Dans toutes ces prisons, le condamné doit travailler, et le plus souvent le travail est affermé à un entre-

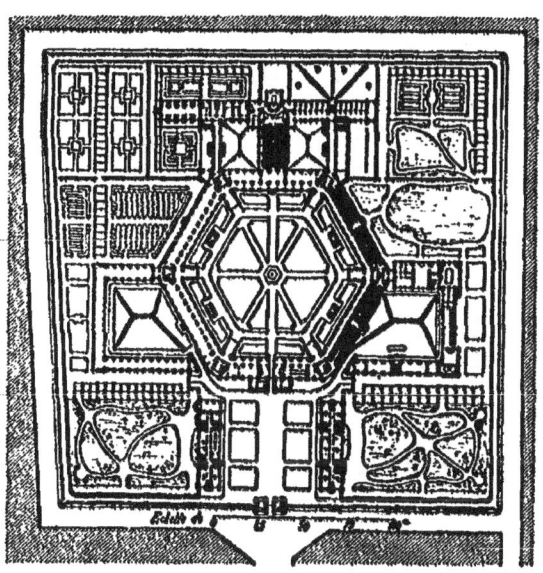

Fig. 810. — Maison centrale de Rennes. Plan du rez-de-chaussée.

preneur. Une maison centrale reçoit de 400 à 700 prisonniers.

Je n'ai rien de particulier à vous dire des services généraux, ce sont des bureaux, des magasins, des logements.

Les ateliers sont affectés à des travaux très divers : voici une indication, encore incomplète, des principaux travaux qu'on y fait : lits en fer et sommiers, lainages communs, chaussures, coutellerie, chaises, paillassons, balais, brosses, parapluies, couronnes de perles, ouvrages divers d'imitation, corsets, chaussons, sabots, etc. Les ateliers ne doivent pas contenir plus de 40 à 50 détenus.

En général, ils sont au rez-de-chaussée; naturellement ils doivent être aussi clairs que possible, mais sous la réserve des précautions que je vous ai expliquées pour que le prisonnier ne puisse communiquer avec personne par les fenêtres. Dans chaque

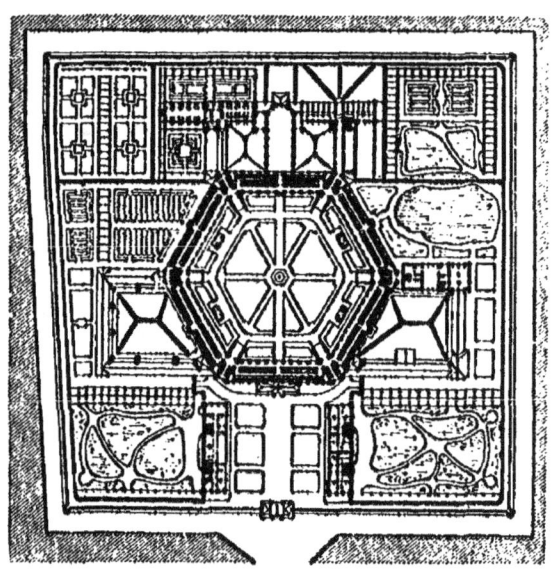

Fig. 811. — Maison centrale de Rennes. Plan du 1ᵉʳ étage.

atelier, il y a un bureau fermé pour le contremaître libre. Parfois la nature du travail exige l'installation de force motrice : ainsi, à Melun, il existe une imprimerie administrative fort importante.

Les réfectoires et cuisines ne présentent pas de particularités.

La buanderie comprend le lavoir, les lessiveuses, essoreuses, séchoirs ; une salle de raccommodage, la salle de cardage des matelas, et une étuve à désinfection.

Il faut aussi un vestiaire des effets civils retirés au condamné à son arrivée, et qui lui sont rendus à sa libération.

Les bains sont donnés par aspersion. C'est ce que nous avons vu en parlant du Dépôt.

Les dortoirs ont à réaliser le problème de l'isolement, sans recourir à la cellule proprement dite, trop coûteuse. Pour cela on constitue dans une grande salle, analogue à un dortoir ordinaire, des cases fermées, séparées les unes des autres par des cloisons pleines, et dont les faces antérieure et postérieure ainsi que le plafond sont grillés. L'air pénètre ainsi dans ces cages, faciles d'ailleurs à surveiller; c'est en réalité un lit dans une boîte grillagée, avec une petite porte d'introduction. Un problème toujours à l'étude pour ces cases est la recherche d'un système qui permette de les ouvrir toutes à la fois dans le cas d'incendie; cette éventualité est toujours à craindre, car l'incendie volontaire est souvent envisagé par le prisonnier comme une chance possible d'évasion.

Un même dortoir peut recevoir 50 de ces hôtes : le cube d'air exigible est de 14$^{m^3}$ par prisonnier.

La détention se complète par une chapelle assez restreinte, et une infirmerie en deux sections, l'une pour les gardiens, l'autre pour les détenus, sans particularités spéciales.

Enfin, dans la prison même, il y a une sorte de *nec plus ultra* de l'emprisonnement : ce sont les locaux de punition. En dehors des crimes, passibles des tribunaux ou de la Cour d'assises, vous supposez bien que le personnel, peu résigné, est toujours prêt à l'indiscipline et à l'insubordination; il faut que ces écarts soient réprimés. Il y a donc dans la détention une salle nommée *Prétoire*, où siège un Conseil de discipline, composé du Directeur, du contrôleur, du greffier et du gardien-chef. Les prisonniers punis sont envoyés à la salle de discipline; ils s'y promènent à la file pendant cinq minutes, puis pendant cinq minutes s'asseyent sur des dés en pierre scellés et espacés, pour recommencer la marche et ainsi de suite. Le gardien surveillant est placé dans une loge grillée qui domine la salle.

Si la faute est grave, le détenu est envoyé au *Quartier de punition*. Ici, le système cellulaire, de jour et de nuit, est de rigueur, avec de petits préaux individuels. Les cellules peuvent être rendues obscures par des volets de tôle, et quelques-unes sont pourvues de doubles grilles. Le quartier de punition a sa porte spéciale, son chemin de ronde : c'est une prison dans la prison, qui d'ailleurs en plan ressemble à un quartier de prison cellulaire, sauf que les cellules y sont plus restreintes. Le plan de l'importante maison d'arrêt et de correction de Saint-Étienne (fig. 812) vous rendra compte de cette disposition.

Quant aux préaux communs, ils sont plus vastes que dans la prison cellulaire, mais cependant assez restreints pour ne pas recevoir un grand nombre de détenus à la fois. On ne dépasse guère une quarantaine, en les obligeant à la marche continue dans le même sens. Il n'y a que des préaux découverts, séparés par des murs, avec des urinoirs et cabinets d'aisances. C'est dans les préaux surtout qu'on s'attache à rendre impossibles les groupements, prélude ordinaire de la révolte.

Allons un peu prendre l'air!

La *Colonie* n'est pas une prison. Elle est peuplée par les mineurs, qui sont réputés en raison de leur jeune âge avoir agi sans discernement : il s'y trouve même des enfants de six à douze ans; le quartier qui les reçoit prend le nom d'*École de Réforme*.

Dans la colonie tout est ouvert, les enfants jouent et travaillent en plein air ou dans des salles communes. En réalité, c'est un

490   ÉLÉMENTS ET THÉORIE DE L'ARCHITECTURE

établissement d'instruction, sorte d'école industrielle ou agricole. Pour les dortoirs seulement, on prend des précautions plus grandes que dans un pensionnat ordinaire; le système est ici celui des cases grillées.

Les colonies sont agricoles ou industrielles. Dans le premier

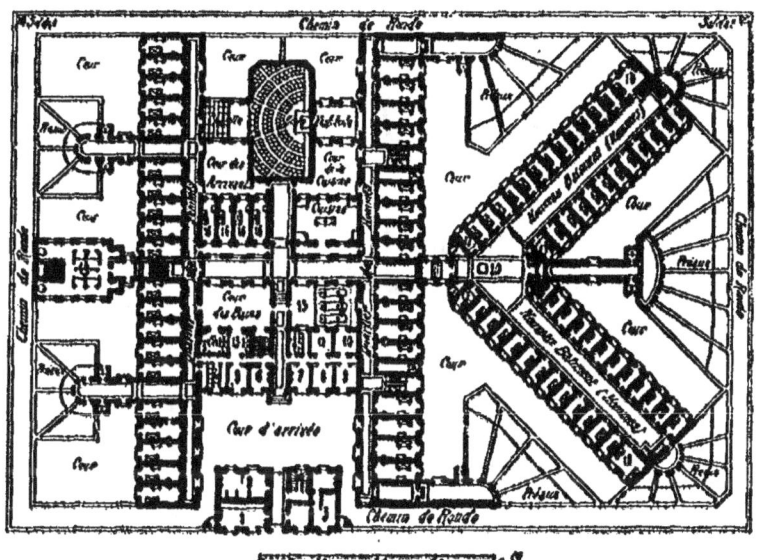

Fig. 812. — Prison de Saint-Étienne.

1, corps de garde. — 2, logement du gardien. — 3, logement du concierge. — 4, parloir des femmes. — 5, gardien. — 6, entreprise. — 7, prétoire. — 8, greffe. — 9, commission de surveillance. — 10, archives. — 11, porte. — 12, parloir des hommes. — 13, bains des hommes. — 14, bains de femmes. — 15, cour des chaudières. — 16, cellules des arrivants. — 17, cellules des punitions. — 18, cellule double. — 19, buanderie. — 20, surveillant.

cas, elles comportent une ferme avec toutes ses dépendances, suivant la nature des cultures du pays; dans le second cas, elles comprennent des ateliers d'apprentissage de métiers manuels divers pour les garçons, et principalement de couture pour les filles. Il n'y a dans tout cela aucun élément particulier à vous signaler, sauf toutefois la pensée morale qui a dirigé la composition de ces établissements, dont la colonie agricole de Mettray (fig. 813) reste sans doute le type le plus intéressant.

ÉLÉMENTS DE L'ARCHITECTURE PÉNITENTIAIRE

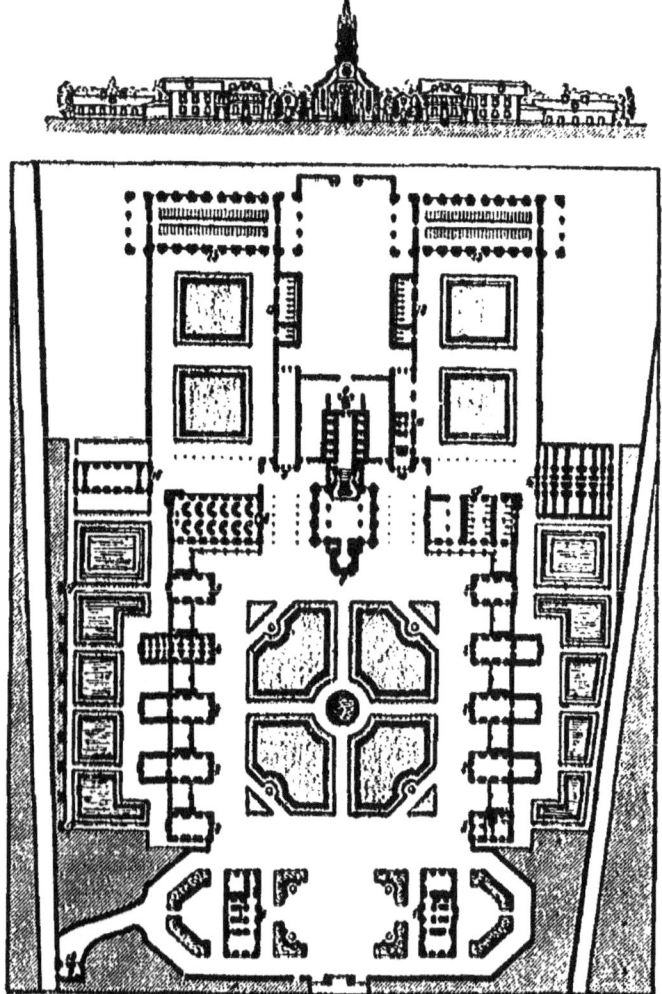

Fig. 819. — Colonie pénitentiaire de Mettray.

1,1, bâtiments d'administration. — 2,2, maisons de colons divisés par familles. — 3, aumônerie. — 4, cellules de discipline. — 5, réfectoire des fonctionnaires. — 6, classe. Au-dessus logements des employés. — 7, église. — 8, quartier de punition. — 9, galerie d'exposition des produits de la colonie. — 10, fermier. — 11, laiterie. — 12,12, écuries. — 13,13, vacheries. — 14, porcherie. — 15, dépendances. — 16, magasins. — 17,17, latrines. — 18, garde de nuit.

Les enfants qui travaillent là ont commis quelque faute, ou sont simplement des abandonnés. Mais, fautifs ou non, ce ne sont pas des coupables. Malheureusement, c'est souvent pire, ce sont des vicieux. Il faut les amender par une culture graduelle des bonnes qualités, et par l'oubli des origines. La détention est inévitable, mais il faut qu'elle soit presque invisible; si un quartier de punition est nécessaire, il doit être dissimulé; si la clôture doit être effective, elle ne doit pas être apparente. L'habitation même sera mieux si on peut la répartir en pavillons au besoin pittoresques, plutôt qu'en grands bâtiments accusant la prison. L'architecte doit être le collaborateur de l'éducateur : son programme est ici non plus la répression mais la cure morale et l'éducation, qui commencée dans la colonie se terminera au régiment.

Un sujet non moins triste, c'est le Dépôt de mendicité, asile des vieillards les plus misérables, mais aussi et surtout réceptacle de toutes les scories du vagabondage. Aussi ces établissements relèvent encore plus des services pénitentiaires que des services hospitaliers. Il s'y trouve en général, soit pour les deux sexes, soit pour un seul, un quartier des hospitalisés libres, et une détention pour ceux qui y restent enfermés. Sans doute, la détention n'a pas besoin d'être entourée des mêmes précautions que dans la maison centrale; mais enfin, avec quelques nuances, le programme est assez analogue; d'autant plus que là, comme dans la prison proprement dite, on s'efforce de demander au travail la cure des misères qui sont dues le plus souvent à la paresse. Je n'ai donc pas grand' chose à vous signaler comme éléments spéciaux, et je me bornerai à mettre sous vos yeux le plan du plus important de ces établissements, la *Maison de répression* de Nanterre (fig. 814), et à vous signaler, non au point de vue du programme mais pour la beauté de ce qui reste de son ancienne

ÉLÉMENTS DE L'ARCHITECTURE PÉNITENTIAIRE

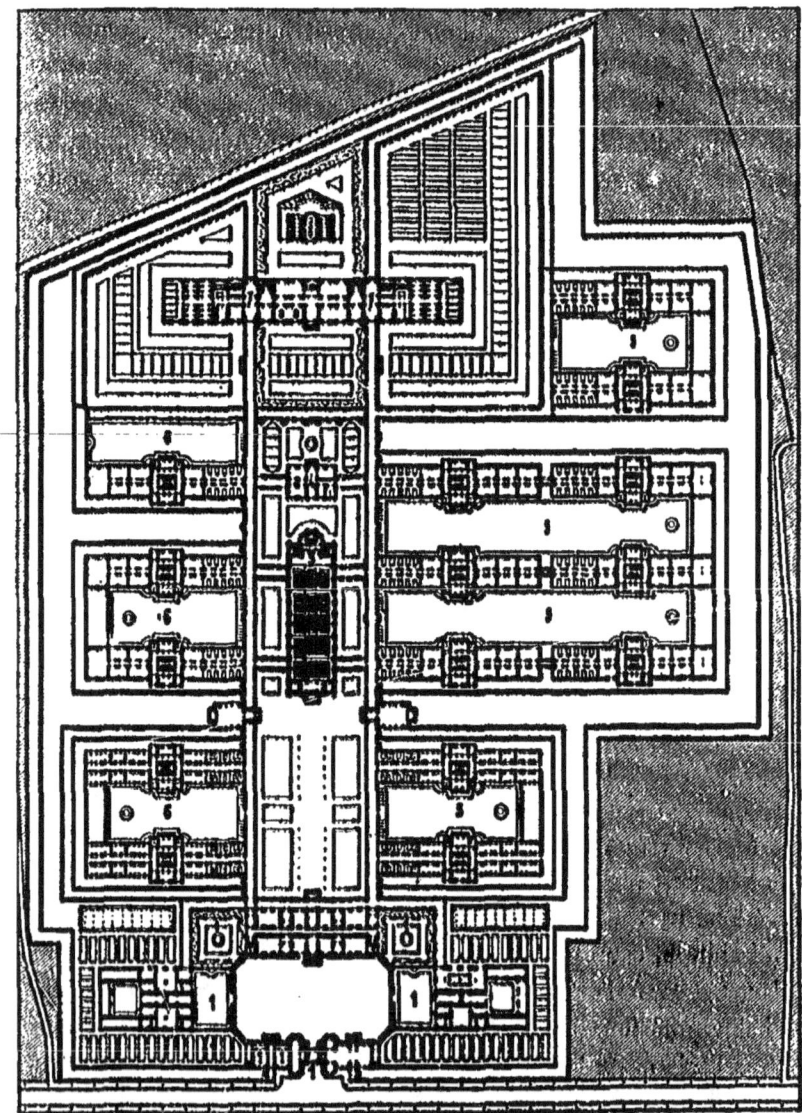

Fig. 814. — Maison de répression de Nanterre. Plan général.

1,1, Administration — 2,2, cuisine et dépendances. — 3, chapelle. — 4, communauté. — 5,5, détenus hommes (dortoirs et ateliers). — 6,6, détenues femmes (dortoirs et ateliers). — 7, infirmerie. — 8, service des morts.

architecture, le Dépôt de Villers-Cotterets, château de François Ier, devenu l'asile des mendiants endurcis. *Habent sua fata.....*

Voilà, dans ses éléments, l'architecture pénitentiaire. Elle est vous le voyez très compliquée, et de plus elle se présente à vous avec une difficulté spéciale : vous ne la connaissez aucunement. Lorsque vous vous exercez sur un programme d'habitation, ou d'enseignement, ou d'architecture administrative, judiciaire, religieuse, vous n'êtes pas sans connaître un peu ce dont il s'agit. La prison, vous ne la connaissez pas, vous n'y êtes jamais entré, et je suis convaincu que je viens de traiter devant vous un sujet inconnu. Pour être complet, il faudrait tout un volume, et une compétence spéciale : ce n'est pas là ce que nous cherchons : le cas échéant, lorsque quelqu'un de vous aura à construire une prison, il devra à coup sûr chercher plus loin que ces indications générales. Il trouvera des monographies, toute une bibliothèque spéciale. Surtout, avec les permissions requises, il ira visiter les établissements, interroger, se renseigner. Mais cela, c'est la fin de l'étude ; le début, l'avant-projet, voilà ce qui peut et doit se faire avec l'aide du bon sens et d'une notion suffisamment juste des besoins particuliers du programme : et voilà ce que je cherche à vous mettre en état de faire.

Mais n'est-ce pas le cas de vous faire remarquer la variété de nos études, variété profonde et qui serait décourageante si nous n'étions pas toujours guidés par ces mêmes principes de vérité, qui sont la caution de nos efforts et la condition du caractère dans nos œuvres? Nous voilà bien loin, certes, des éléments de l'habitation libre, privée ou collective; loin des somptuosités de Versailles ou de Fontainebleau, des élégances de Trianon ; loin de tout ce que nous avons déjà vu, et de ce que nous verrons par la suite. Est-ce moins intéressant ? Non. Gardons-nous de

ÉLÉMENTS DE L'ARCHITECTURE PÉNITENTIAIRE

dédaigner aucun programme : toujours l'artiste peut mettre en œuvre ses qualités les plus précieuses, pourvu qu'il accepte franchement et loyalement son programme, qu'il ne cherche pas à ruser ou à transiger avec lui ; pourvu que, mis en face par exemple d'un programme de prison cellulaire, il l'aborde avec toute la sincérité de Gilbert, serviteur dévoué de l'idée qu'il réalisait, et récompensé par la création d'un type.

Avant de quitter ce sujet, je désire vous donner à titre de renseignements quelques indications matérielles de mesures. Mais je ne puis les prendre que dans les maisons cellulaires, qui seules ont des éléments à peu près constants. Dans les maisons centrales au contraire les dimensions varient du tout au tout suivant une foule de circonstances, et surtout en raison du nombre des détenus.

Les données du tableau suivant sont empruntées à la publication de M. Louvard, *Les nouvelles Prisons du Régime cellulaire*. Vous y trouverez l'indication de ce qui s'est fait le plus récemment, et par conséquent l'état même de la question.

VILLES	HAUTEUR des murs d'enceinte	CELLULES longueur et largeur	CELLULES hauteur	SURFACE des préaux cellulaires
Angers	4ᵐ00	4.00 × 2.25	3ᵐ00	Variable
Besançon	6.00 à 7.50	4.00 × 2.50	»	48ᵐ00 environ
Bourges	6.00	4.00 × 2.50	3.00	50ᵐ00 —
Chaumont	6.00	4.00 × 2.50	3.00	24ᵐ00 —
Corbeil	6.00	4.00 × 2.50	»	60ᵐ00 —
Pontoise	6.00	4.00 × 2.50	3.05	27 à 30ᵐ00
Saint-Étienne	6.00	6.20 × 3.00	3.50	44ᵐ00 en moyenne
		4.00 × 2.50	3.00	
Sainte-Menehould	5.80	3.60 × 2.00	3.75	30 et 45ᵐ00
Tours	6.00	4.00 × 2.50	»	Variable
Versailles	6.00	4.00 × 2.00	3.90	30ᵐ00 en moyenne
Neuchâtel (Suisse)	4.80	3.75 × 2.16	3.00	?
		3.96 × 2.40	2.85	

LIVRE IX

LES
ÉLÉMENTS DE LA COMPOSITION
DANS
LES ÉDIFICES HOSPITALIERS

CHAPITRE PREMIER

ÉLÉMENTS DE L'ARCHITECTURE HOSPITALIÈRE

SOMMAIRE. — Exposé général. — Différence entre l'hospice et l'hôpital. — Hôpitaux généraux ou spéciaux. — Programme général. — Idées hospitalières d'autrefois et d'aujourd'hui.
Grandes divisions : Services des malades. — Services généraux. — Administration. — Service des morts. — Consultations.

C'est un bien vaste sujet que nous allons aborder, et des volumes ne suffiraient pas à le traiter complètement. Je ne vous en parlerai d'ailleurs que dans ses particularités, en cherchant à vous bien faire comprendre le sens propre que prend chaque mot de la langue générale lorsqu'il s'applique à l'hôpital ; en un mot à préciser les éléments constants de sa composition. Mais par réciprocité, si vous ne pouvez composer un hôpital sans connaître les éléments de sa composition, vous ne pouvez non plus vous faire une idée juste de ces éléments si vous n'entrevoyez pas d'abord la pensée directrice de cette composition.

Et d'abord, je vous rappellerai que je vous ai déjà parlé de l'hospice, en traitant des éléments de l'habitation collective. Autre chose est l'hospice, autre chose est l'hôpital, et vous vous exposeriez à des malentendus continuels si vous méconnaissiez cette distinction. Beaucoup de personnes emploient les deux mots indistinctement : c'est une erreur complète. L'hospice est l'asile où vivent des infirmes, des vieillards; le plus souvent on y entre pour toute la vie, et pour y entrer point n'est besoin de justifier de maladies, sauf dans le cas d'hospices spéciaux, tels que les maisons d'Incurables. Mais alors c'est la maladie chronique, et non la maladie passagère, la maladie aiguë.

L'hôpital au contraire est fait pour soigner temporairement et guérir s'il se peut la maladie aiguë — maladie ou blessure. C'est un séjour passager, une maison de traitement médical ou chirurgical, d'où l'on sort mort ou guéri. Dans les hôpitaux, une grande préoccupation est de se garer des *chroniques*, qui détiendraient pendant longtemps une place désirable pour plusieurs malades successifs.

Si la maladie aiguë, qui a fait admettre le malade à l'hôpital, se convertit en maladie chronique, il doit quitter l'hôpital pour l'hospice; si le pensionnaire de l'hospice est atteint d'une maladie aiguë, qui ne puisse être soignée dans l'infirmerie — petit hôpital dans l'hospice — il doit être transporté à l'hôpital; et s'il en sort guéri, de l'hôpital il rentrera à l'hospice, comme d'autres rentrent à leur maison.

Vous voyez donc qu'hospice et hôpital ne sont nullement synonymes, et vous voyez ce qu'il faut comprendre par *hôpital*.

L'hôpital est d'ailleurs général ou spécial. Pour l'étude des éléments cela importe peu. Il est urbain ou sub-urbain : à la campagne, il peut être dans de meilleures conditions hygiéniques à tous points de vue; mais cette situation n'est pas toujours possible, loin de là, car il faut que l'hôpital soit près du malade, et ajoutons près du médecin. Dans une petite ville, en contact immédiat avec la campagne, l'hôpital peut n'être pas dans l'enceinte de la ville : à Paris et dans les villes importantes, il faut des hôpitaux répartis à proximité des divers quartiers.

Cela d'ailleurs ne change guère ses éléments qui restent à peu près les mêmes, et qui ne peuvent guère varier. Je ne sais si l'hôpital sera dans vingt ans ce qu'il est aujourd'hui, mais s'il peut devenir tout autre, son programme sera toujours à peu près inflexible. A chaque époque, le programme de l'hôpital, c'est l'état de la science médicale.

L'hôpital en effet n'a qu'un seul but : chercher à guérir, et tout doit y concourir. L'architecte y doit travailler, comme le médecin, et non moins efficacement : car, si la science a fait de notables progrès dans le traitement des maladies, il est certain que les conditions d'habitation du malade se sont également améliorées, et qui sait si les dispositions défectueuses des anciens hôpitaux ne faisaient pas autant de victimes que l'empirisme médical ?

Le programme est donc moderne, constamment re-modernisé. L'hôpital parfait il y a vingt ans est arriéré aujourd'hui ; l'hôpital parfait aujourd'hui sera arriéré dans vingt ans. Une découverte médicale ou physiologique suffit à mettre à néant tous les résultats acquis. Dois-je donc conclure que l'étude d'un élément aussi variable doive échapper à cet enseignement ? Nullement : nous verrons où l'on en est aujourd'hui, et si vous arrivez à bien comprendre ce qui se fait, à bien raisonner ce que vous pouvez faire maintenant, vous serez au besoin les hommes du progrès de demain.

Mais à une condition : c'est que vous vous pénétriez bien de la pensée supérieure de tout programme d'hôpital : guérir. Commodité, aspect, pittoresque, tout passe après cela. Pas de résistances sourdes aux exigences du traitement : au besoin, abnégation dévouée, voilà le rôle vrai de l'architecte. Il en est récompensé d'ailleurs, car c'est ainsi qu'il peut réaliser une œuvre durable et sérieuse. Et ici plus que partout ailleurs, l'économie est sacrée, car si pour la même somme on peut assurer quelques lits de plus, c'est l'impuissance finale de l'assistance publique diminuée d'autant. Mais l'économie ne doit pas être cherchée au détriment de l'hygiène ; une économie sur l'ornementation d'une façade est une vertu ; une économie sur le cube d'air des malades serait un crime.

L'hôpital est fait pour le malade, voilà ce qu'il ne faut jamais perdre de vue.

En dépit de tous les efforts, il subsiste dans les masses populaires une horreur instinctive de l'hôpital. C'est irraisonné, injustifiable, et cependant cela s'explique par une tradition héréditaire de répugnances accumulées : l'hôpital est la maison où l'on souffre, et par un illogisme injuste mais fréquent, il subit l'impopularité qui devrait s'attacher seulement à la maladie et aussi aux excès qui en sont la cause. Je crois pourtant que cette répugnance diminue et qu'elle s'éteindra peut-être ; vous pouvez beaucoup pour cela. Au triste hôpital du passé — celui de la Pitié par exemple — substituez l'hôpital, sinon aimable, au moins acceptable. La gaieté d'un hôpital, si ces deux mots pouvaient s'accoupler, est un facteur sérieux dans le traitement des maladies. Conception toute moderne aussi de ce sujet.

L'hôpital des anciens temps était en effet plus effrayant. Sans remonter jusqu'à l'antiquité, qui avait bien quelque chose d'analogue à nos hôpitaux, mais que nous connaissons trop mal pour en parler, le moyen âge, la Renaissance, les derniers siècles nous ont laissé de belles œuvres, parfois très intéressantes comme architecture. L'hôpital de Beaune, celui de Venise (fig. 815), celui de Milan (fig. 816), à Paris l'hôpital Saint-Louis, d'autres encore ont une valeur artistique très réelle, remarquable même. Dans leur conception, on voit parfaitement l'idée directrice :

mais elle était autre que maintenant : c'était la pitié chrétienne, la charité. On fondait un hôpital par commisération des malheureux, mais plutôt comme un asile que comme un lieu de traitement. On aidait le misérable à mourir un peu plus douce-

Fig. 815. — Hôpital civil de Venise.

ment, on le préparait à une mort édifiante ou au moins résignée ; on n'espérait guère le salut du corps, on s'attachait surtout au salut de l'âme. L'hôpital étant d'ailleurs presque toujours une œuvre religieuse, cette préoccupation de la mort prenait la première place, l'hygiène venait ensuite.

Ajoutons d'ailleurs que parfois l'hôpital était une occasion de se débarrasser des malades, notamment dans les cas contagieux : le malade était alors porté à l'hôpital non pour lui, mais pour rassurer les autres.

Mais enfin, ne prenons que l'hypothèse la plus avouable :

Fig. 816. — Hôpital de Milan.

l'hôpital élevé par la charité chrétienne — qui seule d'ailleurs pouvait l'élever au moyen âge. Eh bien, voyez dans votre cour du Murier la reproduction de la belle frise extérieure de l'hôpital de Pistoia (fig. 817). C'est la glorification de la charité, et ses actes sont traduits avec un sentiment très profond. Or, aujourd'hui, on se garderait bien de sculpter sur la façade d'un hôpital ces scènes de souffrance. On éviterait les peintures, parfois remarquables, qui dans certaines salles d'hôpitaux montraient des mourants résignés, ou des scènes de nature à impressionner l'imagination des malades.

Il ne faut donc pas juger les anciens hôpitaux avec nos idées modernes, ni réciproquement : l'objectif n'est plus le même. L'hôpital moderne est un instrument de thérapeutique, et n'est que cela. Il admet l'intervention des facteurs moraux, en tant qu'ils peuvent concourir à la guérison. L'hôpital ancien disait aux malades : « Détachez-vous de ce monde où vous ne rentrerez probablement pas, et préparez-vous à l'autre. » L'hôpital moderne lui suggère : « Vous êtes ici pour guérir, c'est un moment à

Fig. 817. — Façade de l'hôpital de Pistoia.

passer, nous vous rendrons aux vôtres qui vous attendent avec confiance. »

Mais la pénétration des idées est lente, et dans les imaginations populaires, l'hôpital est toujours le lieu commun de la mort, et non le laboratoire de la santé. L'hôpital ancien, qui, il faut le dire d'ailleurs, se perpétue malheureusement encore, reste le type toujours redouté. Cet insuccès provisoire de l'idée de progrès n'a pas arrêté les hommes convaincus, elle ne vous arrêtera pas davantage. L'architecture peut ici beaucoup : ne faites pas, sous prétexte de caractère, des bâtiments inhospitaliers : si un architecte fait quelque jour un hôpital où le malade se sente heureux d'entrer, il aura fait un chef-d'œuvre.

Rien n'est plus varié que la disposition des hôpitaux. Grands ou petits, ils comprennent presque toujours les mêmes divisions principales. Nous les passerons successivement en revue, en nous attachant à l'hypothèse de l'hôpital complet.

L'hôpital, ai-je dit, est fait pour les malades ; ceux-ci sont répartis dans des salles qui sont l'unité administrative et médicale : chaque salle est le domaine d'un médecin, et comporte ses dépendances propres, assez nombreuses. On divise les services de malades entre hommes et femmes, médecine et chirurgie. Nous verrons plus loin le détail de ces installations complexes.

Le service des malades comporte les pavillons d'isolement, les pavillons des grandes opérations, les maternités, les bains et hydrothérapies.

Tout cela est à l'usage des malades hospitalisés. Mais l'hôpital comporte de plus la *consultation* que l'on étend de plus en plus, afin de laisser le plus possible le malade à la maison, quand son état le permet. La consultation devient, ainsi comprise, une sorte d'externat, où le malade trouve non seulement les conseils et ordonnances, mais les soins élémentaires, les remèdes, le pansement et les petites opérations.

Les *services généraux*, cuisines, magasins, lingerie, buanderie, etc., etc., constituent dans un grand hôpital un ensemble très important, que je ne fais qu'indiquer quant à présent.

Tout cela est régi par l'*Administration*, groupe de bureaux et de logements, auquel on peut rattacher la pharmacie et les habitations des internes logés.

Enfin, un hôpital se complète par le *service des morts*.

Parmi les hôpitaux dont la construction est assez récente, je vous signalerai le plan de l'hôpital Tenon (fig. 818). Ce n'est pas que ce plan soit idéal — il n'y en a pas de tel — et on y

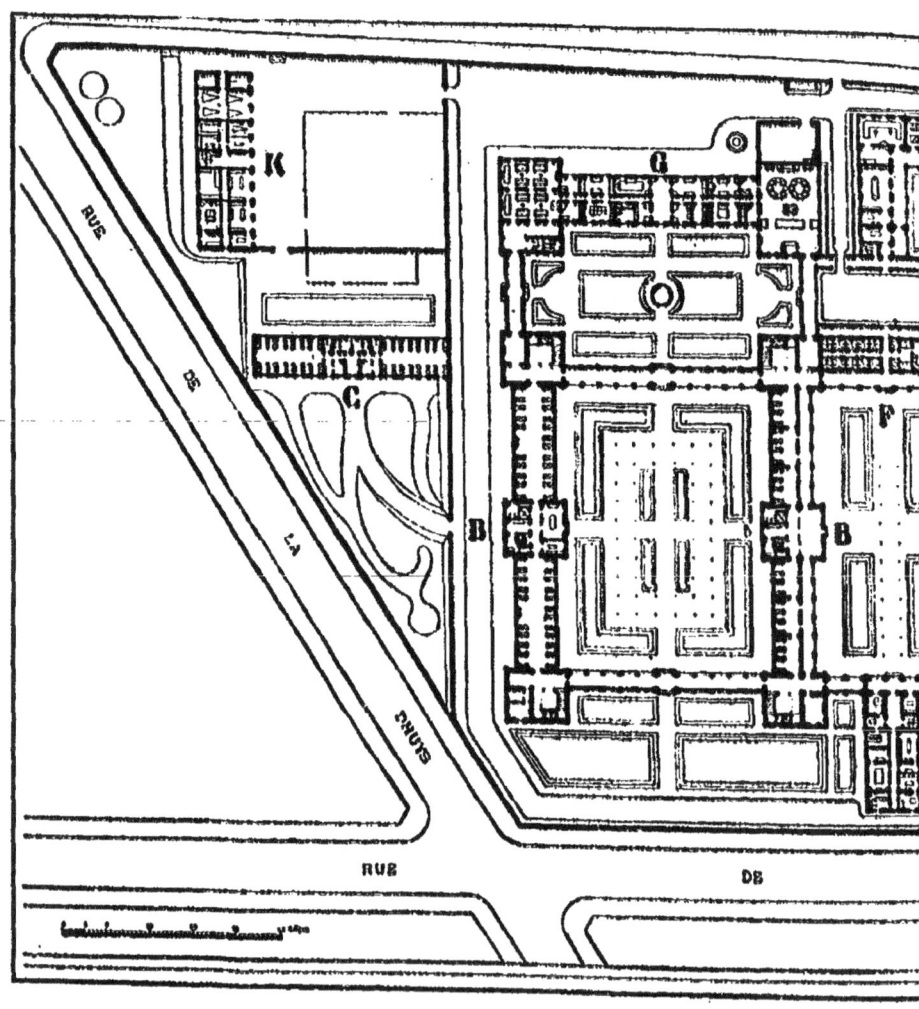

Fig. 818. —

A, bâtiment de l'administration. — B,B, pavillons des malades. — C, bâtiment des affections contagieuses. — D, Maternité. — E,
I, bâtiment de la pharmacie.

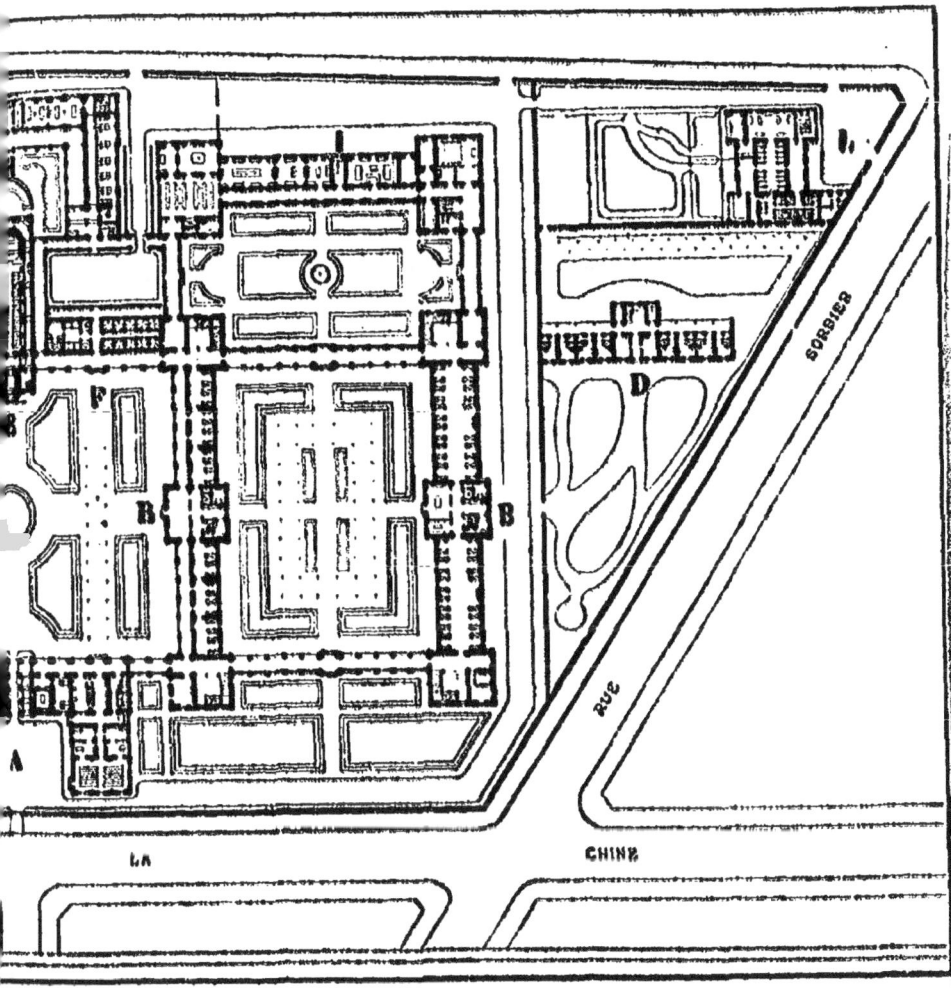

Tenon. Plan général.

— F,F, service des bains (bâtiments élevés d'un rez-de-chaussée seulement). — G, cuisine et dépendances. — H, lingerie et communauté. — Magasins. — Z, service des morts.

voit bien les sacrifices qu'il a fallu faire à l'économie et à l'insuffisance de terrain. Mais il vous donnera une idée assez juste de ce qu'est un hôpital complet.

Sans entrer dans le domaine de la composition personnelle, je puis du moins vous dire ce qu'on réclame expressément pour la position de ces divers groupes.

L'Administration doit être à portée immédiate de la voie publique. C'est là que doivent se rendre toutes les personnes qui ont affaire à l'hôpital, et qui ne doivent pas pénétrer dans la partie des malades.

Les consultations doivent également être accessibles de la rue. Formant d'ailleurs un ensemble à part, elles peuvent, si le terrain s'y prête, ouvrir sur une rue latérale.

Les services généraux, facilement accessibles pour les transports, doivent être à proximité des bâtiments des malades, notamment pour éviter les longs transports depuis la cuisine. Aussi sont-ils ordinairement placés au centre même de la composition. Ils ne sont pas d'ailleurs forcément groupés, il est même bon que certains services comme la buanderie ou la désinfection ne soient pas agglomérés avec les autres.

Quant aux malades, la disposition préférée consiste à les répartir par *pavillons*, c'est-à-dire par bâtiments isolés. Ces bâtiments ont le plus souvent un rez-de-chaussée élevé sur soubassement et un premier étage. Avant tout, on doit éviter les rencontres de bâtiments avec angles rentrants : il faut que l'air puisse faire le tour du bâtiment des malades; et lorsque par exception, comme à l'Hôtel-Dieu, on n'a pas adopté cette disposition, c'est faute de place et à regret. En réalité, un hôpital doit vous apparaître comme un ensemble de bâtiments isolés, et isolés par de larges espaces, reliés au rez-de-chaussée seulement avec les services généraux par des portiques métalliques très ouverts, garantissant de la pluie, mais n'interceptant pas l'aération.

Et ne croyez pas que ce soit là une conception seulement

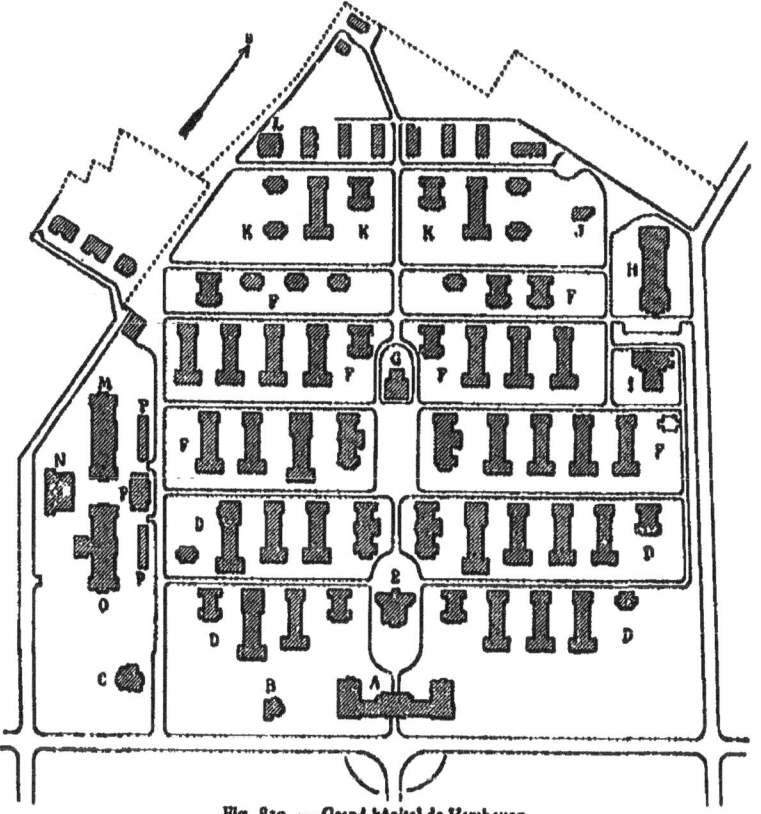

Fig. 819. — Grand hôpital de Hambourg.

A, administration. — B, administrateur. — C, directeurs. — D,D, services de chirurgie. — E, pavillon des opérations. — F,F, services de médecine. — G, bains. — H, amphithéâtre. — I, agités. — J, désinfection. — K,K, isolements en temps d'épidémie. — L, proviseur. — M, cuisine. — N, chaudières. — O, buanderie. — P,P, économat et magasins.

française. A l'étranger, les mêmes lois d'hygiène ont conduit à des solutions analogues, ainsi que vous pouvez le voir sur le plan de masse du Grand Hôpital de Hambourg (fig. 819), ou,

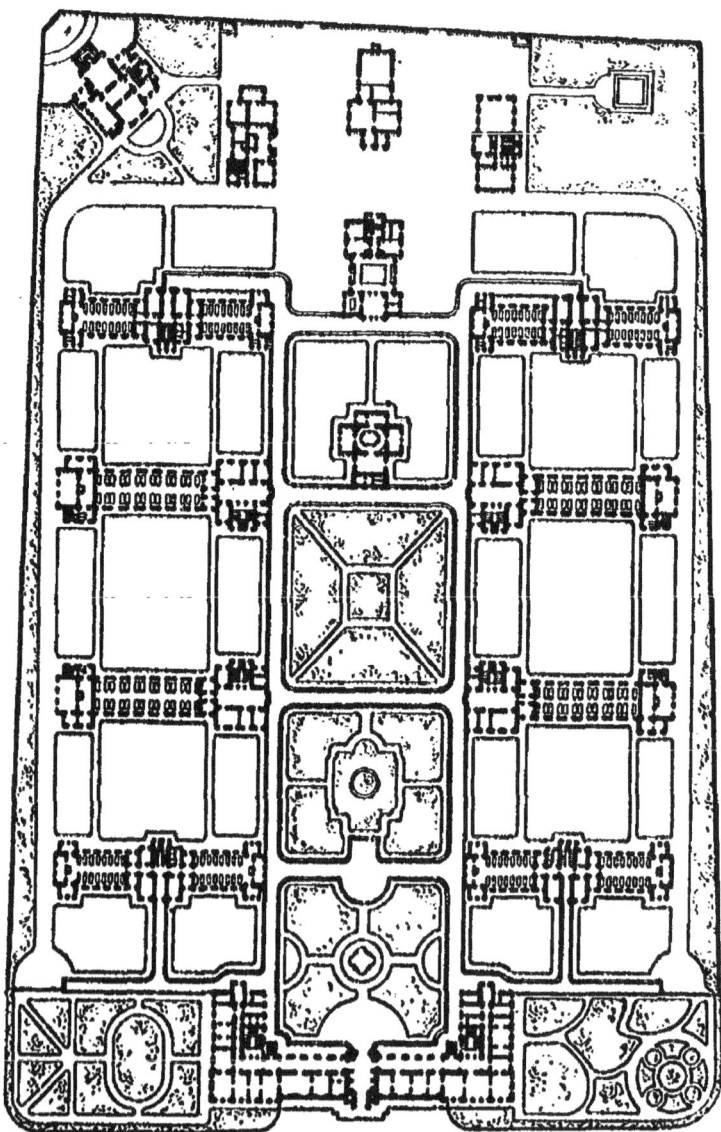

Fig. 820. — Hôpital Saint-Étienne à Budapest.

sur des proportions plus restreintes, mais encore considérables, à l'hôpital Saint-Étienne à Buda-Pesth (fig. 820). A l'étranger comme en France, vous le voyez, c'est la pensée de l'aération qui préside à la composition.

L'orientation des bâtiments de malades — lorsqu'elle est libre — varie suivant les localités. Comme les salles de malades doivent être toujours éclairées de deux côtés opposés, on cherche surtout à être aéré par les vents régnants. Ainsi, à Paris, on préfère l'exposition des fenêtres à l'est et à l'ouest : par analogie, on doit préférer en Provence celle au sud et au nord.

Lorsqu'il y a des pavillons d'opérations, de contagieux, en un mot des pavillons spéciaux, on cherche à les isoler, en les plaçant de préférence derrière des rideaux d'arbres.

Le service des morts doit être loin des salles, dérobé à la vue des malades. L'entrée et la sortie des convois nécessitent un accès spécial, sur une rue latérale ou postérieure, de sorte que jamais les voitures ou le matériel ni le personnel des pompes funèbres ne puissent être aperçus de l'hôpital.

Tout cela, bien entendu, est subordonné comme place aux exigences du terrain. Mais les conditions ci-dessus sont impérieuses ; et si un terrain donné ne permet pas l'indépendance des services et l'aération des bâtiments, c'est que ce terrain est trop petit ou impropre pour une raison quelconque à l'établissement d'un hôpital.

Après cette exposition générale, je puis aborder les diverses parties du programme, en commençant par les Pavillons de malades.

CHAPITRE II

ELÉMENTS DE L'ARCHITECTURE HOSPITALIÈRE

(Suite.)

SOMMAIRE. — Salles de malades, services médicaux. — Conditions hygiéniques. — Dépendances. — Salles des services chirurgicaux. — Salle d'opérations; dépendances. — Pavillon des grandes opérations. — Pavillons d'isolement.
Services de maternité : salles de femmes en couches. — Salle d'accouchements; — salles des accouchées. — Nourricerie.

Que les pavillons de malades soient du côté des hommes ou des femmes, cela ne fera pas de grandes différences. Il y en aura un peu plus selon qu'ils seront médicaux ou chirurgicaux. Voyons d'abord les salles de malades, services médicaux.

L'hygiène, et avant tout l'aération, tel est le point essentiel. La salle de malades est toujours éclairée par des fenêtres sur ses deux longs côtés : les lits sont disposés la tête contre les murs de face, sans rideaux, et à raison ordinairement de deux lits par trumeau. Entre les deux rangées de lits, un espace assez large est nécessaire, car le malade s'essaie à y faire quelques pas, et le service ainsi que la visite du médecin accompagné des étudiants exige de la place. Ces données sont le programme même de la construction. Pour le lit, avec table de nuit et chaise, on demande environ 1^m 60 de trumeau; la fenêtre a 1^m 10 ou 1^m 20 de large; chaque travée d'axe en axe des fenêtres sera donc de 2^m 70 à 2^m 80, lorsque les lits sont isolés.

Les salles ont ordinairement de 8 à 9 mètres de largeur dans œuvre. Leur hauteur est presque invariablement de 5 mètres. D'après les dimensions ci-dessus, le cube d'air par malade varie (lorsqu'il n'y a qu'un lit par trumeau) de 54 à 63 mètres cubes. On considère 70 mètres cubes comme un maximum, 50 comme un minimum. Dans quelques hôpitaux cependant ce minimum n'est pas atteint.

Ainsi que nous l'avons vu plus haut pour les hospices, et et avec plus de motifs encore, il vaudrait mieux que dans les salles de malades il n'y eût qu'un lit par trumeau; c'est la solution théorique pure. Mais l'économie impose ses exigences et dans les services de médecine de la plupart des hôpitaux les lits sont disposés à raison de deux par trumeaux (fig. 821). On trouve même, dans quelques anciens hôpitaux, des accouplements de deux lits débordant sur les fenêtres, et séparés par une ruelle étroite du groupe voisin; ou encore des lits disposés sans autre ordre qu'un espacement régulier, tantôt devant un trumeau, tantôt devant une fenêtre, tantôt enfin à cheval sur l'un et l'autre. Ce sont des exemples à ne pas suivre.

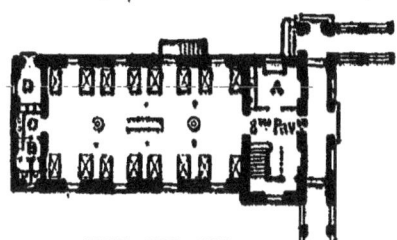

Fig. 821. — Hôpital Beaujon. Salle de médecine avec lits accouplés.

A, office. — B, cabinets d'aisances. — C, lavabos. — D, trémie pour linge sale.

Avec les lits accouplés, on arrive aux dimensions suivantes :
Entre axe des travées : trumeau pour deux lits et un espace entre les deux :

Largeur environ..	3^m
Fenêtre...........	$1^m 10$ à $1^m 20$
Ensemble..	$4^m 10$ à $4^m 20$

Si l'on supposait à la salle comme ci-dessus la largeur moyenne de 8^m 50, et 5 mètres de hauteur, la travée aurait ainsi un cube d'air total de environ 176 mètres cubes, soit pour chaque malade 44 mètres cubes. C'est peu, et cela montre que, dans la disposition avec deux lits par trumeaux, il importe d'augmenter autant qu'on le peut les dimensions horizontales : par exemple arriver à 4^m 30 d'entre axe et 9 mètres de largeur, ce qui donne environ 48^m 500 par malade.

Pour les enfants, les dispositions seront analogues, mais le cube d'air exigé étant moindre, les lits étant d'ailleurs plus courts, la salle pourra être plus étroite, 7 mètres au besoin. Mais si l'on suppose la même hauteur de 5 mètres, et quatre lits d'enfants dans un entre axe de 2^m 60 × 1^m 10, soit 3^m 70, on aura 130 mètres cubes pour quatre malades, soit 32^m 5 par tête. C'est trop peu. Aussi cette disposition n'est-elle acceptable que si la salle est assez large pour que sa largeur compense le rapprochement des lits. Il faut, pour les salles d'enfants, à peu de chose près, les dimensions suivantes :

	ENTRE AXE	LARGEUR	Hauteur	CUBE D'AIR PAR MALADE
Salles avec deux lits par trumeaux..	3.70	9.00	5.00	41.600
Salles avec un lit par trumeaux....	2.70	7.00	5.00	45.000

Dans toutes les salles de malades, les croisées monteront aussi haut que possible, non seulement pour l'éclairage, mais aussi pour l'aération, car la partie haute de ces longues croisées sera ouvrante aussi.

Dans l'allège inférieure, qui peut avoir environ 1^m 10 à 1^m 20 de hauteur, il sera pratiqué un châssis d'aération à volet.

Dans ces salles, il ne doit y avoir ni moulures, ni tentures, ni rien de ce qui peut loger les microbes. On évite même les angles indispensables en les arrondissant, que ce soient des angles de mur et mur, de mur et plafond, de mur et parquet. Des surfaces tout unies, peintes à la céruse ou au goudron, le parquet en chêne passé à la parafine.

Le chauffage se fait ordinairement par calorifère, à eau ou à vapeur. Il doit pouvoir se régler facilement; souvent on installe dans la salle des grands récipients d'eau, qui s'échauffent lentement pendant que le chauffage est actif, et qui restituent cette chaleur après que le chauffage a cessé. C'est en effet suffisant pour la nuit, lorsque tous les malades étant couchés il ne reste qu'à parer à un abaissement excessif de température, qui ne serait pas suffisamment combattu par la chaleur du lit.

Mais, de plus, on installe parfois dans les salles de malades des cheminées à feu visible, non pas tant pour le chauffage effectif que pour créer l'illusion du bien-être. On a remarqué en effet que ce *coin de feu* plaisait fort aux malades, et toute satisfaction donnée aux malades concourt au traitement.

Il va sans dire que le cube d'air ne suffirait pas sans une ventilation sérieuse, qui ne peut pas toujours se faire par les fenêtres. Il faut donc que l'air puisse se renouveler, toutes portes et croisées fermées.

Cette difficulté se présente surtout l'hiver : aussi fait-on concourir le chauffage à la ventilation. Les surfaces de chauffe, eau ou vapeur, doivent être disposées le long des murs de face : des prises d'air extérieures permettent à l'air du dehors de venir s'échauffer au contact des radiateurs. Il faut donc pour que cet air chaud et pur entre dans la salle lui faire place par l'évacuation d'une égale quantité d'air vicié. Les cheminées remplissent admirablement cette fonction. A défaut des cheminées, ou concurremment, on dispose des gaines d'appel dans le plafond, en activant l'aspiration par la combustion d'un certain nombre de brûleurs à gaz. Le plus souvent c'est une gaine centrale qui reçoit ainsi un réseau de canalisation de ventilateurs.

L'éclairage nocturne de la salle se fait autant que possible à l'électricité.

Voyons maintenant les dépendances de cette salle : elles seront nombreuses, car, je vous l'ai dit, le mot *salle* exprime un ensemble assez complexe. Supposons le cas le plus compliqué, la salle au premier étage. Il faudra un escalier large et doux, très clair, et sans parties tournantes. Mais, de plus, on disposera non pas un ascenseur, mais un monte-lit, ascenseur assez grand pour qu'on y puisse mettre le malade couché et un surveillant, si besoin est, en cas de délire par exemple.

A portée immédiate de la salle, est un office avec fourneau pour réchauffer les tisanes, cataplasmes, etc., et donner constamment de l'eau chaude, pierre d'évier, armoires. Le tout carrelé en grès cérame, les murs peints ou imperméabilisés par un moyen quelconque, tels que faïence, glace brute, opaline, etc.

A côté, on doit trouver une petite salle de bains, pour les malades qui ne peuvent aller ou être portés au service des bains.

Un cabinet pour la surveillante, une pièce pour le médecin sont indispensables.

Toute salle a des malades à des degrés divers, plusieurs se lèvent ou même sont presque convalescents. On leur donne, s'il se peut, une salle dite de réunion, sorte de parloir ou chauffoir. Les hommes ont de plus un fumoir.

Vient enfin le service très important des évacuations. Pour les cabinets d'aisances, le système tout à l'égout est adopté de préférence partout où c'est possible, avec urinoir pour les hommes, vidoir, etc., le tout avec les plus grands soins pour assurer l'interception des odeurs. Aussi les hygiénistes apprécient la disposition des cabinets d'aisances dans un petit bâtiment isolé, relié seulement par un corridor vitré à la salle des malades.

Non moins importante est l'évacuation du linge sale. Tout ce linge est jeté dans une trémie — en dehors de la salle — qui le fait tomber dans un espace *ad hoc* ménagé dans le sous-sol,

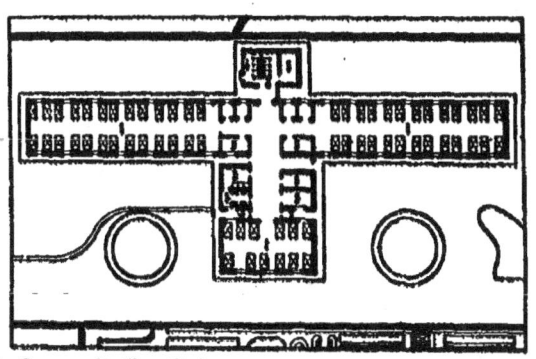

Fig. 822. — Pavillon d'isolement des varioleux à l'hôpital Saint-Louis.
1,1, salles des malades. — 2, bains. — 3, office. — 4, cabinets d'aisances. — 5,5, pièces diverses de service.

d'où il est le plus rapidement possible enlevé à la buanderie ou à l'étuve de désinfection.

Enfin la salle se complète au besoin par un certain nombre de chambres d'isolement pour les malades qu'on y met en observation ou en traitement.

Dans beaucoup d'hôpitaux, d'ailleurs, il existe des services spéciaux d'isolement : c'est alors un pavillon à part, aussi éloigné que possible des autres, et qui comporte quelques particularités. Le quartier des varioleux à l'Hôpital Saint-Louis (fig. 822) en est un exemple, qui s'expliquera suffisamment par la légende du plan.

C'est une difficulté sérieuse de disposer toutes ces dépendances à proximité d'une salle qui doit obligatoirement être éclairée des deux côtés dans toute sa longueur, sans exception pour aucune travée. Par raison d'économie, on fait souvent un bâtiment long contenant deux salles; alors une partie des dépendances de chacune peut être groupée vers le milieu de la longueur du bâtiment, le surplus aux extrémités. Vous verrez des exemples de dispositions très diverses à cet effet.

En décrivant la salle de médecine, j'ai aussi décrit la salle de chirurgie, dont les dimensions et les dispositions sont les mêmes.

Cependant il faut remarquer que les services de chirurgie doivent ou devraient être dédoublés. C'est donc à tort que dans un petit hôpital on ne dispose qu'une seule salle de chirurgie. Il est essentiel en effet que les blessés *suppurants* ne soient jamais en contact avec les *non-suppurants*.

Chaque salle doit avoir son autonomie, ses dépendances propres, sa salle d'opérations distincte. Ainsi, à l'Hôpital Cochin, les services de chirurgie sont répartis de divers côtés : chacun d'eux forme un tout, comme par exemple le groupe très complet qu'on appelle le Pavillon Pasteur (fig. 823).

La salle d'opérations est la dépendance la plus importante d'un service de chirurgie. En effet, les opérations ne se font pas dans les salles de malades réservées à l'habitation, au traitement médical et aux pansements. Lorsqu'une opération est nécessaire, le malade est transporté couché, de la salle-dortoir à la salle d'opérations, reliée à la première par une galerie vitrée.

La salle d'opérations est elle-même un petit ensemble avec dépendances. Ainsi, tout d'abord le patient, amené dans son lit, est conduit à la salle d'anesthésie, vestibule de la salle d'opérations; là on l'endort, on le déshabille, on le place sur le lit spécial ou table à dossier sur laquelle il sera opéré.

La salle d'opérations n'aurait pas besoin d'être bien vaste pour elle-même. Mais dans les hôpitaux des grandes villes il faut compter avec les nécessités de l'enseignement. Aussi la salle d'opérations est au besoin munie de quelques bancs en gradins pour les assistants. Mais cette disposition n'est motivée que par la présence des étudiants, et si elle est presque inévitable dans les villes de facultés, elle n'a pas sa raison d'être ailleurs.

Deux conditions sont exigibles avant tout : une extrême propreté et une belle lumière. Ici encore, les murs seront tout unis, les angles arrondis, les surfaces peintes à l'huile ou stuquées; il est nécessaire que ces murs puissent être fréquemment lavés. Le sol est carrelé en grès cérame, avec pente pour l'écoulement des eaux de lavage. Dans la salle même, de l'eau froide et de l'eau chaude.

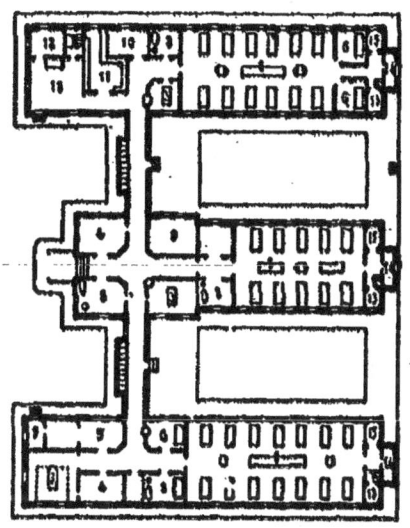

Fig. 823. — Pavillon de chirurgie dit pavillon Pasteur, à l'hôpital Cochin.

1, salles des malades. — 2, bains. — 3, salle d'opérations. — 4, salle des appareils. — 5, anesthésie. — 6, chambre d'isolé. — 7, Dépôt de produits chimiques. — 8, salle de réception et désinfection. — 9, réfectoire. — 10, salle à manger des infectés. — 11, vestiaire des malades. — 12, office. — 13, charbon. — 14, urinoirs, cabinets d'aisance. — 15, trémie du linge sale.

Quant à l'éclairage, la lumière du nord est indispensable. On désire avoir cette lumière à la fois verticale et latérale, et pour cela la combinaison ordinairement employée est d'avoir un comble brisé, dont le brisis est très raide; la panne de bris sépare alors deux châssis qui n'en font qu'un en réalité.

Naturellement une ventilation énergique est nécessaire; elle sera obtenue par des moyens analogues à ce que nous avons vu pour les salles.

La salle d'opérations devra être accompagnée d'une pièce secondaire, distincte de la salle d'anesthésie, où seront déposés tous les objets et instruments nécessaires; cette pièce sert aussi de vestiaire-toilette pour les chirurgiens.

Comme il résulte des dispositions ci-dessus que la salle d'opérations doit être éclairée du haut, on ne pourra en superposer deux l'une à l'autre. Si donc la composition comportait des services de chirurgie superposés, il faudrait que la salle d'opérations servît pour ces deux services.

Cependant la séparation des suppurants et non-suppurants s'impose tout particulièrement ici. Il faudra donc deux salles, qui peuvent être l'une à la suite de l'autre, pourvu qu'elles soient séparées par un mur plein, et qu'elles aient chacune leur accès et leurs dépendances propres.

Naturellement, les chocs et accidents de transports seraient plus douloureux pour un blessé que pour un malade. Les transports verticaux ne se font donc que par des ascenseurs assez vastes pour recevoir un lit et un ou deux infirmiers.

En plus de la salle d'opérations ordinaires, il y a dans les hôpitaux complets ce qu'on appelle le *Pavillon des grandes opérations*. On y traite les maladies qui exigent des opérations longues ou difficiles, ou encore celles qui peuvent constituer un danger de contagion. Je puis citer comme exemple une construction assez récemment faite à cet usage dans l'Hôpital Laennec (fig. 824).

La salle ou les salles d'opérations ne différeront pas de la description qui vient d'être faite. C'est dans les dépendances et accompagnements de ces salles que se trouveront les différences. En effet, ce pavillon, au lieu d'être lui-même une dépendance comme la salle ordinaire d'opérations, est un tout qui doit avoir son autonomie complète. Il s'y trouvera la salle d'opérations également précédée de la salle d'anesthésie, accompagnée des mêmes dépendances, et ce service pourra ici encore être dédoublé, pour les suppurants et non-suppurants, à moins qu'il ne soit fait deux pavillons distincts.

Mais en plus des dépendances ci-dessus, il y aura tout ce que comporte un ensemble séparé et autonome : office, salle de bains, cabinet de médecin, pièce pour la surveillante, cabinets d'aisances, vidoir, service de linge sale, et surtout un certain nombre de chambres bien aérées et hygiéniques où les malades recevront les soins nécessaires avant et après l'opération, pendant tout le temps qu'ils ne pourront passer dans les salles communes. On appelle ces chambres *chambres d'isolement*.

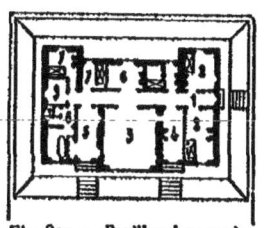

Fig. 824. — Pavillon des grandes opérations à l'hôpital Laennec, à Paris.

1, entrée. — 2,2, chambres d'opérés. — 3, salle d'opérations. — 4, cabinet du chirurgien. — 5, office. — 6, lingerie, surveillante. — 7, chambres de serviteurs. — 8, bains. — 9, magasin.

Le Pavillon des opérations est autant que possible dans une partie retirée du terrain, dissimulé dans la verdure.

Dans un ordre d'idées assez semblable nous trouverons les *Pavillons d'isolement* pour les maladies contagieuses. Dans les hôpitaux parisiens, ce service n'existe pas toujours, parce que nous avons à Paris une organisation assez complète pour comporter des hôpitaux spéciaux : c'est dans ce but qu'on a créé plusieurs hôpitaux assez restreints sur divers bastions : ce sont des hôpitaux spéciaux.

Mais lorsqu'une ville n'a et ne peut avoir qu'un hôpital général, il est indispensable qu'il s'y trouve des pavillons d'isolement, bien à part; suivant les cas, il y aura plusieurs pavillons, par exemple pour les varioleux, les scarlatineux, les typhiques; ou bien ces diverses maladies seront traitées dans un même ensemble de bâtiments, mais alors sans communication entre les diverses salles et leurs dépendances. Il s'y trouve toujours un certain nombre de chambres pour l'isolement complet du malade, sans préjudice des chambres payantes qui peuvent exister si le programme le comporte.

On isole aussi dans un hôpital général les services de la *Maternité*. C'est presque un petit programme dans un grand, la Maternité étant un service bien spécial, qui n'est pas en somme destiné à des malades, mais où il faut cependant prévoir la maladie. La *Maternité Baudelocque* (fig. 825), dépendant de l'Hôpital général de la *Maternité*, et servant de clinique à la Faculté, nous fournit l'exemple le plus complet de ce genre d'établissement, et c'est en vous reportant à son plan que vous pourrez bien saisir tout ce qui suit.

Généralement les Maternités ont un accès direct par une voie publique, avec un vestibule couvert qui permette de descendre de voiture à l'abri du froid ou de la pluie. Souvent une consultation spéciale est jointe à la maternité. Le programme comporte cabinets de médecins, pièces pour les sages-femmes et aides : en un mot la Maternité ne se rattache à l'Hôpital général que pour profiter du voisinage des services généraux, cuisine, etc. C'est un petit hôpital sans services généraux complets.

Quant aux services médicaux, ils ont quelque analogie avec ceux des pavillons de chirurgie. La femme enceinte est après son admission placée d'abord dans une salle ou dortoir d'observation, analogue à toutes les salles d'hôpital ; puis, lorsque le moment approche, elle est transférée dans ce qu'on appelle la salle de travail — c'est la salle d'accouchement. Cette salle devra

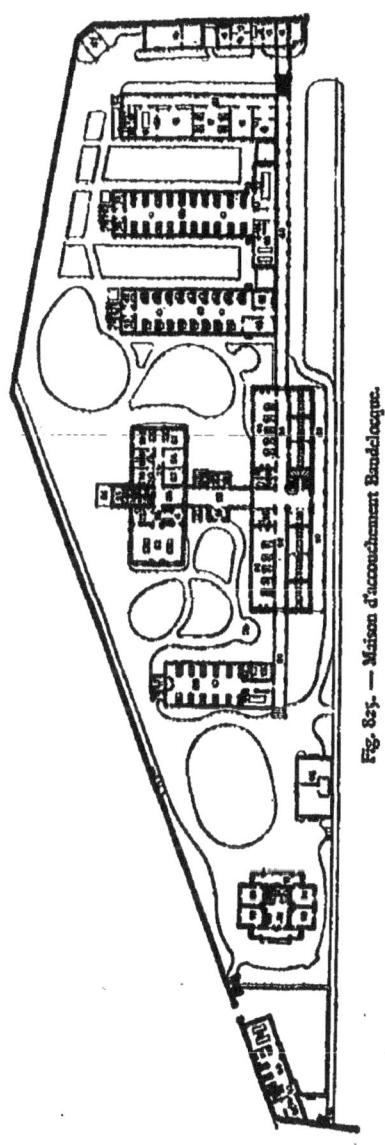

Fig. 825. — Maison d'accouchement Baudelocque.

1, passage de porte cochère. — 2, entrée. — 3, concierge. — 4, salle de cours. — 5, bureau. — 6, salle d'examen. — 7, exeuche. — 8, salle de garde. — 9, bibliothèque. — [...] 11, cabinets d'aisances-vidoirs. — 12, lavabos. — 13, chambre d'infirmière. — 14, femmes couchées. — 15, office. — 16, cuvette. — 17, réfectoire. — 18, ouvroir. — [...] femmes accouchées. — 20, galerie couverte. — 21, galerie extérieure. — 22, salle d'accouchement. — 23, office, salle de bain. — 24, escalier. — [...] chauffeur. — 27, cabinet du chef de clinique. — 28, bibliothèque du professeur. — 29, cabinet du professeur. — 30, logement de l'aide sage-femme. — 31, escalier de service [...] chambre d'isolement. — 33, galerie de circulation. — 34, élève visité, linge sale. — 35, douches. — 36, chambres de femmes en couche. — 37. [...] 41, dame à désinfection. — 46, linge sale. — 60 bis, salle d'autopsie pour les cornés. — 47, vestibule, escalier. — 48, office. — 49, gymnastique. — 50, salle d'opérations. — 44, salle d'opération. [...] mur à gaz. — 60, salle des morts. — 60 bis, salle d'autopsie. — 49 bis, cour [...]

être vaste, bien éclairée et aérée, d'une propreté extrême. Il s'y trouve plusieurs lits, très éclairés par le jour du nord, ou la nuit par l'électricité; une grande cheminée à feu visible, des appareils à eau chaude et eau froide, une ou deux baignoires dans la salle même. Le sol sera en grès cérame, les murs doivent pouvoir être fréquemment lavés. Comme dans les salles d'opérations, toutes saillies inutiles, toutes moulures, en un mot tout ce qui pourrait retenir des germes dangereux, sont rigoureusement interdites. Le cube d'air peut être calculé à raison de 60 mètres cubes au minimum par lit. Tout doit être combiné pour éviter aux malades les chocs ou les mouvements brusques. Aussi, lorsque la disposition comporte plusieurs étages, il faut de grands ascenseurs ou monte-lits pour toutes les communications verticales.

Après l'accouchement, la femme sera transférée d'abord dans une chambre isolée, où elle restera plus ou moins longtemps; puis de là dans un dortoir. Mais encore, suivant les cas, ce sera un dortoir ou un autre. Il y a le dortoir des mères qui peuvent nourrir, dans lequel chaque lit est accompagné d'un berceau, et le

Fig. 816. — Maternité Cochin. Plan du 1ᵉʳ étage.

1, salle des femmes accouchées. — 2, office. — 3, bains. — 4, bidets. — 5, lavabos. — 6, vidoirs. — 7, cabinets d'aisances — 8, dépôts. — 9, salle d'opération. — 10, salle d'accouchement.

dortoir de celles qui ne nourrissent pas, ayant pour conséquence le quartier des nourrices.

Une Maternité comprend donc, avec la salle de travail ou d'accouchements, trois salles distinctes : salle d'observation *avant*; salle de convalescence *après* pour les mères qui nourrissent; salle analogue pour les mères qui ne nourrissent pas; chacune avec des chambres d'isolement, offices, bains, et en général les dépendances que nous avons vues pour les salles de malades.

Or, faites bien attention à ceci : la salle des mères qui nourrissent ne peut être semblable aux autres.

En effet, pour les femmes enceintes, ou pour les mères qui

ne nourrissent pas, il suffit d'une salle ordinaire d'hôpital. Pour celles qui nourrissent, il faut qu'un berceau trouve sa place à côté du lit. C'est ce qu'indique, dans le plan de la Maternité Baudelocque, la salle des *femmes accouchées* (n° 19); vous pouvez encore consulter à ce sujet les salles, très largement installées,

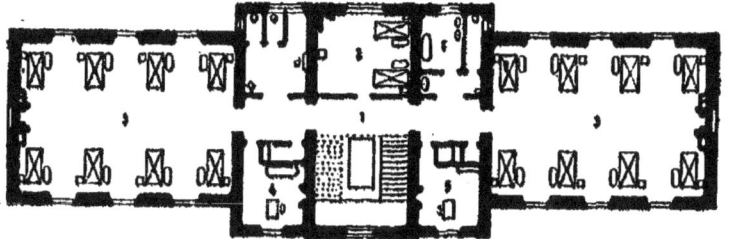

1ᵉʳ ÉTAGE. — 1, vestibule, ascenseur. — 2, salle de change. — 3, femmes en couches. — 4, interne. — 5, surveillante. 6, bains et lavabos.

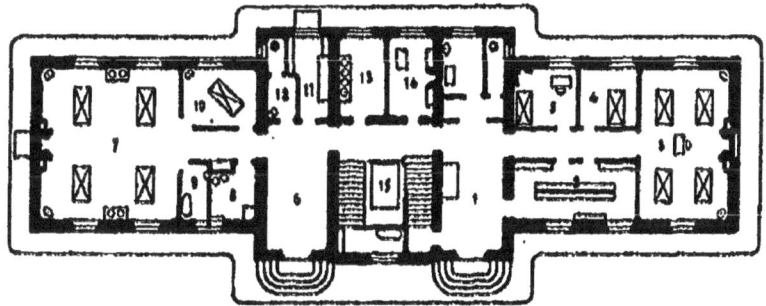

REZ-DE-CHAUSSÉE. — 1, vestibule de la consultation. — 2, salle d'attente de la consultation. — 3, salle de consultation. 4, speculum. — 5, sage-femme. — 6, vestibule de la salle d'accouchement. — 7, salle de travail. — 8, office. — 9, bains. — 10, salle d'opération. — 11, lingerie. — 12, linge sale. — 13, élèves. — 14, chef de service. — 15, ascenseur.

Fig. 827. — Maternité Beaujon.

de la Maternité Cochin (fig. 826), ou celles de la Maternité Beaujon (fig. 827).

Nouvel exemple de cette vérité que nous rencontrons si souvent, que l'architecture extérieure est subordonnée aux exigences spéciales du programme : ici, pour les salles où il n'y a que des lits, l'espacement des fenêtres, d'axe en axe, sera celui que nous

ÉLÉMENTS DE L'ARCHITECTURE HOSPITALIÈRE

avons trouvé pour les salles de malades : 2ᵐ 70 à 2ᵐ 80 environ ; pour les salles où il y a des berceaux, il faut au moins 0ᵐ 60 de plus, soit 3ᵐ 30 à 3ᵐ 40 ; ce qui d'ailleurs est logique à un autre point de vue, puisqu'il faut de l'air pour deux respirations, si peu que la plus jeune en consomme.

Une maternité se complète par le service des nourrices, une salle-dortoir avec quelques dépendances, et quelques chambres d'isolement. Ce service n'est d'ailleurs pas très important, car les nouveau-nés restent peu à l'hôpital, et sont le plus tôt possible envoyés à la campagne.

Cependant, les hôpitaux spéciaux, et en particulier ceux des enfants assistés, nécessitent le service des *crèches*, ou salles de nourrices, où chaque lit est accompagné de deux berceaux, l'un pour l'enfant de la nourrice, l'autre pour le nourrisson. Tel est le plan de crèche de l'Hôpital des Enfants assistés (fig. 828), grand établissement complexe, qui participe à la fois de l'hôpital et de l'École enfantine.

Fig. 828. — Nourricerie ou crèche de l'Hôpital des Enfants assistés.

CHAPITRE III

SERVICES ANNEXES DES HOPITAUX

SOMMAIRE. — Les bains; — bains individuels; — Hydrothérapie. — Quartier ou hôpital spécial d'enfants. — Contagieux. — Tableaux comparatifs; dimensions, surfaces et cube d'air (services thérapeutiques).
Service des morts. — Nécessités de l'enseignement. — Tableau comparatif.

Nous avons à peu près vu ce qui concerne l'habitation du malade à l'hôpital. Mais il y a encore à son usage un service très important, qu'on classe ordinairement parmi les services généraux, mais qui est bien un service thérapeutique au premier chef : ce sont les *Bains*.

Je vous ai dit que dans chaque salle de malades il y a près de l'office une ou deux baignoires : plutôt deux qu'une : une fixe, une autre mobile, qu'on transporte près du lit du malade. Mais ceci ne vise que les cas urgents ou les malades dont le transport est impossible. En règle générale, les bains se prennent au quartier des bains, soit que le malade puisse y aller à pied ou qu'on l'y transporte.

Le service des bains est ordinairement en double, côté des hommes, côté des femmes, lorsque l'hôpital comporte lui-même les deux sexes. C'est ce que vous pouvez voir dans le plan de l'Hôpital Tenon. Cette dualité est nécessaire pour les bains proprement dits ; mais pour certaines salles à appareils spéciaux dont l'emploi est assez rare, on peut admettre l'affectation alternative et suivant les heures à chaque sexe. Au surplus, le département des Bains est de ceux qui exigent un

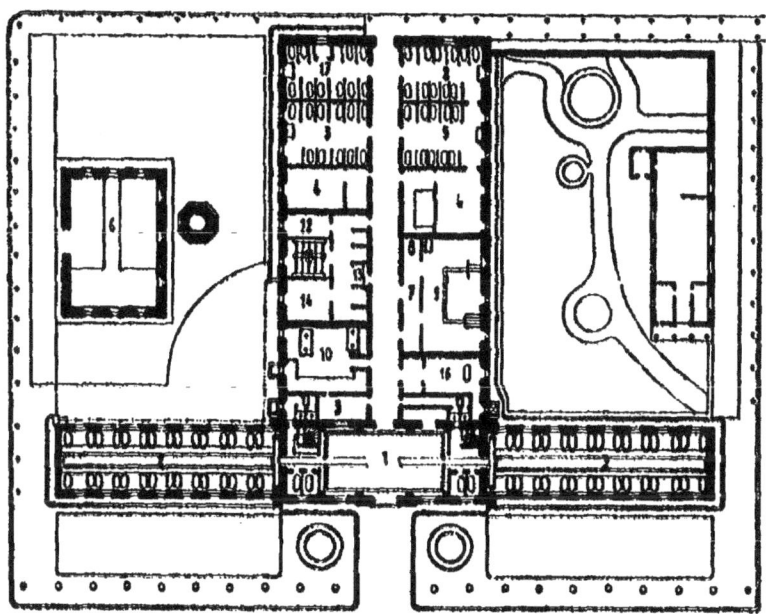

Fig. 829. — Bains de l'hôpital Saint-Louis.

1, entrée. — 2,3, bains. — 3, lingerie. — 4, salle de frotte (gale). — 5, bains (gale). — 6, usine. — 7, entrée de l'hydrothérapie. — 8, déshabilloir. — 9, piscine. — 10, hydrofère. — 11, latrines. — 12, douches de vapeur. — 13, déshabilloir. — 14, sudations. — 15, bains de vapeur. — 16, douches locales. — 17, bains du Pavillon Gabrielle.

programme très précis, car les opinions du corps médical sur ce sujet sont très variables : le premier soin de l'architecte doit donc être de réclamer ce programme détaillé. Je me bornerai à vous indiquer à cet égard une installation très complète : les bains de l'Hôpital Saint-Louis (fig. 829), où ce service a une importance toute particulière.

La salle principale ou salle des baignoires, d'une importance variable selon l'établissement, exige une disposition particulière. Il faut que les baignoires soient constamment surveillées, elles ne peuvent donc pas être dans des cabinets de bain. Mais elles peuvent être séparées l'une de l'autre par des rideaux à hauteur d'homme, pourvu que la vue ne soit pas interceptée par rapport au surveillant. Aussi on dispose ordinairement deux rangées de baignoires et un large passage au milieu : c'est à peu près la disposition d'une écurie double. L'alimentation des baignoires se fait par ce passage central, et par les soins des surveillants, car le malade ne doit pas gouverner son bain à son gré.

Cette salle doit être claire, et le mieux est un éclairage bilatéral lorsqu'il est possible. Elle doit être assez élevée pour que la vapeur d'eau ne sature pas trop l'atmosphère; enfin sa construction doit être prévue en raison de l'humidité chaude et de la buée abondante, et aussi pour éviter les refroidissements. Il faut donc de la construction sérieuse, et lorsqu'on peut voûter ces salles en véritables voûtes de maçonnerie, c'est certainement le mieux. Le sol, les parois doivent être imperméables et faciles à laver. Il faut donc un sol en asphalte ou ciment, ou mieux en grès cérame, et des murs garnis de revêtements céramiques ou de stucs, ou tout au moins de peinture renouvelée aussi souvent qu'il sera nécessaire.

A côté de cette salle, il faut quelques pièces pour les bains spéciaux, notamment les bains sulfureux ; la surveillance doit en être facile au moyen de parties vitrées. Le service des bains est plus ou moins important selon les hôpitaux ; c'est surtout dans les établissements où sont plus spécialement traitées les maladies de la peau, tels que l'Hôpital Saint-Louis, que les bains comportent de nombreuses subdivisions. Ce sont là des questions de programme, car pour tout cela, piscine, douches, fumigations, douches de vapeur, étuve, il n'y a pas d'autre recommandation à faire que ce qui a été dit à propos de toute salle de bain : imperméabilité des murs, écoulement assuré des eaux répandues, température constante. Seule, l'étuve appelle une prescription spéciale : tout y doit être en ciment, murs, voûtes et gradins; il n'y a pas de fenêtre, un seul jour du haut, hermétique.

Tout cet ensemble comporte de nombreux accessoires : en premier lieu la chaufferie, si elle n'est pas commune avec d'autres services. Ce sera un local, le plus souvent en sous-sol, où seront les appareils de chauffage de l'eau : je n'ai rien de particulier à en dire. Puis il faudra des vestiaires ou dépôts de linge, des armoires-étuves pour le chauffer, des cabinets d'aisances. Enfin des cabinets pour la surveillante et le médecin compléteront ce service. Il y a d'ailleurs dans plusieurs hôpitaux des services de bains externes. Ainsi, à l'Hôpital Bichat, il a été fait dans ce but une installation assez complète (fig. 830). Comme éléments, cela ne diffère pas de ce que nous venons de voir pour les bains internes.

Fig. 830. — Bains externes de l'Hôpital Bichat.

Nous avons passé la revue de tout ce qui constitue dans un hôpital les services thérapeutiques. Ce que je vous en ai dit s'applique surtout aux hôpitaux d'adultes : j'aurais cependant quelques particularités à vous signaler en ce qui concerne les hôpitaux d'enfants.

Là encore il y aura la division en services médicaux et services chirurgicaux ; à cet égard, la composition ne variera pas sensiblement. Ici encore, dans les salles de malades, les lits d'enfants sont généralement disposés à raison de deux par trumeau. Je vous ai donné plus haut des indications à ce sujet.

Comme programme, l'hôpital d'enfants a une plus large part à faire aux maladies contagieuses. Il faut des pavillons spéciaux pour ces diverses maladies : on trouvera donc les pavillons des rubéoleux, des scarlatineux, des typhiques, surtout des diphtériques (fig. 831). Chacun de ces pavillons devant être traité

831. — Service d'isolement de l'Hôpital des enfants assistés.

ainsi que nous l'avons vu pour les salles de malades, mais en plus avec des chambres d'isolement.

Précédant tout ce service des contagieux — lequel devra être bien à part dans la composition — il faut un pavillon qu'on appelle pavillon des *douteux*, comprenant, suivant l'importance de l'hôpital, un nombre variable de salles. C'est un service d'observation : du moment où la nature de la maladie apparaît nettement, l'enfant est évacué sur le pavillon qui doit le recevoir. Naturellement, si tous les douteux étaient ensemble sans aucune précaution, ils se communiqueraient réciproquement les maladies dont ils peuvent avoir le germe. Il faut donc un isolement qui est obtenu par la division des salles en loges ou stalles, avec paroi vitrée sur le corridor central. Les dépendances comme ci-dessus.

La disposition des salles de diphtériques sera la même : stalles vitrées et corridor de surveillance au milieu. A l'extrémité du pavillon on dispose un dortoir des convalescents. Les dépendances du pavillon des diphthériques sont importantes : outre l'office, la salle de bains, les cabinets d'aisances, le linge sale, il doit y avoir un cabinet spécial pour l'interne, un pour la surveillante; un logement de la surveillante en chef, des chambres pour les infirmières; enfin, une petite salle d'opérations avec ses accessoires.

Ce qui doit guider dans l'étude des pavillons de contagieux, est la pensée d'autonomie dans la mesure du possible, car toute communication, non seulement de malade à malade, mais entre les personnes qui les approchent, est toujours un danger.

Mais rien ne vaut comme point de départ d'études des données chiffrées.

Voici d'abord pour les salles de malades :

1° (ANCIENS HOPITAUX) SERVICES DE MÉDECINE ET DE CHIRURGIE

HOPITAL	LARGEUR de la salle	LONGUEUR de la salle	NOMBRE de lits	SUPERFICIE par lit	CUBE par lit (haut. 5m)	OBSERVATIONS DISPOSITION DES LITS
Saint-Antoine	7.60	20.00	20	7.60	38.00	Accouplés.
Id.	3.50	24.50	14	6.12	30.600	Adossés, un seul rang de lits.
Enfants malades	6.20	31.50	40	4.88	24.400	Accouplés.
Id.	6.00	18.50	22	5.05	25.250	Les lits sans correspondance avec les trumeaux.
Id.	6.00	6.50	8	4.88	24.400	
Id.	6.00	6.50	10	3.90	19.500	Accouplés.
Saint-Louis	7.00	40.50	33	8.85	44.250	3 par trumeaux.
Id.	7.50	27.60	22	9.41	47.00	Accouplés.
Laennec (anciens Incurables)	7.50	31.00	30	7.75	38.750	Id.
Necker	8.10	46 00	47	8.66	43.300	Accouplés.
Pitié	10.00	18.00	20	9.00	45.000	Accouplés.
Id.	10.00	30.50	28	10.89	54.450	Id.
Id.	9.50	17 00	18	8.97	44.850	Irrégulier.
Cochin	7.60	18.00	14	9.77	48.850	Isolés.
Lariboissière	9.20	37.60	32	10.81	54.000	Accouplés.
Id. petites salles	5.00	15.00	10	7.50	37.500	Quelconque.
Sainte-Eugénie	8.00	20.50	20	8.20	41.000	Accouplés.
Id.	4.50	17.50	11	7.16	35.800	Une seule rangée de lits accouplés.

3° (HOPITAUX NOUVEAUX) SERVICES DE MÉDECINE ET CHIRURGIE

HOPITAL	LARGEUR DE LA SALLE	LONGUEUR DE LA SALLE	NOMBRE DE LITS	SUPERF. PAR LIT	CUBE D'AIR PAR LIT (u. 5ᵐ)	OBSERVATIONS ET DISPOSITION DES LITS
Saint-Antoine	8,50	30,50	30	8,50	42,500	Accouplés.
Id, isol. varioleux	7,00	39,50	38	7,375	36,875	Id.
Id, Id, (inoccupés sauf épidémie)	5,50	23,50	30	6,11	30,550	
Saint-Louis (Isolement varioleux)	6,75	37,00	36	7,01	35,050	Constructions légères,
Id, Id.	6,75	13,00	12	7,31	36,550	En cas d'épidémie.
Saint-Louis, baraque	7,00	28,20	30	6,58	32,900	
Id, isolés	7,00	13,50	12	7,30	36,500	
Chambres d'isolement	3,50	3,00	2	5,05	25,250	
	3,50	9,00	4	7,87	39,350	
Cochin (chirurgie)	8,00	14,50	12	9,86	48,300	Isolés.
Id, (médecine)	7,00	29,00	30	6,73	38,65	Accouplés.
Id, femmes en couches	7,50	17,50	10	13,125	65,625	Isolés.
Id, chirurgie femmes	7,75	25,00	12	9,69	48,450	Id.
Beaujon (médecine et chirurgie)	10,00	27,50	16	10,94	54,700	Accouplés.
Hôtel-Dieu	9,00	30,75	24	11,53	57,650	Accouplés.
Tenon	8,25	28,00	22	10,50	52,500	Accouplés.
Id, petites salles	5,50	8,00	4	11,00	55,000	un seul rang, accouplés.
Id, isolements	8,00	15,50	16	7,75	38,750	Accouplés.
Id, maternité	3,75	4,00	1 lit 2 berceau	15,00	75,000	
Broussais (baraquem¹ sans étage), chirurgie	7,00	27,00	28	6,75	38,750	Accouplés.
Id, médecine	7,00	30,00	30	7,00	35,000	
Id.	5,00	7,00	6	5,83	29,150	une seule grande fenêtre
Bichat	7,00	30,00	24	8,75	43,750	Id. (const. sur un bastion).
Maisons Bazaarnes (Maternité) Dortoirs de femmes enceintes	7,50	23,50	20	8,81	44,000	Isolés.
Accouchées	7,50	20,00	16 lits 16 berceaux	9,37	46,850	Id.
Femmes en couches	4,00	14,00	5	11,20	56,000	Un seul rang.
Chambres isolées	4,00	4,50	1	18,00	90,000	
Clinique d'accouchement Salle d'accouchement	6,50	9,00	2	29,75	144,250	Les lits au milieu de la salle
Femmes enceintes	8,00	11,20	10	8,96	45,800	Fenêtres sur le petit côté
Nourriceries	8,00	11,20	10 lits 10 berceaux	8,96	45,800	
Femmes accouchées	8,00	11,20	10 lits 10 berceaux	8,96	45,800	
Enfants assistés Nourricerie	4,75	10,00	4 lits 8 berceaux	par nourrice 11,875	p. nourrice 59,375	Isolés.
Isolements	6,00	9,00	8 lits	6,75	33,750	Id.
Forges (Seine-et-Oise). Enfants malades	6,50	14,50	16	5,88	29,900	Accouplés.
	6,50	10,50	12	5,69	28,450	Id.
Maison Dubois	4,00	3,00	1	12,00	60,000	

Voici maintenant quelques exemples applicables aux salles de bains :

HOPITAL.	LARGEUR DE LA SALLE	LONGUEUR DE LA SALLE	NOMBRE DE BAIGNOIRES	SUPERFICIE PAR BAIGNOIRE	DISPOSITION
Lariboisière................	7,00	6,50	10	4,55	Vis-à-vis.
Tenon....................	7,00	13,00	20	4,55	En stalles.
Saint-Louis................	6,00	22,00	30	4,40	Vis-à-vis.
Id. bains pour la gale....	6,00	8,00	10	4,80	Stalles séparées.
Saint-Antoine............	6,50	25,00	26	4,00	Vis-à-vis.
Id. bains en cabines.....	2,50	2,50	1	3,75	
Sainte-Eugénie............	10,00	10,00	30	3,33	4 rangs.
Enfants malades..........	10,00	8,00	24	3,33	Id. 2 par deux.
Maternité................	5,50	6,00	5 baigneires 1 douche	5,50	Vis-à-vis.
Forges (enfants)..........	5,50	8,00	12	3,66	Id.

Vous pouvez tirer de ces tableaux plusieurs conclusions; d'abord, vous le voyez, le cube d'air de 50 mètres que la théorie admet comme un minimum est rarement atteint, et dans l'ordre chronologique il faut arriver à la construction de Lariboisière pour le rencontrer. Ai-je besoin de vous dire que c'est la cherté du terrain et des constructions qui en est cause?

Dans les constructions les plus récentes, et qui sont naturellement le plus au courant des progrès, vous remarquerez — en laissant de côté les hôpitaux d'enfants qui échappent à la comparaison — que les cubes d'air les plus considérables sont obtenus dans les services de femmes en couches, et dans des services de chirurgie. C'est que, comme vous le savez, c'est dans ces services que les infections purulentes ont fait le plus de ravages.

Rappelez-vous enfin que je vous donne ces renseignements comme des faits et rien que des faits. N'allez pas croire que tout ce qui se trouve dans ces tableaux fasse autorité. Vous y trouverez au contraire des exemples très fâcheux des restes d'un passé qu'on ne peut, faute de ressources, faire disparaître d'un seul coup, mais qu'on s'attache à remplacer petit à petit. D'ailleurs, en architecture, il n'y a pas de formules ni de recettes : les exemples ci-dessus, s'ils paraissent heureux, peuvent perdre toute leur valeur par suite d'une disposition inintelligente, et réciproquement. Ne retenez donc de cela qu'une sorte de moyenne vous montrant à peu près ce qui se fait aujourd'hui.

Cependant le malade a passé à l'hôpital le temps voulu ; il en sort. S'il est guéri, ou convalescent, ne nous en occupons plus : il rentre à sa maison, ou va passer quelque temps dans un asile de convalescence. Mais trop souvent le séjour à l'hôpital a un autre épilogue, et c'est au *service des morts* que je dois maintenant vous conduire.

Pour bien comprendre les nécessités de ce service, il faut se rappeler que l'hôpital, en même temps qu'un lieu de traitement pour les malades, est un lieu d'études pour les médecins. Et lorsque le traitement n'a plus de raison d'être, l'étude reste seule : le service des morts est à la fois un service de science, d'état civil, et enfin un service religieux.

Ainsi, prenons pour exemple l'Hôtel-Dieu, où pour des raisons spéciales ce service est traité avec toute l'ampleur désirable. Dans la rubrique du plan, il est placé dans le bâtiment dit : « Bâtiment des morts et de la Faculté » (fig. 832), contigu avec la Cour des convois et le groupe de la chapelle, à l'usage des familles. C'est que de nombreux convois partent en effet de là, et qu'ils doivent pouvoir se former avec décence ; mais le corps n'est livré au service des pompes funèbres que lorsque le service médical — à l'Hôtel-Dieu, la Faculté — n'a plus à le retenir.

La légende du plan comprend donc deux parties distinctes :

1º Bâtiment des morts et de la Faculté : service des morts — dépôt des morts — salle d'autopsie — service du corps médical — laboratoire de la Faculté;

2º Convois : entrée de voitures — salle d'attente — chapelle des morts.

Il faut toujours que ce service soit installé dans une partie

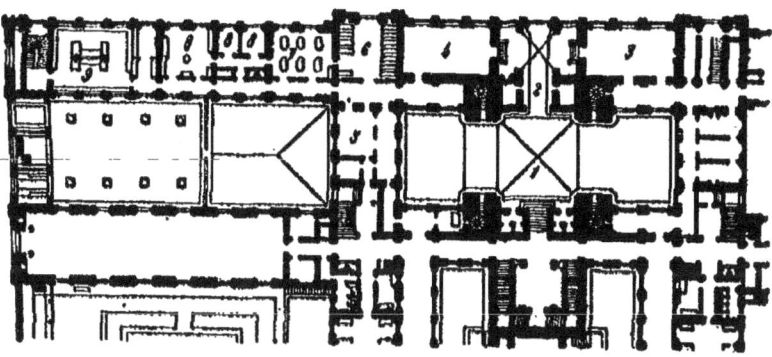

832. — Service des morts et de la Faculté à l'Hôtel-Dieu.

1, cour des convois. — 2, entrée des voitures. — 3, chapelle des morts. — 4, salle d'attente. — 5, service des morts. — 6, dépôt des morts. — 7, salle d'autopsie. — 8, service du corps médical. — 9, laboratoire de la Faculté. — A, A, ascenseurs hydrauliques.

retirée et discrète de l'hôpital ; surtout, il est indispensable qu'il ait une entrée spéciale sur quelque rue secondaire, afin d'éviter aux malades la vue des convois souvent nombreux. Plus l'endroit sera retiré, abrité par des arbres, mieux cela vaudra; et si je vous montre la disposition de l'Hôtel-Dieu, c'est pour vous donner l'idée des besoins, et non pour vous faire voir une solution : le plan de l'Hôtel-Dieu, très ingénieux, très habile, était d'avance compromis par l'idée fausse adoptée en haut lieu, de faire un grand hôpital sur un terrain beaucoup trop petit, et par conséquent un hôpital sans espaces, sans jardins, sans aération des bâtiments.

A l'Hôtel-Dieu, le rattachement direct de ce service à la Faculté a conduit à une composition particulière. Mais dans tout hôpital, et sous réserve de la proportion générale, nous trouverons à peu près les mêmes dispositions. Ainsi, par exemple, à l'hôpital Laennec où le service des morts a été l'objet d'une addition récente (fig. 833) dans les conditions de discrétion qu'on recherche en pareille matière.

Si le plan général de l'hôpital comporte une chapelle, qui soit en même temps la chapelle des vivants et des morts, il faut que le service des morts en soit rapproché, tout en étant toujours dans une partie cachée de l'ensemble. Mais lors même que l'hôpital possède une chapelle, il vaut mieux qu'il y ait en plus une chapelle des morts dans l'enceinte du service des morts. Cette

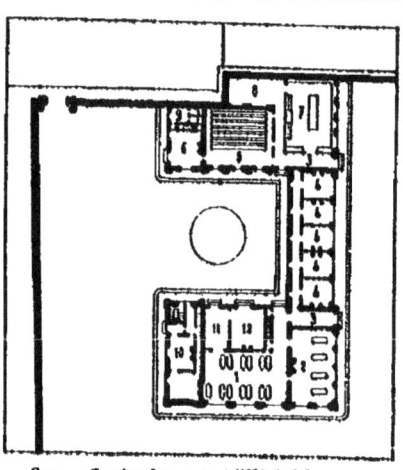

833. — Service des morts à l'Hôpital Laennec.

1, dépôt des morts. — 2, salles d'autopsie. — 3, vestibules. — 4,4, laboratoires. — 5, salle de cours. — 6, cabinet de professeurs. — 7, musée. — 8, dépôt. — 9, cabinets d'aisances. — 10, logemens du gardien. — 11, mise en bière. — 12, pièce de réunion des familles.

petite chapelle est naturellement fort simple : c'est en réalité une pièce à rez-de-chaussée, munie d'un autel. Et pourtant, dans son exiguïté, elle se prêterait aux inspirations les plus généreuses de l'artiste.

Voyons maintenant le détail des différentes salles de ce service.

La salle du dépôt des morts doit être vaste, bien aérée. Le mieux est qu'elle ait des fenêtres sur les deux faces, à 3 mètres environ du sol. Tout doit y être imperméable, car il s'y fait de fréquents lavages. Le sol est en ciment, ou en carreaux cérames, avec pentes et caniveaux aboutissant à des syphons.

Les corps sont déposés sur des tables basses, qu'on fait maintenant en ardoise épaisse. Chaque table — qu'on appelle *lit* — est séparée des autres et du passage central par des rideaux.

Indépendamment de l'aération par les fenêtres, il y a des appels, les uns près du sol, les autres au plafond, avec brûleurs à gaz pour activer le tirage.

Voici quelques dimensions des salles de dépôt des morts dans les hôpitaux les plus récents :

HOPITAL	LARGEUR	LONGUEUR	NOMBRE DES MORTS	SURFACE PAR MORT	DISPOSITION
Hotel-Dieu	7.00	7.50	12	4.37	Vis-à-vis.
Broussais............	7.00	7.00	6	8.16	Vis-à-vis, stalles non contiguës.
Tenon	7.00	11.00	16	4.81	Vis-à-vis.
Laennec .... (Construction nouvelle)	6.60	11.00	13	5.58	Vis-à-vis, par tables accouplées.
Baudelocque Femmes............	4.75	4.75	3	7.52	Un seul rang.
Enfants............	2.50	4.75	3	3.96	Id.
Bichat	5.10	4.00	6	3.60	Vis-à-vis.

La salle des autopsies doit être assez vaste, très claire et très aérée. Les corps sont déposés sur des tables autour desquelles on doit pouvoir circuler. Rarement leur nombre dépasse deux, si ce n'est dans les grands hôpitaux. L'éclairage a lieu par des fenêtres assez élevées ; mais, s'il peut se compléter par un jour du haut, ce n'en est que mieux.

Le sol est formé de caillebottis en bois, sur cuvette en ciment avec écoulement des eaux de lavage. Il faut des lavabos pour les personnes, et des auges en ciment pour le lavage des pièces anatomiques, sans préjudice de canalisations avec raccords en caoutchouc, permettant le lavage direct sur la table d'autopsie elle-même.

Les murs doivent être imperméables, et sont ordinairement revêtus de glaces brutes jusqu'à 1 ^{m} 50 environ de hauteur.

Les autopsies se font parfois la nuit, en cas d'urgence; il faut donc un éclairage électrique puissant.

Quant aux laboratoires, c'est une création demandée par les médecins et réalisée dans les hôpitaux les plus modernes. Le plus souvent, il y a un laboratoire où plusieurs savants peuvent travailler; parfois quelques petits laboratoires personnels. Ils ne diffèrent pas de ce que nous avons vu à propos des édifices d'enseignement supérieur.

CHAPITRE IV

SERVICES GÉNÉRAUX DES HOPITAUX

SOMMAIRE. — Importance des services généraux. — Administration. — Logements. — Internes. Cuisine et dépendances. — Lingerie. — Vestiaire des malades. — Pharmacie. — Buanderie. — Étuves à désinfection. — Services externes : consultations. — Bains externes.

Tout le vaste ensemble des services médicaux comporte un ensemble très vaste également de services administratifs et services généraux. On est souvent frappé lorsqu'on voit un plan d'hôpital de la place considérable qu'occupent ces services, et on est effrayé de la dépense qu'ils entraînent : car à toute exagération de dépenses dans un hôpital correspond une restriction du nombre de malades à soulager. Ces services ne sont après tout que des dépendances, et plus on pourra les traiter simplement et modestement, mieux cela vaudra. Ils resteront d'ailleurs toujours très importants.

L'administration doit être près de l'entrée, accessible sans nécessité de pénétration dans l'hôpital. Rien n'y mérite une description particulière : seule la nomenclature des services qu'elle comprend sera utile pour vous donner l'idée de l'importance de ce service. Dans un grand hôpital, il comporte : loge de portier; — bureau des admissions, avec pièce pour l'examen de l'arrivant par l'interne de garde; — bureau du directeur; — de l'économe; — bureaux des employés de la Direction et de l'Économat; — salon-vestiaire des médecins; — bibliothèque de prêts aux malades; — archives; enfin des appartements pour le directeur, l'économe et le pharmacien en chef; — des logements d'employés. Dans tout cela, il n'y a pas d'éléments spéciaux, ce sont toujours des locaux administratifs.

Mais l'hôpital comporte encore d'autres logements. Les médecins ou chirurgiens n'habitent pas l'hôpital, mais les internes y sont logés : internes en médecine et chirurgie, ou internes en pharmacie : deux groupes vivant souvent fort mal ensemble.

En général on cherche à loger les internes dans des pavillons assez écartés des salles de malades, car ces jeunes gens sont parfois bruyants : autant que possible, un pavillon séparé pour les internes en pharmacie. Il faut une salle de garde ou de réunion, ordinairement au rez-de-chaussée, une bibliothèque et des chambres. Chambres aussi pour les internes malades; trop souvent ils contractent la maladie qu'ils soignent, et il faut pour les soigner à leur tour des pièces confortables, où leurs familles puissent venir les voir, et qui soient assez isolées pour que les contagions ne soient pas à craindre.

Enfin, en dehors des logements dont je vous ai parlé pour des employés d'administration ou d'économat, il y a dans un hôpital tout un personnel auxiliaire de la médecine qui doit nécessairement habiter l'établissement : ce sont les surveillantes ou, suivant les programmes, les communautés religieuses; les infirmiers et infirmières. Ces habitations doivent être assez près des salles de malades, et cependant il faut chercher à les rendre accessibles sans qu'on ait pour cela à traverser des quartiers de malades. Il ne faut pas oublier en effet que la surveillance doit être facile et rigoureuse : les malades cherchent à se procurer clandestinement bien des choses qu'on leur interdit, et il faut que, sans trop se faire voir, la police de l'hôpital soit sévère et efficace. Les surveillantes en chef ont chacune un petit appartement; les infirmiers et infirmières, les garçons et filles de service sont en dortoirs divisés en stalles.

Les *services généraux* constituent un ensemble plus important; ou plutôt, ce sont plusieurs ensembles, car ils comportent des divisions qui ne doivent pas être groupées.

Sans parler de diverses dépendances comme il en faut dans tout grand établissement, telles que les hangars, caves, dépôts de combustibles, etc., on peut comprendre sous la rubrique de services généraux spéciaux à l'hôpital :

La cuisine et ses dépendances;

La lingerie, vestiaire, etc.;

La pharmacie avec ses dépôts et laboratoires;

Le dépôt de linge sale, la buanderie, l'étuve à désinfection;

Un bâtiment pour le chauffage à vapeur, une usine d'électricité.

Ces divers services ne présentent pas de particularités bien spéciales; il importe plutôt de vous les bien définir. Car, ainsi que je vous l'ai souvent dit, les programmes sont forcément laconiques; on y dira par exemple « une lingerie » et vous pourriez croire qu'une lingerie est une salle. Voyons donc le sens vrai de ces mots nécessairement collectifs.

La *cuisine*, dont je vous montrerai deux plans détaillés, l'un pour un grand hôpital (Tenon) (fig. 834), l'autre pour un petit, où elle est contiguë à la pharmacie (Bichat) (fig. 835), comprendra d'abord la cuisine proprement dite, toujours vaste et claire, avec son fourneau soit ordinaire, soit à la vapeur, sa rôtisserie, sa grillade. Dans des pièces contiguës, on trouvera les services accessoires de la cuisine, épluchage et laverie; dans quelques hôpitaux, ces services trouvent place sous le vitrage d'une cour couverte.

La cuisine proprement dite est ouverte par l'une de ses parois sur une grande galerie de distribution des aliments. Cette galerie, forcément vaste, est munie d'une longue table chauffée par une circulation de vapeur; cette

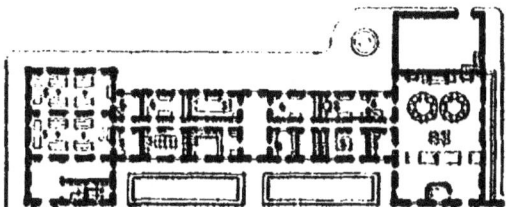

Fig. 834. — Hôpital Tenon. Bâtiments de la cuisine.

1, cuisine générale. — 2, salle d'épluchage et laverie. — 3, paneterie. — 4, office. — 5, réfectoire des gens de service. — 6, ascenseurs. — 7, service des machines, chauffage et ventilation.

table est divisée en autant de compartiments qu'il y a de salles, et c'est de là que partent les transports d'aliments, au moyen de véhicules roulants. Aussi le bâtiment des cuisines doit-il être aussi central que possible, par rapport aux pavillons de malades, auxquels il est relié par des portiques d'abri.

Il faut d'importants dépôts d'approvisionnements : une boucherie bien aérée, des magasins de comestibles divers, des caves, une cave-glacière.

Fig. 835. — Cuisine et pharmacie de l'hôpital Bichat.

1, cuisine. — 2,2, dépendances de la cuisine. — 3, laverie. — 4, pharmacie. — 5, tiraterie. — 6,6, laboratoires. — 7, cabinet de la sœur.

Puis ce service comprend encore les réfectoires qui comportent eux-mêmes des subdivisions : réfectoire des gens de la cuisine; réfectoire spécial et toujours assez grand pour les infirmiers et infirmières, les garçons et les filles de service, les garçons de salubrité.

La cuisine centrale alimente aussi les réfectoires ou salles à manger de l'internat, des surveillantes, de la communauté.

A proximité de la cuisine, il est nécessaire d'avoir une cour de service facilement accessible aux voitures. Souvent cet accès a lieu par une rue latérale ou postérieure : lorsqu'elle est possible, cette disposition est préférable.

La *lingerie* est aussi un service assez complexe. Elle comprend plusieurs vastes pièces avec casiers pour le rangement et la conservation du linge; ces salles sont souvent distinctes des locaux nécessaires au raccommodage, au repassage, au pliage; si au contraire les salles sont assez spacieuses, elles peuvent contenir ces services. Il y a toujours un bureau de la lingère en chef.

L'hôpital comprend un *vestiaire* des malades ; c'est le dépôt en ordre des effets appartenant aux malades; il y a aussi le vestiaire des décédés, où sont conservés leurs effets pour être rendus aux familles.

La *pharmacie* est toujours établie à rez-de-chaussée, afin de pouvoir profiter des sous-sols dont la fraîcheur est nécessaire à la conservation de certaines substances. Comme toute pharmacie, elle se compose d'une pièce ou bureau — analogue à la boutique — où sont apportées les ordonnances, et des pièces de travail : la tisannerie, l'officine avec fourneau, le laboratoire, le dépôt des produits; enfin, cabinet du pharmacien avec armoire aux poisons et laboratoire personnel; quelques pièces pour les internes.

Nous avons vu comment le linge sale est évacué des salles de malades et reçu dans les sous-sols des pavillons. Il en provient ainsi de tous les services, des bains, salles d'opérations, et aussi de tous les services généraux. La quantité en est donc énorme. Mais, de plus, ces linges peuvent être et sont souvent dangereux : on a donc reconnu que le blanchissage devait se faire dans l'hôpital, le linge sale ne devant pas en sortir. Tel est l'objet de la *buanderie*.

La buanderie (fig. 836) comprend une ou deux pièces pour la

réception du linge sale; puis un important lavoir, composé lui-même de la grande salle de lavage, avec bacs de rinçage, essoreuses, etc., et le séchoir avec ses machines à sécher et à étendre, de grandes tables pour le pliage, etc. Il faut en outre des magasins divers, un réfectoire et un vestiaire pour les ouvrières. Près de la buanderie est un grand terrain libre comme champ d'étendage.

L'*étuve à désinfection* n'est pas très grande. Elle se compose essentiellement de deux pièces séparées par une cloison à cheval sur la machine elle-même. Les objets de literie, vêtements, etc., amenés dans le premier compartiment, sont introduits dans la machine; ils en ressortent à l'opposé, une fois désinfectés. Il ne faut donc aucune communication entre ces deux salles.

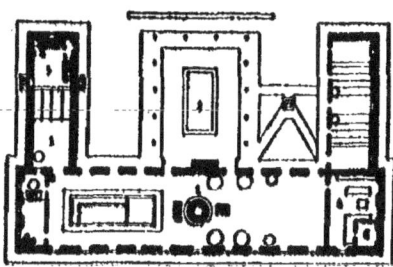

Fig 846. — Buanderie de l'hôpital Saint-Louis.

1, buanderie. — 2, lavoir. — 3, étuves. — 4, lingerie. — 5, calorifère. — 6, cabinet de la sœur.

Ce service doit être dans un endroit écarté; auprès, ou y attenant, sera disposé un four spécial pour incinérer les ouates et linges de pansements, les contenus des crachoirs, et en général tout ce qui pourrait être des véhicules de maladies infectieuses.

Aujourd'hui tout hôpital d'une certaine importance a une machine à vapeur — parfois il y en a plus d'une. Sans parler en effet des plus grands établissements où la cuisine elle-même peut utiliser la force motrice, il y a dans toutes les parties de l'hôpital matière à emploi de la vapeur : notamment pour les bains, la buanderie, et, le cas échéant, l'élévation de l'eau ou le service des ascenseurs. Enfin, l'éclairage électrique étant de beaucoup préférable à tout autre, tout au moins dans les services hospitaliers, il y a lieu de le produire sur place. Mais tout cela ressemble à ce qu'est partout un service de machine à vapeur ou une usine d'électricité.

Les générateurs des machines peuvent rarement se prêter à la production de la vapeur pour le chauffage. De tous les modes de chauffage, le meilleur pour l'hôpital est certainement le chauffage à vapeur — avec toutes ses variétés de combinaisons. Les bâtiments étant forcément disséminés, il ne sera pas toujours possible de n'avoir qu'un seul centre de chauffage. C'est cependant bien préférable lorsque cela se peut, et cela se peut presque toujours.

Tout cela est fort difficile à bien placer dans une composition générale. Tous ces services généraux demanderaient évidemment à être des services centraux, car chacun étant en relations nécessaires avec toutes les parties de l'hôpital, il importe que les distances soient le plus courtes possible, que les inconvénients et parfois les dangers du transport soient réduits au minimum ; cela est vrai du repas qui refroidit, du linge sale qui peut semer l'infection sur son parcours, de la vapeur qui risque de se condenser dans de longs trajets — et des jambes des gens de service.

Mais le centre ne peut être disponible pour tout. Il faut d'abord le réserver à ce qui peut être l'occasion de déplacement des malades eux-mêmes, car c'est à eux qu'il faut avant tout éviter les longs parcours. Aussi trouverez-vous dans une situation centrale : la chapelle, lorsque le programme en comporte ; les bains, lorsque le service en est unique.

La cuisine et la pharmacie, la lingerie pourront être placés dans une situation centrale avec profit pour la facilité du service.

Mais il faut d'autre part éviter l'encombrement central, qui retirerait au plan l'aération nécessaire; il faut éviter avant tout que les malades, de leurs fenêtres, n'aient que des vues de cours de service ou de toitures; éviter enfin que tout le personnel extérieur qui aura affaire à ces services pénètre dans l'hôpital lui-même. Aussi verrez-vous comme on saisit toute occasion de profiter d'une rue latérale ou postérieure pour créer des entrées de service discrètes. Je ne crois pas qu'il y ait à Paris un seul hôpital qui n'ait qu'une entrée unique.

Quant aux services dont le voisinage peut devenir dangereux, comme la buanderie, l'étuve, etc., je vous ai déjà indiqué la nécessité de les écarter.

Toujours, vous le voyez, la contradiction, toujours la compensation des sacrifices ! Et en même temps, les difficultés de toute nature, terrain irrégulier et insuffisant, demandes exagérées..... etc. Qu'est-ce à dire ? Que le rôle de l'architecte n'est pas facile ? Je le sais bien, et vous vous en doutez déjà un peu.

Mais si ardue qui soit la réalisation matérielle de toutes les parties de ce vaste programme, n'oubliez pas les considérations élevées qui devront régir toute votre composition : et pour ne les pas perdre de vue, pensez-y toujours. Deux pensées doivent vous guider : votre hôpital doit satisfaire à toutes les prescriptions de l'hygiène, aucune préoccupation ne peut primer celle-là; il doit être d'un aspect encourageant pour le malade. Ces deux pensées se résument en une seule et même idée dominante : guérir.

Dans tout ce qui précède, nous avons passé en revue ce qu'on pourrait appeler l'*internat* d'un hôpital. Mais il y a aussi l'*externat*, c'est-à-dire les services de consultation, de plus en plus importants. Pour le malade qui peut se soigner chez lui, qui peut se rendre à l'hôpital et en revenir, la consultation suffit au point de vue médical, et on obvie ainsi à l'encombrement de l'hôpital. Aussi les services de consultation sont-ils maintenant très développés ; dans les hôpitaux d'enfants surtout on leur donne une grande importance.

La consultation est donc un petit hôpital, moins le séjour des malades. Ce service est toujours placé joignant la voie publique, très facilement accessible ; le malade y reçoit des conseils, des ordonnances ; on lui délivre gratis les médicaments, on lui fait au besoin de petites opérations.

Peut-être arrivera-t-on à subdiviser les consultations ; jusqu'à présent elles constituent des groupes uniques,

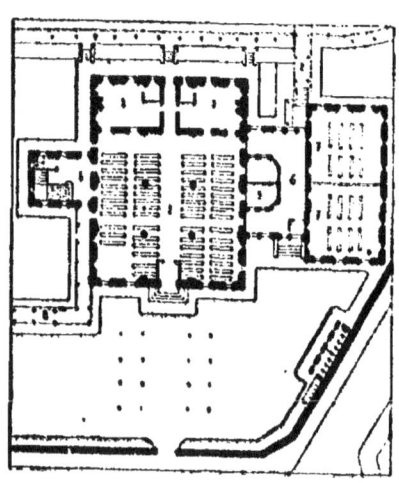

Fig. 837. — Consultations de l'hôpital Saint-Louis.

1, consultations. — 2, cabinet du chirurgien. — 3, cabinet du médecin. — 4, escalier du musée. — 5, bureau. — 6, entrée des bains. — 7, consultation (gale). — 8, galerie de communication entre l'hôpital et les bains.

parfois avec deux parties distinctes pour les hommes et les femmes. Je vous montrerai, pour vous faire saisir ce qui suit, deux exemples de consultations : l'un, très important, — car on y vient de tout Paris pour des affections spéciales — est la consultation de l'Hôpital Saint-Louis (fig. 837) ; l'autre plus restreint, emprunté à l'Hôpital Bichat (fig. 838), vous montrera ce qu'est la consultation dans un hôpital d'importance secondaire. Les parties essentielles d'un service de consultation sont :

Deux vastes salles d'attente, ou une salle unique divisée en deux parties, suivant qu'on vient consulter pour la médecine ou pour la chirurgie; ces salles bien claires, et chauffées, aménagées pour abriter pendant un temps assez long des personnes malades;

Un ou plusieurs cabinets pour les docteurs consultants; des salles de pansement;

Une pharmacie où le malade se fera délivrer les médicaments ordonnés.

A la consultation de chirurgie sera jointe une petite salle d'opérations, analogue à celle que nous avons vue dans les services de chirurgie.

Fig. 838. — Consultations de l'hôpital Bichat.

1, salle d'attente. — 2, consultations. — 3, pansements, pièces pour médecin et chirurgien. — 4, 5, services.

Aux salles d'attente doivent être annexées quelques pièces d'isolement pour les contagieux : cette prescription est surtout très importante pour les hôpitaux d'enfants.

Il existe souvent dans les hôpitaux un service de *bains externes*. Le mieux est que ces bains, distincts du pavillon des bains dont j'ai parlé plus haut, soient annexés à la consultation. Il sera d'ailleurs analogue au précédent, avec les mêmes dépendances pour douches, hydrothérapies, etc.

La consultation, qui doit avoir son entrée directe sur la rue, doit aussi être à proximité du bâtiment d'administration, avec lequel elle a de fréquents rapports. Il est inutile d'ajouter que là aussi tout doit être clair et aéré, hygiénique et encourageant.

En dehors même des hôpitaux, il existe des services analogues aux consultations; ce sont les maisons de secours. Les éléments en sont les mêmes.

CHAPITRE V

LES MAISONS D'ALIÉNÉS

SOMMAIRE. — But et caractère des maisons d'aliénés. — Conceptions anciennes et modernes du programme.
Subdivisions des malades : tranquilles, maniaques, mélancoliques, déments, alcooliques, agités. — Paralysie générale, gâtisme, épilepsie, idiotisme.
Préaux, infirmerie ; — ateliers de travail. — Cellules. — Particularités de ces établissements. — Réclusion.

Dernièrement, je vous ai fait voir la prison ; ensuite l'hôpital ; certes, le programme n'est pas le même. Mais il y a, dans le régime hospitalier, une catégorie d'établissements qui tient un peu de tous deux : c'est l'*asile d'aliénés*.

Hôpital par les soins, par la poursuite de la guérison, par la liberté rendue au malade dès qu'on le peut, c'est une prison aussi, car il faut bien que l'aliéné inconscient et parfois dangereux soit séparé de la société, mis hors d'état de nuire, détenu en un mot pour subir un traitement qu'il doit suivre malgré lui. Mais cette prison doit être hospitalière et encourageante s'il se peut ; elle doit être effective et non apparente. C'est pour ces malades surtout que le médecin cherche à agir sur le moral et l'imagination, à voiler la contrainte autant du moins qu'il le peut.

Longtemps, le fou n'a été qu'un objet de crainte et d'antipathie : s'en garer, le mettre hors d'état de nuire, tel était le seul objet des anciennes maisons de fous, qui ont laissé dans les souvenirs populaires de si terribles répulsions. La maison de fous n'était qu'un bagne, le malade — mot moderne quand il s'agit de fous — était enchaîné. Voyez la statue de Pinel, faisant tomber les fers d'un malheureux fou : toute la révolution accomplie dans le traitement des maladies mentales est là, et là aussi toute la révolution nécessaire dans l'architecture des maisons de fous, devenues les Asiles d'aliénés. Ne cherchons donc pas d'exemples dans le passé barbare : passé récent encore, car les horreurs des maisons de fous étaient contemporaines des siècles les plus raffinés, des sociétés les plus élégantes, des convictions religieuses les plus profondes. Nous réclamons ce programme comme uniquement moderne; et c'est un de ceux qui s'imposent le plus à vos études, car la progression terrible de ces maladies laisse toujours la prévoyance de l'habitation en retard sur le nombre des malades. Le département de la Seine a 12.000 aliénés à hospitaliser, il a place pour 5.700, et prochainement pour 7.000. Aussi un administrateur disait-il récemment que dans certains asiles la surveillance de nuit est impossible, à cause du grand nombre de matelas qu'il faut ajouter par terre entre les lits.

Tout le monde est d'accord pour préférer des asiles plutôt restreints. Ferrus, Esquirol n'admettent pas plus de 450 à 500 malades; Pinel, 300; Parchappe, de 200 à 400, etc. La Commission préfectorale de 1860 conclut à un maximum de 600. Mais les nécessités, les raisons d'économie font admettre, quoique à regret, des asiles plus importants, et celui que le département de la Seine fait actuellement construire à Ville Evrard recevra 1.200 malades. C'est là une question de programme qui vous échappe nécessairement.

Des maladies nombreuses et diverses sont traitées dans les asiles d'aliénés. Il y a la folle proprement dite, qui se subdivise en bien des catégories : tranquilles, maniaques, mélancoliques, déments, alcooliques, agités ; puis les paralysies générales, le gâtisme, l'épilepsie, l'idiotisme. Le programme doit pourvoir à ce que ces catégories ne se mélangent pas.

En général, il y a plus de femmes que d'hommes ; il sera donc rare qu'une composition puisse se développer en deux parties symétriques. D'ailleurs, lorsque c'est possible, il vaut mieux que les deux sexes ne soient pas abrités dans un même établissement.

Quant aux éléments du programme, ils seront à beaucoup d'égards les mêmes que dans l'hôpital, surtout pour les services administratifs et généraux. Ainsi, je n'ai rien de particulier à vous dire de l'administration, de la cuisine, de la lingerie, de la buanderie, du service des morts. Toutefois si les malades sont employés dans quelques-uns de ces services, la cuisine par exemple, il ne faut pas que les évasions soient possibles : l'évasion est l'idée fixe même du malade le plus tranquille.

En général, il n'y a pas de service de consultation, ou il est très restreint. Les bains sont très importants, mais ne diffèrent pas sensiblement de ce que nous avons vu. Le service de chirurgie n'existe qu'à l'état d'annexe de l'infirmerie, dont j'aurai à vous parler tout à l'heure.

Quant aux salles de malades, elles ressemblent de tous points à celles d'un hôpital, si ce n'est que pour la plupart des malades le cube d'air n'a pas besoin d'être aussi grand. On exige au minimum 30^{m}. Toutefois, les salles des gâteux doivent être plus aérées, et semblables aux salles d'hôpital. Bien entendu, le chauffage, la ventilation seront régis par les même principes.

Passons maintenant à ce qui est spécial aux asiles d'aliénés :

chaque quartier doit posséder un préau couvert et un préau découvert pour que les malades puissent y prendre l'exercice nécessaire. Ces préaux ou jardins doivent être bien secs, par conséquent exposés au soleil, et le plus possible à l'abri des vents régnants, surtout dans les pays où le vent est violent.

L'aliéné malade ou blessé est soigné dans l'*Infirmerie*, petit hôpital en miniature, écarté des autres quartiers. En général, un seul bâtiment contient les hommes et les femmes. La proportion est environ un lit pour douze ou quinze hospitalisés. Il est utile qu'il y ait en outre et bien à part un pavillon des contagieux, car lorsqu'une épidémie se déclare, il faut que les malades puissent être soignés sans sortir de l'asile et sans risquer de répandre la contagion.

L'asile d'aliénés comporte des ateliers de divers travaux manuels pour les hommes, d'ouvrages d'aiguille pour les femmes. Le plus souvent il y est joint en outre une ferme pour les travaux de culture, appropriés à la région. Ces divers ateliers n'ont rien de particulier.

Lorsqu'on le peut, on dispose une salle de fêtes où se donnent — parfois avec talent — des concerts ou de petites représentations scéniques. C'est un moyen de traitement.

Enfin, nous trouvons dans l'asile d'aliénés, le quartier des agités, avec son complément sinistre, les *cellules*. Il y en a même pour les enfants, mais elles ont alors un préau commun. Pour les adultes, je vous citerai les cellules de Sainte-Anne, et celles de l'asile de Saint-Venant. Au surplus le plan de l'asile de Sainte-Anne (fig. 839) vous montrera l'ensemble complet d'un grand asile d'aliénés; et celui de Bracqueville (fig. 840) un asile de proportions plus modestes.

Cela ressemble fort, hélas, aux cellules de prisons, avec toutefois un peu plus d'espace. On demande au moins 3.60 × 2.25

et 3,70 de hauteur, ce qui fait un cube d'air de 30 mètres. Naturellement, la surveillance doit être facile, il y a donc dans la

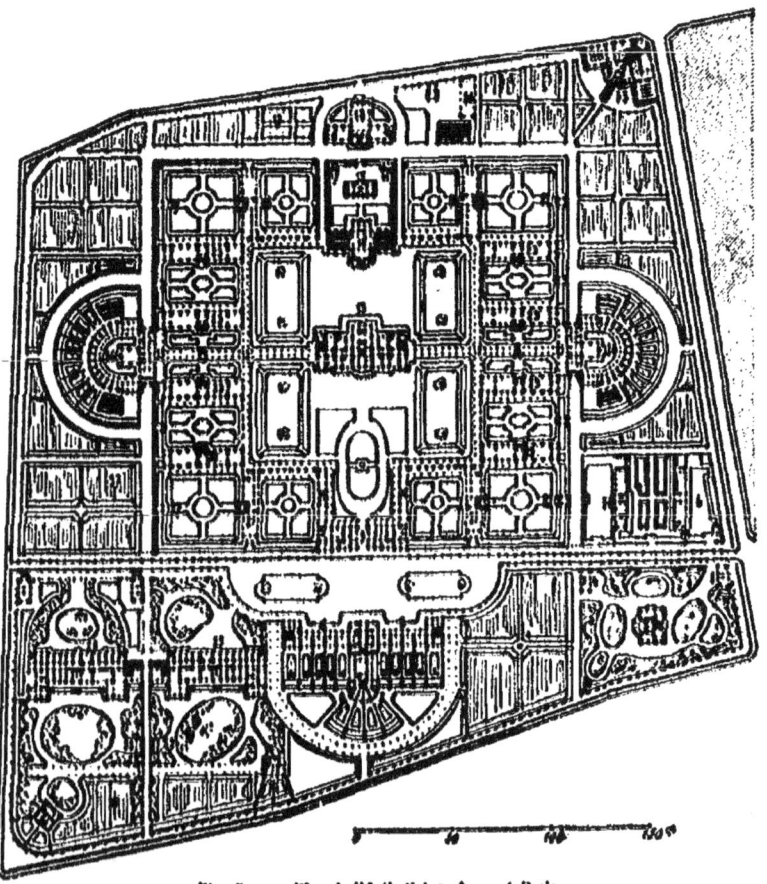

Fig. 839. — Plan de l'Asile Sainte-Anne, à Paris.

1, entrée principale. — 2, portier — 3, inspecteur général. — 4,4, écuries et remises. — 5, division des hommes. — 6, division des femmes. — 7, agités. — 8, agitées. — 9, administration. — 10, parloir des hommes. — 11, parloir des femmes. — 12,12, circulation. — 13, services généraux. — 14, chapelle. — 15, salle d'autopsie. — 16, dépôt des cercueils. — 17, cabinets d'aisances. — 18, buanderie et réservoirs. — 19, séchoir à l'air libre. — 20, dépôt de combustibles. — A, quartiers des hommes. — B, quartiers des femmes. — 21, infirmerie. — 22, paisibles. — 23,23, semi-paisibles. — 24, faibles et gâteux. — 25, bains. — 26, agités. — 27,27, cabinets d'aisances.
Nouveaux quartiers annexés. — 28, division des hommes. — 29, division des femmes. — 30, agités. — 31, agitées. — 32,32, cabinets d'aisances. — 33, bains tiédeurs. — 34, pavillon du jardinier-chef. — 35, pavillon de l'aide-jardinier. — 36, ateliers. — 37,37, terrains de culture.

porte un judas vitré en forte glace, et garni d'un obturateur qui se manœuvre du dehors.

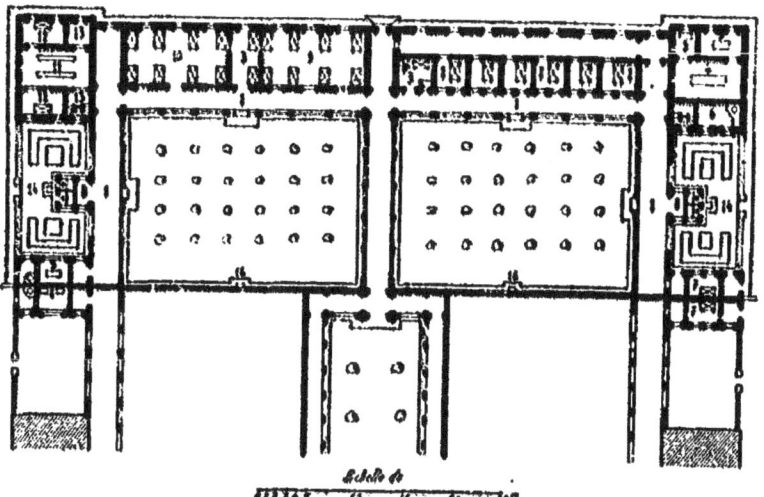

Fig. 840. — Plan de l'asile de Bracqueville.

1,1, galeries. — 2,2, cellules. — 3,3, surveillants. — 4, réfectoire. — 5,5, bains. — 6, fourneau pour les bains. — 7,7, cellules d'isolement. — 8,8, lieux d'aisances. — 9, dortoir pour les aliénés momentanément tranquilles. — 10, dortoir des aliénés gâteux. — 11, réfectoire des aliénés gâteux. — 12, chambres séparées des aliénés gâteux. — 13, dépendances. — 14,14, cours d'isolement. — 16,16, bornes-fontaines.

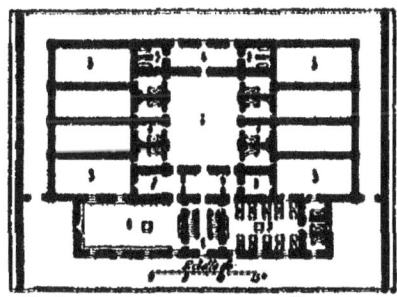

Fig. 841. — Cellules et préaux des agités de l'asile de Saint-Venant.

1, vestiaire. — 2, préau couvert. — 3,3, cours. — 4, chaudière pour chauffage à eau chaude. — 5,5, bains. — 6,6, cellules. — 7, laverie. — 8, chauffoir. — 9, dortoir.

Chaque cellule a son petit préau découvert. Ceux de Saint-Venant (fig. 841) ont douze mètres sur quatre. Ils sont séparés par des murs élevés. Chaque cellule est pourvue de son siége d'aisances. L'ensemble de ce quartier est ici rectangulaire. Souvent aussi la disposition est rayonnante, comme à l'asile de Sainte-Anne. Le quartier des agités doit être soigneusement écarté des autres : il ne faut pas que les malades tranquilles perçoivent les cris des furieux. Aux asiles d'aliénés est ordinairement annexé un service des idiots, gâteux, paralytiques, et en général de toutes les infirmités cérébrales. Sauf des nuances, cela ne présente pas pour nous de différences sensibles avec ce que nous avons vu au sujet des hospices ou des hôpitaux ; ou bien cela motiverait trop de détails, par exemple pour les services d'enfants imbéciles, et parfois déjà fous. Ainsi, à la Salpêtrière, il existe une installation de cellules pour enfants, ouvrant sur un préau demi-circulaire qui lui-même est clos par un grillage métallique ; ces petits malheureux sont ainsi presque dans une faisanderie.

Lorsque l'asile peut se compléter par un parc de promenade, c'est excellent ; les malades tranquilles y trouvent des ombrages et un séjour plus agréable que les simples préaux. Mais il faut y éviter les pièces d'eau, les rocailles, tout ce qui peut constituer un danger en cas de rixe ou de tentatives de suicide.

La loi prescrit l'habitation des médecins dans l'asile. Cette prescription n'est pas toujours observée. On préfère pour cela des pavillons personnels. Il doit exister aussi un pavillon des internes, et des logements pour un personnel assez nombreux ; ce que nous avons vu pour l'hôpital s'applique encore ici ; d'ailleurs, c'est le programme qui doit spécifier les exigences administratives à cet égard.

Les aliénés sont souvent visités par leurs familles, mais à moins d'autorisations expresses, ces visites n'ont lieu ni dans les quartiers, ni dans les préaux ou jardins. Il faut des parloirs, lesquels doivent être placés dans le bâtiment d'administration, ou en contiguïté, afin d'éviter la pénétration des visiteurs dans l'asile.

Voyons maintenant quelques précautions particulières qui sont prises dans les asiles d'aliénés.

Il faut vous ai-je dit que la détention existe, mais qu'elle soit aussi peu apparente que possible. L'asile sera donc clos de murs, et de murs sérieux, auxquels on donne généralement 4 mètres de hauteur. Mais pour éviter que ces murs ne fassent écran — car on cherche un emplacement en vue de la campagne — ces murs sont construits au fond d'un saut de loup, ou plus exactement d'une déclivité de terrain, en pente très douce. Le sommet du mur dépasse ainsi de très peu le niveau des terrains de l'asile, et la vue s'étend au delà. Les chaperons doivent être arrondis, sans saillie, afin d'éviter tout accrochage de cordes (fig. 842).

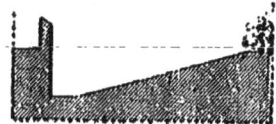

Fig. 842. — Clôture d'une maison d'aliénés.

Les corridors, les portes doivent être plus larges que dans un hôpital : un choc ou une rencontre dégénère facilement en collision et en rixes entre les malades.

On évite tout ce qui peut être une cause d'accident ou de suicide. Ainsi, les serrures seront plutôt entaillées, on évitera les saillies, les angles seront autant que possibles arrondis.

Il est essentiel que les objets indispensables, tels que toilettes, etc., soient fixes.

Les escaliers ne doivent pas être à quartier tournant; ils ne doivent présenter aucun vide entre leurs limons, toujours par crainte des suicides. Les rampes doivent être élevées et lisses; les escaliers entre murs sont parfaits.

C'est surtout dans les quartiers des agités que ces précautions ne sauraient être trop minutieuses. Les cellules sont matelassées dans une hauteur de 2 mètres environ; au-dessus du capitonnage un chanfrein en bois, incliné à 45° au moins, raccorde le mur.

La fenêtre est à 2^m 20 du sol, formée d'un chassis en fer et de petits carreaux en vitre-dalle.

On recommande, de chaque côté de la porte, de disposer des pans coupés pour éviter les angles rentrants où le furieux pourrait se blottir pour guetter l'entrée du gardien et se précipiter sur lui.

Il va sans dire d'ailleurs qu'un programme aussi spécial ne saurait être abordé sans une étude sérieuse de ce qui a été fait en France et à l'Étranger. On a beaucoup cherché, non sans résultats. A l'architecte d'un nouvel asile, il incombe de rechercher le dernier état de ces études, et de s'attacher à faire progresser encore les solutions. Les médecins aliénistes sont exigeants : ils ont raison. S'ils vous demandent des choses contradictoires ou impraticables, faites-le leur comprendre, mais restez en unité de vues : un hôpital, un asile d'aliénés, ne peuvent arriver à une composition acceptable que par la collaboration cordiale du médecin et de l'architecte.

LIVRE X

LES
ÉLÉMENTS DE LA COMPOSITION
DANS
LES ÉDIFICES D'USAGE PUBLIC

CHAPITRE PREMIER

ÉLÉMENTS DES ÉDIFICES COMMERCIAUX

SOMMAIRE. — Conditions générales. — La Boutique. — Maisons disposées pour le commerce. — Grands magasins de vente. — Docks et dépôts. — Ateliers industriels.

Je commence par déclarer vicieuse cette appellation, que j'adopte, faute de mieux, pour grouper des édifices qui ne se rattachent pas à des catégories précises, et qui n'ont entre eux que ce lien d'usage public. Assurément, ce n'est pas une définition, il faut donc des exemples pour expliquer ce titre : ce seront les édifices commerciaux, les halles et marchés, les Bourses, les entrepôts, les gares etc., — puis les théâtres, les concerts, les casinos, etc.

Dans tout cela, il est assez difficile de présenter une théorie : il faudrait plutôt une série de monographies, et tel n'étant pas le plan de ce cours, j'ai surtout à vous dire, en somme, que sur ces sujets vous trouverez avant tout l'enseignement dans votre bibliothèque. Essayons cependant.

Le commerce, et en premier lieu le commerce d'alimentation, fut de tout temps une nécessité impérieuse de la vie civilisée, et la condition même de l'existence des villes. Commerce de gros, commerce de détail, ce mécanisme existe de tout temps, et devait créer une architecture : architecture privée par le magasin et la boutique, architecture publique par le marché. Nous avons déjà rencontré la boutique en parlant de la maison; et quant au magasin ce qu'on en peut dire tout d'abord, c'est qu'il doit être clair, libre d'encombrements, accessible et facile à surveiller — avec d'ailleurs toutes les multiples particularités qui pourront résulter de chaque programme, c'est-à-dire de chaque nature de marchandises. Ainsi par exemple un magasin de fers marchands, où les fers se placent debout, ne ressemblera en rien à un magasin de petits objets classés dans des tiroirs à hauteur de la main.

Je confesse d'ailleurs mon embarras à vous parler des constructions à l'usage du commerce ou de l'industrie. Cela est en vérité trop vaste et trop varié pour se prêter à l'exposition des lois générales, et les applications changent si fréquemment, l'ingéniosité marche à une telle allure que ce qui serait vrai au moment où j'écris ne le serait plus au moment où vous me liriez. Peut-être cependant est-il possible de dégager quelques vérités d'ordre général.

Il est évident que, en pure logique, à chaque commerce devrait correspondre une conception appropriée du local de vente. Il est bien clair en effet que ce qui convient pour la vente des fleurs par exemple, n'est pas ce qui convient pour la vente de la quincaillerie. Mais il est très rare que le commerçant fasse construire en vue de son commerce : c'est un gros risque que les maisons puissantes et sûres de leur avenir — ou qui croient l'être — peuvent seules se permettre. En général, le régime des établissements commerciaux est plus modeste et plus banal, c'est la location. Et cette location, c'est presque nécessairement la location à tout faire.

Que peut faire en effet le propriétaire qui construit ? Il ne sait quel sera le locataire de ses boutiques, et le saurait-il pour le moment présent qu'il l'ignorerait pour un avenir prochain. Il ne peut donc créer qu'un endroit banal ; et quand il lui aura donné autant que possible l'espace et la lumière, il devra s'en tenir là. Je vous ai dit un mot déjà des boutiques, en parlant de nos maisons, et de la difficulté de composition et d'étude qui en résulte pour nos rez-de-chaussées ; et je vous avertissais que si vous cherchiez à vous dérober aux nécessités commerciales de la boutique, elles seraient plus fortes que vous. Faites résolument des boutiques : ce conseil paraît oiseux, et cependant on a souvent cherché à donner à la boutique un caractère anormal, en dissimulant presque sa destination sous une apparence monumentale qu'elle ne tolère pas. On en est toujours puni.

Pour être vrai dans la conception et l'étude du local commercial, il faut se mettre à la place et du vendeur et de l'acheteur ; au fond, cela revient au même : il faut avant tout que la boutique soit engageante.

Et pour cela, il faut en premier lieu qu'elle ait le plus possible d'étalage ou de devanture. Le client aime à voir avant d'entrer, ou même il n'entre que parce qu'il a vu. L'étalage doit arrêter le passant, le tenter, le séduire. Vous n'aurez donc jamais de vitrages trop grands, et l'on tend de plus en plus à faire descendre presque jusqu'au sol les glaces de devanture. Mais pour que le client soit tenté, il faut qu'il s'arrête, et s'il peut dans cet arrêt être à l'abri des bousculades du trottoir ou de la pluie, il séjournera davantage : de là est venue l'habitude, encore timide, de ménager devant la devanture un espace en retrait, sorte de porche extérieur, ou d'antichambre de la boutique, où bien entendu il se fera aussi des étalages. Ce parti est séduisant, mais il n'est pas toujours possible. Il faut que la boutique soit assez profonde pour qu'on puisse prélever sur elle cet espace libre ; il faut aussi qu'elle soit assez haute pour qu'il n'en résulte pas un assombrissement sensible, surtout lorsque la rue est étroite ; puis l'éclairage et l'aération des sous-sols, dépendance ordinaire de la boutique, deviennent ainsi plus difficiles. Cela ne convient d'ailleurs que pour certains commerces et non pour d'autres : je vous parlais tout à l'heure de fleurs et de quincaillerie : cela pourrait être avantageux pour le fleuriste, sans objet pour le quincailler.

Ce sont donc là des dispositions qui ne peuvent être prises que par le locataire, au moyen de constructions aussi provisoires que sa location même, et ce serait une faute que de rendre ce parti obligatoire par le fait d'une construction définitive. Le vrai caractère de la boutique est d'être libre de se prêter à toutes les combinaisons personnelles de l'occupant : quand l'architecte aura assuré la solidité de la maison en réduisant au minimum l'obstruction des locaux commerciaux, il aura fait tout ce qu'il pouvait faire.

Mais dans les quartiers essentiellement commerçants, le commerce occupe souvent tous les étages d'une maison, et il s'accommode mal d'appartements conçus pour l'habitation. Aussi, lorsqu'on construit dans ces quartiers, faut-il se demander si on fera la maison d'habitation ou la maison de commerce : car il faut choisir.

La maison de commerce a en effet des exigences autres que la maison d'habitation. Son entrée sera large et bien en vue, et donnera accès à un escalier principal — ou à plusieurs — faciles et clairs. Ils ne seront jamais trop larges ni trop doux. Les paliers devront être larges, desservis d'ailleurs par des ascenseurs s'il y a lieu. Quant au local commercial, sauf qu'ici il n'y a pas de devanture sur la voie publique, il devra comme la boutique être aussi libre que possible de points d'appui, largement éclairé, d'une distribution claire, et surtout susceptible de distributions variables.

Un soin nécessaire dans ces maisons est de faire les planchers assez résistants pour supporter des poids considérables. Il y a de nombreux commerces qui entassent des choses lourdes, et il ne faut pas croire que ce soit toujours à rez-de-chaussée. Dans les étages, si un jour vous n'avez que des plumes à porter, vous pourrez un autre jour recevoir un libraire, ou un marchand de tapis, de papiers, d'objets de métal, etc. Je crois que la prévision d'une surcharge de 600 kilos par mètre superficiel de planchers n'a rien d'exagéré.

La façade sera très ouverte, car le plus souvent ce n'est que la rue qui éclaire, les façades sur cours intérieures apportant peu de contingent de lumière. Vous aurez donc presque l'architecture des boutiques remontant jusqu'au dernier étage. Et il y a à cela une autre raison encore que l'éclairage : à tous les étages, le commerçant veut appeler l'attention des passants ; s'il ne peut avoir l'étalage proprement dit, il aura l'enseigne, les grands vitrages éclairés le soir. Et s'il lui faut une lumière plus atténuée pour dissimuler l'infériorité de sa marchandise — cela arrive — il sera toujours facile de recourir au verre dépoli ou au rideau épais.

Quelle pourra être l'expression architecturale de ces maisons ? Rien ne s'oppose à ce qu'elle ait sa valeur sérieuse et originale, rien, si ce n'est l'enseigne qui viendra détruire toute ligne, submerger toute étude, anéantir toute proportion. A cela nous ne pouvons rien. On a cherché à localiser tout au moins l'enseigne en créant dans la façade des grands panneaux horizontaux entre les étages successifs de fenêtres : pure illusion ; le commerçant, qui en général n'est pas gêné par les scrupules esthétiques, débordera toujours toute limite préparée à sa réclame; si son voisin a des lettres monstrueuses d'un mètre et demi, il lui en faudra de deux mètres; et plus ce sera laid,

Fig. 843. — Magasins réunis, à Paris.

criard, de couleur agaçante, plus aussi cela attirera l'œil avec violence, et c'est le but!

Je ne puis vous montrer d'exemple en quelque sorte classique de cette architecture des maisons destinées au commerce. Il en a été fait de nombreuses et assez variées, et somme toute les rues comme la rue Réaumur qui sont purement commerciales ont peut-être plus de variété et de caractère d'ensemble que les rues réservées à l'habitation bourgeoise. Je vous citerai toutefois la construction importante édifiée pour les Magasins réunis (fig. 843), étudiée avec une préoccupation artistique du caractère spécial au programme.

Il a été fait aussi dans cet ordre d'idées des tentatives intéressantes de constructions métalliques, et peut-être est-ce dans ce sens que le programme de la maison commerciale est appelé à recevoir sa solution. Telle est celle que M. Raulin a construite rue d'Uzès (fig. 844).

L'architecte, il faut le reconnaître, est plus maître de sa composition lorsqu'il élève un édifice en vue d'un commerce déterminé, l'occupant dans toutes ses parties, du sous-sol aux combles. Et cependant il est rare que ces

Fig. 844. — Maison commerciale, rue d'Uzès.

grands ensembles aient été créés d'un seul jet ou pour cette destination spéciale. Le plus souvent, il ne s'agit que d'adaptations où il se dépense beaucoup d'ingéniosité pour assurer malgré tout des dispositions pratiques. Vous pouvez néanmoins voir un exemple intéressant d'une construction de ce genre,

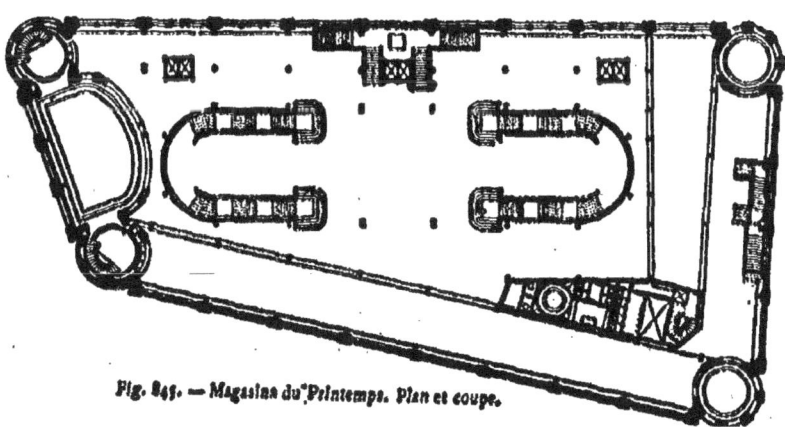

Fig. 845. — Magasins du Printemps. Plan et coupe.

réellement conçue pour son programme : c'est le magasin du Printemps (fig. 845). Je ne puis le décrire dans toutes ses parties : essayons du moins de déterminer les conditions invariables de ces sortes de magasins — qu'on y vende d'ailleurs des étoffes, des métaux, ou même de tout.

D'abord, facilité d'accès du dehors, par des portes de plusieurs côtés. Il faut toujours que le passant soit engagé à entrer; facilité de circulation, mais aussi facilité de surveillance; et enfin l'aspect qui doit donner dès le premier abord l'idée, exagérée au besoin, de l'importance et de la richesse de l'établissement. Il faut aussi la facilité de translation d'un *rayon* à un

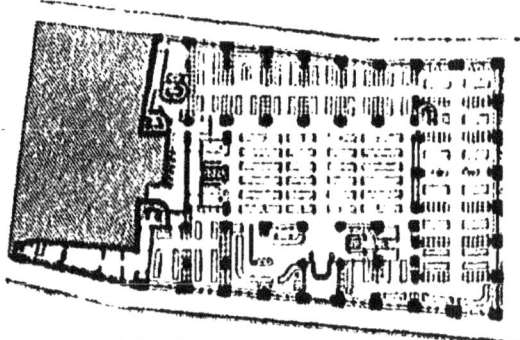

Fig. 846. — Magasins de la Belle Jardinière.

autre : dans ces magasins, très vastes, la disposition est en général un grand hall vitré central, avec des galeries latérales, en trois et parfois quatre étages. Si le vitrage central est très long, l'acheteur qui aura terminé ses emplettes dans la galerie de droite aura à faire un parcours long et compliqué pour se rendre à la galerie de gauche. Il faut donc des passerelles pour les réunir; et comme tout ici est lieu de vente, ces passerelles seront encore des galeries transversales entre deux vitrages. Ainsi, d'une part, considérations d'éclairage qui demanderaient des vitrages aussi grands que possible; d'autre part, besoin de communications qui conduisent à les diviser : questions délicates de mesure et d'étude. Le magasin de la Belle Jardinière (fig. 846) peut encore être cité comme répondant assez heureusement à ces nécessités.

Ces derniers exemples se rapportent aux édifices où se presse la plus nombreuse affluence du public. A certains égards, ces grands magasins sont des musées de marchandises.

D'autres maisons de vente, non moins considérables, n'ont pas à compter avec les foules, soit qu'on n'y fasse que le commerce de gros, soit qu'elles ne s'adressent qu'à une clientèle spéciale. Dans cet ordre d'idées, les variétés sont nombreuses ; il faut toujours le plus d'espace possible, de l'ordre, de la clarté, mais cela participe toujours un peu de l'entrepôt ou du magasin. Je vous parlerai plus loin des entrepôts de liquides ou de céréales, mais ce ne sont pas les seuls : tout commerce, toute industrie a ses entrepôts. Lorsque ces dépôts sont affectés à une nature spéciale de marchandises, le programme est nettement défini : ainsi par exemple une grande usine telle qu'une fonderie aura dans des villes des dépôts de ses marchandises : ce sera presque un musée de ses modèles : on y reçoit des commandes plutôt qu'on n'y fait des ventes ; le client compare, choisit, et la commande est transmise à l'usine, qui livrera les objets commandés. Un des plus importants établissements de ce genre est le dépôt des fonderies du Val d'Osne, à Paris (fig. 847). Dans la composition de ces dépôts, l'architecte est dirigé par la nature même des marchandises, grandes et menues, lourdes ou légères, résistantes ou fragiles. Rien de général ne peut être indiqué à ce sujet.

Mais il y a d'autres dépôts commerciaux, destinés à des marchandises très diverses — ce qu'on appelle Magasins généraux. Pour des raisons quelconques un commerçant y dépose des marchandises qui pourront être des liquides en fûts ou en bouteilles, des machines, des meubles, ou des petits objets portatifs. Il faut donc à ces magasins des caves, des locaux spacieux pour les gros objets, des rez-de-chaussée élevés et des cours couvertes pour ce qui est lourd et encombrant; puis des étages multiples pour les objets plus maniables ou plus délicats. Pour tout cela, de l'ordre et de la clarté, des divisions faciles, des planchers très résistants, des étages assez bas pour que la manipulation soit facile.

Tout ce qui se vend se prépare dans des ateliers industriels. Pour quelques commerces, l'atelier est encore la chambre de l'ouvrier: je n'ai rien de spécial à en dire; au hasard de la location, l'ouvrier choisit le local où il pourra le mieux ou le moins mal exercer son industrie. Mais la grande masse des produits ouvrés se prépare dans des ateliers collectifs, avec ces deux éléments indispensables de l'économie: le travail des machines, et la division du travail.

Ici, tout est affaire de programme, et il n'y a guère de principes généraux : l'architecture n'est guère que l'enveloppe d'une organisation qui a ses exigences précises. Tout ce qu'on en peut dire, c'est qu'elle doit se prêter à la plus grande liberté des transformations fréquentes de l'industrie : il ne suffit pas que la disposition satisfasse au programme d'aujourd'hui, il faut encore qu'elle se prête au programme de

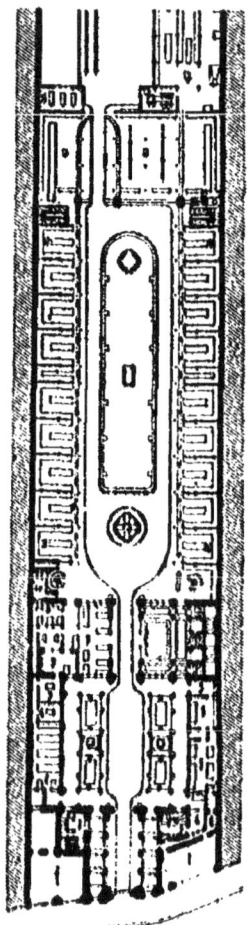

Fig. 847. — Dépôt des fonderies du Val d'Osne.

1, boutiques en location. — 2, atelier du directeur. — 3, des locataires. — 4, concierge. — 5, ateliers de sculpture et de dessin. — 6, caisse et comptabilité. — 7, vente. — 8, correspondance. — 9, directeur. — 10, magasins. — 11, emballage et déballage. — 12, montage. — 13, machines à vapeur. — 14, menuiserie. — 15, monte-charge.

demain. Par conséquent, moins il y aura de points d'appui intérieurs, de murs de refend, mieux cela vaudra : il n'y a guère qu'à constituer des espaces clos, couverts, aérés et éclairés, aussi vastes que l'emplacement le permettra.

En l'état actuel de l'industrie, on ne peut guère que présumer ce que pourra amener l'utilisation de plus en plus générale de l'énergie électrique ; il en résultera certainement une grande simplification de l'architecture industrielle, surtout si l'électricité est produite au dehors et non dans l'usine même. Un temps viendra, bientôt sans doute, où l'usine ne contiendra plus de moteurs et ne devra plus abriter que des machines-outils. Mais nous avons encore à compter avec la vapeur ou la force hydraulique directe : de là, dans nos usines, deux grandes divisions : la production de la force et son utilisation.

A l'état schématique, la force motrice — vapeur ou chute d'eau — fait tourner un ou plusieurs *arbres de couche*, en l'air ou sous terre ; ces arbres sont munis de poulies qui par l'intermédiaire de courroies ou de câbles sans fin font tourner l'arbre de l'outil, puis ce mouvement de rotation se transforme en mouvements divers. L'arbre de couche est donc le premier organe de l'atelier, et son action sera d'autant plus utile qu'il sera prolongé en droite ligne, sans renvois ni retours. Il faut donc à l'atelier de longs alignements, aussi bien pour l'utile aménagement de la force que pour l'ordre et la clarté du travail et la surveillance. Mais l'atelier reçoit cette force des moteurs qui seront en général dans une salle contiguë, et à proximité des *générateurs* s'il s'agit de vapeur. Remarquez que je dis *à proximité* : en effet, il ne faut pas que les générateurs soient dans la même salle que les machines, car les générateurs produisent de la poussière de charbons ou de cendres dont les machines doivent être soigneusement préservées. Mais il faut aussi que le voisinage soit immédiat et les relations très faciles : un vitrage entre la salle des machines et celle des générateurs est une disposition excellente. Il est nécessaire aussi que les générateurs soient en contrebas : lorsque la vapeur a produit son travail dans les cylindres de la machine, elle en est rejetée, et l'économie exige que la puissance qu'elle contient encore ne soit pas perdue par l'*échappement direct*. Elle devra donc, à l'état d'eau encore très chaude, retourner aux générateurs où un nouvel échauffement la convertira de nouveau en source de puissance, et si les niveaux sont bien observés, la pente seule des canalisations suffira à la ramener à son foyer.

Tout ce que je vous dis là est purement élémentaire ; je passe sur les détails qui sont infinis, et qui varient constamment ; je ne puis, vous devez le comprendre, que vous indiquer le principe général de ces installations : vous trouverez dans chaque programme des données particulières, très dissemblables : ce sont des sujets que je ne puis aborder, et après vous avoir dit quelques mots de ce que le bon sens impose ici comme conception générale, je ne m'arrêterai pas plus longtemps sur l'architecture industrielle.

CHAPITRE II

ÉLÉMENTS DES ÉDIFICES D'ALIMENTATION

SOMMAIRE. — Considérations générales. — Les anciens forum. — La halle. — Marchés couverts et découverts. — Les halles centrales. Entrepôts, réserves et magasins, etc. — Abattoirs. Les restaurants.

Quittant les édifices destinés au commerce en quelque sorte personnel, nous trouvons ceux qui doivent abriter le commerce collectif, spécialement le commerce d'alimentation.

Les marchés publics ont tenu et tiennent encore une très grande place dans l'architecture; mais leur composition a bien changé, et ici il m'est impossible de ne pas vous parler un peu du passé.

Ce grand et glorieux mot de *Forum* qui domine notre conception de l'histoire romaine, c'est le marché. Marché aussi l'*Agora* des Grecs. Nos *foires* n'ont pas d'autre étymologie que le *forum*. Et si, à Rome, les forum ont fini par devenir des places de pur luxe, il n'en était pas ainsi sous la République : il y avait alors déjà plusieurs forum, sans parler du principal — le *forum Romanum* — mais ces forum étaient affectés à des commerces spéciaux : il y avait par exemple le *forum olitorium*, ce qui signifie tout bonnement *marché aux huiles*, etc.

Le marché était donc une place, régulière ou non, entourée de portiques quand on le pouvait, en tous cas munie de quelques abris, et accompagné de sa *basilique*. Les transactions se faisaient en plein air, soit sur échantillons, soit au détail. Le cadre était souvent magnifique, mais rien n'était plus simple, vous le

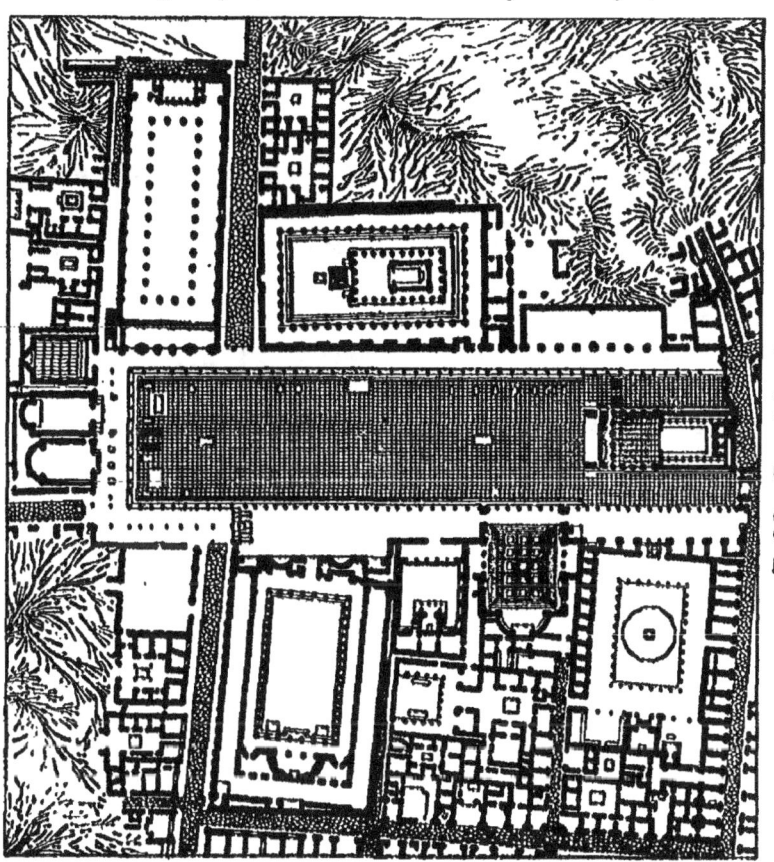

Fig. 848. — Forum de Pompéi.

voyez, que le fonctionnement du marché. Les forum de Rome, tels qu'ils nous sont parvenus, sont ceux de l'époque impériale, et n'avaient plus guère cette destination du marché. On retrouve plutôt le forum utilitaire à Pompéi (fig. 848) ou encore dans la ville récemment fouillée de Timgad en Algérie. Je vous ai d'ailleurs déjà montré le Forum de Trajan (v. plus haut, fig. 784) en traitant des Basiliques.

On rapproche parfois tout au moins en rhétorique, le *bazar* des Orientaux du *forum* des Romains. Cela ne se ressemble guère cependant. Le forum était une place, le bazar est un quartier de ville. On va au bazar comme on allait au forum, mais au bazar on circule dans des rues étroites, irrégulières, bordées de boutiques. C'est très pittoresque, mais nullement monumental : juste l'inverse du forum.

C'est plutôt dans les coutumes du moyen âge et de la Renaissance, et dans les pays méridionaux, que nous trouverions une survivance de l'ancien forum, notamment dans les villes d'Italie où se rencontre la place publique avec sa *loggia*, portique d'abri qui la complète. Telle est la place de la Signorie à Florence, et la *Place aux herbes* de Vérone : traduisez « marché aux légumes ». Comme le vieux forum, cette place marchande est le cœur de la ville, et la première chose que va voir l'artiste.

Mais tout cela, c'est toujours une place où l'on vend ; la marchandise est sur le sol, aucune architecture spéciale n'existe : c'est encore le marché de nos villages ou de nos petites villes — le seul qui soit pittoresque et animé, et, il faut le dire, le seul qui réussisse au point de vue de la vente.

Avec la vente du Moyen-âge — peut-être est-elle plus ancienne — nous arrivons à l'idée de l'abri, de la vente sous un toit. Tout d'abord, et pendant longtemps, la halle n'a pas été autre chose, c'est ce qu'elle est encore dans certains pays restés moins exigeants : des piliers ou des poteaux qui portent une toiture. Tels étaient à Paris les « Piliers des Halles » restés célèbres dans nos traditions parisiennes ; tel était encore ce bel édifice, les Halles d'Ypres (fig. 849) ; mais là le service des halles est surmonté des services municipaux de la ville et dominé par son imposant beffroi. Si simple que fût d'ailleurs cet abri, il y en avait de très pittoresques, combinés parfois avec un véritable goût artistique.

Comme variante, nous avons eu souvent la halle, toujours ouverte, mais surmontée d'un grenier, surtout lorsque la halle était plus spécialement affectée au commerce des céréales. Ces

Fig. 849. — Les Halles d'Ypres.

édifices étaient souvent en bois; près de Paris, il y en a un joli exemple à Noyon; en pierre et à une époque plus rapprochée, on peut citer la *maison du Poids public* à Clermont-Ferrand.

Le programme est d'ailleurs absolument simple, et je ne vous en parle que pour dire que cela a donné lieu quand même à des œuvres d'art. Ainsi, parmi bien d'autres, et pour me borner à un exemple en fait de halles modestes, je choisirai un joli petit édifice, la Halle de Mirecourt (fig. 850), surmontée d'une salle de réunion à laquelle on accède par un escalier extérieur.

ÉLÉMENTS DES ÉDIFICES D'ALIMENTATION

Mais, vous le savez, on devient plus exigeant de nos jours. De même qu'on n'admet plus l'escalier tout ouvert, le portique

Façade postérieure.   Façade principale.

Plan.

Vue perspective.

Fig. 850. — Halles à Mirecourt.

sans vitrage ou l'église sans calorifère, on n'admet plus cette halle ouverte du vieux temps, et le programme moderne, c'est le marché fermé. Seulement, comme on ne violente pas impunément la logique, on se trouve ici en présence de contradictions qu'on essaie vainement de concilier.

Si on ferme un marché, de crainte du froid pour les vendeurs ou les acheteurs, on en fait un local sinon chauffé — cela viendra peut-être — tout au moins soustrait aux refroidissements. Pour cela, il faut le soustraire aux courants d'air. Et pour cela, on l'entoure de murs pleins, jusqu'à hauteur de 2 ou 3 mètres.

Mais si on construit un marché, c'est pour qu'il s'y trouve en abondance des marchandises, généralement des comestibles, qui très vite arrivent à dégager toutes sortes d'odeurs. Comment peut-on combattre ces odeurs ? Par une large aération, par de puissants courants d'air.

Enfin, si on construit un marché, c'est pour que les acheteurs y viennent. Or, l'acheteur n'aime pas à pénétrer dans un lieu de vente sans avoir au moins aperçu la marchandise ; il s'arrête devant l'étalage, et n'entre que lorsque cet examen lui a inspiré confiance. Et le marché étant fermé, il ne voit pas : ne voyant pas il n'entre pas.

Aussi le marché moderne, en dépit de tous les efforts, est à la fois aussi dangereux pour les vendeurs que l'ancienne halle ouverte : plus perfide même, car les courants d'air y sont partiels et d'autant plus rapides ; — insuffisamment aéré cependant pour les marchandises ; — et de plus il éloigne la clientèle au lieu de l'attirer.

Et alors, à Paris même, tandis que quelques vieux marchés tenus sous les anciens parapluies de toile goudronnée réussissent à merveille, les marchés neufs, construits à grands frais, aménagés avec luxe, ferment les uns après les autres.

ÉLÉMENTS DES ÉDIFICES D'ALIMENTATION 583

Cependant on continue à en faire, et beaucoup. Il n'y a plus aujourd'hui de petite ville ou de gros bourg qui ne tienne à avoir son marché couvert — d'ailleurs toujours le même. On a d'abord copié les Halles centrales, puis on a copié les copies des Halles, et cela se répand du nord au sud, jusqu'en Algérie ou en Tuni-

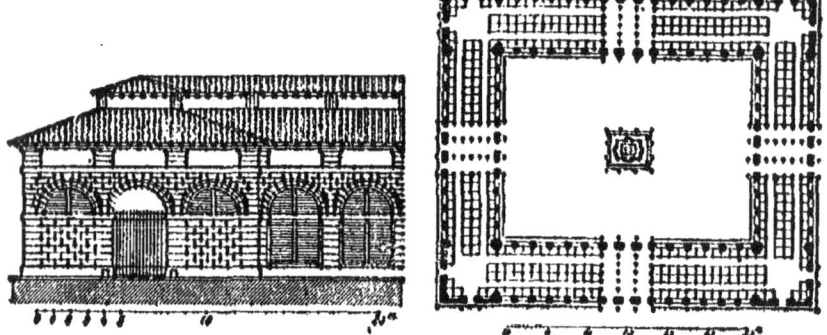

Fig. 851. — Marché de Saint-Germain, à Paris.

sie. C'est un programme tombé dans l'architecture d'exportation, et rien n'est plus lamentable.

D'ailleurs le programme est toujours fort simple : c'est encore l'abri, seulement l'abri avec clôture.

La première expérience en ce sens, ou en tous cas la plus intéressante, a été la construction du marché Saint-Germain ou celle du Marché des Carmes, vastes galeries closes et couvertes entourant une cour carrée. Les murs extérieurs sont percés d'arcades, puis d'ouvertures rectangulaires sous le comble, qui lui-même a encore un lanterneau aéré. Mais pour tenter de concilier la clôture et l'aération, on s'est inspiré des séchoirs, et on a muni les baies de fortes lames de persiennes. La construction en est intéressante, la charpente ingénieuse (fig. 851). Le marché est un peu sombre, l'aération plutôt insuffisante, il est maintenant presque complétement désert. Peut-être cependant sa construction en maçonnerie, sa charpente en bois, sa couverture saillante en tuiles creuses, en y entretenant une température moins froide en hiver, moins chaude en été, en font-ils en somme une conception plus pratique que celles des marchés métalliques, avec leurs minces parois et leurs couvertures en zinc.

Avec les Halles centrales (fig. 852 et 853), on a abordé nettement le marché métallique. Les Halles comportent des sous-sols ou caves voûtées, mais voûtées en briques sur ossature métallique. Les pavillons sont d'ailleurs affectés à des usages différents : criée, puis vente au détail de marchandises diverses, poisson, volaille, beurre et œufs, boucherie, légumes, fruits, fleurs. Malgré cette diversité d'usage, ils sont tous pareils entre eux. Peut-être était-ce le cas de varier.

Je suis très embarrassé pour vous parler des Halles ; je les ai toujours entendu admirer, et je crois pourtant qu'il y avait toute autre chose à faire. Ce doit être moi qui ai tort.

Vous connaissez d'ailleurs cette ossature métallique, avec remplissages en briques, puis lames de persiennes en verre ; comble avec lanterne vitrée surélevée. La lumière est assez abondante, l'aération à peu près suffisante, grâce aux courants d'air qui ont déjoué les précautions prises contre eux. Quant à l'accès des boutiques, on trouve ici tous les inconvénients des marchés fermés ; les premières, celles qui se voient un peu du dehors, vendent un peu ; celles qui sont au milieu de longues rangées voient rarement un acheteur.

Avec la préoccupation de l'aération, il y en a une autre qui s'impose à l'architecte : la facile évacuation des eaux de lavage, toujours très abondantes. Il n'y a pas de projet de marché sans une étude attentive des canalisations. Il est indispensable aussi de

ÉLÉMENTS DES ÉDIFICES D'ALIMENTATION

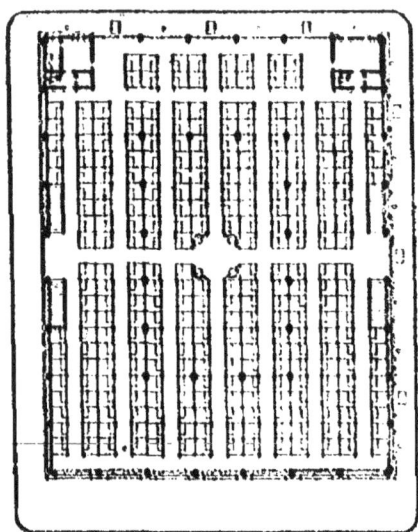

Fig. 852. — Halles centrales, à Paris.
Plan d'un pavillon.

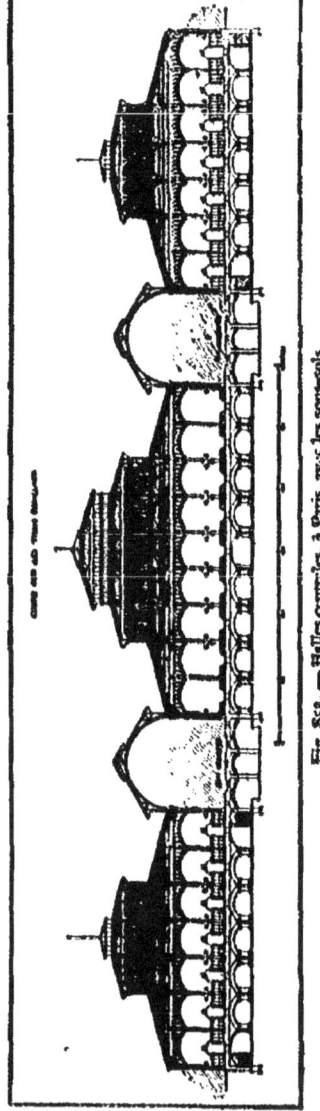

Fig. 853. — Halles centrales, à Paris, avec les sous-sols.

prévoir des cabinets d'aisances, et en général un bureau de contrôleur.

Ce que je vous ai dit des Halles Centrales me dispense de parler de tout autre marché moderne. Hélas, qui en a vu un les a tous vus. Et ce n'est pas un médiocre désappointement du voyageur, lorsqu'il visite une de nos villes du Midi par exemple, d'y retrouver l'éternelle contrefaçon des Halles de Paris. Comme si un marché pouvait être identique sous les latitudes de Lille ou de Marseille!

Je vous dirai peu de chose des entrepôts, magasins, etc., non que ces créations ne jouent un grand rôle dans notre vie moderne, mais parce qu'un magasin ne présente, en tant qu'éléments, qu'un programme absolument simple. Le plus d'emplacement possible pour les marchandises, clarté suffisante, des étages assez bas pour que les manœuvres se fassent facilement ; des constructions assez résistantes pour des charges variables, que l'architecte devra toujours se faire indiquer avec précision.

Les magasins ou entrepôts de liquides, et spécialement de vins, demandent des dispositions plus particulières. Pour le vin, il y en a de deux sortes, la cave et le chai. Ainsi à l'Entrepôt Saint-Bernard, à Paris, les vins sont généralement en caves, et à Bercy en chais. Les caves Saint-Bernard (fig. 854) sont disposées ingénieusement en élévation par rapport aux rues intérieures qui les desservent : c'est-à-dire que, au lieu d'être creusées dans le sol, elles sont construites au-dessus du sol, sous une terrasse artificielle qui reçoit les hangars réservés aux alcools. Cette disposition ne vaudrait pas celle de caves véritables s'il s'agissait de bâtiments peu étendus ; mais là ce sont des îlots non interrompus entre quatre rues, et l'égalité de température y est aussi complète que dans une cave souterraine.

Les *chais* sont des hangars où se placent également les fûts de vin. Le mot et la chose viennent du Bordelais. Un chai bien disposé est un hangar de forme longue, dont les murs sont seulement percés d'une ou deux portes et d'une ou deux petites fenêtres, exclusivement au nord. Les autres murs sont pleins et épais ; la couverture en tuiles creuses, avec faux plancher sous la charpente, et souvent on place sur ce faux plancher du sable, ou encore de la paille ou des feuilles sèches. Si le chai peut être en partie enterré des côtés autres que le nord, ce n'en est que mieux.

ÉLÉMENTS DES ÉDIFICES D'ALIMENTATION 587

Les nécessités de l'approvisionnement public avaient doté Paris d'un monument très intéressant, malheureusement défi-

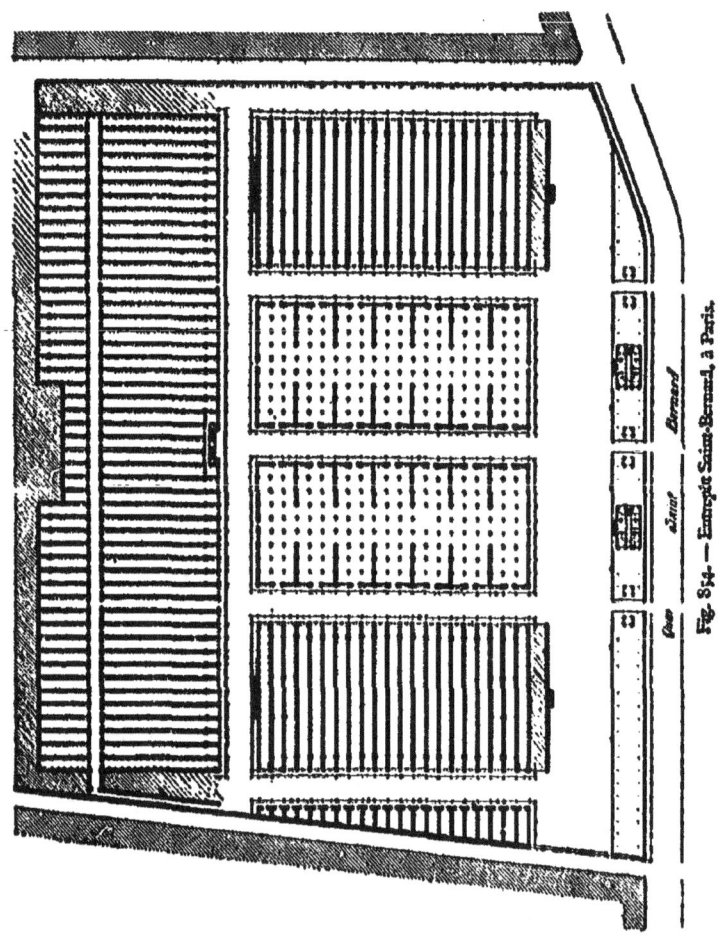

Fig. 854. — Entrepôt Saint-Bernard, à Paris.

guré depuis peu : c'était ce qu'on appelait la Halle au Blé (fig. 855).

Primitivement composé d'une ceinture de bâtiments annulaires autour d'une cour centrale circulaire, il présentait, en rond, une disposition analogue à celle du Marché Saint-Germain en carré. Puis on couvrit cette cour circulaire par une belle coupole en bois, du système de Philibert Delorme, et enfin par une coupole en fer, qui est le premier travail de cette importance demandé au métal. Une autre construction disparue, qui avait son intérêt, était celle dite *Greniers d'abondance* ou *de réserve*, destinée à l'approvisionnement des blés, farines, etc. (fig. 856), et devenue sans objet de-

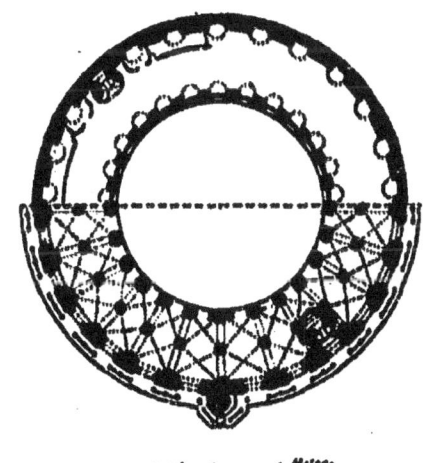

Fig. 855. — Ancienne halle au blé de Paris. Coupe et plan.

puis que les gares de marchandises et les entrepôts industriels ont rendu inutiles ces anciennes prévoyances.

Dans les villes maritimes et commerciales, il y a sous le nom de Docks des magasins immenses, qui contribuent à donner à

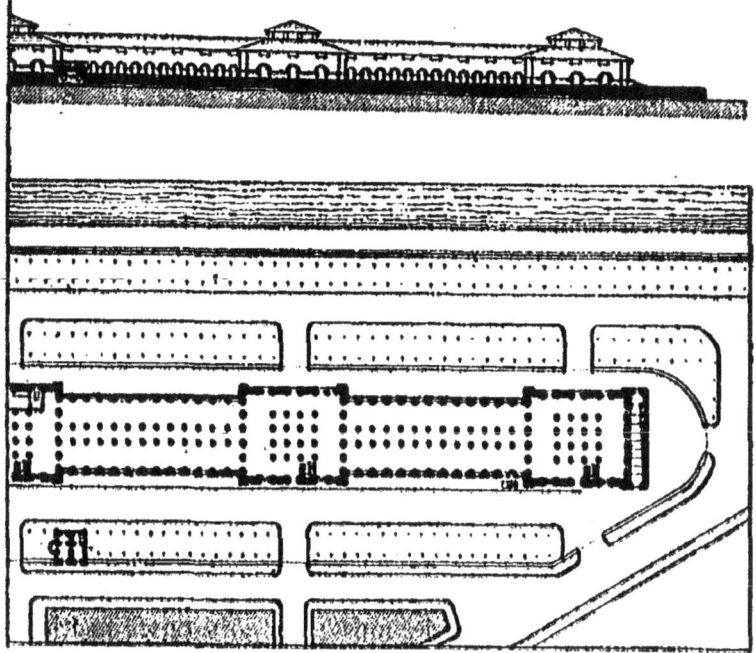

Fig. 856. — Anciens greniers d'abondance, à Paris (plan partiel).

ces villes leur caractère propre, mais dont les éléments sont toujours ceux du magasin. C'est tout ce que j'en puis dire, à moins d'entrer dans l'infini des particularités.

Tout cela d'ailleurs; entrepôts, chais, magasins, docks, présente souvent de grandes difficultés de composition pour les accès et transports, la surveillance, l'économie d'espace. Mais dans ce cours, nous supposons toujours résolu le problème de la composition pour nous attacher aux éléments. Et, comme éléments, rien n'est plus simple que ces programmes.

Avec les *abattoirs* nous trouvons des éléments qui appellent une description.

L'abattoir est une création moderne ; les anciennes boucheries n'avaient rien de commun avec lui. Bien des villes manquent encore d'abattoirs, aussi en construit-on en grand nombre. Le programme varie peu : administration avec quelques logements, bouverie, bergerie, porcherie pour les animaux en attente ; puis l'abattoir proprement dit avec ses conséquences, telles que la fonderie des graisses, etc. Dans cet ensemble, ce qui est spécial, c'est l'abattoir proprement dit, et c'est de cette partie que je chercherai à vous donner l'idée.

Dans des proportions plus ou moins importantes, on dispose une cour couverte, bien aérée, ouverte aux deux extrémités ; à cette cour dite *salle de travail* aboutissent de chaque côté les échaudoirs ou cases qui dans le principe étaient réservées à l'abattage, lequel maintenant se fait le plus souvent dans la cour ou salle de travail ; l'échaudoir est alors réservé pour les opérations consécutives à l'abattage. Les échaudoirs sont des salles séparées les unes des autres par des murs : une porte ouvre au dehors sur l'une des cours ou voies de l'établissement ; une autre porte ouvre sur la cour couverte intérieure. Si l'échaudoir sert à l'abattage, l'animal une fois introduit, la première porte est refermée, la seconde n'est pas encore ouverte. Là, il est abattu et saigné, puis le corps est transporté par des moyens mécaniques dans la cour couverte, où se fait tout le travail nécessaire pour livrer la viande à la boucherie. Dans le cas contraire, c'est la réciproque de cette méthode. Parfois, les échaudoirs sont surmontés de greniers, de séchoirs pour les peaux, etc., mais il vaut mieux que l'aération

ÉLÉMENTS DES ÉDIFICES D'ALIMENTATION

puisse être verticale en même temps que latérale : il va sans dire qu'elle ne sera jamais trop efficace.

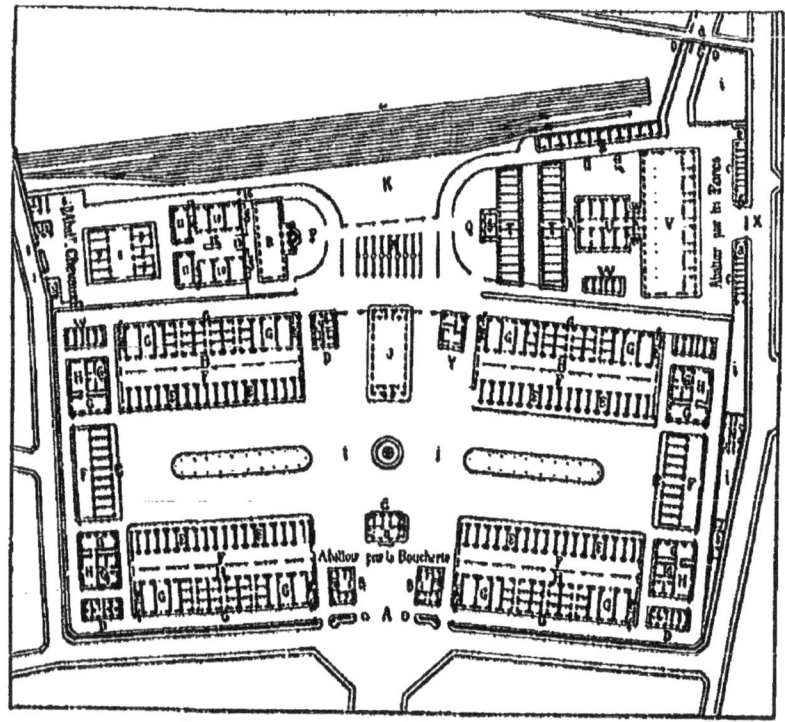

Fig. 857. — Abattoir général de la rive gauche de la Seine

A, entrée principale. — BB, octroi de la boucherie, concierge. — C, inspection et police. — D, logements. — E,E, échaudoirs. — F,F, cours de travail. — G,G, écuries et bergeries avec greniers. — H,H, cours d'étables. — I,I, grande cour. — J, vente à la criée. — K, quai du chemin de fer et place de débarquement des bestiaux. — L, voies spéciales du chemin de fer. — M, parcs de comptage. — N, échaudoir des animaux insalubres, vétérinaire. — O, octroi. — P, coche. — Q, dépôt des fumiers. — R, triperie. — S, réservoir. — T,T, porcheries. — U, brûloir. — V, pendoir et dégraissoirs. — X, entrée spéciale de l'abattoir à porcs. — Y, poste des pompiers et de gardes républicains. W, boyaudiers. — Z, greniers des porcheries.
a, concierge de l'abattoir à porcs. — b, octroi de l'abattoir à porcs. — c,c, vestiaires. — d, entrée des bestiaux. — e, w-c. et urinoirs. — f, escalier des greniers. — g, bassin de lavage de la triperie. — h, passages couverts. — i, terrains disponibles. — j, fourrière. — k, service du nettoiement.
ABATTOIR POUR LES CHEVAUX. — 1, entrée principale. — 2, octroi. — 3, concierge. — 4, service sanitaire. — 5, dépôt des viandes saisies. — 6, coche. — 7,7, échaudoirs. — 8, cour de travail. — 9, escalier des vestiaires. — 10, écuries. — 11, écuries avec greniers. — 12, cour des écuries. — 13, fosse à fumier. — 14, escalier des greniers. — 15, w.-c. — 16, porte donnant accès à la rampe allant au chemin de fer.

Vous remarquerez que dans le plan de l'abattoir de la Rive gauche, qui réalise les derniers progrès accomplis, la disposition est absolument logique : les animaux sont amenés dans les bouveries ou bergeries ; de là, ils passent à la cour de travail où ils sont abattus ; puis aux échaudoirs. Les échaudoirs ouvrent sur une vaste cour centrale où les voitures des bouchers viennent attendre et charger la marchandise. Vous pouvez suivre sur le plan la marche nécessaire des opérations, qui se font avec ordre et facilité, grâce à une disposition bien comprise dans toutes ses parties.

Il importe naturellement que les lavages puissent être fréquents et abondants, l'écoulement rapide. La question des évacuations est à étudier dès l'abord. Lorsqu'on le peut, on dirige toutes les eaux de lavage sur des bassins de décantation où elles abandonnent les résidus organiques, qu'on traite alors chimiquement.

L'abattoir se complète par des parcs et étables pour les animaux, des fonderies, etc. Tout cela ne présente pas de particularités notables. Le plan ci-joint du nouvel abattoir de la Rive gauche à Paris (fig. 857) vous montrera une disposition complète de ces divers services. J'y joint une coupe prise sur la salle de travail et les échaudoirs de l'abattoir de Besançon (fig. 858).

Je ne puis, à propos des édifices à usage public vous parler de tous les établissements où se vendent des denrées, et en particulier les comestibles, bien que ce soient parfois des constructions importantes créées pour cet usage. Ce qu'il y faut toujours, c'est de la clarté, de la surveillance facile, le plus d'exposition possible *en montre*, la circulation aisée des acheteurs. Mais en plus de ce qui se voit, il y a toute une partie que le public ne connaît pas, ce sont les réserves, les caves, les glacières, les dépôts de marchandises, pour lesquels il faut surtout de l'aération et de la fraîcheur.

Puis, il y a les lieux de consommation dont le plus complexe est le restaurant. Là aussi vous trouvez une partie publique qu'on cherche à rendre attrayante, et une partie que le public ne connaît pas — heureusement peut-être.

Le restaurant est de luxe ou d'usage modeste, de ville ou de

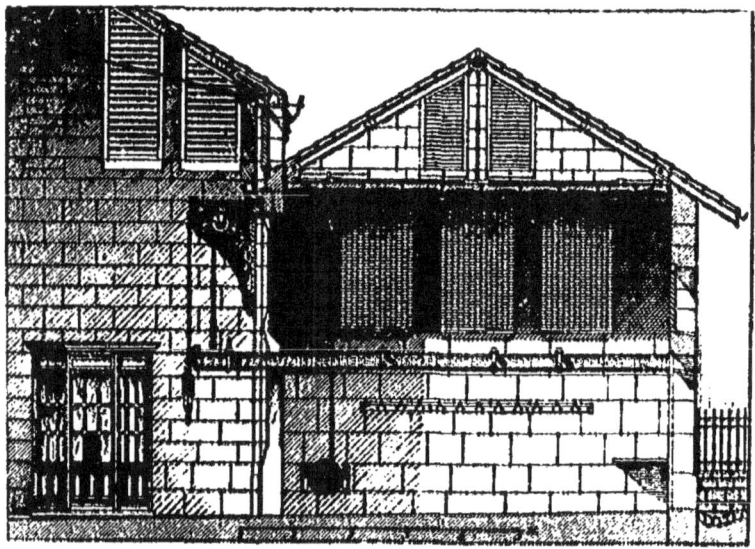

Fig. 858. — Coupe sur le bâtiment des échaudoirs de l'abattoir de Besançon.

campagne ; dans tous les cas, il faut des salles claires et gaies, autant que possible en vue de ce qui peut séduire le client, que ce soit un boulevard, une promenade, un quai ; les salles, d'un facile accès, doivent être aussi hautes qu'on le pourra, car l'aération est ici une nécessité de premier ordre, et nos restaurants parisiens toujours disposés dans des étages peu élevés ne donnent pas l'idée de ce que sont des salles à manger comme on en voit à Saint-Germain dans le Pavillon Henri IV, dans divers restaurants de Marseille, à Gênes ou à Venise dans des vieilles salles

Éléments et Théorie de l'Architecture.

d'anciens palais. Généralement, le restaurant comporte des salons et cabinets particuliers, dont l'accès doit être discret, bien que le service en soit facile.

Les dépendances d'un restaurant sont importantes : cuisine avec tous ses accessoires, laverie, dépôt d'argenterie et de vaisselle, salle à manger des gens de service; garde-manger et dépôts d'approvisionnements ; caves à vins, à bière, à cidre, à liqueurs, etc. Je vous ai parlé de ces installations à propos des hôtels de voyageurs (v. plus haut, fig. 634, page 170); les besoins sont à peu près les mêmes. Mais on peut dire qu'il y a autant de programmes que de restaurants, les programmes résultant ici du luxe plus ou moins grand, de la cherté ou du bon marché, de la situation, de l'importance présumée de la clientèle. Et d'ailleurs, comme un restaurant est rarement construit pour cet usage, on ne peut que faire le mieux possible dans un local préexistant: c'est affaire d'ingéniosité et d'habileté d'arrangement.

CHAPITRE III

ÉLÉMENTS DES ÉDIFICES DU COMMERCE GÉNÉRAL

SOMMAIRE. — Les Bourses. — Bourses de l'antiquité (Basiliques) — du Moyen âge.
Bourses de commerce. — Bourses des fonds publics. — Banques et établissements financiers. — Caisses et guichets.

Aux édifices d'usage public se rattachent les *Bourses*, véritables marchés qui ne diffèrent des autres que par la nature de la marchandise. Il y en a de deux sortes, les Bourses de commerce, et les Bourses de fonds publics, ou de transactions financières. Souvent les deux destinations se concilient en une même conception.

Peut-être faut-il voir dans le Temple de Jérusalem la plus ancienne Bourse de commerce. Il paraît du moins qu'on y vendait. Mais comme nous ne le connaissons d'ailleurs pas, la question est sans intérêt pour nous.

La Basilique des Romains était certainement une Bourse. Je ne sais s'il s'y faisait des criées et des enchères, mais on s'y rencontrait pour causer d'affaires et conclure des transactions.

Mais la Basilique a eu, en architecture, son influence directe sur nos édifices judiciaires et religieux, et si la logique la rattache à nos Bourses, le fait, bien plus intéressant à constater que la logique, la rattache à d'autres classifications. Je vous en ai parlé à propos des édifices judiciaires; j'aurai à vous en reparler lorsque nous serons arrivés à l'architecture religieuse. Pour le moment, je ne veux retenir que la très grande facilité d'accès des anciennes Basiliques. Tandis que le temple avait une lourde porte, le plus souvent au haut d'un perron élevé, la basilique était largement ouverte, peut-être même complètement ouverte, et n'était pas précédée de plus de deux ou trois marches. C'était la continuation, à couvert, de la place publique, du marché — du *Forum*.

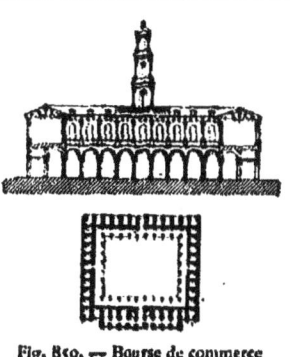

Fig. 859. — Bourse de commerce de Londres.

Pendant le Moyen-Âge et après lui encore, il a été construit en divers pays des Bourses de commerce, notamment dans les Flandres et les Pays-Bas. Le plus souvent, c'était une simple cour entourée de larges portiques. Il en subsiste de beaux et curieux exemples, notamment la Bourse de Londres (fig. 859).

Il a été fait aussi des salles affectées à un commerce spécial, ainsi par exemple la *Bourse des draps*, à Perpignan (fig. 860); enfin, dans

Fig. 860. — Bourse des draps, à Perpignan.

le Midi, les *Loges*, dont je vous ai montré un exemple avec la Loge des *Lanzi*, à Florence; la Loge des *Banquiers* ou le *Banco* de Gênes en est encore un spécimen très intéressant (fig. 861, 862, 863).

Plus récemment, et particulièrement en France, la Bourse est

Fig. 863. — Loge des Banquiers, à Gênes.

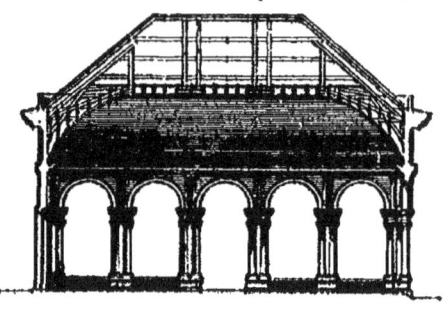

Fig. 862. — Loge des Banquiers, à Gênes. Coupe.

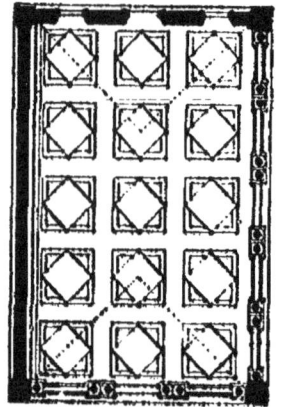

Fig. 861. — Loge des Banquiers, à Gênes. Plan.

devenue une salle monumentale, et trop souvent on a perdu de vue sa destination et sa raison d'être, en faisant comme à la Bourse de Paris des perrons extérieurs très élevés, contresens évident dans un édifice dont le programme est l'allée et venue incessante.

Mais pour bien saisir ce que peut être une Bourse, il faut d'abord étudier ce qui s'y passe.

Dans une ville de commerce — Marseille ou le Havre — on dit que la Bourse se tient de telle heure à telle heure. A ce moment les négociants, acheteurs ou vendeurs possibles, se rendent à la Bourse, et s'y tiennent à des endroits toujours à peu près les mêmes, pour qu'on sache où les trouver. Entre les uns et les autres, l'intermédiaire est le courtier; les affaires se traitent sur échantillons : on vendra par exemple mille hectolitres de blé sur un échantillon d'un quart de litre.

Le programme d'une Bourse de commerce se réduit donc en quelque sorte à un grand parloir, et des bureaux de courtiers. Mais il s'y joint des dépendances inévitables, et assez nombreuses : question de programmes que je n'ai pas à traiter ici.

Mais, pendant la Bourse, tout ce monde est affairé, va, vient — car si la Bourse se tient officiellement dans la salle de Bourse, en réalité elle se tient beaucoup aussi sur la place, dans les cafés voisins. Il faut donc que la place et la Bourse puissent à tout instant échanger leur monde, facilement, sans heurts, au milieu cependant de groupes qui stationnent et ne veulent pas être dérangés. Que faut-il pour cela ? Des accès extrêmement faciles, c'est-à-dire des portes nombreuses, faciles, et le plain-pied, ou presque, avec la voie publique.

La Bourse de Bordeaux (fig. 864) est peut-être celle qui réalise le mieux ce programme, avec ses entrées nombreuses et faciles sur les faces principales et latérales.

Quant aux Bourses comme celles de Paris (fig. 865), destinées surtout à la vente des fonds publics, et que je vous montre avant les agrandissements en cours d'exécution, la nécessité de circulation incessante est moins impérieuse. Mais l'affluence est grande aussi, et il y aurait certainement tout avantage à ce que les accès fussent plus faciles.

Les salles de Bourses peuvent donner lieu à de très beaux motifs d'architecture. Ce sont de grandes salles, monumentales, généralement voûtées, souvent avec des tribunes. L'essentiel est qu'elles soient bien claires et aérées.

Parfois dans des programmes on a joint à une Bourse des services de la Chambre de commerce, ou du Tribunal de commerce. Cela peut être, bien qu'il y ait plutôt des raisons contraires. Mais ce sont là des conditions de programmes qui n'ont

ÉLÉMENTS DES ÉDIFICES DU COMMERCE GÉNÉRAL 599

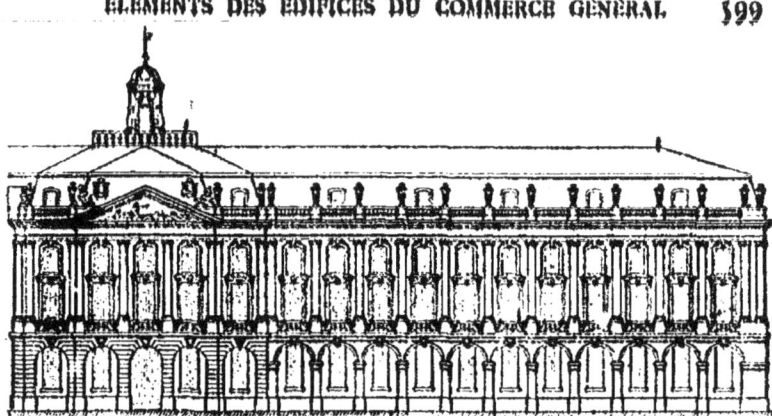

Bourse de Bordeaux. Façade sur le quai de la Bourse.

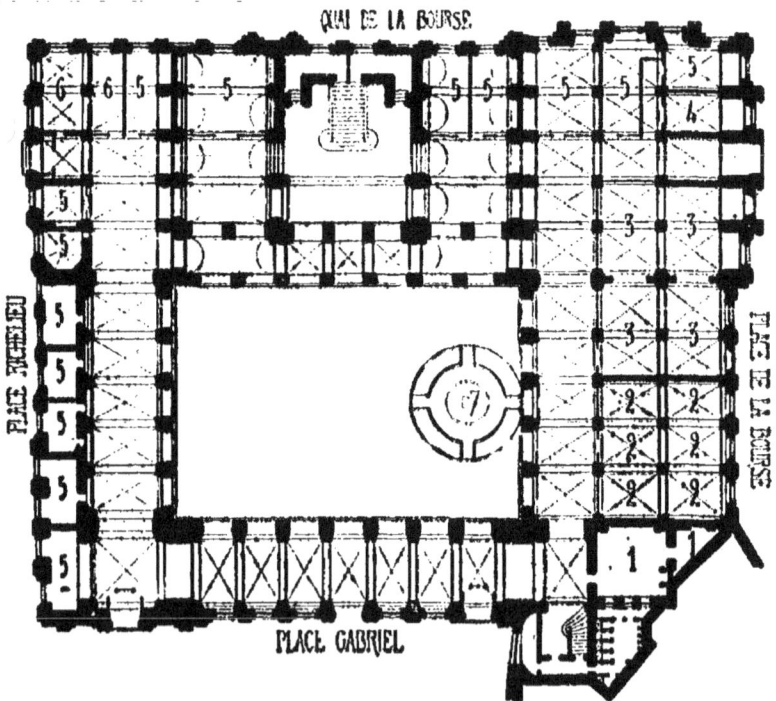

Fig. 864. — Bourse de Bordeaux. Plan.

1, portier. — 2, bureau des agents de change. — 3, postes et télégraphes. — 4, enregistrement. — 5, courtiers. — 6, capitaine du port. — 7, corbeille.

600   ÉLÉMENTS ET THÉORIE DE L'ARCHITECTURE

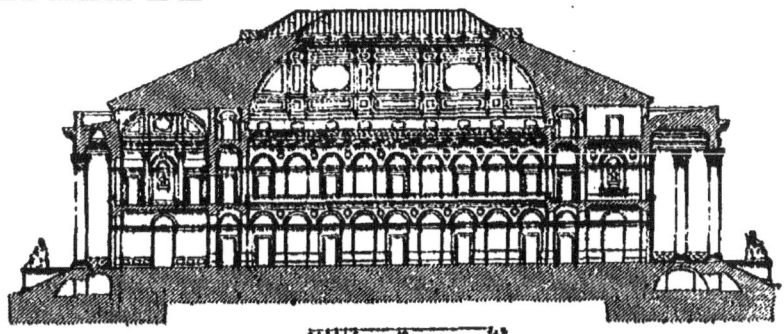

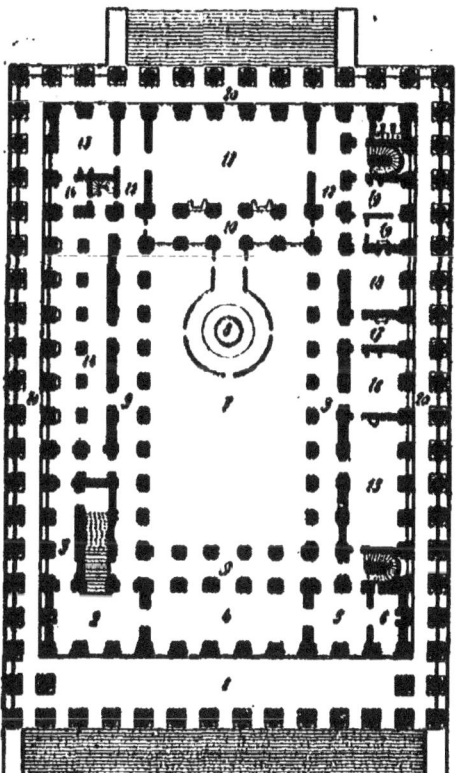

Fig. 865. — Bourse de Paris. Coupe et plan.

rien d'obligatoire : il ne faudrait donc pas vous figurer que ces services fussent des dépendances nécessaires d'une Bourse. Au surplus, les éléments en sont ce que nous avons vu pour les édifices judiciaires.

A ce programme des Bourses, se rattache par certains côtés celui des Banques, et en général des établissements financiers. Mais je vous en ai parlé en traitant des édifices administratifs ; je n'y reviendrai pas.

1, péristyle. — 2, vestibule du grand escalier. — 3, vestiaire. — 4, vestibule de la salle de la Bourse. — 5, vestibule des courtiers de commerce. — 6, concierge. — 7, grande salle de la Bourse. — 8, corbeille et estrade des agents de change. — 9, galeries du public. — 10, galerie des agents de change. — 11, 12, 13, 14, salle, syndicat, bureaux des agents de change. — 15, dégagements. — 16, 17, salle, syndicat, secrétariat des courtiers de commerce. — 18, courtiers d'assurances maritimes. — 19, cabinet et bureau du commissaire près la Bourse. — 20, galeries extérieures.

CHAPITRE IV

ÉLÉMENTS DE L'ARCHITECTURE DES BAINS PUBLICS

SOMMAIRE. — Les thermes antiques. — Leurs éléments multiples. — Parties essentielles de leur programme. — Voûtes. — Éclairage. — Caractère de l'architecture romaine.
Les grandes salles des thermes. — Leur influence sur l'architecture des églises.
Établissements thermaux. — Bains turcs, etc.

Dans cette revue rapide des édifices d'utilité ou d'usage public, une place est due aux Bains, surtout afin d'avoir une occasion de vous parler des Thermes; ces édifices sont ceux où peut s'étudier le plus complétement l'architecture romaine, qui a eu une influence si grande sur tout ce qui l'a suivie, — y compris, quoi qu'on en ait dit, l'architecture du Moyen âge, transformation lente et successive de celle des édifices romains.

Chez nous, les bains n'existent vraiment pas comme programme de composition; l'habitude de plus en plus répandue des salles de bains dans l'habitation, rend de plus en plus misérable l'installation des établissements publics de bains. Dans cette misère, il y a des nuances, mais le programme de bains dignes d'une population aisée et luxueuse n'existe pas. Je ne vous dirai donc rien de ces établissements que vous connaissez, où les cabinets de bains ont quelques centimètres de plus ou de moins. On a essayé des piscines, des bains populaires, mais il faut le dire, tout cela est resté à l'état d'intention, et ce n'est que dans les édifices d'assistance publique, hospices ou hôpitaux, que le programme moderne des bains a été étudié avec soin et avec succès. Je vous en ai parlé plus haut.

Il y a aussi des tentatives intéressantes dans divers établissements thermaux, notamment ceux du Mont-Dore (fig. 866 et 867), de Bagnères-de-Bigorre (fig. 868) et d'Aix-les-Bains. Mais savez-vous quel est le plus grand éloge qu'on puisse

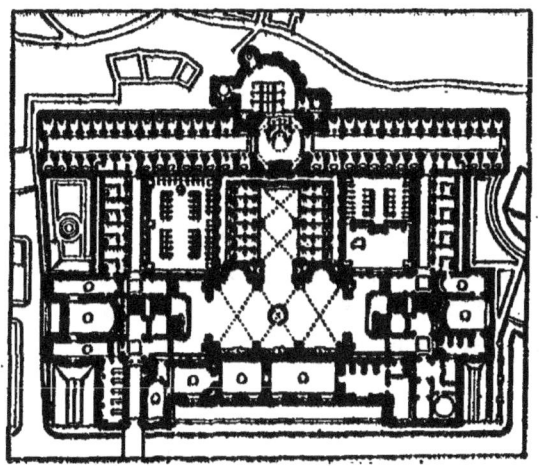

Fig. 867. — Établissement thermal du Mont-Dore. Plan du 1ᵉʳ étage.

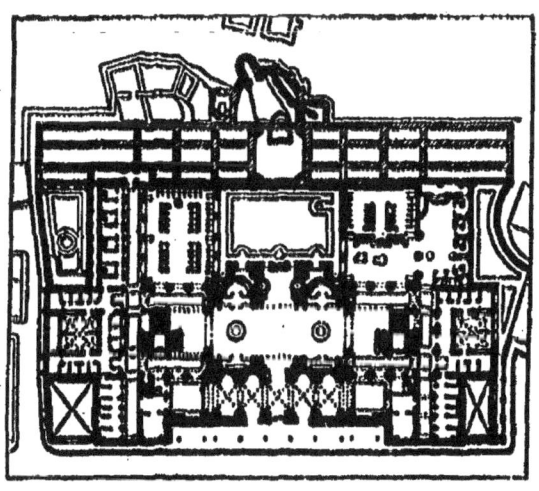

Fig. 866. — Établissement thermal du Mont-Dore. Plan du rez-de-chaussée.

ÉLÉMENTS DE L'ARCHITECTURE DES BAINS PUBLICS 603

faire de ces établissements ? C'est de reconnaître qu'ils rappellent un peu — de loin — les Thermes des Romains, restés le type de ce programme, et restés à tout prendre sa solution même moderne. Car, en passant par les bains orientaux, modestes héritiers des bains romains, le raffinement moderne est revenu à la conception et au besoin ressenti de tout ce que les Romains, avaient réuni dans leurs Thermes : tous ces détails de la toilette ou de l'hygiène contemporaine, depuis le bain simple, chaud ou froid, jusqu'aux étuves, aux frictions et massages, aux entraînements simultanés de l'hydrothérapie et de la gymnastique, tout cela est un retour aux errements romains. Mais chez nous, cela est divisé, abrité çà et là dans des espèces de hangars — jusqu'à présent du moins — ou reste personnel dans la riche habitation. Nous n'avons pas cet édifice

Fig. 869. — Établissement thermal de Bagnères-de-Bigorre.

consacré à l'hygiène, à la propreté, à l'exercice physique et aussi au repos et au plaisir, qui sans doute répondait si bien aux désirs des Romains, puisque l'un des plus sûrs moyens de leur faire sa cour était d'ajouter de nouveaux Thermes aux Thermes déjà existants.

Il faut signaler cependant des efforts sérieux faits pour grouper dans des ensembles utiles les bains populaires et les lavoirs. A Caen notamment il existe un édifice qui répond bien à ce double programme (fig. 869).

Il n'entre pas dans mon plan de vous retenir longuement sur le passé. Je ne vous décrirai donc pas les Thermes, tout en vous engageant fort à étudier les publications spéciales à ce sujet. Toutefois, pour vous donner une idée de l'importance de ces

604   ÉLÉMENTS ET THÉORIE DE L'ARCHITECTURE

édifices, sachez que les Thermes de Caracalla (V. le plan plus haut, vol. I, fig. 472) avaient environ 340 mètres de développement en façade sur la voie Appia, et environ 120,000 mètres de surface. La composition, admirablement claire, comporte trois grandes divisions : sur la voie publique et desservies par des portiques monumentaux, de nombreuses chambres de bain,

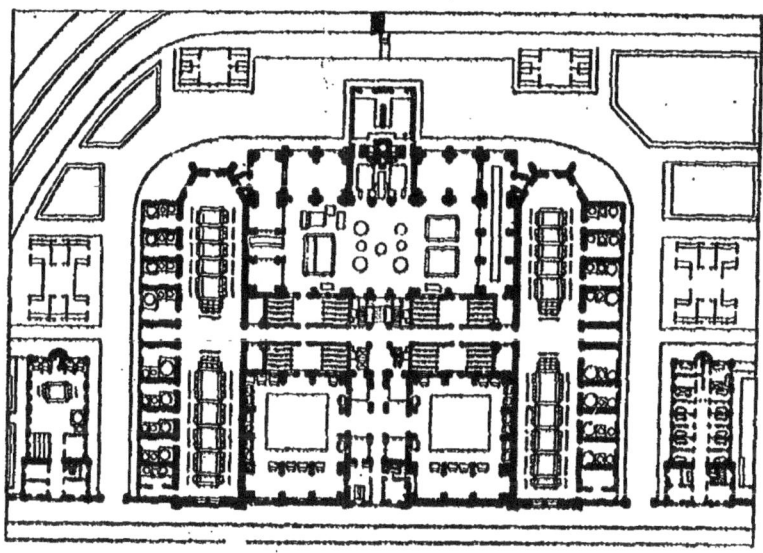

Fig. 869. — Bains et lavoir, à Caen.

particulières, en deux étages; au centre, l'édifice thermal proprement dit réunissant tous les services de bains en commun, froids, tièdes, chauds; enfin un vaste espace ou esplanade pour les exercices en plein air, la promenade, les réunions, accompagné d'exèdres, de portiques, de salles diverses.

Ainsi, bains, gymnase, casino, les Thermes étaient tout cela, mais avec magnificence, avec construction durable, avec décoration élégante et riche. Dans les Thermes de Caracalla notamment, on a trouvé des chefs-d'œuvre de la sculpture antique. C'était un édifice démocratique assurément, et la pensée de sa fondation n'était sans doute qu'une adulation intéressée envers un peuple qui voulait être flatté. Mais nous n'avons pas à rechercher les circonstances qui nous valent de beaux monuments, et je puis vous assurer que, si j'ai vu à Rome des visiteurs parfois bien étonnants dans leurs réflexions, je n'ai vu personne, artiste ou non, inculte ou cultivé, qui ne fût émerveillé et puissamment saisi à l'aspect des ruines des Thermes de Caracalla.

Vous connaissez ce plan de l'édifice central, qui peut être considéré comme un type de plan compact. Et cependant, tout y est clair. La grande piscine découverte, les deux cours à portiques de chaque côté introduisent de larges éclairages, et quatre petites cours éclairent les salles bloquées au centre de la composition, les extrémités du *spheristerium*, et les étuves.

Il y a deux entrées, chacune avec des vestiaires, conduisant aux extrémités du *spheristerium*, c'est-à-dire de la grande salle des Thermes, où l'on se livrait à divers exercices, où des piscines existaient sous les bas-côtés, mais qui était évidemment avant tout une salle des Pas-perdus, desservant tout le reste.

Voyez en effet, comme de ce centre on va partout : à la piscine d'eau courante, en avant, si c'est le bain froid qu'on vient chercher; au contraire, si c'est le bain chaud, on trouve à l'opposé le *tepidarium* d'abord, salle plus chaude, qui prépare à entrer dans le *caldarium* ou bains chauds, grande salle circulaire avec piscine et bassins séparés. De là, on ressortait latéralement par d'autres salles tièdes, puis des salles fraîches; vous voyez avec quelles savantes gradations on passait d'un régime à l'autre.

Voulait-on au contraire aller simplement se réunir à d'autres, faire société comme on dit, on trouvait aux deux extrémités de la salle des Pas-perdus les cours à portiques, lieux de promenade, donnant accès aux salles d'escrime et de gymnastique, aux salles de lecture et peut-être de jeu. Vous retrouverez à peu de chose près les mêmes dispositions dans les autres thermes, notamment ceux de Dioclétien.

Comment cet ensemble, si condensé, pouvait-il être clair et aéré? Par des jours habilement étagés. Dans les thermes, tout sans exception est voûté : or, sauf quelques portiques ou corridors voûtés en berceau, vous n'y trouvez que les voûtes qui permettent l'éclairage des parties hautes : la voûte d'arête avant tout, avec de grands jours dans ses tympans; la voûte sphérique sur la grande salle du *caldarium*, avec son ouverture circulaire, son *oculus*, au sommet (fig. 870), la voûte en abside ou quart de sphère sur les salles demi-circulaires, avec aussi de grands jours dans ses tympans.

. Et alors, les salles qui se trouvent éclairées directement sur le dehors sont les plus basses (le *caldarium* excepté) tandis que la grande salle centrale se hausse pour ainsi dire pour aller chercher la lumière au-dessus de ses voisines.

Mais dans tout cela, dès que les voûtes ont clos l'espace, dès qu'il n'y a plus besoin de rien pour la construction, — il n'y a plus rien. Les pentes des toitures se couchent sur les voûtes, sans intermédiaires : là où la construction est finie, l'architecture est finie aussi.

Je vous en prie, remarquez-le bien, et laissez-moi y insister, car tout l'enseignement de l'architecture antique est là. Nous l'avons vu déjà lors de l'étude des éléments, je vous disais alors : « Cela est ainsi, parce que cela ne peut pas être autrement. » Je vous le dis maintenant à propos de composition. Voilà un plan admirable, des salles de proportions superbes, étudiées pour des besoins précis : tout est à une échelle prodigieuse, mais tout est en proportion. Ces salles se construisent,

ÉLÉMENTS DE L'ARCHITECTURE DES BAINS PUBLICS

leur clôture est la voûte, tantôt cylindrique, tantôt sphérique : la voûte est close à son tour : que faut-il de plus ? Nous autres modernes, nous rêverions de couronnements, de balustrades, de festons et d'astragales — que sais-je ?

Eh bien, non. L'architecte romain — ou plutôt grec très probablement, se dit seulement que, pour l'écoulement des eaux, il vaut mieux des plans inclinés que des extrados de cylindres dont la partie supérieure serait trop plate ; que, au contraire, les voûtes sphériques peuvent conserver leur forme, car la partie qui serait trop plate est supprimée par l'*oculus*; alors, il dresse des plans inclinés tangents à ses extrados de voûtes cylindriques, il

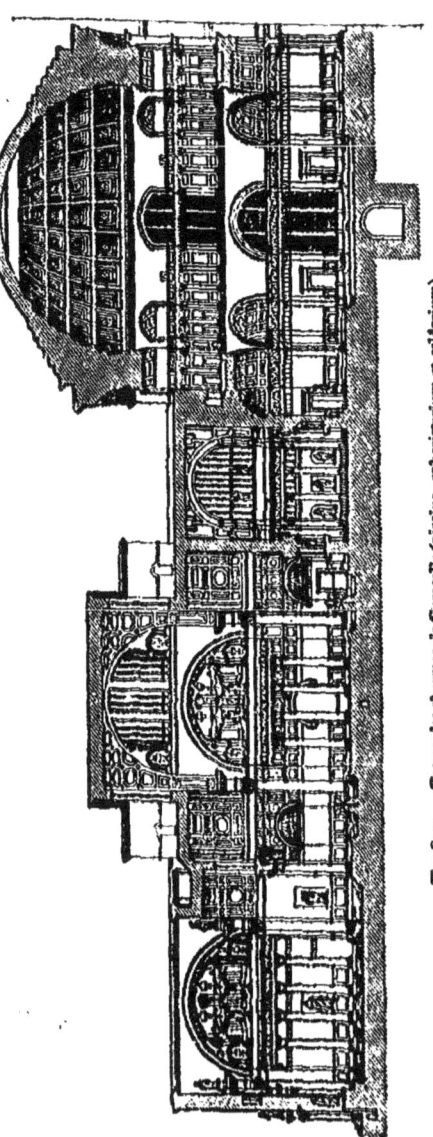

Fig. 870. — Coupe des thermes de Caracalla (piscine, spheristerium et caldarium).

608   ÉLÉMENTS ET THÉORIE DE L'ARCHITECTURE

laisse sphériques les extrados de voûtes sphériques — et voilà ses couvertures : voilà son édifice clos et couvert.

De l'étude, de l'étude au sens trop moderne du mot, il n'y en a pas : il y a l'étude antique, l'étude du plan, l'étude des grandeurs, l'étude de la construction. Il y a les jours qu'il faut pour éclairer, plus ou moins grands, plus ou moins hauts selon les salles. De tout cela, il résulte des façades, et même des façades foncièrement et grandement belles (fig. 871). Mais à un moment

Fig. 871. — Façade postérieure des thermes de Caracalla.

quelconque, une préoccupation quelconque de façade a-t-elle pu peser si peu que ce fût sur la conception de l'architecte ?

Non, jamais !

Aussi, ces façades étaient-elles simplement de grands murs parementés de briques avec les fenêtres telles quelles, et des pentes de pignons là où les voûtes d'arête en exigeaient. Seulement, on était à Rome, sous les empereurs, et ces grands murs étaient revêtus de dalles de marbre disposées en compartiments. Simple décoration d'épiderme comme un enduit ou une peinture.

Me suis-je fait comprendre, et voyez-vous un peu ce qu'était un architecte antique ? C'était l'homme de l'architecture antique, et l'architecture antique, c'était uniquement une vérité. Et nulle part vous ne trouverez plus éclatante que dans les thermes la démonstration de ce caractère. L'architecture antique a deux éléments constitutifs : la colonnade ou la plate-bande avec l'architecture des ordres ; l'arcade ou la voûte avec l'architecture des grands monuments romains. La colonnade, plus ancienne en date, consacrée et traditionnelle, a son expression parfaite dans les temples ; puis on la détourne de son origine et, dans les monuments romains, nous voyons souvent des ordres purement décoratifs. Il semble que, les programmes s'amplifiant, les moyens de construction se multipliant, on n'ait pas trouvé les expressions architecturales correspondant à ces nouveaux programmes, à ces constructions nouvelles, avec la parfaite concordance que nous constatons entre le temple et sa colonnade. L'architecture du temple, ce monument simple et restreint, est devenu le décor des palais immenses, des amphithéâtres colossaux, la colonnade est devenue le décor de l'arcade.

Mais, dans les thermes, en face de ce programme d'utilité publique, avec des proportions de voûtes et de baies qui dépassaient les dimensions ordinaires, il n'y a que raison, logique et vérité : ces accommodements, ces habillages n'existent plus ; les thermes, c'est aussi net, aussi franc, aussi brutalement vrai que le temple dorique : vous n'y sauriez faire la part de la construction et celle de l'architecture, et vous auriez certes bien étonné l'architecte des thermes de Caracalla si vous aviez pu lui suggérer qu'il y eût là deux idées distinctes appelant deux expressions.

Méditez maintenant ce magnifique plan, non plus au point de vue de la disposition, mais de la construction : comme on voit immédiatement que tout est voûté ! Les épaisseurs, les *points de poêlé* comme vous dites, sont à leur place voulue et logique écrivant la voûte d'arête par les résistances assurées. Vous pourriez seulement objecter que, dans ces salles voûtées en voûtes d'arête, les murs qui ne sont que de simples clôtures de tympans vous paraissent inutilement épais.

C'est vrai, si l'on se réfère à notre mode de construction ; ce n'est plus vrai si l'on se transporte à l'époque romaine. Si les Romains ont pu élever de si nombreux et si grands monuments, cela tient à un état historique qui se caractérise d'un mot : l'existence de nombreux prisonniers de guerre et, par suite, la main-d'œuvre presque gratuite. Pour cet état politique, il fallait un mode de construction qui permît d'employer des foules, sans qu'on eût à leur demander d'habileté : dix manœuvres peut-être pour un ouvrier. La solution du problème est dans le mur en agglomérés : des parements seulement en briques triangulaires, montés par des gens du métier ; et un remplissage central en déchets de toute espèce, tassés et pilonnés avec un bon mortier — pur travail de manœuvre.

De même pour les voûtes : les arêtiers, les arcs-doubleaux, toutes les lignes de construction ou plutôt d'ossatures sont en briques, soigneusement posées par des gens du métier ; entre ces ossatures, un remplissage analogue à celui des murs — sauf que les déchets sont ici remplacés par de la pierre ponce à cause de son extrême légèreté.

Des murs ainsi compris exigent forcément une assez grande épaisseur, les voûtes une assez forte masse créant un véritable monolithe. Et certainement, si les murs étaient en pierre appareillée ou en briques pleines, le plan serait différent.

Je vous ai déjà parlé au début de ce mode de construction, mais j'ai pensé qu'il était à propos d'y revenir, car c'est une des considérations qui expliquent la composition des thermes, en montrant aussi l'action inévitable des circonstances politiques et sociales sur l'architecture d'une époque, même dans ce qui semblerait le plus étranger à cette influence.

Avant de quitter ce sujet, sur lequel je vous retiens un peu longtemps à cause de son importance, examinons en particulier la grande salle des thermes. Pour vous dire d'un mot l'intérêt de cette étude, cette salle est l'ancêtre de tout ce qui plus tard a composé une nef et des bas-côtés avec voûtes, c'est-à-dire de toutes les églises voûtées. Et comme l'église a toujours été, tout au moins jusqu'au XVIe siècle, à l'avant-garde de tout mouvement architectural, vous voyez par là combien nous doit intéresser à tous les points de vue cette magnifique création de la salle des thermes.

La salle se compose, comme vous le savez, de trois grandes travées : de grandes et hautes voûtes d'arête, purement cylindriques, retombent sur de hautes colonnes montant de fond, isolées en avant du pilier. La hauteur sous clef est d'environ 33 mètres, la portée des voûtes d'environ 25. La naissance des voûtes est très surélevée au-dessus de l'entablement des colonnes. Forcément, ces trois voûtes d'arête déterminent six tympans latéraux, et deux aux extrémités : ces huit tympans demi-circulaires sont percés de grands jours, pratiqués en façade dans les pignons qui se relèvent en contre-haut de l'égout des toitures, les noues de la couverture correspondant exactement aux arêtes de la voûte.

La salle est ainsi parfaitement éclairée par la lumière extérieure introduite au niveau des voûtes.

Au-dessous de ces grands jours le mur de la *grande nef* est percé d'arcades ouvrant sur les *bas-côtés*, lesquels sont à leur tour éclairés par de grands jours ouverts dans les murs latéraux. Ces bas-côtés étaient couverts en terrasse. Les colonnes qui règnent entre la nef et les bas-côtés, dans les deux travées latérales, ne sont que des clôtures, sorte de *jubé* devant les bassins qui occupaient ces parties. N'ayant pas la fonction des points d'appui qui font des grandes colonnes un organe essentiel de la construction, elles sont plus petites, au grand profit de l'aspect décoratif. L'architecture accentue clairement les points essentiels, le parti de composition — c'est-à-dire le parti de construction — est magistralement écrit.

Mais les voûtes d'arêtes, voûtes à poussée localisée, pourraient renverser leurs points d'appui s'ils étaient insuffisants : car, notez-le bien, le plan est rassurant par lui-même, mais les bas-côtés, séparés par leurs robustes piliers, s'arrêtent plus bas que les naissances des voûtes : aussi, pour aller appliquer la résistance là où elle est nécessaire, ces piliers se prolongent plus haut que les bas-côtés sous forme de puissants contreforts qui contrebutent les voûtes de la grande nef.

C'est à dessein que j'emploie ces mots : grande nef, bas-côtés, contreforts, qui vous sont familiers : c'est qu'ils sont ici tout aussi justifiés que lorsque vous parlez d'une église quelconque, du moyen âge ou modernes.

Considérez maintenant nos cathédrales : aux thermes comparez si vous voulez celle d'Amiens, une des plus élancées qu'il y ait, et voyez en la nef (fig. 872, 873, 874, 875). Là aussi, je puis vous répéter presque textuellement ce que je vous disais à l'instant de la salle des thermes : «... de grandes et hautes
« voûtes d'arête retombent sur de hautes colonnes montant de
« fond; ... les tympans de ces voûtes d'arête sont percés de
« grands jours; la salle est ainsi parfaitement éclairée par la
« lumière extérieure introduite au niveau des voûtes...

« Au-dessous de ces grands jours le mur de la *grande nef* est

ÉLÉMENTS DE L'ARCHITECTURE DES BAINS PUBLICS 613

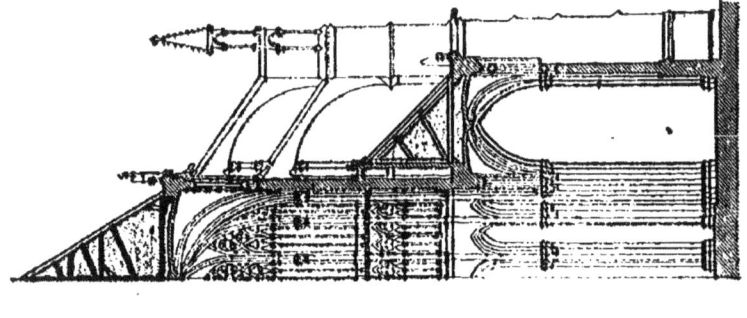

Fig. 874. — 1/2 coupe transversale de la cathédrale d'Amiens.

Fig. 874. — Tracé de la cathédrale d'Amiens.

Fig. 873. — 1/2 coupe transversale des Thermes de Caracalla.

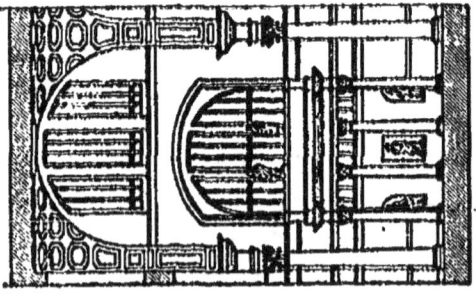

Fig. 872. — 1/2 coupe transversale et tracé du sphæristerium.

« percé d'arcades ouvrant sur les *bas-côtés*, lesquels sont à leur
« tour éclairés par de grands jours ouverts dans les murs
« latéraux... »

Certes les proportions sont différentes, le mode de construction aussi. Les voûtes au lieu d'être quasi-monolithes sont en matériaux d'appareil; la stabilité a fait place à l'équilibre; la couverture n'est plus appliquée directement sur les voûtes dont un comble en charpente la sépare; Dieu merci, l'architecture n'est pas immobile et immuable, et les siècles ont leur action légitime: mais la conception est la même, et on peut dire qu'une esquisse identique peut, suivant l'étude, aboutir soit à la travée de la salle des thermes de Caracalla, soit à la travée de la cathédrale d'Amiens.

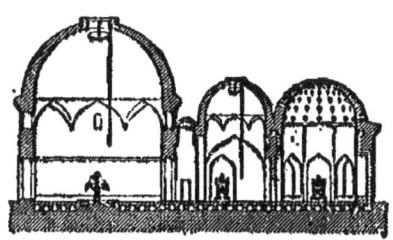

Fig. 876. — Bains turcs à Constantinople.
Plan et coupe.

1, entrée des bains des hommes. — 2, entrée des bains des femmes. — 3,3, vestiaires. — 4,4, bains tièdes. — 5,5, bains chauds. — 6,6, fourneaux.

Nous aurons à nous rappeler cela à propos des églises.

Des bains romains aux bains orientaux, la transition est indiquée. Ce que nous appelons bains turcs n'est que la tradition romaine continuée par les Byzantins et transmise aux Musulmans. C'est presque le programme des thermes en raccourci, et dégagé de toute la partie gymnastique pour se restreindre aux bains seuls. Il y a dans cet ordre d'idées des constructions intéressantes, arabes ou turques. Entre autres exemples, je vous montrerai (fig. 876) une jolie composition de bains turcs à Constantinople : la légende suffira à vous faire connaître les particularités de ce programme.

CHAPITRE V

ÉLÉMENTS DE L'ARCHITECTURE DES CHEMINS DE FER

SOMMAIRE. — Absence systématique d'architecture au début des chemins de fer. — Retour contemporain à l'architecture.
Gares de passage — de têtes de lignes. — Salles des billets, des bagages. — Salles d'attente. — Hall de la voie.
Modifications incessantes du programme.

Après cette excursion dans l'antiquité, rajeunissons-nous avec un sujet purement moderne : la gare de chemin de fer. Moderne, dis-je — et pourtant déjà bien renouvelé, car toutes les prévisions du début sont mises à néant : on avait cru travailler pour l'avenir, on travaillait à peine pour le présent : telle gare commencée avec des proportions qui paraissent exagérées, se trouvait trop petite dès son ouverture. Peut-être, après tout, avait-on tout d'abord, sinon la conviction, du moins une sorte d'intuition instinctive qu'on ne faisait que du provisoire, et peut-être faut-il chercher là l'excuse de la banalité voulue et de l'insignifiance préméditée des premiers essais d'architecture — ou plutôt de non-architecture — des chemins de fer.

Dieu sait pourtant que c'est là un magnifique sujet d'art véritable et profond. Quoi de plus favorable à la grande et noble composition que ces proportions immenses, ces espaces libres, cette simplicité même du programme qui avec de nombreux détails n'a à satisfaire qu'à deux fonctions : partir et arriver ?

Mais, par une aberration propre à notre époque, sous prétexte que c'était là un édifice d'utilité, on en concluait qu'il échappait à l'architecture, laquelle apparemment ne serait qu'un art de luxe et de fantaisie; et vous entendez encore des hommes intelligents affirmer qu'une gare de chemin de fer n'est pas du domaine de l'architecte. C'est purement absurde.

C'est absurde, oui certes, et cependant une idée absurde ne devient pas ainsi une idée générale de toute une époque sans être, je ne dis pas justifiée, mais accréditée par quelque apparence de motif. Oui, nous avons été l'objet d'un ostracisme injurieux et injuste, et bien des préjugés subsistent encore qui interdisent ici l'étonnement. Avions-nous donc donné prise aux défiances ? C'est plus que jamais, à propos de ce programme dont nous avons d'abord été exclus, l'occasion de faire un examen de conscience, de voir si dans quelque mesure nous n'avons pas à faire un *mea culpa*.

Eh bien, il faut le reconnaître, l'architecture a failli être tuée par les architectes, il y a une centaine d'années. Au xviiie siècle, l'architecture était souple, ingénieuse, pratique, docile aux besoins, aimable en un mot. Puis vint le mouvement général de subordination irraisonnée à l'antiquité, cette abdication de toute conscience moderne, qui fut l'œuvre d'une époque en littérature, en philosophie, en politique, en peinture, en sculpture, et enfin en architecture : époque dont le nom serait Rousseau bien plutôt que David. Nous en avons parlé déjà.

Alors de française, l'architecture se fit — ou crut se faire romaine : — tout était romain alors, mais romain de surface et d'apparence : aussi peu romain en fait que les figurants des tragédies de Crébillon. La forme, l'enveloppe, la composition abstraite du monument, tout devait être romain : romaines les proportions, romaines les formules. Au besoin, ni toitures, ni fenêtres : cela aurait pu être utile, cela n'aurait pas été ou n'aurait pas paru être romain.

Et alors, la conception architecturale devenait un lit de Procuste pour tout ce qui devait y entrer : ce n'était pas la composition qui se modelait sur les besoins, c'était les besoins qui devaient se mutiler suivant les exigences d'une plastique *a priori*.

J'exagère un peu, bien entendu, pour me faire mieux comprendre. Mais pas tant que vous pourriez croire. Par bonheur on construisit peu alors, et le fléau fut ainsi amoindri. Cependant, voyez le bâtiment du grand amphithéâtre du Museum d'histoire naturelle, ou encore le Palais de Justice de Lyon, sans parler de quelques autres édifices déjà démolis : vous y verrez ce que peut produire une architecture doctrinaire et intransigeante, qui dirait volontiers des programmes « je les ignore » et de ses œuvres « *Sint ut sunt, aut non sint* ».

Cette théorie de l'anachronisme et du contre-sens devait finir par révolter une époque qui sentait bien, après tout, qu'elle se composait de Français actuellement vivants alors, et non de Romains morts depuis seize siècles. On rejeta la défroque romaine des idées, de la littérature, des arts, et si, courbés par de longues années de servitude, on ne sut pas tout d'abord se redresser, si l'on ne fit d'abord que troquer un esclavage contre un autre et substituer la superstition du moyen âge à la superstition du romain, c'est que l'indépendance des esprits ne se reconquiert pas d'emblée, que toute maladie a sa longue convalescence. Peu à peu, la liberté s'est réveillée et, grâce au persévérant dévouement des maîtres, la génération actuelle ignore ces inféodations systématiques et préconçues : si elle sait se défendre de l'anarchie, écueil ordinaire de la liberté, elle saura triompher de défiances qui survivent encore, alors que depuis longtemps elles ne sont plus motivées ; et en rendant à l'architecture des programmes qui ne peuvent être traités que par des architectes, on fera une simple restitution.

Les gares — ou plutôt les stations — de chemins de fer sont divisibles en deux grands groupes : les gares de passage, et les gares de têtes de lignes. Les premières sont les plus simples : la composition en est forcément restreinte à un seul parti, les bâtiments de la gare s'étendant en longueur en bordure des voies ; suivant la topographie de la ville, la gare aura deux groupes de bâtiments distincts et à peu près égaux — côté de l'arrivée — côté du départ — si les deux côtés des voies sont également accessibles de la ville : c'est le cas le plus ordinaire ; ou bien au contraire la situation excentrique de la gare et la difficulté des accès pour l'un des côtés obligent à placer d'un seul côté les services du départ et ceux de l'arrivée : tel est, par exemple, le cas de la gare de Lyon-Perrache (fig. 877). Sise à une extrémité de la ville, la voie ferrée passe en remblais à une assez grande hauteur, séparant de Lyon un faubourg qui n'est accessible que par une sorte de tunnel sous la gare même. Un seul côté étant nettement accessible, il fallait disposer sur ce côté tous les services du public ; vis-à-vis, il y a seulement des bâtiments de dépendances en quelque sorte. Ce parti est encore celui des gares qui sont nettement hors de la ville à desservir par un raccordement : par exemple, celle des Aubrais pour Orléans, de Saint-Pierre des Corps pour Tours, et même la gare Saint-Jean à Bordeaux, presque en dehors de la ville.

Les voies sont plus ou moins nombreuses et souvent outre les deux quais latéraux toujours nécessaires, il faut encore des quais intermédiaires. L'accès de ces quais est une difficulté ; on

ÉLÉMENTS DE L'ARCHITECTURE DES CHEMINS DE FER 621

en a cherché la solution dans des circulations souterraines ou aériennes; ce sont des considérations locales qui font préférer l'une ou l'autre suivant les emplacements. Tantôt les voies sont couvertes par une vaste toiture vitrée, tantôt par des abris spéciaux à chacune d'elles. Les gares importantes sont toujours couvertes. Seulement, beaucoup d'entre elles sont déjà devenues non

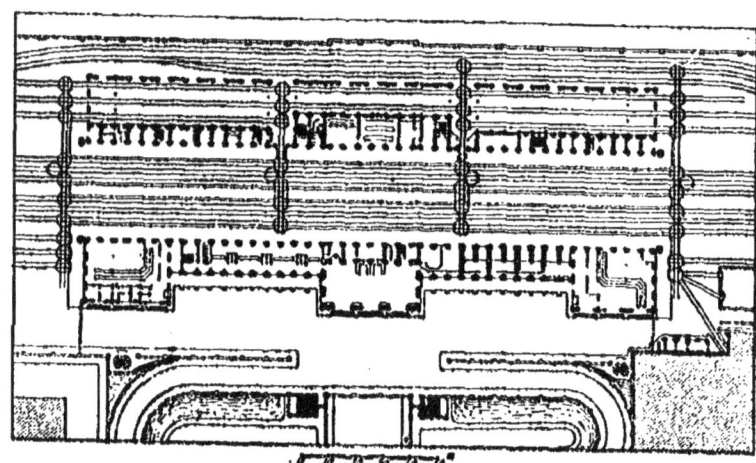

Fig. 877. — Gare de Lyon-Perrache.

seulement trop étroites pour le nombre de voies qu'il y faudrait, mais encore trop courtes, parce que les trains se font beaucoup plus longs qu'au début.

Je ne vous dirai rien de ces grands combles des gares, si ce n'est qu'il faut le plus possible éviter les points d'appui et laisser aux quais toute la liberté possible ; laisser de larges issues à la fumée, et abriter dans la mesure du possible la gare contre les vents et la pluie ou la neige fouettées par le vent. C'est dans ce but que les pignons d'extrémité sont ordinairement munis de *rideaux* vitrés.

Quant aux nécessités de la disposition, voyons d'abord les gares de passage.

Le quai qui longe les bâtiments est pour les voyageurs et pour les employés la communication nécessaire entre les divers services. Il doit donc être libre, large, et donner accès à tout, sauf la salle des guichets et les bureaux administratifs : salles d'attente, de bagages, sortie et livraison, messagerie, buffets, cabinets d'aisance et de toilette, télégraphe et, d'autre part, cabinets du chef et des sous-chefs de gare, surveillance, commissariat, hommes d'équipe, contrôle, lampisterie, chaufferie, etc.

De là une disposition générale forcément en longueur, correspondant d'ailleurs à la nécessité de longueur de la gare proprement dite.

Mais le programme n'est pas toujours aussi simple en ce qui concerne les accès aux voies. Dans le cas le plus ordinaire, celui des stations échelonnées sur tout le parcours d'une ligne, il n'y a en effet que deux voies ; si le voyageur qui doit monter ou descendre suit la voie contiguë à la gare, la solution est toute simple ; s'il doit suivre l'autre voie, il faudra qu'il traverse la première ; cela se présente même pour des gares importantes, telles que Fontainebleau. En général, cette traversée faite sous la surveillance du personnel est sans inconvénients. Cependant lorsque les passages des trains sont très fréquents, on doit remédier aux dangers possibles de la traversée en pratiquant des passages souterrains ou aériens : telle est par exemple la nouvelle station de Bellevue. Mais, très souvent, les nécessités du service exigent de nombreuses voies et, alors, la gare se compose de plusieurs séries de groupes de deux voies — ou trois s'il y a des voies de manœuvre — séparées par des quais longitudinaux où se font les montées et descentes des voyageurs, le transport des bagages, etc. Il faut arriver à ces quais, et réciproquement il faut de ces quais pouvoir gagner la sortie, le buffet, ou un autre quai si l'on change de train. Dans beaucoup de gares à voies nombreuses, ces mouvements se font simplement en traversant les autres voies : ainsi au Mans, à Rennes, etc. Cela n'est pas sans danger et, maintenant, on cherche, au moyen de larges circulations ordinairement souterraines à placer ces circulations à l'abri.

Alors on trouve dans les bâtiments de la gare même, d'un seul côté ou des deux côtés suivant les cas et même encore dans les milieux de la largeur s'il y a plusieurs groupes de voies, un large escalier, clair et facile qui conduit à un passage souterrain perpendiculaire à la direction des voies, éclairé et aéré le mieux possible. De ce passage partent des escaliers droits qui conduisent à chacun des quais. Naturellement, il faut que le public ait le moins possible à descendre et monter ; ces passages n'ont donc que la hauteur strictement nécessaire. Le plan de la gare de Hanovre (fig. 878) vous montrera un exemple très clair de cette disposition. Enfin, il y a la réciproque pour ainsi dire de ce parti, lorsque la gare est à un niveau plus élevé que les voies, par exemple à Pantin. Là, le nombre des voies est considérable, chaque groupe de deux est séparé du groupe voisin par un large quai, qui dessert ainsi une voie *montante* d'un côté, une voie *descendante* de l'autre. Chacun de ces quais est relié par un escalier droit à un pont jeté au-dessus et en travers des voies, et qui aboutit à la gare. Les communications des quais à la gare, d'un quai à un autre quai, se font au moyen de ces escaliers et de ce pont.

Vers la ville, toujours d'un seul côté ou de deux côtés, il faut trouver les accès des services du public : par ces mots *le public*, je n'entends plus ici les voyageurs, les passagers, mais le public au sens le plus large du mot.

En premier lieu, la salle ou les salles des guichets. C'est en même temps une salle de Pas-Perdus et, comme telle, elle doit être vaste et de facile circulation, claire et aérée. Il est essentiel que les guichets soient bien en vue, et pas trop serrés les uns

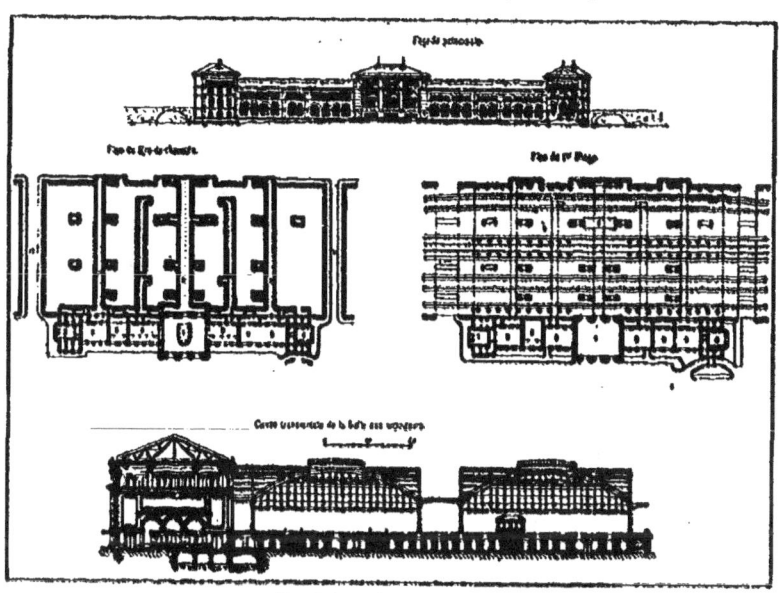

Fig. 878. — Gare de Hanovre.

Rez-de-chaussée. — 1, vestibule principal. — 2, bagages à l'arrivée. — 3, bagages au départ. — 4, salles d'attente des 1ʳᵉ et 2ᵉ classes. — 5, salles d'attente des 3ᵉ et 4ᵉ classes. — 6, pavillon de l'Empereur. — 7, bureaux de l'exploitation. — 8, tunnels des voyageurs. — 9, tunnels des bagages. — 10, passage sous les voies.

1ᵉʳ étage. — 1, vestibule principal. — 2, bagages à l'arrivée. — 3, bagages au départ. — 4, salles d'attente des 1ʳᵉ et 2ᵉ classes — 5, salles d'attente des 3ᵉ et 4ᵉ classes. — 6, pavillon de l'Empereur. — 7, bureaux de la gare. — 8, buffet.

contre les autres, car il y a souvent affluence à chacun d'eux. Cette salle doit communiquer, aussi immédiatement que possible, aux salles d'attente, à la salle d'enregistrement des bagages, au bureau des renseignements, et au buffet, ainsi qu'à des cabinets d'aisance, de toilette, etc. C'est en résumé la grande salle publique de la gare.

Certes, si l'on se reporte aux misérables hangars que furent ces salles dans les premières gares, on doit reconnaître qu'il y a eu progrès : l'aspiration à faire quelque chose de convenable et de décent, quoique bien vague encore, existe à l'état latent tout au moins. Mais c'est égal : quand je pense que c'est là un programme tout aussi beau que celui des salles de thermes des Romains, et que je vous en parle en sortant de vous parler des thermes, je ne puis qu'être humilié de la comparaison !

Des salles d'attente, je n'ai rien de particulier à vous dire : ce sont des salles quelconques, ou de grandes salles divisées en compartiments par des cloisons d'appui.

Les salles de bagages, réception ou livraison, facilement accessibles du dehors, doivent permettre une disposition en longueur des comptoirs de dépôt des bagages. On emporte de plus en plus de bagages en voyage, et l'ordre n'est possible qu'à la condition d'avoir de grandes longueurs pour les répartir. Ces salles doivent donc être en réalité des galeries longues et parallèles à la voie. Comme il importe d'ailleurs que le service des fourgons aux salles et réciproquement soit rapide, la place de ces salles ne peut pas être arbitraire. Elles doivent occuper dans les bâtiments de la gare l'emplacement commandé par celui des fourgons dans les trains en arrêt : c'est donc l'une des extrémités.

Le surplus des services se compose de pièces ou salles qui n'offrent aucune particularité à signaler, ou qui rentrent dans l'une quelconque des catégories que nous avons déjà examinées.

Les gares de têtes de lignes sont évidemment les plus importantes, et ce sont aussi celles dont le programme a le plus profondément changé en peu d'années.

Après des premiers essais véritablement informes, une opinion s'était faite, qui semblait définitive, c'était la théorie du côté de l'arrivée et du côté du départ. L'ancienne gare de Paris-Lyon-Méditerranée (fig. 879) en était peut-être l'exemple le plus typique : la grande gare vitrée arrivant jusqu'à la façade : d'un côté les services du départ, de l'autre ceux de l'arrivée. Telle était encore récemment la gare de Paris-Orléans, dite d'Austerlitz, ou celle de Montparnasse, et telles sont, hors Paris, celles de la plupart des têtes de lignes.

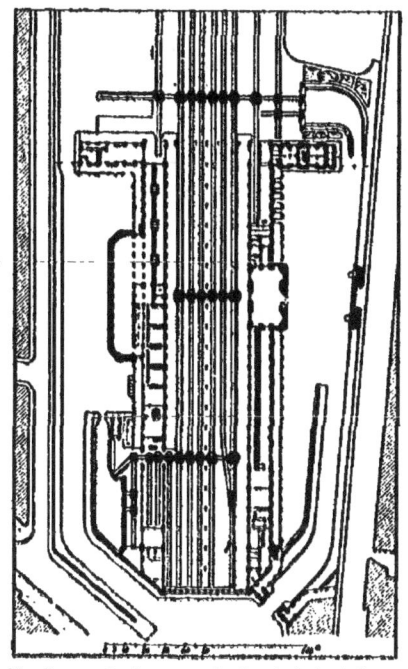

Fig. 879. — Ancienne gare du chemin de fer de Lyon, à Paris.

Cela était en effet très judicieux lorsque les voies étaient peu nombreuses, et qu'il y avait véritablement un côté de l'arrivée et un côté du départ. Mais les besoins de la circulation et la multiplicité des trains ont nécessité des voies en très grand nombre : entre ces voies, il faut nécessairement de nombreux quais de pénétration : impossible d'y accéder par le travers, soit en traversant de plain-pied les voies, ce qui est dangereux, soit en les traversant souterrainement, ce qui est peu praticable sur de grandes longueurs. Il faut donc les aborder en tête. Et dès lors, le plan nécessaire de la gare devient un vaste quai en tête, donnant accès par leurs extrémités aux nombreux quais de pénétration et de sortie entre les trains : la tête et les dents d'un rateau. C'est la même disposition que dans les ports de mer,

ÉLÉMENTS DE L'ARCHITECTURE DES CHEMINS DE FER 627

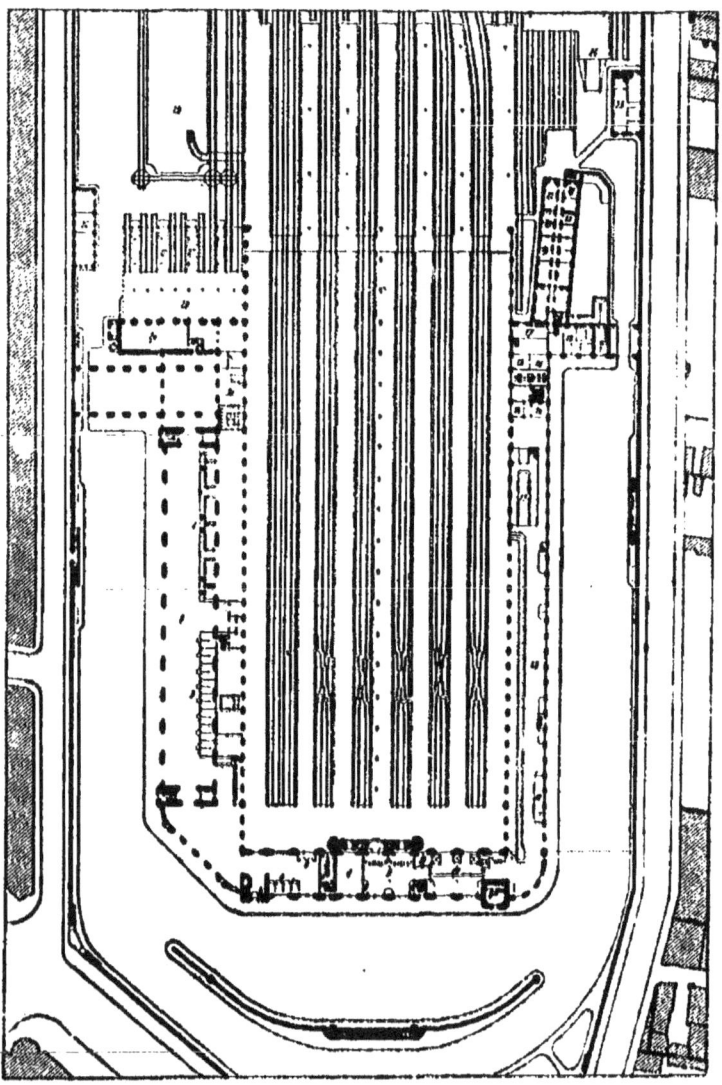

Fig. 880. — Nouvelle gare du chemin de fer de Lyon, à Paris.

1, salle des pas-perdus. — 2, bagages. — 3, recette des grandes lignes. — 4, banlieue. — 5, entrée des voyageurs. — 6, café. — 7, sortie des voyageurs. — 8,8, octroi. — 9, finances. — 10, consigne. — 11, bureau des bagages. — 12, salle des bagages. — 13, service de la douane. — 14, octroi. — 15, chef de gare. — 16, sous-chefs de gare — 17, contrôleurs. — 18, contrôle du matériel. — 19, police. — 20, médecin et salle de pansement. — 21, médecin principal. — 22, salles d'attente. — 23, lampisterie. — 24, annexe de la lampisterie. — 25, messageries. — 26, service de la poste. — 27, chargement des wagons-poste. — 28, dépôt des bouillottes. — 29, chaufferie. — 30, télégraphe.

avec le quai de grande circulation et les pontons ou chalands d'accès aux bateaux à vapeur, perpendiculaires au quai. C'est suivant cette théorie que la gare précitée de Paris-Lyon-Méditerranée a été transformée (fig. 880). La gare du Nord, celle de Saint-Lazare sont encore des exemples de cette disposition.

Toutefois cette disposition, fort commode pour les voyageurs, l'est peu pour les bagages, car si les salles de bagages — arrivée ou départ — se trouvent dans les bâtiments de façade, les parcours deviennent longs et difficiles. Aussi est-on conduit à fusionner pour ainsi dire les deux théories : on conserve sur les voies latérales extrêmes les arrivées et départs des grandes lignes, celles qui donnent lieu aux plus grands transports de bagages, et les salles de bagages disposées pour ces trains dans des bâtiments en aile peuvent faire vis-à-vis aux fourgons dans les trains.

On arrive ainsi à cette conception générale d'une gare entourée sur trois sens par des bâtiments publics : en façade les services des trains de banlieue, et en général des trains qui ont plus d'affluence de voyageurs que de bagages; latéralement les services de départ et d'arrivée des trains de grandes lignes.

Ceci d'ailleurs est la conception théorique, qui peut varier comme toujours suivant les emplacements, configurations de terrain, etc.

Ainsi à la nouvelle gare de la ligne d'Orléans (quai d'Orsay) (fig. 881) les voies sont très en contrebas du rez-de-chaussée, comme nous l'avons vu pour la gare de passage de Pantin. Cela a permis une disposition très heureuse. De la grande salle des guichets, qui est ici latérale aux voies, partent de plain-pied des passerelles d'où l'on n'a plus qu'à descendre aux trottoirs; les bagages y sont descendus par des plans inclinés, et remontés par des monte-charges. Il est évident que le niveau des voies

ÉLÉMENTS DE L'ARCHITECTURE DES CHEMINS DE FER 629

en contrebas de la gare permet plus que toute autre disposition le facile accès aux quais longitudinaux aussi nombreux qu'ils puissent être.

Cette gare, d'un aspect très monumental, appelle encore notre attention par une conception exceptionnelle, qui est peut-être la généralité de demain. Dans toutes nos gares, un ennemi gênant est la fumée : si énergiquement qu'on puisse l'évacuer, elle noircit et obscurcit les vitrages, et ne permet guère autre chose que le hangar, plus ou moins vaste, de proportions plus ou moins heureuses. Or, sur la ligne d'Orléans et pour la traversée de Paris, la locomotion est électrique : plus de vapeur, plus de fumée, et dès lors la gare proprement dite peut être une salle, je dirais presque un salon. Tout ce que l'architecture permet pour des salles à grandes portées, pourvu qu'elles soient claires et aérées, devient possible, et c'est ainsi que cette gare a pu recevoir une décoration et présenter un carac-

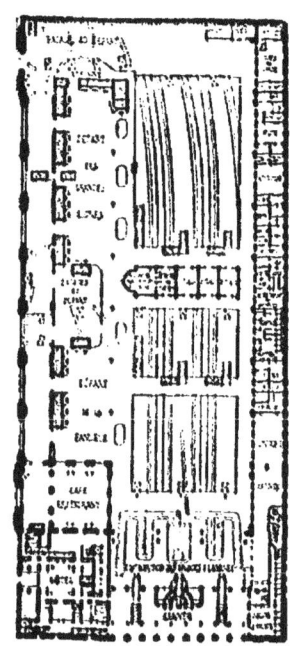

Fig. 881. — Nouvelle gare d'Orléans, à Paris.

tère qui la distingue absolument de toutes celles où stationnent des locomotives à vapeur (fig. 882). Il y a donc là le point de départ d'une transformation qui ne s'arrêtera plus, et qui d'autre part a motivé une façade latérale qui est en fait la véritable façade principale (fig. 883).

Autrement, et sauf une différence très sensible de composition, la gare de tête de ligne ne diffère pas dans ses éléments de la gare de passage. Chaque unité peut respectivement être plus grande, elle reste analogue.

Pour les unes comme pour les autres, la croissance des services de transports a été tellement rapide que presque toutes les

Fig. 882. — Vue intérieure de la gare du réseau d'Orléans, au quai d'Orsay.

gares sont déjà à renouveler, quelques-unes depuis longtemps, quelques-unes pour la troisième fois. Il serait téméraire de supposer que le mouvement s'arrêtera ou se ralentira : au contraire. Le mot d'ordre pour toute conception de gare, et pour chacune de ses parties, serait donc *élasticité*. Jusqu'à un certain point cette élasticité n'est pas incompatible avec la composition architecturale : elle a comme condition l'ingéniosité.

ÉLÉMENTS DE L'ARCHITECTURE DES CHEMINS DE FER

Fig. 883. — Façade de la gare du réseau d'Orléans, au quai d'Orsay.

CHAPITRE VI

ÉLÉMENTS DES THÉATRES

SOMMAIRE. — Le théâtre en général. — Théâtres antiques. — Combinaisons des accès et sorties. — Les amphithéâtres. — Les cirques. Le théâtre moderne dans ses conditions constantes. — Différences capitales avec le théâtre antique.

Je vous retiendrai un peu plus longuement sur le Théâtre; c'est que le programme est plus complexe. Un théâtre présente bien des choses particulières, et ce qu'il a de commun avec tout le reste, vestibules, escaliers, etc., se spécialise par la destination.

Le théâtre a d'ailleurs pour nous cet avantage d'avoir sa théorie exposée : c'est un fait rare, vous le savez, pour les programmes d'architecture. Ici, l'architecte de l'Opéra, Ch. Garnier, avec son autorité toute personnelle en un pareil sujet, a publié un livre dont le titre est *le Théâtre*, qui est l'exposé clair et méthodique des considérations que ce programme impose à l'architecte. Malheureusement ces sortes de livres sont rares; je le regrette d'autant plus que s'il en existait pour chaque genre d'édifices, leur collection serait le cours de théorie de l'architecture. Lisez du moins celui-ci, non pour y chercher des recettes au cas où plus tard vous auriez à construire un théâtre — vous savez que je ne vous recommande jamais la méthode des recettes; — mais lisez-le pour vous convaincre par un exemple bien frappant de la valeur de la raison et du bon sens en architecture; vous y verrez que dans une composition dont l'imagination vous séduit, que vous croyez une brillante féerie, la raison explique et justifie tout; et que si dans la trouvaille même de la composition, il y a forcément, comme je vous l'ai toujours dit, une large part d'intuition presque subite et d'inspiration heureuse, ce sont des intuitions et inspirations qui ne peuvent échoir qu'à ceux qui ont profondément étudié leur art, en savent les ressources et les moyens, qui y pensent sans cesse et se donnent à lui avec dévouement et passion.

Le théâtre est fort ancien; pour remonter seulement aux Grecs et aux Romains, vous savez quelle noble place il tient dans leur architecture. On peut dire dans un sens que le programme était alors ce qu'il est aujourd'hui : des spectateurs allaient au théâtre voir et entendre un drame représenté par des acteurs. Mais à part cela, que de différences! Le théâtre était gratuit, sauf peut-être quelques places; l'auditoire cinq ou six fois plus nombreux; les représentations étaient diurnes, en plein air, tout au plus sous le *velum*; les acteurs avaient la tête couverte d'un masque; la scène peu profonde, vue tout entière, ne se prêtait pas à nos combinaisons de décors et de machinerie; elle était d'ailleurs décorée d'une architecture permanente dans le théâtre romain; et dans le théâtre grec, on peut croire que l'action se passait devant l'horizon même qui fermait la vue, les montagnes, la mer et le ciel : Salamine même en vue du théâtre d'Athènes, pendant qu'on y jouait les Perses d'Eschyle!

Je ne vous ferai pas de parallèle entre la poésie dramatique des Grecs et celles des modernes, encore moins celle des spectacles contemporains qui ne méritent même pas le nom de théâtre. Il me faut cependant vous indiquer que, tout au moins à l'origine, le théâtre antique avait un caractère en partie religieux : on n'y cherchait pas une intrigue dramatique plus ou moins savante, on exposait au peuple, comme dans une fresque ou une mosaïque, les origines héroïques ou divines de son histoire. Les drames d'Eschyle sont de l'histoire dialoguée — histoire ou fable peu importe — ils étaient de l'enseignement populaire, de la vulgarisation, tout comme les *images* qui motivèrent les fresques des catacombes, les mosaïques byzantines ou les vitraux légendaires de nos églises, ou comme les *Mystères* du Moyen âge.

Or, figurez-vous d'après cela une réunion de plusieurs milliers de spectateurs ou auditeurs, écoutant en plein air, sous la lumière du soleil, ce récit dialogué de leur antique histoire. Les acteurs, tous hommes, car il n'y avait pas d'actrices, haussés un peu au moyen du cothurne, ont la tête cachée et grossie par un masque dont l'expression est invariable. Ils pourront donc mimer le rôle par le geste et la démarche, mais non par le jeu de physionomie qui leur est interdit, et que d'ailleurs un auditoire si nombreux ne saurait saisir. Devant être entendus de cette foule, ils ne parlent pas le rôle, ils ne le nuancent pas, ils le déclament ; à cette déclamation, il faut la lenteur qui assure la netteté, et l'espèce de chant qui assure la portée, comme dans les commandements militaires. Puis, il y a le chœur, qui est l'acteur principal, celui qui donne le nom au drame, qui évolue au pied de la scène en chantant ou psalmodiant des poésies dont on n'aurait certes pas pu écrire que « l'on chantait ce qui ne valait pas la peine d'être dit ».

Si plus tard le décor et la machinerie s'imposèrent à ce théâtre qui ne les prévoyait pas, il y a tout lieu de penser qu'à l'origine ils furent plus que sommaires. Dans ce milieu si éloigné de notre composition, il faut vous figurer un poème aussi réaliste de fait que magnifique de langage, représenté par des moyens tout à fait conventionnels et surtout traditionnels; nous concevons encore Clytemnestre, la bête féroce, ou Electre, la justicière impitoyable, représentées par des hommes — mais Iphigénie, mais Antigone! Donc, pas de recherche d'illusion, pas de jeux de physionomie, pas de nuances; de la déclamation plutôt que de la parole; de l'action, parfois violente; et apparemment des indications très sommaires et conventionnelles pour faire connaître et non pour représenter le lieu de la scène.

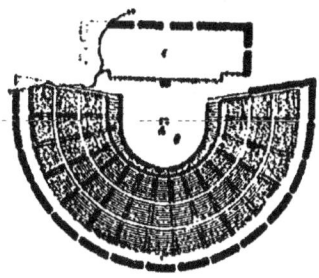

Fig. 884. — Théâtre de Bacchus.
A, autel de Bacchus. — B, orchestre. — C, scène.

Je ne sais quel est sur ces questions l'état actuel de la science archéologique; sans doute des hypothèses contradictoires. Mais les monuments nous restent, nous pouvons les interroger, et ils nous répondent qu'il faut bien que les représentations antiques aient été ce que j'ai cherché à vous faire saisir — car elles ne pouvaient être autre chose.

A ce programme grandiose et simple, à ce peuple allant assister à son histoire, que fallait-il? Le théâtre antique, expression parfaite de l'idée qui le motive. Le théâtre construit n'exista pas toujours; mais lorsque les compagnons nomades de Thespis venaient dans une ville représenter quelque naïve tragédie, que pouvaient-ils faire? Ils cherchaient un terrain en pente, se plaçaient au pied de cette pente, si possible sur quelque banquette de terrain; les auditeurs s'asseyaient sur le tertre, et instinctivement laissant quelque espace entre les acteurs et eux pour l'évolution du chœur primitif, se groupaient en demi-cercle, parce que c'est toujours ainsi qu'on se groupe naturellement autour

ÉLÉMENTS DES THÉATRES

de celui qui parle. Eh bien, remplacez l'herbe par des siéges en marbre, remplacez la banquette de terre par une estrade en

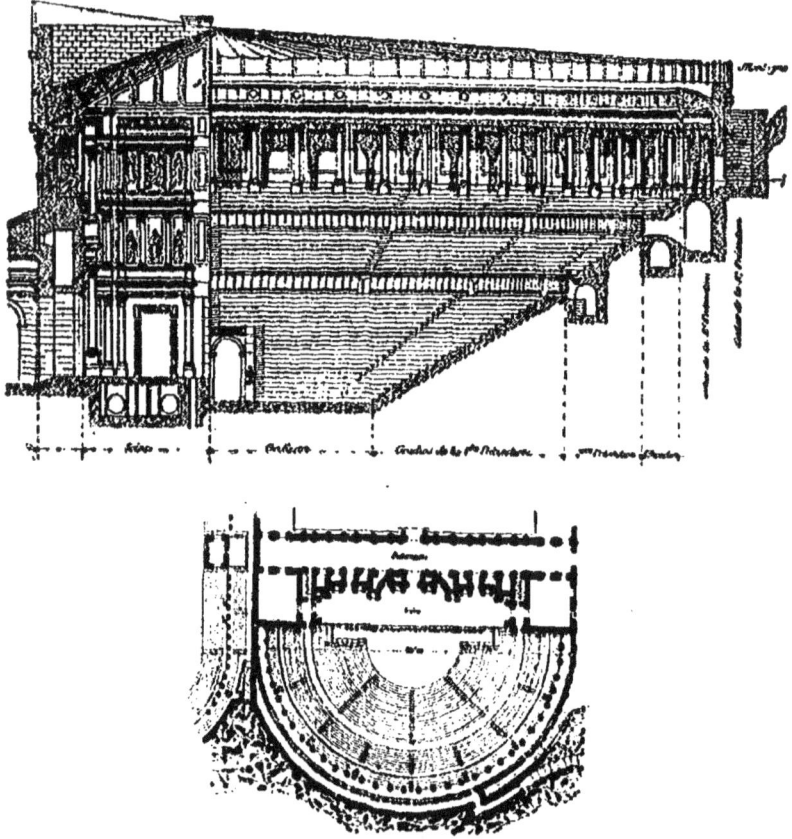

Fig. 883. — Théâtre d'Orange. Coupe et plan.

marbre, et je vous ai décrit le magnifique théâtre de Bacchus à Athènes (fig. 884), le théâtre grec à flanc de coteau, là où l'on jouit de la belle vue.

Lorsque le théâtre s'est construit dans les villes mêmes et sur ter-

638   ÉLÉMENTS ET THÉORIE DE L'ARCHITECTURE

rain plat, comme le théâtre de Marcellus à Rome ou le théâtre de Pompéi dont je vous ai montré le plan plus haut (fig. 668), il a fallu créer les accès à l'intérieur et non plus par les pentes du coteau,

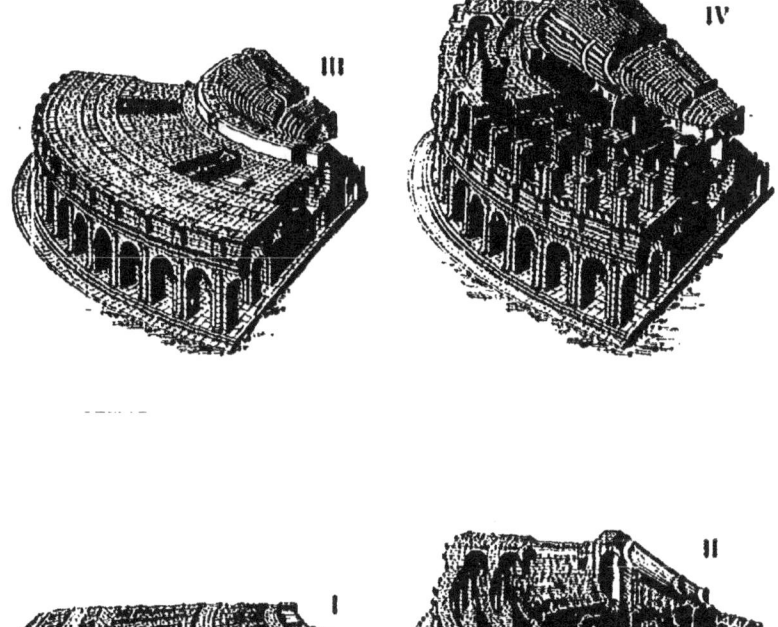

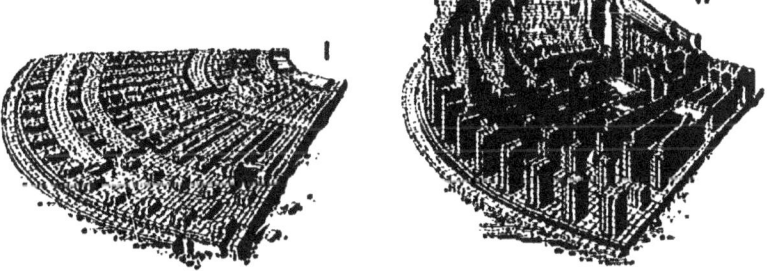

Fig. 886. — Disposition et construction du Colisée.

ou encore les deux systèmes ont pu être combinés comme au théâtre d'Orange (fig. 885). De là, les escaliers, très ingénieux, et les débouchés nombreux qui permettent d'arriver aux divers

ÉLÉMENTS DES THÉATRES 639

niveaux des places. Mais ces escaliers, purement utilitaires, et

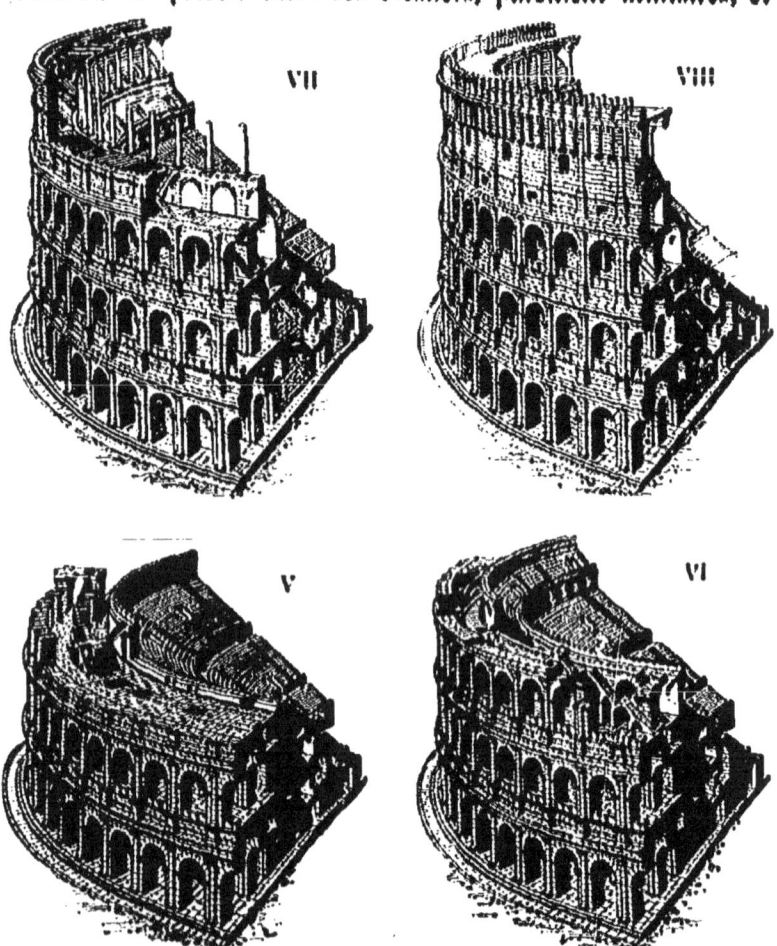

Fig. 887. — Disposition et construction du Colisée.

admirablement compris à ce point de vue, ne témoignent d'aucun souci de l'effet : on monte tout le temps entre deux murs. De plus, ils nous étonnent par leur extrême raideur. Toujours est-il que l'arrivée et la sortie des foules qui assistaient aux spectacles devaient se faire le plus facilement du monde. Les arcades étaient numérotées, chacun savait d'avance par quelle arcade il devait entrer, et là il trouvait immédiatement soit un *vomitorium* de plain-pied, s'il allait aux places du bas, soit un escalier qui par des ramifications diverses le conduisait à volonté à tous les étages. La sortie se faisait par toutes les issues sans exception : elle ne devait demander que quelques minutes.

Je ne détaillerai pas davantage cette description, qui m'entraînerait trop loin; je me bornerai à mettre sous vos yeux un travail analytique que j'ai autrefois fait sur le Colisée : c'est un amphithéâtre, mais comme mes dessins n'en présentent qu'un secteur, rien n'empêche que vous les considériez comme un élément de théâtre aussi bien que d'amphithéâtre. J'ai supposé que j'assistais à la construction de l'édifice, depuis sa sortie du sol jusqu'à son achèvement : ce sont donc en quelque sorte des attachements figurés pris au fur et à mesure de la construction (fig. 886 et 887).

Quant à l'amphithéâtre antique, sans entrer dans les détails, c'est une sorte de théâtre où le spectacle est au milieu des spectateurs; au lieu du demi-tronc de cône, le tronc de cône est complet. Seulement la forme générale est quasi-elliptique — en réalité, composée de portions de cercle se raccordant. C'est une conséquence du programme de jeux, combats, chasses, qui demandent une arène allongée. Mais il en est résulté des difficultés considérables de combinaisons; il a fallu, comme on *balance* les marches d'un escalier, balancer les murs rayonnants, et l'architecture subit constamment des déformations. Cela est très visible à l'amphithéâtre d'Arles, où l'ordonnance du rez-de-chaussée est formée de pilastres très saillants. Ils suivent la direction du mur convergent, et se présentent en façade tout brutalement avec un angle obtus et l'autre aigu.

L'architecture convergente, très nette et parfaite sur un plan circulaire ou demi-circulaire, comme au théâtre de Marcellus, par exemple, devient pénible ou boiteuse sur un plan elliptique.

Pour achever cette rapide revue des édifices antiques destinés aux spectacles, il faut rappeler les Cirques. Tandis que pour nous

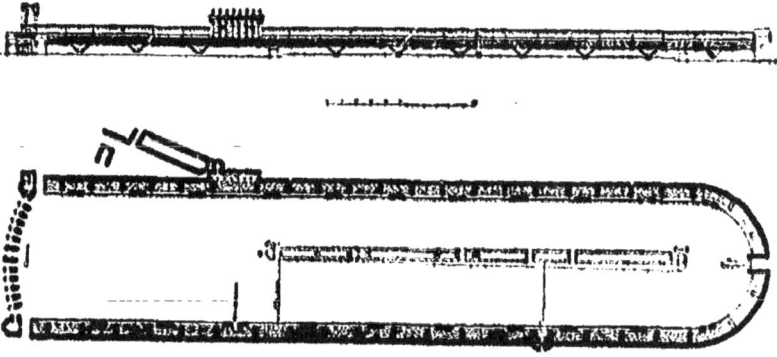

Fig. 888. — Le Circus Maximus de Rome.

le mot *Cirque* éveille l'idée d'un édifice circulaire et couvert, le cirque romain était en forme de rectangle très allongé, et découvert. Les extrémités seules, ou ce qui aurait été les petits côtés du rectangle, étaient arrondies suivant deux courbes différentes. C'est que le cirque était destiné aux courses et spécialement aux courses de chars. Sur la plus grande partie de sa longueur, il était divisé en deux par la *Spina* (épine), sorte de long stylobate élevé, décoré de colonnes, trophées, statues, etc., et qui à son extrémité la plus éloignée de l'entrée était surmonté de la *Meta*, ou borne, monument vertical signalant de loin l'endroit où devait se faire la manœuvre dangereuse du tournant.

A l'entrée, suivant une courbe en arc de cercle dont l'axe

était légèrement oblique par rapport à celui du cirque, s'ouvraient les *Careeres*, remises où les chars tout attelés attendaient le signal du départ. L'objet de cette obliquité était de les placer dans des conditions sensiblement pareilles pour se diriger vers la moitié du cirque qu'ils devaient d'abord suivre.

A l'autre extrémité, les chars devant tourner en demi-cercle autour de la *Meta*, le cirque se terminait également en demi-cercle. Sur les longs côtés et sur le demi-tronc de cône final étaient les gradins.

Programme en somme très simple, mais d'une grande ampleur qui a donné lieu à des compositions extrêmement importantes. Le *Circus Maximus* de Rome, encore visible par parties (fig. 888), devait en être la plus complète expression. Peut-être y en eut-il de plus considérables encore à Constantinople, le cirque étant devenu le divertissement par excellence des Byzantins.

CHAPITRE VII

ÉLÉMENTS DES THÉATRES

(Suite.)

SOMMAIRE. — Les théâtres modernes. — La salle de spectacle. — Hauteur des étages. — Ouverture du rideau. — Tableau comparatif. Conditions pour la vue et l'audition.
Types des salles italiennes et françaises. — Avant-scènes. — Cadre du rideau. — Plafond. — Pendentifs.
Difficultés de construction.

Du théâtre antique, je passerai sans transition au théâtre moderne : il serait sans intérêt de vous retenir sur les essais qui ont servi d'ébauche au programme actuel, à peu près fixé dans ses grandes lignes.

Bien entendu, la beauté des théâtres antiques a donné lieu à des imitations, soit en projets, soit en exécution, et pour toute une école, le théâtre, surtout le grand théâtre, ne pouvait être qu'un édifice demi-circulaire. Certes, l'idée a sa logique : autour d'une salle forcément convergente, constituer des bâtiments annulaires, de telle sorte que la façade soit l'enveloppe et l'expression même de la salle, c'est assurer au monument un caractère incontestable, un superbe motif de façade, et des abords extérieurs nombreux et faciles. Mais on n'a pas réussi à moderniser cette composition antique; vestibules, escaliers, foyers, tout cela reste le théâtre romain; pour vestibule, une galerie qui tourne; pour escaliers pas de cage monumentale, pas de spectacle des montées et des descentes; pour foyer, une promenade sans lignes droites.

En somme, on s'est souvent posé la question, on ne l'a pas résolue, bien qu'il ait été fait dans ce sens des tentatives inté-

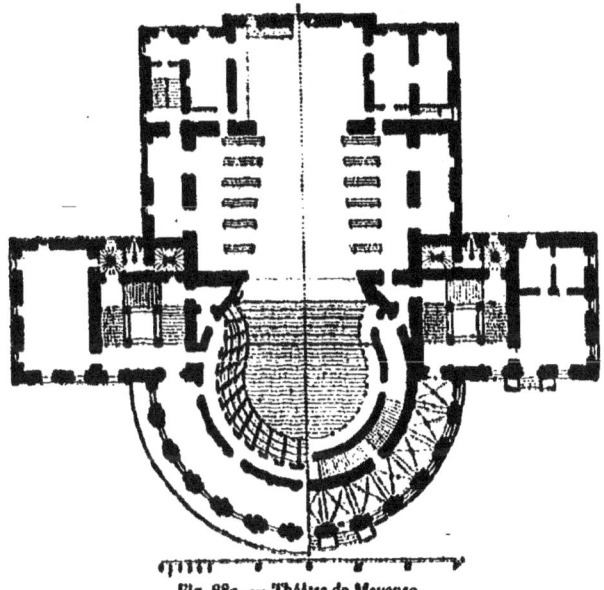

Fig. 889. — Théâtre de Mayence.

ressantes, notamment au théâtre de Mayence (fig. 889). Est-elle insoluble ? On ne doit jamais l'affirmer; peut-être se trouvera-t-il un homme de génie qui réussira là où les autres ont échoué; et alors il ne tiendra qu'à lui de faire une œuvre magnifique. Mais quant à présent, la question du théâtre demi-circulaire doit être écartée, et je vous entretiendrai des divers éléments du théâtre tel qu'on le conçoit de nos jours, et abstraction faite de la composition générale, dont je vous laisse le mérite et la responsabilité.

Peu de programmes sont aussi complexes que le théâtre, surtout le théâtre important et complet. C'est celui-ci que nous supposerons : qui peut le plus, peut le moins.

Un théâtre se compose de deux moitiés à peu près égales : la partie du public, la partie des artistes et de l'administration; entre les deux, presque aucune communication : mais dans chacune d'elles, nécessité de communications larges et faciles; ce sont donc presque deux programmes juxtaposés, dans un monument qui cependant doit faire un ensemble et un tout.

Or, pour cette conception générale du parti d'ensemble, il y a deux idées qui pèseront plus que toutes autres sur vos dispositions : l'idée de l'évacuation facile et rapide, bien plus que celle de l'arrivée — car entre les arrivées il se passe plus d'une heure, tandis que tout le monde part à la fois, et d'ailleurs dans le cas de sinistre ou de panique que l'architecte d'un théâtre doit toujours avoir en vue, c'est encore l'évacuation qui est la première condition de salut; — puis, l'idée des profondeurs qu'il vous faudra sous la scène, et qui dans la plupart des cas vous obligeront à relever sensiblement le sol du rez-de-chaussée de l'édifice, ou du moins celui de la salle et de la scène. Quant à la question des abords, elle ne vous appartient pas; elle peut cependant réagir sur votre composition; mais alors ce sont là des cas particuliers auxquels doivent correspondre des solutions particulières; nous supposerons donc l'édifice isolé et facilement abordable dans ses diverses parties.

Nous verrons d'abord la salle, puis la scène : la salle est la raison d'être du théâtre, c'en est la partie essentielle.

Dans un espace assez restreint, il faut grouper le plus de monde possible, et l'asseoir à peu près convenablement. Sans la multiplication des étages, on n'y parviendrait jamais; mais ces étages ne peuvent pas, ne doivent pas, avoir des hauteurs monumentales : il faudrait des salles beaucoup trop hautes, ou des étages trop peu nombreux ; et de plus les spectateurs seraient trop isolés les uns des autres, la salle serait vide et froide — je parle bien entendu de théâtre public. L'expérience fait voir qu'un étage de théâtre ne doit pas dépasser *trois mètres* : c'est une condition qu'il faut accepter.

Voilà donc la salle constituée avec des spectateurs sur tout son plancher — c'est l'orchestre, le parterre, et à l'Opéra les stalles d'amphithéâtre ; puis avec trois, quatre, cinq ceintures de spectateurs, en balcons, loges, etc., autour du vide de la salle ; puis, sur une paroi de la salle, l'ouverture de la scène, fermée pendant les entr'actes par le rideau traditionnel.

Quelle sera la forme de cette salle ? Je commence par vous déclarer que je ne vous donnerai pas le moyen de faire une bonne salle de spectacle, par la raison qu'il n'y en a pas et qu'il ne peut pas y en avoir. La bonne salle de spectacle serait celle où tout le monde verrait et entendrait sans fatigue ni difficulté ; celle où tout le monde aurait de bonnes places. Or, il n'y a de bonnes places que les places de face. Peut-on faire une salle où il n'y ait que des places de face ? Non. Il y aura toujours dans un théâtre des spectateurs mal placés — trop haut — trop loin — trop de côté. Tout ce qu'on peut faire, c'est de compenser l'infériorité de ces places en les faisant payer moins cher : c'est ce qu'on fait en faisant payer plus cher les autres.

En fait, tous les essais faits ramènent toujours à peu près au demi-cercle allongé, non compris les avant-scènes. Cette forme usuelle, que représente assez bien le fer à cheval, est le résultat de bien des compromis qui l'expliquent. Mais il y a encore de très notables écarts entre les tracés de ces salles : je ne puis mieux vous le faire voir qu'en vous montrant, à une même échelle, le parallèle des balustrades des premières loges dans

ÉLÉMENTS DES THÉÂTRES

quelques théâtres de divers pays : en Italie : Saint-Charles à Naples, la *Scala* à Milan, la *Fenice* à Venise; en Allemagne, les grands théâtres de Vienne, Berlin, Munich; en Russie, ceux de Saint-Pétersbourg et Moscou (fig. 890).

Pour un nombre voulu de spectateurs, il faut un développement correspondant de places; si la salle est peu profonde, il faudra qu'elle soit large; mais ces spectateurs ont à voir ce qui se fait en scène, et surtout au milieu de la scène; d'ailleurs les exigences scéniques que nous verrons plus loin ne permettent pas une ouverture exagérée du cadre du rideau; Ch. Garnier estime que le maximum ne doit guère dépasser 15 mètres. Donc, impossibilité de déborder trop sensiblement à droite et à gauche. Puis, si

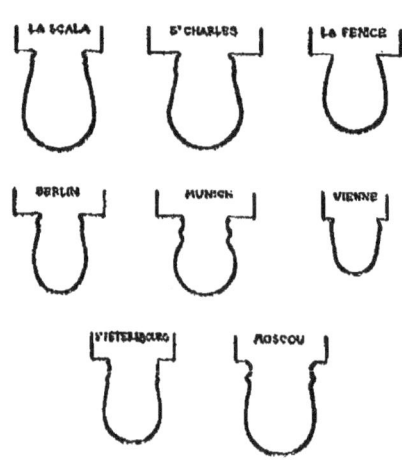

Fig. 890. — Parallèle des tracés des balustrades, au niveau des premières loges de salles de spectacle.

la salle profonde est fâcheuse pour la vue, en multipliant les places de côté et en éloignant les places de face, elle est meilleure pour l'audition — et réciproquement. Tout cela a été bien souvent tâtonné, essayé, repris, car on a beaucoup construit de théâtres. Ces tâtonnements n'ont pu produire aucune règle précise; il semble toutefois en résulter que la salle de théâtre peut avoir sa longueur à peu près égale à sa largeur, l'arc doubleau des avant-scènes non compris.

Voici d'ailleurs quelques renseignements à ce sujet sur les principaux théâtres français et étrangers, que j'emprunte à l'appendice du livre de Ch. Garnier :

ÉLÉMENTS ET THÉORIE DE L'ARCHITECTURE

THÉATRES	OUVERTURE DU RIDEAU	LARGEUR AU DEVANT DES LOGES	LONGUEUR DU DEVANT DES LOGES AU NUD DE LA SCÈNE
AMSTERDAM...............	9 mèt.	11,50	21 mètres.
ANVERS...................	10,73	14,44	20,44
BERLIN...................	13,34	16,79	23,335
BORDEAUX................	11,76	14,30	15,20 (jusqu'à la rampe seulement).
CAIRE....................	11,00	14,00	40 mètres (scène comprise).
COPENHAGUE..............	10,24	18,91	16,69
DUBLIN...................	10,50	13,30	17,40
FLORENCE................	11,75	14,70	46,38 (scène comprise).
GÊNES....................	14,50	18,00	20,50
HANOVRE.................	13,15	13,35	14,00
LISBONNE.................	13,00	16,46	18,70
LONDRES (Covent-Garden)......	15,00	18,90	49,50 (scène comprise).
MAYENCE.................	11,00	15,00	22,50
MESSINE..................	7,50	11,70	14,30
id.	13,00	17,40	21,75
MILAN (Scala).............	16,16	24,85	23,00
MOSCOU..................	20,00	22,00	65,50 ⎫
	16,00	17,00	58,50 ⎬ Scènes comprises.
SAINT-PÉTERSBOURG........	17,20	20,60	31,20 ⎪
	16,00	17,20	46,00 ⎭
MUNICH...................	14,00	19,00	22,00
PALERME.................	10,12	13,40	13,50
Ancien Opéra de PARIS..........	12,60	16,80	22,00
PHILADELPHIE.............	13,50	18,00	22,80
PRAGUE..................	10,00	12,00	14,00
SANTIAGO................	12,50	18,00	19,50
STOCKHOLM..............	10,62	12,60	17,20
STUTTGART...............	12,00	?	19,50
TURIN....................	13,20	16,60	24,20
VENISE...................	14,00	16,00	16,00
VIENNE...................	11,95	19 16	69,26 (scène comprise).
Nouvel Opéra de PARIS.........	15,60	20,50	25,625
COMÉDIE-FRANÇAISE.........	11,00	14,20	17,00

De ce tableau, on ne peut tirer de conséquences précises, sinon que dans tous ces théâtres, la longueur de la salle est plus grande que la largeur. Mais la proportion varie beaucoup, surtout suivant qu'il y a ou qu'il n'y a pas d'avant-scènes. C'est ainsi que dans ce tableau les salles italiennes paraissent relativement peu profondes, et cependant elles sont toujours de forme allongée :

ÉLÉMENTS DES THÉATRES

649

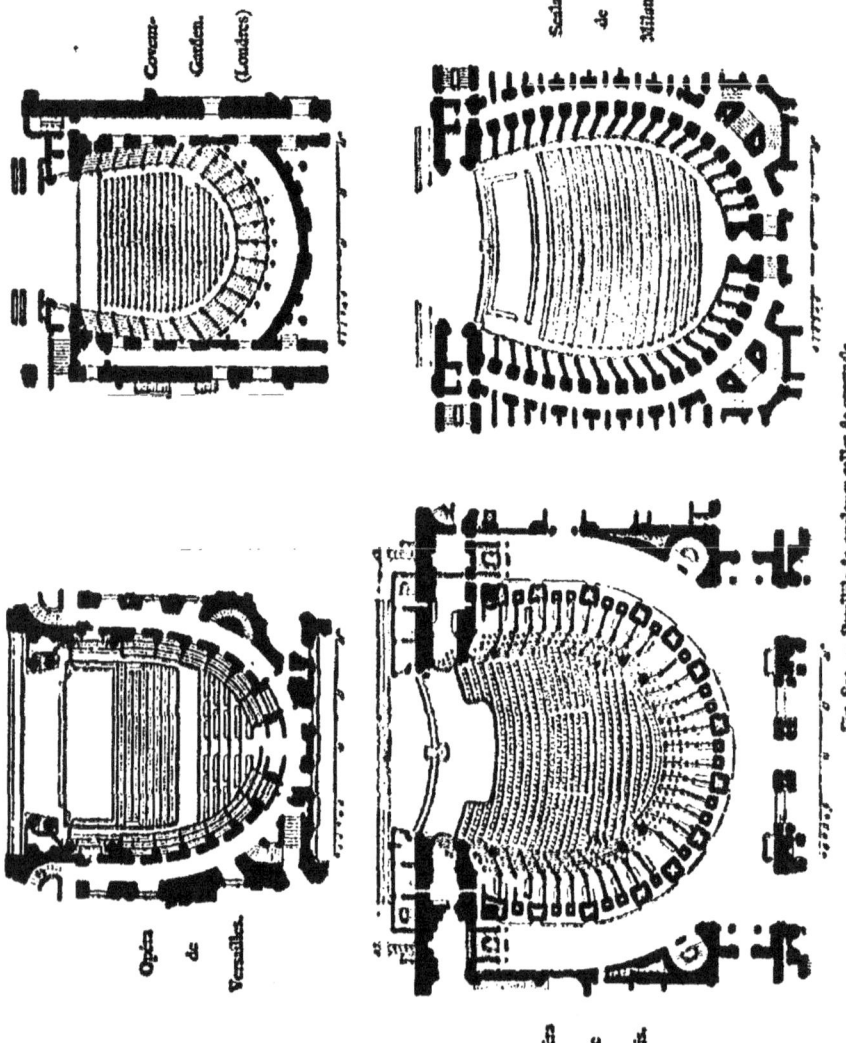

Fig. 894. — Parallèle de quelques salles de spectacle.

mais elles ont des avant-scènes peu importantes, ou même n'en ont pas du tout.

En fait et en résumé, l'expérience a consacré une forme générale de salle en fer à cheval, qui est une combinaison des qualités qu'on recherche, en atténuant dans la mesure du possible les défectuosités qu'on ne peut éviter. Je ne puis mieux faire que de vous montrer les plans de quelques-unes des salles les plus célèbres de France et de l'étranger. L'Opéra, le théâtre de Versailles, le théâtre de Covent-Garden à Londres, la *Scala* à Milan (fig. 891).

Supposons donc la forme de votre salle arrêtée en plan, et dégagée par des abords suffisants. Vous chercherez à la rendre bonne pour la vue et pour l'audition.

Pour les places de face, le problème est simple; la scène étant toujours un peu élevée au-dessus de l'orchestre, une épure facile à établir vous montrera — comme nous l'avons déjà vu pour les salles de cours — que le parquet des spectateurs doit avoir une pente en sens inverse, mais peu prononcée. Cette pente ne devrait pas être rectiligne, mais sa courbe théorique serait si peu sensible qu'on adopte en général le plan incliné, à cause des facilités d'exécution.

Cependant, lorsque les spectateurs arrivent jusque tout près de la scène, comme au Théâtre-Français, les premiers rangs de fauteuil seraient trop enterrés; la courbe alors remonte au contraire vers la scène; aussi au Théâtre-Français, le parquet est constitué comme suit en partant de la scène : un plan incliné, descendant de la scène vers la salle; un palier étroit; un plan incliné montant vers le fond de la salle : ce dernier est de beaucoup le plus large (fig. 892).

Quant aux places de face des divers étages, depuis les bai-

ÉLÉMENTS DES THÉATRES

gnoires jusqu'au dernier amphithéâtre, la pente des gradins doit être de plus en

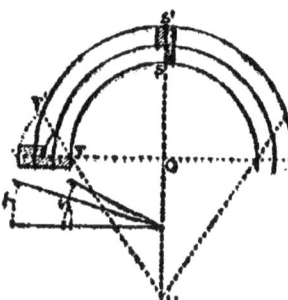

Fig. 893. — Spectateurs de face et de côté.

plus accentuée à mesure qu'on s'élève; l'épure en est facile à faire, mais si l'on s'en rapporte à l'épure du plan vertical médian on sera trompé.

Supposons en effet (fig. 893) un tracé de deux gradins demi-circulaires : des spectateurs S et T sont assis au premier rang, des spectateurs S' et T' au deuxième. Si l'objet à voir, le point vers lequel convergent les regards, était au centre O, la position relative de S et de S' serait la même que celle de T et de T', et l'épure serait bonne partout. Mais par suite de la forme en fer à cheval, le point de convergence des regards est bien plus loin que le centre O, et dès lors, tandis que S-S' est une normale à la circonférence, T-T' est une oblique, et par conséquent T-T' est plus long que S-S'. Les hauteurs

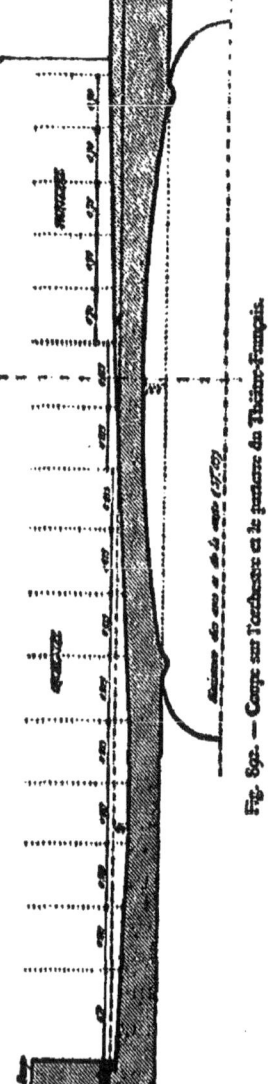

S et T d'une part, S' et T' de l'autre, étant identiques, il en résulte que le rayon visuel dont peut disposer T" pour voir par-dessus T est moins plongeant que celui dont dispose S'; donc, pour être dans les mêmes conditions de vue, il faudrait que T' fût plus élevé que S'. Mais comme il faut bien que les gradins soient de niveau, on voit qu'il faut tenir grand compte de cette obliquité, et établir l'épure dans l'hypothèse la moins favorable.

Il va de soi que cela sera encore plus vrai si l'on considère les places franchement latérales. Aussi peut-on dire que dans aucun théâtre peut-être les places de côté ne sont assez en pente. C'est qu'il y a bien d'autres difficultés : de construction, de niveau des corridors, etc. Il n'y a peut-être pas de programme qui comporte plus que la salle de théâtre de compromis et de transactions entre les nécessités contradictoires.

Une autre difficulté pour la vue, ce sont les cloisons de séparation des loges, surtout, bien entendu, des loges de côté. Dans une salle rationnelle, il n'y aurait pas de loges de côté : mais on en veut. Par deux instincts contradictoires, le public élégant veut tout les bénéfices d'une salle de spectacle et d'audition, mais en même temps il veut le *chez soi*. Or, si pour les loges de côté on fait des cloisons qui assurent le chez soi, au moyen de montants verticaux à l'aplomb de la balustrade, cette cloison fait un écran absolu; si on évide cet écran en donnant à la cloison une forme de stalle, on laisse mieux passer le regard, mais on établit la promiscuité avec les loges voisines. Question encore de compromis et de cotes mal taillées. Je ne puis que vous transmettre le conseil que donne à ce sujet Ch. Garnier, de tâtonner en place ses divisions au moyen de panneaux d'essai. D'ailleurs, le plus souvent, en ce qui concerne les loges de côté, on est obligé de faire des cloisons brisées. Comme ces cloisons

ÉLÉMENTS DES THÉÂTRES   653

devraient être très obliques par rapport à la balustrade, il en résulterait des angles très aigus, inutilisables, d'ailleurs les sièges seront toujours à peu près parallèles à cette balustrade. Dès lors, on est conduit à faire la cloison normale dans la profondeur du premier rang de sièges, puis à obliquer le surplus ; mais pour dégager la vue, il faut alors que la première partie de la cloison soit peu élevée, ou en d'autres termes que la loge soit *découverte* pour son premier rang (fig. 894).

Quant à l'acoustique, après ce que j'en ai dit en parlant des salles de cours, je ne puis guère vous en dire qu'une chose : personne n'y connaît rien, et les résultats sont au petit bonheur. Certes, il ne manque pas de traités très savants sur la matière, mais comme ils arrivent très savamment à des conclusions diamétralement opposées, ils s'annulent tellement l'un l'autre qu'il n'en reste rien. Ch. Garnier a consacré à ce sujet (p. 211) un chapitre plein de bon sens de son livre que je vous ai déjà cité ; lisez-le : lorsqu'il écrivait ce livre,

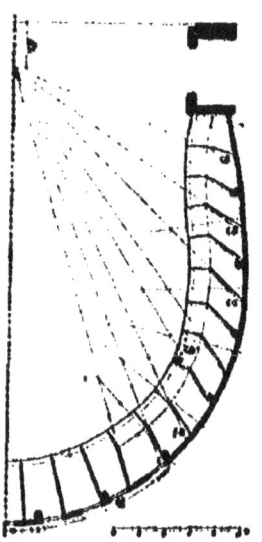

Fig. 894. — Cloisonnement des loges du Théâtre-Français.

l'Opéra n'était pas achevé, et il disait courageusement :

« Il faut bien que j'explique que je n'ai eu aucun guide, que je
« n'ai adopté aucun principe, que je ne me suis basé sur aucune
« théorie, et que c'est du hasard seul que j'attends ou l'insuccès
« ou la réussite. »

Cependant non, ce n'est pas le hasard seul qui lui a valu la réussite : c'est aussi la sagesse. Il existe de très nombreuses salles de spectacle, et en général elles sont bonnes ; dans les théâtres, la voix porte et on ne perçoit pas de résonances confuses. Sans doute, il y a des degrés et des nuances, mais ce ne sont que des nuances. Voilà le fait d'expérience, que nous ne pouvons expliquer mais que nous constatons : les théâtres ont leur sonorité comme les églises ont la leur ; aussi était-ce sagesse de s'en tenir à ces dispositions éprouvées, et de savoir prendre pour point de départ de la composition d'une salle d'Opéra nouveau la salle reconnue bonne de l'Opéra précédent.

Puis il ajoute : « Je sais bien qu'à proprement parler il n'y a « pas de salles positivement mauvaises, et qu'on ne puisse amé- « liorer au besoin ; je sais bien que les salles *se font* à la longue « comme le vin mis en bouteille, et que si l'on ne peut espérer « un succès complet, on peut aussi ne pas trop redouter une « chute. »

Rien n'est plus vrai, mais moyennant la prudence qui ne s'écarte pas sans cause des précédents éprouvés.

Empirisme que tout cela, direz-vous. Eh, oui. Là où la science est impuissante, l'empirisme — c'est-à-dire l'expérience — est le guide autorisé. Que de choses d'ailleurs, revendiquées par la science, et qui n'en sont toujours qu'à l'empirisme.

Et cependant cette question est d'importance majeure en matière de théâtre. Essayons non de la résoudre mais de l'exposer.

En acoustique théâtrale, nous savons deux ou trois choses, et c'est tout. Nous savons que le son parcourt environ 340 mètres par seconde, qu'il se propage par ondes vibratoires comme la lumière et la chaleur ; qu'il est soumis aux lois de la réflexion comme la bille de billard ; enfin que les sons réfléchis, lorsqu'ils arrivent à se distancer du son direct, par écho ou prolongement, sont insupportables.

Le son direct sera ce qu'il sera, c'est avec les sons réfléchis que naissent les dangers, notamment les dangers des théories.

Or, toutes les théories pêchent par la même pétition de principe : on suppose toujours et forcément une position *moyenne* de l'acteur, dans l'axe, et à deux ou trois mètres de la rampe. Que s'il se déplace, par côté, au fond du théâtre, au haut d'un balcon ; s'il chante ou parle dans un décor ouvert ou fermé, large ou étroit, plafonné ou béant jusqu'au gril, en été sans chauffage ou en hiver avec les courants ascendants des calorifères, devant une salle bondée ou à moitié vide, ventilée ou non — la théorie se déconcerte et capitule. Le problème est insoluble parce qu'il ne se pose pas.

Autre chose : il faut, dira-t-on, des décors fermés et peu profonds : possible. Mais on veut des effets de scène, des mouvements, de nombreuses figurations. Il faut des salles plutôt profondes, parce que le son va droit devant lui et peut porter loin : possible. Mais il faut des salles qui multiplient le plus possible les places de face et restreignent les places de côté, désespoir des spectateurs. Il ne faut pas de moulures, de sculptures, etc. : possible. Mais nous voulons qu'un théâtre soit un salon aimable et élégant. Il faut un plafond tout plat : possible. Mais nous ne tolérerions pas ce couvercle de boîte. Il faut proscrire les loges et tous les enfoncements : possible. Mais le public veut des loges, et a le droit d'en vouloir. Il faut éviter tous courants et remous d'air, notamment la nappe ascendante vers la cheminée du lustre : possible encore, mais le public aime à respirer, si peu que ce soit.

Et alors, quoi ? Il reste ceci : peut-être par hasard, les salles de théâtre, qui au fond se ressemblent fort, sont des salles où en général 1.000 à 1.200 personnes entendent assez bien la comédie, où 1.500 à 1.800 personnes entendent bien l'opéra. Quand nous voyons tant de salles de cours, de conférences, d'audiences, où 200 personnes ne peuvent rien entendre, il me semble qu'il y a là une preuve manifeste de bonheur.

Et d'abord, voyons la salle antique : à Orange par exemple, où la sonorité est merveilleuse, l'auditeur ne perçoit et ne peut percevoir que le son direct, renforcé immédiatement par le grand mur de scène. A part ce réflecteur de son, et de son assez rapidement réfléchi pour ne pas se distancer du son direct, il n'y a rien qui puisse le refléchir : il n'y a plus que l'auditoire, tronc de cône réfractaire à la répercussion du son : ainsi, son direct renforcé, pas de son réfléchi.

Voilà ce me semble la règle et sa démonstration expérimentale la plus concluante.

Certes nos théâtres sont plus compliqués. Mais en somme, il y a pour eux aussi renforcement du son direct par les décors, les avant-scènes, et le son réfléchi y est peu à craindre parce qu'il s'y pulvérise pour ainsi dire dans toutes les alvéoles que forment les loges, et qui constituent autant de réflecteurs pour les voisins immédiats. Et c'est ainsi que les salles italiennes, comme la *Scala*, sont excellentes au point de vue acoustique.

En fait, science ou simple bonheur, nos salles de théâtre sont avec quelques nuances des salles acoustiques. Ne lâchons pas la proie pour l'ombre.

Mais concluons que si le rêve d'amplifier le son par ses chocs contre les parois est une chimère, s'il est sage de ne pas excéder la distance qui permet d'entendre directement, — il faut se garer des trop grandes salles. Parler n'est pas crier, chanter n'est pas crier. Et ni la conversation du salon de Célimène, ni les dialogues de Marivaux, ni les proverbes de Musset ne veulent être criés. Au contraire, quel plaisir délicat et raffiné ne serait-ce pas d'entendre cela dans les salles intimes de Trianon ou de Fontainebleau, sans que les acteurs fussent obligés de se grimer violemment, ou de crier à plein gosier : « ... Parlons bas, écoute... »

Quant à des essais récents dont vous avez certainement entendu parler, de l'orchestre invisible dans des théâtres de musique, c'est une question dont la solution n'appartient pas à l'architecte. Je ne m'y arrêterai donc pas.

Au point de vue de l'aspect et de la conception générale, les salles de spectacle se rapportent à deux variétés : les salles italiennes, les salles françaises. Entre les deux groupes, quelques exemples intermédiaires empruntent un peu des deux ; mais il est inévitable que l'une ou l'autre des deux conceptions domine.

Il y a des salles italiennes célèbres, elles sont plus ou moins grandes, mais qui en a vu une les a toutes vues.

Autour d'un parquet en fer à cheval, s'élève une paroi cylindrique dans laquelle à chaque étage sont percées des baies contiguës les unes aux autres, qui sont les loges. Au-dessus un plafond ou une voussure ; peu ou pas de motif d'avant-scène ; c'est une conception nettement alvéolaire.

A l'exception du parquet, tout y est loges, on n'y voit pas ce que nous appelons balcons, galeries, loges découvertes, amphithéâtres.

Ces salles sont en général considérées comme très bonnes pour la sonorité ; mais la décoration en est des plus simples, et l'aspect ne se présente pas, à nous du moins, avec le caractère de fête que nous attachons à l'idée de théâtre.

Or, croyez bien que des différences si profondes dans l'interprétation d'un programme, qui sans doute vous étonnent, ont nécessairement leur raison d'être dans des différences de mœurs ou d'habitudes.

En Italie, les loges sont presque sans exception le domaine d'un abonné ; il y est chez lui. Et comme on reçoit peu dans la maison, les dames, au lieu d'avoir leur jour chez elles comme les Françaises, ont leur loge au théâtre. On y reçoit, on y cause, on y rend les visites qu'on a reçues soi-même ; d'ailleurs il est loisible à chacun d'aller à son tour se mettre pour ainsi dire à la fenêtre pour écouter un moment l'opéra (fig. 895).

La salle française a aussi le parquet et les loges, mais il y a de

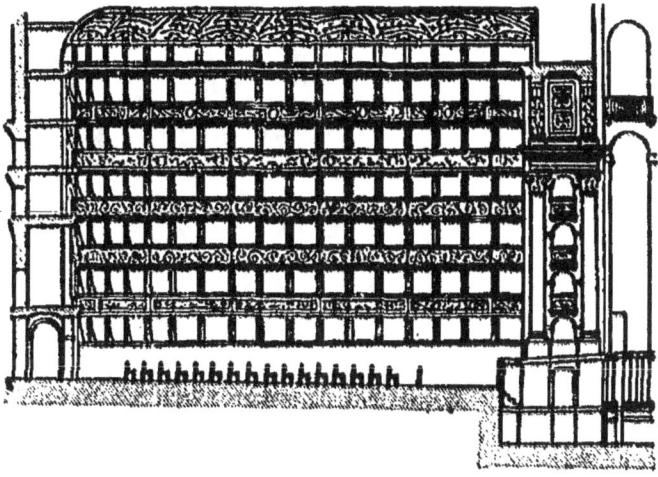

Fig. 895. — Scala de Milan. Coupe longitudinale.

plus les balcons, les galeries, et à l'Opéra cette magnifique disposition renouvelée de l'ancien Opéra, les fauteuils d'amphithéâtre (fig. 896). Tout le monde est en vue, ou presque, la salle forme une grande réunion générale bien plutôt qu'une foule de petites réunions restreintes, et, comme on le dit souvent, le spectacle est autant dans la salle que sur la scène. Les visites dans les loges existent bien, mais pendant les entr'actes, et les loges se complètent lorsque c'est possible par un petit salon.

Dès lors, la salle doit, par son architecture, sa décoration, son éclairage, affirmer cette pensée de fête qui est sa raison d'être :

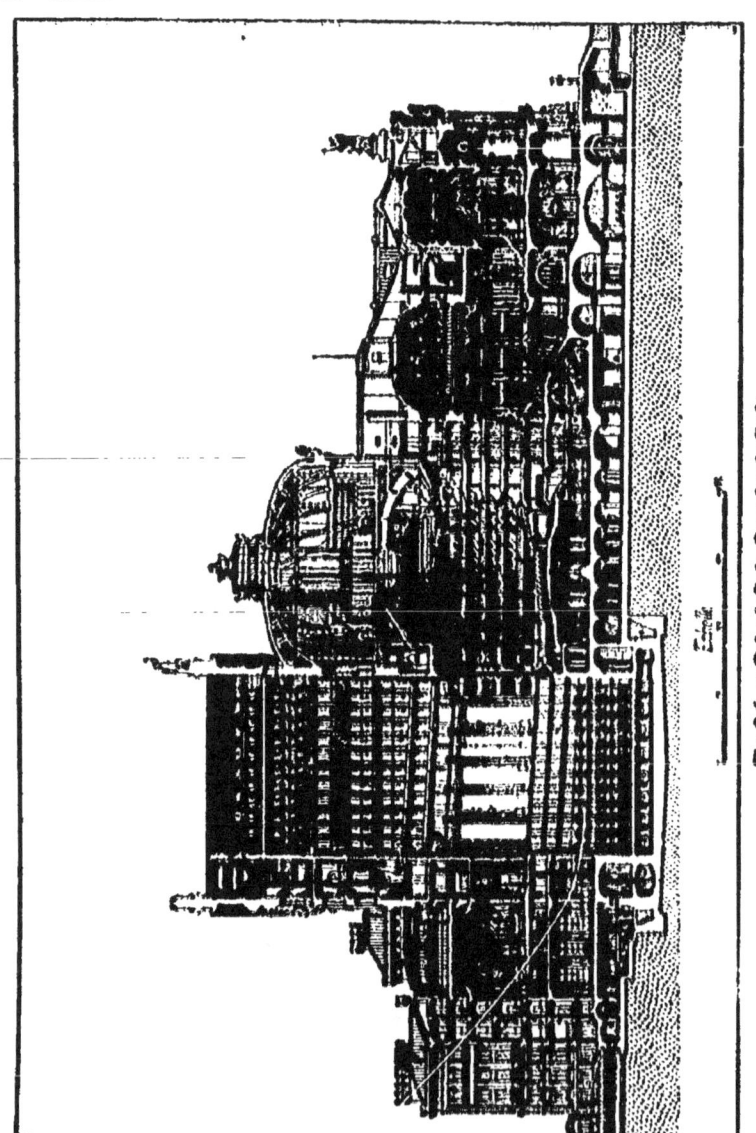

Fig. 896. — Opéra de Paris. Coupe longitudinale.

disons-le, la salle française est un bien autrement beau programme d'architecture que la salle italienne, telle du moins qu'elle existe dans les théâtres classiques de l'Italie, la Scala de Milan, la Fenice de Venise, etc.

Pour la composition artistique de la salle, il est de toute importance que le cadre du rideau qui la limite soit accompagné d'un puissant motif décoratif : c'est le rôle des avant-scènes et des arcs-doubleaux qui les relient. Les avant-scènes permettent d'ailleurs à la scène de pénétrer quelque peu dans la salle, l'acteur ou le chanteur se trouve ainsi dans la même salle que les auditeurs, au grand profit de l'échange d'impressions ; et s'il est bizarre — à la réflexion — que Guillaume Tell pleure la liberté de l'Helvétie entre deux loges d'avant-scène, et non parmi les rochers et les sapins qui servent de fond au tableau, il ne faut pas oublier qu'au théâtre on ne se révolte jamais contre la convention acceptée par l'habitude.

Voilà donc un premier élément : l'avant-scène et son arc-doubleau encadrant le rideau, et les dispositions et décorations de la salle proprement dite venant d'autre part s'appuyer aux avant-scènes. Naturellement, ce motif d'avant-scènes, tout en restant riche et monumental, ne doit pas être très large, car en somme il recule les places nombreuses (fig. 897).

Pour le surplus de la salle, tous les efforts tendent à introduire quelques éléments de grande architecture, sans encombrements — chose peu facile — et à assurer au plafond des retombées d'aspect monumental.

Supposez en effet des étages de trois mètres, soit environ un mètre de balustrade et deux mètres de vide. Si vous avez seulement des piliers — colonnes, colonnettes, cariatides, tout ce que vous voudrez — d'étage en étage, cette architecture de tiroirs sera forcément mesquine, et le plafond l'écrasera de son aspect, comme si rien ne le portait. Si au contraire vous supportez le plafond par une colonnade ou autre disposition de piliers rapprochés, ce sera parfait si, comme au Palais de Versailles (fig. 898), il s'agit d'un théâtre de cour, où les invités pourront bien être gênés par des colonnes, pourvu que, avant tout, la salle frappe par son caractère de majesté royale. Mais ce sera un défaut dans un théâtre public, comme le grand théâtre de Bordeaux (fig. 899) ou l'Odéon, parce que dans ces salles d'ailleurs fort belles, trop de places sont sacrifiées à l'effet monumental.

Il faut donc à la fois chercher l'introduction d'éléments monumentaux, et les restreindre à un petit nombre.

Une autre difficulté est la combinaison du plafond. La forme en fer à cheval ne se

Fig. 897. — Avant-scène du Théâtre-Français.

prête guère à des encadrements réguliers, et il se trouve dans les écoinçons des parties difficiles à porter, non comme construction, mais comme effet.

Vous voyez que si une salle de théâtre est un beau sujet, c'est un sujet difficile, et comme combinaison et comme architecture.

Eh bien, pour les grandes salles tout au moins, nous possédons une solution de génie : c'est celle qui s'est transmise de

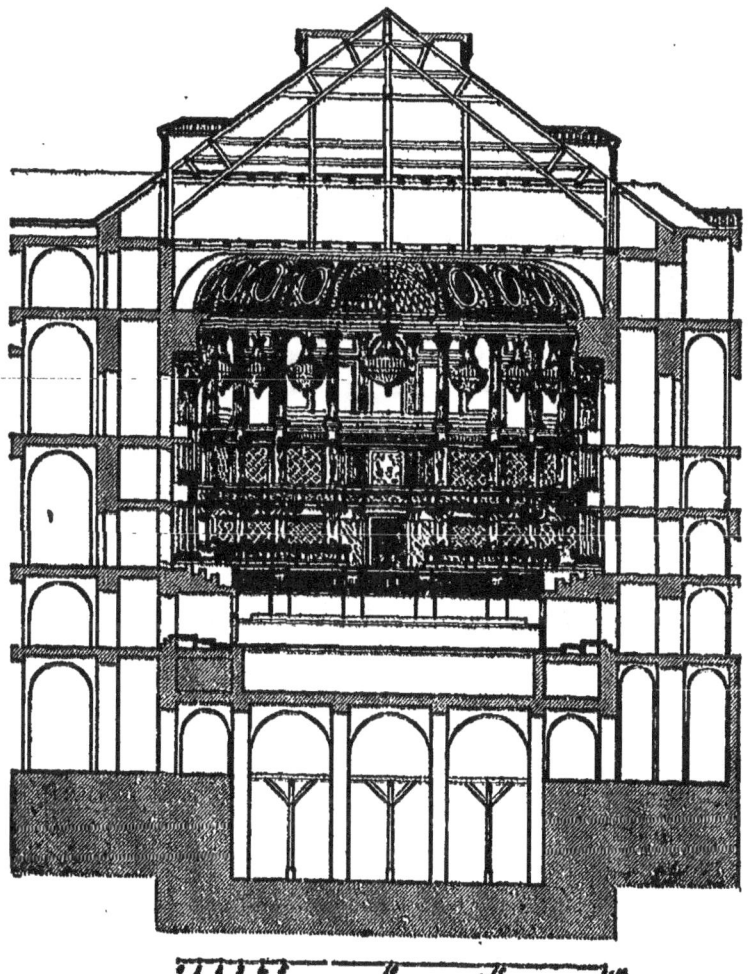

Fig. 898. — Coupe transversale de la salle de l'Opéra de Versailles.

l'une à l'autre dans les reconstructions successives de l'Opéra de Paris.

Prenant pour point de départ l'arc-doubleau de l'avant-scène, si vous supposez dans trois autres plans verticaux respectivement

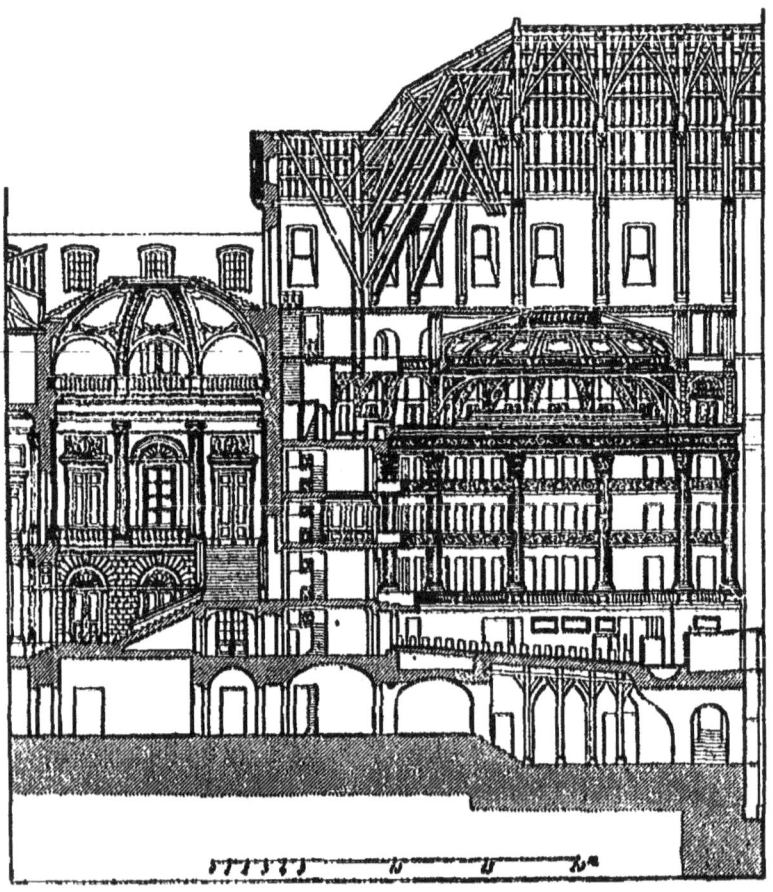

Fig. 899. — Coupe longitudinale de la salle du grand Théâtre de Bordeaux.

perpendiculaires et parallèles à ce premier, trois autres arcs-doubleaux d'ouverture à peu près pareille, un carré encadrera une partie de plafond ou plutôt de voussure qui pourra être disposée de telle manière qu'autorise le carré; entre autres, vous pourrez avoir quatre pendentifs et une coupole circulaire : une forme parfaitement nette de plafond, parfaitement supportée, parfaitement décorable : c'est le parti imaginé par Louis au théâtre de Bordeaux, et perfectionné par lui au Théâtre Français où les quatre arcs doubleaux retombaient sur des colonnes d'un grand ordre, tandis que les colonnes intermédiaires plus petites — comme dans les salles de thermes — ne jouaient plus que le rôle de remplissage.

Mais les pendentifs, retombant sur des colonnes uniques, avaient quelque maigreur, et au théâtre qui fut construit pour l'Opéra par le même Louis à la place Louvois, la même composition fut conservée, sauf que les pendentifs retombèrent sur des accouplements de deux colonnes encadrant des loges spéciales. L'étude était alors complète, le résultat magnifique; aussi, lorsque ce théâtre fut démoli, on en reproduisit la disposition de salle à l'Opéra de la rue Le Peletier, et quand vint la construction du nouvel Opéra, ce même motif fut encore maintenu (fig. 900), tellement était profonde la conviction que le problème était résolu, et qu'il n'y avait plus qu'à étudier, décorer, se surpasser en un mot, mais qu'il ne restait pas à chercher mieux, ni même autrement, pour la composition même de la salle. Et c'est bien ainsi que doit procéder l'architecture loyale et vraiment artistique.

Aussi, voyez comme cette salle forme admirablement un tout, comme la voussure est bien portée par l'architecture, comme les balustrades sont bien ramenées à un rôle de remplissage; et cet effet, si monumental qu'on peut dire qu'il n'y a pas d'autre salle de spectacle qui soit monumentale, est demandé à huit colonnes en tout, c'est-à-dire qu'il ne perd pour ainsi dire aucune place.

ÉLÉMENTS DES THÉATRES

Avant de quitter la salle, laissez-moi vous signaler une difficulté dont s'avisent souvent trop peu les auteurs de projets :

Fig. 900. — Plafond de l'Opéra.

c'est la manière de supporter les divers étages de loges ou de galeries.

Même avec des points d'appui sérieux de distance en distance comme les colonnes de l'Opéra, on ne peut guère compter que la balustrade, toujours courbe en plan, fasse une poutre suffisante d'un pilier à l'autre : d'autre part, des petits piliers intermédiaires, des colonnettes, sont encombrants, et rendent difficile l'étude de cloisons évidées en forme de stalles. Aussi faut-il très souvent que les étages de loges ou de galeries se tiennent par eux seuls, comme des balcons contre une maison; mais il s'agit ici de balcons qui peuvent avoir trois mètres de profondeur. On est alors conduit au système des bascules : des poutrelles, ayant en longueur la largeur du corridor ou des salons, plus la profondeur des loges, sont scellées dans le mur d'enve-

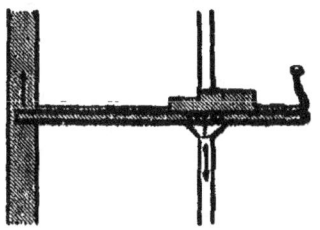

Fig. 901. — Bascule horizontale.

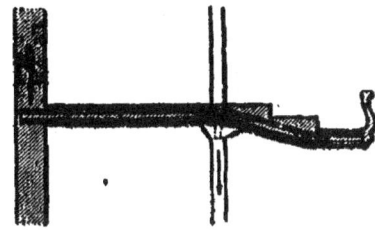

Fig. 902. — Bascule coudée.

loppe du corridor, portent sur le mur de ceinture des loges, et la partie qui s'avance en saillie de ce mur sous la salle, et qui est *en bascule*, doit être assez forte pour ne pas fléchir sous le poids.

Ce mode de construction, très fréquent dans les théâtres, exige, pour être relativement simple, que le plafond des loges et celui du corridor soient de niveau, et que par conséquent les gradins à constituer dans les loges soient dus à des saillies en contre-haut de ce plancher : d'où nécessité de marches pour entrer dans les loges (fig. 901).

Si au contraire les balustrades sont supportées par de petits piliers ou colonnettes, rien n'empêche qu'on entre de plain-pied dans les loges, dont le plafond est alors en contre-bas de celui des colonnettes.

ÉLÉMENTS DES THÉATRES 667

Mais si l'on adopte ce parti d'entrée de plain-pied dans les loges, et que cependant il faille des bascules, on se trouve alors dans la nécessité de cintrer, couder et contrecouder les poutrelles

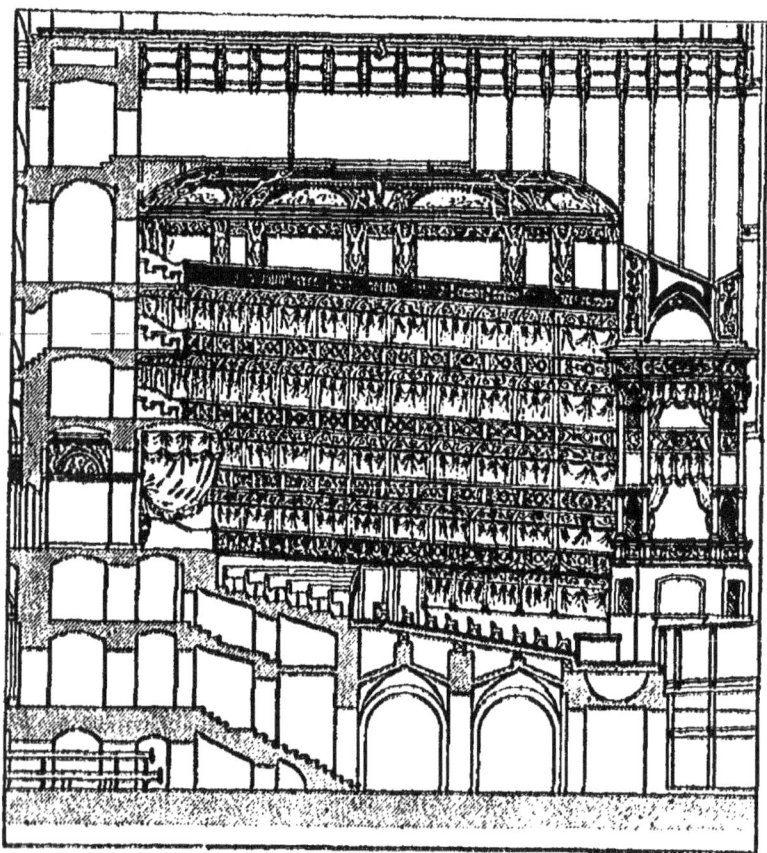

Fig. 903 — Coupe de la salle du Théâtre Alexandra à Saint-Pétersbourg.

de bascules, suivant des gabarrits différents, travail très difficile et qui exige forcément des retouches et des corrections (fig. 902). Croyez-moi, ne vous dites pas qu'on s'en tire toujours.

On a cherché quelquefois une solution, théoriquement séduisante, qui consiste à donner aux balcons ou balustrades des places de côté une inclinaison vers la scène. Le théâtre *Alexandra*, à Saint-Pétersbourg, est je crois celui où ce parti a été le plus résolument pris (fig. 903). Mais, étant donné que les corridors de circulation sont horizontaux, cette pente ne peut être que peu prononcée, et par suite assez inutile. Il faudrait d'ailleurs en bonne logique qu'elle devînt plus accentuée aux places supérieures. Assurément, on peut concevoir une salle ainsi disposée, mais il faudrait une composition toute différente de celle de nos théâtres : les places d'un même groupe devraient être accessibles par des niveaux franchement différents. Les difficultés seraient bien grandes, en tous cas cela n'a pas été tenté. Si quelque jour ce parti donnait lieu à une solution réussie, nul doute n'est possible : un progrès immense aurait été réalisé dans la composition des salles de spectacle, car il n'y aurait plus pour ainsi dire de places de côté.

Quant aux conditions de sécurité des spectateurs contre l'incendie, vous savez quelle en est l'importance. Mais ce sujet demande à être traité d'ensemble ; et comme c'est la scène qui comporte les plus grands dangers, je réserve cette question pour le chapitre suivant où je vous parlerai spécialement de la scène.

CHAPITRE VIII

ÉLÉMENTS DES THÉATRES

(Suite.)

SOMMAIRE. — La scène. — Principes de la machinerie théâtrale. — Les plans scéniques. — Dessus et dessous. — Contrepoids. — Tas de décors.
Accès de la scène pour les personnes — les décors — les objets mobiliers.
Éclairage, chauffage, ventilation, précautions contre l'incendie.
Prescriptions minutieuses.

La contre-partie de la salle, c'est la scène. La scène est séparée rigoureusement de la salle par le mur du rideau ou *mur de scène*, qui en principe ne comporte d'autre ouverture que celle du rideau. La scène n'est autre chose qu'un espace, dont une partie, la moindre, est occupée par les acteurs, choristes, figurants, que voit le public, et par les décors ; et dont tout le surplus, beaucoup plus important, soit en surface soit en hauteur, sert à la préparation et à la manœuvre du spectacle.

La scène dans son ensemble doit être en communication très facile avec tout ce qui dans un théâtre converge vers elle : foyers et loges des artistes, foyers des choristes, des figurants et figurantes, de la danse, etc., services des machinistes, dépôts et magasins de mobiliers, accessoires, armes, etc. Puis elle doit aussi être en rapport avec la direction et l'administration, et en un mot tous les services intérieurs du théâtre.

D'autre part, sur la scène même, il faut que les artistes et figurants aient de l'espace pour se former avant d'entrer dans l'espace vu : c'est ce qu'on appelle les coulisses, à droite, à gauche, au fond. Les évolutions qui s'y font dans les pièces à grand spectacle exigent souvent beaucoup de place, et les communications, toujours pressantes, avec les autres parties du théâtre exigent des entrées spacieuses et des circulations larges et dégagées. Donc la scène devra être vaste et librement desservie. En général, la surface de la scène est sensiblement supérieure à celle de la salle.

Mais pour vous donner quelque idée d'une scène de théâtre, il faut que je vous parle un peu de machinerie, ce qui revient au même que de parler décoration.

La machinerie théâtrale, qui paraît fort compliquée, est très simple ; depuis Servandoni qui en a été le grand initiateur, elle n'a presque pas varié.

Au point de vue machinerie, la scène ne commence qu'au rideau, ou au *manteau d'Arlequin*. Entre le rideau et la rampe, il n'y a pas de machinerie. Aussi, il ne faut pas que cet espace, ou *proscenium*, soit trop étendu, afin que les acteurs ne soient pas obligés de jouer en avant du décor et des meubles de la scène. A l'Odéon, par exemple, la distance de la rampe au rideau est beaucoup trop grande.

A partir du rideau, et jusque près du fond, la scène est divisée *par plans* : les plans, ce sont autant de sections ou de tranches verticales parallèles au rideau, limitées en effet par des plans verticaux qui doivent être complètement libres sur les côtés, en haut, et en bas moyennant la mobilité de toutes les parties du plancher. Par conséquent, dans le plan n° 1 par exemple, on peut amener un décor de droite, un décor de gauche, amener une *ferme* des dessous, descendre des dessus une *frise*, une *bande* d'air, ou une *toile de fond*. Tout cela sera dans le même plan vertical, parallèle au rideau. De même au plan 2 et ainsi de suite.

Le décor d'une scène se compose donc :

De châssis de décors introduits par les côtés ;

De frises ou bandes d'air, introduites par le haut, et représentant les plafonds, les ciels, etc., le tout sur deux, trois, quatre, cinq plans ;

De fermes introduites par-dessous ;

Enfin d'une toile de fond, avec ou sans ouvertures.

Seulement, pour les introductions latérales, on ne place pas nécessairement les châssis dans le plan. On dispose, en les faisant glisser dans les rainures du plan, des espèces de mâts montés sur des chariots qu'on appelle *des portants* ; les châssis, appuyés à deux portants, peuvent dès lors se placer en tous sens, normalement au rideau, en pan coupé, etc. On peut ainsi obtenir des *décors fermés*.

Les *fermes* sont des espèces de bâtis qu'on monte des dessous sur la scène, et qui représentent en découpage et en décors un objet de premier plan ; par exemple le buisson derrière lequel se cache le traître.

Enfin, les *praticables* sont des ouvrages de menuiserie qu'on rajoute à la main sur la scène pour figurer des terrains plus élevés, des estrades, etc.

Je n'entrerai pas dans des détails plus circonstanciés, ceci vous suffira, je crois, pour comprendre les nécessités dont l'architecte doit tenir compte ; car, s'il ne fait pas faire directement la machinerie, il faut qu'il en prévoie les dispositions. Je vous ferai seulement profiter de mon expérience, en vous montrant les plans et coupes de la scène du Théâtre-Français après sa reconstruction (fig. 904 et 905) ; vous m'excuserez de vous

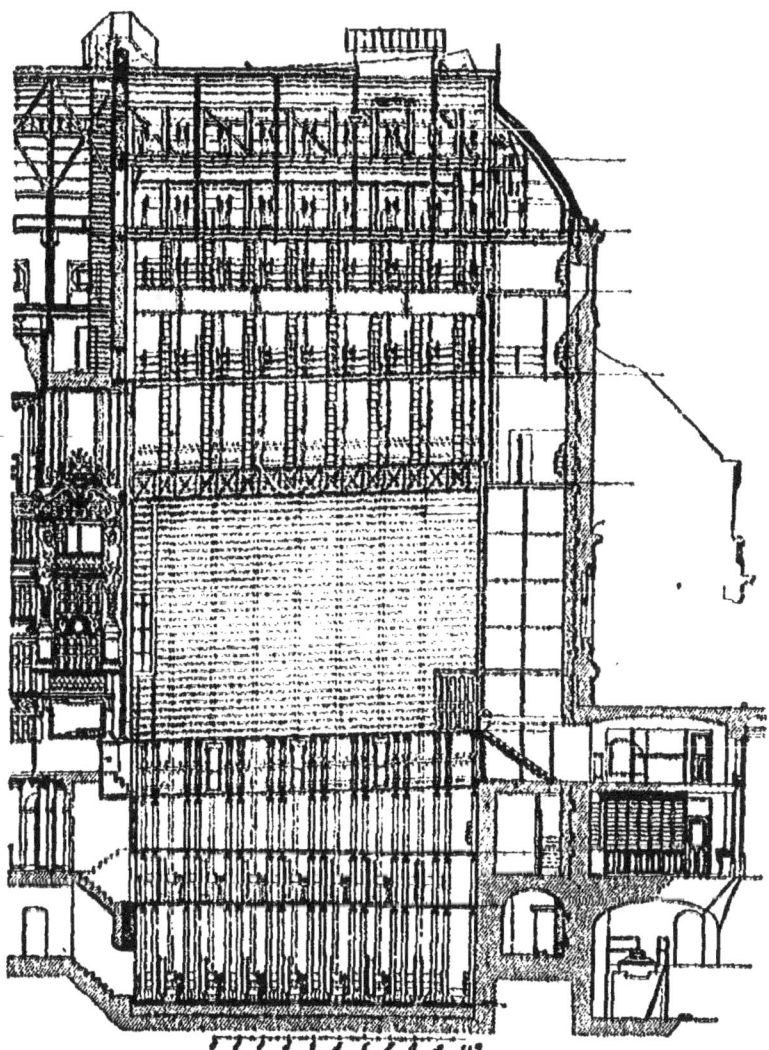

Fig. 904. — Coupe longitudinale de la scène.

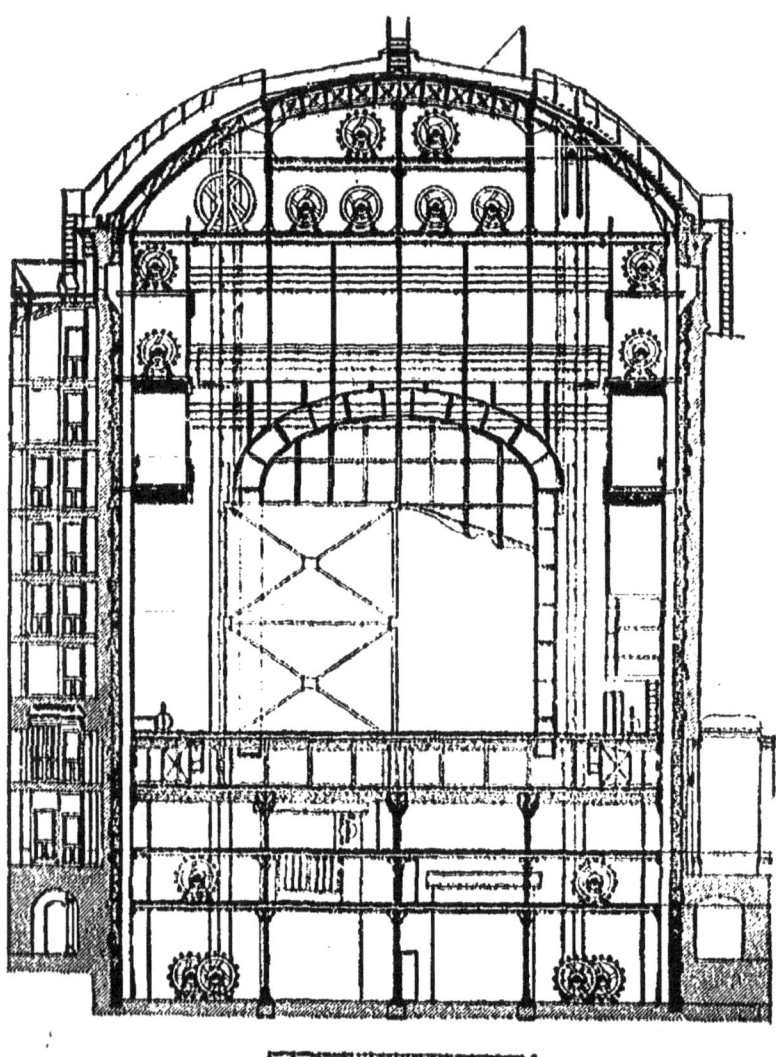

Fig. 905. — Coupe transversale de la scène du Théâtre-Français.

présenter ainsi ce que j'ai fait ; mais je suis plus documenté sur ce sujet qu'à propos de tout autre théâtre, et il s'agit ici d'une installation toute récente combinée avec les avis des spécialistes les plus autorisés.

Sous le plancher de la scène, dont les parties correspondantes à chaque plan sont mobiles par traction dans le sens parallèle au rideau, sans préjudice des trappes pratiquées dans ce plancher, il y a deux, trois ou même quatre *dessous*. Vous devez comprendre que les planchers de ces dessous ne peuvent s'étendre partout, il faut toujours que les plans passent librement, et qu'on puisse faire disparaître dans les dessous des fermes souvent élevées, des objets quelconques, des personnes. La construction de la scène est donc constituée par des pans de bois ou mieux des pans de fer parallèles au rideau supportant les *sablières* du plancher de scène. Aucune pièce fixe ne peut exister en travers, et pour entretoiser ces pans de charpente, on ne peut avoir que des crochets qu'on retire au besoin.

Dans un grand théâtre, l'ensemble du dessous ne peut guère avoir moins de 8 mètres de hauteur. C'est d'ailleurs une cote qui doit être donnée à l'architecte par qui de droit, dès l'établissement du premier projet, car le niveau à donner à la salle et par suite la composition des accès peut dépendre absolument de cette cote, si par exemple on ne peut descendre profondément dans le sol à cause de l'eau ou du rocher.

Au-dessus de la scène, il y a ordinairement trois dessus : mais ne vous figurez pas des planchers ; toujours en raison de la nécessité d'enlever dans leurs plans les frises, les bandes d'air et les toiles de fond, celles-ci très hautes, et qu'il faut ne pas replier pour éviter les cassures, il y a d'abord une hauteur de huit mètres environ depuis le haut de ce qu'on peut voir, où les plans doivent rester libres. Mais comme il faut qu'on y aille, cet espace est traversé par des *ponts*, suspendus à la charpente, qui traversent la scène entre les plans. Ces ponts ou passerelles constituent les dessus. Sur les côtés et au fond il y a des parties de planchers qu'on appelle les ponts de service. Toutes ces manœuvres se font par le procédé, très primitif mais que rien n'a remplacé, des treuils ou plutôt des tambours roulants ou déroulant d'innombrables cordes ou *fils*, et des contre-poids équilibrant à peu de chose près les objets à mouvoir. Tout ce travail se fait sur un plancher général qui couvre la scène plus haut que les dessus et qu'on appelle le *gril* parce qu'il est formé de frises espacées les unes des autres pour permettre le passage des fils. Le *contrepoids* est l'organe essentiel de la facilité des manœuvres. Tout effort pour mouvoir quelque chose est compensé presque exactement par un contrepoids. Il y a donc des contrepoids pour tout : rideau, lustre, toiles, chariots, etc., etc. Vous comprenez bien que ces contrepoids sont lourds, et retenus par des cordages qui malgré toutes les surveillances peuvent un jour se rompre : danger terrible si le contrepoids était suspendu au-dessus d'un endroit où l'on passe. Aussi sont-ils rejetés, le long des murs latéraux de la scène, dans des trémies dites *cheminées des contrepoids*; d'où la conséquence qu'on ne peut ouvrir de nombreuses portes dans ces murs latéraux.

S'il se fait du travail, et beaucoup, pendant la représentation, il s'en fait beaucoup aussi dans la journée. Il est donc indispensable que la scène soit bien claire, et la composition doit y pourvoir par des fenêtres bien placées, car on ne peut guère compter sur le jour du haut, à cause du gril et de tout ce qui l'encombre.

Il n'y a pas de théâtre qui puisse avoir son magasin de décors dans l'édifice même. Il y a donc toujours des magasins de décors au loin, et des transports presque quotidiens de décors.

A ce point de vue, il y en a de deux sortes : les *chassis* et les *toiles*. Les chassis ont jusqu'à 10 et même 12 mètres de haut, parfois avec une partie rabattant à charnière, mais en général ils ne dépassent pas 8 à 9 mètres ; les toiles, c'est-à-dire les frises, les bandes d'air et les toiles de fond sont roulées sur des perches. Leur longueur peut dépasser de cinq à six mètres l'ouverture du rideau.

Mais malgré le magasin de décors, il faut toujours prévoir qu'il y aura beaucoup de décors sur la scène. En effet, non seulement on peut jouer plusieurs pièces le même soir, et chacune peut avoir de nombreux décors, mais s'il y a des séries alternées de représentations, on ne fera pas subir tous les deux jours aux décors des transports qui les détériorent toujours un peu. Il faut donc sur la scène même des remises de décors ; ce sont, pour les chassis, les *tas*, sortes de hautes cases en stalles sur les côtés et parfois le fond de la scène ; et pour les toiles, le remontage en rouleau *dans les frises*, c'est-à-dire entre les plans nécessaires à la manœuvre de la décoration, et à la hauteur des dessus.

Tout cela est un peu ardu, mais ces explications sont nécessaires. Vous voyez déjà que de choses se font pour encadrer le spectacle : cherchons les conclusions comme architecture.

En plan, la scène, je vous l'ai dit, doit être vaste ; mais vaste surtout en largeur, la profondeur importe moins. Cela vous étonnera, parce qu'on se figure — la décoration aidant — les scènes beaucoup plus profondes qu'elles ne le sont, et parce qu'on croit qu'on produirait des effets extraordinaires avec une très grande profondeur.

Or, c'est une erreur. Supposez par exemple que le théâtre représente la rue Royale avec la Madeleine au fond ; comme vous ne disposerez jamais de la longueur réelle de la rue Royale, vous devrez la représenter en perspective; en perspective, la Madeleine deviendra très petite, ses colonnes auront 3 mètres peut-être; et si l'acteur ou le figurant les approche, si par malheur il les touche, ou passe entre deux, comme il aura toujours 1 m 70 en moyenne, vous voyez d'ici le désastre. Le théâtre peut représenter de grandes profondeurs, mais à condition de les représenter par des perspectives sur la toile de fond, et à condition que les décors de premiers plans, ceux que l'acteur peut 'approcher, puissent rester en perspective à une échelle à peu près normale par rapport à l'homme.

Mais cette perspective de la toile de fond sera inanimée ? Sans doute, mais on n'y peut rien, sinon se méfier de la tentation des effets de profondeur, sauf les hypothèses justifiées, comme une allée déserte d'un parc, ou même la rue Royale, si le drame doit se passer la nuit, lorsque les rues peuvent logiquement être désertes.

La largeur, au contraire, est indispensable. D'abord, on n'en prend que ce qu'on veut, car sous la réserve du cadre du rideau, on fait la scène aussi restreinte qu'on le désire. Puis les formations de cortèges, de ballets, tout ce qui exige du monde, se fait plutôt sur les côtés; les communications avec les dépendances sont plutôt latérales. Enfin, il y a des raisons de décoration et de machinerie qui exigent cette largeur.

D'abord, de chaque côté, les *tas* de décors; cela demande une assez grande profondeur, 3 m 50 à 4 mètres; en arrière de ces tas, et contre les murs latéraux de la scène, il y a ordinairement les *cheminées des contre-poids*, car, ainsi que je vous l'ai dit, il y a de très nombreux contre-poids, qui doivent fournir de longues courses, et ne risquer d'atteindre personne dans leur descente. Ces cheminées sont donc indispensables.

Puis, une difficulté sérieuse de la décoration est que les spectateurs des places de côté ne puissent pas voir dans les coulisses. Si la scène est peu large, on sera obligé de faire les chassis de décors assez étroits, et le regard passera outre à moins qu'ils ne soient très rapprochés. Mais en ce cas, la scène sera encombrée, inconvénient très grave. Avec une scène large au contraire, les chassis peuvent être larges et les intervalles peuvent dès lors être larges aussi.

Ch. Garnier demande dans son livre (p. 255) que la scène ait pour la partie affectée aux artistes et aux décors au moins une largeur double de l'ouverture du rideau, et que en dehors de ces dimensions minimum se trouvent les installations complémentaires des dépôts de décorations et autres parties immobilisées.

Pour les accès, il est bon que les artistes n'entrent pas par la même porte que les figurants, il y aura toujours d'ailleurs des accès assez nombreux pour qu'on puisse les réglementer. Cependant il faut éviter les ouvertures multipliées dans le *cadre de scène*. C'est là en effet qu'est surtout le danger d'incendie, et s'il est nécessaire que, en cas de sinistre, le personnel puisse évacuer rapidement la scène, il ne faut pas que des ouvertures multiples facilitent la propagation du feu dans les autres parties du théâtre. Aussi toutes les portes donnant accès au cadre de scène, à n'importe quel étage, sont-elles exigées en fer ou en bois doublé de tôle aux deux faces.

Lorsqu'il y a des dépendances des deux côtés de la scène, et c'est le cas le plus fréquent, il est indispensable qu'une communication facile existe entre ces deux côtés, sans qu'on soit obligé de traverser la scène.

Mais l'accès le plus difficile est celui des décors. Pour le rangement, ou pour le placement, il vaut certainement mieux que cet accès soit latéral. Mais la scène sera très rarement à hauteur praticable pour les voitures. Le plus souvent donc, il faudra décharger les décors à rez-de-chaussée, et de là les élever sur la scène. Rarement des plans inclinés pourront suffire : la meilleure méthode sera donc ce qui existe au Théâtre-Français : les décors sont déchargés, en ligne droite, de la voiture dans une sorte de benne aussi longue que les plus longs chassis; par une commande électrique, ce véhicule est élevé à l'étage de la scène (1er étage), moyennant ouverture préalable de panneaux de plancher à charnières; puis les chassis sont transportés horizontalement jusqu'à la scène, où on les redresse pour les mettre dans leurs cases respectives. Par conséquent, depuis la voiture qui les amène, jusqu'à leur introduction sur la scène, ils n'exécutent que des mouvements dans un même plan vertical.

On a parfois à faire monter des chevaux sur certaines scènes. Ce n'est qu'une question de plans inclinés ou d'ascenseurs, qui ne présente rien de spécial.

J'ai maintenant quelques mots à vous dire sur la salle et la scène, non plus séparément, mais en les groupant au contraire, pour les questions spéciales d'éclairage, de chauffage, de ventilation, de secours contre l'incendie.

Vous entendez bien que je ne prétends pas traiter à fond ces sujets qui demanderaient des volumes; je veux seulement vous indiquer ce que l'architecte doit connaître pour pouvoir établir son projet d'ensemble, et sous réserve d'étude ultérieure des spécialités.

L'éclairage est maintenant demandé à l'électricité par incandescence; peut-être cependant reste-t-il des théâtres encore éclairés au gaz, je l'ignore. L'électricité est ici certainement préférable, car elle n'échauffe ni ne vicie l'air, et si elle est bien installée, elle fait naître moins de craintes d'incendie.

Pour la salle, après tous les essais faits, on en est toujours revenu à l'éclairage par un lustre central; rien de mieux, à condition que les suspensions qui le retiennent et celles de ses contrepoids soient résistantes avec exagération; d'ailleurs le lustre au repos doit être suspendu directement par une tige arrêtée par un clavetage, et les cables n'ont à travailler que lorsqu'on le manœuvre. Les appliques, les girandoles, etc., gênent et offusquent, les plafonds lumineux attristent une salle et paraissent condamnés.

L'éclairage de la scène est beaucoup moins simple : il est très important, mais d'une façon absolue, il doit être invisible au public. Il comporte la *rampe* qui éclaire de face et de bas en haut les acteurs ; les herses et les rampes qui placées derrière les chassis de décorations et derrière les toiles des frises, éclairent les chassis et les toiles du plan suivant. Tout cela forcément est très près de choses très combustibles, aussi l'isolement parfait des conducteurs est-il de première rigueur.

Dans tout cet éclairage, deux précautions sont indispensables: il faut des coupe-circuits fréquents, de sorte qu'un accident local ne puisse pas éteindre plus de cinq ou six lampes; puis il faut qu'il y ait — dans tout le théâtre — des lampes de secours alimentées par une autre source, afin que si la production d'électricité vient à manquer subitement, par exemple par une rupture de câble, on ne se trouve cependant nulle part dans l'obscurité complète. Si donc l'éclairage en général est alimenté par des machines spéciales au théâtre, les lampes de secours le seront par des machines autres, celles d'un secteur par exemple, ou encore par des accumulateurs chargés préalablement. Tous les effets d'éclairage sont gouvernés d'un même point par un électricien. Son local est ce qu'on appelle le *Jeu d'orgue*; c'est de là que se commandent les extinctions et rallumages de la scène, de la rampe, du lustre, les passages d'une lumière à une lumière d'une autre nuance. Le jeu d'orgue est ordinairement installé sur la scène près du mur du rideau; il est nécessaire que le préposé puisse suivre les effets de scène pour faire au moment voulu les transformations d'éclairage.

Le chauffage de la salle ne doit pas être très énergique. Une salle de spectacle a peu de causes de refroidissement si ce qui l'entoure est chauffé, et lorsque la scène d'une part, les corridors de l'autre, sont maintenus à une température suffisante, la salle pourrait se passer de chauffage; il est bon cependant qu'on puisse la chauffer un peu, à condition de ne pas prolonger ce chauffage pendant la représentation, lorsqu'il y a dans la salle un millier de calorifères humains.

En tous cas, il suffit d'amener le chauffage au niveau du parquet, les étages de loges se chaufferont naturellement par le mouvement ascendant de l'air chaud. Lorsque cela est possible, le meilleur chauffage est celui dont je vous ai entretenus à propos des grandes salles d'assemblées, en vous décrivant le chauffage du Sénat. Je n'y reviendrai donc pas.

La scène demande plus de chauffage, car elle est à l'inverse de la salle très exposée aux refroidissements. Or, on ne peut trouver place pour des émissions de chaleur que dans les parties non mobiles du plancher, c'est-à-dire dans les coulisses près des tas de décors. Lors donc que la scène est close par le décor d'un salon par exemple, le chauffage ne pénètre pas dans ce salon. Cependant l'air chaud s'élève tout autour, puis va se refroidir au sommet des espaces élevés de la scène, et redescend en courant froid à plomb de ce milieu encadré. Lorsque les décors étaient éclairés par des herses et des rampes à gaz, cet engin d'éclairage se trouvait être aussi un engin de chauffage, et l'espèce de rideau horizontal de chaleur ainsi constitué, réchauffait à temps ce courant descendant d'air froid. Mais depuis l'électricité on avait froid sur la scène, et la représentation devenait pénible surtout pour les actrices en toilette décolletée. Aussi j'ai dû, au Théâtre Français, faire passer des canalisations de vapeur à la hauteur du gril, non pour chauffer cet étage, mais pour empêcher le refroidissement de la scène. Cette combinaison a réussi.

Il est nécessaire que les corridors ou galeries qui desservent la salle et la scène soient chauffés à une température au moins égale, afin que toute ouverture de porte ne soit pas une cause d'introduction désagréable d'air froid.

Quant à la nature du chauffage, il vaut mieux s'abstenir de calorifères à air chaud, qui vicient l'air et peuvent provoquer des incendies. Le chauffage à vapeur est le plus généralement adopté, et paraît en effet convenir plus que tout autre.

La ventilation est souvent très imparfaite dans les théâtres. Tout d'abord, beaucoup de théâtres ont une disposition très regrettable : la salle est entourée de corridors, qui sont eux-mêmes entourés de bâtiments, aucun renouvellement d'air ne peut se faire par aucune fenêtre. Assurément, il ne faudrait pas d'ouvertures de fenêtres pendant la représentation — et encore en été ce serait possible — mais il serait très utile qu'on pût faire largement circuler l'air dans les corridors, la salle et la scène pendant qu'on n'y joue pas. C'est donc là une question de composition.

Mais pendant la représentation, il faut bien de la ventilation artificielle. Pendant l'hiver, elle se combinera avec le chauffage, surtout si l'on a pu ménager sous la salle une *chambre de mélange d'air*. L'air s'introduira dans la salle, par des orifices très petits et multiples, à la température voulue, et viendra remplacer une égale quantité d'air vicié évacué par des orifices de sortie, et notamment par la cheminée du lustre ; mais comme le chauffage sera modéré, on sera ordinairement obligé de renforcer l'introduction d'air par un propulseur, et son évacuation par des aspirateurs : petite question de mécanique qui ne présente pas de difficultés. Quelque chose d'analogue pourra être fait pour la scène. Pendant l'été, la ventilation pourra se faire par les mêmes orifices, envoyant de l'air frais, mais la propulsion et l'aspiration mécaniques sont indispensables. Il est nécessaire que les introductions soient très divisées pour n'être pas désagréables.

Vous savez quelles sont les craintes d'incendie dans les théâtres ; elles sont trop justifiées. Pour les conjurer, il y a des prescriptions minutieuses que je ne puis transcrire ici, d'autant que je n'y crois guère, et que, si je puis vous dire toute ma pensée, la seule garantie efficace sinon contre l'incendie, au moins contre ses conséquences désastreuses, c'est... un bon plan.

C'est la scène qu'on redoute surtout, et c'est de là en effet que sont toujours partis les incendies de théâtres. Pour les prévenir, il faut apporter le plus grand soin aux installations de chauffage et d'éclairage, et faire en matériaux incombustibles tout ce qui peut l'être. Malheureusement, il restera toujours des quantités énormes de matières incendiables.

Pour en combattre les effets, on dispose de moyens de secours et de moyens d'isolement. Comme secours, d'abord des postes nombreux, munis de leurs raccords et outils : ils doivent être établis dans des endroits d'où leur rayon d'action soit assez étendu, et d'où les pompiers aient une retraite assurée, qui leur permette de tenir jusqu'au dernier moment ; puis ce qu'on appelle *le grand secours*, puissante canalisation établie au-dessus du gril par une ramification de tuyaux se terminant en énormes pommes d'arrosoir ; un robinet unique permet à cet appareil de déverser une inondation instantanée. Naturellement, il faut que la manœuvre en puisse être faite à distance, car le gril ne serait plus praticable. Il y a en général deux commandes du Grand Secours, l'une sur la scène près d'une issue, l'autre dans les corridors d'accès ou mieux dans le poste des pompiers lorsqu'il en existe.

Dans tout le théâtre, depuis la salle et la scène jusqu'à la rue, toutes les portes doivent en poussant s'ouvrir dans le sens où l'on sort. Vous comprenez que si des gens affolés par la panique se précipitent contre une porte qu'ils devraient ouvrir en la tirant, ils ne font que la fermer encore plus et se boucher eux-mêmes le passage. Donc partout où se pose la question du sens d'ouverture d'une porte quelconque, il faut qu'elle s'ouvre en *poussant pour fuir*.

Comme isolement, le grand mur entre la salle et la scène, où se trouve percée l'ouverture du rideau, doit être en maçonnerie pleine, avec le moins possible de portes ; celles qui sont indispensables doivent être en métal. Puis entre la salle et la scène, on établit le *rideau de fer*, lequel doit fermer aussi complètement que possible quand il est baissé le vide du cadre d'avant-scène. Il peut être mû de diverses façons, hydrauliquement ou à la main, mais il faut que l'excès de son poids sur ses contre-poids suffise à le faire descendre rapidement. Pour le remonter, on a le loisir de travailler, tandis qu'il faut qu'il descende de lui-même, et vite, par un simple déclanchement ou une simple pression de bouton. Un rideau de fer bien établi doit descendre en moins de 30 secondes. La commande s'en fait électriquement, et également de deux points : l'un sur la scène au mur du rideau, l'autre de l'extérieur, notamment du poste des pompiers.

Mais si ces précautions sont utiles pour la salle, elles risquent de rendre la scène plus dangereuse : ainsi close entre quatre murs, puisque la grande baie d'avant-scène n'existe plus, la scène se remplira de fumée et de gaz asphyxiants, sans parler des flammes. Les flammes seront combattues par le grand secours, mais non les gaz. Pour en combattre l'action, il faut créer instantanément une grande ouverture dans la toiture. Pardonnez-moi de vous citer encore ce que j'ai fait, mais c'est naturellement ce que je connais le mieux.

Donc, au Théâtre-Français, il existe au sommet du comble de la scène un vaste lanterneau vitré. C'est en réalité un chariot vitré qui peut se déplacer de toute sa longueur en roulant sur des rails *ad hoc* (fig. 906). Mais pour que l'ouverture en puisse être instantanée, les rails sont en pente, et le chariot remonté de force à la partie supérieure, y est maintenu par la tension d'une corde qu'un jeu de poulies renvoie au fond de la scène.

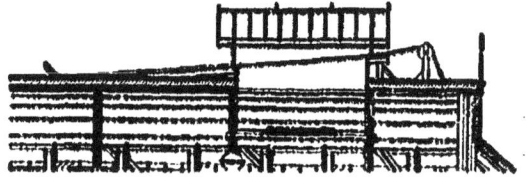

Fig. 906. — Lanterneau vitré.

En cas de besoin, on démarre ce cordage, ou même on le tranche d'un coup de couteau, et toute la toiture vitrée descend sa pente et découvre le ciel-ouvert correspondant. Cette descente est instantanée; pour remonter le chariot, il faut l'action d'un treuil pendant quelques minutes. Seulement, pour éviter des chocs violents, la pente du chemin de guidage va en diminuant, cesse, et devient une contre-pente; c'est le parti des montagnes russes : après quelques courtes oscillations, le chariot se pose de lui-même à la partie basse.

Quant aux installations de balcons extérieurs avec escaliers ou échelles impraticables, qui font une si étrange parure à quelques-uns de nos théâtres, je tiens à vous dire que toujours les architectes ont énergiquement protesté contre cette imagination, non seulement inutile, mais absolument dangereuse, et qui ne saurait avoir d'autre résultat que de multiplier les victimes de l'incendie. Regardez ces ferrures énigmatiques, et supposez des foules en panique, croyant y trouver une sécurité : pas un n'en reviendrait.

Non, la sécurité est dans le plan du théâtre, dans ses dégagements combinés par l'architecte, dans ses facilités de sortie et d'évacuation, dans la confiance que peuvent inspirer les dispositions. Un incendie à l'Opéra serait un désastre, il ne serait sans doute pas une catastrophe ; mais c'est peut-être le seul théâtre dont on puisse en dire autant : c'est que c'est aussi le seul plan de théâtre qui ayant été largement conçu ait pu être largement exécuté.

Oui, c'est le plan qui sera le premier facteur de la sécurité au théâtre. Mais pour bien concevoir ce plan à ce point de vue, il est nécessaire de comprendre la psychologie du public en cas d'incendie. Elle se résume en deux termes : terreur et — j'ai regret de le dire — égoïsme. Et ce qui augmente la terreur, c'est l'ignorance des chemins : on tourne sans but, comme perdu dans un dédale; un habitué du théâtre risque dix fois moins que le spectateur de passage. Pour la scène et ses dépendances, bien que l'incendie y trouve son premier foyer, le personnel familier avec les aîtres de la maison conservera un peu plus de sang-froid : ce qui importe avant tout, c'est que les issues soient toujours multiples, que trouvant l'une d'elles impraticable on puisse se reporter vers une autre. Les moyens de défense ont d'ailleurs là plus de chances d'être utilisés, car ils sont connus ou doivent l'être : l'essentiel est que fréquemment le personnel soit instruit à la manœuvre d'incendie. Il faut aussi que les issues, notamment les escaliers, soient isolés dans des cages à l'abri ; rien ne serait plus dangereux que des escaliers qui ne seraient pas séparés de la scène par des murs pleins et des portes battantes en métal ou blindées.

Pour la salle et ses accès, on a beau disposer des postes de secours armés de tous leurs engins : illusion. Cela pourra servir peut-être si dans le jour un commencement d'incendie se déclare à proximité — chose improbable. Mais dans une panique publique, qui donc ira manœuvrer ces secours? Et d'ailleurs, si le feu, venant de la scène suivant sa marche normale, envahit la salle à son tour, il est trop tard, et tout devient inutile. Puis ce sont les gaz et la fumée qui bien avant le feu même ont rendu la salle mortelle. Fuir, fuir au plus vite, voilà la seule sécurité : et pour cela, des escaliers nombreux et faciles, se poursuivant invariablement jusqu'au rez-de-chaussée sans qu'on ait à les quitter pour en chercher d'autres.

Mais l'obstacle vient ici, malgré tout, du fait que à chaque étage un flot de plus s'engouffre dans les escaliers ; alors on se pousse, l'obstruction vient de la hâte même de la fuite. Aussi, suivant moi, une cause d'insécurité réside dans la coutume d'aller d'un étage à l'autre, dans la disposition imposée par les habitudes du public d'escaliers desservant à volonté tous les étages. Je crois que si par exemple les spectateurs des quatrièmes loges trouvaient seulement des escaliers qui les conduiraient impitoyablement au rez-de-chaussée, sauf à remonter du rez-de-chaussée au foyer, et à redescendre du foyer au rez-de-chaussée pour regagner leurs places, cette disposition serait gênante et contrariante à coup sûr, mais d'une sécurité bien autrement certaine, car une foule ainsi canalisée et ne s'augmentant pas en route s'écoulerait presque automatiquement.

Mais ce serait coûteux comme espace, coûteux comme travaux, et mal vu du public lui-même. Je crains bien que ce ne soit un rêve.

CHAPITRE IX

ÉLÉMENTS DES THÉATRES

(Suite.)

SOMMAIRE. — Les parties du théâtre autres que la salle et la scène — Dépendances de la scène et de l'administration. — Foyers. — Vestibules. — Descentes de voitures. — Escaliers.

Après vous avoir parlé de la salle et de la scène, je n'ai plus grand'chose à vous dire des autres parties du théâtre, ou alors il me faudrait vous donner des règles de composition, ce que j'évite toujours. Je vous laisserai donc étudier dans le livre de Ch. Garnier les indications très judicieuses qu'il donne pour la place des choses, leurs formes et leurs proportions. Il n'y a vraiment de spécial au théâtre que la salle et la scène; quant à des péristyles, vestibules, escaliers, foyers, circulations, ce sont les éléments de toute composition monumentale, sauf toutefois, comme nous le verrons plus loin, quelques particularités appropriées à ce programme. Et dans l'autre partie du théâtre, autour de la scène, il ne se trouve que des éléments bien simples, un foyer des artistes qui est un salon, des loges d'artistes qui sont à la fois de petits salons et des cabinets de toilette, des pièces administratives, des foyers de choristes, de musiciens d'orchestre, de figurants, etc., etc., qui sont des pièces assez grandes mais très banales; des magasins de toutes sortes de choses, mobilier, accessoires, armes, perruques, costumes, etc., des ateliers de tailleurs, costumiers, et autres : programme très compliqué, composition difficile pour assurer le groupement de tout ce qui doit être voisin, sans encombrement ni désordre, et pour garder malgré tout une apparence monumentale aux façades de ces petites choses.

Il est bon toutefois, pour vous donner une idée de la complexité d'un programme de théâtre, de vous montrer quelle est la quantité des dépendances nécessaires de la scène. C'est ce qu'on connaît généralement peu, car un théâtre se compose de deux parties : la partie publique — salle, vestibules, escaliers, foyers, etc., que vous connaissez bien ; — puis, au delà d'un mur que le public ne doit pas franchir, l'ensemble des locaux administratifs, des foyers et loges d'artistes, des ateliers, etc., etc., en un mot tout l'outillage du plaisir offert aux spectateurs.

Je ne saurais mieux faire que de vous en donner une nomenclature sans chercher à les décrire.

Il faut trouver dans cette partie :

Un et parfois deux concierges; bureaux de la caisse et de l'économat;
Corps de garde de police; id. de pompiers;
Entrée des décors; dépôt de décors;
Cabinets avec dépendances du Directeur, du Régisseur et d'employés; salle du comité de lecture; bibliothèque du théâtre, archives;
Foyer des artistes; foyer des travestissements immédiats; loges d'artistes en grand nombre;
Foyers de la figuration (hommes) et de la figuration (femmes);
Foyer des musiciens, et s'il y a lieu des choristes hommes et femmes, danseurs et danseuses; des enfants; foyer des machinistes;
Atelier et magasins du tapissier (meubles de scène);
Magasins des accessoires de scène ;
Ateliers du costumier et des tailleurs; de la couturière et de ses ouvrières
    Pièces d'essayage.
Magasins de costumes;

Magasins des perruques ; magasins des armes ;
Coiffeur ; téléphone, appels.

SERVICES COMMUNS A LA PARTIE PUBLIQUE ET A L'ADMINISTRATION

Bureaux de location ;
Service médical ;
Bureau du commissaire de police.

Chaque chose avec ses dépendances, accès, cabinets d'aisances etc.

Le foyer des artistes et le foyer public servent aux répétitions partielles.

Tout cela ne peut être saisi que par l'examen des plans de tous les étages d'un même théâtre, et en premier lieu du plus important de tous, l'Opéra, qui heureusement a fait l'objet d'une publication spéciale ; j'y joindrai les plans, non publiés, du théâtre français (fig. 907 et 908).

Cependant, à certains égards, les éléments généraux de composition deviennent assez spéciaux lorsqu'ils s'appliquent à un théâtre. C'est qu'il y a dans le théâtre une condition toute particulière qui domine tout : le théâtre est un monument, mais un monument dont les étages n'ont pas plus de trois mètres de hauteur.

Comme l'usage invariable est de placer le foyer, l'*étage noble*, au niveau des premières loges et du premier balcon, il en résulte que le rez-de-chaussée du monument, qui ne doit donner accès qu'à l'étage de l'orchestre, du parterre et des baignoires, ne saurait être un étage élevé. Mais vous remarquerez que cette considération concorde avec ce que je vous ai dit de la profondeur des dessous, pour faire remonter le niveau de la salle sensiblement plus haut que les rues avoisinantes. Aussi faut-il souvent gravir d'abord un perron extérieur, puis une première révolution d'escalier avant d'atteindre le niveau des corridors de l'orchestre. Telle

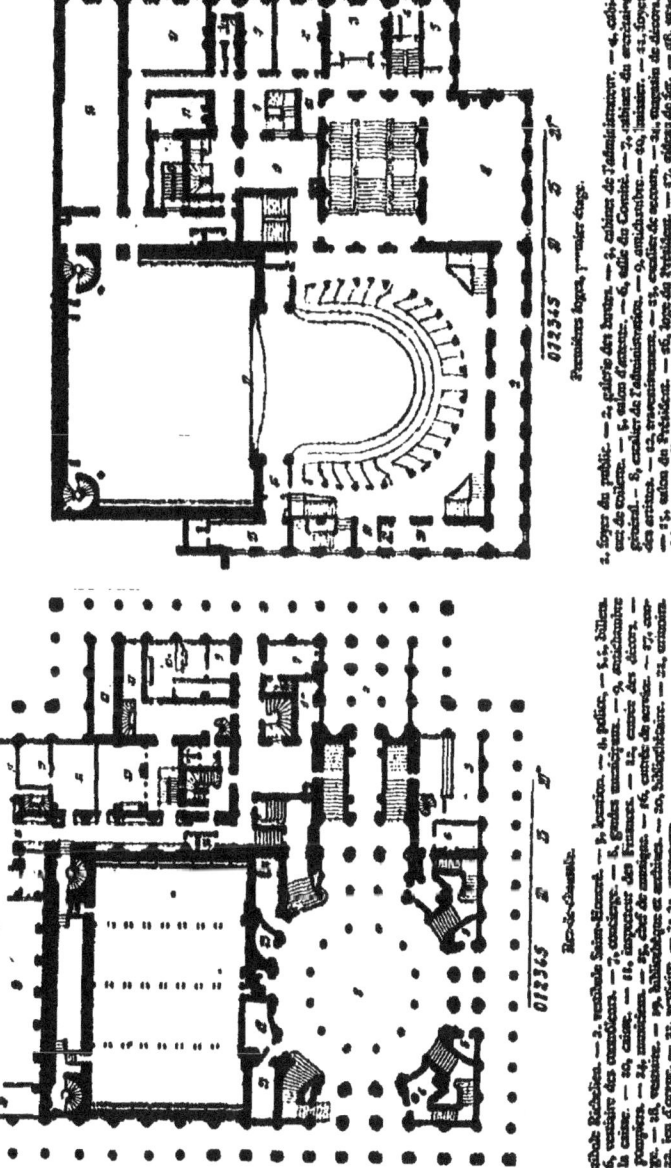

Fig. 997. — Théâtre-Français.

ÉLÉMENTS DES THÉATRES

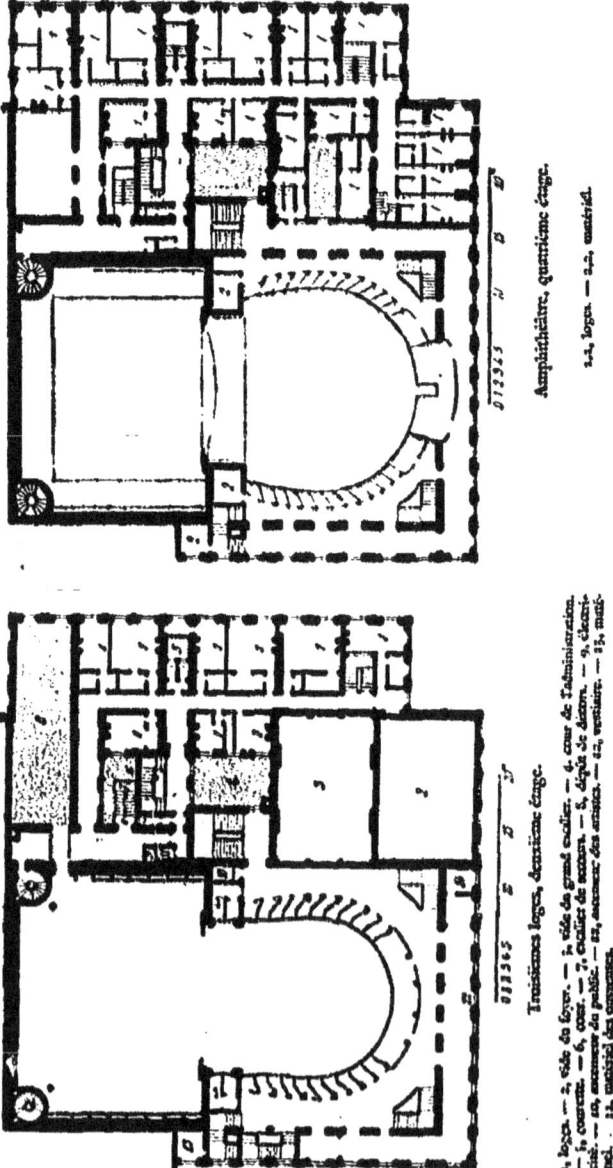

Fig. 508. — Théâtre-Français.

a été la composition très remarquable du vestibule du Théâtre Français, par Louis. Dans un terrain extrêmement restreint il a pu ainsi créer un vestibule circulaire élégant et spacieux sous la salle même, et desservant tous les accès. Il est intéressant de voir ce plan à son origine, et de le retrouver à la suite des additions successives conservé jusqu'à ce jour.

Le rez-de-chaussée ne pouvant donc être un étage élevé, si le théâtre est d'ailleurs monumental, ce sera presque forcément le premier étage qui sera le principal dans la façade, correspondant à l'ampleur du grand foyer dont rien ne limite la hauteur, et sauf à se subdiviser pour les façades latérales et postérieures en autant d'entresols qu'il sera nécessaire.

Les vestibules doivent être prévus pour diviser le monde à l'entrée et à la sortie. On vient au théâtre soit avec des billets pris d'avance, soit en faisant queue. Si tout le monde affluait simultanément à un contrôle unique, il y aurait encombrement et lenteur. Il faut donc à un théâtre plusieurs entrées, dont une doit être plus spécialement réservée aux personnes venant en voiture. Ceci m'amène à vous parler des descentes de voiture.

Pratiquement, la seule descente de voiture qui ne ralentisse pas les mouvements, est la marquise, sans points d'appui bien entendu. Il en serait de même de rues latérales couvertes, hypothèse d'ailleurs purement théorique, que je n'énonce que pour me faire bien comprendre.

Mais le plus souvent, on veut que la descente de voiture ait un caractère plus monumental — on a raison certes au point de vue artistique, mais il faut bien savoir que les piliers seront toujours un *impedimentum* plus ou moins grave à la circulation. On doit tout d'abord écarter la solution essayée dans quelques théâtres à l'étranger, et autrefois à l'Opéra italien de Paris, consistant à faire traverser le monument même par les voitures, au

ÉLÉMENTS DES THÉATRES 695

moyen d'un passage transversal allant d'une face latérale à l'autre.

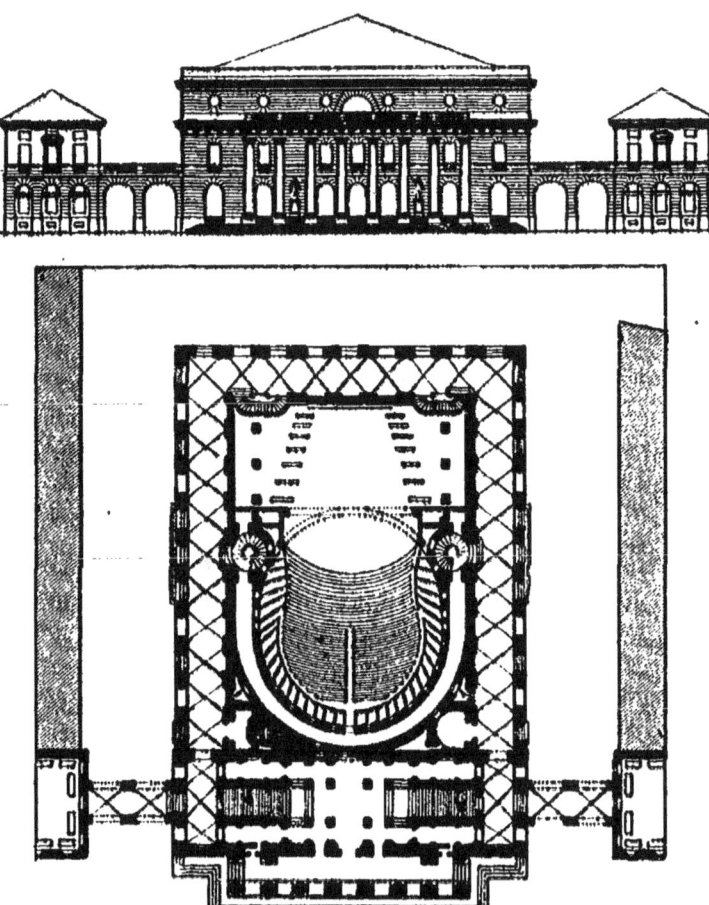

Fig. 909. — Théâtre de l'Odéon (disposition première).

Les courants d'air effroyables qui s'y produisaient, et le bruit du roulement de voitures ont fait absolument condamner ce parti.

Il y a eu à Paris même une solution très heureuse de la descente à couvert en pierre : c'était à l'Odéon. Vous pouvez remarquer en passant que l'architecture des maisons des rues Corneille et Rotrou est celle même de l'Odéon ; sur ces deux rues étaient jetés des ponts-galeries, qui réunissaient le premier étage du théâtre à celui desdites maisons, où se trouvaient sans doute des buffets-glaciers. Sous ces ponts on pouvait descendre de voiture à couvert, aussi librement que si l'on n'avait pas eu une voûte au-dessus de la tête. Dans une restauration quelconque de l'Odéon, ces ponts ont été supprimés, je le regrette. Je crois intéressant de vous en montrer la disposition d'après le projet même de Peyre et de Wailly (fig. 909).

En dehors de ce parti, on arrive nécessairement au porche ou portique accolé à une façade de l'édifice. On croit parfois alors être prévoyant en faisant ce portique assez long pour abriter dix ou quinze voitures à la fois. C'est une erreur : qu'il en abrite vingt, qu'il en abrite une seule, on ne pourra jamais les évacuer qu'une à une, car les voitures 2, 3, 4, 5, fussent-elles chargées depuis longtemps, ne pourront bouger tant que la voiture 1 ne sera pas partie. Si un cheval tombe, si quelqu'un est lent à monter en voiture, ce retard se répercute sur tout ce qui suit. Au contraire, un portique assez court vaudra mieux qu'un trop long, véritable laminoir qui ne permet même pas à des gens alertes d'aller saisir leur voiture au passage et de la dégager de la queue au grand profit de celles qui suivent.

A l'Opéra (fig. 910), l'architecte a cherché à remédier dans la mesure du possible à cet inconvénient. Les voitures entrent à la file sous la descente à couvert, et plusieurs peuvent se charger à la fois — jusque là pas de difficulté. — Mais il s'agit de laisser partir la voiture 2 si la voiture 1 est plus lente à charger ; c'est la raison de la disposition en rotonde de cette descente à couvert : une voiture chargée plus vite que les autres, et qui

ÉLÉMENTS DES THÉATRES 697

ne sortirait qu'à son rang si la file était canalisée par un simple portique, peut s'affranchir en sortant par les ouvertures diago-

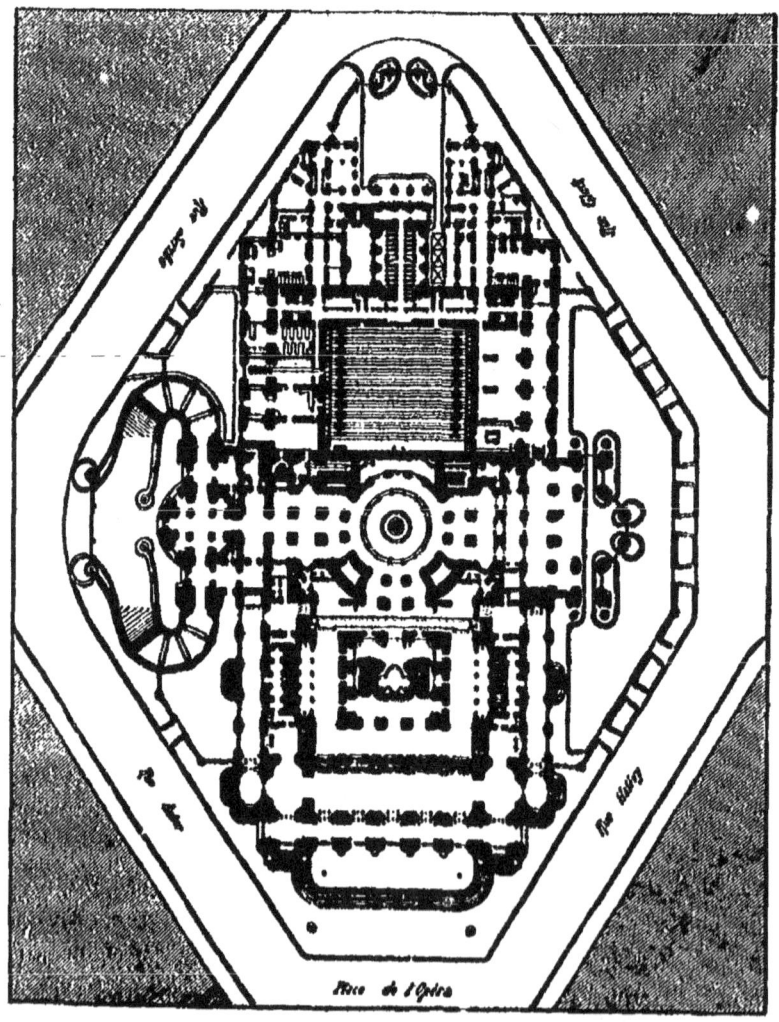

Fig. 910. — L'Opéra. Plan du rez-de-chaussée.

nales ou latérales. On gagne ainsi du temps, et je ne connais pas quant à moi de disposition plus ingénieuse des descentes à couvert monumentales. Seulement, il va de soi que ce moyen ne peut être adopté que lorsque l'édifice a des proportions assez amples pour le permettre; la rotonde dont il s'agit a 12 mètres de diamètre intérieur.

A proximité de la descente de voiture, il faut un vestibule d'attente, où l'on puisse commodément prendre le temps en patience, car l'évacuation d'une salle dure longtemps; et entre ce vestibule — que je devrais plutôt qualifier *salon* — et la descente de voiture, il faut encore un autre vestibule ou antichambre pour les domestiques, avertisseurs, etc. Tout cela, bien entendu, dans un grand théâtre, et quand faire se peut. Le plan de l'Opéra fait bien comprendre toute cette combinaison des sorties.

Là comme partout, les portes doivent ouvrir du dedans au dehors.

J'aurais peu de chose à vous dire des vestibules en eux-mêmes; forcément assez bas, sauf dans un ensemble aussi vaste que l'Opéra, ils peuvent prêter à des motifs de composition qui tirent leur originalité de cette sujétion de hauteur. Tels sont ceux du Grand-Théâtre de Bordeaux (fig. 911) et du Théâtre Français à Paris, tous deux d'ailleurs du même architecte, Louis.

Les escaliers sont dans les théâtres un sujet plus spécial, Comme programme, il peut y avoir deux conceptions : ou les escaliers sont communs et conduisent partout — ce qui est le cas des théâtres parisiens; ou, comme dans un grand nombre de théâtres de province, le public des divers escaliers ne se mélange pas, et chaque escalier a son point de départ et son point d'arrivée uniquement à lui. Ce sont là des questions d'habitudes locales et de programmes. Il est d'ailleurs facile de voir

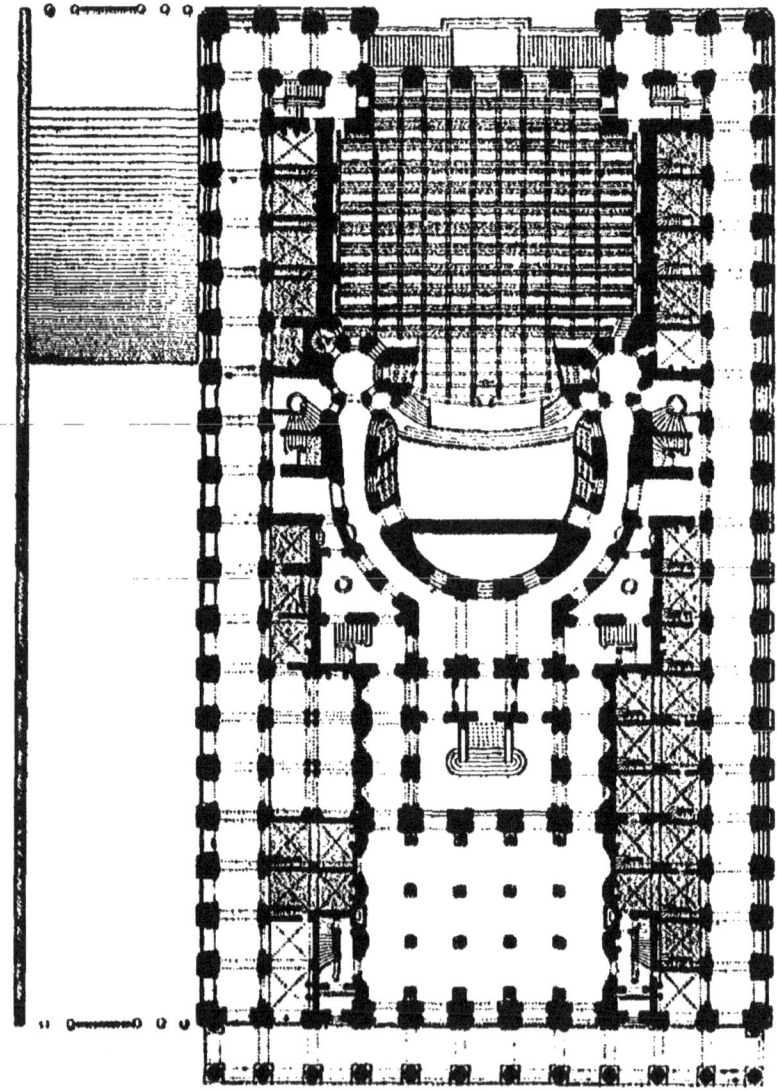

Fig. 933. — Théâtre de Bordeaux. Plan du rez-de-chaussée.

que dans ce dernier système, il ne peut pas y avoir de grand parti décoratif, et que les séparations voulues ne peuvent se réaliser que moyennant des cages closes et sans effet.

Au contraire, la conception française du théâtre, c'est que tout y est spectacle. De même que nous avons vu dans la salle, le public être à la fois spectateur et spectacle, nous voulons jouir de l'effet *théâtral* d'un escalier mouvementé, bien en vue, avec les toilettes et et les fleurs, les personnages connus — tout un spectacle à l'entrée ou à la sortie. C'est devenu un lieu commun de nommer Paul Véronèse à propos d'escalier de théâtre.

Or, avec des étages de trois mètres, les grands effets ne sont possibles qu'avec de nombreuses prétéritions. Aussi est-il admis que le *grand* escalier conduit seulement au niveau des premières loges et du foyer, à l'étage noble. Tel est le cas notamment à Bordeaux, à l'Opéra, à l'Odéon, au Théâtre-Français. Mais les deux premiers, grâce à leur disposition en T, peuvent desservir en passant l'étage de l'orchestre (ou des stalles d'amphithéâtre), tandis que les deux derniers ne le peuvent pas.

Toutefois ces grands escaliers d'apparat ne servent que rarement pour les autres places : quelqu'un qui, par exemple, va aux secondes loges, sera dès l'entrée dirigé sur un des escaliers qui y conduisent directement; et à la sortie, une fois engagé dans la descente d'un escalier, il le suivra jusqu'au bout. Car c'est une règle inflexible que jamais un escalier de théâtre ne doit se déverser dans un autre : tout escalier doit descendre jusqu'au rez-de-chaussée.

Quant aux escaliers qui desservent tous les étages, ce qu'on en peut dire, c'est qu'ils doivent être faciles, larges, aisés à trouver et nombreux. Leurs paliers doivent toujours être tournés vers les accès de la salle par leurs grands côtés; mais surtout, il importe de vous faire deux recommandations particulières aux escaliers de théâtre, parce que des fautes graves sont souvent commises à ce sujet.

Un escalier de théâtre doit être à emmarchements droits, et la direction en doit être assez souvent rompue. Pensez toujours à l'évacuation, et à l'évacuation en panique : vous comprendrez que des emmarchements circulaires, avec des largeurs de marches qui varieront du simple au double, ne se prêtent pas à l'issue d'une foule, qui doit trouver toujours le même pas. A plus forte raison l'escalier balancé est à rejeter.

Mais de plus, la direction doit en être fréquemment rompue : supposez en effet une poussée de panique dans un escalier droit mais long, comme ceux de votre bibliothèque, il pourra se produire des catastrophes. Au contraire l'obligation de se retourner à chaque demi-étage brise la force d'impulsion de la foule. Aussi les escaliers secondaires de l'Opéra (fig. 912) sont-ils de parfaits escaliers de théâtre.

La seconde recommandation, c'est d'éviter que les paliers des escaliers se confondent avec les corridors, ou plus exactement que les escaliers empruntent les corridors comme paliers. C'est aussi vicieux que fréquent. Alors, à chaque étage il y a conflit entre la circulation du corridor et celle de l'escalier, les personnes qui descendent depuis plusieurs étages déjà, se trouvant retardées par ce désordre, s'irritent et insistent : de là, poussées, obstruction, et finalement retards.

Il faut d'ailleurs que dans la composition du plan il soit prévu des escaliers à peu de distance de toutes les places. En général, des escaliers aux quatre angles de la salle donnent une excellente évacuation. Telle est entre autres la disposition du nouvel Opéra-Comique.

Dans la partie de la scène, les mêmes règles doivent régir l'étude des escaliers, car là aussi les paniques sont à prévoir. De

702   ÉLÉMENTS ET THÉORIE DE L'ARCHITECTURE

plus, les escaliers de la scène doivent être clairs dans la journée, car si ceux de la salle ne servent que le soir — ou pour des

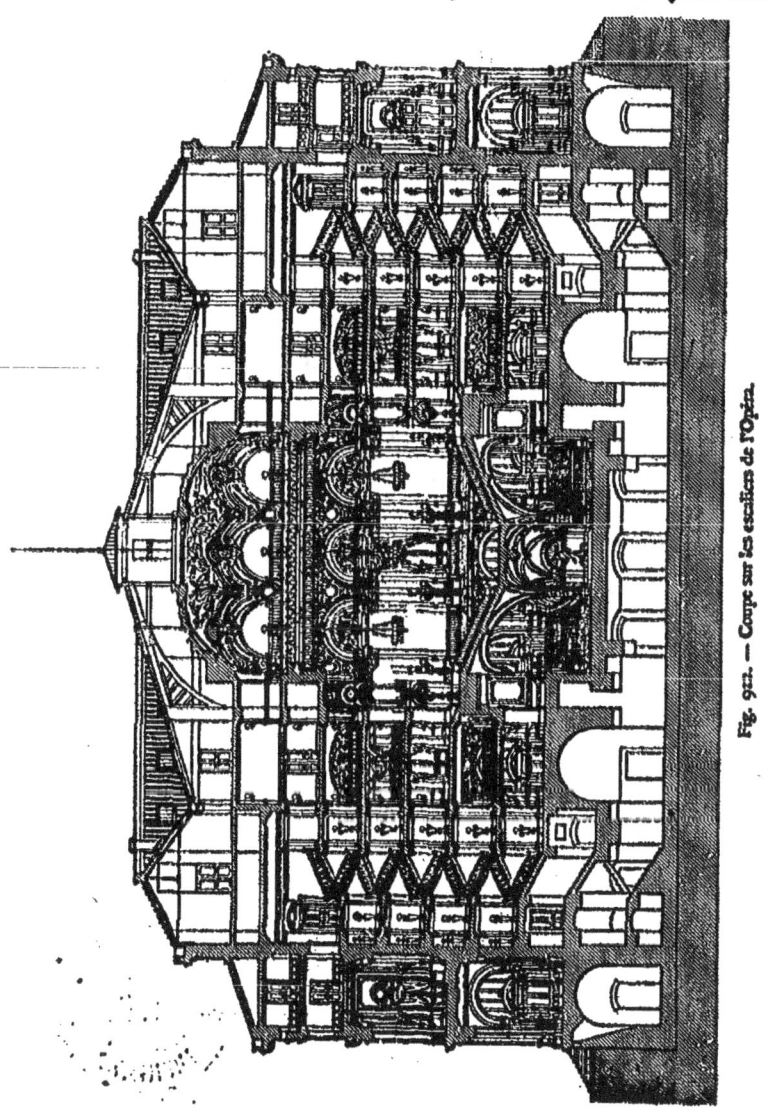

Fig. 922. — Coupe sur les escaliers de l'Opéra.

matinées qui ressemblent en tout à des soirées — ceux de la scène servent toute la journée pour les allées et venues fréquentes d'un personnel nombreux.

Dernière règle générale : jamais dans un théâtre, il ne doit y avoir aucun endroit quelconque, des dessous aux combles, qui ne soit desservi que par un seul escalier.

Voilà à peu près tout ce que j'ai à vous dire du théâtre, non que j'aie épuisé le sujet — mais il faudrait alors tout un livre : je finis donc comme j'ai commencé en vous renvoyant à l'ouvrage de Ch. Garnier et aux exemples très nombreux que vous pouvez voir avec fruit : car il n'y a peut-être pas de programme où les architectes aient dépensé plus d'ingéniosité que sur ce programme de théâtre.

J'ajouterai pourtant un mot. L'architecte construit un théâtre : les abords sont bien compris, les accès dégagés ; dans la salle on est commodément, les issues sont faciles ; la scène et toutes ses dépendances ont leur dégagements, les mouvements peuvent se faire avec ordre et promptitude. Vient l'exploitation : les accès se ferment, car il y faudrait de l'éclairage et du personnel ; les sièges de la salle se rétrécissent et se rapprochent, les passages se suppriment, ceux qu'on ne peut supprimer s'encombrent de strapontins, les corridors se changent en vestiaires et dépôts de toute sorte, car il faut multiplier les payants. Vers la scène, les dégagements se convertissent en magasins, car il en coûte plus cher d'avoir ces magasins dans un quartier lointain. Et ainsi de tout. Survient alors le malaise et la gêne du public, ou peut-être un sinistre. Qui donc sera, devant l'opinion, le coupable et le bouc émissaire ? L'architecte.....

TABLE DES MATIÈRES
DU SECOND VOLUME

LIVRE VI
LES ÉLÉMENTS DE LA COMPOSITION
DANS L'HABITATION

CHAPITRE Ier

Exposé général des éléments de la composition. — Division du sujet : Habitation. — Édifices d'instruction — administratifs et politiques — judiciaires — hospitaliers — d'usage public — religieux — funéraires — commémoratifs — d'embellissement. — Jardins. — Voies publiques. — Éléments communs et généraux. — Ce qu'est un programme.. 3

CHAPITRE II
HABITATION. — LA CHAMBRE AVANT L'ARCHITECTURE MODERNE

Origine. — La chambre dans l'antiquité. — Maison grecque, romaine, gréco-romaine. — Pompéi. — La chambre au Moyen-âge — À la Renaissance.................. 19

CHAPITRE III
LA CHAMBRE DANS L'HABITATION MODERNE

Préceptes de Blondel. — XVIIIe siècle. — Place des chambres dans l'appartement. — La chambre prise à part. — Indications résultant du meuble. — L'architecture de la chambre. — Exemples... 37

CHAPITRE IV
LES DÉPENDANCES DE LA CHAMBRE

Le cabinet de toilette. — Son emplacement. — L'eau. — Bains, salles de bains. — Les cabinets d'aisances. — Choix d'emplacement. — Lingeries, garde-robes, etc. — Difficultés d'application.. 55

Éléments et Théorie de l'Architecture.

CHAPITRE V

LES SALONS

Origine du salon. — Anciennes salles d'assemblée. — Le salon dans l'appartement. — Emplacement. — Grands et petits salons. — Successions de salons. — Enfilades. — Salles de réception. — Galeries. — Salles de fêtes et de danse................. 67

CHAPITRE VI

LES SALLES A MANGER, LEURS DÉPENDANCES, LES CABINETS DE TRAVAIL, ETC.

La salle à manger. — Emplacement. — Dimensions nécessaires. — Chauffage. — Salles à manger d'apparat. — Hygiène. — Éclairage. — Les offices. — Le cabinet de travail. — Emplacement. — Bibliothèque. — Billards.................... 97

CHAPITRE VII

LES CUISINES

Les anciennes cuisines. — Grandes cuisines du Moyen-âge. — Cuisines depuis la Renaissance. — Emplacement. — Communs. — Cuisines dans les maisons. — Sous-sols. — La cuisine ordinaire. — Sa place. — Éclairage. — Hygiène. — Les grandes cuisines. — Rôtisserie. — Cuisines à rez-de-chaussée, en sous-sol, et dans les combles.
Les antichambres. — Vestiaires.
La mode dans l'habitation.. 109

CHAPITRE VIII

COMPLÉMENTS DE L'HABITATION

Les caves. — Fosses. — Citernes. — Calorifères. — Profondeur des caves et sous-sols. — Boutiques. — Écuries, dispositions diverses. — Stalles et boxes. — Écuries monumentales. — Remises. — Selleries. — Cour des écuries.
Chauffage : Cheminées et murs à cheminées. — Souches. — Calorifères. — Règles générales. — Air chaud, eau chaude, vapeur............................. 133

CHAPITRE IX

HABITATIONS COLLECTIVES

L'hôtellerie. — La caserne. — Les édifices hospitaliers : asiles, hospices, maisons de retraite. — Résumé des règles relatives à l'habitation.......................... 167

LIVRE VII

LES ÉLÉMENTS DE LA COMPOSITION

DANS LES ÉDIFICES D'ENSEIGNEMENT ET D'INSTRUCTION PUBLIQUE

CHAPITRE Ier

ÉCOLES PRIMAIRES

Classification des écoles primaires, mixtes, maternelles ; groupes scolaires.
La classe. Emplacement, aérage, éclairage, dimensions. — Classes éclairées par des jours unilatéraux ou bi-latéraux.
Les préaux couverts et découverts. — Cabinets d'aisances.
Salles de dessin — de travaux manuels.
Vestiaires. — Lavabos. — Cantines. — Escaliers.
Recherche de la gaîté de l'École.................................... 193

CHAPITRE II

LYCÉES, COLLÈGES, ETC.

Recommandations générales. — Les classes. — Salles d'étude. — Gymnase. — Réfectoire. — Cuisines. — Dortoirs. — Préaux et cours de récréation. — Cabinets d'aisances. — Caractère à chercher. — Séminaires. — Écoles industrielles............ 213

CHAPITRE III

LES ÉDIFICES D'ENSEIGNEMENT SUPÉRIEUR

Conception moderne de l'enseignement supérieur. — Salles de cours : composition différente suivant la nature de l'enseignement, le nombre des auditeurs, etc. — Amphithéâtres demi-circulaires — rectangulaires. — Emplacement, accès. — Pente des gradins. — Programmes spéciaux. — Éclairage........................... 235

CHAPITRE IV

LES ÉDIFICES D'ENSEIGNEMENT SUPÉRIEUR (suite).

Les très grandes salles de cours, ou de solennités. — Leur utilisation possible, leurs accès. — Difficultés acoustiques. — Dépendances des salles de cours. — Chauffage. — Salles de conférences. Salles d'examens.................................. 257

CHAPITRE V

LES ÉDIFICES D'ENSEIGNEMENT SUPÉRIEUR (suite).

Les laboratoires en général. — Leur importance. — L'enseignement scientifique supérieur moderne. — Destinations diverses des laboratoires : laboratoires personnels, d'enseignement, de recherches scientifiques, de préparation des cours.
Nécessités communes : air et lumière.
Le laboratoire d'enseignement. — Le microscope. — Les hottes. — Ventilation. — Surveillance.
Particularités. — Dépendances variées.
Les laboratoires de recherches et de préparations.................................. 269

CHAPITRE VI

LES ÉDIFICES D'ENSEIGNEMENT SUPÉRIEUR (suite).

Les salles de collections. — Éclairage. — Lumière verticale ou plafonds vitrés. — Ateliers d'enseignement. — Salles de dessin — de musique. — Manèges. — Salles des séminaires. — Amphithéâtres de dissection................................. 295

CHAPITRE VII

LES ÉDIFICES D'INSTRUCTION PUBLIQUE

Les Édifices d'instruction publique. — Le Musée. — Conditions générales. — Mise en valeur des objets exposés. — Musées d'art, sculpture; éclairage. — Peinture, dessins, gravures; modes divers d'éclairage des salles. — Les salles du Musée du Louvre. — Salles à vitrines pour objets de petites dimensions.............................. 309

CHAPITRE VIII

LES MUSÉES SCIENTIFIQUES

Conditions générales, éclairages divers. — Exemples pris au Muséum d'histoire naturelle. — Salles avec fenêtres. — Salles éclairées du haut.
Serres et orangeries. — Orangeries chauffées et non chauffées........ 345

CHAPITRE IX

LES BIBLIOTHÈQUES

Salles de bibliothèques dans des édifices complexes. — Disposition. — Éclairage.
Grandes bibliothèques publiques. — Compositions rayonnantes. — Salles de lecture. — Éclairage. — Magasins de livres.
Dépendances des bibliothèques............... 359

LIVRE VIII

LES ÉLÉMENTS DE LA COMPOSITION

DANS LES ÉDIFICES ADMINISTRATIFS, POLITIQUES, JUDICIAIRES, PÉNITENTIAIRES

CHAPITRE Ier
ÉLÉMENTS DES ÉDIFICES ADMINISTRATIFS

Complexité des programmes. — Le bureau; travail intérieur, travail avec le public. — Grands locaux administratifs.
Service du cabinet. — Services généraux : archives, matériel, etc. — Salles de délibérations.
Nécessités de l'architecture des bureaux.................................. 381

CHAPITRE II
ÉLÉMENTS DES ÉDIFICES POLITIQUES

Salles de séances des assemblées politiques. — Relations de ces salles avec les dépendances. — Dispositions des salles d'assemblée. — Accès, surveillance, chauffage, éclairage, ventilation.
Nécessités à observer dans la composition générale. — Dimensions possibles, dimensions excessives. — Caractère. — Le respect historique.................... 403

CHAPITRE III
ÉLÉMENTS DES ÉDIFICES MUNICIPAUX

Anciens édifices municipaux; Maisons communes et Hôtels de Ville.
Caractère et façades. — Vestibules et portiques. — Beffrois. — Les mairies contemporaines. — Services principaux. — Leur programme moderne.................... 421

CHAPITRE IV
ÉLÉMENTS DES ÉDIFICES JUDICIAIRES

Le programme dans l'antiquité. — Le Forum. — La Basilique.
Les Palais de Justice. — Chambre de Tribunal, salle d'audiences. Nécessités pratiques. — Dépendances.. 433

CHAPITRE V
ÉLÉMENTS DE L'ARCHITECTURE JUDICIAIRE (suite).

Les salles d'audiences civiles, correctionnelles; salles d'assises. — La grande chambre de la Cour de cassation. — Chambres du conseil. — Nécessités architecturales des salles d'audiences. — Les salles des Pas-Perdus; leur fonction; leur caractère. — Mesures et surfaces comparées empruntées au Palais de Justice de Paris.......... 445

CHAPITRE VI
ÉLÉMENTS DES ÉDIFICES PÉNITENTIAIRES

Considérations générales. — La détention ancienne et moderne. — Principes applicables à toutes les détentions.
Les prisons préventives. — Le Dépôt. — La maison d'arrêt. — La maison de Justice. — Le petit Dépôt.. 459

CHAPITRE VII
ÉLÉMENTS DE L'ARCHITECTURE PÉNITENTIAIRE (suite).

Les maisons de correction. — Maisons centrales, de correction et de force.
Détention cellulaire — mixte ou système dit d'Auburn ; — détention en commun — cellules — dortoirs — ateliers — préaux — cachots.
Colonies ou Écoles de réforme.
Mesures et surfaces... 483

LIVRE IX
LES ÉLÉMENTS DE LA COMPOSITION
DANS LES ÉDIFICES HOSPITALIERS

CHAPITRE Ier
ÉLÉMENTS DE L'ARCHITECTURE HOSPITALIÈRE

Exposé général. — Différence entre l'hospice et l'hôpital. — Hôpitaux généraux ou spéciaux. — Programme général. — Idées hospitalières d'autrefois et d'aujourd'hui.
Grandes divisions : Services des malades. — Services généraux. — Administration. — Service des morts. — Consultation..................................... 499

CHAPITRE II
ÉLÉMENTS DE L'ARCHITECTURE HOSPITALIÈRE (suite).

Salles de malades, services médicaux. — Conditions hygiéniques. — Dépendances. — Salles des services chirurgicaux. — Salle d'opérations ; dépendances. — Pavillon des grandes opérations. — Pavillons d'isolement.
Services de maternité : salles de femmes en couches. — Salle d'accouchements ; — salles des accouchées. — Nourricerie....................... 511

CHAPITRE III
SERVICES ANNEXES DES HÔPITAUX

Les bains ; — bains individuels ; — Hydrothérapie. — Quartier ou hôpital spécial d'enfants. — Contagieux. — Tableaux comparatifs ; dimensions, surfaces et cube d'air (services thérapeutiques).
Service des morts. — Nécessités de l'enseignement. — Tableau comparatif........ 527

CHAPITRE IV
SERVICES GÉNÉRAUX DES HÔPITAUX

Importance des services généraux. — Administration. — Logements. — Internes. Cuisine et dépendances. — Lingerie. — Vestiaire des malades. — Pharmacie. — Buanderie. — Étuves à désinfection. — Services externes : consultations. — Bains externes 541

CHAPITRE V
LES MAISONS D'ALIÉNÉS

But et caractère des maisons d'aliénés. — Conceptions anciennes et modernes du programme.
Subdivisions des malades : tranquilles, maniaques, mélancoliques, déments, alcooliques, agités. — Paralysie générale, gâtisme, épilepsie, idiotisme.
Préaux, infirmerie ; — ateliers de travail. — Cellules. — Particularités de ces établissements. — Réclusion.. 551

LIVRE X
LES ÉLÉMENTS DE LA COMPOSITION
DANS LES ÉDIFICES D'USAGE PUBLIC

CHAPITRE Ier
ÉLÉMENTS DES ÉDIFICES COMMERCIAUX

Conditions générales. — La Boutique. — Maisons disposées pour le commerce. — Grands magasins de vente. — Docks et dépôts. — Ateliers industriels............. 563

CHAPITRE II
ÉLÉMENTS DES ÉDIFICES D'ALIMENTATION

Considérations générales. — Les anciens forum. — La halle. — Marchés couverts et découverts. — Les halles centrales.
Entrepôts, réserves et magasins, etc. — Abattoirs.
Les restaurants 577

CHAPITRE III
ÉLÉMENTS DES ÉDIFICES DU COMMERCE GÉNÉRAL

Les Bourses. — Bourses de l'antiquité (Basiliques), du Moyen-âge.
Bourses de commerce. — Bourses des fonds publics. — Banques et établissements financiers. — Caisses et guichets.. 595

TABLE DES MATIÈRES

CHAPITRE IV
ÉLÉMENTS DE L'ARCHITECTURE DES BAINS PUBLICS

Les thermes antiques. — Leurs éléments multiples. — Parties essentielles de leur programme. — Voûtes. — Éclairage. — Caractère de l'architecture romaine.
Les grandes salles des thermes. — Leur influence sur l'architecture des églises.
Établissements thermaux. — Bains turcs, etc 601

CHAPITRE V
ÉLÉMENTS DE L'ARCHITECTURE DES CHEMINS DE FER

Absence systématique d'architecture au début des chemins de fer. — Retour contemporain à l'architecture.
Gares de passage — de têtes de lignes. — Salles des billets, des bagages, — Salles d'attente. — Hall de la voie.
Modifications incessantes du programme... 617

CHAPITRE VI
ÉLÉMENTS DES THÉATRES

Le théâtre en général. — Théâtres antiques. — Combinaisons des accès et sorties. — Les amphithéâtres. — Les cirques.
Le théâtre moderne dans ses conditions constantes. — Différences capitales avec le théâtre antique.. 633

CHAPITRE VII
ÉLÉMENTS DES THÉATRES (suite).

Les théâtres modernes. — La salle de spectacle. — Hauteur des étages. — Ouverture du rideau. — Tableau comparatif.
Conditions pour la vue et l'audition.
Types des salles italiennes et françaises. — Avant-scènes. — Cadre du rideau. — Plafond. — Pendentifs.
Difficultés de construction.. 643

CHAPITRE VIII
ÉLÉMENTS DES THÉATRES (suite).

La scène. — Principes de la machinerie théâtrale. — Les plans scéniques. — Dessus et dessous. — Contrepoids. — Tas de décors.
Accès de la scène pour les personnes — les décors — les objets mobiliers.
Éclairage, chauffage, ventilation, précautions contre l'incendie.
Prescriptions minutieuses... 669

CHAPITRE IX
ÉLÉMENTS DES THÉATRES (suite).

Les parties du théâtre autres que la salle et la scène. — Dépendances de la scène et de l'administration.
Foyers. — Vestibules. — Descentes de voitures. — Escaliers............. 689

MACON, PROTAT FRÈRES, IMPRIMEURS.

www.ingramcontent.com/pod-product-compliance
Lightning Source LLC
Chambersburg PA
CBHW071707300426
44115CB00010B/1339